Roy Mottahedeh
Der Mantel des Propheten

ROY MOTTAHEDEH

Der Mantel des Propheten
oder Das Leben eines
persischen Mullah zwischen
Religion und Politik

*Aus dem Englischen
von Klaus Krieger*

VERLAG C.H.BECK MÜNCHEN

Der Übersetzung liegt folgende Ausgabe zugrunde:
Roy Mottahedeh, The Mantle of the Prophet
Religion and Politics in Iran
Simon and Schuster, Inc. New York
Für die Originalausgabe:
© Roy Mottahedeh, 1985

CIP-Kurztitelaufnahme der Deutschen Bibliothek

Mottahedeh, Roy:
Der Mantel des Propheten oder das Leben eines
persischen Mullah zwischen Religion und Politik
/ Roy Mottahedeh. Aus d. Engl. übers. von Klaus
Krieger. – 2., unv. Aufl. München : Beck, 1988.
Einheitssacht : The mantle of the prophet <dt.>
ISBN 3-406-32289-1

ISBN 3 406 32289 1

Zweite, unveränderte Auflage. 1988

Für die deutsche Ausgabe:
© C. H. Beck'sche Verlagsbuchhandlung (Oscar Beck) München 1987
Satz: Fotosatz Otto Gutfreund, Darmstadt
Druck und Bindung: May & Co, Darmstadt
Printed in Germany

Meiner Mutter
Mildred R. Mottahedeh
gewidmet

Vorwort

Seit ich Anfang 1978 auf die Unruhen und Proteste aufmerksam wurde, die schließlich zur iranischen Revolution führen sollten, war mir, der ich einen guten Teil meines Lebens der Erforschung des vor-neuzeitlichen Irans gewidmet hatte, sofort klar, daß ich Zeuge eines Vorgangs war, der in der iranischen Geschichte vertraut und zugleich neuartig war: Vertraut, weil das Ethos, das seine Anführer, die nunmehr berühmten Ayatollahs des schiitischen Islam, bewegte, dem Ethos nicht unähnlich war, das schon vor tausend Jahren vergleichbare Verfechter des islamischen Gesetzes bewegt hat. Neuartig, weil dieses religiöse Ethos im Verlauf der letzten zwei Jahrhunderte eine geistige Revolution durchgemacht hatte, die von niemandem außer einer Handvoll Spezialisten des Gesetzes innerhalb der schiitischen islamischen Tradition selbst bemerkt worden war.

Während des späten Frühjahrs 1978 besuchte mich ein Professor der Universität von Teheran in Princeton, New Jersey, wo ich einen Lehrstuhl innehabe. Er hatte einige Jahre lang an den Seminaren der heiligen Stadt Ghom studiert, an denen die traditionelle Gelehrsamkeit der Schiiten weitergereicht wird; danach hatte er eine weltliche Erziehung angestrebt und – mit einiger Erleichterung – der Gesellschaft der Mullahs und Ayatollahs den Rücken gekehrt. Bei diesem Besuch beschäftigten uns die herkömmlich erzogenen religiösen Führer sehr; denn sie lenkten die Protestbewegung, die innerhalb weniger Monate aus dem provinziellen Aufschrei einiger Seminarmitglieder in Ghom zu einem Tumult angeschwollen war, der die ganze iranische Nation ergriff und hie und da auch schon außerhalb des Irans vernehmbar war.

Während wir durch die halbgotische Architektur der Universität gingen, fragte ich meinen Freund nach seiner früheren Ausbildung: Was studierte man, um ein Mullah zu werden? Er erzählte mir, daß die Studenten in den schiitischen Seminaren wie z.B. in Ghom zuerst Grammatik, Rhetorik und Logik lernten. Von diesem Augenblick an wußte ich, daß ich dieses Buch schreiben wollte.

Grammatik, Rhetorik und Logik bilden das *trivium*, die ersten drei der sieben *artes liberales*, wie sie in der spätklassischen Welt definiert wurden und danach die Grundlage des scholastischen Lehrplans im Europa des Mittelalters und der Renaissance bildeten. Die Fächer des *trivium* waren so grundlegend, daß Leute, die schon höhere Ebenen des Lernens erreicht hatten, ein Elementarwissen in diesen drei Fächern als Allgemeingut und deshalb als nicht besonders wichtig ansahen; daher unser Wort „trivial". Mir wurde klar (und spätere Nachprüfung bestätigte das), daß mein Freund und eine Handvoll ähnlich ausgebildeter Leute die letzten wirklichen Scholastiker waren, die es noch auf der Welt gab; sie hatten noch die Ausbildung empfangen, der die Schirmherren und Planer der Universität Princeton sich verpflichtet fühlten und der sie in den merkwürdig zusammengewürfelten und doch kongenialen architektonischen Erinnerungen an die mittelalterlichen und Tudor-Gebäude von Oxford und Cambridge Tribut zahlen zu müssen glaubten. Hier war ein lebender Vertreter der Art von Bildung (mit ihrer Tradition des Streitgesprächs und der Kommentare und Nachkommentare zu längst vorgegebenen Prüfungstexten), die im Westen Männer hervorgebracht hatten wie den Heiligen und glänzenden Theologen Thomas von Aquin und den intoleranten, blutdürstigen Großinquisitor Torquemada, im Osten aber Denker wie den Muslim Averroes und den Juden Maimonides.

Die nächsten zwei Jahre habe ich damit verbracht, das Curriculum zu studieren, das die Mullahs lesen, sowie Iraner (und auch einen oder zwei Iraker) zu befragen, die in den traditionellen Seminaren nach diesem Lehrplan ausgebildet worden waren. Der „Ali Haschemi" in diesem Buch ist eine wirkliche Person, deren Wunsch, ungenannt zu bleiben, ich aufs sorgfältigste beachtet habe. Alle Ereignisse in den Erzählungen von Ali Haschemi und seinen Freunden sind wirkliche Erlebnisse wirklicher Iraner, wie sie mir von Iranern beschrieben wurden. Ich bin von der Glaubwürdigkeit meiner Gewährsleute überzeugt, und ich bin oft auf Beweismaterial aus anderen Quellen gestoßen, das ihre Berichte bestätigt.

Die zwischen die Erzählungen aus Ali Haschemis Leben eingestreuten Versuche, ausführlich über die Geschichte der iranischen Kultur zu berichten, soweit sie für das Leben der Hauptperson von Belang ist, stützen sich auf die wichtigsten Quellenwerke zur iranischen Geschichte, die ich so genau studiert habe, wie meine Zeit und meine Fähigkeiten es erlauben. Dem Leser wird ein Unterschied in der Tonart zwischen diesen analytischen Abschnitten und den Berichten über das Leben Alis und seiner Freunde auffallen. Es versteht sich, daß die Personen der Erzählungen über ihr Leben mit einem nach innen gewandten Ton sprechen, den ich in den historischen Abschnitten, die die Ereignisse aus meinem Gesichtswinkel reflektieren, weder nachahmen kann noch will.

Der nicht-iranische Leser sollte sich bewußt machen, daß keine Schilderung der Geschichte der iranischen Kultur, und schon gar nicht eine Schilderung ihrer religiösen Tradition, die Zustimmung aller Iraner finden kann. Während der letzten fünf Jahre, in denen der Iran eine politische und kulturelle Revolution mit dramatischen und oft gewalttätigen Folgeereignissen durchgemacht hat und in einen langen und bitteren Krieg mit seinem Nachbarland Irak eingetreten ist, sind viele Tausende von Iranern hingerichtet worden, Zehntausende sind auf dem Schlachtfeld gefallen, während Hunderttausende ins Exil gegangen sind. Jeder Konsens über die Bedeutung der iranischen Vergangenheit ist durch die tiefgehende Meinungsverschiedenheit unter Iranern über die Bedeutung der iranischen Gegenwart zerrissen worden. Einige Iraner werden daher meinen, daß der Bericht über den Mullah, der im Mittelpunkt der persönlichen Erzählungen dieses Buches steht, nicht ehrfurchtsvoll genug ist; er hat Zweifel und Schwankungen in seiner Haltung durchgemacht, die ihnen untypisch für einen schiitischen Religionsgelehrten scheinen. Andere werden die Darstellung insgesamt für zu unkritisch halten; sie werden einwenden, daß ein Mullah, der eine weltliche Universität besucht, so breitgestreute Interessen zeigt und so liberale Ansichten vertritt, überhaupt kein typischer Mullah ist. Bis zu einem gewissen Grad haben beide Seiten recht. Ich zeichne jedoch hier nicht das Bild eines archetypischen Mullah, und als Historiker könnte ich das auch nicht mit gutem Gewissen tun. Bei der Vorbereitung dieses Buches habe ich mit wirklichen Iranern, nicht mit Archetypen gesprochen, und das Buch spiegelt wider, was sie mir erzählt haben. Allerdings habe ich mitunter signifikante Einzelheiten aus dem Leben einiger Gewährsleute auf das Leben anderer übertragen, um die Anonymität zu wahren. Alle Versuche, eine der Personen mit einem bestimmten lebenden Iraner zu identifizieren, werden also mit Sicherheit fehlschlagen. Alle Veränderungen sind von iranischen Freunden im Hinblick darauf überprüft und korrigiert worden, daß die Darstellung den Charakter der Personen nicht verfälscht. Dem Leser mag auch auffallen, wie wenig über das erwachsene Familienleben der Hauptpersonen berichtet wird. Meine iranischen Freunde sprachen ungern über diesen Bereich, und ich habe ihr Schweigen respektiert. Wo Ali Haschemi schweigt, gibt er ebensosehr ein Abbild seines Charakters wie dort, wo er aus seinem Leben erzählt.

In gewissem Sinn ist dieses Buch die Geschichte von uns allen im letzten Teil des zwanzigsten Jahrhunderts – einer Zeit, die das Wiedererwachen religiöser Begeisterung und in vielen Gesellschaften auch die Erneuerung des Anspruchs der Religion, ihre Rolle in der Politik zu spielen, erlebt hat. Zugleich spiegelt es die Geschichte des größten Teils der Dritten Welt, wo die Enttäuschung über den Ertrag einer ganzen Generation (oder mehr) an Nationalismus, Verwestlichung und Sozialismus die Rückkehr zu älteren, tiefer wurzelnden Werten gefördert hat. Ganz besonders aber ist es die Geschichte des Irans, eines Landes, das auf über zweitausend Jahre eigenen Bewußtseins zurückblickt. Die Liebe zu diesem Erbe prägt alles, was ich hier geschrieben habe.

Prolog

Am 11. Februar 1979 hörte Ali Haschemi nach dem Mittagessen nur mit halbem Ohr auf das Radio. Er wußte, er würde sich besser fühlen, wenn er etwas in seinem Garten anpflanzte – wie auch immer die Kämpfe in Teheran ausgingen. In einem anderen Teil des Irans würde nicht einmal die eigene Familie einen Mann wie Ali, der ein wohlhabender Enddreißiger und ein ausgebildeter Mullah war, mit einem Spaten über Sämlinge gebeugt sehen. Aber in Ghom war es anders: In den eingesessenen Familien der Stadt, besonders in den alten Familien der *Seyyids* oder Nachfahren Mohammeds, hielten sich die Männer etwas darauf zugute, daß sie zumindest von Zeit zu Zeit eigenhändig das Land bestellten, ungeachtet ihres Reichtums oder ihrer Stellung. Aber es schien auch ziemlich sinnlos zu sein, der Stimme aus dem Radio aufmerksam zuzuhören. Nachdem die Zwei-Uhr-Nachrichten kurz berichtet hatten, daß die Polizeizentrale in Flammen stand, die Armee nach heftigen Kämpfen des Vormittags sich in die Kasernen zurückgezogen hatte und ein Haufen von Revolutionären die Kakh Avenue hinaufzog, um die Diensträume des Ministerpräsidenten des Schahs zu besetzen, löste sich die Sendung für die nächsten zweieinhalb Stunden in eine bunte Mischung von Musikstücken auf, von denen keines angesagt oder identifiziert wurde. Dann plötzlich trat drei oder vier Minuten lang Stille ein.

Ali hatte sein Kofferradio auf einen mit Ziegelsteinen ausgelegten Weg in dem Garten des Innenhofes gestellt, wo er arbeitete. Als es still wurde, stieß er seinen Spaten in die Erde, stand auf und lauschte. Er sah, daß Hamid, der zu dieser Jahreszeit kam, um die Bäume in dem Garten um das Haus zu beschneiden, mit Sägen aufgehört hatte. Alis älterer Bruder, der in einem auf den Hof hinausgehenden Zimmer ein Hauptbuch studiert hatte, ging auf das Radio zu und sah es starr an. Ali trat auch näher heran, und Hamid ließ sich jetzt von den unteren Ästen der Pinie herunter, die er gerade beschnitten hatte, und näherte sich, immer noch die Säge in der Hand, ganz langsam, fast auf Zehenspitzen seinen Brüdern, als erwarte er, daß das Radio explodiere.

Plötzlich hörte Ali die tiefe Stimme eines Mannes. Zweifellos war es ein Mullah – die Intonation und die Aussprache von Wörtern arabischer Herkunft ließen das unschwer erkennen. Der Mullah sprach ein wenig atemlos, aber dennoch würdevoll: „Dies ist die wahre Stimme der iranischen Nation. Das Unglücksregime der Pahlavis ist zu Ende. Unter der Führung von Ayatollah Khomeini ist eine islamische Regierung gebildet worden." Hier stockte der Sprecher, der offenbar nicht wußte, was er weiter sagen sollte, räusperte sich ein paarmal und sagte dann unvermittelt: „Wir bitten den Imam, dem Sender Anweisungen zu erteilen." Ein flüsterndes Stimmengewirr setzte ein; schließlich verkündete er erregt: „Wir hoffen auf Weisungen von Ayatollah Khomeini und Ayatollah Taleqani. Wir senden diese baldmöglichst; bitte bleiben Sie am Radio."

Das Telefon läutete. Ali schaltete das Radio aus, während sein Bruder in ein benachbartes Zimmer zum Telefon lief. Ein paar Sekunden später kam er zurück und rief Ali zu: „Mein Gott, der Kommandeur des Heeresstützpunkts Manzariye ist in die Stadt gekommen und hat sich Ayatollah Montazeri unterworfen. Gleich werden alle Leute auf der Straße sein. Ich gehe hinunter, um nach dem Warenhaus zu sehen."

Ali wollte baldmöglichst zum Schrein gehen und zur Feiziye, dem theologischen Seminar, an dem er bis zur Schließung durch die Regierung im Jahr 1975 gelehrt hatte. Er wollte die Gesichter seiner Studenten sehen, und er wußte, daß sie ihm Fragen stellen würden. Er bat Hamid, die schon gesetzten Pflänzchen zu begießen und die übrigen in den Schatten zu stellen; dann griff er nach seinem Turban, der ihn als Mullah auswies, und zog, da er ja auf die Straße ging, seine lange schwarze Aba an.

Für den Rest des Tages war es Alis größtes Problem, beim Gehen Würde zu wahren. Immer wieder fing er an zu hüpfen, zu springen, zu laufen, um dann wieder einzuhalten. Er flog fast dahin, wie die schnellziehenden Winterwolken hoch oben über Ghom; sein Verantwortungsgefühl gegenüber seinen Studenten und den anderen Mullahs konnte ihn gerade eben noch am Boden halten. Die Leute von Ghom brachten den Mullahs, den schiitischen Religionsführern, gewöhnlich zwiespältige Gefühle entgegen (Mullahs leiteten die theologischen Seminare, den größten Wirtschaftsfaktor der Stadt, aber sie brachten auch eine der ärgsten Plagen der Stadt herein – ihre Studenten). An diesem Tag aber überschütteten sie jeden Mullah, der gerade vorbeikam, mit Ausdrücken der Bewunderung. Auf dem Weg zum Schrein jubelten die Leute Ali zu: „Durch Ihren Segen sind wir errettet." Im Vorbeigehen riefen sie ihm eine Abwandlung eines geläufigen persischen Abschiedsgrußes zu: „Möge Gott den Schatten der Mullahs für uns niemals kleiner werden lassen!" Das Gewühl von Menschen, die sich in ihrer Erregung miteinander unterhielten, sich um den Hals fielen, auch wenn sie sich kaum kannten, bewegte sich so langsam vorwärts, daß Ali seine Ungeduld verbergen mußte.

Als er sich den breiteren Straßen in der Nähe des Schreins und der Medresen, der theologischen Seminare näherte, spürte er die Erleichterung der Stadt, endlich befreit zu sein. Seit Januar 1978, als bei einer Demonstration wegen eines Artikels, der den Ayatollah Khomeini herabgesetzt hatte, einige Theologiestudenten getötet worden waren, war der Basar von Ghom aus Solidarität mit den Protestierenden geschlossen geblieben, abgesehen von vierzig Einzeltagen. Fast vierzehn Monate lang hatten nur die Bäcker, die Metzger und die Straßenhändler wie gewöhnlich weiter gearbeitet, während andere Lebensmittel und Kleidung durch die örtlichen Moscheen an die Menschen von Ghom verteilt worden waren; die ganze Stadt war von einem gewissen Gefühl des Zwangs beherrscht.

Heute war das Gefühl der Befreiung vollkommen. Am Tag zuvor hatten die Ghomer selbst das Hauptquartier der Geheimpolizei SAVAK besetzt, und der städtische Polizeipräsident hatte sich zu Ayatollah Montazeri begeben, dem Statthalter und früheren Schüler von Khomeini, um ihm zu sagen, er werde seinen Anweisungen gehorchen. Selbst die Spuren von vierzehn Monaten Zwang sprachen die Sprache des Sieges.

Als Ali an dem höhlenartigen, zerbombten Gebäude vorüberkam, in dem bis vor einem Jahr das Ghomer Zweigbüro der Auferstehungspartei des Schahs untergebracht gewesen war, fiel ihm eine Koranstelle ein, in der der Prophet Mohammed einen Gefährten, mit dem er sich auf der Flucht vor Feinden, die ihnen nach dem Leben trachteten, in einer Höhle versteckt hielt, tröstete. „Er sagte zu seinem Gefährten: ‚Fürchte dich nicht, denn Gott ist mit uns.' Dann sandte Gott Seine himmlische Ruhe auf ihn herab und stärkte ihn mit seinen Heerscharen, die ihr nicht gesehen habt, und demütigte zutiefst das Wort der Ungläubigen. Aber das Wort Gottes ist bis zum Himmel erhoben; denn Gott ist der Allmächtige, der Allsehende."

Tatsächlich schien überall das Wort Gottes bis zum Himmel erhoben. Sogar die Worte auf den Plakaten an den Gebäuden, an denen er vorüberkam – Worte, die durch ihre Wut zu erkennen gaben, wie verwundbar sich die Opposition während des ganzen Kampfes gegen die Regierung gefühlt hatte – nahmen sich jetzt wie Parolen des Triumphes aus: „Wer dem erschlagenen Iman Hussein folgt, wird den Tyrannen Yazid besiegen, der ihn erschlug." Und: „Das Blut der Märtyrer hat über das Schwert die Oberhand behalten."

Ali erreichte die etwa zweihundert Meter vom Schrein entfernt liegende Straßenkreuzung, an der eine Polizeidienststelle in der Nähe von zwei Krankenhäusern stand. Er hatte zwar gehört, daß Ayatollah Montazeri seine Vertreter geschickt hatte, um die Polizei zu kontrollieren, aber er war nicht vorbereitet auf das, was er jetzt sah: Ein Trupp von Polizisten in ihren schicksten dunkelblauen Uniformen und mit Mützen im Militärstil verbeugte sich leicht vor einem Mullah in gesetztem Alter, der vor dem Polizeigebäude stand und sie mit vorsichtiger Zustimmung betrachtete.

In diesem Augenblick fühlte Ali, jetzt könne er getrost glauben, daß das, was er erlebte, wirklich geschah. Wie oft hatte er gesehen, wie Polizisten sich in genau derselben Weise vor einem Bürokraten verbeugten, „Ingenieur" So-und-so, der gerade in seinem nagelneuen europäischen Anzug aus Teheran gekommen war und soeben seinem nagelneuen Auto entstieg, um einen Tag lang in Ghom unter Polizeischutz geschäftlich tätig zu sein. Aber Polizisten, die sich vor einem gewöhnlichen Mullah in Turban und Robe verbeugen?

Es war so wie der Abgang des Schahs einen Monat zuvor: Niemand hätte geglaubt, daß es geschehen könnte, und selbst wenn sie es im Fernsehen verfolgt hätten, tief im Innern hätte es niemand wirklich geglaubt. Daß dann auch das Stellvertreter-Regime verschwand, das der Schah zurückgelassen hatte, das kam dem endgültigen Zusammenbruch Salomos gleich, der nach seinem Tode noch so lange Gehorsam fand, wie seine Leiche aufrecht stand. Nach der Darstellung des Koran hatte Salomo die Genien, die geheimen Weltgeister, beauftragt, für ihn zu arbeiten, und nach seinem Tode arbeiteten sie weiter, im Glauben, er sei noch am Leben. „Als Wir so den Tod (für Salomo) beschlossen, gab es für sie kein Zeichen, daß er tot war; aber ein kleiner Erdenwurm nagte an seinem Stab. Als er (schließlich) umfiel, erkannten die Genien klar, daß sie, hätten sie Kenntnis des Ungeschauten gehabt, nicht in der demütigenden Qual (ihrer Unterwerfung) verharrt hätten." Vor dem Polizeigebäude wußte Ali plötzlich, daß Salomos Rohr, dessen Schlag er und so viele andere gefürchtet hatten, schon seit Wochen, wenn nicht seit Monaten vermoderte und daß Salomo schon tot war. Aber freilich konnte das tote Regime des Schahs nicht einmal mit dem Leichnam eines Propheten wie Salomo verglichen werden. Wenn es im Koran überhaupt etwas gab, womit dieses Regime vergleichbar war, dann war es der Leichnam Pharaos, des Feindes von Gottes Propheten Moses.

Als Ali sich dem Gelände um den Schrein näherte, sah er, daß die Scheinwerfer, die die goldene Kuppel und andere markante Gebäudeteile anstrahlten, wie gewöhnlich vor Sonnenuntergang eingeschaltet worden waren. Aber das war auch so ungefähr das einzig Normale von allem, was er in den nächsten Minuten sah und hörte. Studenten, die Mullahs werden wollten und sich sonst immer so sehr bemühten, würdevoll zu erscheinen, sprangen tatsächlich in die Luft und vollführten tanzähnliche Handbewegungen – und das, obwohl Tanzen für Mullahs und ihre Studenten etwas so Abstoßendes war, daß die Studenten die Flucht ergriffen hätten, sollten ihre Lehrer auch nur eine entfernte Ähnlichkeit in der Bewegung angedeutet haben.

Ali hatte ebensowenig Lust wie irgendein anderer Mullah-Lehrer, den Studenten ihre Freude zu nehmen. Sie spürten, daß eine Epoche der iranischen Geschichte, das Zeitalter der weltlichen „Ingenieure" in europäischen Anzügen, zu Ende war und daß sie nun an der Reihe waren, ein neues Zeitalter zu eröffnen. Einige Studenten riefen Parolen wie „In der Frühlingszeit der Freiheit vermissen wir unsere Märtyrer sehr." Aber ihr Lärm wurde noch übertönt von dem Lautsprechersystem des Schreins, das – sicher zum erstenmal in der Geschichte – nur das herausbrüllte, was über den Rundfunk aus Teheran kam. Eine Meldung jagte die andere – aus Städten wie Beidokht und Andimeschk, die Ali nur andeutungsweise auf der Landkarte orten konnte; es wurde von örtlicher Unterstützung

durch Einheiten der Polizei und der Armee berichtet und dazwischen neue Slogans zum Mitsingen für die Zuhörer gesendet. Einige von Alis Schülern traten jetzt an ihn heran, verbeugten sich leicht und warteten darauf, ihn etwas fragen zu können. „Hadschi Agha, Khomeini hat dem Islam wieder Leben gegeben. Sie haben im Irak bei ihm studiert. Was für ein Lehrer ist er?"
Fragen dieser Art waren ziemlich leicht zu beantworten oder auch auf eine weniger öffentliche Erörterung zu vertagen. Ebenso war es mit Fragen einiger naiven Studenten (nicht gerade Alis Lieblinge), die sich wegen der Versuchung zu moralischer Korruption Sorgen machten: „Wie lange wird es dauern, mit all dem Schmutz aufzuräumen, den Zeitschriften wie ‚Die Frau heute' in die Köpfe der Leute gebracht haben?" und dergleichen mehr. Aber die schwierigen Fragen waren die, über die er selbst sich nach Monaten des Nachdenkens noch unschlüssig war. Ein Student fragte, vor Erregung fast in Tränen: „Hadschi Agha – wenn wir jetzt den Leuten den Koran bringen, wenn wir sie mit dem Geist Husseins erfüllen und den jungen Menschen in den Schulbüchern die wahre Geschichte des Islam erzählen – glauben Sie, daß wir dann sehr bald nach unserer geliebten Revolution die ‚Rückkehr' bewirken können?" Ali sagte ihm: „Die Beseitigung Pharaos war nur der erste Schritt. Vielleicht müssen wir noch eine Zeitlang wandern, bis sich Gottes Verheißung erfüllt."
Natürlich hatte Ali wie die meisten Mullahs in Ghom das Buch gelesen, auf das sein Student anspielte: „Die Rückkehr zu uns selbst" von Ali Schariati – und ebenso wie die meisten Mullahs hatte er sich danach gesehnt, daß die Massen die Botschaft dieses Buches aufnehmen würden, daß nämlich mit der Rückkehr zum wahren schiitischen Islam der Iran von den Fesseln politischer und psychologischer Unterwerfung unter den Westen befreit würde. Aber er wußte, daß das Ghom seiner Kindheit, eine Kleinstadt mit eingefriedeten Gärten, in der sein Vater – ein Mullah – und die Freunde seines Vaters im Geiste stillen Heldentums eine Tradition der Gelehrsamkeit aufrecht erhielten, bereits verschwunden war und niemals wiederkehren könnte. Es freute ihn zu sehen, daß die beiden schwarzen Fahnen, das Zeichen der Trauer um die Märtyrer der Revolution, von den zwei Minaretten heruntergeholt und oben auf der goldenen Kuppel ein grünes Banner aufgepflanzt wurde, um den Sieg des Islam anzuzeigen. Da er aber mit Sicherheit wußte, daß die Vergangenheit nicht wiederkehren würde, fühlte er sich überraschend beunruhigt bei der Frage, was dieses Banner für die Zukunft, und ganz besonders für ihn selbst bedeuten würde, für seine Verantwortung als ausgebildeter Mullah und als Nachkomme des Propheten, als Mann, der berechtigt war, das Grün des Propheten zu tragen.
Das Gedränge wurde jetzt so dicht, daß, wie man in Persien sagt, „ein Hund seinen Herrn nicht mehr erkennen konnte". Ali fühlte, daß er seinen Studenten und seinen Mitbürgern keinen Dienst damit erwies,

wenn er sich ebenfalls in das Gewühl stürzte. Außerdem hatte er Hunger. Er hatte das Mittagessen vergessen, weil er so darauf konzentriert war, sich mit Gartenarbeit vom Radiohören abzulenken.

Als er zu Hause den Garten des Innenhofes wieder betrat, konnte er immer noch aus der Entfernung von zwei Wohnblocks die Rufe aus der breiten Straße hören und die undeutlichen Worte des Predigers aus den Lautsprechern der großen Moschee gegenüber dem Schrein, die etwa einen Kilometer entfernt war. Regengeruch hing in der Luft, hochwillkommen in dem trockenen Klima von Ghom.

Alis Bruder war zurückgekommen. Er lachte, und seine Erregung schien für einen bedeutenden Textilkaufmann des Basars ebenso unangebracht wie der Tanz für die Studenten der Mullahs. „Die ganze Wüste zwischen Ghom und Teheran wird in diesem Sommer bepflanzt. Stell dir vor! Es wird ein bombiges Geschäftsjahr. Ich will jetzt lieber gleich mal ein paar Freunde besuchen."

Die Sonne war noch nicht untergegangen, aber sie stand so tief, daß der Schatten der einen Innenhofmauer den ganzen Garten bis auf einen schmalen Streifen überzogen hatte. Ali sah, daß der Schatten gleich den Spaten erreichen würde, den er neben den neu gesetzten Pflänzchen in die Erde gestoßen hatte, und er ging hinüber und zog ihn heraus. Dann erblickte er den Gärtner Hamid, der in dem schattigen Teil des Hofes unter dem Baum stand, den er zu Ende beschnitten hatte. Hamid hielt die Säge in der Hand; seine Aufmerksamkeit war zwischen Ali und dem Baum geteilt. Noch eine Erstaunlichkeit dieses Tages: Hamid hatte offenbar während der ganzen großen Feier des Spätnachmittags weiter die Bäume beschnitten. Jetzt wandte Hamid seine ganze Aufmerksamkeit Ali zu.

„Gott sei gesegnet, Herr, der Islam hat gesiegt. Natürlich bin ich sicher, daß ich heute in zehn Jahren immer noch diese Säge in der Hand halten werde. Aber es ist ein großer Tag, Herr, ein gesegneter Tag. Sie haben bei Khomeini studiert, und Sie sind ein angesehener Lehrer in der Feiziye. Jetzt werden Sie sicher in Teheran gebraucht. Mit allem Respekt, Herr, Sie und ich sind zu alt, um Teheraner zu werden. Sie und Ihre Familie haben seit Generationen in Ghom den Boden bestellt; es wird für Sie immer das größte Glück bedeuten, nach Ghom zurückzukehren. Ich hoffe, Sie können die Pflanzen bald fertig setzen; in dem kleinen Päckchen werden sie nicht lange halten."

Erstes Kapitel

Drei Dinge hatten Ali Haschemi bewogen, Mullah zu werden: Sein Vater war Mullah, er selbst war gut im Religionsunterricht, und er war in Ghom geboren und aufgewachsen. Für Tausende von Studenten, die jedes Jahr ankommen, ist Ghom das wichtigste Zentrum für religiöse Studien im Iran. Für die Zehntausende von Pilgern, die in jeder Jahreszeit hereinströmen, ist es eine Stadt, die beherrscht wird von dem großen heiligen Schrein in ihrer Mitte. Ali Haschemi, der im Revolutionsjahr 1979 sechsunddreißig Jahre alt wurde, hat in Ghom studiert und immer den Schrein verehrt. Aber für ihn ist Ghom schon immer etwas Einfacheres und Größeres gewesen: Es war der erste Ort und blieb bis zu seinem neunzehnten Lebensjahr auch fast der einzige Ort, den er kannte.

Natürlich hat Ali als Kind auch andere Städte besucht. Zum Beispiel erinnert er sich, daß er mit sechs Jahren zum erstenmal die zweistündige Autoreise nordwärts von Ghom nach Teheran machte. Aber außer dem undeutlichen Eindruck, daß die Hauptstadt viel größer und lauter war als Ghom, blieb nur eine Szene dieses Besuches klar in seinem Gedächtnis haften, und die hätte sich ebenso gut zu Hause abspielen können. Er erinnert sich, wie er sich mit seinem Vater freute, als sie dessen Freund, einen ehrwürdigen Mullah, im Garten eines Krankenhauses bei einer Gruppe von Zypressen auf einem Stuhl sitzend fanden.

Ali hat noch eine viel frühere Erinnerung. Die Bäume seiner allerersten Erinnerung sind die kleinen Obstbäume, die in dem kargen Boden und dem heißen Klima von Ghom mit solchem Eifer und solcher Sorgfalt gezogen werden. Ali, damals drei Jahre alt, war mit seiner Mutter bei einem der kleineren Schreine, den man auf persisch „Paradiespforte" nennt. Es war Nachmittag. Auf den Obstbäumen, die das kleine Ziegelgebäude des Schreins umstanden, hatte sich ein Schwarm Grünfinken niedergelassen. Ali erinnert sich an eine Frau, die, vom Alter gebeugt, einen Krug Wasser brachte, und die Leute sagten: „Die Vögel sind auch Pilger."

Über die Jahreszeit seiner nächsten Erinnerung ist kein Zweifel möglich, denn er sieht noch im Hintergrund die roten und weißen Blüten der Granatapfelbäume, deren Blütenduft im Frühling irgendwie an den Geschmack der Früchte erinnert, die im Herbst gepflückt werden. Er und sein Bruder wurden in eine Ecke des Gartens hinter seines Vaters Haus geführt. Dort saß seine Mutter vor einem niedrigen Busch mit vielen Blättern und hielt ein neugeborenes Kind im Arm. Plötzlich verstand er etwas, was man ihm schon bei anderer Gelegenheit gesagt hatte. Er, sein älterer Bruder, sein Vater und sein neugeborener Bruder trugen grüne

Schärpen, und Ali wußte, daß sie Seyyids waren, Nachkommen des Propheten. Es spielte keine Rolle, daß das Baby die Augen geschlossen hielt: Ali mochte seinen kleinen Bruder, und er war sich sicher, daß sein kleiner Bruder ihn auch mochte.

Vielleicht ist es Zufall, daß Grün, die Farbe des Propheten, auch die Farbe des Pflanzenreiches ist; in der so mühsam kultivierten Oase von Ghom erscheint es jedenfalls sehr passend. Ebenso wie die Christen der Mittelmeerländer über Jahrhunderte hinweg darüber staunten, daß ihre kahlen Hügel blutrote Trauben hervorbrachten, die sie für das Sakrament verwendeten, so lieben die Iraner seit Jahrhunderten die eingeschlossenen grünen Gärtchen, die ihre mühselige Arbeit dem trockenen Boden ihres Landes abtrotzt. Die Welt des Altertums wußte, daß die Iraner solche umfriedeten grünen Fleckchen liebten, und die Griechen übernahmen das Wort *paradeisos*, das von *pairidaeza* entlehnt ist, dem alten persischen Wort für einen umfriedeten Garten. Die Verfasser des griechischen Neuen Testaments übernahmen das gleiche Wort für „die Wohnung der Seligen". Wie richtig, daß Grün die Farbe der Nachkommen Mohammeds wurde, der den wahren Muslimen durch den Koran die Verheißung eines himmlischen Gartens brachte, „unter dem Ströme fließen".

Seit der Stadtgründung hat sich die Geschichte Ghoms um sorgfältige Gartenpflege gedreht und um liebevolle Behandlung der Menschen wie Ali, der Nachkommen Mohammeds. Es scheint, daß die moslemischen Araber, die im siebten Jahrhundert den Iran eroberten, an oder in der Nähe der Stelle des heutigen Ghom keine wichtige Stadt vorfanden, nur verstreute Dörfer an einem ungezähmten und oft salzig schmeckenden Fluß. Der neue Glaube und die neue Macht der Araber schufen schließlich den Wohlstand, der eine bedeutende Stadt möglich machte.

Zu Anfang waren jedoch die arabischen Eroberer zahlenmäßig zu wenige, um ihr ausgedehntes Reich zu regieren. Im Tal von Ghom und in vielen anderen Provinzen des westlichen und mittleren Irans durfte die Region sich selbst verwalten, solange nur die örtlichen Gutsherren ihre Steuern an die Garnisonsstädte der moslemischen Araber im südlichen Irak entrichteten. Weniger leicht war es für die Araber im südlichen Irak, einen *modus vivendi* mit ihren arabischen Brüdern im benachbarten Syrien zu finden. Durch den Streit zwischen diesen beiden Gruppen moslemischer Araber fand die Verehrung für die Nachkommen Mohammeds ihre bleibende gefühlsmäßige Heimat im südlichen Irak, und indirekt ist dieser Streit zur Ursache der Gründung Ghoms geworden.

Der Streit hatte etwa zu der Zeit begonnen, als der Irak das Verwaltungszentrum des arabisch-muslimischen Reiches wurde. Vierundzwanzig Jahre nach dem Tode Mohammeds hatte Ali, sein Schwiegersohn und Lieblingsvetter, die Hauptstadt dorthin verlegt. In der vorangegangenen Generation hatten die Araber des südlichen Irak den größten Teil des Iran erobert; jetzt waren sie stolz, als der neue Führer der Muslime den

Regierungssitz aus den heiligen Städten Arabiens in die Garnionsstädte des Irak verlegte. Aber die syrischen Araber stellten sich gegen Alis Führerschaft, und als dieser einige Jahre später ermordet wurde, mußten sich die Iraker widerwillig einer Verlegung der Hauptstadt nach Syrien fügen. Aber viele Iraker trauerten weiterhin um Ali und die Zeit seiner Herrschaft, bis sie schließlich als „die Parteigänger Alis", *schiʿat ʿAli* oder einfach die „Schia" bekannt wurden.

Nach Alis Tod übertrugen diese Iraker ihre Untertanentreue auf Alis Söhne, die einzigen Enkel Mohammeds und die Ahnherren aller heute lebenden Seyyids einschließlich Ayatollah Khomeini, König Hassan von Marokko, König Hussein von Jordanien und Ali Haschemi. Einer dieser Enkel, Hussein mit Namen, wurde nach einer Generation syrischer Herrschaft von den Parteigängern seiner Familie ermuntert, die Syrer herauszufordern und im südlichen Irak das Banner des Aufstandes zu hissen. Hussein rückte aus Arabien nach dem Irak vor, wo „die Parteigänger Alis" ihm wohl zu Hilfe eilen würden; aber nur wenige taten es. In den Wüsten jener Provinz mußte Hussein, umringt von syrerfreundlichen Truppen, zusehen, wie Familienangehörige und Anhänger verdursteten; er focht eine Reihe von Verzweiflungskämpfen und wurde getötet.

Die irakischen „Parteigänger Alis" beklagten bitter, daß der Sohn Alis, der letzte noch lebende Enkel des Propheten, so erbärmlich zu Tode gekommen war und daß sie selbst so wenig zu seiner Rettung unternommen hatten. Husseins Tod wurde für die Schia ein Brennpunkt religiöser Gefühle, der Passion Jesu im Christentum vergleichbar. Noch heute wird das Drama seines Märtyrertodes alljährlich in den schiitischen Gemeinden vom Libanon bis zur Malabar-Küste Südindiens in Prozessionen und Passionsspielen in Szene gesetzt. Viele irakische Schiiten des siebten Jahrhunderts trauerten und planten weitere Aufstände; einige aber zogen sich zurück und ließen sich im Iran im Tal von Ghom nieder.

Für Männer, die die sengende Hitze der arabischen Wüste gewohnt waren, erschien das ausgedörrte Tal des Flusses Ghom nicht abschreckend. Außerdem hielt die Dürre und die geringe Bedeutung des Ghom-Tales mächtigere, den Syrern ergebene Statthalter fern. Aber in ihrer Behandlung der zoroastrischen Iraner, die damals die Gegend von Ghom bewohnten, waren diese irakischen Araber alles andere als zimperlich. Die Araber des ersten islamischen Jahrhunderts waren von Innerasien bis zur Provence wegen ihrer kriegerischen Fähigkeiten gefürchtet. Anfangs halfen die iranischen Grundherren den Arabern, in dem Tal zu siedeln. Bald aber mußten sie feststellen, daß die Neuankömmlinge ihnen die Wasserrechte und dann auch das Land selbst streitig machten und daß sie sich dagegen nicht wehren konnten. Die militärische und wirtschaftliche Macht der Araber brachte jedoch auch Vorteile: die Bewässerungssyteme wurden erweitert, ertragreiche Feldfrüchte wurden angebaut, und mit der Stadt Ghom entstand die erste größere Ansiedlung in dieser Gegend.

Nach und nach erkannten die Iraner nicht nur die wirtschaftliche, sondern auch die geistige Herrschaft der Araber an: sie wurden Muslime. Es handelte sich aber um einen echten kulturellen Austausch: Die Araber hielten zwar ihren Stammbaum rein, gaben aber ihre Muttersprache auf und begannen persisch zu sprechen wie die Menschen um sie herum.

Zu Beginn des neunten Jahrhunderts starb der Ur-Ur-Urenkel Husseins, den die meisten Schiiten als ihren Führer anerkannten, im östlichen Iran an einem Ort, der ihm zu Ehren später Meschhed – „das Grabmal des Märtyrers" – genannt wurde. Um die gleiche Zeit starb seine Schwester Fatima in Ghom. Üblicherweise hätte das Grab seiner Schwester – und wäre sie auch die Schwester des allerwichtigsten Nachkommen Husseins gewesen – als Wallfahrtsort nur lokale Bedeutung gehabt. Aber weil die Leute von Ghom Schiiten waren, hielten sie ihren Schrein heilig und erwiesen jedem schiitischen Besucher des Schreins ihre Ehrerbietung. Allmählich dehnte sich die Stadt von den arabischen Siedlungen nach dem Schrein hin aus.

Als Kind freute sich Ali gewöhnlich, wenn der Besuch eines Verwandten oder Freundes der Familie Anlaß gab, den Schrein aufzusuchen. Denn sein Innenraum war immer von dem Duft der riesigen Sandelholztruhe erfüllt, die Fatimas Grab umschloß. Ali ging dann mit seiner Mutter nahe am Fluß, an den Religionsseminaren und der Großen Moschee vorbei, auf das eindrucksvolle Tor in der hohen Mauer des Schreins zu. Innen war ein weiter Hofraum und in dessen Mittelpunkt ein großer runder Teich. Dieser war zu jeder Jahreszeit mit klarem, grünlichem Wasser gefüllt, anders als der Fluß Ghom, bei dem sich Stadien der Üppigkeit und der Dürre immer abzuwechseln schienen.

Sobald sie den Innenhof betreten hatten, verlangsamte Alis Mutter ihren Schritt. Ali war froh, daß er den Hof nicht so schnell zu überqueren brauchte, denn dieser war mit großen Pflastersteinen und vielen Grabsteinen ausgelegt, die alle nach dem zentralen Gebäude des Schreins hin ausgerichtet waren. Manchmal trat ein *rouze-khan,* ein Prediger und Erzähler erbaulicher Geschichten, an Alis Mutter heran. Sie war von all den anderen Frauen im Hof nicht zu unterscheiden, denn alle trugen den Tschador, den schwarzen, einem Umstandskleid ähnlichen Umhang, der sie mit Ausnahme einer Gesichtspartie völlig einhüllte. Aber da seine Mutter aus Ghom gebürtig und außerdem die Frau eines Mullahs war, wollte sie nicht wie ein Tourist dafür bezahlen, daß der *rouze-khan* ihr Vorbeter war.

Ali war weniger an der riesigen Goldkuppel und den vier flankierenden Minaretten des Hauptgebäudes interessiert; ihn reizte das verschlungene Muster der Spiegelstücke, die so geschnitten waren, daß sie sich in die wabenartige Fläche in den drei großen Bögen an der Vorderseite des Gebäudes einpaßten. Ebenso interessant war der sehr dürre, sehr alte Kerzenverkäufer mit seinem ewigen weißen Zehn-Tage-Bart, seiner

Schädelkappe, dem schwachgrauen kragenlosen Hemd, der faltigen braunen Jacke und den weiten grauen Hosen, der gleich hinter dem Eingang zum Hauptgebäude stand. Nachdem Ali und seine Mutter ein paar Kerzen gekauft und ihre Schuhe einem anderen alten Mann zur Aufbewahrung gegeben hatten, kamen sie zu einer Tür, die die Welt des Sonnenlichts von dem dunklen Innenraum trennte. Seine Mutter sagte dann: „Faß meinen Tschador an!", und sie küßten gemeinsam die Türpfosten.

Schlagartig war es mit der gemächlichen Gangart des Hofraums zu Ende. Sie durchschritten einen Vorraum und konnten das Weinen und die Gebete aus dem nächsten Raum hören, der um das Grabmal herumgebaut war. Am Eingang zur Grabkammer küßten sie den rechten und, wenn das Gedränge aufgeregter Pilger es zuließ, auch den linken Türpfosten. Im Innern der Grabkammer verneigte sich Alis Mutter vor dem Sarkophag und entzündete dann ihre Kerzen an denen, die schon in einem besonderen Seitenraum brannten.

Manchmal war es bei der Menge von Pilgern schwierig, durch das hohe, massive silberne Gitterwerk hindurch etwas von dem dahinter liegenden Grabmal selbst zu erblicken. Immer aber konnte Ali das Sandelholz des sargähnlichen Kastens riechen, der das Grab umschloß. Die entschlossene Gangart, die die Pilger schon an der Tür des Vorraumes vorgelegt hatten, wurde jetzt noch schneller, als sie zu dem äußeren Kreis von Pilgern stießen, der sich entgegen dem Uhrzeigersinn um das Grab drehte, und die inneren Kreise wirbelten so schnell herum, daß einige Leute in der Nähe des Gitters durch den Druck und das Tempo dieser Bewegung offenbar eingeklemmt wurden. Am Gitter war der Lärm am größten. Einige riefen: „O du Heilige, Sündlose!"; andere warfen Münzen durch das Gitter und versuchten es im Vorbeieilen zu küssen; viele weinten.

Alis Mutter blieb oft im Außenkreis, weil sie kein Gelübde getan hatte und nicht ganz nahe an das Grab heranzugehen brauchte, aber auch sie weinte fast regelmäßig. Ali wollte auch weinen und fand es seltsam, daß er das nicht so leicht fertigbrachte, aber meistens würgte ihm nach einigen Umläufen um das Grab die Kehle, und er begann zu weinen. Endlich lösten sie sich wieder aus der Menge, verließen rückwärts gehend, das Gesicht dem Sarkophag zugekehrt, den Grabraum und küßten die Türpfosten, wenn sie sie erreichten. Nachdem sie ihre Schuhe zurückerhalten hatten und hinaus ins Freie getreten waren, freute sich Ali immer, wenn er neue Pilger über den Hof schlendern sah unter einem Himmel, der sich in der Zwischenzeit kaum verändert hatte. Er meinte immer, daß der Ausflug sich noch mehr lohnte, wenn er seine Mutter dazu überreden konnte, einen anderen Heimweg einzuschlagen. Und wenn sie es nicht gerade eilig hatten, sagte sie: „Du kleiner Teufel" und gab ihm nach.

Für weltliche iranische Intellektuelle ist Ghom etwas sehr Fremdes, zugleich aber auch etwas sehr Vertrautes. Es ist ihnen vertraut, weil Großmütter und fromme Tanten sie als Kinder dorthin mitgenommen hatten, um den Schrein und in vielen Fällen auch Familiengräber zu besuchen. Es ist ihnen vertraut, weil dieselben Großmütter und frommen Tanten zu Hause *rouze-khans* anheuerten – genau solche wie die, die in Ghom die Pilger ansprechen –, damit sie die Familie besuchten und eine Predigt hielten, die in Wirklichkeit eine Totenklage war, denn der *rouze-khan* kam sehr schnell auf die Leiden Husseins zu sprechen und verweilte dann bei diesem Thema, während seine ganz aus Frauen bestehende Zuhörerschaft rückhaltlos weinte. Vertraut ist Ghom den weltlichen Intellektuellen aber auch, weil sie die gleichen Mullahs mit Turban, wie man sie um den Schrein und die Theologenschulen von Ghom findet, auf Hochzeiten gesehen, weil sie ihre Predigten bei Beerdigungen gehört und sie wahrscheinlich sogar an staatlichen Schulen als Religionslehrer gehabt haben.

Und doch ist Ghom so fremd, wie es nur etwas Vertrautes, aber Inakzeptables sein kann. Ghom ist nicht nur eine Touristenfalle, in der Fotografen ihre und ihrer Frauen Köpfe auf einen Hintergrund bannen, der sie im Gewand traditionellster Frömmigkeit zeigt. Es ist auch eine Touristenfalle, in der die Frömmigkeit als Vorwand dient, sie an allen Ecken und Enden zu melken, von den *rouze-khans* bis zu den Bettlern. Die Bettler kennen den hohen religiösen Wert des Almosengebens; sie tauchen neben den Familiengräbern auf, rufen einem fromme Sprüche entgegen und strecken die Hände aus. Aber in der Sicht der weltlichen Intellektuellen melkt Ghom nicht nur die Lebenden in der Gestalt von über einer Million Pilgern im Jahr, es melkt auch das Vermögen der Verstorbenen, denn ungeachtet der steigenden Begräbniskosten in Ghom treffen alljährlich Tausende von Leichen aus ganz Iran ein, um sich den Hunderttausenden anzuschließen, die dort schon begraben liegen. Da sich darunter die Gräber so viele Privilegierter, ja auch vieler Herrscher aus den schiitischen Dynastien des Iran befinden, erwartet man, daß Teile des Friedhofs Ghom gut gepflegt sind; Tatsache ist aber, daß außerhalb des Schreins der größte Teil des Friedhofs Ghom einem Trümmerfeld gleicht. Die Gräberfelder – auf denen die Gräber in gleicher Richtung dicht nebeneinander liegen – sind mit abgesplitterten Stein- oder Ziegelbruchstücken der Grabmarkierungen übersät. Die Grabmäler haben größtenteils die Dächer verloren und wurden zu Nistplätzen für die Störche (die von den Iranern „Hadschi Lak-lak" genannt werden – „der Pilger, der *lak-lak* ruft").

Dem weltlichen Intellektuellen erscheint es durchaus passend, daß die überkommene schiitische Gelehrsamkeit sich ausgerechnet eine riesige Totenstadt zum Sitz erwählt hat. Für ihn haben sich die etwa sechstausend Studenten einer Form der Gelehrsamkeit verschrieben, die ebenso veraltet ist wie die Mullah-Kleidung, die sie tragen, und ebenso trocken wie das Klima von Ghom. Denn trocken ist Ghom auch im Vergleich zu anderen iranischen Städten, und fremde Besucher sind gewöhnlich weniger von den fruchtbaren grünen Inseln beeindruckt, die die Leute von Ghom sich haben schaffen können, als von dem Meer von Staub und Wüste, das diese Inseln umschließt. Ein zeitgenössischer Dichter, Naderpur, sieht Ghom so:

> Viele tausend Frauen
> Viele tausend Männer
> Frauen mit Kopftuch
> Männer im Kaftan
> Eine goldene Kuppel
> Mit alten Störchen
> Ein unfreundlicher Garten
> Mit vereinzelten Bäumen
> Verstummtes Lachen
> Verwehte Rede
> Ein halbvoller Teich
> Mit grünem Wasser
> Viele alte Krähen
> Auf Haufen von Stein
> Herden von Bettlern
> Auf Schritt und Tritt
> Weiße Turbane
> Schwarze Gesichter.

Daß man die Gräber und Turbane von Ghom akzeptieren oder ablehnen konnte, kam Ali auf dem Nachhauseweg vom Schrein nie in den Sinn. Die Gräber waren Tatsache des Lebens, wie die Jahreszeiten oder die Sonne. Und was die Turbane betraf – sein Vater trug einen, und er wollte später auch einen tragen. Das Zuhause war aber doch sehr verschieden von der Straße, die niemandem gehörte (nicht einmal der Stadt, wenn man aus ihrem Erhaltungszustand Schlüsse ziehen durfte). Ebenso wie der Schrein war auch Alis Zuhause ganz von einer Mauer umschlossen, und wie der Schrein war es eine Welt für sich. Aber während der Schrein mehrere große Höfe besaß, die in seinen Zweck einführten, hatte das Zuhause nur einen kleinen, genau abgesteckten Eintrittsbereich, ein achteckiges Torhaus, dessen eine Tür nach der Straße hinausging. Das Torhaus gehörte weder zur Straße noch zum Wohnhaus, aber es war kühler als die Straße und ließ schon die frischere Luft drinnen ahnen.

Im Torhaus führte die erste Tür rechts zu einem Pförtnerzimmer, das zu Alis Zeit nicht benutzt wurde. Da es für Ali und seine Brüder eine ausgemachte Sache war, daß dort in einem Mauerloch eine gefährliche Schlange wohnte, stachelten sie sich einige Monate lang gegenseitig an, als erster hineinzugehen, und dann liefen sie immer der Reihe nach hinein und heraus. Die zweite Tür rechts war dagegen ein vertrauter Freund. In dem Stall, zu dem sie führte, waren früher, als sein Vater noch jung war, weiße Esel untergebracht, wie sie die Mullahs vom Rang seines Vaters und Großvaters gewöhnlich besaßen. Der Stall hatte zwei Abteile, und manchmal schlüpfte Ali hinter dem Diener, der dort Brennholz holen wollte, hinein und tat so, als wolle er die hinteren Enden der Zweigbündel mit anfassen, die der Diener ins Haus zurücktrug.

Die übrigen Türen führten zu den beiden Hauptteilen des Hauses, die auf persisch *andaruni*, „das Innere", und *biruni*, „das Äußere" heißen. Als Kind war Ali nur selten im *biruni* gewesen, da es ausschließlich seinem Vater und dessen männlichen Besuchern vorbehalten war. Aber wenn er dorthin kam, war er jedes Mal ergriffen von der Ähnlichkeit mit dem „Inneren". Überhaupt war nicht nur das Haus als solches zweigeteilt, sondern auch innerhalb des *andaruni* und des *biruni* war alles zweigeteilt. Jedes der beiden Teile war um einen Garten herum angelegt, und auch jeder dieser Gärten war deutlich zweigeteilt. Dem Eintretenden bot sich eine rechte Seite und eine linke Seite, und beide Seiten waren spiegelbildlich: Stand am Ende der rechten Seite eine Zypresse, dann stand mit Sicherheit auch eine am Ende der linken Seite. Auf jeder Seite des *biruni* gab es zwei langgestreckte Zimmer und zwei kleine Zimmer am hinteren Ende, alle um zwei Stufen höher gelegen als der Garten. Irgendwie bewunderte Ali seine Großmutter, die sich offenbar gegen die Regel der Zweiteilung aufgelehnt hatte: Kurz nach dem Tod ihres Gatten brachte sie Alis Vater dazu, daß er am Ende des Gartens im *biruni* vor den zwei kleinen Zimmern drei Stuckbögen bauen ließ, die überhaupt nicht zu den beiden Glastüren dieser Zimmer paßten.

Die völlige Abtrennung des mehr den Besuchern dienenden „Äußeren" von dem „Inneren" des Hauses war eine Regel der Zweiteilung, die niemand zu durchbrechen wagte. Kein Durchgang, nicht einmal ein Fenster verband *andaruni* und *biruni*. Ali wunderte sich, daß seine Großmutter nicht darauf bestand, ein Loch in die Wand schlagen zu lassen, um den Diener davon zu entlasten, den Tee, das Essen, Holzkohle und alles andere aus der Küche im *andaruni* den ganzen Weg heraus zum Torhaus und dann wieder hinein in das küchenlose *biruni* zu tragen.

Das „Innere" oder *andaruni* hatte ebenso wie das *biruni* einen rechten und einen linken Garten mit einem quadratischen Teich in der Mitte, und Ali kannte diesen Teich ganz genau. Sein ganzer Ehrgeiz war darauf gerichtet, alle Goldfische in dem Teich gleichzeitig zu sehen, und das gelang ihm manchmal, wenn er Brotkrumen an eine bestimmte Stelle zwischen die Blätter der Wasserlilien warf und damit alle Fische an die Oberfläche lockte – oder auch, wenn sie einen Schwarm bildeten und sich alle an einem Ende des Teiches versammelten. Ali kann sich nicht erinnern, daß sein Vater jemals eine Geschichte erfunden hat, außer wenn er seinen Sohn davon abschrecken wollte, sich über den Teich zu beugen. Wenn er sah, daß Ali die Hand ins Wasser hielt, kam er herübergelaufen, riß Ali zurück und sagte in ärgerlichem, ungehaltenem Ton: „*Vay, vay,* weißt du noch nicht, daß das Ungeheuer im Teich am liebsten Hände frißt, kleiner Teufel?"

Hin und wieder gab es genügend Wasser, so daß man den Springbrunnen einschalten konnte; dies war einfach ein Metallknopf auf einer quadratischen Marmorplatte gleich über dem Wasserspiegel in der Mitte des Teiches im *andaruni*. Dann sprudelte das Wasser aus den Öffnungen einer kleinen Metallkugel, der Teich floß über und ergoß sich in Rinnen, die von der Mitte seiner vier Seiten in vier Kanäle führten, durch die der Garten der Länge nach viergeteilt wurde. Ali erinnert sich daran, welchen Spaß seine Großmutter dann immer hatte. Sie legte Melonen zum Kühlen in den einen Kanal und gab dem Diener Anweisungen, an welchen Stellen und für wielange er Wasser aus den Kanälen in die vier durch sie gegliederten Zonen des Gartens leiten sollte. Zuletzt setzte sie sich mit Ali neben einen der Kanäle, und sie badeten die Füße im Wasser.

Im *biruni* waren die Bäume und Blumen säuberlich und streng symmetrisch in Paaren angeordnet. Im *andaruni* standen die Jasminbüsche, Zypressen und Blumenbeete ebenfalls paarweise oder manchmal auch in Vierergruppen, doch die Quitten und Granatapfelbäume standen einzeln und verliehen, wie Ali fand, dem *andaruni* noch mehr den Charakter des Privaten. Wenn er und seine Großmutter mit den Füßen im Wasser da saßen, sah Ali nach den Spitzen der Zypressen, die sich leicht im Wind wiegten, und sogar das Stück Himmel, das man zwischen den Gebäuden und der Mauer sah, kam ihm privat und vertraut vor.

Manchmal, wenn es besonders heiß und trocken war, ging Ali mit seinen Eltern, der Großmutter und den Brüdern in einen Raum im Untergeschoß, wo es noch einen Teich gab; aber im Gegensatz zu dem Gartenteich war dieser sehr lang und schmal und mit blauen Kacheln ausgelegt. Der Raum hatte keine Fenster, nur schmale Öffnungen mit einem Gitterwerk von kleinen intensivblauen Kacheln, durch das zwar Luft, aber nur wenig Licht herein konnte. Ali schien es, als ob selbst das Murmeln des dünnen Wasserstrahls in der Mitte des Raumes blau sei. Wenn die Familie so dasaß und niemand sprach, nur gelegentlich einer hustete und Hände oder Füße ins Wasser legte oder wieder herauszog, dann wußte Ali, daß alle dieses Blau und diese Stille ebenso hochschätzten wie er.

Bei heißem Wetter konnte man auf dem Dach nächtigen. Kurz nach Verschwinden des letzten Tageslichts wurden Matratzen und Moskitonetze aufs Dach getragen, und Ali beneidete seinen älteren Bruder, der eine Sprühpistole und eine Fliegenklatsche ins Netz mitnehmen durfte. Nach anfänglicher kleiner Unruhe war die Nacht dann erstaunlich still, trotz der vielen Menschen, die auf den etwa gleich hohen Nachbardächern schliefen. In der klaren, trockenen Luft glänzten die Sterne erstaunlich klar, und je intensiver Ali sie anschaute, desto heller leuchteten sie. Aber im Gegensatz zu dem privaten und vertrauten Gartenhimmel, den man bei Tag im *andaruni* erspähte, erschien der Nachthimmel grenzenlos und unpersönlich, und die Sterne waren unsagbar weit entfernt.

Wenn die Familie auf dem Dach schlief, wachte sie gewöhnlich mit dem Gebetsruf auf; aber Kazem und seine Frau, die beiden Bediensteten, waren immer schon vorher wach, und Ali sah ihnen zu, wie sie auf dem Dach nebenan den schon entzündeten Samowar anfachten, um den Tee zu bereiten. Nachdem der Vater gebetet hatte, zog man dann in die eigentlichen Schlafräume des *andaruni* um, um nach Möglichkeit noch eine oder zwei Stunden zu schlafen. Wenn Ali drinnen vor den anderen erwachte, studierte er die zwei halbkreisförmigen bunten Glasfenster über den von Vorhängen verdeckten Glastüren; wenn die Strahlen der Morgensonne auf sie fielen, schienen sie etwa zehn Minuten lang in Flammen zu stehen. Da schimmerten in regelmäßigen Abständen gelbe Sechsecke und in deren Zwischenräumen Quadrate oder, anders betrachtet, blaue und grüne Dreiecke, die sich zu Quadraten zusammenfügten. Wenn man dem Blau oder Grün folgte, bildete jede Farbe eine Reihe von Bändern, wobei die eine Farbe unter der anderen verschwand und in regelmäßigen Abständen wieder zum Vorschein kam. Als er begann, die Buchstaben des Alphabets malen zu lernen, sagte Ali zu seinem älteren Bruder, er wolle dieses Muster abzeichnen und dann versuchen, etwas Ähnliches zu entwerfen. Sein Bruder sagte lächelnd, solche Entwürfe würden von Kunsthandwerkern gemacht.

Ali weiß auch noch, daß seine Mutter die Großmutter, wenn sie einmal länger schlief, aufweckte, in dem sie mit den Füßen auf dem Teppich neben ihr schlurfte, hustete oder sich räusperte. In der Tat war es auffallend, wie oft der einzige Schutz der Privatsphäre in Schlurfen und Räuspern bestand. Besonders erinnert sich Ali, daß jeder, der zum Außenhaus kam – das kein Türschloß besaß –, hustete und mit den Füßen schlurfte, so daß jeder, der vielleicht drinnen war, zur Antwort ebenfalls husten oder sich räuspern konnte. Eigentlich war für jeden, der ins *andaruni* eingelassen wurde, alles gewissermaßen öffentlich – das wurde Ali klar, als er später von zu Hause wegging. Jeder hatte seine Privatsphäre nur insoweit, als er selbst sich im Geist privat fühlen konnte. Im Winter saßen alle um ein Holzkohlenfeuer, das in einer Pfanne unter einen niedrigen Tisch gestellt wurde. Über den Tisch war eine riesige Steppdecke gebreitet. Man konnte sich nun die Decke bis zum Hals ziehen oder sie einfach über den Beinen lassen, man konnte lesen oder sprechen, Tee trinken oder schlafen. Manchmal fanden um die Kohlenpfanne herum all diese Dinge zur gleichen Zeit statt, und natürlich beanspruchten und erhielten diejenigen, die lasen oder schliefen, das Recht auf ihre privaten Neigungen, die sich deutlich unterschieden von den Neigungen der übrigen, nur wenige Schritte von ihnen entfernt Sitzenden.

Schon sehr früh erkannte Ali, daß er, anders als seine Brüder, mehr als die Privatsphäre in Gesellschaft brauchte – er brauchte einen Ort, an den er sich zurückziehen konnte. Später ging er dann zu einem der kleinen aufgelassenen Schreine, die es um Ghom herum gibt; als Kind aber fand er heraus, daß es, wenn seine Mutter und seine Großmutter zu tun hatten, niemandem etwas ausmachte, wenn er sich unter einen Busch zurückzog und – was er gerne tat – aus seinem Versteck die anderen beobachtete oder einfach zu verstehen versuchte, was jemand gesagt hatte. Einmal verfolgte er unter solch einem Busch den Krieg der Ameisen. Er erkannte sofort, was die Ursache des Krieges war und wofür die Parteien standen. Die roten Ameisen, deren Biß (wie er gehört hatte) leicht giftig war, waren Sunniten, also die Partei der Muslime, die den Anspruch der Nachkommen Alis ablehnte. Sie griffen die schwarzen Ameisen an, die offensichtlich Schiiten waren, da Schwarz ebenso wie Grün von Leuten wie Ali Haschemis Vater, die ihre Abstammung von Ali herleiteten, getragen wurde. Er weiß noch, wie er die schwarzen Ameisen für die Gerechtigkeit ihrer Sache und für ihren individuellen Heldenmut bewunderte; im weiteren Verlauf des Kampfes aber begann er die Stetigkeit und Ordnung der langsamer operierenden roten Ameisen zu schätzen. Soviel er sich erinnerte, gewann keine der beiden Seiten.

Etwa von der Zeit seines sechsten Geburtstages an ging Ali nicht mehr mit seiner Mutter zum Badehaus, sondern mit seinem Vater. Dies war nicht der einzige bedeutsame Wandel, der damals in seinem Leben eintrat. Beten lernen, schreiben lernen, mit den Freunden seines Vaters stillsitzen lernen: all das war genauso neu und nahm mehr Wochenstunden in Anspruch als ein Besuch des Bades. Aber irgendwie hat sich ihm der Wechsel im Badehaus am besten eingeprägt: In der einen Woche war er dort in einer Schar schwatzender, schwitzender halbnackter Frauen, in der nächsten Woche saß er in einer Runde feierlicher, halbnackter Männer, während sein Vater ihm erklärte, daß in diesem Badehaus – wie in so vielen anderen im Iran – ein Maler den Teufel an die Decke gemalt hatte. Dies geschah darum, weil nach allgemeiner Annahme der Teufel die Menschen an einem Ort von Feuer und Dampf peinigte, wie das Badehaus es war. Der wirkliche Teufel, so fügte sein Vater hinzu, war Satan, der Feind Gottes. Ali fragte, warum Gott den Satan nicht vernichtet habe, wenn er sein Feind sei. Sein Vater lächelte, wischte sich mit einem Handtuch das Gesicht ab und sagte, daß er ein kluger Junge und selber ein richtiger kleiner Teufel sei.

Es war nicht so, daß seine Mutter von nun an weniger Zeit für ihn hatte, es war vielmehr so, daß sein Vater jetzt viel mehr Zeit zu haben schien. Er hatte seinem Vater oft beim Gebet zugesehen und hatte für sich selbst versucht, auch die Hände zu erheben und wieder zu senken, sich nach vorn zu beugen, niederzuknien, mit der Stirn den Boden zu berühren, so wie sein Vater es tat. Es war hoffnungslos. Dazu kam, daß sein Vater auf arabisch betete, und Ali konnte nicht mehr als ein oder zwei Worte von dem behalten, was sein Vater sagte. Einige Monate, nachdem er nicht mehr mit seiner Mutter zum Badehaus gegangen war, bemerkte sein Vater, wie Ali seine Bewegungen beim Gebet nachahmte. Nach Beendigung des Gebetes nahm der Vater Alis Hände in seine eigenen Hände und sagte: „Gott möchte gern, daß wir unser Gebet damit beginnen, daß wir im Herzen oder auch laut sagen ‚Ich versuche zu beten'. ‚Ich versuche zu beten' heißt ‚Ich möchte beten'." Ali sagte: „Aber ich möchte wirklich beten – ich möchte sein wie du." Sein Vater lächelte und strich über Alis Kinn. „Gut. Ich weiß, daß du sein möchtest wie ich. Lerne einen Teil des Gebetes auf arabisch, dann wirst du es sprechen können wie ich, wenn du alt genug bist, um zu verstehen was es heißt, ‚ich versuche zu...'"

Rückblickend erscheint es Ali unfaßbar, daß er eine erste Geschmacksprobe des Arabischen – der wahren Sprache der Offenbarung und der Theologie – damals erhielt, als er vor seinem Vater ganze Sätze in sich aufnahm, ohne Fanfarenstoß oder feierliche Einführung. Sein Vater übersetzte die arabischen Sätze Wort für Wort ins Persische; das war kaum eine Hilfe, doch verbanden sich die Worte jedes Satzes miteinander zu einer Kette, die niemals zerbrach. Mißlich war nur, daß Ali die Sätze selbst manchmal durcheinanderbrachte, und manchmal erfand er neue Weisen, arabische Wörter auszusprechen, was seinen Vater erheiterte. Zweimal mußte Ali in einem Gebet das kürzeste Kapitel des Korans wiederholen:

> Im Namen Gottes, des Erbarmers, des Barmherzigen.
> Sprich: Er ist der eine Gott,
> Der ewige Gott.
> Er zeugt nicht und wird nicht gezeugt,
> Und keiner ist Ihm gleich.
> (dtsch. Übersetzung Max Henning)

Diese ungefähr zwanzig arabischen Worte schluckte Ali scheinbar wie einen einzigen Happen, aber als er sie zwei Tage später seinem Vater wieder aufsagte, sagte er für das arabische Wort *samad*, „der Ewige", das persische Wort *schamad*, das „Moskitonetz" bedeutet. „Lieber Sohn", sagte der Vater, „wenn du in deinen Gebeten schon persisch statt arabisch sprechen mußt, dann vergleiche Gott doch bitte mit etwas Substantiellerem wie z.B. *namad* (Filz), der etwas stärker und fester ist als ein Moskitonetz."

Ali fühlte, daß es seiner neuen Würde als Mitglied der Männerwelt entsprach, wenn er sich mehr für Einkaufsgänge interessierte und Wert darauf legte, Sachen nach Hause zu tragen. An den meisten Tagen der Woche ging sein Vater einkaufen – sei es, daß er etwas kaufte, was die Mutter vergessen hatte, oder etwas, worauf er plötzlich Lust verspürte, z.B. Gurken, die für Iraner ebenso zur Standardfrucht geworden sind wie Äpfel für Europäer. Nach seinen Anweisungen holte der Gemüsehändler das Verlangte aus dem Durcheinander von offenen Steigen, die am Boden standen. Alis Vater legte dann alles in ein riesiges Halstuch, das er mitgebracht hatte, band dieses an den vier Ecken zusammen und gab es Ali zum Tragen.

Zu seiner Enttäuschung durfte Ali nicht die Magd auf ihrem täglichen

Gang zum Obst- und Gemüse-Großmarkt begleiten, der im Freien abgehalten wurde. Seine Mutter sagte: „Dort ist es schmutzig und laut, und du verstehst sowieso nicht die Sprache der Bauern." Die Bauern selbst waren offenbar nicht schmutzig, auch wenn ihr Markt es war; denn zwei- oder dreimal im Jahr kamen sie zum Haus mit einer Eselladung voll Obst und Gemüse, wie Zwiebeln, Granatäpfeln und Melonen. Diese wurden dann im Keller aufgehäuft, meist mit Stroh zwischen den einzelnen Lagen.

Die Einkäufe mit seiner Mutter im Hauptbasar waren jedoch mehr als ein Ersatz für den Obst- und Gemüse-Markt. Der Basar schien riesig; und weil er überdacht und ziemlich dunkel war, hatten die Gänge zum Basar etwas Feierliches, das anderen Einkäufen fehlte. Von außen präsentierte sich der Basar mit seinen großen Toren, die am Morgen geöffnet und am Abend geschlossen wurden, durchaus abgegrenzt und überschaubar. Von innen gesehen aber erschien er grenzenlos und unauslotbar. Der Basar diente zugleich der Herstellung von Gütern wie deren Verkauf, und er glich fast einem Labyrinth wegen seiner endlosen Biegungen, seiner abrupten Übergänge von Verkauf zu Werkstatt, von Gasse zu Hauptstraße. So mündete zum Beispiel die stille Straße, wo die Tuchhändler mit ihren Stoffballen saßen, in eine Allee, in der das Geklapper der Kupferschmiede manchmal jedes Gespräch unmöglich machte.

Wer den Basar betrat, trat in eine Welt der umständlichen Formalitäten und des schnellen Witzes ein, aber auch in eine Welt uralter, ja vorväterlicher Treuebindungen. Seine Mutter wurde im allgemeinen von der Treue geleitet. Ob in der schmalen Gasse der Juweliere oder in der geräumigen, tonnengewölbten Hauptstraße der Tuchhändler – in jeder Abteilung ging seine Mutter stets zu dem gleichen Händler, einem verläßlichen Freund der Familie.

Sie ging aber nicht einfach zu dem Geschäft des „verläßlichen Freundes" und verlangte, was sie haben wollte. Immer ging sie zuvor ein wenig hin und her, um dem Händler deutlich zu machen, daß sie ihre Wahl – wie stets – wohl überlegt traf. Doch konnte keine Frau ihre Kaufentscheidung vom äußeren Eindruck der Geschäfte abhängig machen. Die Händler machten sich damals nicht die Mühe, ihre Ware in irgendeiner Form am Eingang auszustellen. Bei einem Geschäft wie dem des Tuchhändlers wäre aber auch der eigentliche Reiz des Handelns vertan, wenn die Kunden durch eine Auslage schon ins Bild gesetzt würden, was es zu kaufen gab; es gäbe keine Gelegenheit mehr, unter endlosen Höflichkeitsbekundungen nach und nach immer schönere Ware auszubreiten. Der Händler bot Alis Mutter zunächst einen vierbeinigen Hocker an, der nahe am Eingang seines schmalen, aber tiefen Geschäfts stand, und erkundigte sich zuerst nach ihrer Gesundheit und dann, die Hand auf dem Herzen, nach der Gesundheit ihres Gatten. Es fiel ihm dann nicht schwer, sie zum Tee zu überreden, den ein Lehrling in kleinen Gläsern auf einem runden kupfernen Tablett herbeibrachte. Zuletzt kam dann der Reiz des Entdeckens, wenn sie Tuchballen erspähte oder wenn diese auf Geheiß des Inhabers aus dem tiefen Ladeninneren herangeschafft wurden.

Für Ali verlor das Einkaufen im Basar seinen Reiz eines gezierten Stöberns, als er sechs Jahre alt war. Er stand vor dem Eintritt in die staatliche Grundschule. Bislang hatte er gewöhnlich die bequemen Pyjamas getragen, die im Iran bei kleinen Jungen und älteren Männern so beliebt sind. Jetzt ging er mit seinem Vater zum Schneider, um zwei kurze Hosen in einem einförmigen Grau anfertigen zu lassen, wie das Erziehungsministerium es für kleine Kinder für angebracht hielt. Ali ging mit seinem Vater durch den Basar gerade in dem Augenblick, als die Lehrlinge aus improvisierten Gießkannen die Gänge bespritzten, damit der Staub des Nachmittags sich setzte. Sie erklommen eine dunkle Treppe zu einem Geschäft im Obergeschoß, von wo man die tonnengewölbte Hauptstraße des Basars überblickte. Der Schneider, der auf einer erhöhten Fläche auf der einen Seite des Geschäftes hinter einer wuchtigen Nähmaschine saß, hatte sich gerade aus seinem Schneidersitz teilweise aufgerichtet, um sich für einen Kunden, der unmittelbar vor Ali und seinem Vater hereingekommen war, etwa einen halben Meter zu erheben. Als er sah, daß ein prominenter Mullah sein Geschäft betreten hatte, raffte er sich zu voller Höhe auf und verneigte sich leicht, die Hand auf der Brust. Ali fragte sich, ob die Nadeln und spitzen Stiftchen, die in seiner Weste steckten, etwas mit dem leicht geschmerzten Blick seiner großen Vogelaugen zu tun hatten.

Ein älterer Lehrling brachte von einem niederen Tisch in der Mitte des Raumes eine Schere, die fast halb so groß wie Ali war. Ein zweiter Lehrling, kaum ein Jahr älter als Ali selbst, kam mit dem Tee für den Schneider und seine Kunden. Er stolperte über einen Hocker, den jemand neben die Tür gerückt hatte, und verlor das Gleichgewicht; das Tablett entglitt ihm, polterte nach vorne, und die Gläser rollten auf den Steinboden. Mit einem heiseren Schrei eilte der Schneider aus der anderen Ecke des Raumes auf den Jungen zu, brüllte: „Vaterloses, gottloses Kind, Schmutz sei auf deinem Haupt!" und hieb ihm mit der flachen Hand aufs Ohr. Der Junge hatte schon von dem Augenblick an geweint, als er gestolpert war, aber nach dem Schlag stieß er einen Schrei aus und lag dann nur noch da, schnappte nach Luft und winselte leise. Ali bemerkte die rötliche Räude der Kopfhaut unter dem sehr kurzen Haar des Kindes, und er sah durch den zerrissenen Pyjama die Krätze auf seinen Beinen. Jeder versuchte, sich seinem Geschäft zuzuwenden, ohne auf den Jungen zu achten; nur der Schneider rief dem älteren Lehrling zu, er solle aufwischen, und bemerkte, ohne sich an jemand Bestimmten zu wenden: „Buben sind kleine Teufel. In jeder wachen Stunde treiben sie Teufeleien."

Als Ali und sein Vater nach dem Maßnehmen und einigen Erläuterungen den Raum verließen, hatte der Junge aufgehört zu winseln, aber er atmete noch immer schwer. Ali wußte nie genau, warum sein Vater ihn nicht mehr mitnahm zu dem Schneider mit den Vogelaugen. Noch nach Jahren hatte Ali manchmal, wenn er im Basar war, das Gefühl, daß er gerade den Lehrling vor sich gesehen hatte, der ihm altersmäßig so nahestand. Wenn er dann näher heranging, war er sich plötzlich nicht mehr sicher, wie der Junge wirklich ausgesehen hatte, und er wandte sich ab.

Der Basar und die Moschee sind die beiden Brennpunkte des öffentlichen Lebens im Iran. Basare, Moscheen, Schreine und Privathäuser – alle schauen, psychologisch wie architektonisch, nach innen, und meist präsentieren sie der äußeren Straßenseite nur kahle, nichtssagende Mauern. Basare und Moscheen haben den Charakter des Öffentlichen, der dem privaten Charakter der Wohnhäuser entgegengesetzt ist; aber als Gemeinderaum für die Menschen, die sie betreten haben, schauen sie ebenso nach innen wie die Häuser. Zwei Männer, die sich auf der Straße begegnen, sind füreinander einfach zwei Männer; aber schon seit über tausend Jahren erkennt das islamische Gesetz den Basar als einen besonderen Lebensraum an, und rechtlich ebenso wie nach allgemeinem Verständnis begegnen sich zwei Männer dort als „zwei Männer im Basar". Als solche haben sie gewisse gemeinsame moralische und sogar gesetzliche Verpflichtungen – z. B. daß sie Käufe und Verkäufe mit einer gemeinsamen Kenntnis des aktuellen Marktpreises tätigen. Die Information über die Preise ist tatsächlich der Lebensodem, der das Leben des Basars in Gang hält, und die Preise pendeln sich auf neue Informationen über Angebot und Nachfrage nach einem so ausgeklügelten Mechanismus ein, daß er fast göttlich erscheint. Dem Propheten Mohammed wird der Ausspruch zugeschrieben: „Gott setzt die Preise fest" – und im Mittelalter sagten auch die meisten islamischen Juristen, daß die unsichtbare Hand, die so zuverlässig arbeitet, die Hand Gottes sein müsse.

Nicht nur die Preise, auch das Ansehen der Männer wird im Basar festgelegt, neu bewertet und immer wieder angeglichen aufgrund von Information, die durch das Netz zuverlässiger Freunde fließt. Die Gesellschaft als ganzes ist ein Sammelbecken für Informationen, denen das inoffizielle Maklerwesen der Moschee und des Basars letztendlich den gültigen „Marktpreis" zuteilt. In diesem Sinne ist der Basar nicht nur ein Feld wirtschaftlicher Betätigung, er ist zugleich eine Region des menschlichen Geistes. Als solche ist er der geradlinige Abkömmling der griechischen *agora* und des römischen *forum*. Die Griechen und Römer gingen zum Markt, nicht nur um zu kaufen und zu verkaufen, sondern um ihr öffentliches politisches Leben abzuwickeln und sogar ihre öffentlichen Feste zu feiern. Der Basar war nur selten der Hüter des öffentlichen Lebens in dem Sinne, wie *forum* oder *agora* es gewesen waren, aber der Basar war und ist oft immer noch die maßgebende Instanz, die die Bewertungen festlegt, mit denen die Politiker operieren müssen.

Kocht das politische Leben einmal über, dann bleibt der Basar nicht mehr nur die öffentliche Bewertungsinstanz – er wird zum unmittelbaren Schauplatz politischer Äußerung. Zu solchen Zeiten ist der Basar – wie der klassische persische Ausdruck lautet – „in Unordnung", womit gemeint ist, daß die Leute in erregtem Zustand ein- und ausgehen und offenbar kurz vor Gewalttätigkeiten und Ausschreitungen stehen. Wenn der Basar zum Überkochen kommt, macht er einfach zu. Straßen mit verriegelten und verrammelten Ladenfronten machen deutlich, daß die Händler nicht gewillt sind, das normale Leben weitergehen zu lassen, bevor nicht die öffentliche Angelegenheit ausgetragen ist.

Die Anlässe, bei denen der Basar von Teheran geschlossen war, akzentuieren die letzten zwei Jahrhunderte der iranischen Geschichte. Im Dezember 1905 bestrafte der Gouverneur von Teheran zwei Zuckerhändler durch die Bastonade – Stockschläge auf die weichen Fußsohlen –, eine abstoßende, immer wieder angewandte Form des iranischen Strafvollzuges. Die Zuckerhändler wurden dafür bestraft, daß sie nicht gemäß den Anweisungen ihre Preise gesenkt hatten, obwohl sie sich darauf beriefen, daß die hohen Einfuhrpreise ihnen keine Wahl gelassen hätten. Der Basar wurde geschlossen. Und dann folgte die ganze Hauptstraße dem Beispiel des Basars und machte auch zu. Die Unzufriedenheit mit der kadscharischen Regierung, die seit Jahren in der Bevölkerung angewachsen war, kam jetzt zum Durchbruch. Viele Händler und Mullahs zogen sich in nahegelegene Schreine zurück und weigerten sich, wieder herauszukommen, ehe nicht der Schah ihre Forderung nach einem Mitspracherecht in der Regierung erfüllt habe. Die erste iranische Revolution hatte begonnen.

Im Sommer 1960 gab die Regierung die Ergebnisse der Parlamentswahlen bekannt, die theoretisch immer noch nach der 1906 – während der ersten iranischen Revolution – erlassenen Verfassung durchgeführt wurden. Eine wirklich freie, unmanipulierte Parlamentswahl war für die Iraner ein Traum, der sich noch in keiner Generation verwirklicht hatte. Doch die Wahlen von 1960 waren in so offensichtlicher Weise gefälscht, daß selbst einige Gewinner verlegen wurden, und in einer der seltenen Phasen rudimentärer Meinungsfreiheit konnten einige ältere Politiker aussprechen, die Regierung habe die Wählerschaft brüskiert. Der Basar wurde geschlossen. Die Wahlen wurden für ungültig erklärt.

Wenn der Basar der Bereich war, in dem öffentliche Angelegenheiten erörtert wurden, war die Moschee praktisch der einzige Bereich, in dem die persönliche Meinung öffentlich geäußert werden konnte. Der Markt taxierte Ideen durch unzählige informelle Diskussionen; in der Moschee wurde die Meinungsäußerung zumindest einmal in der Woche zum Teilstück des formalen Gebetsgottesdienstes. Aber auch die informelle

Diskussion war in den geräumigen Höfen der Moscheen nichts Unbekanntes. Wenn der Basar geschlossen wurde, füllten sich die Moscheen, denn die Leute suchten eine öffentliche Stätte, wo sich der Austausch von Gerüchten und Mitteilungen fortsetzen konnte, nachdem die Gassen und Straßen des Basars verlassen waren.

Fünfmal am Tag versammeln sich die Muslime zum Pflichtgebet in der Moschee; aber sie können diese Gebete auch zu Hause, im Geschäft oder an irgendeinem anderen Platz sprechen, der nach dem islamischen Gesetz nicht als unrein oder unpassend gilt. Beim Mittagsgebet am Freitag und bei bestimmten religiösen Festen ist jedoch der Besuch der Moschee eine religiöse Verpflichtung, und die Basare waren schon immer zum Freitagsgebet und seit mindestens einem halben Jahrhundert den ganzen Freitag geschlossen. Der Gottesdienst beginnt mit einer Predigt, in der auch für die Gemeinschaft der Muslime und manchmal für den Herrscher gebetet wird. Predigten werden auch bei Beerdigungen oder Einweihungen gehalten oder wann immer sich sonst eine Gelegenheit für die Prediger ergibt, und in diesem Sinne hat in der Welt des Islam der Redner den Markt verlassen und ist in die Stätte der Andacht eingezogen.

Predigten sind manchmal für die Gemeinde der Anlaß, „in Unordnung" zu geraten wie die erregte Menge im Basar, und manchmal mündet diese Unordnung in Ausschreitungen. Die Unordnung kann durch etwas ausgelöst werden, was der Prediger als Fürsprecher für die Regierung sagt; sie kann das Echo seiner Kritik an der Regierung sein; sie kann aber auch einfach deshalb entstehen, weil der im gemeinsamen Gebet zum Ausdruck kommende Zusammenhalt der Gemeinde das Gefühl gibt, daß sie gemeinsam handeln kann, auch wenn der Einzelne vorher nicht gewillt war, alleine zu handeln.

Während der ersten iranischen Revolution spielten die Prediger und die Moschee ebenso ihre Rolle wie der Markt. Als die Zuckerhändler am 11. Dezember 1905 die Bastonade erhielten, gingen die Mullahs und Kaufleute am nächsten Tag in einen benachbarten Schrein und anschließend in den Schrein des Schahs Abdol-Azim. Nach einer einmonatigen Pattsituation gab der Schah nach und versprach, ihre wichtigsten Forderungen zu erfüllen. Im Triumph kehrten die Protestierenden nach Teheran zurück. Ein halbes Jahr später hatte der Schah die meisten seiner Versprechungen nicht erfüllt. Ein stadtbekannter Prediger klagte die Regierung an: „Iraner! Brüder meines geliebten Vaterlandes! Wie lange läßt dieses verräterische Gift euch noch weiter schlafen? ... Erhebt die Häupter. Öffnet die Augen. ... Seht eure Nachbarn (die Russen) an, denen es vor zweihundert Jahren viel schlechter ging als uns. Jetzt haben sie alles. ... Unser Zustand ist jetzt dermaßen, daß unsere Nachbarn im Süden und im Norden schon glauben, wir seien ihr Eigentum. ... In ganz Iran gehört uns nicht eine einzige Fabrik, weil unsere Regierung ein Schmarotzer ist. ... Unsere ganze Rückständigkeit ist die Folge von

Selbstherrschaft und Ungerechtigkeit und kommt davon, daß wir keine Gesetze haben...."
Am 11. Juli 1906 wurde der Prediger von der Regierung verhaftet. Theologiestudenten besetzten darauf das Polizeipräsidium von Teheran. Ein Student, der ein Seyyid, ein Nachkomme des Propheten war, wurde von der Kugel eines Polizisten getötet. Am nächsten Morgen geleiteten Tausende von Theologiestudenten und Männern vom Basar den Leichnam des Seyyid in einer Prozession vom Hauptbasar zur Zentralmoschee. Der Schah entsandte seine Elitetruppen, die von russischen Offizieren geführte „Kosakenbrigade", um die Prozession daran zu hindern, sich mit den schon in der Moschee versammelten Mullahs zu vereinen. In der Nähe der Moschee schossen die Truppen in die Menge; zweiundzwanzig Menschen wurden getötet und sehr viel mehr verwundet. Die iranische Revolution von 1906 hatte den ersten Blutzoll gefordert.

Zweites Kapitel

Für Ali war der Eintritt in die staatliche Schule 1948 ein großer Einschnitt. Bisher hatten die Abgeschlossenheit des *andaruni*, die gemessenen Förmlichkeiten des *biruni* und die gedankenvollen Gänge zum Basar sein Leben bestimmt. Schule war eine lange, methodische und ziemlich öffentliche Übung darin, zu lernen, wo nach dem Beschluß seiner Lehrer die Dinge hingehören. Wenn die Dinge ihren richtigen Platz gefunden hatten, dann waren sie in Ordnung, selbst wenn die Ursache dieser Ordnung für Lehrer oder Schüler gleichermaßen unklar blieb. Es gab für ihn nur einen richtigen Platz, in einer Reihe zu stehen, einen richtigen Platz, um etwas ins Heft zu schreiben, eine richtige Art, eine Frage zu beantworten. Seine Lehrer und das Erziehungsministerium hatten nicht nur beschlossen, Ordnung zu schaffen, indem sie allem und jedem den richtigen Platz zuwiesen, sie hatten auch beschlossen, daß sofort Unordnung eintreten würde, wenn niemand ein für allemal bestimmen könnte, welche Ordnung wirklich richtig war. Das letzte Wort gehörte dem Lehrer – und dem Schulbuch, an das sich der Lehrer so genau hielt, daß er es auswendig gelernt hatte. Wenn der Lehrer und das Buch der dritten Klasse sagten, Kandahar sei die zweitgrößte Stadt Afghanistans, und für den Lehrer und das Buch der vierten Klasse Herat diesen Rang einnahm, dann war Kandahar in der dritten Klasse richtig und Herat in der vierten Klasse.

Ali traf zu seinem ersten Schultag ein, an den Tschador seiner Mutter geklammert. Es war sieben Uhr, eine volle Stunde vor Schulbeginn. Der Schulhof war eine riesige, staubige und unfreundliche Variante des Innengartens zu Hause mit hohen Mauern, die das Innere zur Straße hin abschlossen. Vom einzigen Eingang aus erblickte man vor sich, entlang der rückwärtigen Mauer, ein zweistöckiges Gebäude und zur Rechten und Linken je ein einstöckiges Gebäude mit Glastüren zum Hof. Im Hof hatte man einige hohe Bäume in regelmäßigen Abständen gepflanzt.

Seine Mutter führte ihn zu einem kleinen, untersetzten Mann, der auf der untersten Stufe zu dem zweigeschossigen Gebäude ungeduldig hin- und herging. Der kleine Mann hielt einen Stock hinter dem Rücken und verneigte sich leicht vor einem dünnen, grauhaarigen Mann, der sich zur Erwiderung sehr viel tiefer verbeugte. Alis Mutter erklärte, sie habe ihren jüngsten Sohn, einen Sohn von Seyyid Mohammed Haschemi gebracht, damit er in die erste Klasse komme. Der Mann deutete auf eine der Glastüren und lächelte Ali zu, der zum erstenmal wirklich Angst hatte. Seine Mutter brachte ihn in den Raum und setzte ihn auf eine der Holzbänke vor den Pulten mit Blick zur Tafel. Sie küßte ihn und hieß ihn tapfer sein wie sein Vater und wie sein Namenspatron und Vorfahr Ali, der Gebieter der Gläubigen, der Vetter und Schwiegersohn des Propheten. Dann ging sie.

Ali legte den Kopf auf das Pult vor sich, schaute auf seine nackten Knie und den Ziegelfußboden und sah seinen Tränen zu, die auf die Ziegel fielen. Er hoffte, niemand würde in die Klasse kommen; er wollte hier ruhig sitzenbleiben, bis sein älterer Bruder ihn am Ende des Schultages finden und für immer mit nach Hause nehmen würde. Dann hörte er Schritte und erblickte einen Mann, der mit einem Besen und einer Gießkanne hereinkam und aussah wie der Diener Kazem zu Hause. Der Mann nickte Ali zu, öffnete seinen zahnlosen Mund zu einem Lächeln und begann den Staub zu besprühen, so wie die Lehrlinge es im Basar taten. Zum Schluß fegte er schnell die Ecken aus und ging hinaus. Vom Fußboden stieg ein starker Geruch nach Erde und feuchtem Ziegelstein auf, der Geruch des Basars am Spätnachmittag und des Wasserbeckens zu Hause im Kellergeschoß. Ali schaute zum Fenster hinaus und sah, daß ein Baumpaar im Schulhof Zypressen waren, die sich im sanftesten Wind wiegten wie das Zypressenpaar im hinteren Teil seines eigenen Gartens zu Hause. Gegenüber der Treppe zu dem zweigeschossigen Gebäude stellten sich Kinder der Größe nach in einer Reihe auf. Alis älterer Bruder winkte durchs Fenster herein und flüsterte laut: „Komm schon, Dummkopf, stell dich in die Reihe." Ali lief hinaus und sah, daß die meisten Jungen kurzgeschorene Köpfe hatten. Er fand seinen Platz ungefähr in der Mitte der Reihe.

Der Mann mit dem Stock rief: „Ruhe!", und auf dem Hof war kein Laut mehr zu hören außer dem Geräusch des Dieners, der den letzten Klassenraum ausfegte. Ein hochgewachsener Mann mit leicht grauer Gesichtsfarbe begann zu sprechen. Er stand eine Stufe höher als der Mann mit dem Stock, der zu ihm mit derselben ängstlichen Aufmerksamkeit aufsah wie die Jungen. Der große Mann begann: „Ferdousi, unser großer nationaler Dichter, sagt: ‚Der Wissende hat Macht; Wissen macht das Herz des Alten jung.' Dies steht auf dem Gebäude hinter mir geschrieben und in eueren Schulbüchern. Denkt daran. Ihr seid hierhergekommen, um zu lernen. Ihr könnt nur lernen, wenn ihr gehorsam, ordentlich und sauber seid. Bringt eure eigene Tasse mit zur Schule. Ihr könnt euer Essen mitbringen, eure Hefte, Bleistifte und Bleistiftspitzer – und sonst *nichts*. Keine Trillerpfeifen, keine Taschenlampen, nichts. Jeder muß am Anfang eines Schuljahres kurzgeschorene Haare haben, soweit nicht seine Eltern Befreiung beantragt haben. Nächste Woche kommt ein Arzt; er wird alle Jungen impfen, die noch keinen Impfschein haben. Der Konrektor ist für die Disziplin verantwortlich." Der kurze Mann mit dem Stock wandte sich leicht um, und um sicherzugehen, daß alle ihn als den Konrektor erkannten, zog er die buschigen Brauen zusammen und sah die Jungen stirnrunzelnd an. „Wenn ihr euren Lehrern nicht gehorcht, werdet ihr zu ihm geschickt. Macht eure Hausaufgaben pünkt-

lich. Schreibt sauber in euer Heft. Wascht euch immer die Hände, bevor ihr zur Schule kommt. Gott gebe euch Erfolg im kommenden Jahr."
Die Lehrer fingen an, Beifall zu klatschen, und Ali und die anderen Erstkläßler taten ihr Bestes, um es ihnen gleichzutun. Einige der älteren Jungen schnauften richtig von der Anstrengung, recht lange und laut zu klatschen. Dann marschierte jede Klasse in ihren Raum und erhielt die Schulbücher für das kommende Jahr.
Der Lehrer malte einen langen senkrechten Strich an die Tafel. „Dies ist der erste Buchstabe des Alphabets. Wir schreiben ihn für ‚ah‘, unser langes persisches *a*. Wiederholt jetzt: ‚ah‘."
„Ah."
„Sehr gut." Der Lehrer machte noch einen langen senkrechten Strich: „‚Ah.‘ Jetzt wiederholt."
„Ah."
Nach vielen im Chor gesprochenen „Ahs" war die Tafel fast ganz mit senkrechten Linien bedeckt. Dann ging der Lehrer im Klassenzimmer herum, und Ali war an der Reihe, aufzustehen und „Ah" zu sagen. Der Lehrer sagte „Sehr gut" zu ihm, wie er es schon zu anderen gesagt hatte, und Ali wußte, daß er gern zur Schule gehen würde.
Das Problem war nur, daß Ali schon schreiben konnte. Am zweiten Tag brachte er seine zwei leeren Hefte in die Schule mit, ein Übungsheft und eins für die Reinschrift. Am Vortag hatte der Lehrer sie oben auf die Seite schreiben lassen: „Papa gab Wasser" – einen persischen Satz mit vier langen „Ahs" und nur zwei anderen Buchstaben. Sie hatten schon gelernt, daß ihr Lehrer – ein ernsthafter junger Mann – in der Schule mit Spitznamen „Sehr Gut, Aber" hieß. An diesem Vormittag stellte sich „Sehr Gut, Aber" hinter jeden Schüler und sah sich jedes Heft an. Immer wieder sagte er: „Sehr gut, aber ...", schrieb Verbesserungen über ihre Mustersätze und sagte, sie hätten eine Stunde Zeit, um auf jede Zeile bis zum Ende der Seite „Papa gab Wasser" zu schreiben. Dann ging er durch die Glastür in den Hof hinaus.
Ali hatte von seinem Vater fast so schnell Lesen und Schreiben gelernt, wie er seine arabischen Gebete gelernt hatte; er war wirklich, wie seine Mutter ihm immer wieder sagte, der Sohn seines Vaters. In wenigen Minuten hatte er den Satz zehnmal abgeschrieben und schaute dann auf die Schüler um sich herum. Fast alle schrieben zuerst das Wort „Papa" in langen, wellenförmigen Spalten bis zum Ende der Seite, ehe sie sich an den anderen Wörtern versuchten. Draußen vor der Klasse stand „Sehr Gut, Aber", rauchte eine Zigarette und unterhielt sich mit einigen anderen Lehrern, die ihren Schülern für diese Stunde praktischerweise auch Schreibaufgaben gestellt hatten.
Ali schaute wieder in sein Buch. Auf Seite 1 stand oben auf arabisch: „Im Namen Gottes, des Erbarmers, des Barmherzigen." Er schrieb diese Worte vorne auf sein Heft, so wie er gesehen hatte, daß sein Vater sie an den Anfang jedes Briefes setzte, den er schrieb. Er schlug die Seite um.

Während auf der Seite mit „Papa gab Wasser" nur eine Zeichnung mit zwei Zypressen und ihrem verzerrten Spiegelbild in einem Teich – vermutlich Papas Wasserquelle – war, hatte die nächste Seite drei Zeichnungen: eine mit Granatäpfeln, eine mit flachen Broten, die halb über eine Tischkante hinausragten, und die dritte mit einem Gebiß – diese Zeichnung fand Ali sehr lustig. Auf der dritten Seite war die Zeichnung einer mit „Mama" bezeichneten Frau, die sich über ein nacktes Kind beugte. Mama selbst war offenbar auch halbnackt: Ihre Arme waren fast bis zur Schulter unbedeckt, und ihr kurzes Haar ließ ihren langen Hals erkennen. Ali schrieb auch die Sätze auf diesen beiden Seiten ab, auf denen Mama und Papa Granatäpfel und Brot weggaben und von Papa gesagt wurde, daß er keine Zähne habe. Dann kam der Lehrer und sammelte die Hefte ein.

Am nächsten Schultag rief der Lehrer die Schüler einzeln auf und musterte jeden Schüler mit seinem „Sehr gut, aber"-Ausdruck, wenn er die Reinschriftshefte zurückgab. Ali sah er jedoch fast gar nicht an, sondern sagte nur: „Haschemi, ich behalte dein Heft. Hol es dir nach der letzten Stunde ab." Die nächsten Stunden waren für Ali ein wenig wie sein erster Besuch im Badehaus der Männer, als er sich gefreut hatte, bei seinem Vater zu sein, aber gleichzeitig Angst hatte, die anderen Badenden könnten ihn nicht akzeptieren. Er hatte schon gesehen, wie sein älterer Bruder seinem Vater Hausaufgaben zeigte, auf die der Lehrer in die Ecke „Bravo!" geschrieben hatte. Mit einem Gefühl der Wonne stellte er sich die Seiten seines Heftes ganz mit „Bravos!" bedeckt vor, und mit Schrecken malte er sich aus, überall seien Verbesserungen und der Lehrer sage ihm, er sei arrogant – oder „voller Unverschämtheit", wie man auf persisch sagt.

Als es zur Pause klingelte, benützte Ali die Gelegenheit, um mit seiner Tasse zu dem Zapfhahn neben einem unterirdischen Wasserspeicher hinunterzugehen. Von der plötzlichen feuchten Kühle des Treppenschachtes wurde ihm schwindlig, und er duckte sich gegen die Wand, als ein älterer Junge mit einem Krug Wasser für die Außentoilette im Schulhof die Treppe heraufgesprungen kam. Ali füllte sich die Tasse, trank ein paar Schlücke und verlor fast das ganze restliche Wasser, als er die Treppe wieder hinaufstieg. Das Schwindelgefühl hielt in der ganzen nächsten Stunde an, während er unter Aufsicht des Lehrers „Brot" und „Granatapfel" ins Übungsheft schrieb.

Nach dem letzten Klingelzeichen gab es für die Schüler keine Schule mehr, und Alis Klassenkameraden machten von ihrer Freiheit Gebrauch und stürmten so laut und wild hinaus, wie sie konnten. Ali blieb zunächst sitzen und ging dann nach vorn zum Lehrer, der Einträge in ein Anwesenheitsbuch machte. Ali starrte auf das Bild auf dem Federkasten des Lehrers: drei Männer mit Turban saßen, leicht gebeugt wie Pappeln, unter Bäumen, die sich in die gleiche Richtung neigten. Endlich sah der Lehrer auf und fragte: „Wessen Sohn bist du?"

„Seyyid Mohammed Haschemis."
„Dann bist du der Sohn eines gelehrten Herrn. Dein Vetter war der Sohn eines Herrn und mußte die erste Klasse wiederholen." Ali sagte nichts. „Du kannst schon schreiben."
„Ja – mein Vater hat es mir beigebracht." Der Lehrer sah ihn noch etwas länger an, dann lächelte er.
„Bravo. Ich meine, du bist noch zu klein, um in die zweite Klasse zu gehen. Später kannst du vielleicht eine Klasse überspringen. Bis dahin sei gehorsam und tu nur das, was man dir sagt."
„Ja."
Ali verstand und gehorchte. Während der folgenden acht Jahre lernte er jedes Lehrbuch auswendig, füllte jedes Heft genau nach Anweisung und antwortete jedem Lehrer, indem er die Worte des Lehrers wieder zitierte. Obwohl er sogar zwei Klassen übersprang, waren seine Hefte weiterhin voller „Bravos!" Seine Zwischenzeugnisse, die er dreimal im Jahr nach Hause brachte, hoben immer wieder hervor, daß die Schule mit seiner Führung außerordentlich zufrieden sei und ihn zum „ersten Schüler" seiner Klasse gemacht habe. In den freien Raum für die obligatorische Rückantwort schrieb sein Vater die eingespielte Formel: „Wir sind der Schulbehörde sehr dankbar. Er führt sich auch zu Hause gut."

Gutes Betragen bescheinigt zu bekommen, verlangte Wachsamkeit. Der einfachste Weg war, Aufpasser zu werden. Nach den allerersten Klassen ernannte jeder Lehrer einen Aufpasser oder Monitor, also einen Schüler, der gute Leistungen aufwies, Autorität ausstrahlte und vielleicht sogar ein kleiner Tyrann war. Viele begehrten diesen Posten, aber Ali war nicht daran gelegen, und er war froh, daß sein in sich gekehrtes, den Büchern zugeneigtes Wesen ihn disqualifizierte. Er fand es merkwürdig, daß andere sich um diese Stellung rissen, denn ihre Autorität war ein Abbild der verdächtigen Autorität des Lehrers. Der Lehrer war mit einer Art Respekt umkleidet, dem die Schüler sich einerseits ehrerbietig fügten und den sie andererseits zu durchlöchern trachteten. Manchmal fühlte die ganze Klasse das Verlangen, den Lehrer lächerlich zu machen, und doch konnte der Einzelne, der dies – selten genug – versuchte, nicht mit der Unterstützung der anderen Schüler rechnen.

Die Lehrer spürten die Respektlosigkeit und den Spott, die bei ihren Schülern gleich unterhalb der Oberfläche ergebenen Gehorsams schwelten, und waren äußerst empfindlich. Einmal sagte ein Lehrer der oberen Klassen: „In den unteren Klassen lernt ihr fünftausend Verse auswendig, in den oberen Klassen fünfzehntausend." Ali fragte und demonstrierte dabei ganz unschuldig seine Beherrschung der Arithmetik: „Werden auf der Universität dann fünfundvierzigtausend verlangt?" – woraufhin der kurzsichtige Junge neben ihm in Lachkrämpfe ausbrach und dazwischen immer wieder prustete, wenn er versuchte, sich Mund und Nase zuzuhalten. Der Lehrer wies mit der Hand auf den Jungen, der gelacht hatte, und sagte: „Verschwinde – du bist für heute und morgen abgemeldet" –

und das hieß, daß er sich zwei Tage lang bei dem Mann mit dem Stock im Hauptgebäude melden mußte.

Der kurzsichtige Junge wußte, daß er wohl mehr bekommen würde als die üblichen Schläge auf die Handflächen; er könnte sogar Schläge auf die Fußsohlen bekommen. Er ging zur Tür und drehte sich um. „Bei Gott, wir haben nichts getan, Sir." (Er gebrauchte das „wir", hinter dem sich Schuljungen im Iran verstecken.) „Wir schwören bei Gott, daß wir nicht respektlos sind. Wir sind nicht unhöflich. Sie können unsere Leiche nicht so auf die Straße werfen." Dem Lehrer verschlug es anscheinend die Sprache. Der ganze Raum war eine Minute lang still, und alle starrten den Jungen an. Sie hatten nie jemanden so zu einem Lehrer sprechen hören, und Ali hat so etwas in der Schule auch nie wieder gehört. Der Junge hatte nicht einmal gesagt: „Ich bitte um Entschuldigung."

Gerade als der Lehrer offenbar wieder etwas sagen wollte, ging der Junge schnell zur Tür hinaus. „Haschemi, du ungezogenes Kind!" rief der Lehrer Ali zu, „schreib dein ganzes Geographiebuch dreimal ab. Die ganze Klasse schreibt den Geographiestoff dieser Woche dreimal ab." Dann ging er hinaus in den Hof, knallte die Tür hinter sich zu und umklammerte mit den Fingern die Zigarettenschachtel in seiner Jackentasche. Der kurzsichtige Junge wechselte auf eine andere Schule über, und keiner in Alis Klasse war sich ganz sicher, ob er nun mutig, rüpelhaft oder einfach ein Narr gewesen war.

Der Lehrer hätte aus seinem Standardinventar kaum eine widerwärtigere Strafe aussuchen können. Ali wäre es viel lieber gewesen, wenn man ihm die Knöchel über einen Bleistift gedrückt, einen Schlag ins Gesicht versetzt oder auch zwanzig Schläge mit dem Lineal auf die Handflächen gegeben hätte. Für ihn war Geographie der Inbegriff ungeminderter Langeweile. Praktisch das einzige Interessante waren die wunderbar genauen Landkarten, die manche Lehrer freihändig an die Tafel zeichnen konnten – ein Talent, das zu beweisen schien, daß die Lehrer ihren Stoff gründlicher gelernt hatten, als die Schüler das je fertigbrächten, und deshalb befähigt waren zu lehren. Geographie fing an bei den Meeren und Kontinenten, ging dann auf die großen Gebirgsketten und Flüsse der Welt ein und konzentrierte sich schließlich auf den Iran. Die Behandlung des Irans umfaßte topographische Hauptmerkmale, Klimazonen, Bodenschätze usw.; schließlich wurden die einzelnen Provinzen und dann Bezirk um Bezirk drangenommen.

Ali glaubte, daß manche seiner Lehrer auch nicht besser wußten als er, was es bedeutete, daß in der Lagune unweit des kaspischen Hafens Enzeli viele Wildvögel lebten oder daß es im Persischen Golf sehr viele Garnelen gab: weder Wildvögel noch Garnelen waren in Ghom jemals zu sehen. Wie in jedem anderen Fach auch, bestätigte der Lehrer in Geographie seine Position noch dadurch, daß er seine Aufzeichnungen diktierte, und fast die einzige erlaubte Unterbrechung war: „Entschuldigen Sie bitte, wir kommen nicht ganz mit." Der mündliche Teil der Prüfungen bestand oft darin, daß der Lehrer den Leitsatz einer seiner eigenen Ausarbeitungen vorlas – z. B.: „Zuckerrüben werden in allen Provinzen des Irans angebaut mit einer Ausnahme" –, und er erwartete dann von dem Schüler, daß er den Rest der Abhandlung mit allen Statistiken Wort für Wort hersagte.

Das einzige Fach, in dem es Ali schwerfiel, „erster Schüler" zu sein, war Mathematik. Multiplikationstafeln waren nicht das Problem; sie verlangten dieselbe Ausdauer wie das Auswendiglernen des übrigen Stoffes. Aber von der vierten Klasse an diktierte der Mathematiklehrer Textaufgaben, in denen ein Händler im Basar Bleistifte, Äpfel oder Orangen kaufte oder verkaufte, und ab der siebten Klasse handelte der Kaufmann mit Tuch und Baumaterial und verdiente Zins und Zinseszins. Ali konnte solche Aufgaben lösen, aber nur wenn er sich ständig zur Konzentration zwang. Die einzigen Textaufgaben, die ihn stärker ansprachen, waren Aufgaben, die mit dem Teich im Garten zu tun hatten: Der Teich war leer und wurde aus zwei Kanälen gefüllt, von denen der eine z. B. zehn Liter pro Stunde, der andere vierzig Liter pro Stunde lieferte; wie lange dauerte es, bis der Teich voll war, wenn gleichzeitig fünf Liter in der Stunde ausflossen? Ali stellte sich vor, wie er seine Großmutter und den Diener Kazem durch seine genaue Vorausberechnung, wann der wirkliche Teich im *biruni* gefüllt sein würde, in Erstaunen setzte und dann triumphierend die Goldfische in den randvollen Teich ließ, während die Familie „Bravo" rief.

Einer seiner Mitschüler, Parviz, brauchte offenbar keine bildhaften Szenen, um seine Textaufgaben zu lösen; im Gegenteil, bei ihm wurden Bilder zu Zahlen und organisierten sich so, daß sie sofort die Lösung ergaben. Parviz war ein sehr ruhiger Schüler, mager und etwas größer als die meisten anderen. Sehr oft sah es aus, als schielte er leicht, aber offenbar brauchte er nie eine Brille. Sein Schielen und sein hageres Äußeres erweckten den Eindruck, als habe er ständig Hunger, und Ali, der ihn langsam und methodisch hatte essen sehen, konnte ihn sich vorstellen, wie er sich in der Bäckerei seines Vaters langsam und methodisch durch einen Berg flacher Brote hindurchaß, so wie eine angebundene Ziege das Gras im Umkreis ihres Pflocks systematisch abfrißt.

Von der vierten Klasse an, als die Noten in Mathematik wichtig wurden, war Parviz immer „zweiter Schüler" und saß nun neben Ali. Es fiel Ali auf, daß Parviz' Hefte meist aus dem dünnen hellgelben Papier waren, das „Strohpapier" hieß, und daß sie von Hand zusammengenäht und liniert waren. Zwischen Parviz und ihm entwickelte sich nach und nach so etwas wie ein Bündnis. Wenn Ali bei einer Textaufgabe steckenblieb, sagte Parviz: „Zähl zuerst die Äpfel zusammen" und half ihm bei der Lösung. Parviz benötigte beim Aufsatz ähnliche Hilfe. Wenn der Lehrer ein Thema stellte, war es für Ali eine Sache von Minuten, nicht von Stunden, daraus einen geschliffenen Aufsatz zu formen. Die Aufgabe, einen Aufsatz über das Meer zu schreiben, machte Parviz sehr

41

bedrückt. Er fragte Ali im Schulhof, wie er über etwas schreiben solle, was er nie gesehen habe. Auch Ali hatte noch nie das Meer gesehen; aber wenn er zum Beispiel vorschlug, Parviz solle den Effekt des Lichtes auf der Wasseroberfläche beschreiben und dabei an den Teich im Garten denken, dann griff Parviz diesen Faden auf und schrieb Aufsätze, die wegen ihrer eigenständigen, wenn auch etwas seltsamen Themenbehandlung durchaus bemerkenswert waren. Ali fiel es leicht, das Thema mit Einleitung, Mittelteil und Schluß zu entwickeln und auch die Bilder zu finden, die er für die Illustration seiner Ausführungen brauchte. Ihm fiel alles mühelos zu: das Sonnenlicht, das bei schönem Wetter auf den Meereswellen spielte, der Fischer, der im Dienst am Iran und seinem Volk der See trotzte, der Sturm, das kleine Boot in Seenot, der heldenhafte Kampf und die Rettung des Fischers, dann der Schlußteil, garniert mit dem geliebten und wohlgeordneten Korantext, als Beweis für die Vorsehung Gottes, der unter Seinen großen Werken auch das Meer geschaffen hatte: „In der Erschaffung des Himmels und der Erde, im Wechsel von Nacht und Tag, in den Schiffen, die zum Nutzen der Menschen die Meere befahren, im Wasser, das Gott vom Himmel sendet und mit dem Er die Erde nach ihrem Tode belebt, in den Tieren, die sich auf der Erdoberfläche tummeln, in den wechselnden Winden und in den Wolken, die zwischen Himmel und Erde dienen müssen: in alledem sind sicherlich Zeichen für diejenigen, deren Geist mit Verständnis begabt ist."

Wenn am Ende des Schultags die Schüler ihrer Klasse, wie die Wolken, „die zwischen Himmel und Erde dienen müssen", in langer Reihe aus der Schule marschierten, dann gingen Parviz und Ali in dieser Reihe nebeneinander. Parviz scherte schon bald aus der Reihe aus, denn er wohnte in der Nähe der Schule in einem Viertel mit ungewöhnlich verwinkelten Gassen und mit Lehmziegelhäusern. Parviz schien wohl zu wissen, daß Ali ihn gerne nach Hause begleitet hätte, aber anscheinend war er zu nichts anderem fähig, als mit seinem hungrigen Schielen zurückzuschauen, wenn er die Reihe verließ.

Die Gelegenheit, Parviz zu Hause zu besuchen, kam für Ali seltsamerweise während der Ferien, nicht nach der Schule. In dem Jahr, als Ali zwölf wurde, fiel eines der beiden Daten für den Tod der Fatima (beide wurden begangen) in den Spätherbst. Ali hatte nicht mehr mit anderen Jungen auf der Straße gespielt, seit ein grauhaariger Mullah ihm zugerufen hatte: „Spiel nicht auf der Straße; du kommst aus gutem Hause." Ali schlenderte ziellos in Richtung Schule, als er Parviz erblickte, der mit hungrigen Augen einen Stapel Eßgeschirre vor sich her trug. Ali wußte sofort, daß Parviz *samanu* austrug, eine Art Süßspeise, die in Ghom nur in Erfüllung von Gelübden zubereitet und verteilt wurde. Parviz, der noch ernster war als sonst, strahlte, als er Ali erblickte. Er sagte: „Meine Mutter hat gelobt, *samanu* an die Seyyids zu verteilen. Hier: dank' deinem Vorfahren – ich habe etwas zu essen für dich." Für Ali war *samanu* – das aus gekeimtem, in einer Handmühle gemahlenem Weizen gekocht wurde, bis es die Konsistenz von feuchtem Halwa erreichte – das Widerwärtigste, das er je zu sich genommen hatte, vielleicht außer den Rhabarberwurzeln, die ihm seine Mutter einmal gegeben hatte, als er sieben Jahre alt war.

„Ich bin nicht würdig. Außerdem kann ich das Zeug nicht ausstehen. Ich zeig dir die Häuser meiner würdigeren Verwandten, und in einer Viertelstunde bist du alles los."

Parviz konterte: „Wir leihen uns gegenseitig Brot" (das ist das persische Äquivalent für „Eine Hand wäscht die andere"). Beide lachten.

Nachdem die Schüsseln verteilt waren, liefen sie zu Parviz' Haus zurück. Im Gänsemarsch gingen sie auf der Schattenseite der engen Gassen, in deren Mitte eine Abflußrinne verlief. Parviz wußte, daß Ali schon einige der ersten arabischen Bücher las, die zum Lehrstoff der Mullahs gehörten. Etwas scheu erkundigte er sich danach und sagte dann: „Weißt du, ich glaube nicht an Gelübde. Wenn Gott weiß, daß etwas getan werden muß, warum muß er dann noch durch die Gaben einer armen Frau wie meiner Mutter dazu bewegt werden? Mein Vater zitiert immer das Sprichwort: ‚Selbst wenn ich geloben würde, notfalls mein Leben mit milden Gaben zu erkaufen, würden mein Sohn und ich doch zuerst die Gaben essen.' Da stimme ich zu."

„Mit Gelübden ist es wie mit Pflichtgebeten oder Verträgen: sie sind nur gültig, wenn sie bewußt eingegangen wurden, und wie Verträge müssen sie erfüllt werden, wenn der bewußte Zweck gegeben war", sagte Ali förmlich, als rezitiere er einen auswendig gelernten Text. „Schau, wenn wir gelernt haben zu sagen ‚Ich will', bevor wir eine gute Tat tun, dann gewöhnt sich unser Herz daran, Gutes zu tun. Als Muslime müssen wir glauben, daß Gott die Absicht für die Tat nimmt und nicht nur das sieht, was wir dann tatsächlich tun. Was ist, wenn Gott uns aus irgendeinem Grund sterben läßt, ehe wir etwas ausgeführt haben? Als Muslime glauben wir, daß wir vor Gott unsere Absicht bezeugen sollten, noch bevor wir etwas tun."

„Ich kann andere Probleme lösen, ohne sagen zu müssen ‚Ich will'. Aber was weiß ich schon darüber? Ich bin kein Gelehrter."

Sie betraten Parviz' Haus, und es war, als kämen sie in die Handwerkerabteilung des Basars. Im Zentrum des Lärms und der Geschäftigkeit schienen die drei Mütter zu stehen; jede hielt in dem quadratischen Innenhof die Seite ihrer eigenen Familie in Ordnung. Parviz' Mutter kochte noch einen riesigen Topf *samanu*, der auf Ziegelsteinen neben dem Kerosin-Herd Marke Aladdin stand, der ihr für diese Arbeit offenbar zu klein war. Die Mutter, die über die Räume zur Linken gebot, wusch mit einem großen Stück Seife Kleidungsstücke in einem Messingkessel, den sie neben die Wasserstelle in der Mitte gesetzt hatte. Sie hatte der Mutter aus der hinteren Wohnung – die irgendwas zu ihr hinunterschrie – absichtlich den Rücken gekehrt. Die Mutter aus der hinteren Wohnung stieg auf der Außenleiter von ihrem Dach herunter, wo sie Tomaten und Bockshornklee zum Trocknen auf Zeitungen ausgebreitet hatte. Aber auf einer der oberen Sprossen blieb sie stehen, sah über die Schulter hinab und schimpfte laut über die Leute, „die Seifenwasser über anderer Leute Blumen gießen" – Gott werde das vielleicht vergeben, Nachbarn aber nicht. Auch warnte sie diejenigen, die über Kesseln von *samanu* schwitzten, daß Seyyids vielleicht den Unterschied nicht merkten, Gott aber sehr wohl wisse, daß der Schweiß der Köchin nicht zum Gelübde gehöre.

Ebensowenig wie die Menschen, die ihn bewohnten, hatte der Hof selbst etwas von der geometrischen Ausgewogenheit und Ordnung des Gartens, den Ali von zu Hause kannte. An der unbewohnten Straßenseite gab es zwar zur Rechten ein Nebengebäude, nicht aber zur Linken. Die Familie auf der linken Seite züchtete Blumen, auf der rechten tat man dies nicht. Die Familien rechts und hinten zogen es vor, im Freien zu kochen; die Familie zur Linken hatte ihre Küche im Haus eingerichtet. Die Leute sprachen nicht so ehrerbietig miteinander, und den Frauen schien das geziemende Schamgefühl abzugehen. Niemand hatte das Gesicht wirklich verschleiert außer einem Mädchen, das ein paar Jahre älter als Ali und Parviz war und die Bockshornkleestengel zum Trocknen herrichtete; sie hatte sich vollkommen verhüllt als Schutz gegen die Beleidigungen, die die Frau auf der Leiter auf sie niedergehen ließ.

Als Parviz' Vater eintrat, machten die Frauen Anstalten, sich zu verhüllen, und die Frau über dem Waschkessel fuhr fort zu waschen, den Zipfel ihres Tschador zwischen den Zähnen. Er wies eins seiner Kinder an, den der Familie gehörenden Teil des Hofes zu besprengen, damit es nicht so staubte, und Parviz holte ihm die Wasserpfeife, die er unter einem hölzernen Sonnendach zu rauchen pflegte. Er redete Parviz an: „Ich brauche dich." Der ganze Hof war plötzlich still und wartete, daß Parviz sprechen würde. Parviz saß schweigend da und konzentrierte alle Energie seines Gesichts darauf, noch mehr als gewöhnlich zu schielen. „Mein Lehrling ist ein Dummkopf", fuhr er fort. „Ich habe das Recht, meinen Sohn zu mir in die Bäckerei zu holen. Du hast Schreiben und Buchführung gelernt. Noch ein paar Jahre mehr auf der Schule, und du bist in der Bäckerei nicht mehr zu gebrauchen; und wenn ich tot bin, kannst du betteln gehen. Bist du ein Seyyid und der Sohn eines Lehrers wie dein Gast? Krähen werden nicht weißer, wenn sie sich waschen."

Bei Beginn dieser Unterredung hatte Parviz' Mutter den Topf vom Außenherd genommen und die Ziegelsteine zusammengeschoben, um das Feuer kleinzuhalten. Den Tschador fest überm Gesicht, ging sie entschlossenen Schritts zum Sonnendach und setzte sich unmittelbar hinter die Stelle, wo ihr Mann seine Schuhe hingestellt hatte. „Ich will von Tür zu Tür gehen und Wäsche abholen. Ich will dir Sägemehl unters Weizenmehl mischen. Meine Töchter sollen in anderen Häusern putzen. Meinst du, es macht mir etwas aus, mich zu erniedrigen, wenn mein Sohn die Chance hat, Regierungsbeamter zu werden? Mein Sohn, der so schnell im Kopf rechnet wie du mit dem Rechengestell?" Das Gespräch war so gut einstudiert, daß Parviz' Vater gerade den Rauch ausgeblasen hatte, als seine Frau schwieg, um ihn sprechen zu lassen.

„Ein Beamter! Das fehlt mir noch, mein Sohn ein erbärmlicher Beamter, der die Leute schikaniert, bis sie ihn bestechen."

Parviz begann sich davonzuschleichen, sobald sich seine Mutter gesetzt hatte, und Ali folgte ihm. In Sekundenschnelle waren sie draußen auf der Straße und gingen zusammen zum Fluß. „Wie man so sagt, es ist die alte Suppe in der alten Schüssel", sagte Parviz. „In einer Viertelstunde wird mein Vater sagen, ‚Warten wir's ab, warten wir's ab', und damit ist es für heute zu Ende."

„Du hast mir nie gesagt, wofür deine Mutter das Gelübde geleistet hat."

„Sie sagte, sie würde drei Jahre lang in jedem Jahr an diesem Tag *samanu* an Seyyids austeilen, wenn ich am Ende der Grundschule die Prüfung machte und auf die höhere Schule käme."

„Bravo! Du bist der lebende Beweis dafür, daß Gelübde funktionieren. Ich gelobe, drei Jahre lang in jedem Jahr an diesem Tag ein Lamm schlachten und den Armen geben zu lassen, wenn du die Abschlußprüfung der höheren Schule bestehst und zur Universität gehst."

„In Ordnung, warten wir's ab. Aber wenn es nottut, dann komme ich und esse das ganze Lamm selber auf."

Parviz hatte einen Granatapfel gegriffen, als sie das Haus verließen. Ali zog ein Taschenmesser heraus, und sie teilten ihn. Sie saßen beim Fluß und spuckten Teile der inneren Schale in das fast ausgetrocknete Flußbett, auf dessen Steinen Kleider und Teppiche lagen, die die Frauen in dem verbleibenden kleinen Rinnsal gewaschen hatten. Nach seinem Gelübde kam sich Ali unwillkürlich wie ein Verschwörer vor, und zu seiner Überraschung war es ein angenehmes Gefühl.

Im Iran begann die weltliche Erziehung auf dem Kasernenhof, und die Begeisterung für militärischen Drill und Paraden ging nie ganz verloren. Napoleon, von der Vorstellung verführt, es Alexander dem Großen gleichzutun, sandte militärische Ausbilder nach dem Iran, um die Iraner darauf vorzubereiten, ihm bei einem großangelegten Feldzug von Europa quer durch den mittleren Osten bis nach Britisch-Indien zu helfen. Das napoleonische Heer kam nie an; aber die nördlichen Nachbarn des Iran, die Russen, dehnten ihr Reich bis zu den iranischen Grenzen aus und gingen nie wieder. Nach zwei verheerenden Kriegen mit Rußland entschlossen sich die Iraner, ein Heer nach europäischem Vorbild aufzubauen. Sie begannen Iraner nach Europa zu entsenden und europäische Ausbilder (und Ärzte) in den Iran zu holen. Einige der iranischen Studenten starben im Ausland; einige kamen zurück und waren für die Regierung nicht zu gebrauchen. Schließlich, im Jahr 1851, entschloß sich die iranische Regierung, das Studium europäischer Wissenschaften unter einem einzigen Dach unterzubringen. Sie gründete ein Polytechnikum, das mit österreichischen und preußischen Ausbildern besetzt wurde (sie alle lehrten auf französisch). Es konnte nicht ausbleiben, daß dieses Polytechnikum eine militärische Ausrichtung bekam: drei der sechs Ausbilder unterrichteten die „Wissenschaften der Kavallerie, Infanterie und Artillerie". Die dort Ausgebildeten besiegten Rußland nicht. Aber der Schah und seine Minister erkannten, daß die neue Erziehung andere Vorteile für die Zentralregierung mit sich brachte. Wer die neue Ausbildung abgeschlossen hatte, war ebenso sicher ein Mann des Regimes wie die Schreiber, die als Lehrlinge in den alten Kanzleien ausgebildet worden waren. Sie fühlten sich der Regierung verpflichtet, und in vielen Fällen besaßen sie Fähigkeiten, die nur die Regierung kaufen konnte. Sie waren ein Instrument der Zentralisationsbewegung, eine neue Elite, die neue Techniken anzuwenden wußte, mit deren Hilfe die Zentralregierung das Land wirksamer beherrschen und besteuern konnte.

Die Iraner lernten jedoch von ihren Französisch sprechenden Ausbildern mehr als nur die Berechnung der Flugbahn von Kanonenkugeln oder die doppelte Buchführung. Sie eigneten sich die dem 19. Jahrhundert entsprungenen europäischen Ideologien von Nationalismus und Fortschritt an. Ein „Volk" sollte sich in einem Nationalstaat vereinigen, dessen Regierung beim Volk lag, dessen gemeinsame Interessen sie zum Ausdruck brachte. Dieser Sinn für das Gemeinwohl und die Opfer, die es verlangte, konnten den Massen nur durch Erziehung nähergebracht werden; diese mußte den rückständigen Priestern, die sich mehr der Kirche als der Nation verpflichtet fühlten, aus der Hand genommen werden. (Hier erschien den iranischen Zuhörern bei der Übersetzung des europäischen Fortschrittsmodells das Einsetzen von „Mullah" für „Priester" genau richtig, da bis 1851 praktisch die gesamte im Iran verfügbare organisierte Erziehung in den Händen der Mullahs gelegen hatte.) Nach diesem Modell würde sich das iranische Volk, mobilisiert durch Erziehung und zu Opfern für eine ihm gehörende Regierung bereit, zu einer wirklichen Nation entwickeln, die ihre Unabhängigkeit ihrer eigenen Stärke verdankte, nicht mehr dem Zufall der geographischen Lage, die sie zu einem Puffer zwischen dem zaristischen Rußland und Britisch-Indien degradierte.

Die iranischen Schahs des 19. Jahrhunderts, die eine erstaunliche und andauernde Verbindung von Raffgier und drohendem Bankrott entwickelt hatten, stimmten solchen Vorstellungen in der Regel nicht zu. Telegrafenleitungen, Straßen und Maximkanonen ermöglichten es ihnen, mehr Steuern einzuziehen; Vorstellungen von Volkssouveränität vermochten das nicht. Die neuen iranischen Intellektuellen trafen sich in geheimen Zirkeln, zu denen sogar liberale Mullahs stießen, um verbotene persische Zeitungen zu lesen, die in Kalkutta, London und Istanbul gedruckt wurden.

Gegen Ende des 19. Jahrhunderts forderten einige dieser Intellektuellen ein „Grundgesetz" für den Staat, eine Verfassung, die die Grenzen der Regierungsmacht umreißen sollte. Eine typische Gestalt dieser Generation war Mostaschar od-Doule, dessen Leben sich zwischen 1882 und 1896 entweder auf mittleren Regierungspositionen oder in Gefängnissen abgespielt hatte. Mostaschar od Doule war ein tiefreligiöser Muslim, und seine als iranischer Konsul in Tiflis, St. Petersburg und Bombay gewonnenen Erfahrungen bewirkten, daß er religiöse Überzeugungen mit dem Eintreten für Eisenbahnen, Erziehung und Schaffung eines von einer Verfassung garantierten geschriebenen Rechts zu verbinden wußte. „Es ist klar und einleuchtend", schrieb er, „daß in Zukunft keine Nation – islamisch oder nicht-islamisch – ohne verfassungsmäßiges Recht weiterbestehen wird. ... Die im Iran lebenden verschiedenen Volksgruppen werden nicht zu einem Volk werden, ehe nicht ihr Recht zur freien Meinungsäußerung und ihr Anspruch auf Erziehung gesetzlich garantiert sind." Gleichgesinnte iranische Intellektuelle waren zahlenmäßig den liberalen Konstitutionalisten Ägyptens und der Türkei unterlegen, und ihre Sache war daher weniger aussichtsreich. 1906, als nach der Verhaftung des volkstümlichen Predigers und der Ermordung des Seyyid am 11. Juli die Gefühle der Massen explodierten, führten sie die erste erfolgreiche konstitutionelle Revolution des Mittleren Ostens durch. Es ist viel leichter zu verstehen, warum die Schahs verloren, als warum die Anhänger der Verfassung gewannen. Die Regierung war finanziell und moralisch total bankrott. Iranische Kaufleute, die mittlerweile internationale Handelsbeziehungen angeknüpft hatten, erwarteten mehr und bekamen weniger; die Handelswege waren unsicher, und die Kaufleute selbst wurden von Regierungsbeamten ausgenommen, die auf diese Weise versuchten, ihre Ausgaben, die ihnen entstanden waren, als sie ihre Ämter vom Schah kauften, wieder auszugleichen. Die Mullahs, die sich seit jeher als Anwälte der Unterdrückten, aber auch als Angehörige einer Elite verstanden, sahen ihre traditionelle Rolle durch die Schwäche der Regierung gegenüber Ausländern und durch Annäherungsversuche bei ausländischen Gelehrten bedroht; sie hatten das Gefühl, daß Irans Zukunft als islamischer Staat Anlaß zu Besorgnis gab. Als es zum Knall kam, wußten viele Menschen, was sie nicht wollten: Sie wollten keine unkalkulierbare Unterdrückung, sie wollten keinen Schah, der sich anmaßte, durch den Verkauf wirtschaftlicher Rechte – vom Tabak bis zu Schallplatten für den Phonographen – an Ausländer ein Bankguthaben anzuhäufen, und sie wollten kein Land, dessen Zentralregierung zu schwach war, um seine Produkte vor fremden Waren und seine Religion vor äußeren Eingriffen zu schützen.

In der ersten Hälfte des Jahres 1906, nachdem die Zuckerhändler mit Stockschlägen bestraft worden waren und Protestierende sich aus Teheran zum Schrein des Schah Abdol-Azim zurückgezogen hatten, verstand man ganz allgemein unter Reform die Einsetzung eines „Hauses der

Gerechtigkeit", das das islamische Recht im ganzen Land zur Geltung bringen würde. Als aber die Regierung ihr Versprechen, eine solche Institution zu errichten, nicht einlöste und der Seyyid am 11. Juli getötet wurde, verließen viele Mullahs in Begleitung von Händlern und Handwerkern die Hauptstadt und suchten in Ghom Schutz. Weitaus mehr Händler und Handwerker zogen sich an einen noch sichereren Zufluchtsort zurück, auf das riesige Gelände der britischen Botschaft. Die große Menschenmenge in der Botschaft verhielt sich überraschend diszipliniert. Sie bildete einen Ausschuß der Ältesten zur Regelung ihrer Angelegenheiten; als die Menge bereits um die vierzehntausend Menschen zählte, ließ der Ausschuß nach der ersten Woche nur noch Studenten und Lehrer des Polytechnikums und der neugegründeten Schulen für Landwirtschaft und politische Wissenschaft zu.

Nach ihrer Ankunft wurde diesen Männern des neuen Erziehungssystems zum erstenmal die Chance geboten, eine Nation zu schulen, und ihr Erfolg übertraf die kühnsten Erwartungen früherer Generationen am Polytechnikum, die französische Lehrbücher über Minenlegen und Artillerie durchgearbeitet hatten. Anders als viele der Protestierenden wußten die Studenten, die die neue Schulung absolviert hatten, ganz genau, was sie wollten. Wie ein iranischer Teilnehmer berichtete, formten die Studenten, nachdem sie einmal in der britischen Botschaft waren, aus der Versammlung „eine riesige Freilichtschule für politische Wissenschaft" und wandelten das Gefühl der Verachtung für Korruption, Schwäche, Unbeständigkeit und schlichte Ungerechtigkeit der alten Ordnung in die Forderung nach einer geschriebenen Verfassung um, die einer Wahlversammlung Vollmachten geben sollte. Am 5. August 1906 gab Schah Mozaffar ed-Din nach. Im Oktober trat die neu gewählte Nationalversammlung zusammen, im Dezember wurde die Verfassung niedergeschrieben und in aller Eile dem todkranken Schah zur Genehmigung zugestellt, und am 30. Dezember schließlich unterzeichnete der Schah, nur wenige Tage vor seinem Tod, die neu entworfene Verfassung.

Isa Sadiq, der bedeutendste Historiker des modernen iranischen Erziehungswesens, war elf Jahre alt, als die Verfassung ratifiziert wurde. Er erinnert sich, wie die Ereignisse des Jahres 1906 den Anhängern der neuen Erziehungstheorie Ehre und Ruhm einbrachten. Isa selbst erlebte die Veränderungen mit und war Zeuge der mit ihnen verbundenen dramatischen Vorgänge. Sein Vater war Kaufmann, und wie so viele tonangebende Männer im Basar stärkte er seine Beziehungen zu dem religiösen Establishment durch die Heirat mit der Tochter eines prominenten Mullah. Doch hatte sein Vater liberale Freunde, die ihn veranlaßten, Isa auf eine Schule, die die neuen Erziehungstheorien praktizierte, zu schicken, und so lernte er nicht nur intensiv arabische Grammatik und die traditionellen religiösen Unterrichtsfächer (einschließlich aristotelischer Logik), sondern auch Französisch, Mechanik und – wie im Westen üblich – Geographie und Mathematik.

Unter den liberalen Freunden seines Vaters stand an erster Stelle ein guter Nachbar, ein Prediger aus Isfahan namens Dschamal ed-Din, von seinem Äußeren und seiner Bildung her ein Mullah, aber in Wirklichkeit ein Mann, der nach Isas Meinung von formaler Religion wenig oder gar nichts hielt. Isa war von der Wärme, Offenheit, Demut und vor allem von der Beredsamkeit dieses Männchens mit den schwarzen Augen, dem schwarzen Turban und dem dünnen schwarzen Bart bezaubert. Immer wenn Dschamal ed-Din in einer benachbarten Moschee predigte, befand sich Isa in der Menge, die herbeigeströmt war und sich drängelte, um des Predigers Hand, Schulter und Mantel zu küssen. Dschamal ed-Din war ein freimütiger Verfechter der Revolution, so freimütig, daß der Schah ihn 1908 ins Gefängnis werfen ließ. Er wurde in der Haft stranguliert.

Am 26. Dezember 1909 trat Isa Sadiq ins Polytechnikum ein. Einige Händler, die das neue Erziehungssystem verachteten, verspotteten ihn auf dem Schulweg. Aber Isa war der klassische gute Junge. Er verdoppelte seine Anstrengungen, lernte das ganze Pensum Geometrie, Algebra, Geographie, Physik, Chemie, Kartographie und – natürlich – Französisch und wurde „erster Schüler" einer Klasse, in der die meisten ohne Zweifel älter waren als er. Durch eine Ausleseprüfung kam er in eine Gruppe von Schülern, die von der Regierung nach Frankreich geschickt wurden, und so trat er gegen Ende Oktober 1911 in ein Gymnasium in Versailles ein.

Er nutzte jede wache Minute zum Lernen. Wie er in seinen Memoiren freimütig bekennt, liebte er nicht nur das Lernen, sondern erstrebte auch den Respekt, der Gelehrten gezollt wird. Auch war er immer noch fassungslos über die Entdeckung, daß einige Provinzen Irans, durch die er auf seiner Reise nach Europa gekommen war, von russischen Truppen besetzt waren, und so spornte ihn auch eine Art iranisches Sendungsbewußtsein an. Aber er lernte auch deshalb so eifrig, weil er glaubte, daß er als erfolgreicher Schulabgänger vielleicht einmal seinem Vater helfen könne, der durch die Zerschlagung der Revolution – einer Revolution, die manchmal schwelte, manchmal auflöderte, aber nie zu einem Abschluß kam – in geschäftliche Schwierigkeiten geraten war. Isa war ein guter Junge, der genau wußte, warum er gut sein wollte.

In Frankreich war er einsam. Von den französischen Büchern gefielen ihm die traurigen am besten: „Atala", „René", vor allem aber die Übersetzung von Goethes „Die Leiden des jungen Werthers", die er mehrmals las. Seinem Lehrer im französischen Aufsatz gelang es, Isa die Überzeugung einzuimpfen, daß er die überlegene Logik des französischen Geistes lernte, und in seinen Memoiren gibt Isa zu, daß er sich in seinem späteren Leben immer über Leute ärgerte, die nicht „logisch" waren. Im Januar 1914 bestand er das „baccalauréat", einen Markstein in seinem Leben. Bis zu diesem Punkt hatte er das Gefühl gehabt, daß Europäer wie z. B. seine französischen Mitschüler, die den Islam lächerlich machten und ihn selbst einen Wilden nannten, teilweise recht hatten, wenn sie

49

auf Iraner von oben herabsahen. Jetzt hatte er „ihre" Prüfung als einer ihrer besten Schüler bestanden und sich besonders in Mathematik hervorgetan – wie es in den nächsten siebzig Jahren noch viele andere begabte Iraner tun sollten, die im Ausland studierten.

Er begann an der Universität Paris Mathematik zu studieren und nahm dort zum erstenmal die Versuchungen des französischen Lebens wahr. „Es machte mir Vergnügen, die Wangen mondgesichtiger französischer Frauen anzuschauen", schrieb er; doch jedesmal, wenn er sich dem „Abgrund" einer Verwicklung näherte, kam ein Warnruf aus seinem Inneren, und er machte einen Rückzieher. Er hatte auch zu viel zu tun für irgendwelche Ausflüge in den Abgrund. Die iranische Regierung, wie gewöhnlich am Rand des Bankrotts, schickte das Geld nicht sehr regelmäßig. Dank des Lehrermangels nach Ausbruch des Ersten Weltkrieges bekam Isa eine Stelle als Mathematik- und Englischlehrer an einem lycée (als passionierter Selbst-Verbesserer hatte er in Versailles in einem außerplanmäßigen Kurs Englisch gelernt).

Im nächsten Jahr erhielt er eine bessere Stelle. Er wurde Lehrer für die persische Sprache in Cambridge, unter der Leitung E. G. Brownes, des größten Iranisten europäischer Schule. Ihn faszinierte der Stil englischer Universitäten mit ihren Roben, ihren Studienstunden, der un-französischen Förderung freundschaftlicher Beziehungen zwischen Studenten und Lehrern und vor allem mit dem un-iranischen Interesse ihrer Studenten an freiwilligen Vereinigungen in Ruderklubs und Diskussionsrunden, durch die sie „an Zusammenarbeit und Gemeinsamkeit gewöhnt" wurden. Natürlich arbeitete er weiterhin zielstrebig an sich selbst. In seiner Freizeit studierte er bei dem berühmten G. Hardy höhere Mathematik und lernte außerdem Deutsch. Er fing an, die „richtigen" Leute kennenzulernen; 1917 traf er mit Bertrand Russell und mit dem Hofdichter Robert Bridges zusammen.

Isa begann sich auch Gedanken darüber zu machen, wie er andere fördern konnte. Es war sein Wunsch, im Iran eine Universität nach dem Modell Cambridge zu gründen; doch kam er zu dem Schluß, daß die Tradition eines Darwin, Milton und Newton nur über Jahrhunderte hinweg durch die Anstrengungen von Tausenden von Gelehrten aufgebaut werden konnte. In ihm wuchs die Einsicht, daß das Erziehungswesen im Iran von Grund auf neu angelegt werden mußte, und sein neu erwachtes Interesse an der Erziehung ließ ihn die Grundschulen und weiterführenden Schulen im Umkreis von Cambridge studieren. Er wollte auch auf die britische Öffentlichkeit einwirken und schrieb Briefe an den *Manchester Guardian,* in denen er die Rolle Rußlands im Iran kritisierte, bis ihm der Außenminister Sir Edward Grey mitteilte, daß er die Beziehungen zwischen den Alliierten störe, und ihn aufforderte, diese Korrespondenz zu unterlassen oder aber England zu verlassen.

Isa hatte ohnehin genug von Europa; er ging wieder nach Paris, wo er 1918 seine *licence* (ungefähr ein M. A.-Examen) ablegte, und kehrte dann in den Iran zurück. Seine erste Aufgabe war es, die Grundschulen und weiterführenden Schulen in der Stadt Rascht und der umliegenden Provinz zu organisieren. Rascht war der große Stapelplatz des iranischen Handels, wo nach Auskunft der Schulbücher „viele Seevögel lebten". In seinem neuen Wirkungskreis erkannte er wie viele Intellektuelle seiner Generation, daß die konstitutionelle Revolution sich allmählich in der Anarchie verlor. Die Provinz wurde von Kutschek Khan beherrscht, einem hünenhaften Mann, der sich durch seine Guerilla-Uniform russischen Stils und und seinen vollen Schnurbart, Bart und Haarwuchs à la Castro noch eindrucksvoller machte. Er war Idealist, vielleicht auch ein wenig Patriot, aber seine zwei wichtigsten Offiziere waren eingeschworene Marxisten, und England sah in ihm ein Werkzeug Sowjetrußlands.

Im Sommer 1920 nahm Kutschek Khan die Stadt Rascht ein und verhaftete Isa Sadiq. Nachdem Kutschek Khans Gouverneure ihm die progressiven Zielvorstellungen ihres Führers auf allen Gebieten und insbesondere im Bereich des Bildungswesens erläutert hatten, boten sie Isa das Erziehungsministerium in ihrer Übergangsregierung an. Isa saß einige Minuten schweigend da. Dann brachte er seinen „grenzenlosen Dank" für das freundliche Angebot zum Ausdruck, fügte aber hinzu, er könne nicht an den Nationalismus einer Bewegung glauben, die sich ausländischer (in diesem Fall sowjetrussischer) Berater bediene. Er erklärte den Stellvertretern Kutschek Khans: „Meine Ehre ist mir lieber als mein Leben"; da er bereits einen Posten von der Regierung in Teheran angenommen habe, wäre ein Posten in einer weiteren Regierung das Ende seiner „Ehre." Er wurde freigelassen.

Er kehrte in ein Teheran zurück, in dem die noch immer in Kabinettskrisen verstrickte Zentralregierung keine Aussicht zu haben schien, Männern wie Kutschek Khan die Kontrolle über ihre Provinzen zu entreißen. Dann hörte er eines Morgens im Februar 1921 beim Frühstück von seinem Koch, daß die iranische „Kosaken"-Brigade Teheran besetzt habe. Isa Sadiq rief im Erziehungsministerium an und erhielt keine Antwort. Er ging hinaus auf die Straße und sah eine berittene Streife der iranischen „Kosaken" – eine Brigade, die schon lange die zaristischen Offiziere verloren hatte, von denen sie ausgebildet worden war, die aber weiterhin die Karakulmützen und die langen, mit Patronenreihen besetzten Waffenröcke trug, die sie von den russischen Kosaken übernommen hatte. Die Zeitungen waren nicht erschienen, und von Isas Nachbarn wußte keiner, wer die „Kosaken" kommandierte oder was sie wollten.

Am nächsten Tag sah man an Mauern und Wänden in der ganzen Stadt einen Anschlag, der mit den Aufmerksamkeit heischenden Worten begann: „Ich befehle." Er war unterzeichnet: „Reza, Führer der Kosakenbrigade Seiner Kaiserlichen Majestät und Oberster Befehlshaber." In weniger als einem Monat wurde ein neues Kabinett gebildet, in dem Reza Kriegsminister wurde; der neue Erziehungsminister gab Isa Sadiq einen hohen Posten in seinem Ministerium. Jetzt war es klar, wie weise Isa

51

gehandelt hatte, als er Kutschek Khan abgewiesen und sich als der *bon élève* verhalten hatte, zu dem er erzogen war.

Langsam aber sicher folgten die Männer des neuen Erziehungssystems Isas Beispiel und sahen sich nach Posten in der neuen Ordnung um. Der „Mann zu Pferd" war gekommen. Für die liberalen Intellektuellen war er nicht ganz der Mann nach ihrem Sinn – aber was war schon in ihrem Sinn verlaufen, seit sie im Jahr 1906 die neue Verfassung geschaffen hatten? Im Rückblick erschien diese als Mißgeburt. Reza war wirklich ein Kommandeur, ganz wie man es von einem Mann zu Pferde erwartete – ein Hüne des Zentrums (oder der Rechten, je nachdem, wie man es betrachtete), der es mit Kutschek Khan, dem Hünen der Linken, aufnehmen konnte. Vita Sackville-West, die ihn aus dieser Zeit kannte, schrieb: „Vom Äußeren her hatte Reza etwas Furchteinflößendes; er maß sechs Fuß drei Zoll, hatte ein mürrisches Wesen, eine ungeheure Nase, angegrautes Haar und einen brutalen Unterkiefer. Sein Aussehen entsprach wirklich dem, was er war: ein Kosakenführer; aber es war nicht zu leugnen, daß er etwas Königliches ausstrahlte." 1926 wurde er König und krönte sich selbst als Reza Schah. Er war der Typ des Autokraten, dessen unumschränkte Befehlsgewalt seiner Herrschaft einen gleichmacherischen Anstrich gab: Betrügerischen Heeresquartiermeistern kippte er vor den Augen der Rekruten die Töpfe mit minderwertigem Essen über den Kopf, und wenn Pferde während einer Parade Kot fallen ließen, gingen Großgrundbesitzer und Generäle aus Furcht vor seinem Mißfallen auf die Knie, um den Platz zu säubern, bevor er kam.

Der Iran, dessen Herrscher Reza Schah wurde, war ein riesiges Land – ungefähr so groß wie die Vereinigten Staaten östlich des Mississippi – mit einer Bevölkerung von nur zwölf Millionen. Die große Mehrzahl dieser zwölf Millionen waren Bauern, die in den Zehntausenden von zerstreuten Dörfern lebten, von denen die meisten als Ganzes von den großen Grundherren angekauft und verkauft wurden. Große Grundherren hatten Verwalter, die sie in ihren Dörfern vertraten, und sorgfältig ausgewählte und hofierte Freunde, die sie am „Hof" des Königs vertraten – jener seltsamen Mischung aus königlichen Verwandten, Dichtern von Lobeshymnen, Unterhaltungskünstlern, Ärzten und offiziellen „Weisen", die ein immer wiederkehrender Zug des iranischen Lebens war. Die Führer der „Stammes"-Völker (meist nur Halbnomaden – sie hatten mehr oder weniger fest zugeteilte Sommer- und Winterweidegebiete) pflegten ebenfalls ihre Freunde bei „Hof". Die Könige (und nach 1906 die Parlamente) des Irans hatten herausgefunden, daß sie zwar hin und wieder einige dieser Grundherren und Stammesführer bedrücken konnten, daß die Zentralregierung in Teheran aber ohne die stille Zustimmung der Mehrheit und die aktive Unterstützung wenigstens einiger von ihnen kaum mehr aufbieten konnte als den Gehorsam ihrer Lobesdichter und -redner. Aber auch die örtlichen starken Männer waren auf die Regierung angewiesen. Die Regierung konnte durch gelegentlichen Einsatz harter

Gewaltmaßnahmen soviel Ordnung aufrechterhalten, daß die örtlichen Eliten ihre ständig wiederkehrenden Streitigkeiten untereinander und die drohende Unbotmäßigkeit ihrer Untergebenen überstehen konnten. In ihrem Versuch, Autorität auszuüben, hatte die Zentralregierung die Unterstützung einer bürokratischen Elite, die beim Regierungsantritt Rezas Schah aus einer Mischung von alten Familien der Bürokratie und Männern der neuen Erziehung bestand. Zur bürokratischen Elite gehörten hohe Generäle ebenso wie hohe Finanzbeamte, und diese Generäle wurden oft Gouverneure der Provinzen. Wenn die Zentralregierung die Ordnung gewährleistete und willkürliche Besteuerung vermied, fand sie gewöhnlich auch die Unterstützung der wichtigen Männer des Basars, die sich sehr wohl darüber im klaren waren, daß sie einerseits unpolitisch genug sein mußten, um Regime zu überleben, und andererseits die Macht hatten, die Wirtschaft eines jeden Regimes, das das wirtschaftliche Leben für sie unerträglich machte, lahmzulegen. Zur Zeit der Thronbesteigung von Reza Schah waren unter diesen Eliten, besonders zwischen den hohen Regierungsbeamten und den Großkaufleuten und Grundherren, unterschiedliche kulturelle Ausrichtungen entstanden. Einige waren stärker an westlichen Gütern und westlicher Lebensart interessiert als andere, obwohl sich nur selten eine eindeutige Wechselbeziehung zwischen Besitz, Berufsstand und dem Phänomen der „Verwestlichung" herstellen ließ.

In den Städten gab es unterhalb der Ebene der Großkaufleute und der hohen Bürokratie die „Mittelschicht", die aus Geschäftsleuten, Handwerkern, Buchhaltern und Regierungsbeamten bestand. Unterhalb dieser „Mittelschicht" fanden sich die Arbeiter; teils Saisonarbeiter, die zwischen Stadt und Land hin- und herpendelten, teils bodenständige Stadtbewohner wie Straßenkehrer, Dienstboten oder Arbeiter in den „nicht geachteten" Gewerben. Bei diesen Gruppen war es am wenigsten wahrscheinlich, daß sie sich an westlicher Kultur orientierten – die für sie in der Hauptsache aus Luxusartikeln bestand –, sofern sie nicht zu einer der wenigen Missionsschulen gegangen waren oder eine Zeitlang in einem muslimischen Gebiet des Russischen Reiches oder dergleichen gelebt hatten.

Eine unter all diesen Gruppen waren die Mullahs, die schiitischen Männer der Religion. Viele stammten selbst von Mullahs ab, einige kamen aus sehr wohlhabenden Familien. Manche waren sehr arm und leisteten bäuerliche Arbeit, denn ihre Dörfer konnten Mullahs, die nicht arbeiteten nicht ernähren. In den Städten bezogen die Mullahs einen bedeutenden Teil ihres Einkommens aus milden Stiftungen, die oft von wohlhabenden Männern speziell für den Unterhalt von Mullahs eingerichtet wurden. Die angesehensten dieser Mullahs nannte man Ayatollahs. Ayatollahs heirateten oft in die Familien der Großkaufleute und gelegentlich auch in die der Großgrundbesitzer ein, aber nur selten gingen sie eine Verbindung mit kulturell „verwestlichten" Kaufleuten und Großgrundbesitzern ein, und eheliche Bindungen zwischen Ayatollahs und den Familien der neuen Intellektuellen, der Männer des neuen Erziehungssystems, waren noch seltener.

Im Zuge der Veränderungen, die Reza Schah in den fünfzehn Jahren seiner Regierung bewirkte, gab er den neuen Intellektuellen wie Isa Sadiq einiges von dem, was sie haben wollten. Er eroberte den Iran für die Zentralregierung zurück. Noch vor Ende des Jahres 1921 wurde der Kopf des Kutschek Khan – an dem die Sowjets das Interesse verloren hatten – in Teheran öffentlich zur Schau gestellt; in der iranischen Politik gab es nur für einen einzigen Giganten Platz. In den Folgejahren stellte Reza in allen Provinzen die Ordnung her, er vertrieb die fremden Truppen aus dem Lande und zwang die ausländischen Regierungen, den Iran als gleichwertig zu behandeln, wenn auch als einen sehr sensiblen gleichwertigen Partner. Er brach sogar einmal die diplomatischen Beziehungen zu Frankreich ab, weil in einer französischen Zeitung eine Karikatur mit einem Wortspiel über *chat* (Katze) und „Schah" erschienen war. Auf seinen Befehl bauten die neuen Männer jetzt die Symbole des Fortschritts und der nationalen Einheit, von denen sie seit über einem halben Jahrhundert geträumt hatten. Sie sprengten Tunnel durch die das iranische Hochland umgebenden Gebirgsringe, führten durch die unstabilen Wüsten im Zentrum dieses Hochlands stabile Fundamente aus Kies und Zement und erbauten die Transiranische Eisenbahn, von der der einstige iranische Konsul Mostaschar od-Doule ein halbes Jahrhundert zuvor geträumt hatte.

Aber Reza Schah war keineswegs „einer von ihnen". Er besaß eine geringe Bildung, und wenn die Männer der neuen Erziehung in ihren Memoiren seine Reden erwähnen, dann mit offensichtlicher Verlegenheit über die allzugroße „Einfalt" seiner Sprechweise. Er übernahm viele ihrer Ziele: ein neues Gesetzbuch, das sie für ihn schrieben; Fabriken der Leichtindustrie, die sie für ihn betrieben; aber auch Fortschritt bei der Emanzipation der Frauen, ganz besonders durch die Abschaffung des Tschadors, den sie verabscheuten. Aber all diese Maßnahmen wurden mit einer Brutalität durchgeführt, die die neuen Männer beunruhigte, selbst wenn sie der Meinung waren, daß ein gewisses Maß an Brutalität unvermeidlich sei. Mitte Juli 1935 strömten aufgebrachte Volksmassen in den Hof des Schreins in Meschhed, des größten schiitischen Heiligtums im Iran, Begräbnisstätte des Imam Reza, des Bruders der in Ghom beigesetzten Fatima. Sie waren gekommen, um Predigern zuzuhören, die die Politik Reza Schahs angriffen. Als sie sich nicht zerstreuten, stellten Reza Schahs Truppen auf den Dächern der umliegenden Gebäude Maschinengewehre auf und eröffneten das Feuer. Über hundert Menschen wurden getötet. Drei Soldaten hatten sich geweigert, zu schießen und wurden erschossen. Von da an kam es unter Reza Schahs Regierung zu keinen weiteren nennenswerten Demonstrationen religiöser Art.

Der Schah und die neuen Intellektuellen lebten jetzt in einer erzwungenen Symbiose. Einige der neuen Intellektuellen lehnten es ab, ihre Ideale von 1906 zu verraten, und weigerten sich, an dem erzwungenen nationalen Marsch nach vorne teilzunehmen, auch wenn dieser in eine von ihnen gewünschte Richtung ging. Diese Männer gingen ins Gefängnis oder ins Exil, oder sie begingen Selbstmord wie der Verfasser von Reza Schahs neuem Gesetzbuch. Die meisten aber nahmen Stellen in der neuen Ordnung an, wo sie gut bezahlt wurden. Aus ihnen sollte sich eine Art herrschende Klasse entwickeln, die, weniger abhängig von den Interessen des Schahs als Grundbesitzer und Großkaufleute, versuchten, sich ein persönliches Vermögen anzuhäufen. Vielleicht, so überlegten sie, würde der Schah eine Nation aufbauen, in der die allgemeine Ausbreitung der neuen Erziehungsinhalte und der neuen Verfahrensweisen dazu beitragen würde, daß die Iraner aus freien Stücken die Ideen aufgriffen, die sie jetzt nur aus Gehorsam annahmen.

Isa Sadiq scheint diese Hoffnung nie verloren zu haben. Sein treuer Dienst an dem neuen Regime Ende der zwanziger Jahre wurde bald belohnt: Ein Professor an der Columbia Universität in New York wurde auf ihn aufmerksam und lud ihn ein, an einem Forschungsprogramm für ausländische Spezialisten in Erziehungswissenschaft am Lehrerkolleg teilzunehmen. Isa traf im Herbst 1930 in New York ein und schloß – wie immer der gute Schüler – seine Dissertation zum Doktor der Philosophie zum Zeitpunkt seiner Rückreise im Herbst 1931 ab. Nach seiner Rückkehr in den Iran schrieb er auf persisch *Ein Jahr in Amerika*, ein äußerst ansprechendes Buch, das die seinem Verfasser eigene Mischung von Neugier und Intelligenz und seine Fähigkeit widerspiegelt, sich von einer betäubenden Fülle von Details faszinieren zu lassen.

Isa erhielt ein Zimmer in dem *International House* der Columbia Universität, und er füllte zwei ganze Seiten des Eingangskapitels mit einer Beschreibung der Cafeteria dieser bemerkenswerten Institution und führt den Leser von den Stapeln von Tabletts zu der dampfbeheizten Theke und weiter zum automatischen Geldwechsler. Pflichtschuldigst listet er die Vorzüge des Cafeteria-Systems auf. Er erklärt zwar: „Ich bin Iraner und daher gewöhnt, daß andere für mich arbeiten"; aber erstens schaffe der Self-service eine wirkliche Gleichheit unter den Studenten, und zweitens ermögliche er es ihm, eine Auswahl dessen zu treffen, was er essen wolle. Durch das ganze Buch hindurch fährt er fort, alles aufzulisten, zu zählen und zu beschreiben: die Anzahl der Glühbirnen in den Beleuchtungskörpern auf den Tischen in der Bibliothek des Lehrerkollegs, die Abmessungen des Holland-Tunnels und die dreihundertdreiundsiebzig Firmenauslagen beim Kongreß des Nationalen Erzieherbundes in Detroit.

Als Isas Lehrer ihn zu Schulbesichtigungen mitnahmen, um ihm zu zeigen, wie der Geist amerikanischer Kinder geformt werde, begriff er sofort, was nach Ansicht seiner Lehrer die „Lektionen" des amerikanischen Erziehungsstils für die nicht-amerikanische Welt waren. In der

55

Jackson Avenue-Schule in Hackensack und in vielen anderen Schulen saß er in den Schulversammlungen, wohnte den Zusammenkünften des Schülerrats und der Eltern- und Lehrervereinigung bei, besuchte Klassen für Lernschwache und das Büro der Schul-Krankenpflegerin. Er begriff die patriotische und kollektivbildende Wirkung des Schulsingens und der gemeinsamen Feiern der Geburtstage von nationalen Größen. Er begriff, wie die Erfahrung des Selbermachens in den Labors und in den technischen Schulen fähigere Arbeitskräfte heranbildete und das Bündnis der amerikanischen Industrie mit dem Erziehungswesen förderte.

Isa ahnte, daß dieses Erziehungssystem mit dem Lebensstil amerikanischer Familien des Mittelstandes zusammenhing, wo der Mann für größere Reparaturen im Haus zuständig war und die Kinder begeistert die *Saturday Evening Post* verkauften. Nach dem ganz auf die Bedürfnisse der Gemeinschaft zugeschnittenen Familienleben im Iran beeindruckte ihn die Tatsache, daß in der amerikanischen Familie jedes Kind sein eigenes Zimmer, seinen abschließbaren Schrank, seinen Arbeitstisch und seine besondere Aufgabe im Haushalt hatte. Im übrigen fand er die amerikanische Erziehung intellektuell ziemlich seicht, doch er erkannte, daß ebenso wie die Zeitung und das Radio eine intellektuell seichte Bildung sogar eine Art von nationalem Konsens hervorbringen konnte, wie dieser ja auch durch die Mischung der Gesellschaftsklassen in den Schulen und durch die Mischung der Eliten in den Kollegs entstand.

Isa beherrschte auch weiterhin die Kunst, die richtigen Leute zu treffen, wie zum Beispiel John D. Rockefeller Jr., Nicholas Murray Butler, den Präsidenten der Columbia Universität, Admiral Byrd und Harry Emerson Fosdick (an dessen Sonntagsschule in der Riverside Church er pflichtschuldigst teilnahm). Seinen größten Coup landete er 1931, als er nach Albany fuhr und bei dem damaligen Gouverneur von New York Franklin Delano Roosevelt ein langes Interview erhielt. FDR fragte ihn aus nach der Zukunft des Kommunismus im Iran, nach der Stärke des russischen Einflusses, dem Grad der wirtschaftlichen Abhängigkeit des Iran von der übrigen Welt und nach iranischen Haushaltsdefiziten. Isa fragte FDR, woher der Gouverneur so gute Kenntnisse über den Iran habe, und FDR erklärte, daß sein Onkel Delano mütterlicherseits im Jahr 1926 als Leiter der Opiumkommission in den Iran gegangen und daß sein Neffe stellvertretender Botschafter in Teheran sei. Wie Isa berichtet, fügte der Gouverneur hinzu: „Beide haben mir den Iran so hoch gelobt, daß ich selbst eine Reise dorthin machen möchte."

Im letzten Absatz von *Ein Jahr in Amerika*, in dem er die Ausfahrt des Schiffes aus dem New Yorker Hafen beschreibt, gestattet sich Isa praktisch die einzig glanzvolle Stelle in seinem Buch (einmal abgesehen von dem Abschnitt, wo er schildert, wie „meine Seele in der Welt der Liebe in das geliebte Heimatland flog", als er in einem Haus in Flushing persische Musik hörte). Als er an Deck stand, „erschienen im Osten die sorgenvollen Strahlen des Mondes – in eben jenem Osten, der mit seinen Tausenden von Schwächen mein verzücktes Herz zu sich hinzog und mich – vielleicht – für immer von den Annehmlichkeiten des Lebens im Westen trennen würde". Wie viele Männer des neuen Erziehungssystems hatten schon vor Isa und wie viele sollten noch nach ihm den Westen mit den gleichen Gefühlen der „Zweiherzigkeit" – wie die Unbestimmtheit im Persischen genannt wird – verlassen!

Während eines einzigen feuchten New Yorker Sommers vor seiner Abreise hatte Isa seine Dissertation über *Das moderne Persien und sein Erziehungssystem* geschrieben, die vom Lehrerkolleg sofort veröffentlicht wurde. Isa Sadiqs Nationalismus, sein Wirklichkeitssinn und seine Empfänglichkeit für die Ideale der John Deweyschen Lehrerbildung sind in diesem Buch überall spürbar. Isa Sadiq glaubte, daß die iranische Nation unter unnötigen Bürden der Vergangenheit wankte. Nach seinen erfolgreichen Aufenthalten in Versailles, Cambridge und Morningside Heights „wußte" er, daß die Iraner diese Bürden abwerfen und die geeigneteren Ideen des Westens übernehmen konnten, ohne etwas zu verlieren. Wie er in seiner Doktorarbeit erläutert, offenbart die iranische Geschichte „eine verblüffende Fähigkeit zum nationalen Wiederaufbau, sie zeigt die Kraft des persischen Menschen, eine fremde Rasse zu assimilieren, sich über sie zu erheben und ihr den Stempel seiner kulturellen Überlegenheit aufzudrücken". Der Iran war voll von Ausländern, die für die Regierung tätig waren: „Belgier arbeiten in den Zoll- und Finanzbehörden, Amerikaner bei der Eisenbahn, Franzosen im Bildungswesen, im Pasteur Institut und in der drahtlosen Telegrafie, Deutsche in der Rüstung, im Bergbau und Bankwesen." Der Iran muß seine eigenen „technischen Führungskräfte" ausbilden; danach muß er ihnen völlig vertrauen und die ausländischen Fachkräfte entlassen. Die Iraner, so erläutert er, haben ganz bestimmte Zielsetzungen: Sie wollen den Iran stark, gesund, wohlhabend und wissend machen (besonders in den Techniken der modernen Welt); denn „sie erstreben für Persien einen Ehrenplatz unter den Nationen der Welt". In gewissem Sinn war es dieses Bedürfnis nach nationaler Ehre, das Isa während der Jahre der Entfremdung im Ausland mehr als alles andere den Rücken gestärkt hat.

Er war der Überzeugung, daß die Iraner dies am besten erreichen konnten, wenn sie einer neuen Erziehungsphilosophie folgten: der Philosophie, die sich nach seiner Meinung (und nach der Meinung seiner Lehrer in Columbia) in der Selbstbedienungs-Cafeteria im Internationalen Haus und in der Eltern- und Lehrervereinigung in der Jackson Avenue-Schule verkörperte. Er beklagte, daß die Iraner überhaupt keine Ahnung hatten von John Deweys „Theorie, daß Bildung und Schule das Leben selbst sind, daß das Kind in der Schule *lebt* und daß es keine bessere Art gibt, es auf die Teilnahme am Erwachsenenleben vorzubereiten, als sicherzustellen, daß es an dem Leben in seiner nächsten Umgebung teilnimmt". Die Iraner müßten ihre Kinder als selbständige Wesen erkennen und anerkennen, die eigene Gedanken der verschiedensten Art entwickeln können, damit Demokratie und Kreativität unter ihnen gedeihen. Die iranischen Lehrer „müssen damit aufhören, Auswendiglernen und Pauken zu wichtig zu nehmen... (die Schüler) müssen von den Unterrichtsmitteln selbst Gebrauch machen; sie müssen in die Lage versetzt werden, zu verstehen, nachzudenken, zu beurteilen und zu kritisieren... Ihre Meinungen müssen Beachtung finden... Sie dürfen nie ins Lächerliche gezogen werden... Die induktive Methode ist die einzige, die die menschlichen Fähigkeiten in würdiger Weise entfalten kann... Der Perser, der zur richtigen Benutzung eines Labors ermutigt, hat sich um sein Vaterland sehr verdient gemacht."

Bei seiner Rückkehr in den Iran wurde er für den „Verlust der Annehmlichkeiten des westlichen Lebens" reichlich entschädigt: Er begann eine Laufbahn, die ihm die Leitung des Teheraner Kollegs für Lehrerbildung, dann die Präsidentschaft der Universität Teheran, den Posten des Erziehungsministers über sechs Amtszeiten hinweg und einen Sitz im Iranischen Senat auf Lebenszeit einbrachte. Seinen Erfolg verdankte er nicht nur einem guten Gehirn und seinem Doktortitel vom Lehrerkolleg in Columbia, sondern auch seiner klaren Einsicht darüber, wer sein Land regiert. In seiner Dissertation hatte er geschrieben: „Die ganze Geschichte Persiens belegt... (daß) immer, wenn ein großer Führer kam..., Persien zum Gipfel des Ruhms und zur Höhe der Macht emporstieg. ... Persiens Wiederherstellung unter Reza Schah Pahlavi ist wiederum ein schlagender Beweis dafür, daß nur große Männer fähig waren und sind, die Nation ihrer Bestimmung zuzuführen." Wahrscheinlich glaubte er das buchstäblich. Für ihn führten zweifellos die aristotelische Logik, die er in der Elementarschule gelernt hatte, die französische Logik, die ihm das *lycée* vermittelt hatte, und der hochgelobte amerikanische Pragmatismus des Lehrerbildungskollegs allesamt zu der Schlußfolgerung, daß, wenn der Iran stark werden und „einen Ehrenplatz unter den Nationen" einnehmen wolle, die Intellektuellen mit dem Regime zusammenarbeiten müßten.

Weder das Regime noch die Intellektuellen wurden sich jemals ganz darüber klar, was die andere Seite wollte. Reza Schah, und nach ihm sein Sohn Mohammed Reza Schah, wollten iranische Fachleute, die ihre Fähigkeiten als Staatsbeamte und regimetreue Unternehmer einsetzten und die Disziplin akzeptierten, die für den „Aufbau der Nation" unter zentraler Führung nötig war. Die Intellektuellen wollten mit Hilfe ihrer französischen Logik, ihres amerikanischen Pragmatismus und ihrer angeborenen iranischen Klugheit entscheiden, was für eine Nation sie aufbauen wollten. Eines der wenigen Ziele, in dem beide Seiten übereinstimmten, war das Bildungswesen. Der Erfolg von Männern wie Isa Sadiq, der dann Schule machte, führte bei der iranischen Ober- und Mittelschicht schließlich zu einer Art von Bildungswut, die von der Regierung eifrig unterstützt und finanziert wurde.

Im Jahr 1811 hatte der Schah des Iran zwei Studenten nach England entsandt, damit „sie etwas lernen, was für mich, für sie selbst und für ihr Land von Nutzen ist". Nur einer von ihnen sollte den Iran wiedersehen; der andere starb in London an der Tuberkulose. Als Isa Sadiq 1930 in die Vereinigten Staaten ging, gab es höchstens ein paar hundert Iraner, die im Ausland studierten. Zu Beginn der 1960er Jahre schickte der Iran mehr Studenten ins Ausland als praktisch jeder andere Staat vergleichbarer Größe in der Welt, und dieser hohe Anteil wurde bis zum Ende der siebziger Jahre aufrechterhalten. In Amerika allein studierten im akademischen Jahr 1969–70 über fünftausend Iraner; 1974–75 waren es über dreizehntausend, und 1978–79 über fünfundvierzigtausend iranische Studenten.

Und doch war der Anstieg der Bildung im Ausland von untergeordneter Bedeutung gegenüber der Bildungsexplosion, die im Inland stattfand. In seiner Dissertation beklagt Isa Sadiq, daß es im Jahr 1929 bei einer Gesamtbevölkerung von ungefähr 12 Millionen an den Schulen mit dem neuen Erziehungssystem auf allen Stufen zusammengenommen nur etwas über einhundertzehntausend Schüler gab. Mitte der siebziger Jahre waren allein im Erziehungsministerium mehr Angestellte beschäftigt, als es im Jahr 1929 Schüler gegeben hatte. Über sieben Millionen Schüler besuchten die Grundschulen und weiterführenden Schulen, und auf den Dörfern wurde Hunderttausenden von Erwachsenen Lesen und Schreiben beigebracht. 1935 eröffnete Reza Schah die Universität Teheran, die erste iranische Universität. Im akademischen Jahr 1977–78 hatte die Regierung einundzwanzig Universitäten und hatte auch schon die Mitarbeiter für weitere Universitäten eingestellt, die noch zu errichten waren. Einige Fakultäten der Universität Teheran, besonders in technischen Fächern, hatten den wissenschaftlichen Stand der besten Universitäten der Welt erreicht.

Wie im Falle Isa Sadiq erwies sich Bildung als die Straße zur königlichen Förderung. Die Kabinette waren mit Doktoren der Philosophie dicht besetzt, und für einen Schüler mit Familienbeziehungen war das Abschlußzeugnis praktisch jeder höheren Bildungsinstitution die Garantie für einen Posten in der Bürokratie. In den 1970er Jahren hatte das Regime genug Geld, um Akademiker mit Abschlußzeugnissen einzustellen, die zu zynisch, zu revolutionär waren oder zu wenig Beziehungen hatten, um Verwaltungsposten zu bekommen. Nicht nur für die Idealisten gab es Beschäftigung im Lese- und Schreibunterricht, sondern Ex-Revolutionäre, die dem bewaffneten Kampf gegen das Regime des Schahs abgeschworen hatten, fanden Stellen in Dutzenden von Forschungsinstituten, die die Regierung eingerichtet hatte, um ihnen eine Unterkunft zu bieten.

Wenn das Bildungswesen das Einzelkind war, das die gemeinsame Begeisterung der Intellektuellen und des Regimes hervorgebracht hatte, so war es ein Kind, das die Hoffnungen beider Elternteile in vieler Hinsicht betrog. Die gewaltigen Etatposten, die dem Bildungswesen zugute kamen, erkauften zwar die Dienste, aber nur in seltenen Fällen die Dankbarkeit der iranischen Intellektuellen. Tausende von Iranern erwarben den Doktortitel; aber allzu viele Doktortitel stammten von unbekannten amerikanischen Universitäten, die Dissertationen von einhundert Seiten über Themen wie „Die Zukunft des iranischen Bildungswesens" akzeptierten. Iraner taten sich weiterhin in Mathematik und physikalischen Wissenschaften hervor; aber von der großen Anzahl von Iranern am Massachusetts Institute of Technology und an der Kalifornischen Technischen Universität kehrten zu viele nie mehr in den Iran zurück, oder aber sie kehrten zurück, um zu entdecken, daß es keine Laborgeräte zu kaufen gab und daß die Universitäten jedes zweite Jahr wegen Studentenunruhen geschlossen waren. Demonstrationen gegen die Regierung waren ein gewohnheitsmäßiger Ritus, ohne den iranische Studenten oder auch Gymnasiasten ihre Ausbildung als unvollständig empfunden hätten. Sie betrachteten sich nicht mehr als auserwählte Männer des Regimes, wie es im neunzehnten Jahrhundert die Studenten des Polytechnikums getan hatten. Im Gegenteil, sie hatten das Gefühl, das Regime sei ihnen weggenommen worden.

Für die Intellektuellen war das Bildungswesen, so wie es sich entwickelte, eher das Kind eines Ministeriums als das der liberalen Philosophie, das sie hatten großziehen wollen. Es roch noch immer verdächtig nach einem Geschöpf des Kasernenhofs, mit seiner Betonung von Ordnung und Drill und den brutalen körperlichen Züchtigungen. Sein Ethos war eine seltsame Mischung von französischer Erziehung des neunzehnten Jahrhunderts und Mullah-Erziehung. Iranische Schulbücher boten zusammengewürfelte Auszüge aus Klassikern der Literatur und vorgegebenen Aufsatzthemen, und die Lehrer verlangten enorme Kraftakte im hirnlosen Auswendiglernen. Entweder vergaß Isa Sadiq sein früheres Interesse an der amerikanischen praxisorientierten Erziehung, oder aber, was wahrscheinlicher ist, er verlor alle Hoffnung, sie durchsetzen zu können. Iranische Schüler lernten Mikroskope zu zeichnen und ausgefeilte Arbeitsanleitungen für Mikroskope zu verfassen, aber die Mikroskope blieben an iranischen Schulen in der Regel eingeschlossen als Wertgegenstände, die man Schülern nicht in die Hand geben durfte.

Das Kontingent an iranischen Facharbeitern und Technikern, das Isa Sadiq schaffen wollte, um „die Belgier, Amerikaner, Franzosen und Deutschen" zu ersetzen, ging zwar aus den höheren Schulen und Universitäten hervor, aber die Experten aus dem Ausland blieben dennoch im Lande. Iranische Professoren konnten sehr wohl am Massachusetts Institute of Technology an vorderster Front in der Laserforschung stehen, aber im Iran fanden sie keinen zuverlässigen Mitarbeiterstab, um ein Forschungslabor zu betreiben; und in iranischen Dörfern konnten die Autoschlosser gußeiserne Ersatzteile für fast jedes Autoteil herstellen, aber die Schlosser in der iranischen Armee konnten nicht von der Notwendigkeit regelmäßiger Inspektionen überzeugt werden, um einen

Lastwagenpark instandzuhalten. Außerdem glaubte die Regierung insgeheim immer, daß die Ausländer kompetenter seien. In zweierlei Hinsicht jedoch veränderte das Bildungssystem den Iran entscheidend, und zwar in der Weise, wie Regierung und Intellektuelle es wünschten: Es erzeugte einen tief verwurzelten Nationalismus, und es führte zum Untergang der Koranschule, des *maktab*. Isa Sadiq erinnerte sich seiner Betrachtungen über die Wirkung der patriotischen Lieder, die er in Hackensack und Detroit gehört hatte. Er und die Angehörigen seiner Generation führten den Schulgesang, vaterländische Feiertage und nationalistische Schulbuchtexte ein, und all dies zusammen verwandelte eine alte Liebe zum Iran in modernen Nationalismus. Der Tod des *maktab* war noch dramatischer. Ein Jahrtausend lang war die Koranschule, der *maktab*, im Iran der Hort der elementaren Erziehung gewesen; er wurde von Mullahs oder von frommen älteren Männern oder Frauen geleitet und vermittelte die Grundbegriffe des Lesens, Schreibens und Wirtschaftsrechnens und einige Grundlagen der Religion. Isa Sadiq gab für das Jahr 1929 sechsunddreißigtausend *maktab*-Schüler an, räumte aber ein, die Zahl sei ungenau, da viele *maktabs* „im Haus des Lehrers oder in entlegenen Dörfern abgehalten werden und für die Schulaufsichtsorgane unerreichbar sind"; in Wirklichkeit müssen es einige Zehntausend mehr gewesen sein. Der Koran wurde täglich gelehrt und bildete das symbolische (wenn auch nicht das tatsächliche) Herzstück des Lehrplans im *maktab*. Die Lehrer am *maktab* bestritten ihren Lebensunterhalt in der Regel von den niedrigen Kursgebühren, die sie erhoben. Im Wettbewerb mit dem unentgeltlichen freien und umfassenden Erziehungssystem wurde der *maktab* aus dem Iran vertrieben; auch als Institution für zusätzlichen Religionsunterricht hatte er keine Chance mehr. Reza Schah schloß auch die Missionsschulen und die Schulen der jüdischen, christlichen und Bahá'í-Minderheiten. Um die Jahrhundertwende gab es im wesentlichen eine einzige Form der Schulerziehung im Iran; wenn es einiger Kurse über den Islam bedurfte, dann wurden sie als weltlicher Unterricht vom Staat durchgeführt. Von den religiösen Schulen überlebte nur die Medrese, die islamische Theologische Hochschule.

Drittes Kapitel

Am Morgen vor seinem ersten Gang zur Medrese brachte Ali auf dem Dach lange Zeit damit zu, sich mit dem Storch auf dem Nachbardach zu messen; er versuchte, herauszufinden, wer dem anderen am längsten ins Auge sehen könne. Der Storch schob zuerst sein rechtes, dann sein linkes Auge nach vorn, und seine einzige Reaktion auf alle Ablenkungen – Kazems Lärm inbegriffen, der die Asche mit lautem Dröhnen aus dem Samowar klopfte – war, daß er noch etwas hochmütiger dreinschaute und ein paar Kopffedern aufstellte. Als Alis älterer Bruder kam, um den Jungen zum Vordereingang des Hauses mitzunehmen, fragte ihn Ali: „Was denkt der Storch jetzt?"

„Er fragt sich: Was denkt der kleine Junge, der mich so anstarrt?"

„Jetzt werde ich denken: Warum denkt der Storch: Was denkt der Junge? Und der Storch wird denken..."

„Ja, lieber Ali, es ist ein endloser Rückschritt. Hebe ihn dir für den Lehrer in der Schule auf. Mein Freund wartet am Tor auf dich."

Ali wußte auf den ersten Blick, daß Mohammeds Freund, der etwa fünfzehn Jahre alt war, wie ein Schüler der Medrese aussah mit seinem Turban, dem schwarzen Mullah-Mantel und den wolligen Bartansätzen; er selbst sah dagegen aus wie das, was er war: ein zehnjähriger Junge mit einem dunkelblauen Kittelrock und ohne Bart, so daß er sich schämen mußte. Aber er trug einen grünen Turban, und obwohl dieser nur zweimal gewunden war, zeichnete er ihn doch durch seine Farbe als einen Seyyid aus – während sein Gefährte nur den weißen Turban eines gewöhnlichen Menschen trug, wie groß dieser auch immer sein mochte.

Sie verließen den Durchgang vor dem Haus der Familie und gingen auf die Straße, die zum Fluß führte. Es war einer jener Septembertage, nicht ungemütlich heiß, an denen der Himmel voller Lämmerwölkchen war und jeder sich etwas lebhafter als sonst bewegte, vielleicht aus einer gewissen Hoffnung heraus, daß die kühleren Herbsttage nicht mehr fern seien. Ali trug jetzt seinen zweiten Blick-Wettstreit an diesem Tag aus, diesmal mit einem mit Melonensäcken bepackten Kamel, das im gleichen Schritt neben Ali hertrabte und drohende Brummlaute ausstieß. Als das Kamel anfing zu spucken, ging Alis Weggefährte schneller, und bald erreichten sie den Platz nahe am Fluß, der den Blick auf den Schrein und auch auf die Feiziye, Ghoms größte Medrese, freigab.

Das Eingangstor zur Feiziye führte in einen rechteckigen Hof, der zu dem Hof zu Hause im gleichen Größenverhältnis stand wie der Löwe zur Katze. In der Mitte des Hofes war ein großes Wasserbecken, und jeder der vier befestigten Zugangswege, die zu den vier Seiten des Beckens hinführten, war so breit wie die entsprechende Seite des Beckens. Der verbleibende Hofraum wurde von vier Blumenbeeten eingenommen, von denen jedes so groß war wie der Garten zu Hause. Sie waren aber sehr offen und hatten keine Bäume mit Ausnahme einiger Röhrenpinien, die so beschnitten waren, daß sie hoch aufwuchsen, dabei aber dünn blieben und sich in der leichtesten Brise wiegten. Ansonsten waren die Beete überwiegend mit Petunien bepflanzt (die wegen ihrer Gewebestruktur auf persisch Seidenblumen heißen); dazwischen wuchsen hier und da Wassermelonen, offenbar das Produkt von Samen, die Studenten beim Essen auf dem Gelände der Medrese ausgespuckt hatten. Rings um den Hof lagen Studentenzimmer in zwei Geschossen, alle von einheitlicher Größe; ihre Türen und Fenster waren vollkommen symmetrisch in zurückgesetzte Bögen eingepaßt.

Die Offenheit und Regelmäßigkeit der Hofanlage weckten in Ali Hoffnungen. Ihre Gesamtgestaltung ließ sie wie die öffentliche Form eines Zuhause erscheinen, das irgendwie noch einen privaten Charakter bewahrte, nicht nur für die zahlreichen Internatsschüler in den Appartements rings um den Hof, sondern auch für die Lehrer und Tagesschüler, die in der Feiziye aus- und eingingen wie zu Hause. Die Mauern zum Hof waren hellgelb gekachelt in einem Farbton, der irgendwo zwischen Eierschale und Eidotter lag; das kunstvoll eingearbeitete Kachelmuster in blau und türkis erinnerte Ali an die Glasfenster zu Hause. In der Mitte der vier Hofseiten war jeweils ein Bogen, der über zwei Stockwerke hinaufreichte und prächtige Honigwabenmuster von Stalaktiten enthielt, die ebenfalls mit Kacheln verkleidet waren. Am ersten Tag fielen Ali besonders die dunkelblauen Pfauen auf, die an den Fußenden eines dieser Bögen auf die Kacheln gezeichnet waren. Aus den Schnäbeln der beiden Pfauen wuchsen identische abstrakte Muster heraus, die nach oben hin in Pflanzenformen mit eingeflochtenen, sich vielfältig überschneidenden Streifen und Vielecken übergingen, bis die beiden Ornamentsäulen sich im Scheitelpunkt des Bogens trafen. Erleichtert stellte Ali fest, daß die Pfauen sich gegenseitig anzustarren schienen, nicht ihn.

Sein Begleiter führte ihn zu einem Klassenzimmer im Untergeschoß eines der anderen großen Bögen. Die meisten Schüler unter vierzehn Jahren trugen einen gelblich-braunen bis hellbraunen Rock; die älteren Schüler trugen die Aba, den schwarzen, vorne offenen Umhang mit langen Ärmeln, das charakteristische Kleidungsstück der Mullahs. Die Schüler saßen mit gekreuzten Beinen im Halbkreis um einen Lehrer, der die zweite Stufe einer Stehleiter eingenommen hatte und mit ruhiger Konzentration eine Zigarette rauchte. Als sich der Lehrer der Klasse zuwandte, bemerkte Ali in seinem Bart zwei weiße Streifen, die gleichmäßig in der Nähe der Mundwinkel angeordnet waren. Vor sich hielt er eine riesige Ausgabe des Lehrbuches; sie war so viel größer als Alis eigene Ausgabe, daß Ali schon befürchtete, sein fünfzehnjähriger Begleiter habe ihn in der falschen Klasse abgeliefert.

Der Lehrer drückte die Zigarette in dem messingnen Untersatz eines Teeglases aus, räusperte sich, schlug das riesige Buch auf und begann: „Im Namen Gottes, des Erbarmers, des Barmherzigen. Gestern haben wir die einleitende Abhandlung von Mullah Abdollahs *Kommentar* gelesen, in der er erklärt, warum der dem Kommentar zugrundeliegende Text ‚Die endgültige Richtigstellung der Begriffe in Abhandlungen über Logik' heißt. Mullah Abdollah erläutert, daß Taftazani, der Verfasser des zugrundeliegenden Textes, glaubte, niemand könne eine knappere Zusammenfassung der Logik geben als seine ‚Endgültige Richtigstellung der logischen Grundbegriffe'.

„Heute kommen wir zur Einleitung, in der Taftazani sagt": – der Lehrer las jetzt auf arabisch – „‚Wenn Wissen Zustimmung zu einem Sachverhalt [eigentlich: zu einer Beziehung] ist, dann ist es Wissen durch Bestätigung; andernfalls ist es anschauliches Wissen.'" Der Lehrer klappte das riesige Buch zu und begann persisch zu sprechen. „Es gibt zwei Arten von Wissen, und heute wollen wir den Unterschied besprechen. Manchmal verstehen wir eine Sache, ohne sie nachzuprüfen, und dieses Verstehen ist ein einfacher, *kein* zusammengesetzter Vorgang. Wir nennen es ‚anschauliches Wissen', weil wir uns ein geistiges Bild, eine ‚Anschauung' von der Sache machen. Wenn ich sage, daß ich das Buch hier vor mir ‚kenne' oder daß ich Zaid oder den Diener von Zaid ‚kenne', dann kenne ich das alles durch einen einfachen Akt des unmittelbaren Wissens, durch eine geistige Anschauung, bei der ich keine Beurteilung vornehme.

In anderen Fällen beurteilen wir etwas und stellen eine Beziehung zwischen zwei Dingen her. Um das Beispiel aus dem *Kommentar* zu gebrauchen: Mein Wissen, daß ‚Zaid aufrecht steht', setzt sich aus zwei Dingen zusammen, über die ich ein geistiges Urteil abgegeben habe. Ich bin zu dem Urteil gekommen, daß Zaid im Zustand eines Stehenden ist." (Der Lehrer drehte die rechte Hand, so daß sie nach oben deutete; vielleicht, um den stehenden Zaid darzustellen. Alis Gedanken wanderten nach Hause zu Kazem, „dem Diener Alis und seiner Familie"; Ali fragte sich, ob Kazem verletzt wäre, wenn er erführe, daß Ali ihn mit jemand in einem Buch verglich.)

„Überlegt." (Der Lehrer hielt jetzt das riesige Buch aufrecht, eine Hand auf jeder Seite.) „Wenn wir den geistigen Vorgang analysieren, haben wir folgende Elemente: das Subjekt ‚Zaid', das Prädikat ‚aufrecht' und die Beziehung zwischen beiden. Aber vielleicht haben wir noch ein viertes Element, unser Urteilsvermögen, das uns fragen läßt: ‚Steht Zaid aufrecht oder nicht?' Wir stellten uns im Geist das Subjekt ‚Zaid', das Prädikat ‚aufrecht' und die mögliche Beziehung zwischen beiden vor, die wir im Persischen mit dem Verb ‚ist' ausdrücken, und wir treffen die Entscheidung, ob das Prädikat für das Subjekt zutrifft. Wir können nämlich auch sagen: ‚Zaid ist nicht aufrecht.' Wir geben über die mögliche Beziehung ein positives oder negatives Urteil ab.

Ja. Aber es gibt noch eine andere Betrachtungsweise, bei der wir nicht von vier Elementen sprechen. Bei dieser Betrachtungsweise haben wir einfach das Subjekt und das Prädikat, und unser Geist urteilt nun, ob dieses Subjekt mit diesem Prädikat zusammengehört oder nicht. Wir stellen uns dann also nur zwei Dinge vor, und das dritte Element, unser Urteilsvermögen, sagt ja: ‚Zaid steht aufrecht' oder nein: ‚Zaid steht nicht aufrecht.' Aber gleichgültig, ob wir drei oder vier Elemente haben: Diese Art von Wissen ist nicht das gleiche wie mein einfaches, unmittelbares Wissen von Zaid oder von diesem Buch. Es ist zusammengesetztes Wissen, denn es setzt sich aus mehr als einem Element zusammen, und wir nennen es ‚Bestätigung'." (Der Lehrer hob das Buch vor sich kurz in die Höhe, offenbar um das Gesagte zu unterstreichen. Als Ali viele Jahre später selbst Lehrer in einer Medrese war, ertappte er sich einmal dabei, wie er in instinktiver Nachahmung seines verehrten Lehrers der Logik ebenfalls das Textbuch in die Höhe hielt.)

Einer der über dreißig Schüler sprach mit der absichtlich tiefen Stimme eines Vierzehnjährigen: „Eine Frage. Sie haben gesagt, wenn ich ‚Zaids Diener' kenne, dann ist das ein einfaches Wissen, eine geistige ‚Anschauung'. Es ist aber zusammengesetzes Wissen, ‚Bestätigung', denn es setzt eine Beziehung zwischen zwei Dingen voraus: ‚Zaid' und ‚Diener.' Warum sprechen Sie und der Kommentar dann von einfachem Wissen?"

Ein Schüler mit einem strahlend neuen gelbbraunen Rock, der auf der anderen Seite der Klasse saß, gab seine Zustimmung durch energisches Nicken mit seinem weißen Turban. Ali kannte die Antwort, denn er hatte in der Nacht zuvor über diese Frage nachgedacht und erkannt, daß sie unerheblich war. Doch seine Gedanken wanderten immer wieder nach Hause zu Kazem, dessen Verhältnis zur Familie – das wußte er genau – niemals mit „der Diener Alis" oder „der Diener von Alis Vater" umschrieben werden konnte; er wollte Kazem gerne sagen, daß er nicht in irgendeinem logischen Käfig, entweder als „Anschauung" oder als „Bestätigung" gefangen saß.

Der Lehrer legte endlich das Buch zurück und lächelte, so daß die unteren Enden der beiden weißen Streifen in seinem Bart sich nach außen bogen. „Eine gute Frage. Aber mach dir klar, daß ‚Bestätigung' nur dann eintritt, wenn wirkliches Urteilen stattfindet. Wenn ich sage: ‚Der Diener gehört Zaid' oder: ‚Der Diener gehört Zaid nicht', dann habe ich eine Beurteilung, eine Bestätigung über diese Beziehung ausgesprochen. Aber paß auf: Wenn wir sagen: ‚Zaids Diener' – haben wir dann im Geist etwas beurteilt oder einfach eine Beziehung verstanden? Wenn wir eine Sache mit einer Beziehung verstanden haben, dann ist das immer noch einfaches Wissen, nämlich ein direktes Bild in unserem Geist, eine Anschauung, ebenso wie wenn ich sage: ‚der Fluß Ghom'. Wenn ich sage: ‚der stehende Zaid lacht', dann begreifen wir, daß der ‚stehende Zaid' hier eine Anschauung ist, die wir in diesem Augenblick nicht beurteilen, wie es der Fall wäre, wenn ich gesagt hätte: ‚Zaid steht aufrecht'. Bei einem

65

Urteil ordnen wir Dinge zusammen, die unabhängig voneinander in unserem Geist vorhanden waren. Wir erzeugen ‚zusammengesetztes' Wissen; denn wir sagen: ‚das eine Ding entspricht dem anderen' oder: ‚es schließt das andere in sich'. Wir sagen zum Beispiel: ‚Zaid ist der Vater von Amr' oder: ‚Zaid ist ein Mann'. Ein arabischer Spruch sagt, daß solches Wissen ‚das Sammeln und Zusammenfügen von verstreuten Dingen' ist." Fast alle nickten zustimmend, auch der Schüler, der die Frage gestellt hatte.

Ein anderer Schüler sagte: „Aber die Behauptung, daß eine Beziehung als Element schon vorgegeben sei, kann bei negativen Urteilen nicht stimmen. Wenn ich sage: ‚Zaid steht nicht aufrecht', dann verneine ich damit nur eine solche Beziehung."

Der Lehrer lächelte wieder und sah einen Augenblick lang nach unten. „Um eine Beziehung verneinen zu können, mußt du sie dir zuerst vergegenwärtigen. Wenn du am Rand etwas weiter gelesen hättest, wärst du auf die Antwort gestoßen. Ihr seid hier, um logisch denken zu lernen, nicht einfach um lesen zu lernen. Denkt selbst über den Grundtext und den Grundkommentar nach und macht ihn euch zu eigen, indem ihr in der Klasse Fragen dazu stellt. Andernfalls verfangt ihr euch in den Geisterhäusern." (Ali verstand den Scherz, auch wenn er zum erstenmal in der Medrese war: Die Schüler der Medrese nannten die schachbrettartigen Wahrheitstabellen [Tabellen wahrer Urteile] am Rand ihrer Logikbücher „Geisterhäuser".) „Wenn dann der Stamm für den Baum eures Wissens gewachsen ist, dann schaut an die Ränder eures Buches und lest die Kommentare über den Kommentar; damit treibt ihr Zweige und Blätter. Aber sein Wasser und seine Nahrung erhält dieser Baum durch Fragen. Denkt an das arabische Sprichwort: Die Unterrichtsstunde ist nur ein Buchstabe, doch er sollte tausendfältig wiederholt werden. Wenn ihr keine Fragen stellt, dann werden meine Stunden selbst austrocknen und welken."

Der Lehrer schlug jetzt das Buch auf und las Mullah Abdollahs Kommentar über den Satz von Taftazani, der in wenigen Zeilen auf arabisch dasselbe sagte, was der Lehrer mit viel mehr Worten auf persisch ausgedrückt hatte. Ali hatte den Kommentar am Vorabend sorgsam gelesen und war langsam zu der Gewißheit gekommen, daß er ihn völlig verstanden habe. Er war beeindruckt davon, wie sehr er die Bedeutung fast jeder Einzelheit des Textes und des Kommentars richtig eingeschätzt hatte. Aber ebenso beeindruckt war er davon, wie klar ihm das Buch schien, nachdem der Lehrer den Kommentator erläutert und verteidigt hatte, und wie gründlich, durchdacht und überzeugend das Buch vorging. Als er am Ende der Stunde die Klasse verließ, glaubte er nicht mehr, daß sein Vater und sein Bruder, die ihn bisher zu Hause unterrichtet hatten, nur spaßeshalber gemeint hätten, er sei für die Ausbildung als Mullah prädestiniert. Beim Verlassen des Gebäudes beobachtete er, wie die Lämmerwölkchen hinter der einen Mauer der Medrese zum Vorschein kamen und weit drüben hinter der gegenüberliegenden Mauer verschwanden. Nicht einmal das Fehlen ausladender Bäume und Büsche machte ihm etwas aus; Gärten mit dichtem Bestand gehörten nach Hause, doch hier war Ali in der Welt, der er angehören wollte, und der riesige, offene Innenhof der Medrese erlaubte es ihm, zu sehen und gesehen zu werden.

Am dritten Tag war Ali so weit, daß er in seinem Lehrer mehr sah als einen schwarzen Bart mit zwei weißen Streifen. Der Lehrer trug einen schwarzen Turban; wie Ali war er also ein Seyyid, ein Nachkomme des Propheten, und daher berechtigt, Grün oder Schwarz auf dem Kopf zu tragen. Er sprach ein fast perfektes Persisch, aber wie bei so vielen Leuten aus Aserbeidschan, deren Muttersprache Türkisch ist, hatte auch bei ihm das Persische manchmal einen Anflug von Bücherwissen. Ein- oder zweimal klang es, als zitiere er direkt aus dem *Golestan* des Saadi, dem literarischen Klassiker aus dem 13. Jahrhundert, den viele türkische Aserbeidschaner auswendig lernen, um Persisch, die wichtigste Sprache des Irans, vollkommen zu beherrschen. Er war noch nicht alt, aber doch irgendwie sehr grau, mit seiner grauen Blässe, den grauen Haaren an den Seiten seines Turbans und sogar dem Grauschimmer seiner braunen Augen. Doch war er immerhin so alt, daß er nicht mehr hätte vierzehnjährigen Schülern der Medrese Unterricht in einem der vorgeschriebenen Bücher zu erteilen brauchen, wäre er wirklich klug gewesen.

Ali wünschte ihn sich aber gar nicht klüger. Seine Erklärungen bewiesen, daß er jeden Teil des Textes so vollständig in sich aufgenommen hatte, daß er immer Schwierigkeiten voraussehen und die Bedeutung durchgenommener Texte nochmals erläutern konnte, wie es nur jemand vermochte, der sich die volle Bedeutung des Buches ganz und gar zu eigen gemacht hatte. Sein guter, grauer Kopf mit den schwarzen Augenbrauen und dem schwarzweißen Bart schien mit dem Text, den er unterrichtete, so verbunden, daß Ali das Gefühl hatte, sein Lehrer spreche aus dem Innersten des riesigen Buches, das er trug.

An diesem Tag war Ali etwas mutiger und setzte sich ein wenig näher zum Lehrer als zuvor. Er wußte, daß es lärmende Klassen gab, in denen die Schüler: „Beweisen Sie das!" oder: „Woher wissen Sie das?" oder Ähnliches riefen, und der relativ anständige Umgangston in seiner Logikklasse machte ihm Mut. Der Lehrer begann: „Im Namen Gottes, des Erbarmers, des Barmherzigen. In dem Grundtext sagte Taftazani" (er las auf arabisch): „‚Wenn ein Wort alles bedeutet, wofür es geprägt wurde, spricht man davon, daß es seine „volle Bedeutung" hat. Bedeutet es nur einen Teil dessen, wofür es geprägt wurde, dann wird von „teilweiser Bedeutung" gesprochen. Bedeutet es aber etwas, was außerhalb des Grundbegriffs liegt, diesem jedoch zugeordnet ist, dann wird das eine „Nebenbedeutung" genannt.'" (Wie gewöhnlich klappte er das Buch zu.) „Wir befassen uns heute mit Wörtern und ihrer Beziehung zu den Dingen, die sie bedeuten. Wenn wir also das Wort ‚Wohnung' für alles verwenden, was mit diesem Wort abgedeckt werden kann, einschließlich des Gebäudes, des Grundstücks, auf dem es steht, des Hofraums, eben für alles – dann ist das die volle Bedeutung. Wenn wir das Wort für einen Teil dieser Dinge gebrauchen – z. B. nur für das Gebäude –, dann ist das ‚teilweise Bedeutung'. Verwenden wir es aber für etwas, was dem Begriff zugeordnet, aber kein Teil davon ist, dann haben wir eine ‚Nebenbedeutung' oder ‚Folgebedeutung'. Wenn jemand zum Beispiel eine Wohnung gekauft hat, dann hat er qua Nebenbedeutung oder Folgerung auch das Zugangsrecht zu dieser Wohnung gekauft." (Der Lehrer legte das Buch jetzt endgültig weg und streckte die Hände vor.)

„Nun, es ist also nicht genug, daß zwei Dinge in der äußeren Welt einander zugeordnet sind. Sie müssen auch in unserem Geist einander zugeordnet sein. Es darf kein Zwischenglied zwischen der Bedeutung und der Nebenbedeutung geben. Nehmen wir an, ein Mann kauft eine Wohnung mit dem stillschweigenden Einverständnis, daß zu diesem Heim auch das Recht auf Trinkwasser gehört; wenn er dann in die Wohnung einzieht, kommt es zu einer Panne bei der städtischen Wasserversorgung, und der Wassergraben vor seiner Tür trocknet aus. Der Käufer kann den Kaufvertrag nicht annullieren, *denn*" – der Lehrer deutet mit dem rechten Zeigefinger nach oben – „der Vertrag beinhaltete *nur* sein Recht auf Trinkwasser, nicht aber das Recht, tatsächliches Vorhandensein von Wasser einzufordern, um das Recht auf Trinkwasser zu erfüllen. Der Besitz einer Wohnung ist hier" – er machte mit den Händen auf dem Boden rechts von ihm ein Viereck – „und hier ist ein vorhandener Trinkwasservorrat" – jetzt machte er auf dem Boden links von ihm ein Viereck. „Die beiden Dinge sind für unseren Geist nicht unmittelbar einander zugeordnet; sie werden erst durch ein Bindeglied hier" – er machte unmittelbar vor sich ein Viereck – „zueinander in Beziehung gesetzt. Dieses Zwischenglied – das in dem Besitz der Wohnung tatsächlich enthalten ist – ist das Recht, dem Graben vor der Tür Wasser zu entnehmen, nicht aber das Recht zu verlangen, daß der Graben stets mit Wasser gefüllt ist ohne Rücksicht auf die städtischen Wasservorräte."

„Erlauben Sie bitte eine wichtige Frage." Ali sprach ohne zu zögern, trotz der Unruhe unter den Schülern, die zu dem Kommentar des Lehrers ihre Gedanken austauschten. Es war ihm, als habe der Lehrer seitwärts zu ihm herübergeblickt und ihn zum Sprechen ermutigt, und tatsächlich hatte der Lehrer sich nach den Worten „Graben vor der Tür" halbwegs zu Alis Seite des Halbkreises hingewandt. „Ihre Erklärung hat genau den Punkt getroffen, aber kann es sein, daß das Beispiel ungenau war? Eine Wohnung ist kein Grundstück und kein Gebäude. Mit dem Wort ‚Gebäude' ist vielleicht nur das Bauwerk gemeint, aber wenn ich ‚Heim' oder ‚Wohnung' sage, meine ich ein Gebäude, in dem ich wohne, schlafe und lebe." (An dieser Stelle ergriff Ali sein Buch, so wie der Lehrer es getan hatte, und hob es ein wenig in die Höhe.) „Der Begriff

‚Wohnung' oder ‚Heim' schließt also das Zugangsrecht und das Recht auf Trinkwasser mit ein, und zwar unmittelbar als ‚Bedeutung' und nicht nur mittelbar als ‚Nebenbedeutung' oder ‚Folgebedeutung'."

Hier nickten fast alle Mitschüler zustimmend, und Ali hatte das Gefühl, daß, wenn sie jetzt in der staatlichen Schule säßen, der Lehrer „Bravo" gesagt oder „Bravo" in sein Heft geschrieben hätte. Der Lehrer aus Aserbeidschan ließ seine schwarzen Augenbrauen nach vorn springen, und seine braunen Augen leuchteten zustimmend. „Gut. Sehr gut. Zur Abwechslung nimmt mal einer seine Kritik nicht aus den Randkommentaren. Wie wir noch sehen werden, entstehen viele Schwierigkeiten dadurch, daß ein abstrakter Begriff mit einem seiner Bezugspunkte in der äußeren Welt verwechselt wird – auf arabisch nennen wir das ‚Verwechslung des Begriffs mit dem Beziehenden'. Aber in seinem abstrakten Sinn ist der Begriff ‚Wohnung' einfach der Begriff einer Wohnstätte, einer Unterkunft.

In der äußeren Welt ist es natürlich anders. In Aserbeidschan beinhaltet das Eigentumsrecht an einer ‚Wohnung' oder einem ‚Heim' das Recht, den Schnee vom Dach zu kehren in das Auffangbecken zwischen den Häusern, das ‚Schneehaufen' genannt wird. In Yazd, wo dicker Schnee so ungewöhnlich ist wie Palmen in Aserbeidschan, haben die Häuser kein Auffangbecken als ‚Schneehaufen'. Ja, oft haben sie nicht einmal das Recht auf das Wasser in dem Graben vor dem Haus, da das Wasser von den Bergen der Umgebung meist durch unterirdische Bewässerungskanäle in die Keller der Häuser geleitet wird. Somit beinhaltet ‚Wohnung' als abstrakter Begriff das gleiche für Häuser in Aserbeidschan und in Yazd, aber die Nebenbedeutungen unterscheiden sich.

Wenn ich zu dir sage: ‚Bring mir einen Federhalter', dann bedeutet der Federhalter nur dies." (Der Lehrer zog sein Etui aus der Tasche und nahm einen Federhalter mit einer breiten Stahlfeder heraus.) „Aber wenn ich dich um einen Federhalter bitten würde, weil ich etwas aufschreiben will, dann würde ich qua Nebenbedeutung meinen: ‚Bring mir auch die Tinte und alles andere in meinem Etui, was ich noch zum Schreiben brauche.' Wenn ich dich aber bitten würde, mir zu sagen, was ein Federhalter ist, dann würdest du mir kein Tintenfaß beschreiben. Das Wort ‚Federhalter' bedeutet dies" – der Lehrer ließ den Federhalter zweimal über seinem Kopf kreisen – „aber seine Nebenbedeutung kann auch dies umfassen" – er deutete in sein Etui, wahrscheinlich auf einen Tintenbehälter.

Ali hatte während dieser Rede immer wieder genickt; eine Erklärung dieser Art hatte er sowieso erwartet. Zuletzt fiel ihm plötzlich ein, daß er seinen alten Federkasten aufheben wolle, wenn ihm sein älterer Bruder, wie versprochen, einen Füllfederhalter schenken würde. Er hätte dann ein schönes Anschauungsbeispiel für seine eigenen Schüler, wenn er eines Tages dieses Kapitel aus Mullah Abdollahs *Kommentar* unterrichten würde.

Im Iran wurde das moderne weltliche Erziehungswesen im neunzehnten Jahrhundert in Ausführung formaler Beschlüsse der königlichen Regierung ins Leben gerufen und im zwanzigsten durch die riesigen Zuteilungen aus staatlichen Etatmitteln hochgezüchtet. Im Gegensatz dazu hatte sich die klassische islamische Erziehung mehr als tausend Jahre früher im informellen Rahmen des Hauses und der Moschee entwickelt, fast ohne daß eine Regierung es merkte. Erst nach mehreren Jahrhunderten dieses weitgehend eigenständigen Wachstums wurden islamische Regierungen auf die frühislamische Bildung aufmerksam, und Könige und Minister erkannten sie als ein Instrument, das sie formalisieren und dessen sie sich bedienen konnten.

Im siebten Jahrhundert entwickelte sich gleichzeitig mit dem Aufkeimen des Islam selbst das islamische Erziehungswesen aus den Grundbedürfnissen religiösen Glaubens. Die Muslime besaßen eine Heilige Schrift, den Koran, der dazu bestimmt war, laut gelesen zu werden. Darüber hinaus hatten sie ihre Heilige Geschichte in Form von Berichten, wie der Prophet Mohammed die Offenbarung des Koran empfangen und wie er den Koran für die Bedürfnisse seiner wachsenden religiösen Gemeinde interpretiert hatte. Daher war die wichtigste Voraussetzung des islamischen Bildungssystems, durch richtige Schreibweise und richtiges Lesen der Heiligen Schrift die mit ihrer Offenbarung verbundenen Ereignisse sowie die verbindliche Auslegung und Anwendung durch den Propheten weiterzugeben.

Innerhalb einer Generation nach dem Tode des Propheten erhielt das islamische Bildungswesen einen weiteren Aufschwung durch die neuen Kontakte der Muslime mit den Bildungstraditionen Ägyptens und Westasiens. Nach der anfänglichen großen Expansion des Islam im siebten Jahrhundert entwickelten sich unter dem Schutz des islamischen Staates eine Vielfalt verschiedenster Bildungseinrichtungen, von den Akademien Alexandrias bis zu den Gesetzesschulen in Beirut, den Rabbinerschulen im südlichen Irak und der großen Medizinerschule in der südiranischen Stadt Gondischapur. Die Beziehung zwischen der islamischen Regierung und diesen Institutionen läßt sich im wesentlichen als Nichtbeachtung und Vernachlässigung umschreiben. Der Islam hielt seinen Frieden mit dem Judentum, dem Christentum und dem Zoroastrismus, doch sahen die frühen Moslems keinerlei intellektuellen oder moralischen Sinn in den feinen theologischen Unterschieden, mit denen sich die früheren Religionen und Sekten des vor-islamischen Mittleren Ostens umgeben hatten, um sich gegenseitig zu bekämpfen. Von den Akademien überlebten die meisten. Einige blühten wie nie zuvor, weil sie es nicht mehr mit einem persischen oder byzantinischen Kaiser zu tun hatten, der diktierte, was orthodoxer Glaube zu sein habe. Anderen erging es schlecht, weil sie für ihr finanzielles Wohlergehen und ihren Ruf auf die Unterstützung eben dieser Kaiser angewiesen waren.

Es dauerte nicht lange, bis die Muslime diesen Schulen mit intellektueller Neugier entgegentraten und auch neue Gläubige aus den Reihen ihrer Studenten gewannen. Eine große Periode der Übersetzungen begann, denn Arabisch wurde bald zur Verkehrssprache, die von jüdischen, christlichen und muslimischen Gelehrten gleichermaßen benutzt wurde. Die großen Fragmente, die die gelehrte Welt des Altertums (und in geringerem Umfang die gelehrte Welt des alten Irans und Indiens) hinterlassen hatte, wurden gesammelt, geordnet und auf arabisch einem Publikum vorgelegt, das diese Fragmente oft mit scharfer Auffassungsgabe und – noch öfter – mit einer Begeisterung studierte, wie sie diese Fragmente schon seit Jahrhunderten nicht mehr in den abgestumpften gebildeten Kreisen des Mittleren Ostens hervorgerufen hatten.

Ein typisches Beispiel für diese Begeisterung war der Kalif Mamun, der oberste Herrscher der Muslime im frühen neunten Jahrhundert und ein großzügiger Förderer von Übersetzungen der überlieferten Texte ins Arabische, besonders der Texte der griechischen Philosophen. Mamum berichtet, eines Nachts habe er im Traum auf dem Bett vor sich einen Mann „von weißer Farbe, mit einer rötlichen Gesichtstönung, breiter Stirn, zusammengewachsenen Brauen, einem Kahlkopf und blutunterlaufenen Augen" sitzen sehen. Es überrascht nicht, daß Mamum „von Furcht erfüllt" war. „Wer bist du?" fragte er; der Mann antwortete: „Ich bin Aristoteles." „Das beglückte mich", fuhr Mamum fort. „Ich sagte: ‚Weiser, darf ich dir eine Frage stellen?' Er erwiderte: ‚Frag nur.' Darauf fragte ich: ‚Was ist gut?'" Daraufhin hatten sie ein kurzes, aber befriedigendes Gespräch, das Mamun wahrscheinlich zu einer ruhigen Nacht verhalf und ihn ganz bestimmt in dem Gedanken bestärkte, daß seine Förderung der Übersetzungen ein Segen für den Islam sei, denn Aristoteles hatte ihm günstigerweise versichert, daß Vernunft und Offenbarung eine Verbindung eingehen können, die dem Guten schlechthin dient.

Nicht nur die großartigen Übersetzungen des Aristoteles und Galens gaben dem islamischen Bildungswesen seinen Auftrieb, sondern ebenso die noch weithin lebendigen Methoden der vielen akademischen Traditionen, die unter den Schutz des islamischen Staates fielen. Nicht daß die Muslime keine eigenen theologischen Probleme gehabt hätten; sie hatten sogar viele, und ihre Disputationen darüber wurden immer ausgefeilter. Wie konnte man z. B. einige Aussagen im Koran, daß Gott die Ursache von allem sei, mit den vielen Aussagen in Einklang bringen, Gott werde das Gute belohnen und das Böse bestrafen, wo doch Gott kaum etwas Böses bestrafen konnte, das Er selbst verursacht hatte? Für die Behandlung solcher Fragen fanden die Muslime eine Fülle von Disputationstechniken vor, die in der Antike benutzt worden waren.

Da war zunächst einmal der großartige Syllogismus, diese unbarmherzige Maschinerie der formalen Logik, die in schöner Ordnung von einfachen Figuren (Alle Logiker sind langweilig; Lewis Carroll ist Logiker; also ist Lewis Carroll langweilig) zu den vielen komplexeren Figuren voranschreitet, bei denen die Schlußfolgerung immer mit absoluter Gewißheit feststeht, wenn nur die beiden Vordersätze stimmen. Der Syllogismus war im wesentlichen eine Entdeckung des Aristoteles, und die Verehrung, die Aristoteles in den zweitausend Jahren nach seinem Tode genoß – einschließlich der Verehrung im islamischen Mittleren Osten –, war zu einem guten Teil auf die Verbindung des Syllogismus mit seinem Namen zurückzuführen. Doch hatte Aristoteles erkannt, daß es Argumentationsketten gab, in denen die Schlußfolgerung Meinungssache war, nicht nur deshalb, weil die Vordersätze vielleicht nicht stimmten (einige Logiker sind in der Tat nicht langweilig), sondern auch, weil eine Diskussion eingesetzt hatte, die aufgrund der gegebenen Umstände oder wegen der Art ihres Rohmaterials (zum Beispiel Beobachtungen in der Natur) seltsam abgewandelte Vordersätze ergab. (Die Logiker, denen ich begegnet bin, waren langweilig, solange ich mit ihnen zusammen war.)

Neben dieser Art von Denkanalysen stellte die antike Welt den muslimischen Polemikern hochentwickelte Theorien der Redekunst von klassischen Rhetorikern zur Verfügung, denen es nicht nur um Überredung, sondern auch um genaue Analyse der Sprache ging. Zum Beispiel analysierten sie die Arten von Gleichsetzung, die beim Sprechen auftreten können. Wenn wir sagen, *Alice im Wunderland* ist „wie" ein philosophisches Buch, meinen wir dann, es ist „ein Beispiel" für ein philosophisches Buch, oder es hat gewisse Merkmale mit einem philosophischen Buch gemeinsam, oder es ist eine Parabel – mit anderen Worten, ein Gleichnis – über Philosophie, oder noch etwas anderes? Diese rhetorischen Techniken waren für Anwälte nützlich, die römische Gerichtshöfe durch den geschickten Gebrauch der Sprache und durch zwingende Analyse der Argumente und des anzuwendenden Gesetzes überzeugen mußten. Ebenso nützlich waren sie für Juden und Christen, die die Rhetorik der Heiligen Schrift zu analysieren suchten. Juden wie Christen, und nach ihnen die Muslime, entwickelten die Prinzipien hierzu zum Teil aus ihrem eigenen Witz, zum Teil durch Übernahme ausgewählter Denkinstrumente von ihrer intellektuellen Umgebung. (Die rhetorische Analyse von Gleichnissen der Schrift ist hierfür ein Beispiel.) Die Juden und die Christen fügten sogar noch Denkinstrumente hinzu, weil sie damit Fragen nach der Absicht (besonders nach Gottes Absicht für den Menschen) weitaus besser ins Spiel bringen konnten: Wenn Gott nach 5. Mose 21,23 etwas dagegen hat, daß die Leichen der Gottlosen über Nacht unbestattet bleiben, wieviel mehr muß Ihn dann die Entblößung der Leichen der Gottesfürchtigen betrüben (eine Art der Schlußfolgerung, die im Westen mit dem lateinischen Begriff *a fortiori* bezeichnet wird).

Die frühen Muslime, die durch ihre eigenen Meinungsverschiedenheiten und durch ihre Berührung mit den älteren Überlieferungen des östlichen Mittelmeerraums und des Mittleren Ostens die Techniken der systematischen Disputation kennenlernten, fanden Rechtfertigung für ihr Vorgehen im Koran und in dem Beispiel Mohammeds. Doch gab es auch Muslime, für die eine solche Rechtfertigung nicht gegeben war; sie fanden, daß diese Techniken dem Islam fremd seien, daß sie im Gefolge fremdartiger Methoden auch den Ballast fremdartiger Denkweisen mit sich führten, daß sie daher Spaltungen unter den Muslimen provozierten und abzulehnen seien.

Obwohl die Gegner der systematischen Methoden der Analyse religiöser Sprache nie ganz ausstarben und obwohl es ihnen gelang, gewisse Elemente der alten Überlieferungen zu verbannen, siegten aber im ganzen gesehen die Anhänger der systematischen Disputation. Diese wurde so sehr ein Teil des gelehrten Stils im islamischen Mittleren Osten und in Nordafrika, daß man die Theologie „die Wissenschaft vom Reden" nannte. Hugo Sanctallensis, ein spanischer Christ des Mittelalters, der einen arabischen Text über die Kunst der Disputation ins Lateinische übersetzte, klagte darüber, daß die Muslime dem formalen Aufbau ihrer Theologie viel mehr Gewicht gäben als dem Inhalt; dies wollte er vermeiden, indem er das Buch nicht im „arabischen" Stil des Disputs von Kontrahenten schrieb.

Der Siegeszug systematischer Disputation, insbesondere der Methoden des Aristoteles, unter den Denkern des Islam war vor allem das Werk eines Mannes des elften Jahrhunderts, des Philosophen Avicenna. Abu Ali Ibn Sina (oder Avicenna, wie die lateinischen Übersetzer des Mittelalters die beiden letzten Teile seines Namens wiedergaben) war vielleicht der erste Muslim, der sich die Logik der klassischen Überlieferung vollkommen zu eigen gemacht hat. Sie wurde in solchem Maß ein Teil seiner selbst, daß in seinen Abhandlungen diese überlieferte Logik, die von seinem genialen Geist neu durchdacht, dargestellt und gelegentlich verbessert wurde, nicht mehr wie eine etwas schwerfällige fremde Erfindung, sondern wie ein echtes Kind der islamischen Überlieferung selbst erschien. In Anerkennung dieser Leistung ist er in der islamischen Tradition seither nur noch als „der Meister und Führer" bekannt.

Avicenna errang diesen Triumph auf dem Höhepunkt der frühislamischen Periode, als der Unterricht noch auf informelle Art, d. h. zu Hause und in der Moschee stattfand. Das von Avicenna hinterlassene autobiographische Fragment (das von seinem vertrautesten Schüler vollendet wurde) zeigt, wie diese überkommene individualistische Unterrichtsmethode von einem ihrer brillantesten Geister erlebt wurde.

Avicenna wurde im Jahr 980 im äußersten Nordosten des iranischen Kulturraumes als Sohn eines mittleren Beamten geboren, der für seine Grundausbildung sorgte, wie es für Väter in solchen Verhältnissen in der damaligen Zeit üblich war. Er stellte für seinen Sohn einen Koranlehrer und einen Lehrer der Literatur ein. Ganz nach der Art so vieler vorneuzeitlicher Autoren, für die intellektuelle Bescheidenheit lediglich eine Sache der intellektuell Bescheidenen war, sagt Avicenna von sich, „mit neun Jahren hatte ich die Lektüre des Korans und vieler Werke der Literatur abgeschlossen, so daß viele Leute sehr erstaunt über mich waren". Wie es sich für einen Mann der Verwaltung gehörte, wünschte der Vater, daß sein Sohn die neuesten Methoden der Kalkulation und Buchführung erlernte, und so schickte er ihn zu „einem Gemüsehändler, der mit dem indischen Zahlensystem arbeitete" (und mit den dadurch vereinfachten Rechenoperationen), das einige Jahrhunderte später nach Europa gelangte und als „arabische Zahlen" bekannt wurde. Danach, so erzählt Avicenna, kam in die Provinzstadt, wo er bei seiner Familie lebte, ein Mann, der sich als kundig in der Philosophie ausgab; „mein Vater ließ ihn also bei uns wohnen, und er machte sich daran, mich zu unterrichten". Avicenna hatte sich schon etwas mit islamischem Recht befaßt und die Techniken der Dialektik erlernt, deren sich seine Kenner rühmten, und war so zu „einem der gewandtesten Fragesteller" geworden. Diese Technik wandte er auf die Philosophie an, wie es auch die islamische Überlieferung selbst getan hatte und weiterhin tat. Zusammen mit seinem Philosophielehrer las er die *Isagoge,* eine wunderbar klare Einführung in die aristotelische Logik, die der syrische Philosoph Porphyrius sechshundert Jahre früher auf griechisch verfaßt hatte und die im Mittelalter in lateinischer bzw. arabischer Übersetzung an beiden Enden der alten Welt zu einem der beliebtesten Elementarbücher geworden war. Avicenna schreibt, daß er jede Frage, die sein Lehrer stellte, „besser begriff als er selbst, und so riet er meinem Vater davon ab, mich neben dem Studium irgendeine andere Tätigkeit aufnehmen zu lassen."

Mit seinem Lehrer studierte er weiterhin die einfacheren Bereiche der Logik; gleichzeitig griff er zu Büchern, um ihre „tieferen Feinheiten" kennenzulernen, und aus Kommentaren zu Büchern wie der *Isagoge* erlernte er die volle Beherrschung des traditionellen Systems der Logik. Er studierte auf eigene Faust die euklidische Geometrie und das große astronomische Werk des Ptolemäus, den *Almagest,* und wandte sich dann den übrigen Studien zu, den Naturwissenschaften und der Metaphysik, soweit sie in Büchern zugänglich waren. Er schreibt: „Die Pforten des Wissens begannen sich vor mir zu öffnen." Als weiteres Gebiet kam noch Medizin hinzu, ein etwas leichteres Fach, in dem „ich mich in sehr kurzer Zeit hervortat"; und das war Avicennas Glück, denn er entdeckte, daß die Leute im elften Jahrhundert – genauso wie im zwanzigsten – für medizinischen Rat sehr viel mehr Geld ausgaben als für philosophischen. Er besuchte auch trotz seiner nur fünfzehn Jahre Disputationszirkel, in denen Fragen des islamischen Rechts diskutiert wurden.

Sehr bald danach ergriff den jungen Arzt Avicenna eine Art von philosophischem Fieber, das ihn eineinhalb Jahre nicht mehr losließ.

Während dieser Periode konnte ich nicht eine einzige Nacht durchschlafen, und am Tage befaßte ich mich mit nichts anderem als mit Philosophie und Logik. Ich legte mir eine Kartei an, und für jeden Beweis, den ich prüfte, trug ich die syllogistischen Vordersätze, ihre Klassifikation und ihre Folgerungen ein. Ich meditierte über die Bedingungen, die auf die Vordersätze anzuwenden wären, bis ich diese Frage für mich geklärt hatte. ... Immer wenn mich der Schlaf überkommen wollte oder wenn ich merkte, daß meine Kräfte nachließen, wandte ich mich ab und trank einen Becher Wein, der mich wieder stärkte. Und immer wenn der Schlaf mich überwältigte, sah ich dieselben Probleme im Traum vor mir; über viele Fragen erhielt ich im Schlaf Klarheit. Auf diese Weise fuhr ich fort, bis alle Wissenschaften tief in mir eingewurzelt waren und ich sie so gut verstand, wie es nur menschenmöglich ist. Alles, was ich danach wußte, entsprach genau dem, was ich jetzt weiß; bis zum heutigen Tag habe ich dem nichts mehr hinzugefügt.

Avicennas wachsender ärztlicher Ruhm verschaffte ihm die Gelegenheit, den dortigen Herrscher von einer Krankheit zu heilen; als Zeichen seiner Dankbarkeit schloß dieser dem jungen Arzt die königliche Bibliothek auf. Avicenna sah, daß jeder Raum der Bibliothek einer anderen Wissenschaft gewidmet war; er studierte den Katalog und verschlang die Bücher, die er noch nicht kannte. Mit ungefähr zwanzig Jahren war er so weit, daß er sein erstes Kompendium des Wissens schreiben konnte. An den Höfen der Reichen und Mächtigen war er jetzt ein gern gesehener Gast, und im Gewand eines islamischen Rechtsgelehrten, „mit einer Falte seiner Kopfbedeckung unter dem Kinn", bereiste er den östlichen Iran wie ein junger Mozart der Philosophie, und er wurde von den Anspruchsvollen empfangen und bewundert. In einem Manuskript seiner Biographie heißt es ergänzend: „Man sagt, daß er als junger Mann zu den schönsten Menschen seiner Zeit gehörte und daß am Freitag, wenn er das Haus verließ und sich zur Moschee begab, die Leute sich in den Straßen drängten, um einen kurzen Blick von seiner Vollkommenheit und Schönheit zu erhaschen."

Endlich gelangte Avicenna in den mittleren Iran, gerade rechtzeitig, um den König von Rayy – einer großen Stadt in der Nähe des modernen Teheran – zu behandeln. Dieser König litt unter der Wahnvorstellung, er sei in eine Kuh verwandelt; „den ganzen Tag über rief er diesem und jenem zu: ‚Tötet mich, dann könnt ihr aus meinem Fleisch einen guten Eintopf machen.'" Da die königliche Kuh die Nahrungsaufnahme verweigerte, magerte sie (bzw. er) immer mehr ab, weshalb die Ärzte auf „Melancholiker" diagnostizierten. In ihrer Verzweiflung riefen die königlichen Ärzte nach Avicenna. Dieser sandte dem König sofort einen Boten: „Bring dem Patienten gute Botschaft und sag ihm: ‚Der Metzger kommt und will dich schlachten'." Daraufhin soll der getäuschte König einen Freudentanz vollführt haben. Avicenna kam zum König, ein Messer in der Hand; er befahl zwei Männern, „die Kuh" in die Mitte des Zimmers zu bringen, ihn an Händen und Füßen zu binden und auf den Boden zu werfen. Sobald der Patient das hörte, warf er sich voll Freude selbst zu Boden und wurde gebunden. Avicenna ließ sich neben ihm nieder und „legte die Hand auf die Rippen des Patienten, so wie Metzger es machen, ‚Oh, was für eine magere Kuh!' sagte er. ‚Sie taugt nicht zum Schlachten; gebt ihr Futter, bis sie fett wird.'" Avicenna gab ihnen Befehl, den König loszubinden und ihm Essen hinzustellen. Von dieser Zeit an sagten die königlichen Leibärzte jedesmal, wenn sie dem König die von Avicenna verordneten Arzneigetränke und Drogen gaben: „Iß tüchtig, denn davon werden Kühe fett." Nach einmonatiger Behandlung war der König vollkommen gesund.

Nach dieser erfolgreichen Behandlung des melancholischen Kuh-Königs breitete sich Avicennas Ruhm als Hofarzt weiter aus und verschaffte ihm politische Möglichkeiten, wie sie nur wenige Hofärzte jemals hatten. Kurze Zeit später heilte Avicenna den König von Hamadan, einer großen Stadt im Westen des Iran, von einer harmlosen Kolik. Der König machte ihn zu seinem offiziellen Zechgenossen, und als nach einiger Zeit dem Königreich Gefahr drohte, wurde der König von seinem Hof gedrängt, Avicenna zum Wesir, das heißt zum ersten Minister, zu ernennen. Es kam jedoch zu einer Meuterei der Truppen, und um Avicennas Leben zu retten, verbannte ihn der König. Nach vierzig Tagen erlitt der König einen weiteren Kolikanfall; die Truppen hatten sich beruhigt, Avicenna kehrte zurück und wurde für die neuerliche Heilung mit dem Amt des Wesirs belohnt. Ein iranischer Autor des Mittelalters schreibt: „Man kann sagen, daß seit Alexander dem Großen, dessen Minister Aristoteles war, kein König einen solchen Minister wie Avicenna gehabt hat." Der König starb schließlich an einem dritten Kolikanfall, der durch andere Leiden noch kompliziert wurde. Laut Avicennas Schüler befielen diese Krankheiten den König, weil er nur selten die Anweisungen seines Arztes befolgte.

Avicenna, der zwischen zwei königlichen Angeboten, ihn zum Wesir zu machen, schwankte und die politische Situation für unsicher hielt, tauchte im Haus eines Drogisten unter, wo er ohne Aufzeichnungen versuchte, *Kitāb asch-Schifā* (wörtlich „Das Buch der Genesung") zu vollenden, seine große *Summa* der Gelehrsamkeit. Er hatte nie aufgehört zu schreiben, auch nicht während seiner Zeit als führender Staatsbeamter. „Morgens stand er immer vor Tagesanbruch auf", berichtet einer seiner Schüler, „und schrieb einige Seiten des *Kitāb asch-Schifā*. Wenn dann der Tag wirklich anbrach, gab er seinen Schülern Audienz. ... Wir setzten unsere Studien fort, bis es ganz hell geworden war, und verrichteten dann unser Gebet hinter ihm. Sobald wir uns am Haustor zeigten, warteten dort zu Pferd schon tausend Männer, unter ihnen die Würdenträger und Honoratioren, aber auch solche, die um Gefälligkeiten baten oder in Schwierigkeiten waren"; worauf sich Avicenna den Staatsgeschäften widmete. Jetzt, in seinem Versteck beim Drogisten und frei von Staatsgeschäften, schrieb er jeden Tag fünfzig Seiten, bis er die Kapitel über Physik und Metaphysik abgeschlossen und mit dem Kapitel über die Logik begonnen hatte. Da fand man ihn plötzlich; er wurde verhaftet und vier Monate lang in einer Burg gefangengesetzt.

Diese Episode scheint den Königen die Lust genommen zu haben, Avicenna nochmals als Philosophen und Wesir zu berufen; von nun an förderten ihn seine Gönner nur mehr als Arzt und als Zierde der Gelehrsamkeit. Er lebte nun in der Stadt Isfahan im Zentrum des Iran, bis er im Alter von sechsundfünfzig Jahren erkrankte. Immer der entschiedene Diagnostiker, befand er, daß „der innere Gouverneur, der meinen Körper regiert hat, jetzt nicht mehr zur Regierung taugt; eine Behandlung hat daher keinen Zweck mehr". Er verweigerte Medikamente und starb einige Tage später in Hamadan.

Avicennas Ruhm entstand zuerst auf dem Gebiet der Medizin, und dort hielt er sich auch am längsten. Sein medizinisches Hauptwerk, der *Kanon*, verbreitete sich bald überall im Osten. Im Westen wurde es seit seiner Übersetzung ins Lateinische im zwölften Jahrhundert bis zur Entwicklung der experimentellen Medizin im sechzehnten und siebzehnten Jahrhundert durch die philosophisch angelegte, systematische Kodifizierung des medizinischen Erfahrungsschatzes der griechischen und islamischen Welt zu einem Standardwerk der europäischen Ärzte und medizinischen Schulen. Der *Kanon* gab nicht nur viele nützliche Behandlungsmethoden einschließlich einiger irreführender, von alten Autoren wie Galen übernommener anatomischer und physiologischer Informationen weiter, sondern steuerte auch neue Erkenntnisse bei, zum Beispiel über die ansteckende Natur der Tuberkulose und die Rolle von verschmutztem Wasser bei der Krankheitsübertragung. Vielleicht hat Avicennas medizinischer Ruhm zusammen mit seiner erfinderischen Entwicklung astronomischer Instrumente den Anlaß gegeben, daß er in der volkstümlichen Überlieferung Persiens als der große Weise, der Zaubermeister fortlebt, der alles konnte.

Und doch hatte Avicenna im Osten wie im Westen in der begrenzten Welt höherer Bildung den weitaus größeren Einfluß als Philosoph, nicht als Arzt. In der islamischen philosophischen Überlieferung hat er für viele grundlegende Ideen die klassische Sprache und die klassische Formulierung geliefert. Roger Bacon, eine Art Bruder im Geist und ein Weiser der westlichen Tradition, schrieb Ende des dreizehnten Jahrhunderts, als er den Stand des philosophischen Wissens seiner Zeit in Westeuropa zusammenfaßte, daß die Größe des Aristoteles in erster Linie durch die Araber wieder eingeholt worden sei „und ganz besonders durch Avicenna, den Nachahmer des Aristoteles, der die Philosophie vollendete, soweit er es vermochte". Avicennas Einfluß erwuchs zum großen Teil aus seiner Fähigkeit, die Gedanken seiner Vorgänger zu assimilieren und sie als seine eigenen darzustellen mit einer Klarheit und Einsicht, die seine Vorgänger nicht besessen hatten. Er war der Philosoph des Islam, der am besten die tiefe Weisheit verstand, die in Oscar Wildes Ausspruch lag, daß das Talent nachahmt, während das Genie stiehlt. Taftazanis Unterscheidung zwischen dem Wort, das mit „Begriff" oder „Vorstellung" übersetzt wird, und dem Wort, das „Bestätigung" oder „Zustimmung" bedeutet – eine Unterscheidung, die nach Avicenna jahrhundertelang im Osten und im Westen als grundlegend für die Philosophie der Logik akzeptiert wurde – war bereits bei den Griechen und bei einem der großen islamischen Philosophen vor Avicenna vorgedacht. Aber erst bei Avicenna wurde die Unterscheidung zu einem glasklaren „Entweder-Oder", das offenbar auch alle Alternativen begründen konnte.

Eine ähnlich klare Unterscheidung traf Avicenna zwischen „Sein" („Essenz") und „Existenz", zwei Begriffen, die zuvor von vielen Philosophen als notwendig miteinander verbunden angesehen wurden. Ein „Sein" macht etwas zu dem, was es ist, und wenn dieses „Sein" fehlt, ist das Ding nicht mehr das, was es war; wird dagegen ein „Akzidens" (Zufälliges) entfernt, dann behält das Ding sein Sein und bleibt weiterhin, was es war. So kann ein „lachender" Mann zu lachen aufhören und immer noch ein Mann sein; „lachend" ist also ein „Akzidens". Dagegen kann ein Mann nicht Mann sein ohne seine menschliche Natur. Einige Philosophen hatten die Auffassung vertreten, der Vernunftbeweis, daß eine Sache ein Sein (Essenz) sei, beweise auch, daß sie existiere; Avicenna argumentierte überzeugend, er beweise nur, daß, wenn dieses Sein möglich ist, die Sache existieren könnte.

Aus dieser Unterscheidung leitete Avicenna ein neues Argument für die Existenz Gottes ab; nach diesem Argument ist Gottes Existenz „notwendig", wenn man davon ausgeht, daß andere Essenzen nur „möglich" sind. Stark vereinfacht, beginnt das Argument damit, daß die tatsächliche, wahrgenommene Existenz eines möglicherweise existierenden Seins entweder durch ein zweites möglicherweise existierendes Sein oder durch ein notwendigerweise existierendes Sein verursacht sein müsse. Einige Sein (Essenzen) existieren tatsächlich. Entweder nehmen wir einen unendlichen Rückbildungsprozeß von möglicherweise existierenden Essenzen an, die einander verursachen – und Avicenna hat ein höchst originelles Argument *gegen* die Annahme, existierende Essenzen seien eine endlose Kette der Abhängigkeiten von „Möglichem" –, oder aber es muß ein notwendiges Sein geben. Die Sorgfalt und die Schärfe, mit der Avicenna dieses originelle Argument ausgearbeitet hat, machte es zu einem der wenigen Argumente oder „Beweise" für die Existenz Gottes, die sich, wenn auch stark angeschlagen, über die Jahrhunderte erhalten haben. Der „Beweis" wurde von Maimonides und Thomas von Aquin übernommen, er beeinflußte Spinoza und möglicherweise den bemerkenswert ähnlichen „Beweis" von Leibniz und hat auch im zwanzigsten Jahrhundert noch seine Verfechter.

Die Methode, mit der Avicenna seinen Beweis entwickelt, läßt die Atmosphäre seines Zeitalters und der damaligen Zustände spüren. So sagt er an einer Stelle: „Alles Existierende ist entweder notwendig oder möglich. Folgt man der ersten Annahme, dann hat man zugleich bewiesen, daß es etwas notwendigerweise Existierendes gibt. ... Folgen wir der zweiten Annahme, dann müssen wir zeigen, daß die Existenz des Möglichen beim notwendigerweise Existierenden endet." Die alten Philosophen hatten die Eleganz der Argumentation in Widersprüchen erkannt. („Lewis Carroll ist langweilig" und „Lewis Carroll ist nicht langweilig" widersprechen sich; dagegen sind „Lewis Carroll war blond" und „Lewis Carroll hatte braunes Haar" Gegensätze, da sie die Möglichkeiten nicht erschöpfen – vielleicht war er rothaarig.) Muslimische Denker argumentierten sehr gern mit Gegensätzen (dazu gehörte es, ausführliche Listen möglicher Alternativen zu entwickeln und sich einzuprägen), aber noch lieber machten sie Gebrauch von Widerspruchspaaren, wie Avicenna es oben tat. Diese Vorliebe für Widersprüche in der Philosophie und in der Theologie erklärt sich sicher weitgehend aus der Pflege von informellen Diskussionszirkeln, an denen manchmal Juden, Christen und Zoroastrier teilnahmen, die jedoch in der Mehrzahl nur aus Muslimen bestanden; Widersprüche beleben nun einmal die Rhetorik der Argumentation. Die gesprochene Form „Du sagst..., ich aber sage..." ist in den Schriften muslimischer Denker seit ältesten Zeiten bis heute ein bevorzugtes dialektisches Stilmittel. Mindestens die Hälfte der Textbücher aus Ghom und Nedschef sind in diesem Stil geschrieben.

Avicennas Biograph, der Philosoph Dschuzdschani, der das von Avicenna hinterlassene autobiographische Fragment über seine früheren Lebensjahre vervollständigte, bezeugt in bemerkenswerter Weise einen anderen Aspekt von Avicennas intellektueller Vorgehensweise: „In den fünfundzwanzig Jahren, in denen ich sein Mitarbeiter und Diener war, habe ich kein einziges Mal gesehen, daß er ein neues Buch, dessen er habhaft wurde, von Anfang bis Ende durchgelesen hätte. Vielmehr wandte er sich direkt den schwierigen Passagen und kniffligen Problemen zu und sah nach, was der Autor dazu zu sagen hatte." Er tat das nicht nur, weil er mit seinem einundzwanzigsten Lebensjahr zu der Überzeugung gekommen war, daß es kein Wissen gab, das er nicht besaß, und auch nicht nur, weil er als Meister-Plagiator mit halsbrecherischer Geschwindigkeit arbeitete, während er Regierungsgeschäfte leitete und Könige behandelte, sondern auch deshalb, weil arabische Bücher zu seinen Lebzeiten angefangen hatten, eine vorhersehbare feste Ordnung anzunehmen, bei der die Themen in derselben Abfolge behandelt wurden wie im vorausgegangenen Standardwerk des betreffenden Faches. In einer Manuskriptkultur, in der Register eine absolute Seltenheit waren (schließlich hatte jede Abschrift eines Manuskripts eine abweichende Paginierung), ermöglichte es diese Vorhersehbarkeit der Themenfolge, die Bücher auseinanderzunehmen, ohne sie ganz zu lesen. Die Kompendien, die Avicenna selbst schrieb, hatten die gleiche Tendenz. Als eine Generation nach Avicennas Tod die Medresen, die ersten formalen, langlebigen islamischen Schulen gegründet wurden, besiegelte ihre Auswahl von Lehrtexten endgültig diese Tendenz zu einer vorgeschriebenen Ordnung in den Grundtexten.

Mit dem Erscheinen der Medrese war der alte Lernstil, den Avicenna beschreibt – das Wandern von Lehrer zu Lehrer, der informelle Diskussionszirkel, die Debatten von Gelehrten, die ein gelangweilter oder neugieriger Monarch bei sich zusammenrief – im islamischen Osten keineswegs vom Aussterben bedroht. Besonders die Ärzte gaben die

Arzneikunst gewöhnlich in der alten, informellen, individualistischen Art weiter zusammen mit viel Philosophie und Astronomie, da sie davon ausgingen, daß sie der Erklärung der Grundsätze der Medizin dienten. Auch war ein Interesse an weniger streng muslimischen Fächern wie Philosophie (und sogar an den weniger „praktischen" Aspekten der Astronomie) in den neuen Institutionen der formalen Bildung verdächtig. Der Arzt war mit seinen Verbindungen zum Hof und seiner traditionell unabhängigen Bildung einer der wenigen Übermittler geschriebener Kulturtradition, die vom Aufkommen der neuen Medrese ziemlich unberührt blieben. Und doch beherrschten die Medresen im islamischen Mittleren Osten die Gelehrtenwelt bald ebenso, wie es die Universitäten in unseren Tagen im Westen tun.

Die Medrese trat – nach einem Jahrhundert unsicherer und oft erfolgloser Versuche – gegen Ausgang des elften Jahrhunderts endgültig in Erscheinung – mindestens hundert Jahre vor ihrem Gegenstück im Westen, der europäischen Universität. Für die islamische Welt waren die Medresen etwas völlig Neues: Schulen auf der Grundlage großzügiger Wohlfahrtsstiftungen, die auf unbegrenzte Zeit eingerichtet wurden, um einen bestimmten Lehrstoff zu unterrichten. Die Begründer dieser Medresen, oft Wesire und Sultane, sorgten durch den Umfang ihrer Stiftungen und durch die Bestimmungen der Schenkungsurkunden dafür, daß die neuen Schulen eine lange Lebensdauer hatten und eine große Anzahl von Schülern (oft als Internatsschüler) aufnehmen konnten, denen sie unter der Aufsicht bezahlter Lehrer einen mehr oder weniger gleichförmigen Lehrstoff zu vermitteln suchten.

Abweichungen in den Lehrplänen gab es natürlich nicht nur aufgrund der Stiftungsbestimmungen, sondern auch entsprechend den Wünschen der Lehrkräfte und der Schulleiter. Aufgabe der Medrese war es nicht, ihren Schülern Lesen und Schreiben und die Grundbegriffe des Rechnens beizubringen. Die Anfangsgründe der schulischen Ausbildung lagen immer noch in den Händen von Privatlehrern wie Avicennas Koranlehrer und sein Lehrer der Literatur oder wie der Gemüsehändler, der ihm „das indische Zahlensystem" beigebracht hatte, oder in den Händen von kleinen, nicht geförderten Koranschulen in der Umgebung, die von ihren Gebühren lebten. Die Medrese sollte vielmehr eine grundlegende Schulung im religiösen Recht des Islam vermitteln. Daneben war für den Stoffplan der Medrese von vornherein die Beziehung des Rechts zu seinen Quellen, besonders zum Koran und den Berichten über das, was Mohammed gesagt und getan hatte, vorgesehen.

Schon bald wurden die Sprachwissenschaften – vor allem Grammatik und Rhetorik – fester Bestandteil des Stoffplans der Medrese. Wie konnte man das Urmaterial des Rechts analysieren, ohne den Koran und die Berichte über die Handlungen und Reden des vollkommenen Muslims, des Propheten Mohammed, genau zu verstehen und ohne die in diesem Urmaterial verwendeten Gleichnisse und die anderen Redefiguren analysieren zu können? Ebenso brauchte man ein System von Prinzipien, wie man das Recht von seinen Quellen ableiten konnte; diese Wissenschaft mußte die Fähigkeit schulen, die Werkzeuge vernünftiger Schlußfolgerung wie den Syllogismus und das Argument *a fortiori* streng und folgerichtig anzuwenden.

Diese Wissenschaft war die Rechtswissenschaft. Da sie auf den höheren Stufen der Medrese gelehrt wurde, mußten Abhandlungen über die Logik auf den früheren Stufen in den Lehrplan eingeführt werden. Die Logik konnte dann auf den höheren Stufen des Studiums angewandt werden, die die Folgerichtigkeit des Rechts (zumindest in seiner Beziehung zu seinen Quellen und in der Beziehung seiner verschiedenen Teile) darstellen. Aber die volle Bedeutung des Rechts konnte natürlich nur durch ein systematisches Studium der Absichten des Schöpfers für seine Schöpfung ganz erfaßt werden; dadurch rückte die scholastische Theologie ihrerseits auf ihren Platz, auf dem sie sich in diesen neuen Festungen der Gelehrsamkeit klar behaupten sollte.

Tatsächlich waren die neuen Medresen Festungen nicht unähnlich. Es waren große, umschlossene Höfe, die fast ebenso vorhersehbar ein Teil jeder bedeutenderen islamischen Stadt wurden wie die Moschee und der Basar. Festungen vergleichbar, galten sie – und sahen sie sich selbst – als Brennpunkt der Versuche, den Wissensstand zu wahren und die Orthodoxie zu verteidigen. In vielen Fällen wurden sie auch Teil der Kaderschmiede für die Regierung, da sie eine genügend große Anzahl von hochgebildeten Akademikern hervorbrachten, um die Dienststellen der Regierung und zugleich die Positionen zu besetzen, die mehr oder weniger den Religionsgelehrten, den *ulema* oder Mullahs, wie die Iraner sie nennen, vorbehalten blieben. Die Schirmherrschaft über Medresen gab der Regierung auch ideologisches Rüstzeug. Zwar vermieden die Mullahs die Aussage, daß ein bestimmtes Regime von Gottes Gnaden sei, doch sagten sie durchaus, das Volk sei gut beraten, einem Regime zu gehorchen, das die wahre Religion schütze, und die überzeugendste Art, die wahre Religion zu schützen, war die Gründung von Medresen und die Förderung ihrer Absolventen.

Aus eben diesen Gründen hatte die schiitische Gelehrsamkeit in den ersten tausend Jahren islamischer Geschichte im Nahen Osten einen sehr schweren Stand. In diesen ersten tausend Jahren waren die meisten Regierungen sunnitisch, und in den Augen einer sunnitischen Regierung war schiitische Gelehrsamkeit nicht „wahre Religion"; nur der sunnitische Islam konnte als „wahr" gelten. Allerdings hatte es in der Zeit vor dem Aufkommen der Medrese, zur Zeit Avicennas, einige schiitische Dynastien gegeben, die den Schutz durch schiitische Könige (sogar wenn diese sich für Kühe hielten) dem durch die Sunniten vorzogen. Etwa zwanzig Jahre nach Avicennas Tod begann in Bagdad die Herrschaft einer sunnitischen Dynastie, die eine große sunnitische Medrese gründete. Daraufhin verließ Tusi, ein großer schiitischer Gelehrter, Bagdad und begab sich in die weiter südlich gelegene, ganz schiitische Stadt Nedschef. Dort gründete er seine eigene Schule, vielleicht eine echt schiitische Medrese nach dem Muster der neuen sunnitischen Medrese in Bagdad, doch haben wir nur eine verschwommene Vorstellung von der Frühgeschichte der Schule in Nedschef. Festzustehen scheint aber, daß er einen Stoffplan entwarf, der zum Teil auf seinen eigenen Texten beruhte, und daß die Gelehrten an den Medresen von Nedschef noch heute glauben, daß sie direkte Nachfahren Tusis sind durch eine ununterbrochene Kette von Lehrern, die vom elften bis ins zwanzigste Jahrhundert reicht.

Die Gründung einer schiitischen Schule in Nedschef durch Tusi war ein Anzeichen für das Reifen des Schiismus als ein eigenständig entwikkeltes islamisches Denksystem. Der politische Unterschied zwischen den Schiiten und den Sunniten war Freunden wie Feinden des Schiismus von Anfang an klar gewesen. Die Schia oder „Parteigänger" (Alis) waren jene Angehörige der islamischen Gemeinschaft, die die Überzeugung vertraten, der Prophet Mohammed habe die Führung dieser Gemeinde Ali und dessen Nachkommen (oft „das Haus Mohammeds" genannt) übertragen. Die Sunniten waren anderer Meinung; sie bestanden darauf, daß die politische Führerschaft unter den Muslimen durch ein anderes Mittel als das der Erblichkeit entschieden werden müsse und daß Mohammed Ali nicht zu seinem Nachfolger ernannt habe. Die Sunniten erlangten während der ersten drei Jahrhunderte des Islam, vom siebten bis zum neunten Jahrhundert, ein Monopol der politischen Macht, und bis zum heutigen Tag bilden sie unter den Muslimen die Mehrheit.

Dennoch glaubte die schiitische Minderheit, die als Grundlage für den Führungsanspruch ausdrückliche Bestimmung und Erblichkeit anerkannte, zu wissen, welche unter ihnen lebende Nachkommen Mohammeds als die tatsächlichen politischen Führer aller Muslime akzeptiert werden *sollten*, auch wenn diese von ihnen verehrten Gestalten in der Verborgenheit lebten. Viele dieser Abkömmlinge des Propheten lebten tatsächlich in relativer Abgeschiedenheit, bis einer von ihnen, der zwölfte Führer in der Abstammung von Ali, im Jahr 873 verschwand. Die Schia glaubte, daß dieser zwölfte Führer, den sie „den Imam des Zeitalters" nannte und nennt, nur untergetaucht sei, um zu gegebener Zeit wiederzuerscheinen als ein messianischer Führer, der die vollkommene politische Gemeinschaft des Islam herbeiführen werde. Die Sunniten dachten, die Schia habe sich durch das Festhalten an ausdrücklicher Bestimmung und Erblichkeit als Kriterien für die politische Führerschaft in eine selbstgelegte Falle manövriert, da ihr Führer ohne Nachkommenschaft gestorben sei.

Nach und nach traten die rechtlichen und theologischen Differenzen zwischen Schiiten und Sunniten ebenso klar zu Tage wie die politischen. Die Schia unterschied sich von den Sunniten in einigen Punkten des materiellen Rechts; zum Beispiel gab das schiitische Recht den Frauen größere Erbansprüche am Vermögen, auch enthielt es eine längere Liste von Dingen und Situationen, die einen Muslim rituell unrein machten. Der bedeutsamste Unterschied zeigte sich jedoch in ihrem gegensätzlichen intellektuellen Ansatz. Die Schia glaubte gemeinhin, daß sich menschliches Denken nicht wesensmäßig vom Denken Gottes unterscheide und daß der Mensch daher fähig sei, mehr von dem, was an göttlichen Gedanken hinter der natürlichen und moralischen Weltordnung lag, zu enträtseln. Die meisten Sunniten widersprachen dem und erhoben die Beschuldigung, es hieße Gott Begrenzungen zu unterwerfen, wenn man erwarte, daß Er selbst den besten Bestimmungen von Recht und Unrecht oder Möglich und Unmöglich, deren der menschliche Verstand fähig sei, entsprechen müsse.

Während der Jahre, in denen es keine schiitischen Dynastien gab, war das Überleben schiitischen Denkens lange Zeit ungewiß, und es wurde nur von verstreuten schiitischen Gemeinschaften in Orten wie Nedschef im südlichen Irak weiter genährt, bis mit der Dynastie der Safawiden kurz nach 1500 im Iran die große religiöse Revolution eintrat. Bis dahin waren die Schiiten im Iran eine Minderheit gewesen, die sich auf einige Bezirke und ein paar Städte wie Ghom beschränkte. Anfang des sechzehnten Jahrhunderts aber führten die Safawiden, die aus den schiitischen Turkmenenstämmen der iranischen Nordwestprovinz Aserbeidschan hervorgegangen waren, den Schiismus fast im ganzen Land ein. Nicht alle Iraner nahmen die schiitische Lehre ohne weiteres an. Aber der fast gleichzeitig einsetzende Aufstieg zweier mächtiger sunnitischer Reiche, der türkischen Osmanen im Westen und der indischen Moguln im Osten, zusammen mit der fortdauernden Bedrohung durch die Sunniten Innerasiens scheint den Iranern die Auferlegung einer sich klar abhebenden offiziellen Religion erleichtert zu haben. Dadurch erhielt das Bestreben der Iraner, der Herrschaft dieser mächtigen Nachbarn Paroli zu bieten, eine religiöse Grundlage. Ganz besonders waren die Iraner entschlossen, sich der Eroberung durch die türkischen Osmanen zu widersetzen, selbst wenn das bedeutete, daß der Safawidenkönig – oder „Sophi", wie John Milton ihn nennt, zeitweise den Vormarsch der Osmanen nur würde aufhalten können, wenn er die Taktik der verbrannten Erde anwandte. Im siebzehnten Jahrhundert beschrieb Milton – ein Zeitgenosse der Safawiden und der Osmanen – im „Verlorenen Paradies", wie der

... Bactrian Sophi, from the horns
Of Turkish crescent, leaves all waste beyond
The realm of Aladuk, in his retreat
To Tauris and Casbeen.
[... baktrische Sophi von den Spitzen
des Türkenmondes das Reich Aladuk
in Schutt und Asche legt bei seinem Rückzug
nach Täbris und Kazwin.]

Wenn der Safawide oder „Sophi" zum Schutz der iranischen Heimat dieses selbe Land versengt und verwüstet zurücklassen mußte, so war er für die schiitischen Gelehrten, die Mullahs, ein nährender Regen. Vor den Safawiden hatte die Schia im Iran keine große gelehrte Tradition entwickelt, und so gab es zu Anfang des sechzehnten Jahrhunderts mehr schiitische Gelehrte im Irak und im Libanon als im Iran. Die Safawiden gründeten schiitische Medresen in vorher nicht gekannter Zahl. Die Anziehungskraft dieser Medresen und ganz allgemein auch der königlichen Protektion lockte einen Strom schiitischer Gelehrter aus anderen Teilen der islamischen Welt in den Iran. Der Schiismus war alles andere als eine „iranische Religion", wohingegen der Iran ein ausgesprochen schiitisches Königreich war, im allgemeinen sogar das einzige schiitische Königreich, und vom sechzehnten Jahrhundert an bis in die Gegenwart hat der Iran bei den Schiiten Indiens, der arabischen Halbinsel, Syriens, der Osttürkei oder des Irak seine außerordentliche Bedeutung nicht verloren.

Einer der schiitischen Mullahs, Seyyid Nematollah Dschazayeri, geboren 1640 in einem arabisch sprechenden Dorf des südlichen Irak unweit des Persischen Golfes, hat eine ergreifende Niederschrift über seine Kämpfe von seinem allerersten Unterricht bis zu dem Zeitpunkt hinterlassen, als er an einer neugegründeten schiitischen Medrese im Iran als „Dozent" eingestellt wurde. In seiner etwas weinerlichen, selbstbemitleidenden Art beginnt er: „Von wieviel Heimsuchungen bin ich doch in diesem kurzen Leben schon befallen worden." Er erinnert sich, wie er mit fünf Jahren mit einem anderen kleinen Jungen spielte, als sein Vater hereinkam und sagte: „Komm, mein kleiner Junge, wir wollen zum Lehrer gehen, damit du lesen und schreiben lernst und einen hohen Beruf erreichst." „Bei diesen Worten fing ich an zu weinen und wollte nicht mitgehen, aber es half nichts." Bald dachte sich Seyyid Nematollah eine neue Taktik aus: Er wollte den Kurs so schnell wie möglich abschließen und dann zu seinen Spielen zurückkehren. Schon nach kurzer Zeit hatte er den Koran und einige arabische Gedichte gelesen und bat seinen Vater, ihn jetzt wieder mit seinem Freund spielen zu lassen; aber statt dessen sagte sein Vater, er wolle ihn zu einem anderen Lehrer schicken, bei dem er die Paradigmen des arabischen Verbs mit all seinen Verdrehungen und stacheligen Absonderlichkeiten lernen sollte. Seyyid Nematollah weinte wieder, und um ihm zu zeigen, wo er hingehörte, sandte ihn sein Vater diesmal zu einem blinden Lehrer, bei dem er nicht nur Schüler, sondern auch Blindenführer zu sein hatte. Als Seyyid Nematollah seinen Kurs bei dem blinden Lehrer abgeschlossen hatte, war er wissensdurstig geworden und wollte ein ernsthaftes Buch über arabische Grammatik lesen. Sein nächster Lehrer, ein Verwandter, wollte ihn erst unterrichten, nachdem er seinen Schüler gezwungen hatte, jeden Tag Maulbeerblätter für seine Seidenraupen zu pflücken und Futter für sein Vieh zu mähen. Dem kleinen Seyyid begannen die Haare auszufallen, weil er Heuballen und Maulbeerblätter auf dem Kopf tragen mußte.

Bald war er soweit, daß er zum Unterricht des nächsten Grammatikbuchs, das im Lehrplan vorgesehen war, in ein Nachbardorf gehen mußte. Von dort ging er in die Stadt Huwaiza, die in dem Sumpfgebiet nahe am Tigris im südlichen Irak lag, denn er hatte gehört, daß es dort einen besonders gelehrten Mann gab, für dessen Unterricht es sich lohnte, durch enge Wasserwege voller Moskitos zu fahren, von denen „jeder so groß wie eine Wespe" war. Der Lehrer in Huwaiza jedoch bürdete seinem Schüler noch größere Arbeitspensen auf als der Vieh- und Seidenraupenbesitzer. Er verlangte von seinen Schülern nicht nur „Dienst" in der Landwirtschaft, sondern stellte auch die Regel auf, daß sie jedesmal, wenn sie zum Ausspannen zum nahen Fluß gingen, zwei Steine oder Backsteine für das Haus des Lehrers aus einer aufgelassenen Befestigungsanlage mitbringen sollten.

Die Stadt Huwaiza hatte nicht nur einen angesehenen Lehrer, sondern auch eine Medrese; dorthin gingen diese Schüler bis zum Mittag, um in der klassischen Weise zu disputieren. Den Rest des Tages waren sie bemüht, sich am Leben zu erhalten und ihren Lehrstoff zu lernen. Nachmittags sammelten sie Melonenschalen ein, die sie wuschen, um zu sehen, ob noch eßbare Melonenteile an ihnen hafteten. Nachts versuchten sie bei Mondlicht zu lernen; wenn der Mond nicht schien, sagten sie sich gegenseitig die Texte auf, die sie auswendig gelernt hatten.

Jetzt entschloß sich der junge Seyyid, zu einer iranischen Medrese in der bedeutenden südwestiranischen Stadt Schiras zu gehen, und nach einem Besuch zu Hause machte er sich gegen den Willen seines Vaters auf den Weg. Er legte die Kleider ab, watete in den Fluß und verbarg sich auf dem ersten Teil seiner Reise hinter dem Steuer seines Schiffes, so daß niemand ihn sehen und zurückbringen konnte. Sein Vater wollte ihn in der Hafenstadt Basra einholen; doch als der junge Seyyid hörte, sein Vater sei in Basra angekommen, bestieg er schnell das nächste Schiff und fuhr nach Schiras. Mit seinen elf Jahren hatte er sich schon so weit in ein akademisches Spiel eingelassen, daß er nicht bereit war, sich von seinem Vater zurückhalten zu lassen.

Barfuß überquerte er mit seinem älteren Bruder, der sich ihm angeschlossen hatte, die Berge, die die Stadt Schiras von dem ihr nächstgelegenen Hafen am Persischen Gold abriegelten. Ein Mitreisender hatte ihnen den ersten persischen Satz beigebracht: „Wir möchten zur Medrese Mansuriye", und obwohl jeder der beiden nur die Hälfte des Satzes behalten konnte, fanden sie den Weg zu der großen Medrese. Hier studierten sie eine Reihe von Jahren, wobei Seyyid Nematollah sich mit Mühe und Not durch Abschreiben von Büchern am Leben erhalten konnte. Seine Entbehrungen, die wahrscheinlich schon sehr groß waren, beschreibt er dabei mit liebevollem Nachdruck auf jeder einzelnen „Heimsuchung". Natürlich möchte er den Eindruck jener durch viele Prüfungen erworbenen Gelehrsamkeit vermitteln, die bei einem erfolgreichen Mullah den so viel bewunderten Lebenshintergrund abgibt.

Wenn an einem Wintermorgen nach dem ersten Gebet seine Hand vor Kälte leicht blutete, während er seinen Text mit Randnotizen versah, malte er sich wahrscheinlich schon aus, wie er – wenn er es je schaffte – eines Tages schreiben würde (was er dann auch tat): „Bei der beißenden Kälte strömte Blut von meiner Hand."

Er besuchte jetzt die Kurse bedeutender Lehrer, von denen viele wie er selbst arabischen Ursprungs waren. Einmal mußte er wegen des Todes eines Verwandten den Unterricht bei einem dieser arabischen Lehrer, dem hervorragenden Scheich Dscha'far Bahrani, versäumen. Als der junge Seyyid am nächsten Tag erschien, sagte der Scheich: „Gott soll deinen Vater und deine Mutter verfluchen, wenn ich dir noch einmal Unterricht gebe. ... Geh nach der Stunde hinaus und trauere für dich selbst." Seyyid Nematollah schwor Scheich Bahrani einen Eid, er wolle nie wieder den Unterricht versäumen, auch wenn ihm das größte Unglück zustoße.

Zuletzt gab es für den Scheich an diesem Schüler mehr zu bewundern als nur seinen beispielhaften Anwesenheitsrekord. In dem Kurs über die Rechtswissenschaft tauchte ein sehr schwieriges Problem auf, das der Scheich allen als Frage zur mündlichen Bearbeitung aufgab. Am nächsten Tag gab Seyyid Nematollah bei geeigneter Gelegenheit eine Erläuterung, die viel besser war als alle anderen, so daß der Scheich Bahrani nicht nur sagte, der Seyyid habe recht, sondern ihn auch bat, die Erläuterung zu wiederholen, damit er, der Lehrer, sie als Randnotiz in seinen Text schreiben könne. Dann ließ er die anderen Schüler den Seyyid der Reihe nach auf den Schultern tragen als Anerkennung seiner Überlegenheit. Um dies alles noch zu überbieten, lud der Scheich ihn zu sich nach Hause ein und bot ihm die Hand seiner Tochter an. Aber Seyyid Nematollah wußte, daß er sich jetzt auch ohne eheliche Bindung einen Platz im System der Medrese erkämpft hatte; auch wollte er ohnehin ungebunden bleiben, um weiter nach oben zu streben und noch mehr Referenzen zu sammeln. Er wollte „fahrender" Gelehrter werden, eine Gestalt, die in der islamischen Tradition genau den gleichen Ehrenplatz einnahm wie im mittelalterlichen Europa oder im Deutschland des neunzehnten Jahrhunderts. Er entschuldigte sich mit den Worten: „So Gott will..., werde ich heiraten, wenn ich meine Studien abgeschlossen habe und ein Gelehrter geworden bin." Er lebte weiterhin in vergleichsweise ärmlichen Verhältnissen in seinem Zimmer im zweiten Stock der Medrese Mansuriye.

Einige Jahre später ging er nach Isfahan, der safawidischen Hauptstadt mit ihren zahlreichen Medresen aus der safawidischen Periode. Das glanzvolle Äußere dieser Schulen mit ihren prachtvoll eingefärbten, mit Arabesken versehenen Fliesen vermittelt den Eindruck einer Kontinuität und einer Harmonie des umbauten und ausgemalten Raumes, die auf der ganzen Welt ihresgleichen sucht. Seyyid Nematollah schaffte jedoch nicht auf Anhieb den Eintritt in eine dieser eleganten Medresen und landete statt dessen in der ärmlichsten Schule der Stadt. Sie hatte nur vier kleine Schlafräume, und wenn ein Schüler nachts aufstand, um sich zu erleichtern, wachten unweigerlich alle anderen auf, wenn er den Raum verließ.

Plötzlich aber änderte sich alles. Mohammed Bager Madschlesi, der gerade auf dem Weg war, der einflußreichste Mullah seiner Zeit zu werden, wurde auf Seyyid Nematollah aufmerksam und räumte ihm für vier Jahre ein Zimmer in seinem Haus ein. In der safawidischen Epoche besaßen bedeutende Mullahs eine ungeheure Macht; sie konnten Könige zur Rechenschaft ziehen, und ihr Reichtum kam manchmal dem des Königs gleich. Durch seine Verbindung zu Madschlesi erhielt der Seyyid eine Stelle als Dozent an einer neu gegründeten Medrese, wo er acht Jahre lang unterrichtete. Allmählich aber wurde seine Sehschwäche, die sich erstmals in Huwaiza bei dem Lesen bei Mondlicht gezeigt hatte, zu einer ernsthaften Behinderung. Er suchte ärztliche Hilfe auf; doch schreibt der Seyyid, der offenbar kein kritikloser Bewunderer der Heilkunst im Stil Avicennes war, daß diese „Kuren" seine Schmerzen nur vermehrten.

Seyyid Nematollah gab seine Anstellung auf und ging wieder auf Reisen, und da er jetzt jemand war, wurde er an den meisten Orten ehrenvoll empfangen. Wie man vermuten kann, geriet er in „Heimsuchungen" der verschiedensten Art, über die er sich beklagt, unter anderem in eine Schlacht zwischen Safawiden und Osmanen. Schließlich ließ er sich als ein von Schülern und Behörden geachteter Lehrer in Schuschtar nieder, einer Stadt in der Südwestecke des Irans, nahe der irakischen Grenze, wo er 1678 seine Autobiographie schrieb. Am Schluß dieses seltsamen Dokuments bekennt er, daß der Gedanke an alle die Heimsuchungen seines Lebens (die er zusammenfassend in sieben große Kategorien einteilt) ihn immer noch bedrücke. Ungeachtet des Reichtums und der Macht, die das iranische System der schiitischen Medresen einem erfolgreichen Mullah bot, war Seyyid Nematollahs Lebensplan letztlich doch irgendwie fehlgeschlagen; er kam nie dazu, das Spiel zu Ende zu spielen, von dem man ihn im Alter von fünf Jahren weggerissen hatte, und fand nie die Befriedigungen, die ein angemessener Ausgleich für diesen Verlust hätten sein können.

Eine weitere und sehr viel feindseligere Sicht des schiitischen Bildungssystems erhalten wir von Ahmad Kasravi, der bei Iranern der Gegenwart als schärfster Kritiker des etablierten Systems in der modernen iranischen Geschichte gilt. Avicennas Autobiographie zeichnet den Virtuosen, der in einer noch nicht institutionalisierten Gelehrtenwelt mit persönlich angeheuerten Lehrern und kauzigen Gönnern Schöpferisches leistet, Systeme baut und mit allen Mitteln, die ihm sein rastloser Geist bietet, sich selbst weiterhilft. Seyyid Nematollahs Autobiographie stellt uns einen Mann vor, der in ein viel stärker institutionalisiertes Bildungssystem hineingeworfen wurde; dieses war ihm schon so zum vertrauten Zuhause geworden, daß es ihm nie einfiel, er könne ihm entfliehen, auch wenn er fast am Ersticken war. Ahmad Kasravi scheint der strengste dieser drei zu sein, ein kühner, aber reizbarer Moralist, der davon ausging, daß er nicht nur die Mission, sondern auch die angeborene Fähigkeit habe, alle Formen der Bildung, die er kennenlernte, kritisch zu beurteilen – seinen eigenen langen Bildungsweg in der Medrese inbegriffen. Es überrascht nicht, daß Ahmad Kasvravi glaubte, er habe eine Mission zu erfüllen. Schon sein Großvater, ein angesehener Mullah, hatte eine Moschee erbaut und sie anschließend geleitet. Kasravi, der 1890 in Täbris geboren wurde, erhielt nicht nur den Namen dieses Großvaters, sondern er sollte eines Tages auch der Nachfolger seines Großvaters in dessen erblicher „Moschee und Gerichtsstätte" werden. Deshalb, schreibt Kasravi, „wurde ich mit einem Respekt erzogen, den wenige Kinder genießen. ... Meine Mutter verbot mir, zu den anderen Kindern auf die Straße zu gehen, ja, sie hielt mich von allem Spiel fern".

Kasravis Vater, ein Kaufmann, verurteilte bei aller Frömmigkeit viele religiöse Praktiken seiner Zeit. Es gefiel ihm nicht, daß sich unter den Mullahs Cliquen bildeten, die jeweils große Volksmassen in ihre Streitigkeiten einbezogen. Die Differenzen waren zum Teil so gravierend, daß zwischen den schiitischen Cliquen nicht geheiratet werden durfte, und nicht selten kam es sogar zu tumultartigen Auseinandersetzungen zwischen ihnen. Kasravi betrachtete es auch als Verschwendung, die *rouzekhans* zu bezahlen, jene Prediger, die sich darauf spezialisiert hatten, die Leiden der schiitischen Heiligen, besonders Husseins, gegen Bezahlung herzubeten; und ganz im Gegensatz zu seiner Zeit und seiner Klasse ließ er *rouze-khans* nicht in sein Haus.

Als Kasravi sich mit fünf Jahren darüber beklagte, daß er die Briefe nicht lesen könne, die sein Vater von unterwegs nach Hause schrieb, schickten ihn seine Eltern auf eine Koranschule, die einzige verfügbare Elementarschule. Der Mullah, der die Schule führte, kannte nur den Koran und ein bißchen Persisch. (Sie wohnten ja in Täbris – Milton hatte es „Tauris" genannt –, der Hauptstadt der türkischsprachigen Provinz Aserbeidschan.) Außerdem hatte der Mullah alle Zähne verloren und war sehr schlecht zu verstehen. Nach Kasravi war das einzige Talent des Mullahs eine gewisse Fertigkeit darin, die Schüler auf Hände und Füße zu schlagen, sehr zur Zufriedenheit der meisten Väter, für die körperliche Züchtigung ein noch wichtigerer Teil der Erziehung war als der Unterricht im Lesen.

Kasravi hatte eine rasche Auffassungsgabe. Er arbeitete sich viel schneller durch den Koran als seine Mitschüler. Wie es der Brauch war, brachte Kasravi ein Tablett mit Süßigkeiten und Geld in die Schule mit, als er die Koranlektüre offiziell abgeschlossen hatte; und als er im lauten Vorlesen eine bestimmte Stufe erreicht hatte, fand in der kleinen Schule eine Art Schulfest statt. Nach dem Koran fing Kasravi an, einige Bücher auf persisch zu studieren, das für ihn – als Türkisch sprechenden Iraner –

eine wirkliche Fremdsprache war. In vier Jahren arbeitete er sich an dieser Koranschule durch die Texte durch, großenteils Musterbeispiele des ausgeklügelten Stils in bombastischem Persisch, den sein Lehrer (mit seinen ohnehin dürftigen Persischkenntnissen) ihm nicht wirklich erklären konnte. Kasravi sagt, ohne die Hilfe seines Vaters wäre er völlig verloren gewesen – und genau auf dieser Stufe blieben die meisten seiner Mitschüler hängen.

Als nächstes ließ Kasravis Lehrer ihn arabische Elementargrammatik lernen, wie sie in Koranschulen und Medresen gepflegt wird. Da der Mullah aber nicht wirklich Arabisch konnte, zwang er seine Schüler einfach, den Text auswendig zu lernen; so lernten die Schüler, das arabische Wort *daraba* sei „das Maskulinum Singular der Vergangenheit und bedeutet, daß eine nicht genannte männliche Person zu einer Zeit in der Vergangenheit schlug" – anstatt zu lernen, daß es „er schlug" heißt.

Dann starb plötzlich sein Vater, und Kasravi, der erst zwölf oder dreizehn Jahre alt war, versuchte bei der Weiterführung des Familiengeschäftes mitzuhelfen. Nach etwa dreijähriger Unterbrechung entschloß er sich, seine Bildung zu verbessern; in einer iranischen Provinzstadt wie Täbris bedeutete das zu seiner Zeit den Besuch der Medrese. Die ersten Stadien dieses neuen Bildungsabschnitts waren unerfreulich. Ein Mullah-Lehrer fand heraus, daß Kasravi den vorgeschriebenen Text über arabische Grammatik ebenso gut verstand wie er selbst, und aus Rache – so Kasravi – schlug er ihm wegen seiner schlechten Handschrift mit dem Rohrstock auf die Hände. An einer anderen Schule machten sich die Schüler, die ein bestimmtes Textbuch normalerweise in zwei Jahren durcharbeiten, aus Eifersucht über Kasravi lustig, weil er mit dem Buch nach vier oder fünf Monaten fertig war.

Danach wechselte Kasravi zur größten Medrese von Täbris über, zur Talebiye. Wieder entdeckte er im Leben der Medrese Züge, die ihm nicht gefielen; zum Beispiel wurde die Medrese von einer Gruppe *talabes* oder Mullah-Studenten aus dem Kaukasus beherrscht, die sich als Hüter des islamischen Gesetzes aufspielten: Wenn sie nur erfuhren, ein junger Mann habe eine Frau angeschaut oder berührt, stürzten sie los und schlugen auf den angeblichen Übeltäter ein. Dennoch fand Kasravi in der Talebiye auch Dinge, die ihm gefielen. Gleich am ersten Tag war er von der Entdeckung hingerissen, daß sich in jeder Ecke der Medrese Studiengruppen zusammenfanden, und er näherte sich einer dieser Gruppen so weit, daß er zum erstenmal einen Mann hören konnte, der einer seiner intellektuellen Helden werden sollte: einen progressiven Mullah namens Khiyabani, Lehrer der Astronomie (die immer noch wie zu Avicennas Zeiten mit dem Namen des Ptolemäus verknüpft war).

Am ersten Tag fand er auch schon einen Freund seines eigenen intellektuellen Formats, der sein Studiengefährte wurde. An jedem Schultag trafen sie sich und disputierten nach klassischer Weise – wie sie in der Tradition der Medrese hochgehalten wurde – über Lehrtexte, die gerade durchgenommen wurden; danach aßen sie zusammen zu Mittag. „Nach mehr als dreißig Jahren", schreibt Kasravi, „denke ich immer noch gern an jene Tage zurück." Abwechselnd nahmen sie große Umwege auf sich, um den anderen nach Hause zu begleiten; ihre finanziellen Zuschüsse stellten sie sich gegenseitig restlos zur Verfügung. Bald schlossen sich noch zwei hervorragende Schüler der Gruppe an, und diese vier wurden unzertrennlich – ob sie nun über Bücher diskutierten, die im Lehrplan noch nicht vorgesehen waren, oder sich mit Schwierigkeiten der arabischen Grammatik gegenseitig hereinzulegen suchten. Nach Schulschluß setzten sie ihre Streitgespräche in den Anlagen und bei den Blumenbeeten der öffentlichen Parks von Täbris fort.

Die Ereignisse von 1906 gaben ihnen neuen Gesprächsstoff. Die Konstitutionelle Revolution ließ es nicht mehr zu, daß sie ihre Meinungsverschiedenheit offen austrugen, aber sie riß sie auseinander. An dem Tag, als die Verfassungsbewegung in Täbris einsetzte, wurde der Basar geschlossen, und jedermann begab sich zum Britischen Konsulat oder zur Moschee Samsam Khan. Kasravi, der das Wort „Verfassung" noch nie gehört hatte, folgte der Menge zum Konsulat, wo ein Redner erläuterte, eine Verfassung bedeute, daß „es ein Gesetz geben soll, auf dessen Grundlage die Menschen leben; es darf nicht geduldet werden, daß der König seinen Launen folgt; ein Rat soll eingesetzt werden, der die Staatsgeschäfte leitet". Kasravi war sofort Feuer und Flamme. Auch sein Studiengefährte wurde ein begeisterter Anhänger der Verfassung. Aber bald gab sich die Mehrheit der Mullahs in Täbris als Gegner der Verfassung zu erkennen, und die beiden anderen *talabes* der bisher unzertrennlichen Vierergruppe hielten es mit ihren Mullah-Lehrern und bespötelten die *Mudschahedin*, die „Kämpfer", wie man die Verfassungsfreunde nannte.

In dieser Zeit traf den jungen Kasravi eine unerwartete Enttäuschung: Sein Vormund gab die Moschee und den Gerichtshof, die Kasravi erben wollte, zeitweilig einem anderen Mullah. Offenbar wußte der Mullah, daß er seine Stellung später an Kasravi abtreten mußte, und so versuchte er Kasravis Stellung bei seiner Familie zu untergraben. Er sagte, Kasravi sei „ein offener Anhänger der Verfassung; außerdem liest er Zeitung. Ich befürchte, sein Glaube ist zersetzt." Eine sofortige Folge war, daß Kasravis Familie – in der Mehrzahl Verfassungsgegner – ihn am Zeitunglesen zu hindern suchte; eine Folge auf lange Sicht war Kasravis zunehmendes Mißtrauen gegen die Moral der Mullahs.

Trotzdem setzte er seine Studien an der Medrese fort und beendete die Standardwerke über Grammatik, Rhetorik und Logik, die als „vorbereitende Texte", als Grundstock der gesamten Medrese-Bildung galten. Er hatte auch schon mit der Mittelstufe begonnen und das Standardwerk über das islamische Gesetz gelesen, mit dem ein *talabe* als genügend qualifiziert angesehen wurde, um die Leitung einer Vororts- oder Dorfmoschee zu übernehmen. Doch hatte der Bürgerkrieg zwischen Gegnern und Anhängern der Verfassung die gesamte Atmosphäre verändert. Sein Studiengefährte verließ die Medrese, studierte Physik und „die neuen Wissenschaften" und wurde einige Zeit später Bahá'í, Angehöriger einer neuen Religion, die im Iran des neunzehnten Jahrhunderts zum Teil als Antwort auf die schiitische Erwartung der messianischen Wiederkehr des zwölften Imam entstanden war. Einer der beiden anderen aus der Vierergruppe war als Lehrer an eine der neuen staatlichen Schulen gegangen.

Auf der Mittelstufe wurden an der Medrese die vorgeschriebenen Lehrbücher in Arabisch, islamischem Recht, Logik, philosophischer Theologie und Rechtswissenschaft gelesen und vor der Klasse diskutiert. Erstaunlicherweise fand Kasravi die beiden erstgenannten Fächer nützlich, die drei anderen dagegen nutzlos und manchmal sogar schädlich. Immer der praktische Kaufmannssohn, war er der Meinung, daß jeder vernünftige Mann schon Logik genug in sich habe und das Studium formaler Logik ihn nur verwirre und am Gebrauch der natürlichen Fähigkeiten hindere. Die Rechtswissenschaft als Versuch, mit Hilfe der Logik, mit Argumenten *a fortiori* und anderen Methoden zu erklären, warum das Recht eine bestimmte Form hatte (oder haben sollte), erschien ihm als ein Geflecht kunstvoll verwobener tendenziöser Schlußfolgerungen. Diese Folgerungen waren so weit von den – für Kasravi – einfachen Grundsätzen der Rechtswissenschaft entfernt, daß ein Student ganz unnützerweise zehn oder zwanzig Jahre lang die Argumente erlernen mußte, auf die sie sich stützten. Aber bei allem Nachdruck, mit dem Kasravi in seinem einfachen, eleganten Stil die „wirklichkeitsfremden" Gedankengebäude der Rechtswissenschaft verurteilt, scheint ihn doch – wie so viele ernsthafte Studenten der Medrese – ihre Vielgestaltigkeit beeindruckt zu haben; er nennt sie „alles in allem eine ziemlich große und tiefe Grube", der er glücklicherweise entronnen war. Tatsächlich hatte er alle Texte, die in Täbris auf dem Lehrplan standen, studiert; als nächsten Schritt hätte er an einen Ort wie Nedschef oder Ghom gehen müssen, um sich zum Modschtahed, einem der wenigen hundert maßgeblichen Doktoren der Rechte ausbilden zu lassen.

Sein Vormund drängte ihn jetzt, die Moschee und den Gerichtshof seines Großvaters zu übernehmen, und seine Verwandten rieten ihm, er solle seinen Turban größer machen, grüne oder gelbe Schuhe im Stil der Mullahs tragen, gemessen gehen und sich auch sonst die imponierende Würde eines Mullah aneignen, die seinen zwanzig Lebensjahren noch nicht entsprach. Einige Lehrer drängten ihn sicher, nach Nedschef zu gehen. Aber Kasravi wollte Kaufmann werden. Hatte ihm nicht sein Vater, der allerdings zu Mullahs großzügig war, gesagt: „Das Brot, das ein Mullah verdient, ist nicht das Brot eines Mannes, der nur Gott allein anbetet. Ein Mullah muß sich so benehmen, daß er den Menschen gefällt und sie ihm Geld geben."

Im Sommer 1910 erschien dann der Halleysche Komet am Himmel über Täbris. In der langen Geschichte von Bekehrungen – angefangen bei der visionären Begegnung zwischen Paulus und Jesus auf der Straße nach Damaskus bis hin zu der blitzartigen Einsicht Ernest Renans, das Buch Daniel sei apokryph, und daher könne auch alles übrige, was die Kirche ihn gelehrt hatte, apokryph sein – war eines der ungewöhnlichsten Ereignisse Kasravis Bekehrung durch den Halleyschen Kometen. Täbris war noch immer der Schauplatz gewalttätiger Auseinandersetzungen, in denen die Gegner der Verfassung, dieses von Kasravi immer noch geliebten Symbols, jetzt meist die Oberhand behielten. Kasravi war weiterhin dem Druck der Erwartung seiner Nachbarschaft ausgesetzt, er werde Mullah bleiben. Aber jede Nacht ging er auf das Dach, um den Kometen zu beobachten – vielleicht auch, weil er solche Augenblicke genoß, in denen er von den Gedanken an seine politische und soziale Ohnmacht, selbst über seine Zukunft bestimmen zu können, befreit war. Dann las er in einer ägyptischen Zeitung einen arabisch geschriebenen Artikel, aus dem hervorging, die europäische Wissenschaft habe erwiesen, daß die Bahn des Kometen ihn in regelmäßigen Abständen zur Erde zurückführe; zuletzt sei er 1836 gesehen worden.

Kasravi wußte, daß er in „der Astronomie des Ptolemäus", seinem Studienfach in der Medrese, nichts gefunden hatte, woraus sich die Regelmäßigkeit im Verhalten von Kometen erklären ließ. Der „Stern mit dem Schwanz", wie ein Komet auf persisch heißt, bekehrte ihn. „Er zwang mich", schreibt er, „die europäische Wissenschaft zu erforschen", – und mit seiner raschen Auffassungsgabe tat er dies schnell und gründlich. Er beschaffte sich sogleich die Übersetzung einer guten populärwissenschaftlichen europäischen Darstellung der Astronomie und konnte sich deren Vorstellungen aneignen. „Ich war glücklich und zufrieden, daß das Wissen in Europa einen so erleuchteten Weg eingeschlagen hatte."

Für Kasravi bedeutete dies eine Entdeckung intellektueller Macht, und bald sollte die Anmaßung gesellschaftlicher und persönlicher Macht folgen. Er schloß sich jetzt offen den Freunden der Verfassung an ohne Rücksicht auf die Meinung seiner Familie oder seiner Umwelt. Die Mullahs von Täbris prangerten ihn als Ungläubigen an und forderten ihre Anhänger auf, ihn bei jeder möglichen Gelegenheit schlechtzumachen. So unangenehm dies war, brachte es auch eine Erleichterung: „Die Leute sahen sich von mir enttäuscht und ließen mit ihren aufdringlichen Händen von meinem Kragen ab. So wurde mein Hals von den Ketten des Mullah-Berufes befreit." Endlich war er sein eigener Herr.

Kasravis Veränderung war eine wirkliche Bekehrung; er wurde ein wahrer Antikleriker, ein umgestülpter Mullah. Solange es die islamische Tradition im Iran gibt, scheint der Skeptizismus schon immer unterschwellig vorhanden gewesen zu sein. Die Gedichte Omar Chaijams, des iranischen Dichters und Mathematikers aus dem elften Jahrhundert, sind ein klassischer Ausdruck dieser skeptischen Unterwelt. Ungläubige, die sich still verhielten, wurden geduldet, solange sie sich nach außen an die Religion hielten oder sie zumindest nicht öffentlich herausforderten. Mit Kasravi kam etwas Neues: Er war ein lärmender Ungläubiger, ein Prediger, dessen Texte von Säkularismus, dem Triumph der Wissenschaft und der Überlegenheit der konstitutionellen Demokratie kündeten. Viele teilten einige seiner Überzeugungen; aber mit jedem, der nicht alle Überzeugungen mit ihm teilte, verlor er die Geduld. Ein Mitglied der kleinen, aber begeisterten Schar der Anhänger Kasravis zu werden, wurde bald gleichbedeutend mit dem Eintritt in eine kleine sektenartige Gemeinschaft. Seine Anhänger nannten sich sogar „Die Reinen in der Religion". Kasravis Autobiographie ist trotz seines Interesses für „Wissenschaftsgeschichte" in mancher Hinsicht auch Sektengeschichte, in der die Rolle der progressiven Mullahs, die so viel zu dem Erfolg der ersten Phase der konstitutionellen Bewegung beigetragen haben, deutlich heruntergespielt wird.

Kasravi war ein großer Pamphletist, und seine Pamphlete – die manchmal öffentlich, häufig aber von seinen Anhängern geheim gedruckt wurden – griffen „falsche" Überzeugungen mit einer Direktheit an, die seine Leser begeisterte und zugleich in Rage versetzte. Er verfaßte Satiren über den schiitischen Glauben und seine Praktiken, wie zum Beispiel: „Welche Religion haben die Hadschis bei Warenhäusern?" oder „Der Schuhmacher Ramazan ist von einer Sitzung bei den *rouze-khans* zurückgekehrt", und um sicherzugehen, daß die Mullahs das Format ihres Gegners richtig einschätzten, schrieb er seinen systematischsten Angriff auf den Schiismus in ihrer Gelehrtensprache, auf arabisch. Er verfaßte eine Schrift gegen die Bahá'í, um deutlich zu machen, daß diese scheinbare religiöse Alternative zum Schiismus ebenso „falsch" war wie jede andere Religion, die im Iran zur Auswahl stand. In Flugblättern wie „Hasan verbrennt sein Buch Hafis" griff er den persischen Dichterkult an; denn er meinte, die Iraner benützten Zitate aus der Dichtung, um ernsthaftem Nachdenken auszuweichen. Jedenfalls hafteten der persischen Dichtung Züge an, die er verabscheute – Schmeicheleien für Gönner, Fatalismus und Mystizismus, die im Gegensatz zur Wissenschaft standen –, und so veranstaltete er für seine Anhänger ein „Bücherverbrennungsfest" zur Wintersonnenwende. Wenn er einmal eine Preisschrift verfaßte, dann mit einem Titel von so ernster Wuchtigkeit, daß seine umgestülpte Frömmigkeit deutlich zum Ausdruck kam. Ein Titel lautet: „Die beste Form der Regierung ist konstitutionell – die neueste Entwicklung im Denken der Menschheit."

Während er seine Botschaften verbreitete, vermochte Kasravi dank der neuen Erziehung und des neuen Rechtswesens selbst für seinen Unterhalt sorgen. Er unterrichtete an der ersten staatlichen höheren Schule in Täbris arabische Grammatik, und danach war er für den Rest seines Lebens periodisch für das Erziehungsministerium und das Justizministerium tätig. Wie Isa Sadiq vergaß Kasravi niemals die demokratischen Ideale seiner Jugend, und genau wie dieser mußte auch er sich in das neue, von dem Autokraten Reza Schah errichtete säkulare System einpassen, um zu überleben.

In den vierziger Jahren, jener merkwürdigen Übergangsperiode, in der der Iran scheinbar keine Regierung hatte, weil die Alliierten dem noch sehr jungen Mohammed Reza Schah noch keine wirkliche Macht gegeben hatten, entstand eine Organisation mit dem Namen „Eiferer für den Islam" zur Bekämpfung „jeder Form von Religionslosigkeit"; ihr Begründer war ein *talabe*, der den *nom de guerre* Navvab-e Safawi angenommen hatte, um sich mit den Gründern des größten schiitischen Staates der iranischen Geschichte zu identifizieren. Im April 1945 machte einer der Eiferer einen Versuch, Kasravi zu töten, doch konnte er ihn nur verwunden. 1946 wurden offizielle Beschuldigungen wegen „Verleumdung des Islam" gegen Kasravi erhoben. Am 11. März 1946 wurde Kasravi im Justizpalast von Teheran während der letzten Anhörungen vor dem Gericht in erster Instanz von den Eiferern auf offener Szene erschossen. Safawi und einige andere Eiferer wurden verhaftet; da aber niemand gegen sie aussagte, wurden sie aus der Haft entlassen.

Viele Jahrhunderte und große Charakterunterschiede trennen Avicenna, Seyyid Nematollah und Kasravi. In der Zeit Kasravis war von der ungebundenen Welt von Gelehrten und Denkern, die Avicenna als einzig ernstzunehmende geistige Welt des islamischen Ostens gekannt hatte, fast nichts mehr übriggeblieben. Die vor dem Aufkommen der Medrese geltende Tradition, die Bildung als Lehrzeit betrachtete, hatte sich bei den gehobenen Bürokraten der Regierung noch gehalten, und am Königshof gab es immer noch Kreise, in denen die Traditionen des Arztes und des Astrologen-Astronomen gefördert wurden; aber selbst der Arzt, der Astronom und der Bürokrat hatten wahrscheinlich eine gewisse Zeit in einer Koranschule und an der Medrese verbracht. Mit ihren großzügigen Stiftungen und ihrer Anerkennung in breiten Kreisen als Festungen der wahren Erkenntnis und des richtigen Glaubens beherrschten die Medresen im allgemeinen die iranische Bildungswelt, und oft übten sie sogar ein Monopol aus. Ihre Lehrpläne und Lehrmethoden waren in der ganzen schiitischen Welt überraschend einheitlich – zu Zeiten Avicennas wäre das undenkbar gewesen –, und daher bestimmten sie auch Inhalte und Methoden der Erziehung.

Alle drei Männer haben jedoch einige bemerkenswerte Stileigenheiten gemeinsam. Alle drei standen in einer Liebesbeziehung zur arabischen Sprache, diesem starken und biegsamen Werkzeug, aus dem in jahrhundertelangem Gebrauch eine fein abgestimmte Sprache für theoretisches wie auch praktisches Denken geworden war. Seyyid Nematollah war natürlicher Araber; aber es kostete ihn Jahre des Studiums sowie lange Reisen aus den Sumpfgebieten des südlichen Irak ins Herz der iranischen Hochebene, um seine Kenntnis eines gesprochenen arabischen Dialektes in eine Beherrschung all der von frühen arabischen Grammatikern verzeichneten Feinheiten des klassischen Arabisch umzuwandeln – eine Reise, wie sie etwa ein heutiger Italiener unternehmen muß, wenn er die Feinheiten des klassischen Lateins meistern will. Kasravi unterrichtete jahrelang Arabisch, nachdem er Turban und Aba abgelegt hatte, und für ihn war Arabisch eines der wenigen nützlichen Dinge, die er in der Medrese gelernt hatte; der Beweis der Nützlichkeit wurde erbracht, als er in einer arabischen Zeitschrift die wissenschaftliche Erklärung des Halleyschen Kometen fand. Bei Avicenna, dem Philosophen, der sich sein ganzes Leben lang nur in persisch sprechenden Gebieten bewegt hat, ist es am schwersten, sich vorzustellen, daß er das Arabische geliebt hat. In den mehr als fünfzig Jahren seines Lebens reiste er von den Grenzgebieten Mittelasiens, wo er geboren wurde, über tausend Meilen nach Hamadan, einer iranischen Stadt nahe der Grenze zum Irak, doch hatte er nie ein arabisch sprechendes Land betreten. Trotzdem verfaßte er nicht nur die meisten seiner Werke auf arabisch und führte damit einen bedeutenden Teil des arabischen Standardvokabulars der philosophischen Sprache ein, sondern er schrieb auch (vielleicht während er untergetaucht und von seinen Büchern getrennt war) eines seiner glänzendsten Werke über die arabische Phonologie; für diese ganz unabhängig entstandene Arbeit mit dem Titel „Der Artikulationspunkt der arabischen Buchstaben" benötigte er nur einen artikulationsfreudigen Mund, ein aufmerksames Ohr und einen schöpferischen Geist.

Die Argumentationstechniken, die in den in frühmuslimischen intellektuellen Kreisen so beliebten Disputationen ausgebildet wurden, prägten den intellektuellen Stil aller drei Männer. Seyyid Nematollah setzte wie so viele Lehrer an der Medrese diese Tradition durch Kommentare fort. Dabei gab es zwei Arten von Kommentaren: Bei Typ 1 treten zwei Sprecher auf, wobei der Kommentator den Text Stück für Stück zitiert; jedes Zitat leitet er mit „Er sagt" ein und führt es mit „Aber ich sage" weiter. In Typ 2 heißt der Grundtext „Richtigstellung" oder „Grundlage" oder „Abriß", und er vermittelt den Gegenstand so vollständig und doch so kurzgefaßt wie möglich; dadurch läßt sich der Grundtext (oft ein Gedicht) zwar leicht auswendig lernen, doch ist er so gut wie unverständlich ohne die ausführlichen Umschreibungen der Kommentare („das bedeutet..."), die manchmal vom Verfasser des Abrisses selbst geschrieben wurden.

Die Texte bieten nicht nur einen inneren Dialog mehrerer Stimmen, sondern sie sehen auch den äußeren Dialog vor, die tatsächliche Disputation zwischen Lehrer und Schülern im privaten Studienkreis oder in der Medrese. Solche Disputationen setzen in der Regel an fest bestimmten Punkten ein, an schwierigen Textstellen, bei denen man sich seit Jahrhunderten darüber einig ist, daß hier Meinungsverschiedenheiten auftreten. Einen neuen schwierigen Knoten beim Lehren eines Gegenstandes zu finden und zu bestimmen, ist eine schwierige Aufgabe; nur große Gelehrte mit starker intellektueller Persönlichkeit haben dies geleistet. Wenn natürlich ein Schüler meint, er habe in einem Text zu viele unerkannte und unlösbare Schwierigkeiten gefunden, dann bleibt ihm eigentlich nur übrig, aus dem System auszusteigen.

Wir haben weiter oben gesehen, daß, wenn eine Argumentation am Scheideweg anlangt, es zwei Möglichkeiten der weiteren Entwicklung gibt: entweder man verfolgt zwei einander ausschließende Wege, die zusammengenommen alle Möglichkeiten erschöpfen („Lewis Carroll ist langweilig; Lewis Carroll ist nicht langweilig"), oder man hat mehrere einander ausschließende Wege, von denen keine zwei sämtliche Möglichkeiten erschöpfen („Lewis Carroll war blond, Lewis Carroll hatte braunes Haar", usw.). Die Disputationen in den islamischen Medresen und die Lehrbücher der Medrese benutzten beide Methoden. Die zweite Methode, also der Gebrauch von Gegensätzen (blond, braunes Haar usw.) bedeutete für den Studenten, daß er sich Listen von einander ausschließenden Alternativen aneignen mußte, die sich um die festgelegten schwierigen Knoten eines Textes entwickelt hatten; diese Methode war in den Rechtswissenschaften besonders beliebt. Die erste Methode, also die Argumentation in Widersprüchen, war viel klarer, weil sie die Argumentation an jedem Kreuzungspunkt beendete (Avicenna hatte gesagt, daß etwas entweder bedingt oder notwendig ist). Aber wenn man alle Möglichkeiten ausschöpfen wollte, um zu einer glasklaren Trennung der Dinge in zwei widersprüchliche Aussagen zu kommen, dann führte diese Methode häufig zu künstlichen Einteilungen, die oft auch erheiterten (nach Robert Benchley: „Es gibt zwei Arten von Leuten auf der Welt: diejenigen, die alle Leute der Welt ständig in zwei Klassen einteilen, und die, die das nicht tun."). Bei all ihrer Künstlichkeit oder Spaßhaftigkeit wurde jedoch diese Methode von Philosophen und Theologen bevorzugt, weil sie aus bekannten notwendigen Wahrheiten neue notwendige Wahrheiten zu erschließen schien. Daher kommen die Lehrbücher der Medrese über Theologie und verwandte Gebiete immer wieder mit Vorliebe auf diese Methode zurück und üben die Schüler darin, Argumente durch Widersprüche zu untermauern oder zu widerlegen, wann immer eine solche Argumentationsweise möglich ist.

Diese hoch entwickelten Techniken verfolgten die Tendenz, das gesamte Bildungswesen einheitlich auszurichten und zu Argumentationen (mit dem entsprechenden technischen Vokabular) zu ermuntern, die von einem Fachgebiet in ein anderes überwechselten, zum Beispiel von der Philosophie zur Rhetorik, zur Grammatik, zur Rechtswissenschaft und wieder zurück zur Philosophie. So wurden selbst die verschiedenen Disziplinen zur Disputation miteinander gebracht. Es gehörte zu dieser Übung, daß der Schüler lernte, über die Argumentation eines Textes Vordersätze zu entwickeln (zum Beispiel: Der Text geht davon aus, daß jeder unbedingte Befehl des Korans uneingeschränktes Gesetz für die Muslime ist), diese dann beim Weiterlesen zu modifizieren (Wie es jetzt scheint, geht der Text davon aus, daß jeder unbedingte Befehl des

Korans, der nicht durch einen später geoffenbarten Koranvers aufgehoben wurde, uneingeschränktes Gesetz für die Muslime ist) und dies noch weiterzuführen (Es scheint jetzt, daß Koranverse wie der, in dem Gott zu den Sündern spricht: „Seid niedrigstehende Affen!", eine rhetorische Figur, aber keinen wirklichen Befehl darstellen). So lernten die Schüler, intellektuelle Arabesken zu konstruieren, die sich miteinander verflochten, sich trennten und wieder verflochten, bis schließlich jede Einzelheit des Textes logisch umklammert war. Und bei der geistigen Anstrengung, solche Arabesken zu gestalten, gerieten die Schüler so heftig ins Diskutieren, daß es für die jungen Eiferer ebensoviel Aufregung brachte wie die anspruchsvollsten Formen des Leistungssports.

Für das Rechtsstudium gab es frühe Lehrbücher des materiellen Rechts, die beispielsweise die Erbanteile nannten, die auf verschiedene Verwandtschaftsgrade entfielen, und in späteren Diskussionen wagte man es nicht, diese Bücher zu übergehen. Wenn der schiitische Jurastudent den Grundtext von Vordersätzen und Argumentationsmethoden zu rekonstruieren sucht, der diesen früheren Lehrbüchern zugrunde liegt, dann macht er in Wirklichkeit den Versuch, den gedanklichen Prozeß ihrer Verfasser nachzuvollziehen und letzten Endes die Gedanken ihres Anregers, des Wahren Gesetzgebers, also Gottes, zu lesen. Das Rechtsstudium auf dieser Stufe war die Königin der Wissenschaften, das letzte Ziel des gesamten Bildungssystems. Sein Anliegen war die Ableitung einer theoretischen Rechtswissenschaft aus den vorhandenen religiösen Gesetzbüchern und damit tatsächlich die Erforschung der moralischen Absicht des Schöpfers für die Menschheit.

Die Mullahs, die die höheren Regionen dieser Wissenschaft erstiegen haben, hatten und haben das Gefühl, in einen Zauberkreis zusammenhängender Wissensgebiete eingetreten zu sein, der sie zur größtmöglichen Annäherung an die Gewißheit führt, die sie am meisten erstreben: die genaue Erkenntnis des göttlichen Gesetzes. Für die Massen ist dieser Zauberkreis von Wissenschaften, den die Mullahs besitzen und den sie in den Medresen weiterreichen, etwas Geheimnisvolles, das aber trotzdem Wirklichkeit haben muß, denn warum hätten die gelehrten Mullahs sonst die qualvolle Prozedur (blutende Hände, akuter Schlafmangel, Stockschläge auf die Füße usw.) auf sich genommen, von der Seyyid Nematollah und so viele andere sprechen? Für die Männer des neuen Erziehungssystems wie Isa Sadiq war es eine geschlossene Gesellschaft, deren auf den Mittelpunkt gerichtete Umdrehungen seit Jahrhunderten kein Eindringen neuer Wissenschaften mehr zugelassen hatte, eine geschlossene Gesellschaft, die keine einschneidende Durchbrechung ihres traditionell gehüteten begrenzten Kanons von Zweifeln und Problemen, die diskutiert werden durften, dulden konnte. Für umgestülpte Mullahs wie Kasravi war es nicht nur eine geschlossene Gesellschaft, sondern eine Gesellschaft, deren Mitglieder in ihrem eingebildeten Stolz auf ihr meist nutzloses Wissen sich selbst einredeten, sie hätten zu den drängenden

Aufgaben der Zeit – zur wirtschaftlichen, geistigen und vor allem politischen Widerbelebung des Irans – etwas Nützliches beizutragen.

Und doch dachten alle drei – Avicenna, Seyyid Nematollah und sogar Kasravi – mit einer besonderen Erregung daran zurück, wie sie sich zum erstenmal in einer Disputation im Studienkreis oder vor einem Lehrer als Meister in der Beherrschung ihrer Texte bewiesen hatten. Die Medresen, die nach Avicenna als neue Institutionen eingerichtet wurden, verdankten viel von ihrer Schwungkraft der Offenheit und der Energie, mit der eine Generation von *talabes* nach der anderen durch Disputation die zugeteilten Lehrbücher auseinanderzunehmen und wieder zusammenzusetzen suchte. Für die Intelligenten war die geistige Feuerprobe außerordentlich belebend, auch wenn die damit verbundenen materiellen Prüfungen es nicht waren; in dieser Feuerprobe entstand unter den Intelligenten eine Kameradschaft, auf die sie immer mit einer Art von Liebe zurückblickten, auch wenn sie später Atheisten und Gegner der Mullahs wurden. Wie sehr Kasravi auch überzeugt sein mochte, daß dieses Wissen unnütz und schädlich war, so brachte er doch die Gefühle fast aller Studenten zum Ausdruck, die die Disputationsklassen der höheren Stufen der Medrese erfolgreich durchlaufen hatten, wenn er schrieb: „Ich denke immer noch gern an jene Tage zurück."

Viertes Kapitel

In den nächsten Jahren wurde der Innenhof der Medrese für Ali fast ebenso vertraut wie der Innenhof des *biruni* zu Hause. Nicht daß die Schüler und Lehrer eine Art Großfamilie gebildet hätten; man könnte sich schwerlich eine Familie vorstellen, die so auf formale Disputationen versessen und so ganz ohne Mütter und Schwestern wäre. Aber die Medrese lag irgendwo zwischen der weiten öffentlichen Welt des Basars mit dem dort offen diskutierten gesellschaftlichen Ansehen und der privaten Welt des *biruni* zu Hause, in der persönliche Werte und Bewertungen gegenseitig vorausgesetzt und in der Regel nicht erörtert wurden. Demgegenüber gab es in der Medrese das Gefühl, Lehrling (beziehungsweise für Lehrer: Meister) in einer Art des Denkens zu sein, die von Außenseitern nur erahnt werden konnte. Kein Wunder, daß man die Schüler der Medrese *talabes*, „Sucher" nannte; sie hatten sich auf eine „Suche" begeben, die sie von all den Nichteingeweihten unterschied.

Ali ließ einige seiner Unterrichtsstunden an der staatlichen Schule ausfallen oder besuchte die Nachmittags- oder Abendklassen der Erwachsenenbildung, um für seinen Unterricht in der Medrese Zeit zu bekommen. Er fand heraus, daß er in vielen nichtwissenschaftlichen Fächern der staatlichen Schule die Prüfungen ablegen und mit guten Noten bestehen konnte, wenn er nur die vorgeschriebenen Lehrbücher gründlich durchlas. Hätte er aber die Bücher aus dem Lehrplan der Medrese nur für sich durchgelesen, dann wäre ihm all das Wissen entgangen, das, wie man auf persisch sagt, „von Brust zu Brust" weitergegeben wird. Ohne dieses Wissen hätte er sich beim Unterricht im nächsten Buch des Lehrplans lächerlich gemacht – auch deshalb, weil er nicht mitbekommen hätte, wie seine Mitschüler und Lehrer das vorige Buch angegriffen und verteidigt hatten.

Mit seinem vierzehnten Lebensjahr hatte Ali es sich zur Gewohnheit gemacht, wie alle ernsthaften Studenten jede Lektion der Medrese mindestens dreimal durchzuarbeiten. Wie die große Mehrheit der *talabes* studierte auch er gemeinsam mit einem Studienfreund, einem Seyyid aus Yazd (der übrigens bestätigte, daß in seinem Haus genauso wie in vielen anderen Häusern in Yazd das Wasser tatsächlich aus dem Keller geholt wurde und nicht aus einem Graben vor dem Haus). Ali studierte die Lektion zunächst zu Hause; vor dem Unterricht traf er dann seinen Studienfreund und disputierte mit ihm über die Bedeutung des Textes, und bevor er am Abend die folgende Lektion durchlas, ging Ali den Text gewöhnlich noch einmal durch, um sicherzugehen, daß er alle Erläuterungen des Lehrers verstanden hatte. Ein- oder zweimal war er auch nach dem Unterricht noch geblieben und hatte zugehört, wie einer der besseren Schüler die Lektion mit einem schwächeren Schüler nochmals durchging; doch er verstand den Text mindestens ebenso gut wie der Mentor und kam zu dem Schluß, daß diese nachträglichen Sitzungen ihm nichts einbrachten.

Sein Studienfreund bewohnte eines der Appartements in der Feiziye, und durch ihn lernte Ali das Studentenleben innerhalb der Medrese besser kennen. Schon im ersten Monat an der Feiziye wurde Ali für seine neu nach Ghom gekommenen Klassenkameraden so etwas wie ein Held; denn er führte sie bei Stadtbesichtigungen, die er mit vielen farbigen, zum Teil aus dem Stegreif erzählten Geschichten zu den Bauwerken würzte. Sein schwacher Punkt als Stadtführer war der Besuch des Eishauses, eines gedrungenen und etwas unheimlichen Kuppelbaus aus ungebrannten Ziegeln. Ali erklärte den Jungen, die ihn in Gehröcken und kleinen schwarzen Abas umstanden, daß Eis mit Schaufeln und Picken aus der Grube unter dem Eishaus geschlagen wurde. Er ging dann selbst durch die niedrige Eingangstür, stieg eine erste kurze Treppe hinunter und stand nun gruselnd auf einem schmalen Absatz voller kaltem Schlamm, von dem eine zweite Treppe hinabführte. Ein dumpfer Schlag, der von tief unten heraufdröhnte, war seine Rettung. Er rief: „Ein Einsturz! Das Eishaus fällt über den Männern mit den Picken zusammen!", und alle rannten hinter Ali her zu einem nahegelegenen Obstgarten, wo sie sich mit „Gelobt sei Gott!" zu ihrer knappen Errettung beglückwünschten.

Ali hatte von seinem Studienfreund aus Yazd und von den anderen Heimschülern ebensoviel zu lernen, wie sie von ihm lernen konnten. Nicht unähnlich den Schwärmen von Wanderfinken, die durch Ghom zogen, hielten sich die *talabes* gerne an Studenten aus ihrer eigenen Provinz, die den gleichen Dialekt sprachen wie sie: Kurden hielten zu Kurden, aserbeidschanische Türken zu aserbeidschanischen Türken und so weiter. Aber alle waren neugierig, die anderen Schüler in ihrer Klasse kennenzulernen, und da Ali sehr jung und gewitzt war, erregte er ehrerbietiges Interesse. Ali entdeckte, daß diese älteren Studenten nicht nur viel mehr vom Iran wußten – einem Land, dessen Bevölkerung ebenso vielschichtig war wie seine Landschaft und sein Klima –, sondern daß sie auch über die Weltpolitik besser Bescheid wußten, besonders über den Kampf der Muslime in Gebieten, von denen Ali kaum gehört hatte.

Politische Diskussionen waren für die *talabes* so etwas wie ein erregter Abschluß des Tages. Es galt weithin als schädlich, während der letzten fünfundvierzig Minuten vor Sonnenuntergang zu lesen; daher legten die Schüler in den Räumen, die die Innenmauern der Feiziye bildeten, in der letzten Stunde des Sonnenlichts ihre Bücher weg und strömten im Innenhof zusammen, wo sich Studenten aller Medresen von Ghom versammelten, um sich auszutauschen. Wenn dann die Sonne untergegangen war und sie den Ruf zum Abendgebet hörten, beteten sie gemeinsam. Etwa eine Stunde vor Sonnenuntergang legten die Bediensteten der Medrese im Hof kleine blau-weiße Teppiche aus, auf denen sich die Studenten mit gekreuzten Beinen niederlassen konnten; wenn diese Teppiche alle besetzt waren, legten die übrigen Studenten ihre Mäntel auf den Boden und setzten sich im Kreis auf die befestigten Wege, aber auch unter die Röhrenpinien. Kurz vor Sonnenuntergang erschienen kleine Schwärme von Staren, deren Zwitschern zusammen mit den erregten Gesprächen von mehreren hundert Studenten einen ohrenbetäubenden Lärm ergab, so daß die Studenten, die sich vor vielen Zuhörern produzieren wollten, fast schreien mußten. Die überregionalen Zeitungen wurden gebracht, die am Nachmittag aus Teheran gekommen waren, und einige lasen laut daraus vor und wurden dabei immer wieder von Hörern unterbrochen, die die Nachrichten kommentieren wollten. Für Ali, der dabeisaß und zuhörte, war dies der Anfang seiner politischen Erziehung.

Zu keiner Zeit war diese Erziehung stärker mit Emotionen beladen als an dem Abend, da bekannt wurde, daß Hunderte von muslimischen Freiheitskämpfern in einer Höhle in der algerischen Wüste bei lebendigem Leib verbrannt worden waren. Bis zu diesem Abend hatte Ali in den Gesprächsrunden, denen er beiwohnte, fast immer geschwiegen. Wie seine Kommilitonen über die versteckten Motive Eisenhowers und Chruschtschows und ihre geheimen Absichten gegen den Iran zu spekulieren, schien ihm ungefähr genauso nutzlos wie ein Blick-Wettstreit mit Störchen. Aber an diesem Abend war es anders. In der Rhetorikklasse hatte Ali Gedichte über die arabische Wüste und den Heldenmut der alten Araber („wie die Löwen des Dickichts") gelesen. Kaum hatte sein Studienfreund die Überschrift „Hunderte sterben in der algerischen Wüste" verlesen, war auch schon die ganze Szene gegenwärtig mit dem Heroismus der wilden, aber spontan großzügigen Wüstenbewohner, die vor vierzehn Jahrhunderten jene arabische Dichtung geschaffen hatten, mit der sich sein Lehrbuch beschäftigte. Ali merkte auch, daß er an diesem Abend die Nachrichten mit vier Paar Augen las: Parviz war mit einem Vetter ersten Grades erschienen, der an der Feiziye studierte. Als Parviz und sein Vetter in die Runde gekommen waren, hatten sich Ali und Parviz zu ihrer gegenseitigen Belustigung ehrfurchtsvoll voreinander verneigt, als seien sie angesehene alte Ayatollahs. Selbst Parviz, der sehr ruhig war, veränderte sich merklich und ersetzte sein Schielen durch ein verständnisloses Starren, als der Student den Artikel über Algerien vorzulesen begann.

Alle hatten den Algerischen Krieg mit gespannter Aufmerksamkeit verfolgt. In Algerien hatten es die Muslime in ihrem Widerstand gegen eine Masse kolonialer Siedler und gegen die geballte Macht eines europäischen Staates abgelehnt, auf Gefahren zu achten; sie hatten sich geweigert, zum Schein Franzosen zu werden, und hatten ihr Leben und das ihrer Freunde für ihre Freiheit aufs Spiel gesetzt. Alis Studienfreund begann den Artikel vorzulesen: „Die Freiheitsbewegung des algerischen Volkes meldet, daß französische Truppen, die in der Sahara operieren,

gestern mehrere hundert algerische Freiheitskämpfer in einer Höhle in der Wüste überraschten. Nachdem die Freiheitskämpfer die Aufforderung zur Übergabe einstimmig zurückgewiesen hatten, gossen die Franzosen eine brennbare Flüssigkeit in die Höhle und sahen zu, wie Hunderte von Algeriern samt Frauen und Kindern, die dort Zuflucht gesucht hatten, bei lebendigen Leib verbrannten."
Ali konnte den Rest des Artikels nicht mehr anhören. „Für die Franzosen ist ein Muslim kein Mensch; es ist ihnen gleich, ob sie einen oder tausend töten. Der Koran sagt: ‚Wer andere unterdrückt, wird bald erfahren, mit welcher Art von Heimzahlung er zu Gott zurückkehren wird.' Gott strafe sie! Die Algerier werden durch ihr Beispiel Erfolg haben; dadurch wird in allen Muslimen eine Art von Feuer entfacht, das sie nie mehr vergessen werden."
Parviz' Vetter legte die Hand auf Alis Arm: „Moulana sagt in einem Gedicht von Gott:

> Hast einmal du die Verzückung des Verbrennens erfahren,
> ist alle Geduld auf immer vorbei,
> die dich vom Feuer noch hielte fern.
> Auch Wasser aus dem Quell des Ewigen Lebens
> kann dich nicht mehr von der Flamme locken."

Ali war erbost. „Tröste mich nicht damit, daß du mir sagst, sie seien gerettet. Sie wurden für Gott verbrannt, aber Gott hat sie nicht verbrannt. Niemand außer Gott hat das Recht, durch Feuer zu bestrafen. Gott soll diese Männer verfluchen, die die Rolle Gottes spielen wollen, wenn sie uns unterdrücken."
Zur allgemeinen Überraschung ergriff Parviz als einziger Außenseiter in der Gruppe der *talabes* das Wort: „Nasser hat der Algerischen Freiheitsbewegung mit Männern, mit Geld und mit Diplomatie geholfen. Die Ägypter handeln; aber die Iraner beschränken sich wie gewöhnlich aufs Weinen. Hätten wir noch Mosaddegh als Premierminister und hätten wir Handlungsfreiheit, dann würde der Iran mehr tun als Ägypten. Erinnert euch daran, daß Moulana gesagt hat:

> In einer Hand den Kelch mit Wein, die Locken der Geliebten in der andern –
> so zu tanzen, mitten auf dem Marktplatz, ist mein Wunsch.
> Die kleingeistigen Mitwandrer verschmäht mein Herz.
> Den Löwen Gottes wünsch ich mir und Rostam, den Sohn des Zal.

Wir hatten einen Rostam, der wirklich ein Löwe war. Aber die Iraner, die immer nur im Jammern groß sind, haben zugesehen, wie die Engländer und Amerikaner ihn beseitigt haben. Wir haben die Schande genauso wie die anderen."
Alis Studienfreund kam jetzt zu Wort. Er hielt öfters im Sprechen an wie jemand, der weiß, daß er etwas Unpopuläres sagt: „Als die Sowjets den Kaukasus einnahmen, brachten sie Mullahs in ihre Gewalt und warfen sie aus Flugzeugen über dem Kaspischen Meer ab. Mosaddegh

holte Kommunisten in seine Regierung, obwohl er sie nicht brauchte. Er hatte keinen echten Glauben an die Religion. Er war begeistert von seiner europäischen Erziehung, aber er hielt nichts von unserer Erziehung. Er war kein Löwe Gottes wie der Imam Ali, der Gebieter der Getreuen, und kein Held mit reinem Herzen wie Rostam."
Parviz sagte: „Entschuldigt mich", und entfernte sich in Richtung auf das Tor, das zur Straße hinausführte. Ali wußte, daß er von dieser Diskussion genug hatte, und sagte: „Ich gehe bis zum Gebetsruf zum Schrein – entschuldigt mich." Mit gesenktem Blick ging er zum inneren Tor, das von der Feiziye zum Schrein führte. Im Rückblick wundert sich Ali, daß eine so bedeutsame Umwandlung seines Denkens innerhalb von wenigen Minuten erfolgte. Das Feuer, das in der algerischen Wüste brannte, entzündete ein Feuer in ihm selbst, und von nun an wurde der Kampf der Algerier zu Alis Kampf. Er brachte jetzt oft die Zeitung mit und las daraus im Freundeskreis vor. Was sein Studienpartner gesagt hatte, wies er nie ganz von sich: Die säkularisierten Iraner der neuen Erziehung in Teheran, die Mosaddegh unterstützt hatten, konnten manchmal mit den Kommunisten gemeinsame Sache machen, aber sie konnten niemals wirkliche Freunde der Mullahs werden. Doch die Dringlichkeit dessen, was Parviz gesagt hatte, lag ihm wie ein Gewicht auf der Brust: Der Iran und die Welt des Islam brauchten einen Vorkämpfer gegen die Europäer, sonst würde niemand für die in Algerien und anderswo im Kampf gegen die Unterdrückung hingegebenen Leben zahlen. Es verlangte ihn zu glauben, daß die Freiheitsbewegungen überall auf der Welt, bei Moslems und Nicht-Moslems, Teil eines göttlichen Planes waren, der den Islam zu seinem Endziel hatte, und er ermutigte andere in dem gleichen Glauben, trotz eines inneren Vorbehaltes. Er fing an, unter den *talabes* hochpolitische Gruppen aufzusuchen; zuerst eine Gruppe, die Nasser bewunderte; dann, nach dem mißglückten Attentat der Muslim-Brüder auf Nasser und Nassers Unterdrückung der Muslim-Brüder, eine Gruppe, die sich den Muslim-Brüdern der arabischen Welt angeschlossen hatte. Er bedauerte zutiefst, daß die Generation seines Vaters es versäumt hatte, Mosaddegh volle Unterstützung zu geben. Voll Kummer empfand er, daß der Iran zu seinen eigenen Lebzeiten eine solche Chance vielleicht nicht mehr bekommen würde.

Für seine vielen Bewunderer war Mosaddegh ohne Frage ein Löwe Gottes und ein Held wie Rostam, der Sohn des Zal. Für alle Iraner aber – Bewunderer wie Gegner – war er noch mehr: Er war der Magnet, das Kraftfeld, der Blitzableiter, der rein chronologisch und auch geistig in der Mitte iranischer Politik des zwanzigsten Jahrhunderts stand. Fast jedermann wurde in seinen Einflußbereich hineingezogen oder von ihm abgestoßen. Es gab kaum jemand, der in der Epoche seines Einflusses lebte und seine Gegenwart nicht irgendwie zu spüren bekommen hätte. Er war einer der ersten Studenten und auch einer der ersten iranischen

Professoren an der neuen Iranischen Schule für Politische Wissenschaften, ein Fachmann für europäische politische Institutionen, und vierzig Jahre nach Erlangung seines akademischen Grades übernahm er im Iran in der Mitte des zwanzigsten Jahrhunderts die Macht, um den Leuten seine etwas eigenständige Auslegung der Verfassung, die er von Jugend auf geliebt hatte, beizubringen. Er, der Aristokrat und Abkömmling der Kadscharendynastie, war näher daran, das Ende der Tradition der Monarchie im Iran herbeizuführen, als irgendein anderer vor 1978. Mosaddegh, dessen geistige Formung bereits lange vor dem Kommen Reza Schahs abgeschlossen war, war das Endprodukt, der letzte und eindrucksvollste Sproß der liberalen und nationalistischen Tradition der Reformer des neunzehnten Jahrhunderts.

Mosaddegh war 1882 mitten ins höfische Leben des alten Regimes hineingeboren worden als Sohn eines hohen Staatsbeamten und der Urenkelin des Kadscharenherrschers Fath-Ali Schah. Es ist nicht einmal paradox, daß dieser Vorkämpfer europäischer liberaler Institutionen von den Kadscharenherrschern des neunzehnten und frühen zwanzigsten Jahrhunderts abstammte. Die neue Erziehung war für die Söhne der regierenden Elite bestimmt, und die Politik im Iran, ganz besonders das parlamentarische Leben, glich in der ersten Hälfte des zwanzigsten Jahrhunderts oft einem Familienkrach unter den weit verzweigten Sippen der Großgrundbesitzer, Höflinge und hohen Bürokraten, die alle letztlich als entfernte Vettern miteinander verwandt waren. Die Ideologie trieb sie auseinander (oder lieferte ihnen zumindest einen anspruchsvollen Vorwand, miteinander zu streiten); das Blut hielt sie zusammen. Mehr als einmal sprang Mosaddeghs Halbbruder Heschmat od-Doule, ein Höfling und eingeschworener Königstreuer, bereitwillig ein, wenn Mosaddegh wegen seines Eintretens für die Verfassung in Gefahr geriet. Bis zum letzten Augenblick, als sich alles in der Konstitutionellen Revolution von 1906 entlud, war der Druck nach Reformen von innerhalb des Kadscharenhofes ebenso stark wie der von außen.

Heschmat od-Doules erste Gelegenheit zu helfen kam, als Mosaddegh nach Europa gehen wollte, um die Studien fortzusetzen, die er in Teheran als Gasthörer an der neuen Schule für Politische Wissenschaften begonnen hatte – deren Studenten im Jahr 1906 das Gelände der Britischen Botschaft in „eine riesige Freilichtschule für politische Wissenschaft" umfunktioniert hatten. Mosaddegh kam fast durch Erbschaft zu seinem Studienfach. Seine Vorfahren väterlicherseits waren seit Mitte des achtzehnten Jahrhunderts Finanzexperten in der zentralen Verwaltung der Regierungen des Irans gewesen, und sein Vater war Generalschatzmeister. Als Mosaddegh kaum zehn Jahre alt war, starb sein Vater an der Cholera, und knapp fünf Jahre später ernannte der Schah Mosaddegh zum Schatzmeister der riesigen Provinz Chorasan. Nach altiranischer bürokratischer Sitte sollte er unter der Anleitung der zu seiner Betreuung abgestellten Beamten lernen, wie er die umfassende Ausbildung in der

Buchhaltung, die er zu Hause erhalten hatte, in die Praxis umsetzen konnte – jene komplizierten iranischen Methoden der Buchhaltung aus dem neunzehnten Jahrhundert, die nur Regierungsbeamte und Großkaufleute gründlich beherrschten.

Als Mitglied einer der freiwilligen Gesellschaften zur Förderung der Verfassung hätte Mosaddegh größte Schwierigkeiten gehabt, von Schah Mohammed Ali einen Paß nach Europa zu bekommen; denn dieser reaktionäre Herrscher versuchte während seiner kurzen Regierungszeit – 1907 bis 1909 –, die von seinem Vater und Vorgänger gebilligte Verfassung wieder aufzuheben, bis er schließlich deswegen von den Anhängern der Verfassung seines Amtes enthoben wurde. Doch konnte Mosaddegh, nicht zuletzt dank der Mithilfe seines Bruders, im Jahre 1909 Teheran verlassen – im gleichen Jahr, in dem Isa Sadiq ins Polytechnikum eintrat. Mosaddegh war sich sehr bewußt, daß ihm durch sein frühes Eindringen in die höhere Finanzverwaltung des Irans die neue Ausbildung entgangen war, und so hatte er schon im Iran Klassen besucht und Privatlehrer gemietet, um sich nicht nur in den politischen Wissenschaften fortzubilden, sondern auch in anderen Fächern einschließlich der Anatomie; von dorther rührt wohl sein lebenslanges Interesse für die Medizin.

In Paris schrieb er sich an der Ecole des Sciences Politiques ein und betrieb seine Studien mit solchem Eifer, daß – nach seiner späteren Aussage – „die körperliche Krankheit, die mich mein ganzes Leben begleitet, von meinem enormen Arbeitsaufwand während meiner Pariser Studienjahre herrührt". Mosaddegh scheint dort an Geschwüren gelitten zu haben und war auch lange Zeit bettlägerig. Er schilderte bereitwillig das Drama seiner Krankheiten, und mit so etwas wie Stolz erzählt er seinen Lesern, ein „berühmter französischer Physiologe" habe ihm gesagt, er hätte noch nie so „unregelmäßige und verworrene" Magenausscheidungen gesehen wie bei Mosaddegh. Schließlich erkannte er, daß er in der französischen Umwelt nicht mehr gesund werden könne, und kehrte zur Genesung in den Iran zurück.

1910 hatte er sich soweit erholt, daß er einen neuen Versuch machen konnte; doch ging er diesmal – nach Ablegen eines Vorexamens im November in Paris – in das gesündere Schweizer Klima von Neuchâtel, um dort Rechtswissenschaft zu studieren. Er merkte bald, daß die europäische Gelehrsamkeit genauso wie die orientalische Buchhaltung ihre sinnlosen Klippen hatte, um Außenseiter dorthin zu verweisen, wo sie hingehörten; zu seinem Ärger zwangen ihn die Schweizer, Römisches Recht auf lateinisch zu studieren. Dennoch erwarb er 1914 den schweizerischen Titel eines Doktors der Rechte, und nach einer Probezeit in einem Anwaltsbüro und als Zuhörer bei Gerichtsverhandlungen wurde er als Anwalt zugelassen. Von nun an kannten ihn die Iraner (und infolgedessen auch europäische Diplomaten) als Dr. Mosaddegh.

Seine Dissertation, die ein Jahr nach ihrer Annahme veröffentlicht wurde, glich ihren mäßigen Umfang durch den überlangen Titel aus: *Das*

Testament im muslimischen Recht (Schia-Sekte), mit einer Einleitung über die Quellen des muslimischen Rechts. Ganz gewiß hätten die Schweizer Professoren eine so eigenartig aufgebaute Dissertation nur von einem versponnenen Ausländer angenommen. In der ganzen Arbeit gibt es kaum eine Fußnote, und nur etwas mehr als die Hälfte der Dissertation befaßt sich mit Testamenten. Die Abschnitte über letzte Verfügungen und Testamente sind allerdings nicht schlecht gearbeitet, wenn man bedenkt, daß Mosaddegh alles – von den europäischen Entsprechungen der iranischen Termini bis zur Anordnung seines Materials – so aufzubereiten hatte, daß seine Argumentation für europäische Rechtsgelehrte verständlich wurde. Schiitisches islamisches Recht war in der französischsprachigen Welt vor dem Ersten Weltkrieg eine unbekannte Wissenschaft, und selbst sunnitisches islamisches Recht war gewöhnlich nur für französische Kolonialverwalter in Nordafrika von Interesse.

Aber gerade durch sein ausgefallenes Thema hatte Mosaddegh die Gelegenheit, auch Dinge wie die Rechtsreform zu erörtern, die ihn wirklich interessierte. Diese Erörterung geschah vor dem Hintergrund eines angenommenen schiitischen Kulturnationalismus: Der Iran war eine schiitische Nation, Mosaddegh war stolz auf sein iranisches Erbe, und jede Weiterentwicklung des Irans mußte die schiitische Kultur der Iraner in Rechnung stellen. Mosaddeghs Freunde in Frankreich und der Schweiz, darunter weibliche Bewunderer wie die „heilige" Mademoiselle Thérèse, die ihn mit *crème renversée* gesundpflegte, verspotteten ihn wahrscheinlich nicht wegen seiner „vielen Frauen", wie Isa Sadiqs Schulkameraden am *lycée* es etwa zur gleichen Zeit taten; schließlich war Mosaddegh ein erwachsener Mann. Trotzdem fühlte auch Mosaddegh ein wenig diese Verlegenheit und das Bedürfnis zu erklären; in langen Anmerkungen ergeht er sich über die Institutionen der Polygamie und der Sklaverei im islamischen Recht. Zur Polygamie sagt er: „Nach unserer Meinung hat die Christenheit kein Recht, dem Islam Vorwürfe in Fragen zu machen, die seine Einstellung zur Ehe betreffen"; und im Anschluß daran beweist er zu seiner Zufriedenheit, daß die muslimischen Argumente für die Polygamie dem Geist des Korans widersprechen.

Hier wie auch bei anderen Erörterungen in seinem Buch stützt sich Mosaddegh stark auf die „Vernunft" und die allgemeine Sitte. Er untermauerte diesen Ansatz in seiner langen – nicht sehr genauen – Beschreibung der Rechtsquellen nach schiitischer Rechtsauffassung; diese Rechtsquellen sind der Koran, die Aussprüche und das Verhalten des Propheten und der Imame, die Vernunft und so weiter. Allerdings läßt Mosaddegh die relative Gewichtung außer acht, die schiitische Rechtsgelehrte in den letzten tausend Jahren diesen Quellen gegeben haben. Wenn schiitische Juristen die Vernunft als ideales Hilfsmittel akzeptierten, um das Rohmaterial des Rechts, wie es im Koran, den „Aussprüchen" und dem „Beispiel" vorlag, zu bearbeiten, oder wenn sie die Vernunft als ein Mittel betrachteten, um scheinbare Widersprüche im rechtlichen Rohmaterial auszugleichen oder seine stillschweigenden Voraussetzungen klar sichtbar zu machen, dann war die Vernunft für sie nur eine potentielle, aber selten eine tatsächliche Quelle für einen Rechtssatz, der in diesem Material schon erwähnt war. Denn selbst wenn man theoretisch viele der Vorschriften, die in einem Ausspruch des Propheten gegeben wurden, durch reinen „Vernunftgebrauch" auch einführen konnte, war es in der Praxis doch viel verläßlicher (und in der Regel auch weniger schwierig), von der geoffenbarten Vorschrift hin zu ihrer gesetzlichen Anwendung zu argumentieren. Mosaddegh erklärt nach einigen Selbstwidersprüchen und nach vielen Wenn und Aber, daß die Vernunft größeres Gewicht habe als alle anderen Rechtsquellen. Ist nicht, so argumentiert er, der Eckstein des islamischen Rechts die Existenz Gottes, und erkennen wir dies nicht aufgrund vernünftigen Denkens an und nicht aufgrund eines allgemeinen Konsenses (schließlich gibt es ja Atheisten)? Sollte also nicht die Vernunft allen anderen primären Quellen übergeordnet sein, die sich ja mit viel weniger wichtigen Fragen als der Existenz Gottes befassen?

Obwohl kein sehr gründlicher Student des islamischen Rechts, war sich Mosaddegh doch voll bewußt, daß er gegen tausend Jahre schiitischen Denkens anrannte, indem er die Vernunft über alle anderen Rechtsquellen setzte, und er entwickelte ein historisches Schema, das diese Umkehr der Tradition rechtfertigte. Von der Zeit Mohammeds bis zum Jahr 934, so sagte er, lebten die Muslime im Zeitalter der Offenbarung und der Eingebung; denn sie empfingen direkte Anweisung von Gott und unfehlbare Auslegung durch Seinen Propheten und Seine göttlich ernannten Imame, bis der zwölfte Imam am Ende dieses Zeitalters aus der Berührung mit Menschen entrückt wurde. Von 938 bis 1906 durchlebten die schiitischen Muslime das „formalistische Zeitalter", in dem sich die schiitischen Rechtsgelehrten innerhalb der Beschränkungen des Rechts hielten, wie es sich bis 938 entwickelt hatte, und „das Recht unverändert blieb". Mit der Revolution jedoch, erklärte er, haben sie „das positivistische Zeitalter" erreicht, in dem wieder Gesetze erlassen werden können; doch müßten alle derartigen Gesetze sich an die schiitische Rechtsüberlieferung halten und bedürften nach der Verfassung der Überprüfung durch fünf Rechtsgelehrte „von höchstem Rang", um sicherzustellen, daß sie mit der Religion übereinstimmen.

Daß Gesetzgeber Gesetze „machen" konnten, war für die schiitische Rechtswissenschaft zur Zeit Mosaddeghs ebenso fremd wie zu Chaucers Zeiten für die englische Rechtswissenschaft. Auch wenn die Rechtsgelehrten in einem Beratungsgremium vereinigt waren, „entdeckten" sie das Gesetz: Entweder „fanden" sie es in einer allgemeinen „Sitte" (in England), oder sie wogen Beweise über die Absichten des Göttlichen Gesetzgebers gegeneinander ab (im schiitischen Iran). Mosaddegh argumentiert nun, das iranische Parlament könne anders vorgehen als ein Rechtsgelehrter der „formalistischen" Epoche: es könne aus den Quellen des islamischen Rechts auswählen, was ihm gerade geeignet scheine. Für traditionsverhaftete Juristen war dieses formlose und „irrationale" Verfahren gleichzusetzen mit der Annahme, der (Göttliche) Gesetzgeber habe ein Tablett mit Smörrebroten moralischer und ethischer Verhaltensregeln bereitgestellt, von denen nach Belieben gekostet werden dürfe ohne Rücksicht auf ihren Rang, ihre Reihenfolge oder ihren Zweck. Mosaddegh sah wohl einen solchen Konflikt, aber das kümmerte ihn wenig; er war überzeugt, daß Gesetze, die den Bedürfnissen des Irans angepaßt waren, mit Religion, Vernunft und Sitte im Einklang stehen würden. Er gibt zu, daß die in der Verfassung niedergelegte Gleichheit aller vor dem Gesetz nicht auf dem Islam beruhte; sie war auf die Vernunft gegründet, denn gemäß der Vernunft müssen alle, die vor dem Gesetz gleiche Lasten (einschließlich gleicher Steuern) auf sich nehmen, vor diesem Gesetz auch gleichgestellt sein (ein Grundsatz, so merkt Mosaddegh an, den die Franzosen bei der Behandlung ihrer algerischen Untertanen außer acht gelassen haben). Da aber der Islam – so argumentiert er weiter – die Vernunft als Quelle des Rechts zuläßt, brauchen wir uns an dem Fehlen einer islamischen Vorschrift, die den Verfassungsartikel über die Gleichheit untermauern würde, nicht zu stören.

Nach Mosaddeghs Ansicht sollten offenbar die Gesetzgeber stärker an die besonderen „Gewohnheiten" und „Fähigkeiten" der Iraner denken, anstatt zu versuchen, den Willen Gottes losgelöst von den soziokulturellen Gegebenheiten zu ergründen. Einen der wichtigsten soziokulturellen Faktoren für die Iraner sah er im schiitischen Islam, zumal „die Intensität religiösen Fühlens bei den Anhängern des Islam unstreitig höher ist, als man es in anderen Religionen findet". Diese Beachtung des Umfelds erklärt auch, warum iranische Gesetze „den wahren Interessen des Landes gerecht werden müssen" und diese nicht „übergangen werden dürfen unter dem Vorwand, Europa nachzuahmen". Würden ungeeignete europäische Gesetze angewandt, so erzielten sie im iranischen Umfeld oft eine gegenteilige Wirkung; würden sie aber nicht ausgeführt, lieferten sie europäischen Nationen den Vorwand zur Intervention, um den Landesgesetzen Geltung zu verschaffen.

Mosaddegh, der Sohn eines Generalschatzmeisters des alten Regimes, nimmt gegenüber den Problemen von Gesetz, Religion und Reform letzten Endes die pragmatische Haltung des hohen Staatsbeamten ein. Iraner brauchen eine iranische Lösung, um sie zu einem wirkungsvollen Gemeinwesen zu machen. Er argumentiert, daß iranische Lösungen den schiitischen Glauben einbeziehen müssen, um für die Iraner die größtmögliche Wirkung zu erzielen, und daß nicht umgekehrt der schiitische Glaube an sich schon die wirkungsvollsten Gesetze hervorbringen werde. Den schiitischen Islam sah er als natürlichen Teil der Landschaft in dem Land, das er liebte und in dem er den natürlichen Rahmen für die Entfaltung seiner Talente sah; er sollte jedoch ein anpassungsfähiger und kein starrer Teil dieser Landschaft sein und sich nach den übergeordneten Bedürfnissen der Nation richten. Mosaddegh, der Aristokrat, den immer wieder seine eigene Gesundheit im Bann hielt, greift in seiner Dissertation wie auch in seinen späteren Büchern und Reden zu einem medizinischen Vergleich, um die therapeutische Situation des Irans zu verdeutlichen. Den Muslimen ist der Wein verboten; aber im Notfall gesteht das islamische Gesetz den Kranken den Genuß von Wein zu, weil der Schutz des Lebens Vorrang vor allen anderen Erwägungen hat. Allgemeiner betrachtet, erläßt der Göttliche Gesetzgeber genauso wie der Arzt übergeordnete Anweisungen für den Patienten und überläßt es diesem, die Einzelheiten gemäß der „Vernunft" und seinen Interessen festzulegen.

Die nächsten Jahre mußte Mosaddegh in seinem „kranken" Heimatland verbringen, denn der Erste Weltkrieg hatte Europa zum Opfer einer noch viel schlimmeren Krankheit gemacht. Er wurde in die Politik der immer im Sterben liegenden, aber nie ganz toten Verfassungsbewegung hineingezogen. Er war bereits ins allererste iranische Parlament gewählt worden, hatte seinen Sitz aber nicht einnehmen dürfen, da er noch unter dreißig war. Seine beständige Treue zu den Idealen von 1906 hatte man ihm nicht vergessen. Die alten Verfassungsanhänger erkannten jetzt, daß dieser in Europa ausgebildete Anwalt einige ihrer Gegner auf ihrem eigenen Feld schlagen konnte; ganz besonders konnte er gewisse europäische Funktionäre bloßstellen, deren Hand schwer auf den iranischen Finanzen lag. Diese Funktionäre und einige ihrer iranischen Verbindungsleute waren teils bestechlich, teils unfähig und fast immer fügsam gegenüber ausländischen Mächten wie etwa den Russen, die sie als Hilfsagenten gebrauchten, um den Iran unter Kontrolle zu halten. Mosaddegh, der schon Finanzbeamter war, noch bevor er die „neue" politische Wissenschaft studiert hatte, kannte sich in der Regierungspraxis aus wie nur wenige seiner hochgesinnten liberalen Freunde.

Der „Arzt des Vaterlandes" Mosaddegh war zurückgekehrt, um den Patienten zu unterrichten und zu behandeln. Er übernahm eine Dozentur an derselben Schule für Politische Wissenschaften, an der er studiert hatte; außerdem lehrte er durch seine Bücher, die er und einige Freunde durch eine eigens eingerichtete Wohltätigkeitsstiftung frei in Umlauf brachten. Zu seinen Büchern aus dieser Zeit gehören eine Übersetzung seiner Dissertation, *Der Iran und die Abtretung von Rechten an Nicht-Iraner* (1914), *Zivilrechtliche Verfahren im Iran* (1914), *Die Gesellschaft mit beschränkter Haftung in Europa* (1915), dazu etwas später *Finanzgrundsätze und -gesetze im Ausland und im Iran: I. Der Staatshaushalt* (1926). Alle diese Bücher hatten den gleichen praktischen Ansatz, den schon Mosaddeghs Dissertation gezeigt hatte: Sie gaben sorgfältig gegliederte und klare Darlegungen neuer iranischer Gesetze und Verfahren (zum Beispiel bei der Steuereinnahme) oder Einführungen in Rechtsvorstellungen, die dem Iran bis dahin fremd waren (zum Beispiel die Kapitalgesellschaft). Immer war es ihr praktisches Anliegen, nach Institutionen zu suchen, die in den iranischen Rahmen paßten, und so dem iranischen „Patienten" zu helfen.

An dem Patienten sollte jedoch eine frontale Gehirnoperation vorgenommen werden. Die Russen traten nach der Oktoberrevolution ihre innere Kontrolle über die Regierung von Teheran an die Engländer ab, und englandfreundliche Iraner (unter ihnen Mosaddeghs reicher Onkel mütterlicherseits), stimmten einem Vertrag zu, der den Iran im Ausgleich für eine Zwei-Millionen-Pfund-Anleihe praktisch zu einem britischen Protektorat machte. Mosaddegh war erbost. Nachdem er mitgeholfen hatte, das Land von belgischen Steuereintreibern zu befreien, sah er keine Notwendigkeit, daß die Iraner jetzt ihre Finanzen und ihre Armee in britische Hände legen sollten. Er ging in die Schweiz, ließ einen Stempel „Comité résistance des nations" anfertigen und begann zu schreiben; er hoffte die Aufmerksamkeit der Alliierten zu erregen, die damals gerade den Versailler Friedensvertrag aushandelten. Mosaddegh bewohnte ein Einzelzimmer im dritten Stock seiner Pension in Neuchâtel. Eines Tages wurde er von einer „eleganten, schönen großen Frau" angesprochen: „Est-ce que vous voulez fumer ce soir?" Er erwiderte: „Pardon, madame. Je suis malade." Er war – vielleicht zu Recht – überzeugt, daß die Alliierten Informationen von ihm bekommen wollten, und als dieselbe Frau kurze Zeit später an seinem Ski-Urlaubsort wieder auftauchte, fühlte er sich in seinem Verdacht bestätigt. Doch zuletzt hatten die Engländer keinen Bedarf mehr an der „eleganten, schönen großen Frau"; denn die anderen Alliierten hatten den Grundsatz angenommen, daß der Iran als nicht-kriegführender Staat (der allerdings während des Krieges teilweise von den Russen, den Briten und den osmanischen Türken besetzt war) kein Recht habe, seinen Standpunkt in Versailles vorzutragen. Mosaddegh war völlig frustriert und erwog zeitweise, sich in der Schweiz niederzulassen und seine Verbindungen zum Iran abzubrechen, da dieser sich offenbar an die Europäer verkauft hatte, die jetzt ihre doppelbödige Moral unverhohlen gezeigt hatten. Wie Ho Chi Minh war er einer der aufkeimenden Führer der Mitte des zwanzigsten Jahrhunderts, in denen der Versailler Vertrag Hoffnungen geweckt hatte, die er nicht erfüllte.

Mosaddegh kehrte in einen Iran zurück, in dem der Widerstand des Parlaments die Ratifizierung des Anglo-Iranischen Vertrags verhindert hatte, obwohl das iranische Kabinett den Vertrag eingegangen war. Die nationalistischen Freunde Mosaddeghs hatten ein neues Kabinett gebildet. In den nächsten sechs Jahren bekleidete er die höchsten Ämter: Er wurde nacheinander Justizminister, Finanzminister, Außenminister und Gouverneur zweier wichtiger Provinzen des Irans. Besonders gefiel er sich in der Rolle des Aufkündigers der „Kapitulationen" oder Abtretungen, jener Verträge, die Nicht-Iranern, solange sie sich auf iranischem Boden aufhielten, gewisse Rechte einschließlich Exterritorialitätsrechte einräumten. In seinem Buch von 1914 hatte Mosaddegh solche Abtretungen als äußerste Demütigung des Irans dargestellt, da sie den Iranern die Kontrolle des Rechts und der Verwaltung – also der Instrumente nationalen Wohlergehens, die ihm am meisten am Herzen lagen – vorenthielten: „Eine Regierung ist unabhängig, wenn sie alle regiert, die auf ihrem Staatsgebiet ansässig sind. ... Abschließend betrachtet, ist eine Regierung, die nur ihr eigenes Staatsvolk oder nur die Ausländer regiert, keine Regierung und wird zur Nebenstelle einer anderen Regierung, die diese Machtposition [der vollen Souveränität] einnimmt." Der Iran konnte diese „Kapitulationen" großenteils aufheben, weil Reza Khan, der 1921 Teheran besetzte, von dieser Zeit an Kriegsminister war und die Machtmittel besaß, Gehorsam zu erzwingen und die Regierung von Teheran wieder zur wirklichen Regierung des ganzen Landes zu machen.

Dann kam der 31. Oktober 1925, an dem Mosaddegh zu einer außerordentlichen Parlamentssitzung gerufen wurde. Er bemerkte sofort, daß Polizei- und Militäreinheiten an Stelle der üblichen Zuschauer die Galerie besetzt hielten. Es wurde ein Gesetzentwurf zur Aufhebung von Artikel 1 der Verfassung eingebracht, in dem die Kadscharen als Erbmonarchen des Irans anerkannt wurden. Jedermann erkannte, daß dieses Gesetz ein erster Schritt war, um die Monarchie Reza Khans einzuführen. Mosaddegh war kadscharischer Abkunft; doch war es nicht die Rücksichtnahme auf die Ehre seiner eigenen Familie, die ihn das neue Gesetz ablehnen ließ. Als die Debatte eröffnet wurde, verließ Mosaddegh für kurze Zeit die Sitzung, „weil mein Gesundheitszustand sehr schlecht war". Er kehrte jedoch zurück, ergriff das Wort und führte den Angriff gegen das neue Gesetz: „Der Ministerpräsident Reza Khan soll also Herrscher werden. ... Kann man heute, im zwanzigsten Jahrhundert, sagen, daß eine konstitutionelle Regierung einen herrschenden Monarchen hat? ... Wenn wir diesen Rückschritt machen und sagen, daß er König, Ministerpräsident, Herrscher, alles ist, dann ist das reine Reaktion und Selbstherrschaft." Der Schritt wurde vollzogen; nur drei Abgeordnete stimmten mit Mosaddegh gegen die Vorlage.

Mosaddeghs Beziehungen zu Reza Schah entwickelten sich in einer Spirale nach unten, die zu periodischer Gefängnishaft und Hausarrest auf seinem Gut in Ahmadabad führte. Sein ererbtes Vermögen hatte er größtenteils für seine Ausbildung in Europa aufgebraucht; aber in den 1920er Jahren hatte er seine Finanzen aufbessern können, so daß er Ahmadabad erwerben konnte, ein klassisches iranisches Dorf von etwa einhundertfünfzig Familien, von einer Mauer umgeben und durch eines der großen unterirdischen Leitungssysteme bewässert, die die Iraner *qanats* nennen. Aus dem öffentlichen Leben vertrieben, widmete er sich in den 1930er Jahren – wenn er nicht gerade im Gefängnis saß – ganz seinem Dorf als dem einzigen Brennpunkt seiner überbordenden Energie (mochte er sich für noch so krank halten). In den dreißiger Jahren gewann er Preise für Zuckerrübenkulturen, und in den vierzigern bohrte er Brunnen und richtete im Garten seines Landgutes eine Grundschule ein. Aber sein größtes Anliegen war die Gesundheit seiner Dörfler. Sein eigenes Haus war sehr einfach möbliert, und abgesehen von einigen

Ulmen als Schattenspender war der Platz darum herum kärglich bepflanzt; doch hatte er eine große, sehr gut bestückte Apotheke, die er persönlich führte, bis einer seiner Söhne sich als Arzt niederlassen konnte und jede Woche herübergerufen wurde, um ihm zu helfen. Als Besucher von Ahmadabad mußte man schon Glück haben, wenn man nicht von Dr. Mosaddegh gezwungen wurde, einen Löffel bitteren Extrakt aus gekochten Wacholderbeeren einzunehmen, der nach seiner Überzeugung den Organismus reinigte.

Als am 25. August 1941 das Undenkbare geschah, als britische und russische Truppen den Iran angriffen, um einen Korridor für Hilfe an Rußland zu schaffen, und Reza Schah nach einem Scheinwiderstand zwangen, zugunsten seines Sohnes abzudanken, trat Mosaddegh aus seinem Hausarrest als Held an die Öffentlichkeit. Er war jetzt ein Sechziger, der sich nach iranischen Maßstäben durch seine Beständigkeit in langer Lebenserfahrung als ein Mann von „reinen" Motiven erwiesen hatte. Schon seit langem hatte er die Erwartungen der Iraner befriedigt und eine wichtige Rolle in dem moralischen Drama gespielt, das sie auf der politischen Bühne aufgeführt sehen wollen. Dieses Drama gestattet es den Iranern, dem herrschenden Autokraten zu gehorchen und ihn zeitweise sogar zu bewundern, solange es irgendwo einen Mann mit Standvermögen gibt, der dem Autokraten selbstlos und beharrlich sein „Nein" entgegensetzt. Viele Iraner glauben, daß, solange sie in der Stille, fast heimlich, den Gegenspieler bewundern, sie nicht das Gefühl zu haben brauchen, ihre innerste Seele sei von dem Machthaber erkauft worden; gleichzeitig hoffen sie, daß der autokratische Herrscher um diese versteckte Teilung ihrer Gefolgstreue weiß und seine Untertanen etwas vorsichtiger behandelt. Mosaddegh hatte sich als eine solche Person gezeigt; er war jetzt ein Löwe Gottes.

Wie es sich für einen Führer gehörte, der sich im Zeittest als „rein" erwiesen hatte, lehnte es Mosaddegh ab, eine Partei zu gründen; nach einer für iranische Begriffe bemerkenswert freien Wahl zog er als Abgeordneter für Teheran ins Parlament ein. Auf seinem Programm stand die Herbeiführung eines „negativen Gleichgewichts" durch Ausspielen von Rußland und Großbritannien gegeneinander, wobei zeitweise eine „dritte Macht" – Deutschland, Frankreich oder die Vereinigten Staaten – Hilfe leisten mußte. Er forderte, daß die Streitkräfte nicht mehr dem Schah, sondern dem Kabinett unterstehen sollten, das seinerseits dem Parlament verantwortlich war; dies sei der einzige Weg, um eine Rückkehr der Diktatur von Reza Schah zu verhindern. Als letztes forderte er eine Reform des Wahlsystems, damit das Parlament nicht länger eine Versammlung von Großgrundbesitzern und Provinzialbeamten bleibe.

Während Mosaddegh noch mit der Ausarbeitung dieses Programms beschäftigt war, sah sich eine der „dritte Mächte", die Vereinigten Staaten, in einer hoffnungsvollen und naiven Stimmung bereits veranlaßt, das von Mosaddegh befürwortete „negative Gleichgewicht" zu garantieren. Churchill, Stalin und Roosevelt kamen 1943 in Teheran zusammen, um die Allianz und die Gestaltung der Nachkriegswelt zu erörtern. Doch Roosevelt, der (wie er einst Isa Sadiq gesagt hatte) durch seine Verwandten, zum Beispiel Amory, ein gewisses Interesse am Iran hatte, begann sich jetzt auch persönlich für dessen Zukunft zu engagieren. (Isa Sadiq schrieb Roosevelt 1943 und erinnerte ihn an ihr früheres Gespräch, doch wurde er nicht zur Audienz empfangen.) Auf Verlangen Roosevelts entwarf Arthur Millspaugh, der als Amerikaner schon Erfahrungen in der Beratung der iranischen Regierung gesammelt hatte, ein Programm, das die Vorstellungen von Roosevelt und seinem Sonderbeauftragten Harry Hopkins formulierte: „... daß der Iran ... so etwas wie eine Klinik oder eine Experimentierstation für die Nachkriegspolitik des Präsidenten – die Entwicklung und Stabilisierung unterentwickelter Gebiete – ist (oder dazu gemacht werden kann)." Das alles könne im Iran „mit unerheblichem Geldaufwand und ohne Risiko für die Vereinigten Staaten" geschehen. General Patrick Hurley, Roosevelts Botschafter im Mittleren Osten, sagte dem Präsidenten, aus dem Iran könne ein Modell für „Selbstregierung und freies Unternehmertum" werden. Roosevelt leitete Hurleys Brief an den Außenminister weiter mit der Bemerkung: „Ich war ziemlich aufgeregt bei dem Gedanken, den Iran als Modellfall für das Gelingen einer selbstlosen amerikanischen Politik zu nehmen. Wir hätten uns dafür keine schwierigere Nation als den Iran aussuchen können"; denn er sah den Iran beherrscht von „der schlimmsten Form des Feudalismus". Er glaubte, nur die Vereinigten Staaten könnten die Hilfe gewähren, die das alles ändern und den Iran gegen England und Rußland schützen würde.

Mosaddegh verlangte schon bald von den Amerikanern mehr als eine Handvoll technischer Berater; er brauchte ihre diplomatische Unterstützung gegen die Engländer. Am 2. Dezember 1944 brachte er im Parlament einen Gesetzentwurf ein, der dem Kabinett verbot, mit Ausländern über Ölkonzessionen auch nur zu verhandeln, und ihm den Verkauf von Öl (auch ohne Konzessionen) nur gestattete, wenn das Parlament ständig auf dem laufenden gehalten werde. Das Gesetz wurde mit großer Mehrheit verabschiedet. Mosaddegh, der alte Gegner von Abtretungen, von nicht benötigten ausländischen Fachleuten und von ausländischen Gesetzen, die für den Iran zu kostspielig waren, der Mann auch, der seit seiner Jugend den Finger am steuerlichen Puls des Irans gehabt hatte – Mosaddegh wußte, wo der Reichtum lag, der den Iran wirklich verändern konnte: im Öl.

Die Ereignisse, die Mosaddegh von 1944 bis zu seiner Wahl zum Ministerpräsidenten 1951 und seiner Amtszeit von 1951 bis 1953 begleiteten, sind ebensosehr Weltgeschichte wie Geschichte des Irans. In den zwei Jahren als Ministerpräsident wurde er durch sein Foto in den Wochenschauen und auf den Titelseiten der Zeitungen zum bekanntesten Führer der Dritten Welt. Der wirkliche Grund für seine Bekanntheit aber war das, was er tat. Durch die Verstaatlichung des iranischen Öls, das bis dahin unter britischer Kontrolle gestanden hatte, wurde er zu einem der ersten Führer der Dritten Welt, der relativ ungestraft große natürliche Reichtümer für sein Land zurückfordern konnte. Auch war er der erste Führer im Mittleren Osten, der sich durch Benutzung des Radios eine große Gefolgschaft sicherte: Zehntausende, manchmal auch Hunderttausende Iraner gingen auf die Straße, wenn er sie rief. Nasser entpuppte sich bei der Verstaatlichung des Suezkanals ebenso wie bei der Benutzung des Radios als Schüler von Mosaddegh.

Aber nicht nur das, was Mosaddegh tat, sondern fast ebenso auch die Art, wie er es tat, begründete seinen Ruhm. Das Auftreten und die Eigenheiten des hochgewachsenen, leicht gebeugten Aristokraten mit dem warmen Lächeln entzückten die Iraner ebenso, wie sie die westlichen Politiker erbosten. Er klagte unaufhörlich über seine schlechte Gesundheit und führte seine Verhandlungen, auch solche mit ausländischen Ministern, vorzugsweise im grauwollenen Pyjama neben seinem schlichten eisernen Bett. Wenn er tief bewegt war, weinte er in der Öffentlichkeit, und er hatte Ohnmachtsanfälle; doch war er stark genug, um im Parlament von einem Stuhl die Armlehne abzureißen, wenn er bei einer Rede im Eifer des Gefechts etwas brauchte, womit er in Richtung auf einen Gegner in der Luft fuchteln konnte. Seine politische Aktivität stellte er als einen ständigen Sieg seiner Willenskraft und seines Nationalgefühls (und vielleicht deshalb auch der Willenskraft und des Nationalgefühls seines Landes) über seine schwache Gesundheit zur Schau. In einer Parlamentsrede als Ministerpräsident schilderte er einen Vorfall aus seiner Jugend, als er von jemandem verleumderisch mit einer Gruppe von Abgeordneten in Verbindung gebracht wurde, denen man Stimmenkauf unterstellte. „Diese Nachricht erschütterte mich so, daß ich Fieber bekam und krank wurde. Meine Mutter kam, um nach mir zu schauen, und nachdem sie den Grund meiner Krankheit kannte, sagte sie mir, ich solle mich bei meinem Mangel an Widerstandskraft lieber mit der Medizin beschäftigen und Politik strengsten meiden. ‚Du mußt wissen‘, sagte meine Mutter, ‚daß das gesellschaftliche Ansehen und der gute Ruf davon abhängen, welche Schwierigkeiten man für die Allgemeinheit durchsteht.‘"

Die Engländer waren entsetzt, die Amerikaner verwirrt. Kurz nachdem die Verstaatlichung des iranischen Öls bekannt geworden war, schrieb Sir Harold Macmillan in sein Tagebuch: „Die Nachrichten aus Persien gefallen mir nicht, noch weniger die ziemlich unfreundliche Haltung der Amerikaner. Acheson appelliert an Briten und Perser, Ruhe zu bewahren! Als wären wir zwei Balkanländer, die 1911 von Sir Edward Grey gemaßregelt werden!" Und in seinen Memoiren fügt er hinzu: „Inzwischen lärmte und tobte Dr. Mosaddegh wie ein Irrer." Es konnte ein großer Schlag gegen die britische Wirtschaft sein, die sehr vom iranischen Öl abhängig war; aber es war auch ein großer politischer

Schlag, der die britische Stellung in der ganzen Welt erschüttern konnte (und das auch tat).

Macmillans Vorgesetzter Sir Anthony Eden war verständnisvoller. Eden hatte in Oxford Persisch studiert; er hatte die Oden des Hafis „mit großartigem Gewinn" gelesen, nachdem er sich durch die vorgeschriebenen alt- und frühmittelpersischen Texte durchgearbeitet hatte. Bei allem Verständnis aber war ihm die Gefährlichkeit der iranischen Entscheidungen für England völlig klar. „Durch die Ereignisse im Iran ist Ägypten jetzt übermütig geworden. ... Das waren die düsteren Aussichten, die ich am Tag meines Amtsantritts im Außenministerium [1951] vor Augen hatte. Aus dem Iran waren wir draußen; die britische Raffinerie in der iranischen Stadt Abadan hatten wir verloren; unsere Autorität im gesamten Mittelosten war schwer erschüttert; die Unruhen in Ägypten ließen weitere Erhebungen erwarten." Edens Meinung – daß dies für England im Mittleren Osten der Anfang vom Ende war – wurde von der Labour Party geteilt. Attlees Außenminister Herbert Morrison sagte über die Verstaatlichung: „Es war ein erschütterndes Musterbeispiel moderner Diplomatie – oder mangelnder Diplomatie –; ein weiteres war die nachfolgende Verstaatlichung des Suezkanals ohne Rücksicht auf bestehende Verträge."

Die Amerikaner erkannten jetzt, daß die von ihnen ausgesuchte „Klinik", die sich nach fünfzehn oder zwanzig Jahren kostengünstiger Behandlung aus „der schlimmsten Form des Feudalismus" in ein gesundes Land mit einem Nachrichtendienst, modernen technischen Verwaltungsbehörden und „fortschrittlichen" Institutionen aller Art verwandeln sollte, statt dessen ihren Wohlstand sofort verlangt hatte und sich diesen durch Streit mit Amerikas engstem Verbündeten holen wollte. Truman schickte Averell Harriman in den Iran. Er schien anfangs mit den klassischen amerikanischen Methoden – Appell an den Goodwill und Angebot verstärkter Wirtschaftshilfe – Erfolg zu haben. Allmählich aber zehrte der Eigensinn beider Seiten an den Nerven der Amerikaner, denen außerdem das starke Anwachsen der Kommunistischen Partei Persiens, eines Verbündeten Mosaddeghs, große Sorge machte.

Nach einem erfolglosen Versuch, Mosaddegh durch einen anderen Ministerpräsidenten zu ersetzen, verließ der Schah im August 1953 fluchtartig den Iran. Einige waren über die Abreise des Schahs bestürzt; andere hatten schon einen Monat früher ihren Schock bekommen, als Mosaddegh sich durch ein Referendum die Erlaubnis zur Auflösung des Parlaments – der Madschles – unter Umgehung des Parlaments geholt hatte. Für einen so altgedienten Verfassungsanhänger war die Volksabstimmung ein seltsamer Schachzug, und doch war dieses Vorgehen durchaus in Einklang mit Mosaddeghs Auffassung von einer pragmatischen, auf die Volksgunst gestützten Politik, die dem ganzen Experiment mit der Verfassung ihren Sinn gegeben hatte. So hatte er am 12. April 1952 im Parlament gesagt:

In der Schweiz hatte ich einen Professor, der die Völker der Welt nach ihrer Bildung in drei Gruppen einteilte: gebildete, ungebildete und halbgebildete. Er nannte eine Nation „gebildet", die fähig ist, Gut von Böse zu unterscheiden, und die Willenskraft besitzt, nach ihrer Erkenntnis zu handeln. Eine Nation war für ihn „ungebildet", wenn sie sich durch Einzelpersonen oder durch andere Nationen leicht in die Irre führen ließ. Als „halbgebildet" stufte er eine Nation ein, die zwar die Unterscheidungsfähigkeit, aber nicht die Willenskraft zur Ausführung besitzt.

In der Anfangszeit der Verfassungsbewegung wiesen einige wohlmeinende Leute der Nation eine Richtung, von der sie überzeugt waren, daß sie ihr zum besten dienen mußte. Das Ergebnis war die Abschaffung der Gewaltherrschaft und die Annahme einer verfassungsmäßigen Regierung.

Als ich in der Amtsperiode des Dritten Parlaments nach meiner Promotion aus der Schweiz zurückkehrte, fand ich die Hypothese meines Professors bestätigt: Es fehlte dem Volk nicht an der Erkenntnis, daß es von anderen geleitet wurde, aber es hatte nicht die Willenskraft, seine Erkenntnis in die Tat umzusetzen.

Doch als ich vor Beginn der Wahlen zum Sechzehnten Parlament meine lieben Mitbürger aufrief, dem Reichsgerichtshof eine Bittschrift zu unterbreiten, stellte sich klar heraus, daß das Volk eine ausgezeichnete Unterscheidungsfähigkeit besitzt.

Hieraus leite ich ab, daß Sie von einem Volk gewählt wurden, das Gut und Böse sehr wohl zu unterscheiden weiß, und daß Sie eine Nation vertreten, deren Scharfsinn von niemandem in Zweifel gezogen wird. Sie können also die Schwierigkeiten leicht ausfindig machen und Mittel und Wege finden, sie abzubauen.

Die Briten erkannten jedenfalls, daß nach der Volksabstimmung, dem Abgang des Schahs und der neuen Demonstration der Stärke der Kommunistischen Partei die Stimmung für einen Coup gegen Mosaddegh günstig war; doch waren sie froh, den Amerikanern den Vortritt lassen zu können. Coups waren kostspielig, und wenn dieser mißlingen sollte, konnten ebensogut die Amerikaner den Tadel einstecken (und dabei vielleicht lernen, daß man „Kliniken" nicht so leicht organisieren kann, wie diese Neulinge sich das vorstellten).

Die Schnelligkeit, mit der der Coup gelang, überraschte seine Anhänger fast ebenso wie seine Gegner. Er wurde in der Hauptsache von Kermit Roosevelt, dem Enkel Teddy Roosevelts, organisiert., wie Kermit berichtet. (Zu den amerikanischen Unterhändlern während der Ölkrise hatten auch Herbert Hoover Jr. und Douglas MacArthur Jr. gehört; auch in der amerikanischen Politik gab es so etwas wie Vetternwirtschaft.) Die iranische Armee, aufgebracht darüber, daß die von den iranischen Kommunisten ausgerufenen Demonstrationen zu signalisieren schienen, daß die Kommunisten seit dem Abgang des Schahs den Ton angaben, schlug am 18. August 1953 diese Demonstrationen mit harter Hand und mit lauten Sympathiebekundungen für den Schah nieder. Am Morgen des 19. August marschierte eine Menschenmenge, die Roosevelts Männer im Süden Teherans für nur $ 100 000 gekauft hatten – sie umfaßte auch professionelle Schläger vom Basar, Prostituierte, einige religiöse Führer und sogar ein paar aufrichtige weltliche Königstreue – zur Stadtmitte und griff Mosaddeghs Dienstträume an. Der gealterte und kränkelnde Ministerpräsident ging zum hinteren Ende des Gartens, sprang über die Mauer und tauchte unter. Plötzlich sah man überall die Zeichen proamerikanischer und schahfreundlicher Gesinnung, und Kermit Roosevelt standen immer noch $ 900 000 zur Verfügung, die er ausgeben konnte. Einige Tage danach gaben die Amerikaner einen Zuschuß an die iranische Regierung in Höhe von $ 45 Millionen bekannt und versprachen weitere Hilfe. Der Coup hatte nicht viel gekostet; aber die Amerikaner lernten es nie, eine „Klinik" mit „geringem Kostenaufwand" oder gar mit geringem Risiko in Gang zu halten.

Für die Mullahs warf die Episode Mosaddegh ein Knäuel von Fragen auf, aus dem sie sich nie eindeutig und völlig haben lösen können. Sie hatten den Iran gegen Ausländer verteidigt im Namen der Verteidigung des Islams gegen Andersgläubige. Mosaddegh hingegen hatte den schiitischen Islam höchstens als etwas Iranisches verteidigt, als Teil seines iranischen Nationalstolzes. Abol Qasem Kaschani, ein mächtiger Ayatollah, den man 1943 wegen seiner Beziehungen zu Nazi-Agenten im Iran verhaftet hatte, verließ 1945 das Gefängnis als kleiner Held für die Mullahs, dank seiner ausgeprägt anti-britischen Haltung. Kaschani setzte sich weiterhin für Forderungen ein, die beim Volk Zustimmung fanden, wie zum Beispiel die Verstaatlichung des Öls, und organisierte in den Zeitspannen zwischen seinen wiederholten Perioden der Gefängnishaft und des Exils eine beträchtliche Anhängerschaft. Zu seinen Anhängern gehörten auch die „Eiferer für den Islam", die nach der Ermordnung Kasravis zu einem Machtfaktor in der iranischen Politik wurden. Kaschani bekannte sich nie öffentlich zu einer direkten Verbindung mit ihnen, doch deckte er sie und erwirkte sogar die Begnadigung eines Eiferers, der im März 1951 den iranischen Ministerpräsidenten Razmara, einen Gegner der Verstaatlichung des Erdöls, erschossen hatte.

Kaschani führte eine große Zahl traditionell religiöser Leute in der Nationalen Front zusammen, der Dachorganisation der Anhänger Mosaddeghs – der nach wie vor eine Parteizugehörigkeit ablehnte. Aber Kaschani und Mosaddegh waren sich nur darin einig, was sie nicht wollten: Manipulation durch Ausländer und ausländische Kontrolle der iranischen Reichtümer. Sonst aber galt Kaschanis Interesse der Wiederherstellung des islamischen Rechts und den pan-islamischen Anliegen, darunter auch dem von ihm so gesehenen gemeinsamen muslimischen Interesse an einer Befreiung Palästinas vom Zionismus. Als Kaschani und Mosaddegh erkannten, wie viel sie trennte, bekamen sie 1953 Streit miteinander, und Kaschani konnte einen Bruchteil der Leute, die er in die Nationale Front gebracht hatte, wieder herausführen. Er und Behbahani, ein führender Ayatollah der Armenviertel im Süden Teherans, führten ihre Anhänger zusammen, um den Kern jener Menschenmenge zu bilden, die am 19. August vor Mosaddeghs Dienstgebäude zog.

Wie die wirklich gelehrten Mullahs in Ghom Mosaddegh gegenüber eingestellt waren, läßt sich viel weniger klar sagen. Mit Sicherheit sahen sie in Kaschani einen Mullah von oberflächlicher Geistigkeit, der die Gunst der Menge suchte; aber sie erkannten, daß die Mullahs als Gruppe davon profitierten, wenn einige Mullahs – und seien sie geistig oberflächlich – politisch aktiv waren. Doch der oberste Schiitenführer jener Zeit, Ayatollah Borudscherdi, war ein Meister darin, politische Auseinandersetzungen und öffentliche Stellungnahmen zu politischen Themen zu umgehen. Die vorhandenen unklaren Äußerungen legen es nahe, daß Borudscherdi und die führenden Mullahs Mosaddegh mißtrauten. „Doktor" Mosaddegh war gewiß kein religiöser Mann im konventionellen Sinn, und er hatte eine hohe Meinung von seiner eigenen westlichen politischen Bildung; am schlimmsten aber war, daß er die Unterstützung von Kommunisten, also Feinden der Religion, annahm. Die Mullahs nahmen aber nicht offen gegen ihn Stellung, und so bewunderten ihn viele junge Studenten der Medresen ebenso wie viele Basarkaufleute, auf deren finanzielle Unterstützung auch die bedeutendsten Ayatollahs angewiesen waren. Kaschani mochte zwar oberflächlich sein, doch fanden sie seine Gedankengänge unmittelbar einleuchtend und im großen und ganzen vernünftig. Es ist auch nicht auszuschließen, daß die Großayatollahs von Ghom Kaschani zu seinem strategischen Rückzug von der Nationalen Front veranlaßten. Für die jungen Studenten aber – und auch für einige der älteren – wurde klar, daß Ägypten und Algerien die Nachfolge des Irans als Vorkämpfer im islamischen Widerstand gegen den „Imperialismus" angetreten hatten, und noch Jahre nach dem Sturz Mosaddeghs hatten sie das Gefühl, daß Nasser und die algerische Revolution im Zentrum der Weltpolitik standen.

Mosaddeghs Haltung gegenüber dem Schia-Islam und den Mullahs läßt sich etwas leichter bestimmen. Fast von Kindheit auf war Mosaddegh der Verwalter, der Mann, dem es darum ging, daß etwas geschah. Er war auch Nationalist, dem daran gelegen war, daß die Aufgaben im nationalen Rahmen und für das nationale Wohl wirkungsvoll ausgeführt wurden. Die europäische politische Wissenschaft lieferte eine ganze Palette von neuen Mechanismen, um etwas ins Rollen zu bringen, darunter auch Mechanismen zur Mobilisierung der Nation durch gewählte Institutionen. Seiner Ansicht nach sollten derartige Mechanismen nur übernommen werden, wenn sie iranischen Gegebenheiten und „Gewohnheiten" angemessen waren; denn nur dann konnten sie den Iran stärken und ihn befähigen, seine Politik des „negativen Gleichgewichts" unter mächtigen Nationen beizubehalten, die bestrebt waren, dem Iran ihre eigennützigen Gesetze aufzuzwingen. So brachte er gegen eine von Reza Schah unterstützte Gesetzesvorlage folgendes vor: „Jeder ehrenhafte Bürger muß, soweit er es vermag, sein Land aufgrund von zwei Prinzipien verteidigen, und er darf sich keiner Macht beugen. Das eine Prinzip ist, daß wir Moslems sind; das andere ist der Nationalismus."

Mosaddeghs Haltung gegenüber den Mullahs war ebenso pragmatisch wie seine Haltung gegenüber dem islamischen Recht: Er nahm die Freundschaft der guten – d. h. derer, von denen er Hilfe erwarten konnte – an; die Anhänger der schlechten lockte er weg. Er hatte einen mächtigen Mullah wie Ayatollah Fazlollah Nuri gesehen, der in den ersten Jahren der Verfassung große Volksmassen gegen sie mobilisiert hatte, weil er es für ein Vergehen gegen den Islam hielt, von „Gesetzgebung" zu sprechen, nachdem der Höchste Gesetzgeber schon gesprochen hatte. Er hatte einen Mullah wie Hasan Modarres gesehen, der ein überzeugter Anhänger der Verfassung und einer der wenigen Männer war, die ihm in der Debatte in der Madschles zur Seite standen, als er sich gegen die Abschaffung der kadscharischen Monarchie aussprach. Schließlich hatte er auch Kaschani erlebt.

Mosaddeghs Verbindung zum Islam war jedoch tiefer als seine Annahme oder Ablehnung des schiitischen Rechts und seiner Sachverständigen. Sein Drama war letztlich religiöser Art. Während seiner zwei letzten Tage als Ministerpräsident hätte er über den Rundfunk um Hilfe bitten können, wie er es so oft schon getan hatte, und Zehntausende wären auf die Straße gegangen, hätten die zusammengewürfelte Menge aus dem Süden Teherans von seinem Amtssitz abgeschnitten und seine Sache verteidigt. Aber er tat es nicht. Nach Angaben von Gewährsleuten aus seinem inneren Kreis hielt er sich nach dem Gegenschlag zwei Tage lang mit zweien seiner Minister zurückgezogen in einem Keller auf; dann sagte einer dieser Minister (ein Universitätsprofessor mit französischem Doktortitel): „So schlecht ist alles gelaufen, so schlecht!" Worauf Mosaddegh antwortete: „Und doch ist es so gut gelaufen – wirklich gut!" Denn Mosaddegh war nicht nur Rostam, der Sohn des Zal, der Held in der Schlacht, und nicht nur der glänzende Feldherr Ali, der Löwe Gottes – er war auch Hussein, der Fürst der Märtyrer.

Mosaddegh wurde von der Regierung vernommen und verteidigte sich – alt und gebeugt – mit dem Feuer und der geistigen Kraft, die einem klugen Gesetzgeber und erfahrenen Parlamentarier angemessen waren. Die Vernehmung bestätigte seinen Stand als Märtyrer: Er kam ins Gefängnis und wurde später auf seinem Gut in Ahmadabad unter Hausarrest gehalten. Von Zeit zu Zeit sahen die Iraner Fotos von dem Mann, den sie als Ministerpräsident gekannt hatten, wie er schwach, aber ungebrochen neben seinem Bett saß. Er war fünfundachtzig Jahre alt, als er schließlich 1967 an den Magengeschwüren starb, die er sich als junger Student zugezogen hatte – geschwächt durch eine Radiumbehandlung gegen Kehlkopfkrebs in dem von seiner Mutter gegründeten Krankenhaus.

Fünftes Kapitel

Langsam wuchs Ali Haschemi heran, und ebenso langsam, Schritt für Schritt, entwickelte sich bei ihm das Interesse an der Mystik. Als Sechzehnjähriger – 1959 – war er ziemlich groß; er hatte einen dunkelbraunen Bart, der bereits gelegentlich gestutzt werden mußte, und er fühlte, daß das gereifte Verständnis für den Islam, das sein Vater besaß, nicht einfach angelesen war, sondern auch einem mystischen Weltverständnis entsprang.

Eigentlich war Ali durch das Studium der Theologie bereits auf ein Studium der Mystik vorbereitet. Er übernahm die Lehre, nach der das Wissen um eine Sache nicht bedeutet, daß diese Sache im Geist des Wissenden eine unabhängige Existenz erhält. Kazem, der Diener Alis, ist nicht als unabhängiges kleines Lebewesen – sozusagen als Geist – in Alis Kopf eingefangen. Aus seinen Philosophiebüchern hatte Ali vielmehr gelernt: Sobald er Kazem vor seinem geistigen Auge sah, *war* die Vorstellung von Kazem bereits Alis Geist – oder zumindest Teil seines Geistes. Und wenn jemand (z. B. Ali) das ist, was er weiß, dann muß er vielleicht auch bestimmte Dinge wissen, die zwar existieren, aber noch nicht so in seinen Geist integriert sind, daß sein geistiges Sein dadurch verändert würde (durch eine solche Veränderung würde er wiederum in die Lage versetzt, noch andere Dinge zu wissen). Die Vervollkommnung des Geistes wäre dann dessen völlige Umwandlung durch ein vollständiges Wissen von allem Bestehenden.

Die Mystik war eine Methode, Wissen zu erlangen, durch die das Sein einer Person verändert wurde; doch obwohl die Theologie viel mit Mystik zu tun hatte, gab es unter den Theologen von Ghom viele Gegner der Mystik. Fast jeder Mullah, dem Ali bisher begegnet war, hatte die Art und Weise der Sufi verurteilt, die Namen und Eigenschaften Gottes im gemeinsamen Sprechgesang herzusagen, manchmal sogar zu Musik und Tanz. Manche Mullahs glaubten sogar, daß ᶜerfān, das mystische „Wissen um die wahre Welt", das anscheinend so natürlich aus bestimmten theologischen Vorstellungen und aus einer allgemeinen Bewunderung für asketische Praktiken hervorwuchs, besonders für Theologiestudenten eine Gefahr darstellte. Sie sagten, es sei vorgekommen, daß Theologiestudenten im Gefühl des unmittelbaren „Wissens", das ᶜerfān angeblich vermittelte, wie der Sufi gesprochen und sich auch so aufgeführt hätten, welcher sagte: „Einen Sufi beschmutzt nichts, aber er reinigt alles" – wodurch ein Sufi das Gefühl haben konnte, nicht nur über den islamischen Reinheitsgesetzen zu stehen, sondern auch über allen sonstigen Gesetzen, die für andere Leute bindend waren.

Ali erkannte die Gefahr; aber durch sein Interesse an der Askese hatte er schon Herzensregungen und Vorahnungen jener mystischen Ekstase gespürt, von der die persischen Dichter sprechen. Diese Ahnungen kamen ihm vor allem beim nächtlichen Gebet. Die Verse des Koran, die „denen, die nachts nur kurze Zeit schlafen und in den frühen Morgenstunden um Vergebung flehen", das Paradies verheißen, veranlaßten Ali (wie so viele andere Studenten), dem Beispiel, das führende Mullahs in der Vergangenheit und Gegenwart gegeben hatten, zu folgen. Von diesen Männern berichteten Verwandte und nahestehende Schüler, daß sie einen großen Teil der Nacht im Gebet zubrächten und von Sonnenaufgang bis Sonnenuntergang fasteten, und zwar nicht nur im Ramadan, dem Fastenmonat. Die meisten Religionsführer übten diese Frömmigkeitsbekundungen im persönlichen, privaten Bereich aus (und ebenso privat wurden sie manchmal von anderen Mullahs angezweifelt).

Keinen Zweifel gab es für Ali an den nächtlichen Gebeten des Ayatollah Maraschi. Maraschi war ein „Vorbild" *(mardschahᶜ);* diesen Titel erhielt ein Mullah, wenn er von vielen als Beispiel anerkannt wurde, dem man nacheifern solle. Die Anhänger ahmten das „Vorbild" nach, weil dessen Gelehrsamkeit ihm die Fähigkeit verlieh, eine maßgebliche Meinung zu umstrittenen Fragen zu äußern, in denen weniger gelehrte Männer besser nicht dem eigenen Urteil folgen sollten. Aber Ali wußte, daß Maraschis Anhänger ihr „Vorbild" nicht nur als ein Muster an Gelehrsamkeit, sondern auch als Mann von gewinnender Vornehmheit schätzten. Maraschi war ein Seyyid aus fürstlicher Familie und besaß die entspannte, mühelose Großzügigkeit eines Mannes, der sich seiner adeligen Herkunft bewußt ist. Er war ein gut aussehender, kleiner Mann mit üppigem weißem Bart, doch seine Kleidung war meistens ein bißchen unordentlich – besonders sein Turban sah gewöhnlich so aus, als sei er bei einem hastigen Eilmarsch durch eine Nebenstraße ein wenig verrutscht. Es machte ihm auch Spaß, andere zu necken.

Als Ali zum erstenmal zwei Stunden vor Sonnenaufgang zum Schrein ging, um das zusätzliche Gebet zu verrichten, fand er Maraschi schon dort; auf seinen Stock gelehnt, wartete er darauf, daß das Tor geöffnet würde, und hänselte andere Mullahs, wenn sie ankamen. Als ein Mullah mit dem Spitznamen Hadsch Amu („Pilgeronkel") – bekannt für sein privates Rosenkranz- und Geweihmuseum, das er in der langen Vorhalle seines Hauses eingerichtet hatte – sich zu seinem Kreis gesellte, setzte Maraschi eine würdevolle Miene auf und sagte: „Hoffentlich erfreuen Sie und Ihre Familie und die verehrten Bergziegen und Hirsche sich bester Gesundheit." Darauf wurde viel gekichert; auch Hadsch Amu, dem diese Art von Scherz gefiel, schloß sich dem an.

Als die beiden Schreinwächter die Tore öffneten und das Licht im Innenhof einschalteten, folgten alle Maraschi zum Grab und danach zu den Räumen am Schrein. Während er das Gebet sprach, weinte Maraschi, wie es das Gebetbuch vorsah, und er betete länger als die meisten anderen, weil er es dem vierten Imam, dem Urenkel des Propheten gleichtat, der beim Beten stets dreihundertmal „Vergebung!" gerufen hatte. Bevor Ali sich am Schrein Maraschi anschloß, hatte er die Gebete monatelang zu Hause zwei Stunden vor Sonnenaufgang gesprochen. Er war jedesmal froh, wenn er mit dem Gebet fertig war; zu Hause war es oft steif und zerstreut ausgefallen, weil er am Rosenkranz die Anrufungen abzählen mußte, die dreimal, siebenmal oder – im Falle von „Vergebung!" – sogar dreihundertmal zu wiederholen waren.

Diesmal war es anders. Während seine Finger weiter abzählten, sprach sein Mund jede Wiederholung mit immer mehr Bedeutung. Es war, als streife er die äußere Form des wiederholten Wortes oder Satzes ab und komme mit jeder Wiederholung näher an die Wirklichkeit heran. Vielleicht war es die Nähe zum Grab der Fatima, mit Sicherheit aber auch das Beispiel Maraschis, der mit der Wange den Boden berührte und weinte. Als es draußen hell wurde und jemand durch den Lautsprecher zum Gebet rief, strömten das Licht und der Klang in Ali ein, so als sei auch bei ihnen die innerste und wesenhafte Bedeutung freigelegt: sie waren wohlvertraut und sehr neu zugleich, und von neuem wurde klar, daß sie uralt waren.

Nicht lange nach dem Frühgebet mit Maraschi fragte Ali seinen Vater, ob er bei einem „Führer" – so heißen die Lehrer der Mystik – Unterricht in der Mystik nehmen könne. Sein Vater empfahl einen Lehrer, der die vorgeschriebenen Texte unterrichtete, bei dem Ali aber noch keinen Unterricht gehabt hatte. Am Freitag, dem Tag der Ruhe, ging Ali zu der vom Vater empfohlenen Stunde zum Haus dieses Lehrers. Er fand das Haus mehr als bescheiden, fast schon armselig, aber peinlich sauber. Als er das Empfangszimmer betrat, erkannte er den Lehrer gleich wieder; er hatte ihn in der Medrese schon gesehen: Ein Seyyid von mittlerer Größe, der stets eine Brille mit schwarzem Gestell und dicken Gläsern trug, aber sonst nichts weiter Auffälliges hatte. Auf dem Boden war ein gemusterter Vorhang ausgebreitet, und darum herum lagen Decken mit sauberen Tüchern als Ersatz für die Teppiche, die er sich nicht leisten konnte. Er stellte Ali einfache Fragen: Wie sehen Sie die Menschen? Wie sehen Sie die Imame? Was denken Sie über Gott? Ali fühlte sich zum Reden ermutigt, und der Lehrer schien ihm durch gelegentliches Kopfnicken und eingestreute Worte zu verstehen zu geben, daß er gerne zuhörte.

Nach etwa einer halben Stunde holte der Lehrer seinen Koran und schlug ihn auf, um ein Zeichen zu erhalten, ehe er Ali als Schüler annahm. Er las den ersten Vers, auf den sein Auge fiel: „O meine beiden Kerkergenossen, sind verschiedene Herren besser oder Gott, der Eine, der Allmächtige?" Der Lehrer blickte auf und sagte den nächsten Vers auswendig: „Statt Ihn verehrt ihr nichts als Namen, die ihr selbst genannt habt, ihr und eure Väter. Gott hat dazu keine Ermächtigung herabgesandt. Die Entscheidung ist einzig bei Gott. Er hat geboten, daß ihr Ihn allein verehrt. Das ist der beständige Glaube, jedoch die meisten Menschen wissen es nicht." Ali wußte, daß der Prophet Joseph diese Worte in Ägypten zu seinen Mitgefangenen gesprochen hatte, und zugleich wußte er, daß er als Schüler willkommen war nach einem so guten Vorzeichen, nach der Nennung der Einheit Gottes, die über die menschengemachten Götzen eingebildeter Wirklichkeiten – für die Gott „keine Ermächtigung herabgesandt" hat – weit hinausreicht.

Der Lehrer steckte den Koran in eine Innentasche seines Mantels und begann zu sprechen. „Grundlegend für ʿerfān ist, daß du in jedem Menschen ein Zeichen Gottes siehst. Verrichte deine nächtlichen Gebete. Immer wenn du dich beim Gebet niederwirfst, verharre so, bis du Gott um die geistigen Eigenschaften gebeten hast, die du dir wünschst. Schlafe Donnerstag abends nicht mehr nach Mitternacht; erst nach dem Frühgebet darfst du wieder schlafen. Sprich jetzt vierzig Tage lang unaufhörlich zu dir selbst: ‚Es gibt keine Macht noch Kraft außer in Gott.' Alles, wirklich alles, was du gesehen hast oder noch sehen wirst, ist leer, unbeschrieben und aller Eigenschaften ledig außer der einen: daß es da ist; und Dasein ist Gott. Wenn du dahin gelangst, daß du alles als reines Dasein siehst, dann wirst du alles Dasein achten, wie du Gott achtest, und schließlich alles Dasein lieben, wie du Gott liebst. Sei ganz aufmerksam und halte Ausschau nach Gott! Halte Ausschau! Halte Ausschau!"

Ali wußte, daß er nun gehen sollte. Er stand auf, verbeugte sich ehrerbietig, die Hand auf der Brust, und nahm seine Schuhe, die neben der Tür standen. Er hielt sich an das, was er gehört hatte. In jedem wachen Augenblick sagte er: „Es gibt keine Macht noch Kraft außer in Gott"; Ausnahmen waren nur die Zeiten, wenn er seine Stunden vorbereitete oder sich an einem öffentlichen Ort aufhielt – ja, er merkte, daß er diesen Satz auch beim Studieren zwischen seine Gedanken einschieben konnte, ohne sich abzulenken. Zuerst meinte er, die Leute würden die Veränderung an ihm bemerken und etwas sagen. Seine Mitschüler hatten ihn schon immer gern geneckt, seit er in längst vergangenen Tagen den Stadtführer gespielt hatte. Einige Monate, bevor sein Interesse an der Mystik erwachte, hatte er sich den Rücken verkühlt und kam langsam und sehr aufrechten Ganges mit einem Spazierstock in die Klasse; da rief ihm ein Schüler zu: „Glückwunsch, Ali! Jetzt bist du ein Ayatollah!" – worauf Ali lachen und dann stöhnen mußte, denn er hatte eine hastige Bewegung gemacht. Jetzt aber fragte ihn keiner, ob er sich mit Mystik befasse, und niemand fiel auf, daß er in Gedanken oder gar in Versenkung war. Das war auch gut so, denn eigentlich sollte niemand von seinen mystischen Bestrebungen erfahren; andererseits war es etwas enttäuschend, daß er nach außen anscheinend der gleiche geblieben war.

Als er am nächsten Freitag wieder seinen Lehrer der Mystik aufsuchte, begann dieser, ihm mystische Dichtung vorzulesen. An manchen Stellen erläuterte der Lehrer die Bedeutung; dann wieder las er einfach weiter und wiederholte nach einer Weile ein Wort oder eine Zeile. An diesem und allen folgenden Freitagen trug er gegen Ende der Stunde die berühmten Verse des Moulana vor:

> Ich starb als Mineral und wurde zur Pflanze,
> ich starb als Pflanze und erhob mich als Tier,
> ich starb als Tier und bin nun Mensch.
> Was fürchte ich? Hab ich beim Sterben je verloren?
> Doch werde als Mensch ich wieder sterben,
> um mit den seligen Engeln aufzufahren;
> doch auch aus der Schar der Engel muß ich weiterziehn:
> „Alles vergeht außer Gottes Angesicht."
> Wenn ich die engelhafte Seele hingegeben,
> dann werd' ich, was kein Geist noch je erdachte.
> O laß mich nicht mehr sein! Denn horch: Das Nicht-Sein
> verheißt in Orgeltönen: „Zu Ihm gehn wir zurück."

Nach jedem Vortrag wiederholte der Lehrer mehrmals die beiden Koranzitate des Gedichts und verharrte dann einige Minuten in Stille. Ali fühlte dann jedes Mal ein starkes Bedürfnis, zu sprechen; zum wenigsten diese Sätze selbst zu wiederholen oder laut den Satz zu sagen, den er nach Anleitung des Lehrers zu sich selbst gesprochen hatte. Nach einer Stille sprach der Lehrer selbst dreimal langsam Alis Satz; ganz erleichtert fiel Ali ein und murmelte den Satz zusammen mit dem Lehrer. Diesmal beendete der Lehrer die Sitzung mit den Worten: „Gib acht! Gib acht! Du wirst das Licht sehen."

Ali wußte, daß das Schauen des Lichts ein wichtiger Bestandteil im Einüben von ʿerfān war. Er wußte auch, daß er bisher wohl schon eine Menge gefühlt, aber noch nichts gesehen hatte. Bei der letzten Sitzung vor Ablauf der vierzig Tage sagte der Lehrer: „Während der nächsten vierzig Tage wirst du dir fortwährend vorsprechen: ‚O Er, o er ist Er, o er ist nichts als Er!'" Ali begriff die Aussage, die dieser Satz betonte: daß jede Person, ja jedes Einzelwesen letztlich Er – Gott – war. Doch war er auf dem Heimweg etwas entmutigt; denn was er gehört hatte, erinnerte ihn zu sehr an die singende, tanzende Sufi-Mystik der Derwische, die seine Mullah-Lehrer so verachteten. Er war so sehr entmutigt, daß er fast einen halben Tag nicht daran dachte, den alten Satz über die Macht Gottes zu sagen.

Am einundvierzigsten Tag wachte er zwei Stunden vor der Morgendämmerung auf. Er vollzog seine Waschungen zu Hause in dem Teich im Mittelpunkt des Gartens und verrichtete dann das Nachtgebet unter einem niedrigen Maulbeerbaum. Er spürte in sich ein neues Interesse an dem, was er tat, denn er wußte, daß er sich von jetzt an den neuen Satz „O Er, o er ist Er, o er ist nichts als Er!" vergegenwärtigen würde. Ali fing an, den Satz zu sprechen, da geschah es: er sah das Licht. Es war kein langsam zunehmendes Licht wie das Tageslicht; es war auch kein isoliertes Licht wie beim Mond oder bei einem Scheinwerfer: es war überall, es war tatsächlich alles. Der Teich strahlte im Licht, die Gartenbeete strahlten, der Himmel strahlte, ja die Mauern und Bögen um den

Innenhof waren aus Licht. Er schaute zum Maulbeerbaum auf: der Stamm, die Äste, Zweige, Blätter und Blüten waren aus Licht. Da die Gegenstände selbst aus Licht waren, ließen sich die Abstände zwischen ihnen nicht durch Abstufungen oder Schattierungen bestimmen – das erkannte er gleich: jeder Gegenstand erstrahlte in gleicher Deutlichkeit. Und dann merkte er, daß das Licht auch in ihm selbst war und er seinen eigenen Abstand zu den Gegenständen nicht mehr bestimmen konnte.

Eine rötlich-gelbe Morgendämmerung ließ das strahlende Licht langsam in eine gewohntere Beleuchtung übergehen, die den Dingen Schatten und Abstände gab und allmählich auch das Licht in Ali selbst ablöste. Aber die Erfahrung des Lichtes blieb als leises Summen, als leichtes Vibrieren bestehen, das für den Rest des Tages alle Teile seines Körpers durchzitterte. Ali fühlte deutlicher als zuvor, daß er nicht den Wunsch hatte, mit anderen über sein Erlebnis zu sprechen. Das Erlebnis ergoß sich auf alles andere, es umspülte jedes Ding, das er wahrnahm; und nicht nur die Menschen, sondern auch die Dinge verstanden je nach ihrer Fähigkeit, was er erlebt hatte. Als er das Haus verließ, sah er die kahlen Mauern zu beiden Seiten der Gasse als „Zeichen Gottes", so wie er selbst ein „Zeichen Gottes" war. Das innerste Wesen dieser Mauern trug eine Botschaft, oder vielleicht viele Botschaften in einer schwierigen, aber lesbaren Handschrift von sehr tiefer und entscheidender Bedeutung. Als Ali versuchte, die Botschaft der Mauern zu lesen, fühlte er, wie auch die Mauern die in ihm enthaltene Botschaft zu entziffern suchten, und in jäher Freude fühlte er ziemlich sicher, daß alle Botschaften die gleiche Bedeutung hatten.

Am folgenden Freitag hörte sich der Lehrer den Bericht über die neue Erfahrung mit Interesse, aber kommentarlos an. Er begann außer Gedichten von Moulana auch solche von Hafis zu lesen. Ali war leicht überrascht. Er hatte Hafis immer als den größten Lyriker Persiens verehrt; doch Hafis war ihm als der Prototyp des kultivierten, dabei aber halbwilden und besessenen Sufi erschienen, dessen Verse über den Wein und die Schönheit des Menschen zuviel persönliche Wärme hatten, um reine Allegorie sein zu können. Wenn Hafis sagte: „Beflecke deinen Gebetsteppich mit Wein, wenn du von deinem zoroastrischen Vorfahr geheißen wirst" – dann konnte man den Vers sicher so interpretieren, daß es auf die innere Religion ankomme und daß der „Vorfahr" ein Meister des *'erfān* war, nicht ein Zoroastrier im üblichen Sinn des Feueranbeters. Aber Hafis schien niemals Worte zu finden, um die wirklichen Hüter des religiösen Gesetzes, die Mullahs, zu rühmen.

In der folgenden Woche erschien das Licht fast jeden Morgen, doch fühlte sich Ali nicht im Stich gelassen, wenn es einmal nicht erschien. Er vertraute auf das Licht, das er in sich trug. Der Monat Moharram hatte begonnen, und die ersten zehn Tage dieses Monats waren dem Gedenken an die erregenden und grausigen zehn Tage gewidmet, an denen der Imam Hussein „auf der Ebene des Leides und des Unheils" bei Kerbela im Irak Familie und Anhänger verteidigt hatte. Aber Ali war dieses Jahr in meditativer Stimmung und hatte die Passionsspiele und sogar die vielen Prozessionen gemieden, bei denen Fahnen getragen wurden und kleine Gruppen von Männern sich selbst mit Ketten schlugen. Aber am zehnten Tag, dem eigentlichen Jahrestag von Husseins Märtyrertod, ging Ali zum Mittagsgebet in die Feiziye und stieg anschließend die Treppe hinauf, die vom Inneren der Medrese zum Schrein führte. Im Innenhof des Schreines wurde gerade das Spiel von Husseins Märtyrertod aufgeführt, und Ali betrat den Hof mit den liebevollen Gefühlen eines Mannes, der die Schule seiner Kindheit besucht.

Das Spiel war gerade an dem Punkt angekommen, wo Hussein nacheinander von allen seinen Angehörigen herzzerreißenden Abschied nimmt; die meisten von ihnen wurden gleich anschließend, oder sogar noch in seinen Armen, vom Feind getötet. Hussein stand nun alleine da, von vielen Pfeilen verwundet, aber noch von keinem Schwert oder Speer getroffen, da das gewaltige Heer seiner Gegner sein Waffengeschick, seine Tapferkeit und auch seine Unantastbarkeit als einziger noch lebender Enkel des Propheten Mohammed fürchtete. Da ritt Schemr, ein feindlicher Feldhauptmann, auf einem schwarzen Pferd durch das mittlere Tor des Schreins herein und galoppierte zweimal in weitem Kreis um Hussein. Ali verstand nur bruchstückhaft, was die Schauspieler deklamierten, denn die Leute um ihn herum unterhielten sich – wie auch das übrige Publikum – äußerst erregt über das Geschehen, und einige stießen sogar Flüche gegen Schemr aus. Sobald Ali einige Worte von Schemr verstanden hatte – „Ich bin ein Unglücklicher und der Sohn eines Unglücklichen" –, erkannte er in ihm den jungen Lebensmittelhändler von der nächsten Ecke. Tatsächlich kam die ganze Theatergruppe aus seiner Nachbarschaft, aus einem der religiösen Zirkel, die solche Stücke aufführen.

Aber was war dieser Lebensmittelhändler für ein Schemr! Zwar sprach er seine Verse – der Art dieser Spiele entsprechend – ziemlich steif, aber seine Stimme klang so schwarz wie seine Kleidung, sein Pferd oder die Holzkohle in seinem Gesicht. Ali konnte nur hier und da einen Satz aus dem Gespräch zwischen Hussein und Schemr erhaschen; doch als Hussein sagte: „Mein Vater hat mir gesagt, mein Mörder würde wie ein Hund sein" – da schien Schemrs schwarzes Gesicht vor Wut und Stolz zu brennen. Als Schemr auf Hussein einzuschlagen begann, schrie die Menge vor Entsetzen auf und drängte zur Szene hin. Sie wurde aber von einem Aufgebot von etwa zwanzig Polizisten zurückgehalten, das zu Schemrs Schutz an Ort und Stelle war. Als Alis Vater noch ein Junge war, hatte die Menge einmal einen unglücklichen Schemr getötet.

Schemr suchte Husseins Kehle zu treffen, doch blieben seine von vorn und seitlich geführten Schläge auf Husseins Hals wirkungslos, da Husseins Großvater, der Prophet, diese Stellen geküßt hatte. Jetzt schlug Schemr von hinten zu, und Hussein fiel mit abgeschlagenem Kopf tot zur Erde. Ein Heulen erhob sich aus der Menge, und die Menschen, die Ali umstanden, fingen an, sich auf Kopf und Brust zu schlagen. Schemr ritt im Galopp zu den Zelten, wo Husseins Verwandte waren, und setzte sie in Brand. Dann wendete er sein Pferd und galoppierte zu dem Teil der Menge hin, wo Ali stand.

Beim Anblick Schemrs erkannte Ali, daß er nicht einfach eine Lieblingsszene aus seiner Kindheit wiedersah, er begann vielmehr Hussein und Schemr zu verstehen. Der schreckenerregende Mann, der auf ihn zuritt, war reines Dunkel, das Fehlen von allem Guten, ein völliges Vakuum. Hussein wußte, daß er getötet würde; sein Großvater, der Prophet, hatte ihn in einer Vision gewarnt. Trotzdem war Hussein aufgebrochen, um seinen Anspruch auf die Führung der islamischen Gemeinde zu erheben. Er war das personifizierte Gute, und er gab sich bewußt der überwältigenden Übermacht der Tyrannen preis, denn das Martyrium des reinen Guten durch das reine Böse würde ein „Zeichen", ein unmißverständlicher Hinweis Gottes sein, den die Menschen in aller Zukunft begreifen würden. Wie alles andere, was Ali während dieser vierzig Tage erlebte, war auch dieses Passionsspiel eine Botschaft, deren Sinn ʿerfān auf unerwartete Weise enthüllen würde.

Als die vierzig Tage zu Ende gingen, an denen Ali „O Er, o er ist Er, o er ist nichts als Er!" sprechen sollte, ließ ihn sein Lehrer einen neuen Satz wiederholen. Dieser Satz lautete einfach „O Er!" Als Ali ihn am einundvierzigsten Tag zu sprechen begann, erschien das Licht, aber in seinem Inneren erschien gleichzeitig etwas Neues. Das Summen in ihm war fast im Gleichklang mit dem Summen in der äußeren Welt, und er wußte, daß seine leichte Trennung von dieser Welt die einzige verbliebene Schranke zwischen ihm und dem reinen Dasein war. Wie Hussein war er bereit zu sterben; doch wollte Ali nicht auf Schemr warten, sondern es verlangte ihn, sich in den strahlenden Teich im Hof zu stürzen und nur noch Teil dieses Er zu sein, der das Dasein von allem war.

Als er seinem Lehrer von seiner neuen Einstellung zum Leben berichtete, sagte dieser: „Hier machen wir Schluß. Das war genug für dich." Der Lehrer zitierte den Anfang eines Gedichts von Hafis:

> Ich schaue das grüne All des Himmels und die Sichel des Neumonds:
> ich dachte an das Feld, das ich bestellt, und an die Zeit der Ernte.
> Ich sagte: „Schicksal, du hast geschlafen! Die Sonne brach am Himmel längst hervor."
> Da kam die Antwort: „Trotz allem gib die Hoffnung für das Geschehene nicht auf.
> Wenn du wie Jesus, ganz entblößt und rein, zur Himmelssphäre steigst, werden hundert Strahlen aus deiner Lampe sogar die Sonne noch erleuchten."

Die Verse drangen mit der Schärfe eines Messers in Alis Seele, wie die Sichel im Gedicht. Wahre Verehrung der Sonne hieß, seine eigene Lampe zum Himmel tragen, und die Sonne selbst würde die Strahlen dieser Lampe aufnehmen. Es war jedoch keine wahre Verehrung, seine eigene

Lampe auszulöschen und seine Ernte auf dem Feld verfaulen zu lassen. Sein Lehrer sagte ihm damit: Ali konnte zwar den ganzen mystischen Weg, den er gegangen war, wieder zurückgehen, aber er sollte jetzt nicht weitergehen; seine Bestimmung war anderer Art: sie lag auf der intellektuellen und moralischen Ebene. Er zitierte noch einige Abschnitte aus Moulana und gab Ali dann zum Abschluß diesen Rat: „Stell dir vor dem Einschlafen noch einmal fünfzehn Minuten alles vor, was du während des Tages gesehen hast, und entscheide, was gut und was schlecht war. Danke Gott für deinen Erfolg in allem, was gut war, und nimm dir vor, das Schlechte nicht zu wiederholen. Komm bei Gelegenheit vorbei und sprich mit mir, und denke weiterhin an Gott, wann immer du deinen Gedanken eine Richtung geben kannst. Geh mit Gottes Segen."

Ali ging, aber das Licht verließ ihn nie völlig. Nach einiger Zeit sah er das Licht nicht mehr in der äußeren Welt, auch wenn er die Gebete vor der Dämmerung verrichtete und einen der drei Sätze wiederholte, die sein Lehrer ihn gelehrt hatte. Er akzeptierte, was sein Lehrer ihm – wie er glaubte – hatte sagen wollen: daß seine Berufung in der akademischen Bildung und dem Streben nach dem Guten läge. Doch die Erinnerung an das Licht leuchtete weiter in ihm. Es war etwas, das er geistig greifen konnte, und wenn er es berührte, hatte er ein bestimmtes Glücksgefühl. In Augenblicken der Gefahr half ihm die Erinnerung, daß er Dinge gesehen hatte, die aller Eigenschaften außer dem reinen Sein entblößt waren. Auch er würde die Begegnung mit Schemr nicht fürchten.

Die Mystik, die Mehrdeutigkeit der Dichtung, der Glaube an das vielgesichtige Gewebe des Bösen, schließlich der nie ganz gelöste Zwiespalt zwischen dem im Diesseits genießenden Zyniker und dem selbstlosen Mann der Frömmigkeit – dies waren die großen inneren Räume, in denen die iranische Seele mindestens ein halbes Jahrtausend lang geatmet und überlebt hat. Der erste dieser Räume, die islamische Mystik, ist viel älter als ein halbes Jahrtausend; in gewissem Sinn ist sie so alt wie der Koran. Für spätere muslimische Mystiker stand die mystische Absicht des Korans außer Frage, wenn es dort heißt: „Gott ist der Osten und der Westen. Wohin du dich auch wendest – du triffst auf das Antlitz Gottes; denn Gott ist der Alldurchdringende, der Allwissende." Für die muslimischen Mystiker bedeutete diese Sicht der Welt – als Ort, wo das Antlitz Gottes hinter dem Schleier aller Erscheinungen stand – die Verheißung der unmittelbaren, allgemeinen Gegenwart Gottes. Er war auch in ihnen selbst gegenwärtig, denn nach den Worten des Korans war Gott jedem Menschen „näher als seine Halsschlagader".

So sehr jedoch die Mystik in der Heiligen Schrift vorgeprägt sein mochte – eine ausgereifte, spezifisch „islamische" mystische Tradition war mit dem Erscheinen des Korans noch keineswegs gegeben. Ebenso wie die islamische Erziehung war auch die mystische Tradition des Islam zunächst ein zartes Pflänzchen, das von vereinzelten Gläubigen mit

Mühe gehegt wurde und nur gelegentlich die Aufmerksamkeit der frühen Gelehrten und der Kalifen und Könige der islamischen Welt erregte.

Das Pflänzchen wuchs zuerst in dem Boden des vom Koran inspirierten Asketentums. Einige frühe Muslime lebten wie die frühen Christen in der täglichen Erwartung des Jüngsten Gerichts. Nachtgebet, heilige Armut und zusätzliche Fastenübungen – die über das im Fastenmonat vorgeschriebene Soll hinausgingen – waren für sie die einzige mögliche Haltung einer wachsamen Seele, die den Tag herannahen fühlte, an dem „die Menschen wie aufgescheuchte Motten und die Berge wie Watte sein werden". Die Askese war ein Mittel für das ständige Gedenken an Gott, das der Koran seinem Leser immer wieder einschärft. In dem Wort *dhikr*, das der Koran für dieses Gedenken gebraucht, sind die Bedeutungen „Erwähnung" und „Gedächtnis" in einer besonderen Weise verschmolzen, was zu den wichtigsten geistigen Übungen aller muslimischen Mystiker führte.

Unter den frühen muslimischen Mystikern waren allerdings einige, die mehr suchten als die bloße Vorbereitung auf das plötzliche Gericht. Ganz wie die christlichen Mystiker wollten sie die Eschatologie, die Lehre von den letzten Dingen, untergraben und in diesem Leben die „Begegnung mit Gott", wie sie der Koran für das Jenseits verheißt, erleben. Sie waren überzeugt, daß der Koran mit dem Volk, „das Er lieben wird, wie es Ihn liebt", diejenigen meint, die durch ihre besonders hingebungsvolle Liebe dem göttlichen Geliebten schon in dieser Welt begegnen würden. Die Nacht ist der Schutzmantel für den heimlichen Liebenden, und das Bild vom göttlichen Liebhaber drang bald in den Wortschatz dieser Adepten des nächtlichen Gebetes ein. Es dauerte nicht lange, da sagten sie, daß sie den Geliebten auch wegen Seiner Schönheit liebten und Ihm gehorchten, nicht nur aus Furcht vor dem Gericht und der Hölle. Sie untergruben die Eschatologie auch durch ihre Behauptung, sie seien von Seiner Schönheit trunken und dies sei wie die Trunkenheit des Paradieses, wo – nach dem Gleichnis des Korans – den wahren Muslimen, denen der Wein in dieser Welt verboten ist, eine Segnung verheißen wird, als ob sie von „Strömen von Wein" umgeben wären, „eine Freude für alle, die da trinken".

Langsam drang die Mystik vom Rand der islamischen Geisteswelt zur Mitte vor. Eine eigenartige Rolle bei diesem Vorgang spielte Sohravardi, ein Iraner des zwölften Jahrhunderts, dessen sonderbares, dramatisches Leben zu der sonderbaren, dramatischen Natur seiner Ideen paßte. Durch seine Deutung wahren Wissens als „Erleuchtung" sicherte er sich einen festen Platz im ostislamischen Denken als „Meister der Erleuchtung", und als solcher löste er einen Strom mystischen Denkens aus, dessen Strömungen und Schnellen noch heute die Welt der modernen schiitischen Mullahs beeinflussen.

Schon vor Sohravardi wurde allerdings die islamische Mystik vom Volk aufgenommen. Bis zum zwölften Jahrhundert hatten sich die muslimischen Mystiker – die jetzt Sufis oder „Wolleträger" hießen wegen der

Askese im härenen Hemd, die einige ihrer Begründer übten – über fast alle Teile der islamischen Welt verbreitet und waren unter Muslimen fast jeder Kategorie anzutreffen. Sie hatten eine lebendige Form der Vergeistigung entwickelt, die Muslime und auch Nicht-Muslime anzog. In den Ländern unter muslimischer Herrschaft und auch in weit entfernten Ländern – in Innerasien, Zentralafrika und anderswo – kam es zu Bekehrungen zum Islam, und zwar vor allem durch die Bemühungen der Sufis, weniger durch andere Vertreter der Religion. Die Bekehrung der Türken Innerasiens durch die Sufis kam übrigens gerade rechtzeitig, um eine Katastrophe zu verhindern. Mitte des elften Jahrhunderts, eine Generation nach Avicennas Tod, drängten türkisch sprechende Nomadenhorden aus Innerasien in den muslimischen Mittelosten und fegten den Kranz kleiner Könige hinweg, deren Arzt der große Avicenna gewesen war. Die türkischen Eroberer waren kurz zuvor durch den missionarischen Einsatz der Sufis zum Islam übergetreten und unternahmen daher keine Versuche, dem Mittleren Osten eine neue Religion zu bringen. Dennoch waren die von ihnen eingeführten Veränderungen so tiefgehend, daß das Auftreten der Türken in der Geschichte des islamischen Mittleren Ostens fast den gleichen Stellenwert hat wie die Entstehung des Islam selbst im siebten Jahrhundert und die Herausforderung durch den Westen im neunzehnten und zwanzigsten Jahrhundert. Diese türkischen Eindringlinge waren die erste Welle einer Wanderbewegung von Turkvölkern aus den innerasiatischen Steppen, die bis zum Beginn des sechzehnten Jahrhunderts andauern sollte. Mit diesen Wanderungen kamen auch viele türkisch sprechende Viehhirten mit ihren Schafherden an. Diese Hirten bildeten zusammen mit ihren türkischen Vettern in Innerasien eine neue Schicht von Kriegern, aus denen in der Folge ein Großteil der Herrscher im Mittleren Osten und ganz besonders im Iran hervorgehen sollte, bis im zwanzigsten Jahrhundert Nicht-Türken wie Reza Schah und König Saud an die Spitze arabischer Staaten und des Irans traten. Als Reza Schah 1925 die Monarchenwürde annahm, erinnerten seine Anhänger daran, daß der Iran jetzt endlich wieder einen König aus einer Familie hatte, deren Mitglieder im Gegensatz zu den türkischen Kadscharen oder anderen iranischen Herrschern wohl schon immer Persisch oder einen verwandten Dialekt gesprochen hatten.

Das Eindringen türkischer Heere und türkischer Herrscher verbreiterte noch die Kluft, die schon vorher zwischen den Herrschern im Mittelosten und ihren nicht türkisch sprechenden Untertanen bestanden hatte. Diese Distanz flößte den nicht türkisch sprechenden Völkern Furcht ein und ließ sie zugleich stärker auf ihr eigenes Potential zurückgreifen. Das Gefühl der Furcht engte den Spielraum erlaubter gedanklicher Spekulation ein und setzte dem fruchtbaren, verwirrenden Tummelplatz aus der Zeit Avicennas ein Ende, als Philosophen, Theologen, Dualisten und auch ausgemachte Skeptiker einander nach Herzenslust bekämpft hatten. Aus dem Bestreben heraus, den Islam gegen unberechenbare fremde Herrscher und gegen die Gefahren einer gesellschaftlich weniger festgefügten Welt zu schützen, organisierten arabische und iranische Muslime nun das religiöse Leben in der Gesellschaft in einem Maß, das den Muslimen früherer Generationen unnötig erschienen war. Eine dieser Organisationsformen war die Medrese. Wie wir gesehen haben, kamen diese theologischen höheren Schulen Ende des elften Jahrhunderts auf und wurden in der Regel von iranischen Verwaltern gegründet, die bei den türkischen Sultanen und ihren Generälen hohe Posten bekleideten. Aber zur gleichen Zeit oder kurz danach bildeten sich im islamischen Mittleren Osten auch zahlreiche „Bruderschaften", freiwillige Zusammenschlüsse von Männern, die erkannt hatten, daß sie sich zur Wahrung ihrer Interessen nur auf sich selbst verlassen konnten. Einige dieser Bruderschaften hatten paramilitärischen Charakter, z. B. Banden von Jugendlichen. Andere waren geistige Bruderschaften wie z. B. die Orden der Sufis.

Der Sufismus, der seine Jünger in ein mystisches Verständnis der Religion und der Welt einwies und dem es in so neuer und erregender Weise um die innere und unmittelbare Wahrnehmung religiöser Wirklichkeit durch den Eingeweihten ging, hatte als selbständige Organisation islamischen Geisteslebens ungeheuren Erfolg, denn er gab der Welt, die durch weit entfernte, unstabile türkische Regierungen unübersichtlich geworden war, Bedeutung und Zusammenhalt. Aber auch die Türken waren am Sufismus interessiert. Einige waren durch Sufis bekehrt worden, die wiederum Gemeinsamkeiten mit den Priestern ihrer eigenen vorislamischen Vergangenheit hatten. So entwickelten sich viele sufistische „Orden", die verschiedene Gesellschaftsklassen ansprachen – vom einfachen Sufismus des Bauern, der den Namen und die Beinamen Gottes intonierte, bis zu dem gedanklich hochentwickelten pantheistischen Sufismus einiger Philosophen.

Bei all diesen organisierten Formen des Sufismus gab es Zeremonien unter dem Namen *dhikr*. Dabei wurden, wie schon aus dem Wort *dhikr* hervorgeht, Gott und seine Namen nach einem vorgegebenen Muster wiederholt angerufen, in ähnlicher Form, wie auch der Hindu-Mystiker ein Mantra spricht oder der christliche Mönch auf dem Berg Athos immer wieder „Herr Jesus Christ, Sohn Gottes, erbarme Dich meiner" wiederholt. Das Muster wurde von einer Persönlichkeit vorgegeben, die verschiedentlich „Meister", „Ältester" oder „Führer" genannt wurde, und die geistige Ahnenreihe dieser Meister bestimmte entscheidend ihre Autorität. Viele dieser Ahnenreihen gingen letztlich auf Mohammed zurück, da es hieß, er habe seinen Familienangehörigen eine geistige Übung gelehrt und sie ihnen interpretiert, die diese Wirkung hatte. Andere Ahnenreihen leiteten sich über Mohammed hinaus sogar von Adam ab. Wie bei den Ahnenreihen der Übermittler von Aussprüchen Mohammeds waren auch diese geistigen Ahnenreihen, die die Menschen vertikal über die Generationen hinweg verbanden, im islamischen Mittleren Osten das typische Zeichen von Institutionalisierung – ganz ähnlich, wie die heutigen Europäer sich in Gruppen sehen, deren Solidarität aus der Überschneidung horizontaler Ansprüche unter Zeitgenossen erwächst.

Die Sufis fanden ihre Anhänger in allen Gesellschaftsschichten, sogar unter den Schülern und Absolventen der Medresen; andererseits erwuchsen ihnen aus diesen Schichten auch die erbittertsten Gegner. Die Lehrer und Studenten der Medresen sahen im Sufi jemanden, der geistige Autorität beanspruchte, ohne ihren langen Bildungsweg durchlaufen zu haben, und der daher – wie einige es ausdrückten – als Ausleger des Korans ein Amateur und Hochstapler war. Bei den Sufis gibt es eine Geschichte, die sich gegen diese Verachtung durch die Mullahs wendet. Sie erzählt von Baba Taher, einem Sufi und außerordentlich beliebten Volksdichter aus Hamadan, der um die Zeit des ersten Türkeneinfalls im westlichen Iran in dieser Stadt lebte, eine Generation nachdem Avicenna einen dortigen König behandelt hatte. Baba Taher ging an der Medrese vorüber und bat die Studenten, ihm kundzutun, wie sie ihr Wissen erwarben. Die Studenten machten sich einen Scherz und sagten ihm, er solle eine Winternacht in dem gefrierenden Teich im Hof der Medrese verbringen. Baba Taher ging sofort darauf ein, und als er am Morgen wieder dem Teich entstieg, beherrschte er souverän alle Wissenschaften, die die Medrese lehrt. In elegantem Arabisch erklärte er: „Am Abend war ich noch ein Kurde [ein Bauerntölpel], aber heute morgen bin ich ein Araber [ein Meister der Buchgelehrsamkeit]." Die Mullahs hatten aber noch einen anderen, weniger intellektuellen Grund, den Sufis zu mißtrauen: die sufistischen „Führer" waren eine alternative geistige Elite und als solche manchmal ihre direkten Konkurrenten, wenn es um das Geld und die Anhänglichkeit der muslimischen Massen und der türkischen Herrscher ging.

Sohravardi wurde Mitte des zwölften Jahrhunderts, hundert Jahre nach Baba Taher, in einer Stadt unweit von Hamadan geboren. Er hat offenbar eine Medrese besucht, denn seine Bücher zeigen völlige Beherrschung der an Medresen vermittelten Wissensgebiete. Sein Schüler und Biograph sagt allerdings nur, er sei „in seinen frühen Jahren auf der Suche nach Bildung umhergereist" und habe die islamischen Gesetze und die Rechtswissenschaft studiert. Er verband sich auch mit Sufis und übernahm deren Übungen der Abgeschiedenheit und des Fastens; dabei soll er sich eine Zeitlang mit einer einzigen kargen Mahlzeit pro Woche zufriedengegeben haben. Sein Biograph, der uns dies mitteilt, sagt auch, Sohravardi habe sich in seinem äußeren Verhalten als Mann gezeigt, der sehr stark von „Hunger, Schlaflosigkeit und Meditation über die Welten Gottes" geprägt gewesen sei. „Anderen Menschen schenkte er wenig Beachtung, denn es ging ihm um Stille und innere Versenkung, und er lauschte gern musikalischen Darbietungen und Melodien. Er war ein

Mann, dem durch die Gnade Gottes Wunder und Zeichen gewährt wurden." Auf seinen Reisen suchte er ständig nach einem Gefährten, mit dem er seine geistige Welt teilen konnte; doch fand er keinen, und am Schluß eines seiner Bücher schrieb er: „Nun bin ich schon fast dreißig Jahre alt; den größten Teil meines Lebens bin ich umhergereist und habe nach einem Gefährten gesucht, der in den Wissenschaften der Wirklichkeit bewandert wäre. Doch habe ich niemand gefunden, der von den ‚edlen Wissenschaften' Kenntnis hatte oder auch nur an sie glaubte."

In seinem Auftreten und seiner Handlungsweise war Sohravardi jetzt ebenso exzentrisch wie in seinem höchst originellen System mystischen Denkens. Manchmal kleidete er sich als gelehrter Muslim mit Mantel und vorgeschriebenem hohen roten Hut, manchmal „im Stil der Sufis", dann wieder eher wie ein Lumpensammler mit flickenbesetztem Umhang, den er auch als Kopfhaube hochzog, wenn er sich nicht gerade ein Handtuch um den Kopf gebunden hatte. Er schrieb ekstatische mystische Gedichte, die mit ihrer Bildsymbolik vom Wein und von der Vereinigung der Geliebten für die anti-sufistischen Professoren der Medrese ein rotes Tuch waren. Eines seiner arabischen Gedichte – ähnliche Gedichte schrieb er auch auf persisch – beginnt wie folgt:

> Immer sehnen sich Seelen nach dir in zartem Verlangen;
> als Liebendem dir zu begegnen, ist für sie wie der Wein
> und der würzige Duft des Grußes.

Als Sohravardi auf seiner Wanderschaft nach Aleppo in Syrien kam, stellte er fest, daß sein Ruf als Ketzer, „der an das System der Philosophen der Antike glaubte", ihm schon vorausgeeilt war. Die muslimischen Rechtswissenschaftler – das sunnitische Gegenstück der Mullahs – verkündeten als rechtmäßige Auffassung, daß er vogelfrei sei; doch der Gouverneur der Stadt, ein Sohn des berühmten Saladin, nahm seinen exzentrischen Gast in Schutz. Da wandten sich die Rechtsgelehrten an Saladin selbst. Saladin hatte gerade die letzten einundzwanzig Jahre mit dem Versuch zugebracht, das Gewirr von muslimischen Königreichen in Syrien und Ägypten in einem Staat zu vereinen, der die christlichen Kreuzfahrerstaaten Palästinas überwinden könne, und tatsächlich hatte er diesen schon einige Jahre vorher eine entscheidende Niederlage beigebracht. Er hatte Jerusalem zurückerobert, Medresen gegründet und als Vorkämpfer des Islam im allgemeinen und der islamischen Orthodoxie im besonderen unter den zerstrittenen Muslimen des Orients ein hohes Maß an moralischer Autorität erreicht. Jetzt sah er sich einer christlichen Gegenoffensive gegenüber mit dem Ziel, Jerusalem erneut einzunehmen. In seinem harten (und letztlich erfolgreichen) Kampf gegen die Christen fand er noch Zeit für die Ritterlichkeit, die die Führer der Gegenoffensive wie etwa Englands Richard Löwenherz bezauberte. Keine Zeit hatte er jedoch für muslimische Exzentriker, die sich mit den muslimischen

Religionsgelehrten Syriens überwarfen. Er ordnete Sohravardis Hinrichtung an. Ende Juli 1191 verlor Sohravardi, damals kaum achtunddreißig Jahre alt, das Leben.

Sohravardi mochte zwar in seiner eigenen Zeit, wie er sich ausdrückte, keinen „Gefährten" gefunden haben, mit dem er sein Verständnis der Wissenschaften teilen konnte; doch zählte er zu seinen geistigen Ahnen ein ganzes Heer der „antiken" Denker, die die muslimische Welt seiner Zeit kannte. Er sah sich als Erbe des Empedokles, des Pythagoras und Platons, aber auch des iranischen Propheten Zarathustra und einer großen Zahl der Kulturhelden der vor-islamischen iranischen Überlieferung. Sie alle waren für Sohravardi Vertreter dessen, was er „den ewigen Sauerteig" nannte, der alle wahren Weisen beseelte. In der islamischen Epoche sah Sohravardi diesen Sauerteig in einigen der großen Sufis am Werk. Seine Gefühle gegenüber Avicenna, seinem eigentlichen geistigen Vater, waren jedoch zwiespältig, und das mit gutem Grund.

Avicenna sah sich mit seiner eigenen Synthese philosophischen Denkens als innerhalb der aristotelischen Tradition stehend, und seine späteren muslimischen Anhänger nannten sich oft Peripatetiker (nach dem Beispiel der griechischen Anhänger des Aristoteles). Die Sufis sahen in Avicenna den Erz-Rationalisten, der sich durch seinen eigenen Scharfsinn im Gebrauch der überlieferten Formen logischen Denkens hatte hinters Licht führen lassen. Doch war Avicenna selbst von seinen Synthesen nie völlig befriedigt und schrieb bis an sein Lebensende immer neue *summae*. Zum einen wollte er das mystische Erbe des Neuplatonismus mit einbeziehen, vor allem eine *summa* des Plotin, die in ihrer arabischen Übersetzung fälschlich Aristoteles zugeschrieben wurde. Zum andern entwickelte Avicenna gegen Ende seines Lebens das Projekt einer „östlichen Philosophie" – östlich nicht nur, weil er seine Philosophie von den sklavenhaft genauen Interpreten des Aristoteles im westislamischen Bereich abheben wollte, sondern auch weil die Sonne im Osten aufging und weil die „Erleuchtung" der Seele durch eine für den konventionellen Verstand unzugängliche Wahrheit ein Grundelement dieser Philosophie bildete. Das Projekt wurde niemals zu Ende geführt. Nach dem Tod des Meisters spaltete sich die Tradition des Avicenna; die Scholastiker übernahmen die „peripatetische" Hälfte, die logisch folgerichtiger war.

Sohravardi griff nach der anderen Hälfte. Avicenna hatte zwar ein aristotelisches physisches Universum mit Ursache und Wirkung übernommen, gleichzeitig aber die Seele des Menschen als vorübergehenden Gefangenen des Dunkels gesehen, in das sie aus einer Welt des Lichts herabgestiegen war. In einem arabischen Gedicht schrieb Avicenna über die Seele:

> Eine Taube, edel und stolz, ist vom erhabensten Ort
> zu dir herabgestiegen...
> Sie trauert im Gedenken an die Jahre im Jagdrevier;
> unaufhörlich rollen ihre Tränen hervor....

Mit dem gleichen Reim und im Stil von Avicennas Gedicht schrieb Sohravardi sein eigenes Gedicht über die Seele als Taube; diesmal triumphiert sie jedoch über den Trennungsschmerz:

> Am sandigen Hügel des Jagdreviers hat sie die leibliche Hülle
> abgelegt, und in heißer Sehnsucht eilte sie
> zur alten Wohnstatt empor...
> Es ist, als sei ein Blitzstrahl durch den Park gezuckt
> und sei dann weggerollt, als hab' es nie geblitzt.

Sohravardi glaubte, daß der Triumph der Taube in ihrer Berührung mit dem „urewigen Sauerteig" begründet sei, mit jener Weisheit, die nach seiner Ansicht schon vom allerersten Menschen an in der Welt vorhanden gewesen sein müsse, da Gott den Menschen nicht ohne Hoffnung auf Errettung gelassen hätte. Sohravardi führte tatsächlich seine volle geistige Ahnenreihe auf Adam zurück, der als erster die „Erleuchtung" durch diesen Sauerteig empfangen habe.

Avicenna hatte bereits dargelegt, daß die Seele durch Wissen aus dem Dunkel zum Licht zurückgelangen könne; mit diesem Wissen war aber nicht nur das Verständnis gemeint, das die peripatetische Philosophie vermittelte. Es war darüber hinaus die Erleuchtung der Seele durch das Verständnis der symbolischen Bedeutung der Dinge unabhängig von ihren logischen Ursachen – mit anderen Worten, die Botschaft, die Gott den Menschen durch alles zukommen ließ, worüber Menschen nachsinnen konnten. In mehreren kurzen Allegorien, von denen eine in der Gefängnishaft bei Hamadan entstand, beschreibt Avicenna die Reise der Seele zurück zu ihrer vergessenen Heimat – einmal wird sie dabei von einem Engel geführt, einmal von einem Vogel. Auch hier folgt Sohravardi wieder Avicennas Beispiel; doch ging Avicenna ihm nicht weit genug. Sohravardi kritisierte Avicennas Allegorie, denn er vermißte in ihr „die Erleuchtungen des Verstehens im Hinblick auf die ‚größte Erfahrung', das, was [im Koran] das ‚Große Überwältigende' genannt wird". In Sohravardis Fassung begibt sich die Seele auf eine noch viel merkwürdigere Reise, die auf dem Berg Sinai endet; dort trifft der Held einen Weisen, „von dem ein Licht ausging, dessen Glanz fast die Himmel und die Erde spaltete". Jedoch erfahrt die Seele hier, daß sie anders als Avicennas Reisender noch weit von Gott entfernt ist.

Sohravardi kritisierte Avicenna auch, weil er ihm auf noch einem anderen Gebiet nicht weit genug ging, nämlich in seiner Kritik an den nicht-mystischen Logikern des Islam. Zur Zeit Avicennas lebten diese nicht-mystischen Logiker westlich des Irans, und daher spricht Avicenna von ihnen als „Männern des Westens"; damit spielte er nicht nur auf ihren geographischen Bereich (von Bagdad bis Spanien) an, sondern beklagte auch ihr fehlendes Interesse an der „Erleuchtung" durch die im Osten aufgehende mystische Sonne. In einem Traumgesicht wurde Sohravardi von Aristoteles besucht – der offenbar viel getan hat, um das Traumleben der islamischen Denker jener Zeit zu bereichern –, wobei Aristoteles bestätigte, daß das mystische und seherische Denken die einzig wahre Philosophie sei. In diesem Traumgesicht gab Aristoteles – Sohravardi nennt ihn nicht nur mit seinem üblichen Titel „der Erste Lehrer", sondern auch „die Zuflucht der Seelen" und „der Führer zur Weisheit" – dem Sohravardi zunächst eine ziemlich scholastische Vorlesung über Sein und Existenz; dann „lobte er seinen Lehrer, den göttlichen Platon, in einer Weise, die mich verblüffte. Danach [fährt Sohravardi fort] fragte ich ihn: ‚Hat irgendein Philosoph des Islam seine Stufe erreicht?' Er antwortete: ‚Nein, nicht den tausendsten Teil seiner Stufe.' Ich zählte einige Namen auf, die er kannte; aber er schenkte ihnen keine Beachtung. Dann nannte ich [die Sufis] Bistami und Tustari und einige andere, und es war, als frohlockte er. Er sagte: ‚Das sind wahre Philosophen und Weise! Sie sind nicht beim formalen Wissen stehengeblieben, sondern zum teilnehmenden, vereinigenden, erfahrungsmäßigen Wissen fortgeschritten. ... Sie sprachen, was wir gesprochen haben.' Damit verließ er mich, und ich blieb zurück, über seinen Abgang weinend".

Sohravardi hatte die Philosophen studiert, die hier mit einem Tausendstel des göttlichen Platon bewertet werden, und seine Kritik an ihnen war geistreich, aber nicht immer überzeugend. Er suchte mit ihren eigenen Begriffen zu demonstrieren, daß formales Vernunftwissen viele unlösbare Probleme aufwirft, die in endlose Trugschlüsse münden. So suchte er zu beweisen, daß keinem Gegenstand die Eigenschaft „Existenz" tatsächlich zugeschrieben werden kann, wenn wir den Gegenstand mit herkömmlichen Vernunftmethoden erörtern. Er führte daher eine andere, völlig unabhängige Wissenskategorie ein, die „Erleuchtung", die uns ein Wissen über so etwas wie „Existenz" vermittelt. Als Befürworter eines Wissens durch „Erleuchtung" sah er sich zu Recht als einen Nachfolger des „göttlichen Platon". Im *Staat* vergleicht Platon die Menschen mit Gefangenen, die in einer unterirdischen Höhle nur die Schatten der Gegenstände sehen, nicht aber die Sonne, die diese Schatten wirft und die als Quelle des menschlichen Sehvermögens die eine Wesenheit ist, ohne die das Dasein keines anderen Dinges wahrgenommen werden kann. Sohravardi ging noch weiter und sagte, die Quelle des Lichtes sei zugleich auch die Quelle des Daseins. Das Dasein hat nichts zu tun mit Kategorien wie „kreisförmig" oder „von roter Farbe", die uns bei konkreten Gegenständen sofort zur Verfügung stehen; das Sein können wir nicht bildlich darstellen, und doch ist es allgegenwärtig. Das „Dasein" kann (nach Sohravardis Ansicht) nicht mit Vernunftbegriffen definiert oder umschrieben werden, und doch erfassen wir es alle, und dieses Erfassen ist ein gemeinsames ursprüngliches Wissen durch „Erleuchtung". Ebenso wie das „Sein" oder das „Dasein" ist auch das Licht kein Gegenstand; es hat keine feste Begrenzung, und wie für das „Sein" gilt auch für das Licht, daß es nur dort aufhört, wo es durch Unterbrechungen aufgehalten wird, die Schatten werfen. Aus dieser Ähnlichkeit leitet Sohravardi ab, daß das Sein ein geistiges Licht ist und dessen Quelle das „Licht der Lichter", dem alles geringere Licht und alle abgeleiteten Formen des Seins entspringen.

Die Mystik des Lichts ist der religiösen Überlieferung des Islam nicht fremd. In einem der beliebtesten Verse des Korans, der als Inschrift Tausende von Gebäuden ziert und den Millionen und Abermillionen auswendig lernen, heißt es: „Gott ist das Licht der Himmel und der Erde, und sein Licht ähnelt einer Nische, in der eine Lampe steht; die Lampe ist in einem Kristallglas, und das Kristall ist ein heller Stern; es wird von einem gesegneten Olivenbaum entzündet, der weder des Ostens noch des Westens ist und dessen Öl fast sein eigenes Licht aussendet, selbst wenn es nicht vom Feuer berührt wird. Licht über Licht! Gott führt zu Seinem Licht, wen er zu führen wünscht. Gott gibt den Menschen Gleichnisse, und Gott kennt alle Dinge."

Dieses großartige Gleichnis aus dem Koran legte nahe, die „verheißene Begegnung mit Gott" mit dem Bild des Lichts zu beschreiben. Dies wird auch dadurch bestärkt, daß Mohammeds „Aufstieg" zum Throne Gottes unter der Führung des Engels Gabriel – eine Verklärung, die in allen Biographien verzeichnet ist – in all diesen Berichten in einer Erfahrung des Lichts ihren Höhepunkt findet.

In der westlichen Literatur ist die deutlichste Parallele zu der ausgefeilten Erzählung von Mohammeds „Aufstieg" Dantes *Paradies*, wo auf dem Gipfel des Paradieses St. Bernhard den Dichter bittet, zum „Ewigen Licht" zu schauen, und wo Dante das Licht bittet, wieder in die Welt der Sinne zurückgeführt zu werden, damit er den anderen davon erzählen kann: „O Höchstes Licht, das so hoch erhaben ist über das Verstehen der Welt, gewähre meinem Geist wieder ein wenig von dem, wie du erschienen bist, und verleihe meiner Zunge solche Macht, daß sie wenigstens einen Schimmer Deiner Macht den Nachgeborenen vermitteln kann. Denn wenn etwas davon in meine Erinnerung zurückkehrt und wenn diese Verse ein wenig zum Klingen kommen, wird Dein Sieg klarer erkennbar." In Dantes ebenso wie in Mohammeds „Aufstieg" zum Himmel ist Gott der Brennpunkt des lebendigsten Lichtes, umgeben von neun konzentrischen Kreisen von dicht gedrängten, Licht aussendenden Engeln, und alle neun Kreise drehen sich in unaufhörlicher Bewegung um den Göttlichen Brennpunkt.

Vielleicht ist Dante durch die muslimischen Berichte vom „Aufstieg" beeinflußt worden, von denen die islamische Tradition viele (fälschlicherweise) dem Avicenna und einige wenige (auch fälschlich) dem Sohravardi zuschreibt. Dante hatte eine gewisse Kenntnis von der islamischen Religionswissenschaft, die er schätzte, und er weist Avicenna (und Saladin) einen Platz in der Vorhölle an, wenn er auch den Propheten Mohammed und Ali gezwungenermaßen in die Hölle befördert. Aber in einer Hinsicht unterscheiden sich das Licht und ganz besonders das

„Licht der Lichter" Sohravardis von dem Göttlichen Brennpunkt Dantes und der muslimischen Seher, die die Erzählungen vom „Aufstieg" verfaßten. Dante und dieser Seher sprachen vom Licht in allegorischer Bedeutung; für Sohravardi hingegen – wie auch für so viele vor-islamische Iraner, wie z. B. die Zarathustrier – *war* das Licht etwas Wesenhaftes. Einige gingen noch weiter und sagten, die Quelle des Seins sei wirklich der lichtvollste aller Gegenstände – und Sohravardi ergänzte: je weiter ein Ding vom Licht der Lichter entfernt ist, desto schwächer wird es in seiner Seinsstufe und in seiner Lichtfülle.

Die zarathustrische Religion – vor dem Kommen des Islam mindestens tausend Jahre lang *die* Religion des Irans – war in der Antike die klassische Ausprägung des Dualismus im Nahen Osten. Für die Mehrheit ihrer Anhänger war die Welt ein Kampfplatz zwischen Licht und Dunkel, die wiederum mit Gut und Böse gleichgesetzt wurden. Die beiden Kräfte befanden sich in einem mehr oder weniger ebenbürtigen Kampf; allerdings prophezeite Zarathustra das Kommen eines Erlösers, unter dem die Mächte des Lichts den völligen Sieg erringen würden. Vielleicht ist es kein Zufall, daß die Gestalt Satans, die in den frühen Büchern des Alten Testaments kaum eine Rolle spielt, für die Juden (und damit auch für die Christen) erst nach der Babylonischen Gefangenschaft an Bedeutung gewinnt, die die Juden mit Anhängern dualistischer Religionen wie z. B. der der alten Iraner in Berührung brachte.

Sohravardi übernahm zwar die zarathustrische Gleichsetzung des Lichts mit dem Guten, doch verwarf er den zarathustrischen Glauben an eine Macht des Bösen, die der des Guten nahezu ebenbürtig sei; als aufrichtiger Muslim hätte er auch kaum eine andere Haltung einnehmen können. Aber auch als Mystiker verwarf er eine Personifizierung des Bösen. Das Böse war nur die Abwesenheit des Guten und des Lichts, es war also Dunkelheit. Aber selbst wenn wir einräumen, das Licht habe einmal das Dasein von Dingen zugelassen, die Schatten werfen und Dunkel erzeugen – in welchem Verhältnis steht dann der schlecht erleuchtete Teil der physischen Welt zu der blendenden Helligkeit des Lichtes der Lichter?

Sohravardis Antwort hielt sich im Rahmen der antiken Tradition der Mystik des Lichts, doch hatte sie – wie es bei einem so originellen Mann zu erwarten ist – auch ihre ureigene Note. In Übereinstimmung mit den alten Mystikern des Lichts sah Sohravardi die Seele als Lichtbündel, das seine Umgebung an Leuchtkraft übertraf – sozusagen als fernen, aber doch erkennbaren Blitzstrahl jenes ursprünglichen, höchsten Lichts. Auch war die Seele „konzentrisch" mit dem Sein selbst; sie bewegte sich in einem Kreis (also in der vollkommenen Figur) um das Licht der Lichter und hatte doch die Fähigkeit, durch Erleuchtung in sich selbst den Göttlichen Mittelpunkt jeder Kreisbewegung zu entdecken. Ebenso übernahm Sohravardi von den Mystikern des Lichts die Theorie, daß das physische Universum mit seinem Ursprung durch Ausstrahlungen von

Licht verbunden war, die sich immer mehr abschwächten, je weiter sie vom Ursprung nach außen strahlten. Nach dieser Theorie blieb das Universum ein bruchloses Ganzes, von seinen minderwertigsten stofflichen Gegenständen bis zu seinem lichtvollen Ursprung. Außerdem lieferte diese Theorie eine befriedigende Erklärung dafür, daß alle Dinge offenbar untereinander verbunden waren – was die Mystiker nicht nur intuitiv annahmen, sondern auch als philosophisch notwendig erachteten, weil alle Dinge an bestimmten Kategorien wie z. B. der Zeit teilhaben und dadurch Teil eines Ganzen werden.

Sohravardis ureigene Note bestand darin, daß er die Zwischenwelten zwischen dem Licht der Lichter und unserer Welt mit Engeln bevölkerte, die unter anderem die Rolle der platonischen „Ideen" übernahmen, also der Universalien, deren Existenz uns erkennen läßt, daß ein bestimmter Kreis zu der Kategorie „kreisförmiges Sein" oder daß Lewis Carroll zur Kategorie „Mensch" gehört. In diese Zwischenwelten setzte Sohravardi nicht nur einige wenige, sondern ganze Heerscharen von Engeln, und er gab ihnen altiranische Namen und ordnete sie nach zarathustrischem Vorbild in Hierarchien an, denn unter allen Religionen des vor-islamischen Mittleren Ostens hatte vielleicht die Zarathustra-Religion das am höchsten entwickelte, ausgebildeteste Klassensystem von Engeln.

Sohravardis Bestreben, die Kosmologie um eine iranische Dimension zu bereichern, entsprach der geistigen Atmosphäre seiner Zeit. Abhandlungen in persischer Sprache und Ansätze zu einem iranischen Bewußtsein waren erstmals im neunten Jahrhundert zaghaft hervorgetreten, und seitdem waren sie immer zahlreicher geworden. Mit seinen Heerscharen von zarathustrischen Engeln war es Sohravardi gelungen, einen weiteren Bereich altiranischer Motive in die Welt des iranischen Islam einzuführen. Sohravardis gelegentliche Verwendung der persischen Sprache war auch ein Indiz für die wichtige Rolle, die dem Sufismus und anderen unorthodoxen religiösen Richtungen bei der starken Wiederbelebung des Persischen als Literatursprache zukam. In der vor-islamischen Zeit hatte Persisch – in der einen oder anderen seiner vielen Formen – mindestens zwölfhundert Jahre lang als Literatursprache gedient; nach der Ausbreitung des Islam im siebenten Jahrhundert war es dann aber zweihundert Jahre lang verstummt – mundtot gemacht durch die Niederlage der Iraner und das völlige Verschwinden ihres zarathustrischen Staates.

Im neunten Jahrhundert gab es dann unter den vielen arabisch schreibenden Iranern hier und da eine mutige Seele, die einmal einen Vers oder eine Strophe in der tatsächlich gesprochenen persischen Sprache niederschrieb. Im zehnten und elften Jahrhundert hatte sich die Situation geändert. Weite Teile des Irans wurden von persisch sprechenden Königen beherrscht, die Arabisch nur mit Mühe verstanden, und dementsprechend änderte sich das Patronatssystem. Avicenna schrieb für seine königlichen Gönner, die alle irgendeinen persischen Dialekt sprachen, mehrere seiner Abhandlungen auf persisch, damit diese Gönner auch wußten, wofür sie ihr Geld ausgaben, und dabei schuf er mit der für ihn bezeichnenden Genialität einen Teil des persischen philosophischen Wortschatzes. Das Überleben des Englischen nach der Eroberung Englands durch die französisch sprechenden Normannen und die Rolle, die die englische Sprache für die Entstehung eines eigenständigen englischen Bewußtseins spielte, liefern eine erstaunliche Parallele.

Die Versdichtung war die erste literarische Stimme, in der sich die neue persische Sprache zu Wort meldete, und sollte immer ihre stärkste Stimme bleiben. Die ersten Äußerungen in dieser neuen Stimme hatten oft kaum etwas mit dem Islam zu tun; ja, das älteste erhaltene Bruchstück neupersischer Dichtung ist ein Gedicht eines Manichäers, also eines Anhängers jener dualistischen iranischen Abspaltung der Zarathustra-Religion, die den jugendlichen Augustinus angezogen hatte, bevor er Christ wurde (und zwar ein ausgesprochen neuplatonischer Christ).

Das umfangreichste und auch bei weitem bedeutendste Werk aus der Frühzeit der neupersischen Dichtung ist *Das Buch der Könige* von Ferdousi (um 1010). *Das Buch der Könige* ist kein manichäisches Werk, aber seine Beziehung zum Islam ist zwiespältig. Ferdousi war Muslim, und er stattet einige Helden seines Epos mit muslimischen Tugenden aus; doch ist das Buch unverkennbar ein Preislied auf die vor-islamische iranische Geschichte. Es ist ein gewaltiges Epos, eine Prozession iranischer Könige von den Zeiten, in denen zum erstenmal in einer neu erschaffenen Welt ein iranischer Kulturheld „Krone und Thron erfand und ein Schah war", bis zu den Tagen, als muslimische Araber die zoroastrischen Iraner besiegten und „der Thron zur Kanzel wurde". Der rote Faden, der das Epos über diese Zeitspanne von über tausend Jahren zusammenhält, ist der Kampf der Iraner unter der Führung ihrer Könige (von denen sie aber manchmal verraten werden) gegen Nicht-Iraner, deren Versuche, den Iran zu erobern, Akte des „Bösen" sind. Ferdousi sagt uns nämlich gleich zu Beginn, der einzige Feind des ersten iranischen Königs sei Ahriman gewesen – jene zarathustrische Verkörperung der Macht des Bösen, deren kosmischer Kampf gegen das Gute den Inhalt der Geschichte bildete. *Das Buch der Könige*, in einem martialischen Versmaß geschrieben, beschwört das Marschieren und die rhythmischen Übungen der Männer, die sich auf diesen kosmischen Kampf vorbereiten.

Die etwas über sechzigtausend Verszeilen des *Buchs der Könige* besingen vor allem das Heldentum der nicht-königlichen Vorkämpfer des Guten, für die die Könige oft eher hinderlich sind – so wie Agamemnon es für Achilles war. In den weitgespannten Bogen der Königsgeschichte sind ganze Episodenketten eingearbeitet, die von den Abenteuern einiger dieser Helden berichten, von ihren Kämpfen mit Drachen, Hexen und schrecklichen nicht-iranischen Kriegern aus fernen Ländern. Der größte dieser Helden ist Rostam. Ferdousi zeichnet Rostam als einen Mann, der im Kampf unbesiegbar ist, dabei aber Launen, Humor und Fehler hat und das Leid des Eigentors kennt. Die rührendste Episode ist vielleicht die, in der Rostam, ohne es zu wissen, seinen Sohn Sohrab tötet, der ihm als Vorkämpfer der Nicht-Iraner im Einzelkampf entgegengetreten ist. Matthew Arnold erkannte hierin selbst in einer unzureichenden französischen Übersetzung eine „edle und hervorragende" Erzählung, die der Gattung der „naiven" Dichtung zugehöre, die er (wie Schiller) der „sentimentalischen" Dichtung gegenüberstellte, da sie „belebt", so wie die Dichtung Homers und Shakespeares „belebt". Als Nachahmung schrieb Arnold das Gedicht „Sohrab and Rustum", in dem Rostam zu seinem sterbenden Sohn von seiner Sehnsucht spricht, daß

> ... I might die, not thou;
> And I, not thou, be borne to Seistan...
> But now in blood and battles was my youth,
> And full of blood and battles is my age,
> And I shall never end this life of blood.

> ... ich sterben möge und nicht du;
> daß ich, nicht du, nach Seistan werd' getragen...
> Die Jugendzeit war mir nur Kampf und Blut,
> und voller Kampf und Blut ist auch mein Alter,
> und nie werd' enden ich dies blut'ge Leben.

Diese Klage ist mit ihrer Macht und ihrer Schicksalsergebenheit dem Geist Ferdousis treu.

Die persische Epik mag sich verdächtig gemacht haben, weil sie zuerst mit dem ganz un-muslimischen Wunsch zu Wort kam, die heidnische, vor-islamische Vergangenheit des Irans zu verherrlichen. Dann war aber die persische Lyrik noch viel verdächtiger, denn die neue persische Lyrik war in der Legende und in Wirklichkeit mit den Erzketzern, den Manichäern, verbunden. Der Manichäismus war seit seiner Begründung Mitte des dritten Jahrhunderts bis zu seinem Verschwinden im späten Mittelalter Gegenstand des Grauens und der Faszination für Zarathustrier, Christen und dann auch für Muslime. Der iranische Prophet Mani predigte eine Form des Gnostizismus, einen Glauben an die Erlösung durch Aneignung eines Schatzes an offenbartem Wissen. Ebenso wie die Gnostiker, die ihm vorausgegangen waren, lehrte er einen dualistischen Glauben, für den die stoffliche Welt böse war und offenbartes Wissen einen Weg darstellte, die Seele aus ihrem Gefangensein in der Materie zu befreien. Doch fügte Mani diese Ideen in einer neuen, machtvollen Weise zusammen: er brachte eine Universalreligion, dazu bestimmt, letzten Endes die ganze Welt zu bekehren, während die früheren Gnostiker sich nur an die „Elite" gewandt hatten; darüber hinaus war seine Religion der Gipfelpunkt aller religiösen Überlieferungen der Welt einschließlich der jungen Religion des Christentums. Der Manichäismus lud jeden zum Übertritt ein mit einer Vertraulichkeit und Furchtlosigkeit, die alle Religionen, mit denen er in Berührung kam, verschreckte und verwandelte.

Die Verbindung von Manichäismus und Literatur erwuchs unmittelbar aus Manis neuen Vorstellungen von „heiliger Schrift". Die anderen Religionsgründer, so sagte er, hatten die von ihnen offenbarten Wahrheiten nicht selbst niedergeschrieben; er hingegen schrieb seine Offenbarungen selbst auf, und zwar in Büchern von großer Schönheit, wobei er ein selbsterfundenes Alphabet benutzte. Dabei entwickelte er den Begriff eines „Kanons", einer in sich geschlossenen, maßgeblichen und metaphysisch einzigartigen Sammlung von Schriften, ohne die die späteren Buchreligionen sich entblößt vorkamen. Zarathustrier, Christen und selbst die Juden (die zu dieser Zeit noch keine Einigkeit erzielt hatten, was außer der Thora heilige Schrift war) wetteiferten nun notgedrungen in den nächsten Jahrhunderten darin, ihren jeweiligen „Kanon" festzulegen. Das prosaische altrömische Verzeichnis, der „codex" aus rechteckigen, an einer Seite zusammengenähten Tafeln – der in seinem schlichten Nützlichkeitsprinzip der aristokratischen Schriftrolle so unähnlich war – war durch die neuen, ausschließlichen, universalistischen Religionen zu göttlichen Ehren gekommen, denn sie alle zeichneten ihre heiligen Texte in rechteckigen Kodizes auf. Im vierten Jahrhundert war der Kodex zur fast alleinigen Form für alles Geschriebene geworden; niemand konnte sich dem mächtigen Zauber der Worte entziehen, daß die Wahrheit „zwischen diesen beiden Buchdeckeln" eingefangen sei.

Außer seiner Universalität und der Festlegung eines Kanons brachte der Manichäismus noch eine dritte, verwandte und gleichermaßen verführerische Herausforderung für die Religionen. Mani, der so viele religiöse Überlieferungen als Vorläufer seiner Offenbarung anerkannte, war auch bereit, viele Sprachen als Medien für die heilige Schrift heranzuziehen, und er selbst machte Übersetzungen seiner heiligen Bücher. Die meisten Religionen haben sich hartnäckig an die Sprache gehalten, in der Gott zu ihnen gesprochen hat und in der sie ihre öffentlichen Gottesdienste – ihre Liturgie – zelebrieren. Mani schrieb nicht nur seine eigenen Schriften in verschiedenen Sprachen auf, sondern ermunterte seine Anhänger auch, in all ihren Muttersprachen Hymnen zu dichten und zu singen. Wo immer der Manichäismus Fuß faßte, begleitete ihn eine aufblühende Volksliteratur: die Hymnen, Gebete und Psalmen, die die Manichäer für die vielen Feste und Gottesdienste ihres religiösen Kalenders verfaßten.

Dieser Aufbruch der Liedkunst blieb nicht ohne Auswirkung auf die vor-islamische persische Sprache. Inhaltlich betrachtet, scheinen sich diese manichäischen Psalmen, in denen Sonne und Mond „von einem Baumstamm scheinen und glänzen", während „blitzende Vögel in stolzer Freude schreiten", nur unwesentlich von den Naturbeschreibungen der frühen islamischen Lyrik im Iran zu unterscheiden. Aus dem neunten Jahrhundert, also der Zeit, in der die neue persische Dichtung der Muslime erstmals zaghaft in Erscheinung trat, besitzen wir das Manuskript eines manichäischen Gedichts, das in dem gleichen Neupersisch abgefaßt ist und auch eins der neu entwickelten Versmaße benutzt; es ist mit Sicherheit das älteste Manuskript einer Dichtung dieser Art und gehört auch zu den frühesten ausführlichen Zeugnissen für die neue Sprache. In typisch manichäischer Weise bedient sich das Gedicht mit größter Selbstverständlichkeit der islamischen Bilderwelt der arabisch-islamischen Literatur: Noah, Joseph und das Schwert Alis erscheinen alle innerhalb von nur sieben Zeilen. Das Gedicht ist die zornige Klage eines Toten, der schon begraben ist und sich bitter beklagt, weil seine Gefährten ihn in diesen kastenartigen Sarg und das grubenähnliche Grab gelegt haben:

> Wie Noah legen sie mich mit Zwang in eine Arche – die Arche,
> die hilflos an Untiefen strandet;
> Wie Joseph werfen sie mich mit Gewalt in die Grube – die Grube,
> aus der ich erst am Tag der Abrechnung auferstehe.

Die Begeisterung, mit der die Manichäer alles in Verse umsetzten – sowohl in die altpersische Sprache wie auch in das neue islamische Persisch –, und die Unbekümmertheit, mit der sie die Bilderwelt anderer Religionen übernahmen, behafteten die persische Versdichtung mit dem Makel des Ketzerischen, den sie nie ganz verloren hat. Im dreizehnten Jahrhundert schrieb Shams-e Qeis, der – nicht unbestritten – als größter technischer Kritiker persischer Versdichtung im vorneuzeitlichen Iran gilt:

Ich habe in den Büchern der Perser gelesen, daß zur Zeit des [vor-islamischen Königs] Bahram [regierte im Iran von 428 bis 438] die Religionsgelehrten an seinem Charakter und seiner Lebensweise nichts auszusetzen fanden mit einer Ausnahme: er schrieb Verse. Als er daher den Thron bestieg, kam Azorpat zu ihm mit folgendem Rat: ‚O König! Du mußt wissen, daß das Schreiben von Versen einer der schwersten Fehler eines Königs und die übelste Angewohnheit eines Monarchen ist, denn ... sie gründet sich auf gemeine Übertreibung und zügellose Ausschweifung. Daher haben die großen Religionsphilosophen ... in den Versdichtern die Ursache für die Zerstörung früherer Königreiche und vergangener Nationen gesehen. ... Alle manichäischen Ketzer und die Leugner der Propheten sind der eitlen Einbildung verfallen, die offenbarten Bücher und die gottgesandten Propheten zu kritisieren, indem sie lediglich Sprache in Versform gebracht haben. ... Das erste Geschöpf, das sich selbst in Versen pries und sich über andere erhob, war Satan – verflucht sei er!' Bahram stellte sich um und sprach nie wieder in Versen.

Im 11. Jahrhundert war es jedoch für die Iraner bereits zu spät, um sich noch umzustellen. Der Makel des Ketzerischen und die heidnischen Themen ihres Nationalepos konnten muslimische Iraner nicht davon abhalten, die Versdichtung zum wichtigsten Heiligenbild ihrer Kultur zu erheben, zum Brennpunkt der Emotionen, in dem jeder, der persisch sprach, etwas für ihn selbst Wesentliches zu erkennen glaubte. Die persische Dichtung wurde immer umfangreicher und vielfältiger; sie gewann Einfluß auch auf das ungebildete Volk im Iran, das Verse von Hafis, von Saadi und Moulana Dschalal ad-Din Rumi auswendig kannte und noch kennt und sie in der Alltagssprache verwendete und noch verwendet, so wie man in anderen Sprachen Sprichwörter gebraucht. Die kulturbildende Macht der persischen Literatur und vor allem der persischen Verdichtung zeigte sich, als die Türken Anatoliens und Innerasiens, die Muslime in Indien und selbst in noch weiter entfernt liegenden östlichen Regionen, in Malaysia und in Indonesien, nach persischem Vorbild ihre eigene volkssprachliche Literatur schufen. Dieser weite Raum von der Türkei bis nach Indonesien, der eine deutlich persisch geprägte islamische Kultur übernommen hatte, blickte jahrhundertelang nach dem Iran als dem Vorbild einer Hochkultur; und wie für die Iraner selbst, war auch für diese Völker die persische Dichtung der lebendigste Beweis kultureller Überlegenheit.

Iranische Muslime benutzten natürlich eine gefühlsmäßig eingängige und weiteste Kreise ansprechende Art der Dichtung, um ihre islamischen Glaubensüberzeugungen auszudrücken, und nach einigen Jahrhunderten fand man kaum noch ein bedeutendes persisches Gedicht, das wie *Das Buch der Könige* fast ohne Erwähnung des Islam und besonders der islamischen Bilderwelt ausgekommen wäre. So war die persische Dichtung also nicht unislamisch; aber große Teile von ihr waren auch nicht wirklich islamisch. Dieser nicht ganz islamische Tonfall persischer Dichtung ging weitgehend auf die „heidnischen" und manichäischen Elemente zurück, und die Sufis führten diesen Einfluß zu Ende. Ganz wie die Manichäer hatte auch der Sufismus das Bestreben, die Religion in der Volkssprache seiner Gemeinschaften zu verherrlichen, und iranische Sufis begannen sufistische Literatur auf persisch mit der gleichen Begeisterung zu schreiben, die später auch die umfangreiche sufistische Literatur in Urdu, Paschto und vielen anderen, von Muslimen gesprochenen Sprachen hervorgebracht hat.

Das Persische war jedoch, vom Arabischen abgesehen, die erste Sprache, mit der die Sufis experimentierten. Dabei entdeckten die Sufis – die schon ihre scheinbar unorthodoxe Art entwickelt hatten, die mystische Erfahrung als Rausch und die Gegenwart Gottes als die Vereinigung Liebender zu beschreiben –, daß das Persische noch viel überspanntere Metaphern und Allegorien für das mystische Erleben erlaubte als das Arabische; das Persische war ja schon von den Manichäern in allegorischer Weise benutzt worden, und Ferdousi hatte schon in „heidnischem" Geist Trinkgelage, Romanzen und Schlachten gefeiert. In einem typischen Gedicht schreibt Attâr, der gewöhnlich zu den „orthodoxeren" Dichtern der persischen Sufi-Tradition gezählt wird:

> Muslime! Ich bin der alte Zoroastrier, Erbauer des Tempels der Abgötterei.
> Aufs Dach trat ich hinaus, gab meine Botschaft an die ganze Welt.
> Ich rief euch auf, o Muslime, gottlosen Unglauben euch zu erflehn.
> Ich sagte: „Diese alten Tempel hab' zum frühern Glanze ich erweckt."
> Wenn sie den armen Attâr nun im Feuer hier verbrennen,
> Dann zeugt für mich, ihr tapf'ren Männer, daß ich mein Leben selbst als Opfer dargebracht.

Das schockierende Heidentum des Gedichts wurde von Auslegern weginterpretiert (genauso wie es später bei ähnlichen Gedichten von Hafis und hundert anderen persischen Dichtern weginterpretiert wurde); man sagte, die „Abgötterei" des Zoroastriers bedeute den verinnerlichten Glauben des wahren Gläubigen, im Gegensatz zur Heuchelei derjenigen, deren vorgetäuschter äußerer Gehorsam gegen den Islam nur ihren inneren Unglauben verdecke. Alle die Übertragungen von Bildern in sufistische Philosophie stünden in Übereinstimmung mit Attârs höchstwahrscheinlich ganz orthodoxem Sufi-Glauben.

Aber sicher wollte Attâr, daß seine Leser nicht *nur* glaubten, er schreibe eine Allegorie. Das Spannende des Gedichts war gerade die Vorstellung, der Dichter könnte wirklich einiges von dem Gotteslästerlichen, das er aussprach, glauben; könnte zum Beispiel glauben, die alte Religion sei edler gewesen oder der Antinomismus – die Ablehnung jeder Bindung an religiöses Gesetz – sei wahre Frömmigkeit. Ghaleb, ein indisch-persischer Dichter des neunzehnten Jahrhunderts, mokierte sich in einem seiner Gedichte über diese verrückte Mischung von Zoroastriern, Feuertempeln, christlichen Bischöfen, hinduistischen Brahmanen, Weinhändlern und Wirtshäusern in der persischen Dichtung: „Der Muslim hatte zu keiner Zeit die Vorherrschaft. Kaum verläßt der Zoroastrier die Schenke, da kommt auch schon der Christ herein!" Es war so, als wäre die anerkannte Sprache religiöser Dichtung unter frommen Christen voll von Bildern aus dem Hohenlied Salomos; sie alle sind offenbar allegorisch, und doch sind sie so von heidnischen Symbolen erotischer Liebe und körperlicher Ekstase wie z. B. Aphrodite und Dionysos durchzogen, daß man beim Lesen nie die Bilder von weltlicher Liebe und weltlichem Rausch beiseiteschieben könnte.

Umgekehrt können persische Dichter wie Hafis auch dann, wenn sie offenbar ganz realistisch und liebevoll von der materiellen Welt sprechen, so gut wie nie ohne islamische Bildsprache auskommen; ein Gedicht Hafis beginnt zum Beispiel:

Das Haar gelöst, in Schweiß, lachenden Munds, betrunken;
Das Hemd zerrissen, Verse singend, ein Weinglas in der Hand...
So kam er heut um Mitternacht zu mir ans Kissen, setzte sich...
Er sagte: „Meine alte Liebe, schläfst du fest?"

An späterer Stelle erwähnt Hafis in diesem Gedicht „den Tag des: Bin Ich nicht euer Herr?" – den Tag, an dem nach dem Koran die neu erschaffene Menschheit auf diese Frage mit einem donnernden „Ja" antwortet und dann für alle Zeiten moralische Verantwortung übernimmt. Der einäugige, redliche Interpret könnte immer behaupten, dieses islamische Bild beweise, daß das Gedicht reine religiöse Allegorie sei – wo doch jeder zweiäugige Interpret sieht, daß noch mehr darin steckt.

Die persische Versdichtung entwickelte sich zu dem emotionellen Hafen, in dem sich die der ganzen iranischen Kultur zugrundeliegende Mehrdeutigkeit am freiesten und offensten ausleben konnte. Das Rätsel, das die persische Dichtung ausdrückte, war nicht zur Lösung da; es war unlösbar. In jedem persischen Gedicht von Wert gab es nichts, was *nur einfach* für etwas anderes stand: Der innere geistige Raum, in dem die persische Dichtung ihre tausend Umwandlungen erfuhr, war letzten Endes ein Ort, wo diese mehrdeutige Sprache einen privaten Gefühlswert erhielt; und dieser mußte privat bleiben, denn wollte man ihn als bloße Allegorie aufschlüsseln, wollte man ihn in irgendeiner Form erklärender Umschreibung einfangen, so würde man ihn wieder in den Bereich der Öffentlichkeit und damit in jenen Bereich zurückführen, in dem er ja mehrdeutig bleiben sollte.

Man ist versucht, die Ursprünge dieser bunten Bilderwelt bedeutungsvoller Mehrdeutigkeit in dem frühen Rätsel zu suchen, das die iranische Kultur nach der arabischen Eroberung aufgibt. Anders als die Ägypter und Mesopotamier, die praktisch alle Identität mit ihrer viertausendjährigen Geschichte vor der islamischen Eroberung verloren und deren alte Sprachen nur noch in entlegensten Dörfern und in der Liturgie der ortsansässigen Christen fortlebten, während das Arabische zur allgemein gesprochenen Sprache Ägyptens und Mesopotamiens wurde, behielten die Iraner ihre Sprache und einen ausgeprägten Stolz auf die Verbindung zu ihren heidnischen, vor-islamischen Ahnen. Und dies, obwohl die iranische Kultur (anders als die Kulturen des Christentums und des Judentums) im Koran fast überhaupt nicht erwähnt wird. Unter einem streng islamischen Gesichtspunkt betrachtet, war die vor-islamische iranische Kultur nur eine der vielen polytheistischen Kulturen, die von allen monotheistischen Kulturen allgemein und vom Islam im besonderen überlagert wurden und die man getrost dem moralischen Scherbenhaufen vor-islamischer „Unwissenheit" überlassen konnte. Es war ein echtes Rätsel: Es gibt keine historischen Aufzeichnungen, die einen Zweifel an der Aufrichtigkeit zulassen, mit der die Mehrzahl der Iraner den Islam annahm, oder andererseits an dem spontanen Vergnügen, mit dem die Mehrzahl der Iraner die lange Geschichte ihrer heidnischen Vergangenheit in ihrer eigenen Sprache wieder und immer wieder erzählte.

Die Liebe für das Mehrdeutige hatte tiefere, stärkere Ursachen. Es war auch das Idiom, in dem die persisch sprechenden Iraner mit den sie beherrschenden Türken und Mongolen sprechen und doch die emotionelle Distanz wahren konnten. Ja, sie konnten so die Distanz zu ganzen Generationen räuberischer, schmarotzender – iranischer wie nicht-iranischer – Herrscher halten, die sich an der Macht hielten, indem sie den Iranern den Nacken beugten. Aber diese Mehrdeutigkeit hatte noch eine weitere Bedeutung. Sie war die Dimension, in der die beiden großen, einander letztlich widersprechenden geistigen Visionen Westasiens gleichzeitig übernommen werden konnten, ohne daß der Widerspruch aufgelöst zu werden brauchte: die gnostische und neuplatonische Vision von der im Leben jeder historischen Person möglichen Bewegung vom Zeitlichen zum Ewigen – wie bei Sohravardis Vogel, der dem Jagdrevier entflieht –; andererseits die Vision der zarathustrischen Religion, des Judentums, des Christentums und des Islam, nach der die Geschichte ein Erlösungsdrama ist, das sich durch alle menschlichen Zeitalter von der Schöpfung bis zur Auferstehung hinzieht.

Diese Liebe zum Mehrdeutigen zeigte sich sogar in der Haltung zum Satan. Bei den Zoroastriern hatte es keine Mehrdeutigkeit gegeben über Gott, der Ahura-Mazda hieß, und Satan, den man Ahriman nannte. In einem zoroastrischen Katechismus, den jeder Junge oder jedes Mädchen kennen muß, wenn es mit fünfzehn Jahren in die Welt der religiösen Erwachsenen eintritt, spricht der Katechumene: „Ich darf keinen Zweifel haben, daß es zwei erste Prinzipien gibt: den Erschaffer und den Zerstörer. Der Erschaffer ist Ahura-Mazda, der nur Güte und Licht ist; der Zerstörer ist der verfluchte Vernichtende Geist, der nur Bosheit ist und Tod bringt, ein Lügner und Betrüger." Für die Manichäer war er nicht nur das Böse und der Tod, er war die „Materie", das klebrige Pech, das unsere Seelen eingefangen hat und dem wir zu entfliehen suchen.

Im Islam erscheint der Satan oft ganz ähnlich wie im Christentum: als Figur des falschen Stolzes und der Auflehnung gegen Gott, die für die Theologen die Personifizierung des Bösen oder sogar – nach neuplatonischer Weise – die Abwesenheit des Guten sein kann, in der der gewöhnliche Gläubige aber den listigen Ränkeschmied erkennt, der die Menschen zu bösen Gedanken und Handlungen verführt und provoziert. Der gefährlichste Abschnitt jeder Pilgerreise nach Mekka ist für die Gläubigen immer die Zeremonie, bei der sie sich um eine Steinsäule drängen und diese als Sinnbild des verhaßten Satan mit Steinen bewerfen; dabei kommt der Haß so lebhaft zum Ausdruck, daß die Teilnehmer in der Abstraktion ihrer Erregung sich manchmal gegenseitig mit den Steinen treffen. Im volkstümlichen islamischen Denken ist jeder Einzelperson sogar neben dem Schutzengel auch ein persönlicher Satan zugeteilt; dadurch wird der Einzelne zum mikrokosmischen Schlachtfeld zwischen Gut und Böse, ähnlich wie die zarathustrische Religion sich den Kampf von Gut und Böse im Makrokosmos vorstellt.

Und doch zeigt sich Satan im Islam als bemerkenswert komplexes Wesen, vielleicht komplexer als der Satan der Zoroastrier, der Juden und Christen. Die bei Schams-e Qeis erwähnte Überlieferung, daß Satan der Erfinder der Dichtkunst sei, rührt zum Teil von einer alten arabischen Vorstellung her, nach der persönliche „Satane" ähnlich den „Dämonen" der alten Griechen für schöpferische Impulse verantwortlich waren. Eine viel wichtigere Quelle für die komplexe Natur des Satans im Islam ist die Schilderung im Koran vom ersten Ungehorsam des Satans. Nach dem Koran befahl Gott den Engeln, nachdem Er den Menschen aus Lehm geformt und ihm Leben eingehaucht hatte, sie sollten sich vor dem Menschen verbeugen; doch einer der Engel – Satan – weigerte sich und erklärte: „Ich bin besser als er; mich hast Du aus Feuer erschaffen, ihn aber aus Erde." Als Antwort stieß Gott Satan aus und verfluchte ihn.

Doch Satan erbat sich eine Schonfrist von Gottes Urteilsspruch, die ihm auch bis zum Tag der Auferstehung gewährt wurde, worauf Satan sagte: „Dann werde ich sie mit Deiner Macht alle in die Irre führen, mit Ausnahme Deiner Diener unter ihnen, die reinen Herzens sind." Satans Unabhängigkeit unter den Engeln, die Zusage Gottes, ihm eine Frist zu gewähren, und Satans gehorsames Eingeständnis, daß er ein Werkzeug der Macht Gottes sei – das alles machte den Fürsten des Dunkels interessanter als eine bloße „Personifizierung des Bösen", so sehr diese in manchen Abschnitten des Korans auch als Vollblutverkörperung erscheinen mochte. Die Sufis betrachteten fasziniert die Möglichkeiten dieses vielschichtigen Satans, und sie entwickelten vor allem im persisch sprechenden östlichen Islam einen alternativen Satan. Dieser war als der endgültige Monotheist zu sehen, als der Engel, der Gott mit solcher Unbedingtheit verehrte, daß er es ablehnte, sich vor dem Menschen zu verneigen, denn er verneigte sich nur vor Gott; als der „Liebhaber", dessen Liebe so uneingeschränkt war, daß er aus liebendem Gehorsam gegen den göttlichen Befehl die Rolle der Entfremdung von dem göttlichen Geliebten auf sich nahm. Dieser moralisch rehabilitierte Satan ist tatsächlich eine Art Märtyrer. In Attârs Dichtung erläutert Satan seine Motive, sein Leiden und sein Verständnis für die verborgene Absicht Gottes, als Er ihn verstieß:

> Fern stand ich, doch ich kann es nicht ertragen,
> daß einen Augenblick lang nur ein andrer außer mir dies Antlitz schaut...
> Fern stand ich, voller Schwermut ob der Trennung,
> weil ich das Strahlen dieser innigsten Vereinigung entbehr'.
> Bin ich von Seiner Schwelle auch hinausgestoßen,
> wend' ich mich doch kein Jota ab von Seinem Weg.
> Vom Augenblick an, wo ich des Geliebten Bahn betrat,
> hab' unverwandt in Seine Richtung ich geblickt;
> da des Geheimnisses Bedeutung jetzt im Innersten ich weiß,
> schau ich nie – nie, nie – mehr woanders hin.

Und doch macht Attâr wie jeder andere Meister der persischen Dichtung von seinem Recht zur Mehrdeutigkeit Gebrauch und präsentiert uns gelegentlich den anderen Satan:

> Satan sagte: „Ich bin besser als Adam!" Ohne Zweifel
> ist verflucht er bis zum Auferstehungstag...
> Satan wurde wegen seines anmaßenden Stolzes ausgestoßen;
> Adam wurde aufgenommen, weil er um Vergebung bat.

Es nimmt nicht wunder, daß Saadi – der trotz seiner bewegenden sufistischen Lyrik viel besser bekannt ist für seine weltweisen Ratschläge und Geschichten – sich eine Generation später darüber lustig machte, welche Charaktermerkmale seine Zeitgenossen in das Geheimnis Satan hineinprojizierten:

> Ich weiß nicht, wo ich's noch gelesen hab',
> daß ein gewisser Mann in seinem Traum den Satan sah.

Die vornehme Gestalt hatt' er von einer Tanne,
die angenehme Schönheit auch der Huris,
von seinem Antlitz strahlte Licht wie von der Sonne.
Er ging auf Satan zu und sagte: „Nanu, bist du das wirklich?
Vielleicht bist du ein Engel doch bei dieser Schönheit?...
Man hat als Mann mit grausigem Gesicht dich stets sich vorgestellt,
als man im Badehaus so widerlich dich malte."
Drauf Satan: „Glücklicher, was du gesehn, das war nicht meine Gestalt;
der Pinsel, der mich malt, wird von des Feindes Hand geführt."

Die Hand, die den Teufel so widersprüchlich malte, hatte die zusätzliche Fähigkeit, sich selbst in widersprüchlichen Selbstporträts darzustellen. Der persische Dichter, auch der Volksdichter, zeichnete sich ganz vorzugsweise am äußersten Ende des moralischen Spektrums, entweder als sinnenfrohen Zyniker oder als selbstlosen Gläubigen. Von diesen beiden wurde der sinnenfrohe Zyniker außerhalb des Irans am bekanntesten, denn seine geniale Zeichnung in den Vierzeilern von Omar Chaijam fand einen ebenso genialen englischen Übersetzer in Edward FitzGerald. Wir haben verläßliche Fassungen von den mathematischen und astronomischen Werken Omar Chaijams, die ihn als einen der begabtesten Männer seiner Zeit ausweisen; unter anderem wird ihm allgemein die erste Lösung der quadratischen Gleichung zugeschrieben. Doch als Dichter bleibt Omar im Halbdunkel. Zwar wird kaum bezweifelt, daß er Vierzeiler geschrieben hat, doch läßt sich ihm kein einziger Vierzeiler mit Sicherheit zuschreiben.

Die persischen Vierzeiler bilden eine starke Strömung unter der herausgeputzten Oberfläche persischer Literatur. Als Form der Dichtung hat der Vierzeiler nie das gleiche Ansehen erreicht wie das Epos oder die Lyrik, und doch kam er dem Perser so leicht und natürlich auf die Zunge, daß anonyme Vierzeiler auf mittelalterlichen persischen Keramikschalen und auf den Deckblättern mittelalterlicher Bücher erscheinen. Als Verfasser von Vierzeilern gelten Ferdousi, Attâr, Saadi, Hafis, Moulana und eine große Zahl anderer persischer Dichter, außerdem „Weise" wie Avicenna, Sohravardi und ganz besonders Baba Taher (der die Nacht in dem gefrierenden Teich verbracht hatte). Doch erscheinen diese Vierzeiler, deren Echtheit manchmal unangefochten ist, fast nie in den ansehnlichen Gesammelten Werken dieser Autoren aus dem vorneuzeitlichen Iran.

Manche Autoren dieser Vierzeiler haben einen stark sufistischen Einschlag und wollen zweifellos in sufistischem Sinn verstanden werden. Und es gab und gibt auch genügend einäugige Interpreten des großen Schatzes an „omarischen" Vierzeilern – Vierzeiler des sinnenfrohen Zynikers –, die Omar Chaijams voll entwickelte persisch-islamische Dichtersprache als Vorwand nehmen, um alle diese Vierzeiler als sufistische Lektionen zu allegorisieren. Doch FitzGerald traf das richtige, als er von „Omars epikureischer Kühnheit des Gedankens" sprach. Und Matthew Arnold, der Zeitgenosse FitzGeralds, der in der Überzeugung lebte, der eigentliche Gegenstand der Dichtung sei die moralische Frage, wie man leben solle, war mit Recht schockiert über den Anprall von Omars Sinnlichkeit: „Manchmal werden wir auch von Dichtung angezogen, die sich gegen [die Moral] auflehnt, die sich etwa Omar Chaijams Worte zum Leitsatz macht: ‚Laßt uns im Wirtshaus die Zeit wieder einbringen, die wir in der Moschee verschwendet haben.'"

Etwas von der Weltmüdigkeit der omarischen Vierzeiler hängt mit einem Grundthema der persischen Dichtung zusammen: der Nichtigkeit allen menschlichen Strebens im Angesicht des unausweichlichen Todes:

> Löw' und Eidechs' – heißt es – halten Hof,
> wo Dschamschid, ruhmumkränzt, viel zechte einst.
> Und Bahram, großer Jäger? – Seinen Kopf
> zertritt der Wilde Esel – weckt ihn nicht.

Die Stimmung ist der des „Ozymandias" von Shelley nahe. Diese Stimmung ist im ganzen Kulturraum persischer Dichtung so bekannt, daß der osmanische Sultan Mehmed (II.) verwandte Zeilen aus Saadi rezitiert haben soll, als er 1453 in die Hagia Sofia, die Kathedrale von Konstantinopel eintritt, nachdem er die Stadt soeben dem letzten Römisch-Byzantinischen Kaiser entrissen hatte:

> Die Spinne ist der Kammerherr im Palaste der Cäsaren,
> Die Eule die Trompete bläst auf den Zinnen Afrasiyabs.

Die omarischen Vierzeiler schlagen noch einen anderen Ton an, der in der Dichtung der persischen Sufis auch nicht ganz unbekannt ist: die Anklage gegen einen Gott, der die Menschen in eine unerklärliche Welt geworfen und sie in ein Netz von Verantwortlichkeiten verstrickt hat, denen sie gar nicht zugestimmt haben:

> In diese Welt – doch *warum* weiß ich nicht,
> Auch nicht *woher* (wie Wasser, das so fließt);
> Auch nicht, *wohin* ich ausgetrieben werde,
> So wie der Wind, der einfach nur so bläst.

(Das persische Original beginnt: „Er gab mir zuerst mal voller Verwirrung das Dasein" – womit Gott die Schuld zugeschoben wird.) Aber der wahre Zynismus Omars, die Pose, die einen mittelalterlichen Biographen davon überzeugte, daß Omar „ein unglücklicher Philosoph, ein Atheist und Materialist" sei, zeigt sich in Vierzeilern folgender Art:

> Komm mal zum alten Chaijam, überlaß das Reden
> Den Klugen; eines wissen wir: das Leben fliegt.
> Ja, eins ist sonnenklar, und alles andre Lügen;
> die Blum' hat ausgeblüht; jetzt darf sie nur noch sterben.

Jeder, der mit persischem Leben vertraut ist, weiß, wie er das Selbstbildnis Omars als sinnenfroher Zyniker zu nehmen hat: als Pose; jedoch als immer wiederkehrende Pose, die oft auch im wirklichen Leben einen privaten, aber glühenden Zynismus und Hedonismus inspiriert hat.

Die mehr an die Öffentlichkeit gerichtete dichterische Pose des selbstlosen Gläubigen ist problematischer, denn ihre Umsetzung ins wirkliche Leben setzt offenbar einen Grad an Opferbereitschaft voraus, der das gewöhnliche Durchhaltevermögen des Posierenden übersteigt. Doch um sie zu verstehen, können wir einen Schauplatz betrachten, auf dem das Bild des ergebenen Gläubigen bewußt angenommene dramatische Pose ist: das persische Passionsspiel. Es ist ein ebenso charakteristischer Ausdruck iranischen Geistes wie der zynische Vierzeiler. Das Passionsspiel der Schiiten ist das einzige bodenständige Theater, das die Muslime kennen. Es ist ebenso eindeutig religiösen Ursprungs wie das Drama der alten Griechen, das aus Chorhymnen an Dionysos erwuchs, oder wie die mittelalterlichen Mirakel, Moralitäten und Mysterienspiele, die sich aus Hinzufügungen zur Gestik der Messe entwickelten.

Seine Ursprünge liegen in dem historischen Drama, das den Iran zu einem schiitischen Land machte und dabei dem Schiismus eine iranische Färbung verlieh. Bis zum sechzehnten Jahrhundert gab es nur in wenigen Gebieten des Irans (darunter natürlich Ghom) eine schiitische Mehrheit. Die intellektuell einflußreichen Zentren des Schiismus lagen in der arabischen Welt: im Schutz der Berge des südlichen Libanon, wo der Austausch polemischer Bücher und Schriften mit den sunnitischen Nachbarn bei den Schiiten eine tüchtige Gelehrsamkeit am Leben erhielt, ferner im südlichen Irak, wo die im elften Jahrhundert in Nedschef gegründete schiitische Medrese irgendwie Dutzende von Regimewechseln überdauerte.

Etwa um 1500 trat im Bereich des Islam ein neues Zentrum des Schiismus hervor: Aserbeidschan, die türkischsprachige Nordwestprovinz des Iran. Diese aserbeidschanischen Schiiten wurden aber ebenso vom Sufismus geprägt wie von der Schia; an ihrer Spitze stand eine türkisch sprechende Familie von erblichen Führern einer gnostischen Sufi-Bruderschaft, die sich als Nachkommen Alis bezeichneten (die Beweise dafür waren unsicher, sie wurden erstmals von Kasravi angezweifelt). Diese Safawidenführer, die angeblichen Nachkommen Alis, übten eine praktisch uneingeschränkte Autorität über ihre Anhänger aus, wie es den Regeln einiger sufistischer Orden entspricht. Da zu ihren Anhängern auch einige kriegerische Stämme der halbnomadischen Turkmenen Aserbeidschans und der umliegenden Provinzen gehörten, stellte sich die geistige Autorität letzten Endes als politische Oberherrschaft dar. Nach einigen Generationen waren die sufistischen Führer durch Heirat mit den vornehmsten turkmenischen Herrscherhäusern verbunden und konnten als turkmenische Fürsten königlichen Blutes Gehorsam verlangen.

Nach der Unterwerfung des gesamten Aserbeidschans nahm der Führer des Safawidenordens Ismail im Jahre 1501 den Titel „Schah" an. Wie es in dem Reisebericht eines zeitgenössischen Italieners heißt, wurde er „von seinem Volk als Gott geliebt und verehrt, besonders aber von seinen

Soldaten, von denen viele ohne Rüstung in die Schlacht gehen". Zur gleichen Zeit bestimmte er, daß unter seiner Herrschaft der Schiismus die alleinige öffentliche Form des Islam zu sein habe. Er erklärte: „Ich bin zu dieser Handlung verpflichtet; Gott und die unbefleckten Imame sind mit mir, und ich fürchte niemand. Wenn das Volk auch nur ein Wort des Protestes äußert, dann werde ich mit Gottes Hilfe das Schwert ziehen und keinen am Leben lassen." In den folgenden Jahren bewiesen seine ekstatischen Mitstreiter zu Genüge, daß sie für ihn das Schwert ziehen konnten, und im Jahr 1510 hatte er die gesamte iranische Hochebene unterworfen.

Diese erste Einigung des Irans in einem einheitlichen Staat seit den arabisch-muslimischen Eroberungen der 740er Jahre trug dazu bei, dem von Schah Ismail begründeten starken und stabilen Staat Dauer zu verleihen. Auch viele türkisch sprechende Bewohner des Irans sahen sich als „Iraner" an, denn sie bewohnten und beschützten „den Boden des Irans", wie es im *Buch der Könige* heißt. (Dieses Buch verdankte übrigens seine Beliebtheit ebenso dem Interesse der türkischen Herrscher wie seinen persischen Lesern.) Die Einigung Persiens fand gleichzeitig mit der Einigung des restlichen Mittleren Ostens unter der Herrschaft der osmanischen Türken statt, die überzeugte Sunniten waren. Von jetzt an war der Schiismus mit der unabhängigen politischen Existenz des „Bodens des Irans" verbunden. Der osmanische Sultan Selim fiel im Iran ein, um dieses Ketzerreich zu zerschmettern, und im Jahr 1514 brachte er mit seinen hervorragenden Kanonen und dem riesigen Arsenal – er hatte damals wahrscheinlich das mächtigste Landheer in ganz Europa und Westasien – Schah Ismail eine empfindliche Niederlage bei. Allerdings war sie nicht vernichtend; durch die Ergebenheit seiner iranischen Untertanen konnte Schah Ismail eine Politik der verbrannten Erde anwenden, und die Osmanen sahen sich schließlich gezwungen, ihre Eroberungen im Iran aufzugeben.

Schah Ismails Ruf der Unbesiegbarkeit hatte jedoch Schaden genommen, und auch mit der ekstatischen Hingabe an den sufistischen Safawidenführer als den „vollkommenen Meister" sah es jetzt nicht mehr gut aus. Zum Teil trug Schah Ismail selbst zu dieser Veränderung bei, denn anders als die meisten seiner Verehrer war er sich bewußt, daß Schiismus etwas mehr bedeutete als Ergebenheit für die Imame und Haß für ihre Feinde. Eine persische Chronik aus den 70er Jahren des 16. Jahrhunderts berichtet (zweifellos mit einigen Übertreibungen), daß Ismail, als er den Schiismus 1501 zur Staatsreligion machte, in seiner Hauptstadt nur ein einziges der vielen schiitischen Gesetzbücher vorfand, und auch davon nur den ersten Band. Die irakischen und libanesischen Schiiten hatten die Bücher und auch das Wissen, um sie zu verstehen, und Schah Ismail und seine Nachfolger hießen sie willkommen.

Für die schiitischen Mullahs, die in keiner Weise begeisterte Anhänger des sufistischen Safawidenordens waren, brachte die Umarmung durch den Schah einige Verwirrung. Die gelehrte schiitische Überlieferung besagt, daß rund sechshundertfünfundzwanzig Jahre, bevor Schah Ismail den Schiismus zur offiziellen Religion des Irans machte, der zwölfte in der Reihe der von den Schiiten als unfehlbar anerkannten Imame den menschlichen Augen „entrückt" worden sei. Die Schiiten glaubten, daß er noch lebendig sei; die ständige Gegenwart eines unfehlbaren Imams war eine Gnade, die Gott seiner Gemeinde nach ihrer Ansicht nicht vorenthalten konnte. Doch würde der Imam in der Welt der Menschen erst dann wieder aktiv gegenwärtig sein, wenn er als Herr des Zeitalters – wie die Schitten ihn nennen – wiederkehrte, als der Messias, der ein Zeitalter der Gerechtigkeit und das Jüngste Gericht bringt. Alle Regierungen der Zwischenzeit waren notwendigerweise Provisorien und Notbehelfe, um eine Anarchie zu verhindern.

Als Schah Ismail und seine Anhänger die berühmten osmanischen Kanonen angriffen, die vom Westen her drohten, und die von Osten andrängenden innerasiatischen Türkenhorden zurückschlugen, dachten sie niemals über die rechtmäßige Stellung ihrer Regierung während der Abwesenheit des Imams nach. In den ihm zugeschriebenen Gedichten wechselt Schah Ismail ab zwischen sufi-artigen Äußerungen, in denen er sich fast mit Gott gleichsetzt („Ich bin die absolute Wahrheit"), und Selbstbeschreibungen als Werkzeug der früheren Imame:

> Husseins Männer sind wir, dies ist unsre Zeit.
> In Ergebung sind des Imams Diener wir;
> „Eiferer" ist unser Name, „Märtyrer" ist unser Titel.

Aber für die Mullahs lagen die Dinge nicht so einfach. Die Mehrheit von ihnen war der Ansicht, daß nur die hohen Mullahs und Rechtsgelehrten mit dem Titel „Modschtahed" während der Abwesenheit des zwölften Imams in allen Fragen der persönlichen, sozialen und politischen Ethik das ausschließliche Recht hätten, zu entscheiden, was richtig und falsch ist. Soweit es überhaupt eine schiitische Regierung geben konnte, mußte diese gewissermaßen unter der Aufsicht dieser Rechtsgelehrten stehen. Einige Mullahs waren sogar der Meinung, es sei sinnlos, wenn nicht gotteslästerlich, vor der Rückkehr des zwölften Imams eine ausdrücklich schiitische Regierung einzusetzen. Für beide Denkrichtungen waren die Safawiden unannehmbar. Mochten sie sich noch so sehr darin gefallen, sich „die Hunde an der Schwelle Alis" zu nennen: die Safawiden erhoben dennoch den zweifelhaften Anspruch, in Abwesenheit des Imams und in seinem Namen einen wirklich schiitischen Staat eingesetzt zu haben, und dabei waren sie keine Rechtsgelehrten. Einige gewissenhafte schiitische Rechtsgelehrte und weniger hochstehende Geistliche ignorierten die allgemeine Einladung der Safawiden und zogen es vor, fern zu bleiben.

Viele jedoch konnten der Gelegenheit nicht widerstehen. Hier hatten sie eine militante schiitische Regierung, wie es sie vorher noch nie gegeben hatte; denn die wenigen früheren schiitischen Regierungen –

zum Beispiel im elften Jahrhundert, als Nedschef erstmals ein gelehrtes Zentrum wurde – hatten nie den Versuch gemacht, ihre Untertanen zum Schiismus zu zwingen. Die Safawiden aber zwangen ihre Untertanen, und zugleich stellten sie einen Großteil ihrer Einkünfte für den Unterhalt von Mullahs und Medresen zur Verfügung. Männer vom Schlag des weinerlichen Seyyid Nematollah mühten sich um ihre Anerkennung im religiösen Establishment, denn es winkte reicher Lohn. Und die Safawiden sahen darauf, daß es wirklich ein religiöses Establishment gab. Schah Ismail ernannte einen Staatsbeamten als Oberhaupt der geistlichen Klasse, der alle öffentlichen religiösen Pflichthandlungen, alle frommen Stiftungen und die Einsetzung aller islamischen Richter kontrollierte.

In einem Punkt aber gab es zwischen Safawiden und Mullahs begeisterte Einmütigkeit: Beide wollten den iranischen Massen eine tiefere Bindung an den schiitischen Islam einimpfen. Das Mittel dazu fanden sie in der Passion Husseins. Die Passion als Leiden und Märtyrertod von Helden war schon lange vor den Safawiden ein herausragendes Thema in der iranischen Überlieferung gewesen. Im Nationalepos, dem *Buch der Könige*, werden zwei Helden durch Verrat getötet und dann tief betrauert, und der Tod eines dieser Helden wurde Mittelpunkt eines Kultes öffentlicher Trauer, die von iranischen Sängern mit Liedzyklen unter dem Titel „Das Heulen der Magier" garniert wurde (wobei die Magier die zarathustrischen Priester waren).

Schon im zehnten Jahrhundert führten die iranischen Schiiten Feierlichkeiten am Aschura-Tag, dem Jahrestag von Husseins Tod ein, bei denen Frauen „mit zerzaustem Haar, sich ins Gesicht schlagend und den Tod Husseins, des Sohnes Alis, beklagend" zum Markt gingen. Jedoch fanden diese Empfindungen ihren authentischen, privaten persischen Ausdruck erst Jahrhunderte später, gerade um die Zeit, als die Safawiden an die Macht kamen. Damals verfaßte ein Iraner den *Garten der Märtyrer*, einen Bericht über die Leiden der Imame und ganz besonders Husseins, des „Herrn der Märtyrer". „Garten" in diesem Titel heißt *rouze*, und das Buch ist zur Quelle der Eingebung für eine große Gruppe von Predigern, die *rouze-khans* – das heißt: *rouze*-Leser – geworden, die sich auf Lesungen aus diesem Buch und einigen Nachahmungen – z. B. *Die Sintflut des Weinens* und *Die Geheimnisse des Märtyrertums* – spezialisiert haben. Die *rouze-khans* halten das ganze Jahr über großzügig bezahlte Lesungen in Privathäusern ab, und natürlich auch an hohen religiösen Feiertagen wie Aschura. Die Iraner gewähren ihnen Zutritt zum privaten Bereich ihrer Häuser, dem *andaruni* – ein Vorrecht, das keine andere gesellschaftliche Gruppe hat.

In der Safawidenzeit kamen die Berichte von Husseins Märtyrertod und die öffentlichen Trauerprozessionen zusammen. Ein Iranreisender aus der Türkei beschreibt 1640 den Höhepunkt einer großen öffentlichen Trauer an Aschura, die vor den „Adeligen und Würdenträgern und allen Menschen der Stadt, groß und klein" abgehalten wurde:

Wenn der Vorleser an die Stelle in dem Buch [über den Märtyrertod Husseins] kommt, wo beschrieben wird, wie der verfluchte Schemr den bedrängten Imam Hussein tötet, dann werden... Nachbildungen der Leichen der toten Kinder des Imams auf das Feld getragen. Beim Anblick dieses Schauspiels wird aus der Menge ein Rufen, Schreien und der Klageruf „Ach Hussein" hörbar, und alle Zuschauer weinen und klagen. Hunderte von fanatischen Anhängern Husseins schlagen sich und verwunden sich Kopf, Gesicht und Körper mit Schwertern und Messern. Aus Liebe zu Imam Hussein lassen sie ihr Blut fließen. Der grüne Rasen wird blutbefleckt und sieht aus wie ein Mohnfeld. Dann werden die Scheintoten vom Feld weggetragen, und die Geschichte von Husseins Märtyrertod wird zu Ende gelesen.

Manchmal gab es bei den Aschura-Prozessionen der safawidischen Zeit auch *tableaux vivants* von verstümmelten, blutbeschmierten Märtyrern, die auf fahrbaren Bühnen vorbeigezogen wurden. Die mittelalterlichen europäischen Spiele von den Stationen des Kreuzwegs mit ihren genau bestimmten Bildern und den bewegenden Zuschauern und Büßern war ein Vorläufer des voll entwickelten spätmittelalterlichen Theaters, und die Aschura-Zeremonien des safawidischen Iran sind nur einen Schritt von dem ausgewachsenen schiitischen Theater des Märtyrertums in unserer Zeit entfernt.

Die Selbstverstümmelung als Nachahmung der „Passion" von Helden, die zugleich menschlich und göttlich sind, ist im Westen nicht fremd: In fast jedem westeuropäischen Land traten im Mittelalter Flagellanten (Geißler) auf, die sich zur Buße und im Gedenken an die Geißelung und Kreuzigung Jesu selbst auspeitschten, manchmal zum Mißfallen der Kirche. In manchen Fällen, z. B. bei der Gruppe von Flagellanten, die zu Beginn des fünfzehnten Jahrhunderts St. Vincent Ferrer auf seiner Reise folgten, um die Notwendigkeit der Reue und das Kommen des Jüngsten Gerichts zu predigen, trafen sie genau den Kern dessen, was gewissenhafte Geistliche am meisten bewunderten. In Spanien und vielen Teilen der spanisch sprechenden Welt hat die Geißelung bis heute überlebt. Es gibt sie sogar in den Vereinigten Staaten, in New Mexico, wo ungeachtet der ein Jahrhundert alten entsetzten Ablehnung durch Protestanten und nicht-spanische Katholiken die Bruderschaften der Büßer mit Geißelungen, mit dem Tragen schwerer Holzkreuze und anderen Formen körperlicher und geistiger Kasteiung der Passion Jesu gedenken. Die formale Ähnlichkeit der Büßer-Religiosität mit den Praktiken der Schiiten setzt sich fort mit Tableaux aus dem Leben Jesu und sogar mit dem Drama einer vorgetäuschten Kreuzigung.

In psychologischer Hinsicht ist die Ähnlichkeit noch auffälliger: Bei den schiitischen Büßern und bei denen von New Mexico dient die physische Selbstzüchtigung als Mittel, den Zustand einer veränderten Bewußtseins zu erreichen, in dem die alltäglichen, durch Klugheit auferlegten Beschränkungen aufgehoben sind und der Büßer nicht nur das Gefühl des Selbstschutzes, sondern auch das der getrennten Individualität verliert. Durch die gemeinsame Kasteiung durchbricht der einzelne Büßer die Schranke zwischen ihm selbst und den anderen Büßern und in gewissem Grad sogar zwischen ihm selbst und dem geistigen Vorbild, das er nachzuahmen sucht. Wie die Büßer sagen: Die „Brüder des Blutes" werden „Brüder des Lichts". Im Grunde sind beides Formen der Volksmystik.

Im achtzehnten Jahrhundert brauchte der iranische Schiismus die Volksmystik, um am Leben zu bleiben. Zu Beginn des Jahrhunderts brach der Safawidenstaat bei dem Einfall von sunnitischen Afghanen zusammen, und den größten Teil des achtzehnten Jahrhunderts lebte der Iran ohne staatliche Ordnung und in Furcht vor den sunnitischen Nachbarn. Der Sufismus, die etablierte Form der islamischen Mystik, hatte zwar die safawidische Regierung hervorgebracht, war jedoch bei der überwältigenden Mehrheit der Mullahs verpönt, besonders im achtzehnten Jahrhundert. (Ein berühmter Mullah des frühen neunzehnten Jahrhunderts erhielt den Beinamen „Sufimörder" wegen seiner heftigen Versuche, die Sufis auszurotten.) Inmitten dieser verwirrten Zustände jedoch entwickelte sich die Trauerzeremonie für Hussein weiter fort und trat als selbständiges Drama hervor.

Den ersten unanfechtbaren Bericht über solch ein Drama schrieb ein Engländer in den 1780er Jahren:

Alle die verschiedenen Ereignisse werden von den Persern während der ersten Tage des Moharram dargestellt. ... Jeden Tag wird eine bestimmte Szene der Geschichte von Leuten dargestellt, die die Akteure dieser Szene spielen sollen. ... Eine der rührendsten Darstellungen ist die Heirat des jungen Qasem, des Sohnes von Hasan und Neffen von Hussein, mit dessen Tochter. Die Heirat kam aber nie zustande, denn Qasem wurde in einem Gefecht am Euphrat am 7. Moharram getötet. Dabei spielt ein Junge die Braut, die in ihrem Hochzeitskleid und in Begleitung der Frauen aus der Familie einen Trauergesang vorträgt; darin wird erzählt, unter welchen Umständen ihr versprochener Gatte von den Ungläubigen (dies ist der Ausdruck, den die Schiiten für die Sunniten gebrauchen) erstochen wurde. Die Abschiedsszene zwischen ihr und ihrem Gatten wird auch gezeigt: Als er ins Feld geht, nimmt sie zärtlich von ihm Abschied, und bei der Trennung schenkt sie ihm ein Leichenhemd, das sie um seinen Nacken legt.

William Francklin hatte also den gesamten Zyklus der Spiele gesehen, die mit dem Tode Husseins am zehnten Moharram ihren Höhepunkt finden.

Mit bezeichnendem Einfallsreichtum haben Iraner diese Spielzyklen bis in die Gegenwart hinein immer wieder umgeschrieben, und professionelle Truppen reisen das ganze Jahr über in die entlegensten Dörfer, um die Stücke aufzuführen. Jedes Stück hängt irgendwie mit dem Schicksal Husseins zusammen, und die Stücke, die an Aschura von Amateuren und Professionellen im ganzen Iran gespielt werden, sind ganz seinem Märtyrertod gewidmet; kein anderes Thema ist an diesem Datum denkbar. Aber die anderen Stücke haben manchmal nur eine entfernte Beziehung zu den Ereignissen von Aschura: Eines zum Beispiel betrifft Salomon und die Königin von Saba, die an einem Punkt ihrer Liebesgeschichte sozusagen zufällig die Ebene betreten, auf der später Hussein getötet wird, und sich nun in Reden über den melancholischen Charakter dieses Ortes ergehen. Im allgemeinen sprechen die Helden in Versen, die Schurken in Prosa; die Hauptpersonen tragen grün und weiß, die Gegenspieler rot. Seit ein paar Generationen tragen die Soldaten britische Offiziersjacken statt Panzerhemden, und schon seit über hundert Jahren dreht sich eines der Paradestücke um den „Gesandten der Europäer", der in schöner Geringschätzung der Chronologie am Hofe Yazids, des Unterdrückers von Hussein, erscheint und um dessen Leben bittet. Gelehrte Typen tragen oft Brille, und neuerdings tragen die schlechten Charaktere Sonnenbrillen.

Das Passionsspiel oder *ta'ziye* ist kein illusionistisches Theater und will das auch in keiner Weise sein. Eine Schüssel Wasser stellt den Euphrat dar, und wenn der Engel Gabriel einen Regenschirm hat, dann weiß das Publikum, daß er gerade vom Himmel gekommen ist. Matthew Arnold hat es wieder richtig gesehen. In seinem 1871 geschriebenen Essay „Ein persisches Passionsspiel" vergleicht er die in dem Reisebericht eines Europäers gegebenen Schilderungen dieser Spiele mit dem Passionsspiel von Oberammergau. Er stellt fest, daß bei diesem Theater „die Kraft der Darsteller in ihrem echten Gefühl für den Ernst des Geschäftes liegt, in das sie verstrickt sind. Sie sind ebenso wie ihre Zuschauer hiervon ganz durchdrungen." Es ist tatsächlich die Gemeinsamkeit der Empfindung und das Fehlen jeder festen Schranke zwischen Schauspielern und Zuschauern, was diesen Spielen ihre Kraft gibt. Schauspieler und Zuschauer fließen ineinander, so wie in einem persischen Manuskript Text und Miniaturen ineinanderfließen. Wenn heute in dem Stück über Qasem, das Francklin vor zweihundert Jahren beschrieb, die Hochzeitsszene gespielt wird, wird im Publikum zur festlichen Musik Konfekt verteilt. Dann erscheint auf der fröhlichen Szene plötzlich das reiterlose Pferd von Husseins ältestem Sohn, der die kleine Schar während der Hochzeit verteidigt hat. Qasem geht durch die Zuschauer (denn wir haben hier eine Rundbühne), um das „Schlachtfeld" zu erreichen, und bald kehrt er an der Spitze einer Prozession zurück, die den erschlagenen Sohn Husseins auf Schilden trägt. Alle Zuschauer erheben sich und weinen, wie bei einer echten Leichenprozession. Und weil es ein Zeichen der Hochschätzung für den Verstorbenen ist, den Sarg zu tragen, heben auch die entfernt Stehenden die Hände hoch, als würden sie mit anfassen. Der Leichnam wird zu den Klängen der Trauermusik auf der Bühne abgelegt, und dann setzt die ausgelassene Hochzeitsmusik wieder ein. Das Publikum ist zwischen Lachen und Weinen hin- und hergerissen, während sich die widersprüchlichen Szenen abwechseln. Zwischendurch ist der Spielleiter auf der Bühne herumgegangen, hat erzählende Zwischentexte vorgetragen und sich in traurigen Momenten erregt auf die Brust geschlagen.

Matthew Arnold hat angemerkt, man könne bei diesen Stücken nicht davon sprechen, daß die Schauspieler ihre Rolle wirklich „darstellen", und es kann hinzugefügt werden, daß es sich überhaupt nicht um „Theater" im normalen Sinne handelt. Die Schauspieler sollen sich mit den Personen, die sie darstellen, nicht identifizieren. Dies ist auch theologisch verboten, obwohl der Glaube verbreitet ist, daß nur ein guter Mensch Hussein wirkungsvoll spielen kann und daß nur ein schlechter Charakter einen überzeugenden Schemr (den Mörder Husseins) abgibt. Statt dessen werden Darsteller und Zuschauer gleichermaßen von Freude und Entsetzen über die Ereignisse ergriffen; ja, manche Schauspieler sagen, sie würden durch die Erregung der Zuschauer verwandelt. Die Erregung der Zuschauer wird durch Signale erzeugt, die den Gefühlsgehalt der dargestellten Vorgänge anzeigen. Und da dies kein Spannungstheater ist, da jeder die Ereignisse im voraus kennt, sind die Höhepunkte nicht immer mit den kritischen Ereignissen verbunden; sie kommen vielmehr dann, wenn die kritischen Signale erscheinen. Der Höhepunkt des Stücks zu Aschura tritt nicht ein, wenn Hussein auf offener Szene getötet wird, sondern in dem Augenblick, wo er das weiße Totenhemd anlegt. Hussein ist nach Kerbela gegangen im vollen Wissen um die Prophezeiung, daß er dort getötet würde, so wie er es in einem Stück ausdrückt: „Die Menschen reisen bei Nacht, und ihr Schicksal reist ihnen entgegen." Das Anlegen des Totenhemds ist das krönende Symbol dafür, daß er sich den Märtyrertod erwählt hat. Die Gefühle von Entsetzen und Leid erreichen den Höhepunkt, nicht weil die Zuschauer „Einfühlung" in die vom Schauspieler dargestellte „Person" haben, sondern weil sie das Dramatische der Rolle des Märtyrertums empfinden, an das er sie erinnert. Bei all seinem hohen Ernst ist dieses Theater von Rollen anstatt Charakteren doch ein entfernter Verwandter jenes dichterischen Theaters mit den skeptischen, gottstrafenden und sinnenfrohen Rollen, das Omar Chaijam und seine Nachahmer aufgeführt haben. Der Darsteller im Passionsspiel hat ebenso wie der Sprecher von Omars skeptischen Vierzeilern vorübergehend die Mehrdeutigkeit der iranischen Überlieferungen aufgelöst: er ist die Rolle.

Die Mullahs blieben darüber im ungewissen, wie sie dieses Theater des volksmystischen Erlebens einordnen sollten. Einige duldeten es als ein machtvolles Instrument, um die Massen an die Bedeutung von Husseins Sendung zu erinnern; denn hatte der Herr der Märtyrer nicht gesagt: „Ich werde getötet, damit sie weinen?" Andere verurteilten es als groben Versuch, Personen darzustellen, die so heilig waren, daß jede Darstellung sie verfälschte und daher entehrte. Was nun aber die offenkundigen mystischen Praktiken der Sufis anging, so war sich die überwältigende Mehrheit der Mullahs einig: der Sufismus war falsch. Ein Sufismus mit stark schiitischer Ausrichtung lebte im Iran weiter und wurde auch gelegentlich von einem Mullah unterstützt. Die wirklich bedeutsame Form aber, in der der Sufismus sich weiter vererbte, war die individualistische, hochphilosophische Form des ʿerfān, des mystischen „Wissens".

Daß sich die Mystik bei den schiitischen Mullahs einbürgerte, war vor allem das Verdienst von Mullah Sadra, auch wenn er bei seinem Tod im Jahre 1640 unter den Mullahs wahrscheinlich mehr Verleumder als Verehrer hatte. Er hatte eine formale Medrese-Bildung genossen und dann bei den führenden schiitischen Geistlichen seiner Zeit weiter studiert, doch danach zog er sich in ein Dorf bei Ghom zurück, wo er fünfzehn Jahre in asketischer Andacht und Selbstreinigung verbrachte, bis er die „direkte" Vision der geistigen Welt empfing. Die Wirklichkeit der Welt, wie sie die Philosophie enthüllte, direkt zu schauen, hieß durch „Erleuchtung" schauen. Durch sein Interesse an der Erleuchtung ist Mullah Sadra zweifellos ein Nachfolger Sohravardis; so bedeutsam die Unterschiede zwischen diesen beiden Denkern auch sind, ist Mullah Sadra doch der eigentliche Erbe von Sohravardis genialen esoterischen Spekulationen über die Wahrnehmung, die er dann in einer streng scholastischen Form überarbeitete. Die tief mystische Natur dieser Philosophie konnte zahlreichen Mullahs nicht entgehen, denen jede Art von Mystik (und Philosophie) verdächtig war und die daher Mullah Sadra öffentlich anprangerten; doch er hatte auch seine Gefolgsleute, unter ihnen einen safawidischen Provinzgouverneur, der eine Medrese gründete, wo Mullah Sadra für den Rest seines Lebens unterrichtete. Während der hundert Jahre nach seinem Tod wurden seine Ideen allmählich für die gesamte philosophische Lehre der Schiiten bestimmend, und sie sind es bis heute geblieben.

Weil die esoterischen Aspekte dieser Philosophie (aus der Sicht ihrer Anhänger) die Erfahrung der Einsicht voraussetzen, um voll verstanden zu werden, erlernt man die Erfahrungsaspekte am besten unter einem Meister, der das, was er lehrt, selbst erfahren hat. Für muslimische Gelehrte vollzog sich die Weitergabe des Wissens meistens in Ahnenreihen, mit ganzen Ketten von Übermittlern, die sich über die Generationen erstreckten. Auch ʿerfān machte da keine Ausnahme. Der Sieg von Mullah Sadras Philosophie half mit, daß unter den Mullahs ein esoterisches, unsichtbares Band entstand, das ihnen Zusammenhalt als Gruppe verlieh und bei ihnen das Gefühl stärkte, eine geistige Elite zu sein.

Die Mystik hatte aber auch im Sexualleben der Mullahs und in ihrem politischen Auftreten wichtige praktische Auswirkungen. Die meisten der Schüler, die nach Ghom und Nedschef in die Hochburgen der schiitischen Gelehrsamkeit kommen, sind Heranwachsende, die zum erstenmal außerhalb des Elternhauses leben. Sie befinden sich in einer männlichen Umgebung. Es gibt zwar dort auch einige Studentinnen, doch studieren diese nur bei Lehrerinnen oder bei eigenen männlichen Familienangehörigen, und ihre Zahl ist ohnehin sehr klein. In der Sicht antiklerikaler Iraner (und auch in dem antiklerikalen iranischen Denken, das manchmal sogar bei ergebenen Schiiten anzutreffen ist) stellt sich das Privatleben der *talabes* (Medrese-Schüler) als heimlicher Umgang mit der verbotenen Sexualität dar. Für die Antiklerikalen sind die Schlafsäle der Medresen Brutstätten der Homosexualität, und auch in den starken Bindungen zwischen einem Meister und seinem Meisterschüler entdecken sie homosexuelle Untertöne. Und für die Antiklerikalen ist die Heirat auf Zeit, die als Institution im schiitischen Gesetz voll verankert ist, nichts als Prostitution. Wenn er gerade in der Stimmung ist, sich über die Mullahs lustig zu machen, weiß jeder Iraner genau, was Hafis wohl mit den folgenden Zeilen sagen wollte:

> Die(se) Prediger, die im Gebetsgewölbe und auf der Kanzel eindrucksvoll in Pose sich ergehen –
> Wenn sie in ihre Kammer kommen, führen sie ein andres Schauspiel auf.
> Eine Frage doch, mein Herr! Bitte fragen Sie den Gelehrten der Versammlung,
> Warum die, die uns Reue predigen, so selten selbst bereu'n.
> Man kann wohl sagen, sie glauben nicht an den Tag des Jüngsten Gerichts,
> Denn wenn sie als „Richter" handeln, arbeiten sie mit soviel Täuschung und Betrug.

Talabes und ehemalige *talabes* bestreiten nicht ihren Kampf mit der Sexualität; doch sie behaupten, daß die ganz große Mehrzahl der sexuellen Versuchung nicht erliegt – was immer die Säkularen sagen mögen. Der Kampf mit der Sexualität ist aber nur das Kernstück eines viel allgemeineren Kampfes um „Reinheit" – eines Kampfes, der einen beträchtlichen Teil der intellektuellen Lernanstrengungen an der Medrese auf die Frage lenkt, was „rein" und was „unrein" ist. Gefühlsmäßig erscheint dieser Kampf als Kampf gegen die Versuchung Satans. Ob man ihn nun philosophisch als Prinzip oder in der Phantasie als Gegenwart versteht – Satans Hauptrolle in dem inneren persönlichen Drama ist die des Versuchers zur Unreinheit. Bevor der Satan im Koran Adam und Eva dazu verführt, von dem verbotenen Baum zu essen, läßt er das erste Paar zunächst einmal sich seiner eigenen Geschlechtlichkeit bewußt werden: „Und Satan begann den beiden Suggestionen zuzuflüstern, um ihnen ihre ureigensten Körperteile zu enthüllen, die ihnen vorher verborgen waren." In diesem Augenblick übernimmt Satan seine gottgegebene Sendung, in den Herzen der Menschen zu flüstern.

Es gibt keine Kultur, die nicht die Bemühung um Reinheit kennt. „Schmutz" ist per Definition anstößig und unangebracht, wenn man unter kulturellem Aspekt an Haushalt, Speisen, Sprache und so weiter denkt. Doch in einer Kultur, der es um klare Grenzen zwischen dem Heiligen und dem Profanen zu tun ist, wird die „Verschmutzung" zu einer Lebensfrage, denn sie verhindert jeden Zugang des Menschen zum Heiligen. Satan erkennt, daß das vorgeschriebene tägliche Gebet ein mächtiges Mittel ist, Zugang zu Gott zu erhalten, und daß solche Gebete vor Gott erst dann annehmbar sind, wenn der Betende sich vorher rituell gereinigt hat, und zwar durch eine große Waschung in rituell sauberem Wasser oder Sand, auch nach einer unwillkürlichen Beschmutzung etwa durch einen Samenerguß im Schlaf (der manchmal „Beschmutzung durch Satan" genannt wird).

Jeder Iraner kennt die Geschichte von dem Mullah, der auf dem Weg zur Moschee, wo er das Morgengebet verrichten wollte, von einem Hund bespritzt wurde, der sich in einem Wassergraben schüttelte. Der Mullah wußte, daß er keine Zeit mehr hatte, um sich vor dem Gebet umzuziehen. Er schaute nicht zu dem Tier hin, das ihn bespritzt hatte, und murmelte beim Weitereilen zu sich selbst: „Wenn Gott will, war es eine Geiß." (Wasser von Hunden wirkt beschmutzend, aber nicht Wasser von Ziegen.) „Wenn Gott will, war es eine Geiß" ist in der persischen Umgangssprache die Kurzform für „Nehmen wir's hin und prüfen wir nicht so genau." Sie steht für den Willen religiöser Menschen, an den Grenzen von rein und unrein, und damit auch von heilig und profan, festzuhalten, ohne dabei übertrieben pedantisch zu werden. Im Mund eines antiklerikalen Iraners bedeutet der Satz auch Verachtung für einen religiösen Stil, der von einem Gläubigen verlangt, ständig im einzelnen genau darauf zu achten, welche Flüssigkeiten er zu sich nimmt, welche Flüssigkeiten er aus irgendeiner Köperöffnung ausscheidet und so weiter.

Für Mullahs ist die Geschichte vom Kampf der *talabes* mit den Einflüsterungen der Versuchung vor allem die Geschichte von Satans Niederlage. In diesem Kampf bleiben dem *talabe* zwei wichtige praktische Vorgehensweisen: die Ehe auf Zeit und die Mystik des ʿ*erfān*. Die Ehe auf Zeit wird auf eine bestimmte Dauer geschlossen, wobei der Ehefrau auf Zeit eine bestimmte Summe zu zahlen ist. Die Ehefrau auf Zeit muß seit einer etwa vorausgegangenen Ehe mindestens dreimal ihre Periode gehabt haben (um jedem Streit über Vaterschaft vorzubeugen) und soll keine Frau sein, die „der Hurerei ergeben" ist. Die Sunniten (bei denen solche Ehen auf Zeit verboten sind) und die Antiklerikalen behaupten, daß es in Städten mit schiitischen Schreinen von de-facto-Prostituierten wimmelt. Damit sind Frauen gemeint, die falsche Aussagen über ihre sexuelle Vergangenheit machen, um Eheverträge für einen Tag oder eine Woche mit Pilgern und manchmal mit *talabes* abzuschließen, die – im Geist des „Wenn Gott will, war es eine Geiß" – dem Hintergrund ihrer Ehefrau auf Zeit nicht allzu genau nachspüren. Demgegenüber verteidigen die Mullahs die Ehe auf Zeit als eine vom Propheten sanktionierte Institution, von der skrupelhafte schiitische Muslime, natürlich einschließlich der Mullahs, gewissenhaften Gebrauch machen. Sie bestreiten entschieden, daß es in Städten mit schiitischen Schreinen mehr als eine Handvoll Frauen gibt, die nach dem Maßstab des schiitischen Gesetzes als gewissenlos zu bezeichnen wären.

Die zweite Methode, um sexuellen Versuchungen zu begegnen, ist die individuell weitergereichte Form der Mystik des ʿ*erfān*; sie ist kein Streitgegenstand oder auch nur ein Gesprächsthema zwischen der Welt der Mullahs und den Außenstehenden. Ein Eingeweihter darf den Namen seines Lehrers im ʿ*erfān* nicht preisgeben, und nur wenige Außenstehende kennen das wabenartige Geflecht von ʿ*erfān*-Beziehungen innerhalb der Mullah-Gemeinschaft von Ghom. ʿErfān hat auch unter den Mullahs selbst viele Feinde, aber durch Diskretion kann es ohne Skandal überleben. ʿErfān wird seit Jahrhunderten von Tausenden von Anhängern gepflegt, und sein vielschichtiges geistiges Erbe läßt sich nicht auf eine bestimmte Bedeutung eingrenzen; doch eine seiner Bedeutungen für den heranwachsenden *talabe* ist erhöhte Selbstkontrolle in der Zeit der erwachenden Sexualität. Nicht alle *talabes* können eine Mitgift für eine Ehefrau oder die Kosten einer Ehe auf Zeit aufbringen; ʿerfān kostet nichts.

Für westliches Denken, das die Mystik so oft mit Quietismus in Verbindung bringt, ist es vielleicht überraschend, daß ʿerfān weitreichende politische Auswirkungen hatte; vom Islam aus betrachtet ist es das nicht. Die sufistische Mystik hatte bei dem radikalen Engagement, das zum schiitischen Safawidenstaat führte, eine Hauptrolle gespielt. Ganz ähnlich trug auch das mystische System des ʿerfān zu dem politischen Stil des „alles oder nichts" bei, der die beiden politischsten unter den iranischen Religionsführern der letzten zwei Jahrhunderte, Dschamal ad-Din, genannt al-Afghani („der Afghane"), und Ruhollah Khomeini kennzeichnet. Das Herzstück des ʿerfān ist die totale Aufhebung der Unterscheidung von Subjekt und Objekt – eine Welterfahrung, in der der Schauende und das Geschaute eins werden. Und ʿerfān-Lehrer suchen ihren Schülern ein Gefühl der Furchtlosigkeit gegenüber allem Äußeren zu vermitteln, das die wahren Meister des ʿerfān haben sollten – auch gegenüber den scheinbar zwingenden politischen Kräften der Welt.

Dschamal ad-Din, „der Afghane", wurde gegen Ende der 1830er Jahre tatsächlich im Iran geboren, doch gab er später vor, in Afghanistan, einem sunnitischen Land, geboren zu sein, um für seine sunnitischen Schüler in Kairo und Istanbul akzeptabler zu sein. Er besuchte Medresen im Iran und Irak, ließ sich von einem iranischen Lehrer ins ʿerfān einführen und schrieb auch selbst eine Abhandlung über die islamische Mystik. Danach wechselte er von Land zu Land und von Rolle zu Rolle, um den Islam als politische Kraft zu erneuern. Am Hof des osmanischen Sultans und des ägyptischen Khediven, im Exil in Paris, in Britisch-Indien oder im zaristischen Rußland – überall nahm er furchtlos und unermüdlich neue Rollen und Philosophien an, in denen er sich dann meistens als unbeständig erwies. Er war zu verschiedenen Zeiten schottischer Freimaurer, Verteidiger des Islam gegen den europäischen Materialismus, Advokat eines parlamentarischen Regierungssystems innerhalb des Islam und Bewunderer der messianischen islamischen Politik des Mahdi des Sudan.

Dschamal ad-Din (nicht identisch mit dem Dschamal ad-Din, mit dem Isa Sadiq zusammentraf) wurde vom Schah als Ratgeber in Regierungsangelegenheiten in den Iran eingeladen, doch als er kurz darauf in Ungnade fiel, suchte er in demselben Schrein bei Teheran Zuflucht, wo die Mullahs und Kaufleute zu Beginn der Iranischen Revolution von 1905 ebenfalls Schutz suchten. Sieben Monate lang predigte er an seinem Zufluchtsort vor Bewunderern, dann nahmen ihn die Truppen des Schahs fest und beförderten ihn über die Grenze in den Irak. Dschamal ad-Din, der mit den meisten seiner Gönner in Streit geriet, bewahrte sich den größten Haß gegen den Schah. Vom Irak aus beschuldigte er den Schah, öffentliche Gelder zu verschwenden, die er durch wirtschaftliche Konzessionen an Europäer – darunter die jüngste Konzession an eine britische Firma, im Iran Tabak zu vertreiben – zum Vorteil der Feinde des Islam erhalten hatte. Die iranische Öffentlichkeit und die Mullahs schenkten ihm Gehör, und ein bedeutender Rechtsgelehrter gab die Rechtsauffassung aus, die den Muslimen den Genuß von Tabak bis zur Aufhebung der Konzession verbot. Die Regierung gab nach, doch Dschamal ad-Din war unversöhnlich. Er setzte seine Angriffe gegen den Schah fort und war einer der Urheber der Proteste gegen die Regierung, die zu Beginn des nächsten Jahrhunderts zur Konstitutionellen Revolution führten.

Über die Tiefe von Dschamal ad-Dins religiöser Überzeugung läßt sich streiten. Er war nie verheiratet, doch hielt er sich Freundinnen, wenn er wollte, ohne religiöse Skrupel zu zeigen. Aber diese mangelnde Gewissenhaftigkeit bedeutet nicht, daß er seine frühere Erziehung vergessen hätte: Seine Rücksichtslosigkeit und die Weigerung, die Kosten seiner Aktionen zu bedenken, kamen ebenso aus seiner Schulung in ʿerfān wie aus seinem eigenen Temperament. Seine Verbindung zu islamischen Gelehrten gab ihm auch die Überzeugung, daß sie das Bollwerk des Islam gegen die Fremden seien, und sein Bestreben, den Muslimen bei ihrem Widerstand gegen fremde Eingriffe Mut zu machen, gehört zu den wenigen durchgehenden Anliegen seines Lebens. Fast alle größeren geistigen und politischen Reformbewegungen im islamischen Mittleren Osten zählen Dschamal ad-Din zu ihren Stammvätern.

Auch Ruhollah Khomeini wurde von einem Schah über die Grenze befördert, als er furchtlos das iranische Regime kritisierte. Auch er zeigte sich als unversöhnlicher Gegner, der aus dem Exil unermüdlich das Regime angriff. Auch er baute überall, wohin er kam, enge Bindungen an einen inneren Kreis von Schülern auf. Auch er glaubte, daß westliche Übergriffe die große *moralische* Verhöhnung der islamischen Welt darstellten und daß (im Fall der Schiiten) die Mullahs das einzige widerstandsfähige Bollwerk gegen diese Übergriffe seien. Dschamal ad-Dins Lehrer des ʿerfān, Hosein Quoli Hamadani, war der Lehrer Dschawad Maleki Dardschazinis, des Lehrers von Khomeini.

Dschamal ad-Din und Khomeini sind in vielerlei Hinsicht radikal verschieden. Auf dem Feld der mittelöstlichen und europäischen Politik spielte Dschamal ad-Din mit meisterhaft gezeigter Überzeugung für jede angenommen Rolle das „Rollentheater" – vom omarischen Freidenker bis zum leidenden Märtyrer, während Khomeini für sich die Rolle des religiösen Eiferers gewählt hat und daran bis heute festhält. Satanische Sittenverderbnis ist sein Feind, und da geht er keine Kompromisse ein. Doch in ihrer Unbekümmertheit und Beharrlichkeit erweisen sich sowohl Dschamal ad-Din als auch Khomeini als wahre Schüler des ʿerfān und direkte Nachfahren Sohravardis.

Sechstes Kapitel

1966 kam Ali nach Nedschef im südlichen Irak. Er hatte Referenzen bei sich, denn ohne Referenz an das einzige schiitische Lehrzentrum vom Range Ghoms zu kommen, würde ihn zu viel Zeit kosten, um sich als ernsthaften Gelehrten auszuweisen. Aber er war etwas unsicher, ob das Empfehlungsschreiben, das an Ayatollah Schahrudi gerichtet war, auch wirklich seinen Zweck erfüllen würde. Der Ayatollah war eines der vier damals in Nedschef lebenden „Vorbilder" der Gelehrsamkeit und angeblich einhundertfünf Jahre alt. Es war nicht leicht, Schahrudis Haus zu finden. Nedschef war wie Ghom der Sitz eines Schreins; die Stadt wurde beherrscht von der eindrucksvollen Goldkuppel über dem Grab des Gebieters der Gläubigen, Ali ibn Abi Talib, Vetter und Schwiegersohn des Propheten und Vater des Märtyrers Hussein. Aber in den verschlungenen Gassen Nedschefs konnte man sich viel leichter verlaufen, zum Teil auch deshalb, weil die Häuser vorspringende Obergeschosse mit Holzgitterfenstern hatten, wodurch die Straße selbst im Halbdunkel blieb.

Als er schließlich Schahrudis Haus gefunden hatte, wurde er in ein Empfangszimmer geführt, wo ein älterer Seyyid – sehr ehrwürdig, wenn auch vielleicht keine hundertfünf Jahre alt – genußvoll gezuckerte Lupinenbohnen aß. Mit einem Nicken forderte er Ali zum Sitzen auf und sagte: „Ich kannte Ihren Vater, als er hier studierte. Willkommen, willkommen. Ich freue mich, daß die Ghomer immer noch glauben, daß wir ihnen hier etwas beibringen können. Geht es Ihrem Vater gut?" Ali mußte nun viele Fragen beantworten, wie es den Bekannten des alten Ayatollahs gehe und was sie machten; dann sagte dieser: „Die Bohnen schmecken mir" (was leicht zu erkennen war, denn er hatte, seit Ali hereingekommen war, schon ungefähr zehn Stück gegessen). „Hier, nehmen Sie eine. Ich gebe sie nicht jedem. Ich habe Ihnen eine gegeben, weil Ihr Vater mein Freund ist. Sie werden hier sicher die höheren Klassen der jüngeren ‚Vorbilder' besuchen; das kann Ihnen nichts schaden. Arbeiten Sie hart und machen Sie uns allen Ehre."

Ali wußte schon, daß er bei zwei „Vorbildern", Ayatollah Kho'i und Ayatollah Khomeini, studieren wollte. Kho'i war seit vielen Jahren im Irak und galt als der führende Lehrer in der Stadt. Khomeini war erst vor wenigen Monaten, im Herbst 1965 angekommen, doch hatte er wegen seines Rufes als Lehrer in Ghom und wegen seiner politischen Aktivitäten, die ihn genötigt hatten, den Iran zu verlassen, sofort viele Hörer um sich geschart. Ali war hierher gekommen wegen des Ansehens, das man genoß, wenn man an beiden großen Zentren der Schia-Gelehrsamkeit erfolgreich studiert hatte; aber er war auch gerade jetzt gekommen, weil er bei Khomeini studieren wollte.

Khomeini hatte in Alis Leben schon einmal eine kurze, aber dramatische Rolle gespielt. Als Ali heranwuchs, kannte er Khomeini aus der Ferne. Aber auch die engsten Mitarbeiter Khomeinis schienen ihn nur aus der Ferne zu kennen. Er hatte etwas Abweisendes und brachte in der Öffentlichkeit höchstens einmal mit einem Lächeln zum Ausdruck, daß ihm irgend jemand oder irgend etwas gefiel. Er galt als einer der intelligentesten Lehrer in Ghom, doch er beschränkte seine Meisterklassen (in denen leicht anrüchige Themen wie das Verhältnis von Philosophie und ʿerfān diskutiert wurden), auf wenige Auserwählte. Schon seit Jahren hatte er Donnerstag nachmittags die „Ethik-Klasse" gehalten. Diesen Kurs besuchten die Studenten aus Tradition nur zur Anregung, denn er war mit keiner Prüfung verbunden. Aber wenn es auch nicht verlangt wurde, war er doch stark besucht. Er war einer der wenigen Anlässe, wo alle *talabes* von Ghom bei einem einzigen Lehrer hörten.

Khomeinis Anhänger unter den Mullahs beteuerten, daß seine mitreißenden Ansprachen in diesen Klassen seine Selbstlosigkeit und Jenseitigkeit zeigten; diese komme auch dadurch zum Ausdruck, daß er keinem Anhänger erlaubte, ihn mit einem besonderen Titel anzureden, auch nicht in geschriebener oder gedruckter Form. Sein geringes Interesse an einer Führerschaft unter den Mullahs zeige sich auch daran, daß er kein grundlegendes Handbuch religiösen Verhaltens vorgelegt habe, das eine wichtige Voraussetzung für ein „Vorbild" sei. Seine Gegner nannten ihn einen unbeugsamen Mann, der von seiner eigenen Bedeutung überzeugt sei, der seine Ethik-Klasse in einem prächtigen Umhang von der teuersten Sorte abhalte, dabei aber geizig gegenüber seiner Familie und bedürftigen *talabes* sei. Sie sagten, er geize sogar mit seiner Gegenwart, denn er begrenze seine Besuche bei den führenden Mullahs der Stadt, die für jeden Führer seines Ranges zu der wöchentlichen Runde gehörten, auf ein Mindestmaß. Diese Gegner fanden es nur allzu natürlich, daß Khomeini in den letzten Jahren des Ayatollah Borudscherdi ins Hintertreffen geraten sei, da Borudscherdi für die große Mehrheit der Mullahs von 1946 bis zu seinem Tode am 30. März 1961 das anerkannte „Vorbild" gewesen war. Solange er in Ghom war, fiel es schwer, Khomeini in eine untergeordnete Position einzustufen, die beide Ayatollahs befriedigt hätte.

Für Ali trat Khomeini 1963 aus dem Schatten in die Wirklichkeit hinaus. Es schien Ali, als habe die Logik der Ereignisse vom März dieses Jahres ihn an seinen vorbestimmten Platz in einer großen Volksbewegung gestellt, die Khomeini anführte. Das erste dieser Ereignisse bekam Ali nur aus zweiter Hand mit. Am 22. März war er zu Hause gewesen und wurde sich erst eine halbe Stunde nach dem Vorfall klar, daß der erregte Lärm einer Menschenmenge, der von fern bis zu seinem Garten drang, von einer Razzia auf die Feiziye herrührte, bei der Polizisten und

Regierungsbeamte in die Medrese eingedrungen waren und einige *talabes* festgenommen, viele von ihnen geschlagen und zwei getötet hatten. Diese Handlungsweise war zuerst und am lautstärksten von Khomeini verurteilt worden. Vierzig Tage nach einem Todesfall versammeln sich schiitische Muslime, um den Toten zu betrauern, und am vierzigsten Tag nach der Razzia ging Ali inmitten von Scharen anderer *talabes* zu Khomeinis Klasse in der Großen Moschee gegenüber dem Schrein, denn sie wußten, daß er die Absicht hatte, die Razzia zu verurteilen und die Getöteten zu betrauern.

Eine halbe Stunde lang hielt Khomeini seinen Unterricht über fortgeschrittenes Recht, ohne die geringste Anspielung auf Politik und Zeitgeschehen zu machen. Danach kam er auf die Politik zu sprechen, in einer Weise, wie man es seit vielen Jahren nicht mehr von einem Mullah in der Öffentlichkeit gehört hatte. Er brachte die Razzia mit Schah Rezas Angriff auf den Schrein von Meschhed im Jahr 1935 in Beziehung. Seine Vorwürfe galten nicht den Handlangern des Schahs oder seinem Minister; er sagte auch nicht (wie es die Formel in äußersten Fällen erlaubte), daß der Schah mißgeleitet gewesen sei. Er sagte, der Schah selbst müsse verantwortlich gemacht werden, wenn er sich nicht öffentlich von diesen Vorfällen distanziere. Im weiteren Verlauf seiner Ansprache erklärte er, die Handlungen des Regimes seien auf seine freundschaftlichen Beziehungen zu Juden und nichtmuslimischen Iranern zurückzuführen. Doch waren es Khomeinis offene Angriffe gegen den Schah, die Ali und Hunderten von anderen, die an diesem Tag zu Khomeinis Unterricht gekommen waren, das Gefühl gaben, die Mullahs hätten endlich einen politischen Führer.

Ali schloß sich enger an Khomeinis Kreis an und dort akzeptierte man sein Eintreten für diese Sache. Man teilte ihm mit, Khomeini wolle am Nachmittag des 3. Juni, am Aschura-Tag oder zehnten Moharram, nach Abschluß der Passionsspiele, in denen Schemr den Hussein tötete, in der Feiziye predigen. Ali traf frühzeitig an Khomeinis Haus ein, stellte sich an seinen Platz in einer Gruppe von Seyyids und probte die Verse, die seine Gruppe rufen sollte – einen Reimgesang nach Art einer *nouheh*, eines elegischen Trauergedichts auf den Tod Husseins, das herkömmlich in Aschura-Prozessionen rezitiert wird. Khomeini erschien, von Wachpersonen umgeben, und nahm auf dem Rücksitz eines offenen, hellgrünen Volkswagen-Käfers Platz. Als sich die Prozession in Richtung Feiziye in Bewegung setzte, rief die Gruppe vor dem Volkswagen:

> Der Groß-Ayatollah Khomeini, Führer der Muslime, der Ruhm der Gläubigen;
> Möge dein Haupt sicher sein – dein Vorfahr wurde getötet!

Darauf antwortete Alis Gruppe, die hinter dem Volkswagen schritt:

Wir trauern um die *talabes* der Feiziye, die für ihre Religion von der Hand der Ungläubigen starben;
Möge dein Haupt sicher sein – dein Vorfahr wurde getötet!

Dann wiederholte die vordere Gruppe ihre Zeilen, und so weiter im Wechsel.

Ali hatte zwar Angst, dennoch war er entschlossen. Als sie die Feiziye erreichten, wählte er eine Position in ziemlicher Nähe von Khomeini, freilich aber nicht zu weit entfernt von einem der Ausgänge, zu dem er laufen konnte, sollten Regierungstruppen auftauchen. Die Menge füllte den Innenhof des Schreins und eines Nachbargebäudes und den der Feiziye, und man hatte ein Lautsprechersystem aufgebaut. Khomeini saß in dem großen Torbogen mit den beiden Pfauen. Als Zeichen tiefer Trauer löste er die drei Fuß lange Tuchbahn, die die äußeren Falten seines Turbans ergab, und schlang das lose Tuch unter seinem Kinn vorbei und über die andere Schulter. Als er zu sprechen anfing, schaltete die Regierung den Strom für ganz Ghom ab, aber Khomeinis Anhänger waren darauf vorbereitet und schlossen das Lautsprechersystem an einen Notgenerator an. Khomeini begann wieder zu sprechen:

Heute ist der Nachmittag von Aschura. Manchmal, wenn ich an die Ereignisse von Aschura denke, stelle ich mir die Frage: Wenn die Omaijaden-Dynastie... [und besonders ihr Führer Yazid] Hussein bekämpfen wollte, warum haben sie dann so grausame und unmenschliche Verbrechen an wehrlosen Frauen und unschuldigen Kindern begangen?... Mir scheint, die Omaijaden hatten ein viel grundlegenderes Ziel: sie stellten sich gegen die Existenz der Familie des Propheten überhaupt...

Eine ähnliche Frage stellt sich mir jetzt. Wenn das tyrannische Regime des Irans lediglich die „Vorbilder" bekämpfen und sich gegen die Mullahs stellen wollte, warum hat es dann an dem Tag, als es die Feiziye Medrese stürmte, den Koran in Fetzen gerissen?... Wir kommen zu dem Schluß, daß auch dieses Regime ein grundlegenderes Ziel hat: es leistet grundsätzlichen Widerstand gegen den Islam selbst und gegen die Existenz der religiösen Klasse. Es wünscht nicht, daß diese Institution existiert; es wünscht nicht, daß irgendeiner von uns existiert, ob groß oder klein.

Israel wünscht nicht, daß der Koran in diesem Land existiert. Israel wünscht nicht, daß die Mullahs in diesem Land existieren... Israel hat die Feiziye Medrese mit Hilfe seiner bösen Agenten angegriffen. Es greift uns immer noch an, es greift euch an, die Nation; es wünscht von eurer Wirtschaft Besitz zu ergreifen... sich euren Wohlstand anzueignen... Die Religionsgelehrten versperren [Israels] Weg; sie müssen beseitigt werden...

Geschätzte Einwohner von Ghom! An dem Tag, als das lügenhafte, skandalöse Referendum [über die „Weiße Revolution" des Schahs] stattfand, ... waren Sie Zeuge, wie eine Bande von Rowdies und Schlägern in Ghom herumtrieb... mit dem Ruf: „Die Tage eures Schmarotzertums sind zu Ende!"... Nun, diese Studenten der Religionswissenschaft, die den besten und aktivsten Teil ihres Lebens in diesen engen Zellen verbringen und deren Monatseinkommen so zwischen vierzig und hundert Toman liegt – sind das Parasiten?... Sind die Mullahs Parasiten?... Und die, die ausländische Banken mit dem Reichtum gefüllt haben, den die Mühe dieses verarmten Volkes hervorgebracht hat..., sind das keine Parasiten? Darf ich Ihnen einen Rat geben, Herr Schah! Lieber Herr Schah, ich rate Ihnen, hören Sie auf!... Ich möchte nicht, daß das Volk Dankopfer bringt, wenn Ihr [ausländischer] Herr eines Tages beschließt, daß Sie gehen müssen. Ich möchte nicht, daß Sie den Weg Ihres Vaters gehen... Während des Zweiten Weltkriegs fielen die Sowjetunion, Großbritannien und Amerika im Iran ein und besetzten unser Land. Das Volkseigentum wurde preisgegeben, die Ehre des Volkes gefährdet. Aber weiß Gott, jeder war glücklich, weil Reza Schah der Pahlavi weg war!... Wissen Sie nicht, daß eines Tages, wenn es einen Aufruhr gibt und das Blatt sich wendet, keiner mehr Ihr Freund sein wird?

Während der Ansprache wartete Ali jede Minute darauf, daß Truppen auftauchen würden. Khomeini hatte den Krieg des Schahs gegen die Mullahs mit seiner Verbindung zu Israel erklärt. Er hatte dem Schah gesagt, wenn er nicht als Muslim handle, werde er vertrieben. Doch die provokativste Herausforderung war, daß er den Schah praktisch mit Yazid verglichen hatte, jenem Herrscher, auf dessen Befehl Schemr Hussein und seine Kinder getötet hatte, mit dem schlimmsten Machthaber also, den sich ein Schiit vorstellen konnte.

Nichts passierte an diesem Tag oder am nächsten Tag, dem elften Moharram. Als Ali am zwölften Moharram erwachte, vernahm er aus der Richtung des Schreins und der Feiziye die Laute einer größeren Menschenmenge. Er zog sich schnell an und ging auf die Straße. Menschen schoben sich ziellos umher, betäubt von der Nachricht, daß Khomeini vor Tagesanbruch verhaftet worden war. Die Läden blieben geschlossen, und das noch für zwei Wochen. Später am Vormittag, als Ali an dem von seinem Haus abgelegenen Flußufer entlangging, sah er, wie ein Panzer und einige Truppenfahrzeuge auf die nächstgelegene Brücke zufuhren. Er faßte das untere Ende seines Gewandes und rannte zu der Brücke, bevor der Panzer sie erreichen konnte. Er war über die Brücke und zu Hause mit einer Geschwindigkeit, die ihn fast den Turban gekostet hätte.

Es dauerte kein Jahr, da befand sich Khomeini im Exil in der Türkei, und wieder einige Monate später tauchte er in Nedschef auf. Er war nicht mehr der etwas unnahbare Experte für Philosophie und Rechtswissenschaft, den nur die akademischeren Mullahs kannten. Er war jetzt eine nationale Figur, ein Mann, von dem Bauern so gut wie Theologiestudenten wußten, daß er es gewagt hatte, sich dem Schah öffentlich entgegenzustellen. Für Ali, der (wie einst Parviz, als sie vor Jahren über Algerien gesprochen hatten) „dieser kleinmütigen Weggefährten überdrüssig" geworden war (nach Moulana) – für ihn war Khomeini zum Löwen Gottes geworden.

In Nedschef ging Ali zu Khomeinis Vorlesungen für Studenten, die die vorgeschriebenen Texte durchgearbeitet hatten. Die Vorlesungen fanden in einer großen Moschee beim Schrein statt und befaßten sich mit Handelsrecht, einem Lieblingsthema für höhere Semester schon seit hundert Jahren. Khomeini saß oben auf einer dreistufigen Stehleiter und sprach in ein aufgestelltes Mikrofon, das er nie berührte. Er schien immer noch abweisend, richtete seinen Blick selten auf die vor ihm sitzenden mehreren hundert Studenten, war sich aber ihrer Anwesenheit sehr genau bewußt.

Ich suche bei Gott Zuflucht vor Satan, dem Verfluchten. Im Namen Gottes, des Gnädigen, des Barmherzigen.

Wir sprechen über die Voraussetzungen, die erfüllt sein müssen, damit die Bedingungen oder Konditionen eines Vertrages gesetzlich und gültig sind. Wie schon wiederholt gesagt wurde, gibt es acht Voraussetzungen. Eine Vertragsbedingung muß im Rahmen der Möglichkeiten des Vertragschließenden liegen; man kann daher keine blühende Pflanze kaufen mit der Bedingung, daß sie später Früchte trägt – etwas, was nur Gott garantieren kann. Eine Bedingung muß von ihrer Natur her mit dem Gesetz in Einklang stehen; so kann es nicht Vertragsbedingung sein, aus Trauben Wein zu machen, da diese Handlung von Natur her ungesetzlich ist. Eine Bedingung muß einem für vernünftige Menschen verständlichen Zweck dienen. Eine Bedingung darf nicht den Lehren des Koran und dem Beispiel des Propheten und der Imame widersprechen; eine Frau kann zum Beispiel nicht in ihrem Ehevertrag festlegen, daß sie – und nicht ihr Mann – das Recht auf Scheidung habe. Anders als Bedingungen, die von Natur aus ungesetzlich sind, wäre eine solche Bedingung nicht ungesetzlich, sondern ungültig. Eine Bedingung darf nicht den Anforderungen des Vertrages selbst entgegenstehen. Eine Bedingung darf nicht mehrdeutig sein und somit das Risiko der Unbestimmtheit enthalten. Eine Bedingung darf nichts enthalten, was logisch unmöglich ist. Und letztlich: Eine Bedingung muß im Vertragstext selbst erscheinen und nicht bloßes, außerhalb des Vertrages gegebenes Versprechen sein, ohne Erwartung irgendeiner Rücksichtnahme als Gegenleistung.

Wir besprechen heute die fünfte Voraussetzung: Eine Bedingung darf nicht den Anforderungen des Vertrages selbst entgegenstehen. Dabei geht es uns um die Anwendung dieses Prinzips auf eine Partnerschaft. Der verstorbene Mirza Na'ini hatte zu diesem Punkt etwas zu sagen. Die Frage lautet, ob in einen Partnerschaftsvertrag die Klausel eingebaut werden kann, daß Gewinn und Verlust anders aufgeteilt werden als nach den Anteilen des ursprünglich in die Partnerschaft eingebrachten Kapitals, beziehungsweise sogar, daß ein Partner ganz vom Verlust befreit ist. Bei jeder Vermehrung des partnerschaftlichen Kapitals ist davon auszugehen, daß es sich für alle Kapitalanteile gleichmäßig vermehrt, denn vom Anfang der Partnerschaft an gilt, daß die Anteile der Partner unauflösbar vermengt sind. Das Anwachsen und Abnehmen des Kapitals gehört daher jedem Partner nur im Verhältnis zu seinem ursprünglich eingebrachten Kapitalanteil. Dies ist nicht eine gesetzlich festgelegte Voraussetzung einer Partnerschaft; es ist eine Voraussetzung, die von der Natur der Sache her entschieden ist, da im Begriff einer Partnerschaft schon das Vermischen eines Kapitals enthalten ist; daher kann eine Partnerschaft auch ohne einen Partnerschaftsvertrag entstehen. Trotzdem haben Partnerschaftsverträge einen gewissen Nutzen, denn sie können die möglicherweise unterschiedlichen Verfügungsrechte der einzelnen Partner an dem gemeinsamen Kapital regeln, zum Beispiel die Frage, ob einer der Partner das Recht hat, ein Haus in Gemeinschaftsbesitz ohne Zustimmung des anderen zu verkaufen.

Erwägen Sie aber auch die folgenden Kritikpunkte an Na'inis Auffassung, über die wir morgen weiter sprechen werden. Kann die Definition einer Partnerschaft nur die *Tatsache* umfassen, daß Kapital zusammengelegt wird, nicht aber auch etwas über die Verhältnismäßigkeit von Gewinn und Verlust? Ist es nicht möglich, daß eine Partnerschaft durch Zusammenlegen von Kapital begründet wird und dennoch zu vertraglich festgelegten Bedingungen, nach denen die einzelnen Partner unterschiedliche Gewinnanteile erhalten nach Maßgabe des endgültigen Verkaufspreises des gemeinsamen Kapitals?

„Mit Ihrer Erlaubnis, Agha." Ein Student Anfang zwanzig, der mit deutlich arabischem Akzent persisch sprach, setzte sich kerzengerade auf, um gesehen zu werden, und sprach Khomeini an: „Könnte nicht doch im Begriff der Partnerschaft von vornherein die Voraussetzung einer Proportionalität enthalten sein? Sonst könnte ja eine Klausel des Partnerschaftsvertrages bestimmen, daß zum Beispiel ein Partner nichts oder – umgekehrt – alles erhält. Könnte aber ein islamischer Jurist je einen Vertrag für gültig anerkennen, nach dem ein Partner alles verliert oder alles gewinnt?"

Khomeinis Antwort kam ebenso distanziert, wie er zuvor gesprochen hatte: „Die Frage ist klar gestellt. Aber der wichtige Punkt ist die gesetzliche Grundlage für die Unterscheidung, die zwar unterschiedliche Aufteilung ermöglicht, nicht aber totalen Gewinn oder Verlust für einen wirklichen Partner. Das ist unser Thema für morgen."

Khomeini erhob sich, und sofort standen alle Studenten. Er ging hinaus zum wartenden Auto. Zwei Monate vorher waren er und sein Sohn praktisch mit leeren Händen in Ghom angekommen. Vor etwas über zwei Jahren war er für die Mullahs ein angesehener Gelehrter, aber kein Führer gewesen, schon gar nicht in Nedschef, der großen intellektuellen Gegenspielerin von Ghom. Jetzt war er eines der wenigen „Vorbilder", und Hunderttausende von Schiiten eiferten ihm nach und schickten ihm großmütige Zuwendungen aus dem ganzen Iran. Für viele Mullahs im Iran war er Führer und Held, und durch seine Lehre und die selbstverständliche Annahme der ihm entgegengebrachten Wertschätzung hatte er begonnen, der Lehre der Mullahs im Iran seinen geistigen Stempel aufzudrücken.

In Nedschef hatte Ali Haschemi jetzt selbst angefangen zu lehren. Das Empfehlungsschreiben seines Vaters ebnete ihm den Weg, und durch die Intelligenz, mit der er den Klassen von Khomeini und Kho'i folgte, machte er die führenden Mullahs von Nedschef auf sich aufmerksam. Ihm wurde ein theologischer Text gegeben, über den er sprechen sollte, und zum erstenmal lehrte Ali auf arabisch. Seine hohe Stellung erlaubte es Khomeini, ohne Rücksicht auf die in Nedschef gesprochene Sprache in seiner Muttersprache Persisch zu unterrichten. Demgegenüber wollte Ali nicht nur seine iranischen Mitstudenten erreichen, sondern auch die arabische Mischung von schiitischen Studenten, die von den Grenzen der Türkei, den Bergen des Libanon und der versengten Lehmebene des südlichen Irak kamen.

Er wollte auch seine Beherrschung des Arabischen unter Beweis stellen, die er in vielen Jahren des Studiums arabischer Grammatik und Rhetorik und arabischer Texte gewonnen hatte. Für Ali war die arabische

Sprache so etwas wie die Namen und die Stammbäume seiner nahen und entfernten Verwandten: Er konnte sie sich mit Leichtigkeit ins Gedächtnis rufen, konnte die Verwandtschaftsbeziehungen zwischen ihnen einwandfrei erklären und genau folgen, wenn seine Großmutter einen ihrer endlosen Vorträge über die Vortrefflichkeit seiner blutsmäßigen Abstammung hielt. Ali betete arabisch, ohne nachzudenken, er las religiöse Bücher auf arabisch genauso leicht wie auf persisch, er hatte arabische Briefe und Aufsätze geschrieben und sich sogar im Traum auf arabisch unterhalten. Wenn er aber versuchte, aus dem Stegreif arabisch zu sprechen, dann war es so, wie wenn er aus dem Stegreif die Verwandtschaftsbeziehungen zwischen seinen entfernten Vettern erläutern wollte: Vor jedem Satz zögerte er dann einen kurzen Moment, um sicherzugehen, daß er auch stimmte. Die Dutzende von arabischen Dialekten mit ihren Aussprachevarianten und grammatischen Besonderheiten und die Vielzahl von neuen (oft kurzlebigen) arabischen Wörtern für Dinge wie „automatischer Plattenspieler" oder „Personalführung" machten ihm noch mehr Unbehagen.

Er war zum erstenmal in einer arabisch sprechenden Umgebung gewesen, als er mit vierzehn Jahren zusammen mit seiner Mutter auf Pilgerreise nach Mekka ging, und was ihm von allen Reiseeindrücken am deutlichsten im Gedächtnis haften blieb, war zum einen die Erregung seiner Mutter über die Lautsprechermusik im Flugzeug (sie sagte, sie hätten nicht einmal die Höflichkeit eines iranischen Taxifahrers, der das Radio leiser stellte, wenn ein Mullah ins Taxi stieg, da die meisten Mullahs Musik mißbilligten) und zum andern seine Schwierigkeit mit dem Arabischen in der Transitwartehalle in Kuwait. Er suchte dringend eine Herrentoilette, und als der kuwaitische Beamte von der Paßkontrolle ihm eine Toilette wies, die er schon versucht, aber verschlossen gefunden hatte, merkte Ali mit Schrecken, daß sein Arabisch völlig eingetrocknet war. Das beste, was er tun konnte, war, etwas aus dem Dialog zwischen Potiphars Weib und dem Propheten Joseph aus dem Koran zu zitieren: „Sie schloß die Türen und sagte: ‚Komm!' Er sagte: ‚Gott bewahre! [Ihr Gatte] ist wirklich mein Herr! Er hat mir den Aufenthalt angenehm gemacht!'" Der kuwaitische Beamte hatte schallend gelacht und ihn zu einer Herrentoilette in der Haupthalle des Flughafengebäudes gewiesen.

Jetzt aber fand er zu seiner Befriedigung, daß er sich auf arabisch verständlich machen und sogar mit seinen Schülern disputieren konnte. Aber etwas passierte ihm, was fast genauso schlimm war wie das hysterische Entgleiten seines Arabischen: Zum ersten und einzigen Mal in seinem Leben gab er vor seinen Schülern zu, daß er eine Frage nicht beantworten konnte. Er erklärte, warum Gottes direkte Schöpfung eine Einheit ist: daß Er als einheitliches Wesen keine Vielheit erschaffen könne; Er kann nur eine andere Einheit erschaffen (nämlich das Dasein). Um die notwendige Einheit der Natur zwischen Ursache und Wirkung zu veranschaulichen, zitierte er (auf persisch, mit seiner eigenen arabischen Übersetzung) die Zeilen Moulanas:

Hast du schon einmal ein Pferd einen jungen Esel gebären sehen?
Hast du schon einmal eine Palme Äpfel tragen sehen?

„Aber gibt es nicht auch Ursachen", fragte ein arabischer Schüler, „aus denen Ergebnisse von anderer Natur entstehen? Bringt nicht das Feuer Rauch hervor, der sich vom Feuer im Aussehen und Volumen unterscheidet?"

Aus irgendeinem Grund sagte Ali nicht „Wir kommen morgen darauf zurück" und gebrauchte auch keinen der anderen Tricks, die er sonst schon in den seltenen Fällen gebraucht hatte, wo er in Verlegenheit gekommen war (oder die er bei seinen Lehrern gesehen hatte). Er starrte den Schüler eine Minute lang an und sagte: „Du hast recht. Ich weiß die Antwort nicht." Er erhob sich zum Zeichen, daß die Klasse entlassen war, und versuchte mit würdevollem Gang die Medrese zu verlassen. Alle schiitischen Abhandlungen über das Lernen stimmten darin überein, daß es eine positive Tugend und eine gottesdienstliche Handlung sei, sein Nichtwissen offen zuzugeben; aber kein Lehrer tat das wirklich. Ein Lehrer, der sich in Verlegenheit bringen ließ, sollte seinen Platz für den Schüler räumen, der ihn in Verlegenheit gebracht hatte. Das Eingeständnis der Unwissenheit war vielleicht eine gottesdienstliche Handlung, doch war es auch praktisch ein Akt der Resignation, war intellektueller Selbstmord.

Ali ging direkt zu einem Freund der Familie, Ayatollah Sahabi, der seit Jahren mit großem Erfolg Theologie lehrte. Wie viele prominente Lehrer hielt Sahabi jeden Tag nach dem Unterricht Audienzen ab, und sein großer Ruf als frommer Mann zog nicht nur Gelehrte, sondern auch arabische Beduinenführer an, die von den schiitischen Stämmen des südlichen Irak kamen, um bei einem Mann Rat zu suchen, den sie geistig in der Nähe des verborgenen Imam einstuften.

Ali traf ungefähr vierzig Minuten vor einer dieser Sitzungen ein und wurde in Sahabis Wohnzimmer geführt. Es rührte ihn, daß dieser heilige Mann, der älter war als er, sich halbwegs von seiner altmodischen Wasserpfeife erhob, um einige Kissen zurechtzurücken, auf die sich Ali lehnen konnte. Ali entschuldigte sich, daß er vor der angesetzten Zeit zur Audienz bei Sahabi kam, und erläuterte dann seine Frage. Die Antwort war einfach, und Ali wußte nicht, warum er nicht darauf gekommen war. Sahabi erklärte, es gebe einen Unterschied zwischen dem zureichenden Grund einer Sache, der aus sich selbst ein Ergebnis hervorbringt (das notwendigerweise gleicher Natur ist, da die Ursache das Ergebnis von selbst und aus sich selbst erzeugt), und dem materiellen Grund, der zu dem Stoff oder der Substanz des Ergebnisses beiträgt, der aber für sich allein nicht ausreichen würde, um das Ergebnis zu bewirken. Das Feuer reicht nicht aus, um den Rauch hervorzubringen; Feuer wirkt vielmehr mit Holz und Luft zusammen, um den Rauch zu erzeugen, genauso wie man zum Bau eines Hauses Steine, Mörtel und einen Maurer braucht; keines dieser Elemente ist für sich allein ein „zureichender" Grund. Ali war verlegen und sagte das auch. Ayatollah Sahabi sagte: „Machen Sie sich darum keine Sorgen. Ich weiß, daß Sie diese Dinge gelernt haben und daß Sie einer der besten Studenten in Nedschef sind. Vielleicht gibt es einen tiefen und ‚zureichenden' Grund dafür, daß Sie plötzlich bereit waren, den Schülern zu sagen: ‚Ich weiß es nicht.'" Sahabi zog ein paarmal nachdenklich an seiner Wasserpfeife und schaute seitlich aus einem Auge auf Ali, ähnlich dem Storch, den Ali an seinem ersten Tag in der Medrese in Ghom im Starren hatte übertrumpfen wollen. Endlich begann er zu sprechen: „Vielleicht ist der tiefe und zureichende Grund, warum Sie Ihr Nichtwissen zugeben, der, daß sie klug genug sind, zu erkennen, daß niemand es weiß. Vielleicht stellen Sie sich die Frage, ob es überhaupt für irgend etwas einen ‚zureichenden' Grund gibt, geschweige denn eine ‚Erste Ursache' und einen Gott. Seit zwölfhundert Jahren schreiben Mullahs Beweise für die Existenz Gottes auf. Glauben Sie mir, ich habe lange Theologie gelehrt – keiner davon ist ein wirklicher Beweis. Der einzige wirkliche Beweis kann durch die Erleuchtung kommen. Sie sind ein intelligenter junger Mann – vergeuden Sie Ihr Leben nicht als Sklave des Aberglaubens."

„Aber Sie beten, Sie fasten, Sie sind für Ihre Frömmigkeit bekannt." Ali war sich sicher, daß Sahabi ihn testen, daß er herausfinden wollte, ob er insgeheim ein Skeptiker war.

„Als ich erkannte, daß es keinen Vernunftbeweis für die Existenz Gottes gibt, versuchte ich mit Beten aufzuhören. Ich wurde krank; ich konnte nicht mehr essen oder das Gleichgewicht halten. Dann entdeckte ich eine andere Art, den Glauben zu bewahren. Ich betete, und auch Sie sollten beten. Am allerwichtigsten: Sie sollten die Leute um sich herum zum Beten anhalten. Glauben Sie, die Leute um Sie herum würden noch irgend etwas an seinem Platz lassen, wenn sie wüßten, daß es kein Leben nach dem Tode gibt? Ein Windstoß, und die ganze gesellschaftliche Ordnung würde weggeblasen wie ein Kartenhaus. Sie sind ein guter Junge und intelligent. Sie haben ʿerfān studiert und sind stark genug, um das zu hören, was ich Ihnen gerade gesagt habe. Jetzt gehen Sie, bevor andere Leute kommen."

Ali ging, aber er hatte ein Gefühl, als habe er auf der Strohmatte in Sahabis Haus, wo er gesessen hatte, einen Blutstropfen hinterlassen. Sahabi, der soviel Heiligkeit ausstrahlte, glaubte nicht an die Vernunft als Grundlage der Theologie? Nachdem der erste Schock vorüber war, wurde es Ali wieder möglich, Sahabi zu bewundern. Noch immer fand er einige der Gottesbeweise, die man ihn gelehrt hatte, überzeugend; da es aber auch Beweise gab, die tatsächlich nichts bewiesen – konnte da nicht jemand „guten Glaubens" aber – fälschlicherweise – ohne Erfolg versuchen, sich von der Wahrheit aller Beweise zu überzeugen? Was sollte er dann machen? „Seinen Gebetsteppich mit Wein beflecken", wie Hafis sagte, zwanzig Jahre des Studiums wegwerfen und für die jungen Studenten ein Beispiel moralischer Korruption werden? Vielleicht war Sahabis Heiligkeit echt. Er hatte vor Alternativen gestanden, von denen – wie die Araber sagen – jede „bitterer als Greisentum und Krankheit" war, und hatte die beste Wahl getroffen, die sein Gewissen zuließ. Er war geblieben und hatte die überlieferten Bücher in der überlieferten Weise gelehrt. Ali war sich nicht sicher, ob er sich genauso entschieden hätte.

Das Merkmal eines echten Muslim ist der Wille, dem islamischen Gesetz zu gehorchen, auch angesichts von Zweifeln, geistiger Dürre und dunklen Seelenzuständen. Einer Überlieferung zufolge hat Mohammed gesagt: „Gott, der Gesegnetste und Höchste, sagt: ,Nichts bringt den Menschen Mir so nahe wie das Befolgen dessen, was Ich für ihn verbindlich gemacht habe, und durch zusätzliche gute Werke kommt Mein Diener Mir noch näher, bis Ich ihn liebe; und wenn Ich ihm Meine Liebe geschenkt habe, werd Ich sein Gehör, womit er hört, sein Gesichtssinn, womit er sieht, seine Zunge, womit er spricht, seine Hand, womit er greift, und sein Fuß, womit er geht.'" Indem der Gläubige mit Erfolg die Gesetze einhält, wird er im buchstäblichen und übertragenen Sinn ein Werkzeug Gottes.

Formal betrachtet regelte das Gesetz nur das äußerliche Verhalten, auch wenn die Mehrheit der muslimischen Moraltheologen ebenso wie die Sufis lehrten, daß Gott erst dann zufrieden wäre, wenn das Herz *und* die äußerlichen Handlungen des Gläubigen dem göttlichen Willen entsprächen. Aber so sehr Moraltheologen und Sufis den inneren Aspekt des Gesetzes betonten, waren sie sich darin einig, daß der Gläubige ohne Rücksicht auf seine Herzensregungen zunächst seine Glieder dazu bringen mußte, dem Gesetz zu gehorchen.

Nirgends ist der äußerliche Gehorsam leidenschaftlicher verfochten worden als in den Schriften Ghazzalis, des Rechtsdenkers, Theologen und Sufi, vielleicht des größten Moralphilosophen der islamischen Tradition. Ghazzali wurde Mitte des elften Jahrhunderts in Tus im nordwestlichen Iran geboren – in der Stadt, wo ein Jahrhundert früher Ferdousi zur Welt gekommen war. Durch seine glänzende Gelehrsamkeit erhielt Ghazzali 1091 eine Professur an der großen Medrese von Bagdad, wo er seine Kollegen geistig ebenso überragte wie schon zuvor im Iran. Einige Jahre danach wurde er jedoch in eine Krise des Zweifels gestürzt, in der er nicht nur die Möglichkeit sicheren Wissens in religiösen Dingen, sondern die Möglichkeit sicheren Wissens überhaupt in Frage stellte, sogar sicheres Wissen über die Zuverlässigkeit der eigenen Sinne: „Die Krankheit verwirrte mich; sie dauerte fast zwei Monate, und in dieser Zeit war ich ein Skeptiker – wenn auch nicht in der Theorie oder nach außen hin."

Allmählich gewann Ghazzali den Glauben zurück, daß er einige

Wahrheiten als notwendig akzeptieren konnte, nicht durch „systematische Beweisführung oder geordnete Argumente", sondern durch mystische Erfahrung, durch „ein Licht, das Gott der Allerhöchste mir in der Brust entzündet hat". Dieses Licht war für Ghazzali das wirklich erfahrene Wissen, das nur die Mystik geben konnte. Er schrieb auch weiterhin, bis in sein Todesjahr 1111, hochscholastische Abhandlungen über philosophische, theologische, ethische und juristische Themen, doch haben alle diese Werke einen deutlich sufistischen Geist. Aber Ghazzali stand nun in einer neuen inneren Krise: Wenn er dem Weg der Sufis folgte, dann mußte er – so verstand er es – sich von seinen weltlichen Bindungen lösen. Der Satan flüsterte ihm jedoch zu: „Dies ist eine vorübergehende Stimmung; gib ihr nicht nach."

Im Juli 1095 „war die Sache nicht mehr von meiner Wahl abhängig, sie wurde zum Zwang"; denn Ghazzali erlitt eine Krankheit, die seltsam an jenes „Brustleiden" erinnerte, das Augustinus in dem Sommer befiel, als er sich zum Christentum bekehrte, und das Augustins Stimme so beeinträchtigte, daß er seine Karriere als Redner aufgeben mußte. Ghazzali schreibt: „Gott ließ meine Zunge vertrocknen, so daß ich nicht mehr in der Medrese lehren konnte. Eines Tages gab ich mir alle Mühe, eine Vorlesung zu halten, um die Ohren meiner Schüler zu erfreuen, doch meine Zunge wollte kein einziges Wort äußern, und ich brachte überhaupt nichts fertig... Ich konnte kaum schlucken und keinen Bissen Brot essen." Ghazzali verließ Bagdad, brachte zehn Jahre auf Wanderschaft ohne Begleitung zu und kehrte dann zu seiner Lehrtätigkeit zurück. Er wurde der einflußreichste muslimische Kritiker eines trockenen Gesetzesformalismus: Das Ziel des Gesetzes war nicht die bloße Erfüllung von Gottes Geboten, denn Gott schaut in die Herzen ebenso wie auf die äußeren Handlungen.

Aber auch für Ghazzali ist das Gesetz der unverzichtbare Anfang, und wenn es ganz verinnerlicht ist, wird das Gesetz auch zu einem wesentlichen Teil des Zieles allen geistigen Suchens. Ghazzali schreibt: „Wisse, daß der Beginn der Führung äußere Frömmigkeit und das Ende der Führung innere Frömmigkeit ist... Frömmigkeit heißt, die Gebote Gottes, des Höchsten, auszuführen und sich von dem abzuwenden, was Er verbietet; sie hat also zwei Teile... Die Gebote Gottes, des Höchsten, sehen verbindliche gute Werke und zusätzliche gute Werke vor. Die verbindlichen guten Werke sind die Kapitalgrundlage, und durch sie kommt der Mensch zur Erlösung." Im Islam hat es zwar auch einige Antinomiker – Vertreter der Lehre, daß wahre Frömmigkeit sich nicht um die Gesetze kümmere – gegeben, aber sie waren äußerst selten. So hat Ghazzali gesagt, daß es für Sufis und Nicht-Sufis gleichermaßen sinnlos wäre, es auf eine Erlösung ohne das Gesetz ankommen zu lassen – das gliche dem Versuch, einen Handel ohne Waren aufzumachen, und sei in Wirklichkeit Betrug.

Wenn also die gelehrte Tradition im Islam mit dem Psalmisten einer

Meinung war, daß „das Gesetz des Herrn vollkommen ist" und „die Satzungen des Herrn richtig sind", dann konnte es nichts Wichtigeres geben, als das Gesetz zu entdecken. Die Wissenschaft hatte vor allem anderen den Zweck, die Gesetze zu erforschen, und die Gelehrten rechtfertigten ihren Beruf vor den Massen überwiegend damit, indem sie maßgebliche Meinungen über die Gesetze äußerten. Die moderne westliche Rechtsüberlieferung hat es im großen und ganzen nur mit Sachverhalten zu tun, die von der Gemeinschaft mit Sanktionen belegt werden: Bestrafung, Beschränkung oder Nichtigkeit (die letzte zum Beispiel im Fall eines unzulässigen Testaments). In der islamischen Überlieferung dagegen ist das Gesetz zumindest in der Theorie allumfassend: es beinhaltet alle Gebote, Verbote und Empfehlungen Gottes für das menschliche Verhalten, und in ihm stehen Gebetsregeln und Vertragsregeln, Vergehen, für die es die Todesstrafe gibt, und solche, die mit innerer Reue bestraft werden, gleichwertig nebeneinander. Seine Sanktionen beziehen sich ebenso auf die übergeordnete Welt wie auf diese Welt, und manchmal gibt das Gesetz sogar das genaue Verhältnis an, in dem verdienstvolle Taten in der jenseitigen Welt belohnt werden.

Das Problem war und ist: Wenn das Gesetz in seiner ganzen Herrlichkeit im Geist des Göttlichen Gesetzgebers vorhanden ist, wie erkennen dann wir als bloß menschliche Wesen, was der Gesetzgeber weiß? Der Islam als Buchreligion wandte sich naturgemäß zunächst einmal an den Koran, das gesprochene Wort Gottes. Gab es aber einen Unterschied zwischen dem niedergeschriebenen, als Buch vorliegenden Koran und der Rede Gottes? Gab es einen Unterschied zwischen Gottes Rede als Handlung und Gottes Wort, das als Gesamtheit all dessen, was Er den Menschen gesagt hatte, nun immer neben Ihm fortbesteht ebenso wie Seine Gerechtigkeit oder Seine Gnade? Wenn Gottes Wort von gleicher Natur war wie Seine Gerechtigkeit und Gnade, war es dann unerschaffen und außerhalb Gottes? Wenn es unerschaffen und außerhalb war, war dann nicht aber Polytheismus im Spiel, so wie die Muslime das Christentum vom Polytheismus bedroht sahen wegen seiner Aussage: „Im Anfang war das Wort, und das Wort war bei Gott?"

In der Welt des Islam sind diese Erörterungen fast so alt wie der Islam selbst. Um eine Lösung dieser Fragen zu finden, aber auch, um den gewaltigen Apparat von Gesetzen zu sichten, die im Islam tatsächlich in Kraft waren, gingen die Gelehrten im zweiten Jahrhundert nach dem Erscheinen des Korans daran, die Aussprüche des Propheten Mohammed (und die Aussprüche über ihn) zu sammeln. Sicher enthielten die Worte und das beispielhafte Leben des vollkommenen Muslims eine Anleitung für die Auslegung des Korans und für die Beurteilung des großen Bereichs von Gesetzen, über die der Koran sich sehr wenig oder gar nicht äußerte. Die Sammlung dieses Materials (der „Überlieferungen") wurde noch über viele Jahrhunderte hinweg intensiv fortgesetzt, und bald übertrafen die Aussprüche des Propheten allein bei weitem den Umfang dessen, was ein einzelner Mensch während eines ganzen Lebens sagen konnte. Sehr bald erkannten die muslimischen Gelehrten, daß fremdes Material in die Aussprüche hineingeraten war. Die wissenschaftliche Textkritik, die sie entwickelten, um Fälschungen zu erkennen, spiegelt den sehr persönlichen Charakter der früh-islamischen Wissenschaft und ihre Betonung von quasi-genealogischen Beziehungen wider. Welche Übermittler der Überlieferungen waren „glaubwürdige" Männer, fragten die Kritiker, und ließen es die bekannten Lebensdaten dieser Übermittler, wenn man sie in einer Kette von Gewährsleuten bis zurück zum Propheten zusammenfügte, überhaupt zu, daß die Übermittler sich getroffen hatten? Eine Überlieferung, die durch eine Anzahl voneinander unabhängiger Ketten von Gewährsleuten übermittelt war, galt als mit größerer Wahrscheinlichkeit echt als eine andere, die durch eine einzige Kette überliefert war – und so weiter.

Was immer die Vorzüge solcher Kritik sein mochten, sie hinterließ eine riesige Sammlung dieser Überlieferungen als mögliche Rechtsquellen. Einige Überlieferungen wurden als „stärker" und damit wahrscheinlicher als andere eingestuft, aber auch schwache Überlieferungen wurden im allgemeinen nicht ausgesondert, solange sie nicht als unecht erwiesen waren. Jedenfalls waren die Überlieferungen um ein Vielfaches umfangreicher als das Rohmaterial der Gesetze selbst.

Bei der Frage, wie dieses Rohmaterial gesiebt und weiter ausgebaut werden sollte, kamen Schiismus und Sunnismus zu ganz unterschiedlichen Schlußfolgerungen. Für die Sunniten war die gesetzliche Technik par excellence der Analogieschluß. Der Koran legt fest, daß eine Sklavin die Hälfte der Bestrafung einer freien Frau erhalten soll. Wenn wir zu dem Schluß kommen, daß in diesem Fall die erklärende Ursache des Unterschiedes die Sklaverei ist, dann sollte per Analogie die Bestrafung eines männlichen Sklaven die Hälfte der Bestrafung eines freien Mannes ausmachen. Sofort tritt ein Bündel von Problemen auf. Wie läßt sich die erklärende Ursache zweifelsfrei bestimmen? Können wir von einer Regelung, die durch Analogie zustandegekommen ist, eine weitere Analogie ableiten? Und so weiter. In der sunnitischen Rechtswissenschaft wird am heftigsten über Analogien gestritten.

Demgegenüber haben die Schiiten die „Vernunft" zu einem fundamentalen Rechtsprinzip erhoben. Diesem hohen Ansehen der Vernunft ist es zuzuschreiben, daß die aristotelische Logik in den Lehrplänen der schiitischen Medrese so stark betont wird; eine der Aufgaben der Rechtsgelehrten ist es also, die im Recht enthaltenen Grundprämissen festzustellen (berauschende Substanzen sind verboten), so daß weitere Gesetze von ihnen abgeleitet werden können (Branntwein ist eine berauschende Substanz; Branntwein – der weder im Koran noch in den Überlieferungen ausdrücklich erwähnt wird – ist verboten). Aber „Vernunft" ist in allen Sprachen eins der notorisch mehrdeutigen Wörter. Sie scheint einen sanierten, allgemeingültigen Bereich des Diskurses zu bezeichnen, und doch stellt sich in der Praxis heraus, daß sie ebensosehr kulturell geprägt und mit Eigenheiten behaftet ist wie die meisten unserer Begriffe. „Vernunft" hat schon eine ganze Palette von Vorstellungen bezeichnet, von der Fähigkeit, die Wahrheiten und abstrakte Gegenstände erkennt (die allen runden Dingen gemeinsame Rundheit), bis zu der Fähigkeit, die den Geist von Voraussetzungen (Prämissen) zu Schlußfolgerungen führt, nicht nur durch den logischen Schluß, sondern zum Beispiel auch durch Beobachtung (Die Sonne ist bis jetzt jeden Morgen aufgegangen, also wird sie auch morgen früh aufgehen).

Während also die schiitischen Denker der „Vernunft" ganz allgemein einen hohen Platz einräumten – fast alle stimmten offenbar darin überein, daß sie eine der festen Glaubensgrundlagen in der Religion darstellte –, waren sie doch bezüglich ihrer Anwendung nicht nur mit den Sunniten, sondern auch untereinander uneins. Im allgemeinen akzeptierten sie die Beweiskraft der Analogie nicht als vernunftgegeben. Für die Schiiten kann die Analogie, wenn sie allein angewandt wird, zum Anlaß für Meinungsverschiedenheiten werden und zu falschen Verbindungen zwischen unähnlichen Fällen führen. Die Schiiten erblickten Vernunft in dem Vorgang, durch den Menschen den Unterschied zwischen Gut und Böse erfassen; durch den Menschen die Harmonie eines mathematischen Systems erkennen und durch den ein „vernünftiger" Mann sein Haus vertraglich zu einem angemessenen Preis verkauft, während ein unvernünftiger Mann es vielleicht für den Samen einer Wassermelone veräußert. Mullahs, die von ihren Lehrern regelrecht ausgebildet wurden, mit Hilfe der Vernunft in Rechtsangelegenheiten eine maßgebliche Meinung zu äußern, hießen *Modschtaheds*, Rechtsgelehrte. Und nur ein vernünftiger Mann besaß das intellektuelle Werkzeug, um zu bestimmen, ob ein anderer Mann im gleichen Grade Vernunft besaß; nur ein Rechtsgelehrter konnte einen anderen Rechtsgelehrten ernennen – auch eine pseudogenealogische Verbindung.

Es gab aber auch einige Schiiten, die der Vernunft keine besondere Rolle in Rechtsdingen zuerkannten. Mitten in der safawidischen Epoche beschloß Mohammad Amin, ein Mullah aus Astarabad im nordöstlichen Iran, die Vernunft von ihrem Ehrenplatz zu vertreiben und statt dessen die „Überlieferungen" auf den Thron zu heben. Mullah Mohammad Amin war ein kluger Mann; er fand genau die Punkte heraus, an denen die wissenschaftliche Schule der Rechtsgelehrten am verwundbarsten war. Vernunftschlüsse, so sagte er, sind ein Manipulieren von Tautologien (das stimmt) und führen zu keinem Ergebnis, das beim Aufstellen des Vernunftschlusses nicht voraussehbar gewesen wäre (das stimmt manchmal, aber nicht immer). Jedenfalls könnte formaler Vernunftgebrauch, wenn man ihn im Recht auf unterschiedliche Rohmaterialien anwendet, widersprüchliche Ergebnisse herbeiführen. (Diese Kritik unterschied sich nicht sehr von der Kritik der Schiiten an dem Gebrauch des

Analogieschlusses durch die Sunniten.) Außerdem brachte die Ausarbeitung des Gesetzes durch die Rechtsgelehrten nur „wahrscheinliche Vermutungen" hervor, wie die Rechtsgelehrten selbst zugaben. Und war nicht eine verläßliche Überlieferung über die Meinung des Propheten oder eines der zwölf unfehlbaren Imame mehr wert als eine wahrscheinliche Vermutung? In einer Hinsicht war diese letzte Kritik ein entferntes Echo auf den Skeptizismus, der sechshundert Jahre zuvor im Innenleben Ghazzalis eine Krise verursacht hatte.

Mullah Mohammad Amin fand noch etwas anderes heraus, was vielleicht noch mehr aussagte als der intellektuelle Widerspruch, den er gegenüber der Rechtsgelehrtenschule erhob: Er entdeckte die geistige Krankheit der Mullahs in der mittel-safawidischen Epoche. Sie wußten, daß wahre Herrschaft dem abwesenden Imam gehörte, dem erwarteten messianischen Herrn des Zeitalters, und doch strampelten viele – so wie der Seyyid Nematollah Dschazayeri, von dessen Hand „Blut strömte", als er an der Medrese in Schiras studierte – nach der Ehre, dem Reichtum und der Macht, die der Safawidenstaat ihnen bieten konnte. Während ihrer über zweihundertjährigen Herrschaft hatten die Safawiden zu verschiedenen Zeiten einen offiziellen Hofgeistlichen, den *mullah-baschi* oder „obersten Mullah"; sie machten Mullahs in jeder Stadt zu Oberhäuptern des religiösen Establishment, und sie ernannten eine Art Generalsuperintendent in der religiösen Hierarchie, zu dessen Pflichten die Kontrolle über die in den religiösen Stiftungen gebundenen großen materiellen Reichtümer gehörte. Als Mullah Mohammad Amin seinen Vorschlag unterbreitete, die gesamte schiitische Rechtswissenschaft auf den Kopf zu stellen, haben wahrscheinlich einige Mullahs auf diesen versteckten Angriff auf *jede* Hierarchie in der Gemeinschaft der Mullahs reagiert, denn nach Auffassung der Schule der „Überlieferungen" konnte jeder, der eine gute Ausbildung in Arabisch hinter sich hatte, sein eigener Rechtsgelehrter werden.

Eine abgemilderte Form der von Mullah Mohammad Amin eingeführten Schule der Überlieferungen hatte ihre Blüte gegen Ende des siebzehnten Jahrhunderts, und eine viel grellere Form erschien im achtzehnten Jahrhundert. Für den Schiismus gab es im achtzehnten Jahrhundert sogar überzeugende Gründe dafür, seine eigene Hierarchie aufzulösen. Schah Soltan Hosein, der Safawide, der 1694 den Thron bestiegen hatte, erfüllte die Hoffnungen der Hofeunuchen, die seine Wahl ermöglicht hatten. Er war vor allem an seinem Harem und seinem Weinkeller interessiert; doch nicht immer konnten seine Eunuchen ihn bei diesen Interessen schützen. Einmal ließen die Mullahs sechzigtausend Weinflaschen aus den königlichen Beständen holen und öffentlich zerschmettern. Weder die Eunuchen noch die Mullahs konnten ihn vor ernsthafter militärischer Bedrohung schützen. Im zweiten Jahrzehnt des achtzehnten Jahrhunderts merkten die östlichen Nachbarn des Irans, die sunnitischen Afghanen (theoretisch die Untertanen der Safawidenschahs), daß der Safawidenstaat keinen Herrscher hatte. Sie fegten die Überreste der safawidischen Verwaltung und des Heeres hinweg und belagerten Schah Soltan Hosein in Isfahan, seiner prächtigen Hauptstadt mit etwa einer halben Million Einwohnern. Nach einer Belagerung von einigen Monaten ergab sich 1722 der Alkoholiker und Nachkomme von Schah Ismail bedingungslos dem kleinen afghanischen Heer, das ihn umstellte.

Von 1722 bis fast zum Ende des Jahrhunderts herrschten im Iran in Abständen immer wieder anarchische Zustände. Nader Schah, der einzige wirklich mächtige iranische Herrscher des Jahrhunderts, der Mann, der schließlich die Überreste des sunnitisch-afghanischen Regimes beseitigte, neigte ironischerweise selbst dem Sunnismus zu, dessen guten Namen er im iranischen Volk wieder einführen wollte. Dies gelang ihm nicht. Doch bekräftigte die Erfahrung mit Nader Schah unter den Schiiten die Weisheit der radikaleren Schule der „Überlieferungen" des achtzehnten Jahrhunderts: solange die Mullahs antihierarchisch eingestellt waren, war es selbst für einen so mächtigen Herrscher wie Nader unmöglich, das religiöse System der Schia anzutasten.

Doch selbst in der Blütezeit des achtzehnten Jahrhunderts, als Mullahs von der Schule der Überlieferungen die selten gewordenen Befürworter der Schule der Rechtsgelehrten verfolgten, war der Sieg der Traditionalisten unvollkommen. Seit dem zehnten Jahrhundert hatte in der schiitischen Theologie der Grundsatz gegolten, daß die Unterscheidung zwischen logischer Stimmigkeit und Unstimmigkeit ebenso wie die Unterscheidung zwischen Gut und Böse ein unbestreitbarer Teil der Naturordnung und nicht die Schöpfung einer Laune Gottes war und daß beide Unterscheidungen dem Verstand des Menschen zugänglich waren. Man konnte zwar wie die Traditionalisten behaupten, die Vernunft könne dem Verstand helfen, theologische und selbst ethische, nicht aber gesetzliche Wahrheit zu entdecken; doch war dies unwahrscheinlich.

Der Mann, der aussprach, daß es unwahrscheinlich war, und dies auch überzeugend darlegte, war ein iranischer Mullah namens Vahid Behbahani, der sich Mitte des achtzehnten Jahrhunderts in Kerbela niederließ. Seit dem Aufstieg der safawidischen Dynastie Anfang des sechzehnten Jahrhunderts hatte die iranische Regierung – im allgemeinen ohne Erfolg – versucht, die Städte Kerbela und Nedschef im südlichen Irak, in denen sich schiitische Schreine befanden, unter ihre Herrschaft zu bekommen. Von 1638 bis zur Gegenwart ist der südliche Irak (mit kurzen Unterbrechungen) von sunnitischen Regimen beherrscht worden. Die sunnitischen Herrscher im Irak behandelten ihre schiitischen Untertanen nicht übermäßig freundlich, aber ihre Herrschaft bot diesen einen großen Vorteil: Aus der Sicherheit des Irak heraus konnten sie die schiitischen Regierungen des Iran und/oder die Mullahs, die sich unter diesen Regierungen wohlfühlten, ungestraft kritisieren. Die Zweckmäßigkeit, die Rechtsgelehrtenschule vom Irak aus wieder aufzubauen, wurde Vahid Behbahani in dem Augenblick klar, als er daran dachte, Kerbela zu verlassen. Der Imam Hussein, der dort begraben war, erschien ihm im Traum und sagte: „Es gefällt mir nicht, daß du aus meiner Nähe und aus meiner Stadt weggehen willst." Vahid Behbahani gehorchte und blieb. Vahid Behbahani war zwar kein hervorragender Jurist, aber er begriff zwei wesentliche Punkte: Der Streit ging um Führerschaft und darum, welche gesetzlichen Methoden als „beweis"kräftig gelten konnten bei der Frage, was oder was nicht Gesetz sei. Um seine Stellung als Führer aufzubauen, schuf er einen Kreis getreuer Schüler, und sein Sohn, der den Kampf für die Schule der Rechtsgelehrten fortführte, war ständig von einer Gruppe von Schlägern umgeben. Anscheinend konnte Behbahani die Spannungen nutzen, die zwischen den arabischen und denjenigen iranischen Studenten bestanden, die in Isfahan studiert hatten; dort standen die Gelehrten der Medrese den Schul-Rechtsgelehrten nicht so feindlich gegenüber. Niemand fürchtete sich mehr, die Haltung der Rechtsgelehrten öffentlich zu vertreten.

Ähnlich bedurfte es eines intellektuellen Frontalangriffs, um Mullah Mohammad Amins Einwände gegen „wahrscheinliche Vermutungen" zurückzuschlagen. Der Schiismus mit seiner „natürlichen" Theologie und seinem Festhalten an unfehlbaren Imamen, die die unbestreitbare Wahrheit haben, bewertete sicheres Wissen im allgemeinen höher als der sunnitische Islam und begegnete daher einer bloßen „Meinung" mit Mißtrauen. Doch hatte die sunnitische und die schiitische Rechtswissenschaft bestimmte Verfahren entwickelt, um in Situationen, die ihrer Natur nach den Gläubigen darüber im Zweifel lassen, ob er (oder sie) eine Verpflichtung hat oder nicht (meist handelte es sich dabei um rituelle Verpflichtungen), eine richterliche Meinung abzugeben. Hat zum Beispiel ein Mann, der die Waschungen zum Gebet vorschriftsmäßig vollzogen hat, aber unsicher ist, ob ein später eingetretenes Ereignis ihn rituell unrein gemacht hat (die Wassertropfen, die ihn gerade von einem Dach her bespritzt haben, konnten z. B. von einem Hund kommen, den er nicht gesehen hat) die Verpflichtung, seine Waschung zu wiederholen? Nein. Die Annahme des „Weiterbestehens" einer bekannten Bedingung – rituelle Reinheit – ist rechtlich zutreffender als die Annahme einer Verpflichtung aufgrund einer ungewissen Unterbrechung der Bedingung. In diesem Fall kann er beide Augen auflassen und sagen: „Wenn Gott will, war es eine Geiß."

Behbahani ergriff diese kleine Waffe und eilte ins Lager des Feindes. Er gab zu, daß es im Gesetz große Bereiche gab, die unsicher waren, und sagte, mit diesen Bereichen solle auf zwei Arten verfahren werden. Er trat dafür ein, daß die üblichen Rechtsquellen eine „überwältigende Wahrscheinlichkeit" für sich hatten (ebenso wie manche Gottesbeweise den Skeptizismus zwar – wie Ghazzali gesehen hatte – nicht beseitigen konnten, aber eine „überwältigende Wahrscheinlichkeit" hatten), zumindest bei bestimmten Rechtsfragen. Die weniger sicheren Rechtsbereiche, sagte er, sollten nach bestimmten „Verfahrens"grundsätzen (wie zum

Beispiel das „Weiterbestehen" der Bedingung im obigen Fall) beurteilt werden, die die Juristen der Vergangenheit in einigen notwendigerweise unsicheren Situationen angewandt hätten (wie in dem Fall des Mannes, der weiß, daß er rituell rein ist, dann aber der unsicheren Möglichkeit einer Beschmutzung durch Wasser von einer unsichtbaren Quelle ausgesetzt ist).

Es dauerte zwei Generationen, bis das schiitische Recht in dieser Weise neu strukturiert war, aber Mitte des neunzehnten Jahrhunderts hatten sich die Mullahs von Nedschef durchgesetzt. Günstig für sie war, daß kurz nach dem Tode Vahid Behbahanis im Iran ein starkes schiitisches Regime begründet wurde. Im Jahre 1795 machte sich der Kadschare Agha Mohammad Khan zum Schah, indem er ein Königsschwert umlegte, das am Grab des Begründers der Safawidendynastie geweiht war. Aber anders als die Safawiden erhoben die Kadscharen nicht den Anspruch, als Stellvertreter des abwesenden Imams zu regieren; sie waren rechtmäßige Könige, weil sie „gerecht" und Hüter des Schiismus waren. Die Mullahs von der Schule der Rechtsgelehrten in Nedschef sahen, daß das wichtigste Zentrum des Schiismus nun offen war, sie zu empfangen, und innerhalb einer Generation hatten sie die Zustimmung der meisten Mullahs des Irans und die Unterstützung der Kadscharenherrscher erlangt. Jetzt war es möglich und intellektuell vertretbar, eine religiöse Hierarchie aufzubauen, und das taten sie auch.

Ein überentwickelter Vertreter der Mullahs der neuen Richtung war ein gewisser Schafti, der auch den Titel Hadschat ol-Eslam („Beweis des Islam") hatte – ein Titel, den in der früheren islamischen Geschichte keiner erhalten hatte außer Ghazzali. Der Titel wurde in der Zeit Schaftis immer üblicher und spielt in der Gegenwart nur eine zweitrangige Rolle; er bezeichnet jetzt einen sehr gelehrten Mullah, der aber noch kein Ayatollah ist. Schafti wurde in der Nähe von Rascht, einer Stadt am Kaspischen Meer, geboren und ging in den Irak, wo er bei Vahid Behbahani in Nedschef studierte. Als er dann Ende des achtzehnten Jahrhunderts nach Isfahan kam, hatte er eine hervorragende Ausbildung in den neuen Techniken der Schule der Rechtsgelehrten, besaß aber keinerlei weltlichen Güter außer einem großen Stück Stoff, das man als Turban oder als Tischtuch verwenden konnte.

Seine Gelehrsamkeit und sein persönlicher Stil machten ihn schließlich zum wichtigsten Lehrer und großen Rechtsgelehrten im Raum von Isfahan, und „der Reichtum dieses großen Mannes", so erzählt sein Biograph, war im Lauf der Zeit „vielleicht nicht mehr zu berechnen; und der Allmächtige Gott offenbarte in ihm Seine Macht". Er hatte vierhundert Karawansereien, mehr als viertausend Läden, und es gehörten ihm ganze Dörfer in verschiedenen Teilen des Irans. Das gleiche Übermaß war in seinem persönlichen Verhalten zu finden. Man sagte von ihm, daß er von Mitternacht bis zum Morgen ständig weinte, Gott anrief und sich auf Brust und Haupt schlug. Gegen Ende seines Lebens mußten die

Ärzte ihm verbieten zu weinen, denn sein Weinen war die mutmaßliche Ursache des Bruches, der ihn krank machte, und wenn er in der Moschee war, gingen die professionellen Erzähler der Geschichte von Hussein nicht zur Kanzel, um ihn nicht zu Tränen zu rühren.

Mit dem gleichen Engagement betrieb er die Durchsetzung des islamischen Rechts. Seit mindestens tausend Jahren war die Rechtsverwaltung im islamischen Iran ein loses und immer wieder neu geknüpftes Netzwerk widersprüchlicher Autoritäten gewesen, in dem die verschiedenen, einander oft befehdenden Quellen islamischen Rechts – Rechtsgelehrte, die Richter selbst und die nicht-islamischen Justizbeamten des Königs – sich um den jeweiligen Zuständigkeitsbereich stritten. Das islamische Recht konnte unendlich schwerfällig sein. Bei einem Verbrechen wie Diebstahl wurde zum Beispiel kein öffentlicher Ankläger bestellt, und das Gerichtsverfahren war im wesentlichen ein privater Prozeß, den der Bestohlene anstrengte. Dieser mußte beim Verhör anwesend sein; seine Anklage war gegenstandslos, wenn der Dieb das gestohlene Gut zurückgab, bevor ein Verhör beantragt war; nach Ansicht einiger Rechtsgelehrten mußte er bei Fehlen eines Geständnisses zwei männliche Zeugen beibringen; auch mußte er bei einer körperlichen Bestrafung (Abhauen der rechten Hand beim ersten Diebstahl, des linken Fußes beim zweiten, Einkerkerung bis zur Reue bei allen weiteren Diebstählen) persönlich anwesend sein. Nach der Meinung einiger Rechtsgelehrten konnte der Bestohlene keinerlei Schadensersatz für das gestohlene Gut von dem Dieb verlangen, wenn das Gut nicht mehr vorhanden war; er hatte nur die Genugtuung, diesen Bestrafungen beizuwohnen. Im Gegensatz hierzu hatten die vom König ernannten Richter vielleicht kein so ausgefeiltes Gesetzeswerk wie das islamische Recht (einige iranische Regierungen stellten allerdings einen zusammenfassenden schriftlichen Kodex auf); aber ihre Rechtsprechung war schnell. Und auch wenn sie manchmal bestechlich waren, grausige Strafen verhängten und oft über den Daumen peilten, statt nach den niedergelegten heiligen Gesetzen zu verfahren, hatten die königlichen Richter doch eher allgemeinverständliche Entscheidungen parat, die mehr der Erhaltung des sozialen Gleichgewichts dienten als irgendeinem abstrakten Ideal einer göttlich verordneten Legalität.

Schaftis Interesse an einer Aufwertung des islamischen Rechts war nichts Ungewöhnliches. Bei allem Auf und Ab in den Machtbefugnissen der königlichen Gerichtshöfe blieben einige Aspekte des Rechtswesens immer in der Hand der Mullahs, und die Mullahs gaben nie ihren Anspruch auf eine viel ausgedehntere Rechtsprechung auf. Der Dorfmullah war der natürliche Schiedsrichter in Ehe-, Scheidungs- und Erbschaftsangelegenheiten, und der hochgestellte Rechtsgelehrte gab Meinungen ab zu Rechtsfragen, in denen er konsultiert wurde, und übte eben damit die Funktion aus, für die er seine hohe Stellung hatte. Zwischen dem Dorfmullah und dem Rechtsgelehrten gab es die Mullahs mit eigenen Gerichtshöfen, die zwar manchmal von der königlichen Regierung anerkannt waren, deren Einfluß jedoch mehr vom Ansehen des vorsitzenden Mullahs abhing als von der amtlichen Genehmigung. Einen Gerichtshof dieser Art sollte Kasravi wahrscheinlich von seinem Großvater, dem Mullah, ererben.

Schaftis Biograph erzählt die Geschichte einer Frau, die eine Anklage gegen ihren Dorfobersten vorbrachte, weil er den Besitz ihrer minderjährigen Kinder an sich gerissen hatte. Schafti lud den Dorfobersten vor; dieser wies die Anschuldigungen zurück und legte vierzehn richterliche Urteile von vierzehn Mullahs aus Isfahan zu seinen Gunsten vor. Schafti schaute die Urteile an, stapelte die Papiere vor sich und sagte: „Der Dorfoberste ist ein aufrechter Mann, und was er vorbringt, stimmt mit den Gesetzen überein." Die Frau stimmte ein Jammergeschrei an, doch Schafti nahm davon keine Notiz und begann mit der Bearbeitung anderer anstehender Fälle. Bei der Prüfung dieser Fälle fragte er den Dorfobersten so nebenbei, ob er das fragliche Eigentum gekauft habe, was der Dorfoberste verneinte. Durch einige weitere beiläufige Fragen, die er während anderer Ermittlungen stellte, fand Schafti heraus, daß der Dorfoberste keinen Nachweis hatte, daß das Eigentum ihm auf irgendeinem im islamischen Gesetz zugelassenen Weg übertragen worden sei. „Sie haben sich das Eigentum widerrechtlich verschafft", erklärte Schafti. Er zerriß die vierzehn früheren Urteile und schrieb ein neues Urteil, nach dem das Land an die Frau zurückgegeben werden mußte.

Die Geschichte zeigt wie so viele andere die große Formlosigkeit von Gerichtsprozessen, auch wenn der Rechtsbereich, zu dem der jeweilige Fall gehörte, bis ins letzte ausgefeilt war. Sie zeigt auch, daß es im islamischen Recht zwar prinzipiell keine Berufung gibt, daß aber wegen der Unklarheit der Rechtsprechung die Parteien auch nach Ergehen eines Urteils ihren Streit weiterführen konnten, bis sie (wie in den meisten Fällen) einen Kompromiß fanden, den alle Parteien unterschrieben und siegelten und an den sie sich hielten, oder bis sie sich den Richterspruch eines Mannes wie Schafti unterwerfen mußten, einer so mächtigen Autorität, daß er sein Urteil mit Zwangsmaßnahmen durchsetzen konnte und das auch tat.

Schafti, das wirkliche Urbild eines modernen Rechtsgelehrten, hatte keine Hemmungen bei Zwangsmaßnahmen. Er verhängte mindestens siebzig (nach einigen Quellen achtzig bis hundert) Todesstrafen, und viele der Hingerichteten wurden auf einem Friedhof gleich neben seinem Haus beigesetzt. Es gibt Hinweise, daß die Leute von Isfahan seine Begeisterung für die Todesstrafe zuerst als einen Fall von ungebührlich übertriebener, widerwärtiger Machtanmaßung durch Mullah-Gerichte betrachteten. Als er seine erste Todesstrafe (wegen Homosexualität) verhängte, wollte niemand sie ausführen; also stand Schafti selbst auf und versetzte dem Verurteilten einen so heftigen Schlag, wie er konnte. Da er jedoch sehr klein war, blieb der Schlag unwirksam, und ein anderer mußte das Geschäft zu Ende bringen. Als Schafti über dem Leichnam das Totengebet sprach, verlor er vor Bewegung die Sinne – zu spät, um das Opfer zu beeindrucken, aber nicht zu spät, um auf seinen Biographen Eindruck zu machen. Sein Biograph wurde auch davon beeindruckt, daß er sich selbst zu Gefängnishaft verurteilte; allerdings gab er in diesem Fall der Intervention zu seinen eigenen Gunsten durch den Vorbeter beim Freitagsgebet in Isfahan statt.

Durch das Wirken von Männern wie Schafti entwickelte sich eine Dialektik im Dreieck zwischen der kadscharischen Regierung in Teheran, den Mullahs, die mit den Massen im Iran Kontakt hatten, und den Mullahs, die in den abgelegenen Schreinstädten im südlichen Irak die Vorhut der schiitischen Wissenschaft bildeten. Ende des achtzehnten Jahrhunderts war die Führung in der schiitischen Wissenschaft auf den Kreis um Vahid Behbahani im Irak übergegangen, und Mitte des neunzehnten Jahrhunderts fand sie dort ihren herausragenden Exponenten in Scheich Mortaza Ansari. Dieser fromme, wahrhaft originelle Mann wurde am Ausgang des achtzehnten Jahrhunderts im Südwest-Iran geboren, zur gleichen Zeit, als die Kadscharendynastie an die Macht kam. Er ging zum Studium in den Irak, an den Sitz der wiederbelebten Schule der Rechtsgelehrten, und als höheres Semester machte er eine Studienreise durch den Iran und besuchte die prominenten iranischen Mullahs, bei denen er auch studierte. Doch mit seiner Rückkehr nach Nedschef etwa 1833 war die geistige Vorherrschaft dieser Stadt im südlichen Irak besiegelt; der Niedergang ihrer einzigen Konkurrentin Isfahan stand mit dem Tod des grimmigen Schafti 1844 fest.

Ansaris hohes Ansehen beruhte auf seiner Frömmigkeit und Großzügigkeit und trug sicher zu einem guten Teil dazu bei, daß er zum Führer unter den Rechtsgelehrten aufstieg; aber mehr noch als bei irgendeinem Mullah seit zweihundert Jahren war seine umfassende Gelehrsamkeit ausschlaggebend. Die neue Schule der Rechtsgelehrten räumte ein, daß ein Großteil der heiligen Gesetze auf unsicherer Grundlage stand, und betonte nachdrücklich, daß nur Rechtsgelehrte Vernunft und Tradition mit der nötigen Autorität handhaben konnten, um eine „beste Lösung" zu erzielen. Alle anderen Gläubigen – die man „Nachahmer" nannte – konnten sich zwischen den Urhebern dieser „besten Lösungen" entscheiden, durften aber keine eigenen Lösungen präsentieren. In der Studiengeneration Behbahanis gab es im Iran nur etwa ein halbes Dutzend solcher Rechtsgelehrter; heute beträgt ihre Zahl etwa zweihundert – bei einer Bevölkerung von rund vierzig Millionen.

Ansari war mehr als nur Rechtsgelehrter; er war das erste wirkliche „Vorbild". Die Schüler Vahid Behbahanis (die die Lehrer Ansaris wurden) zogen aus Behbahanis Gedanken über die Rechtsgelehrten die natürliche Schlußfolgerung: Wenn die Nachahmer dem Beispiel eines Rechtsgelehrten folgen mußten, weil es am klügsten war, die Lösung eines Mannes zu übernehmen, der mehr Wissen besaß – sollten sich dann nicht auch Rechtsgelehrte der Lösung des „Gelehrtesten" unter ihnen selbst anvertrauen? Der Platz blieb in dieser Generation allerdings unbesetzt, da sich kein annehmbarer Kandidat zeigte; die Generation Schafti brachte trotz all ihrer Talente keinen klaren Sieger hervor. Danach kam Ansari.

In seinen Lehren und seinen Büchern aus den 1830er bis 1850er Jahren entwickelte Scheich Ansari die geistige Revolution der Rechtsgelehrtenschule zur Reife. Er legte ausführlich und überzeugend dar, warum die von Behbahani und seinen Schülern eingeführten Verfahrensgrundsätze als Werkzeuge für das Erstellen wahrscheinlicher Vermutungen wirklich berechtigt waren. Und was genauso wichtig war: er machte auch überzeugend und (in den Augen der späteren schiitischen Juristen) endgültig klar, wie diese Grundsätze zueinander in Beziehung standen. Wenn der Rechtsgelehrte zum Beispiel vor einer Frage steht, bei der sich nicht von vornherein eine Lösung als die wahrscheinliche anbietet, dann muß er entscheiden, ob der Zweifel „primär" oder „allgemein" ist; das ist etwa der Fall, wen es kein einschlägiges Gesetz gibt, von dem man sagen kann, daß es sich auf Vernunft oder auf die Überlieferungen gründet. (Niemand weiß, ob der spezielle Freitagmittaggottesdienst in Abwesenheit des Zwölften Imam überhaupt gehalten werden soll, da nur dieser das unbestrittene Recht hat, ihn zu leiten oder Personen zu bestimmen, die ihn leiten.) Andererseits kann der Rechtsgelehrte auch entscheiden, daß der Zweifel „sekundär" ist; in diesen Fällen gibt es keinen Zweifel an den allgemeinen Prinzipien und Wahrheiten, wohl aber an etwas, was den besonderen Fall betrifft (Kam das Wasser, das mich bespritzt hat, von dem Hund, den ich auf dem Dach gesehen habe?). Ist der Zweifel primär, dann kann der Rechtsgelehrte dem Grundsatz der „umsichtigen Klugheit" folgen, wenn bestimmte Voraussetzungen erfüllt sind, wenn es zum Beispiel möglich ist, allen etwaigen Verpflichtungen nachzukommen. Ist dies nicht möglich, dann kommt der Grundsatz der „freien Wahl" zur Anwendung: Eine Verpflichtung kann anstelle einer anderen ausgewählt werden – und so weiter, durch ein ganzes Arsenal von neuen Klarstellungen, die Ansari in die schiitische Rechtsprechung eingeführt hat.

Diese Entscheidungsbäume, diese verzweigten Schemata von alternativen Auswahlmöglichkeiten, die den Rechtsgelehrten oft – wie in den obigen Beispielen – vor eine binäre Entweder-Oder-Alternative stellten, sind in Ansaris Schriften aufs sorgfältigste ausgearbeitet. Ansari traf mit großem Scharfsinn und – im Rahmen seiner Tradition – mit Originalität neue Unterscheidungen, wobei er immer die Möglichkeiten abwog, die eine sorgfältige Untersuchung aller denkbaren Wortbedeutungen und aller Schattierungen der „Vernunft" (im Sinne der schiitischen Tradition) ergab. Es ist interessant, daß Ansari bei vielen seiner neuen Unterscheidungen und Einteilungen von den Gesetzen ausging, die sich wie in den obigen Beispielen auf Gottesdienst und rituelle Reinheit bezogen.

Überraschend ist, daß Ansaris größtes Buch, in dem er die Anwendung dieser Grundsätze aufzeigt, sich nicht mit dem gottesdienstlichen und rituellen Recht, sondern mit dem Handelsrecht befaßt. Natürlich behandelte er auch Fragen, die mit der Reinheit zu tun haben: Ist es erlaubt, mit Musikinstrumenten zu handeln, da die Gesetzlichkeit der Musik nicht geklärt ist – und so weiter. Und Ansari warf keineswegs die bestehenden schiitischen Gesetze beiseite; die für schiitische Studenten vorgeschriebenen Grundtexte im angewandten Recht waren (und sind noch immer) zwei Texte aus dem dreizehnten und sechzehnten Jahrhundert. Aber er zeigte, wie man die Analyse der Gesetze – besonders in dem großen Bereich, der im anglo-amerikanischen Recht als Vertragsrecht bezeichnet wird – weit über die früheren Grenzen erweitern kann, und diese erweiterte Analyse wandte er auf das Handelsrecht an. Er unterschied zum Beispiel Dutzende von Möglichkeiten, in denen ein Kaufgegenstand, der verkauft und dann gemäß dem anerkannten Recht auf Rückgabe oder „Rücktritt vom Kauf" zurückgegeben worden ist, seinen Wert geändert haben kann, und legte die rechtlichen Verpflichtungen der Beteiligten nach den Grundsätzen des Weiterbestehens und Nichtweiterbestehens, des primären und sekundären Zweifels über Zustand und rechtlichen Status des Kaufgegenstandes fest – und so weiter. Solche Gesetze waren neu, und sie waren sehr nützlich.

Wie Behbahani hatte auch Ansari in der entlegenen Provinzstadt Nedschef ein geistiges Handelsgut geschaffen, das die iranischen Schiiten bald brauchten und dann auch zu kaufen bereit waren. Der Mittlere Osten wurde langsam, aber unausweichlich in die Weltwirtschaft hineingezogen, die sich spätestens seit Ende des achtzehnten Jahrhunderts (wenn nicht schon früher) bemerkbar gemacht hatte. Nur wenige Wochen nach der Verkündigung des Friedens zwischen England und den Vereinigten Staaten im Jahr 1814 fiel der Kaffeepreis in den arabischen Häfen – Arabien, die Heimat des Mokkas, war inzwischen zum Kaffee-Einfuhrland geworden –, weil die atlantischen Seewege nicht mehr von Yankee-Kaperschiffen heimgesucht wurden. Seit Jahrhunderten hatte ein Teil des asiatischen Durchgangshandels mit kostbaren Waren aus China, Indien und dem Mittelmeerraum den Iran durchquert, aber im neunzehnten Jahrhundert wurde der Iran in ein Handelsnetz mit Europa einbezogen, dessen rascher und intensiver Ausbau etwas vollkommen Neues war. Die schönen Seidenbrokate aus Kaschan wurden durch die bedruckten Baumwollgewebe aus Manchester ersetzt, und der iranische Töpfer oder Schmied sank langsam zur Bedeutungslosigkeit herab, als russische Metall-, Keramik- und Glaswaren seine Märkte überschwemmten. Der Iran wurde immer mehr zum Exporteur von Nahrungsmitteln, Tabak, Rohseide, Opium und – Teppichen, dem einzigen Fertigerzeugnis, das Ausländer niemals mit Erfolg nachgeahmt haben.

Nicht nur der Außenhandel nahm zu, sondern im Iran selbst entwickelte sich ein Binnenmarkt, auf dem der Preis für Reis, Taschenuhren und anderes allmählich landesweit festgelegt wurde. Die Entwicklung des

Irans zu einer Volkswirtschaft war zum Teil durch seine Einbettung in eine Weltwirtschaft – mit ihren Anforderungen an das Land als ganzes –, zum Teil aber auch durch geänderte Kommunikationsmethoden im Iran selbst bedingt, vor allem durch die dramatische Neuerung bei der Einführung des Telegrafen in den 1860er Jahren. Ansari (der selbst nur wenig Berührung mit dem praktischen Geschäftsleben gehabt haben konnte) erbrachte den Beweis, daß das schiitische Recht die Prinzipien und Methoden bereitstellte, um ein Vertragsrecht zu schaffen, das all den komplizierten und wechselnden Anforderungen dieses neuen Geschäftslebens genügte.

Im Jahr 1849 starb der prominenteste Gelehrte aus der Generation vor Ansari. Ansaris Werk war inzwischen im ganzen Bereich des Schiismus bekannt, und es war unbestritten, wer der „gelehrteste" Rechtsdenker war. Zum erstenmal gab es jemanden, auf den diese Rolle voll und ganz paßte; Ansari wurde nicht nur im Irak und Iran, sondern auch in Indien, im Libanon und den im Kaukasus und in Afghanistan verstreuten schiitischen Gruppen als „Vorbild" zur Nachahmung anerkannt. Das *sahm-e Imam* oder „Anteil des Imam", also das Einkommen, das die Schiiten während der Abwesenheit des Zwölften Imams durch Selbstbesteuerung an die Mullahs entrichten mußten, floß aus allen islamischen Ländern nach Nedschef, und einer Quelle zufolge erhielt Ansari etwa zweihunderttausend Toman im Jahr zur weiteren Verteilung. Auch von der finanziellen Seite her wurde die neue Zentralisierung religiöser Autorität in Nedschef als dem Mittelpunkt schiitischer Gelehrsamkeit bestätigt, und es war Ansari und seiner Großzügigkeit zu verdanken, daß an diesem schiitischen Mittelpunkt förderungswürdige Studenten und Lehrer darauf bauen konnten, daß sie ihr Stipendium auch erhielten.

Ansari blieb der reine Gelehrte. Seine Gleichgültigkeit gegenüber der Welt zeigte sich in seiner Gleichgültigkeit gegenüber persönlichem Reichtum (es gibt Hinweise, daß sich seine Kinder wegen der fast ärmlichen Lebensverhältnisse genierten). Seine Zurückgezogenheit zeigte sich aber auch sonst. Der Gedanke, Richter zu sein, war ihm immer schrecklich (eine Quelle berichtet, daß er eine kurze Zeit lang Richter in seiner Geburtsstadt war, dann aber die Flucht ergriff, als er unter Druck geriet, zugunsten einer Partei entscheiden zu müssen), und es widerstrebte ihm, *fatvas* (Antworten auf besondere Fragen) zu geben, zu denen nur ein Rechtsgelehrter qualifiziert war. Ansari war wahrscheinlich das erste „Vorbild", das nach den Prinzipien der neuen Rechtsdenkerschule von den meisten Mullahs dieser Schule anerkannt wurde, doch hat er von dieser Autorität in der schiitischen Gemeinschaft anscheinend nie aktiven Gebrauch gemacht.

Wie weit die Autorität eines „Vorbildes" reichen konnte und wo seine Grenzen lagen, wenn es wirklich davon Gebrauch machte, zeigte sich an der Laufbahn eines Schülers von Ansari, Seyyid Mohammad Hasan Schirazi, genannt Mirza Schirazi. Er wurde 1815 in Schiras, der Stadt des

Saadi und Hafis, geboren, wo zweihundert Jahre früher Seyyid Nematollah studiert hatte. Von Schiras ging er nach Isfahan, dessen Glanzzeit als schiitisches Gelehrtenzentrum gerade zu Ende ging, und mit zwanzig Jahren erhielt er von einem der letzten großen Rechtsgelehrten der Isfahaner Schule die „Zulassung als Rechtsgelehrter". Mitte der 1840er Jahre ging er dann nach Nedschef, wo die Zukunft der schiitischen Wissenschaft lag, und studierte bei Scheich Ansari. Als Ansari 1864 starb, „beanspruchte" – in den Worten eines Mullahs und Historikers – „eine Gruppe hervorragender Männer die Auszeichnung, als ‚gelehrteste' und Scheich Ansaris Nachfolger zu sein, und natürlich spielte bei der Wahl eines Nachfolgers die Ansicht der Studenten in seinem Gelehrtenzirkel eine große Rolle".

Zuerst hatten die türkischsprechenden Studenten – von denen die meisten wahrscheinlich aus Aserbeidschan kamen – zwei Kandidaten und die persisch sprechenden Studenten ebenfalls zwei, darunter Mirza Schirazi. Die Sympathien der wenigen Araber in diesem inneren Zirkel verteilten sich auf die vier Kandidaten, ebenso die Einkünfte aus der Selbstbesteuerung und aus frommen Stiftungen. Aber – so der gleiche Historiker – Mirza Schirazi „kannte die Welt besser als die anderen": Als das Gezänk über das gelehrteste Vorbild anhielt, löste Schirazi es damit, daß er ihm auswich. Er ging in die nahegelegene Schreinstadt Samarra, wo der Zwölfte Imam entschwunden war, und gründete dort ein neues schiitisches Gelehrtenzentrum. Seine Studenten folgten ihm. In kurzer Zeit hatte er den Ruf des Begründers einer neuen Gelehrtenschule erlangt, und zumindest hier war er das absolut unbestrittene „Vorbild". Von da an hat sein Ruf als führender Gelehrter offenbar immer mehr zugenommen.

Dann trat das Ereignis ein, das alle Zweifel an seiner Führerschaft hinwegfegte und die politische Bedeutung eines obersten „Vorbildes" zu bestätigen schien. Im Jahr 1890 wollte Schah Naser ed-Din, der kadscharische Herrscher des Irans, seine Finanzen in der gleichen Weise aufbessern, wie er es schon so oft in der Vergangenheit getan hatte: er wollte einer europäischen Gesellschaft eine wirtschaftliche Konzession einräumen. Diesmal gab der Schah der Imperial Tobacco Company für einen Gegenwert von fünfzehntausend Pfund das Recht, die gesamte Tabakernte des Irans aufzukaufen – eine sehr einträgliche Ernte, da die Iraner eine Tabaksorte anbauten, die es sonst nirgends gab und die auf internationalen Märkten und im Iran selbst zu hohen Preisen gehandelt wurde. Der Verkaufspreis wurde jeweils zwischen der Gesellschaft und den iranischen Verkäufern ausgehandelt; Meinungsverschiedenheiten wurden durch verbindlichen Schiedsspruch geschlichtet.

Als die Konzession im Iran bekannt wurde und die ersten Unterhändler der Imperial Tobacco Company eintrafen, war die Empörung allgemein. Tausende von Tabakanbauern, Zehntausende kleiner Tabakverkäufer und die Hunderttausende von Rauchern – sie alle merkten, daß sie sogar iranischen Tabak jetzt nur noch kaufen konnten, nachdem er durch die Hände der englischen Gesellschaft gegangen war. Die Russen waren neidisch auf die Konzession und schürten die Unruhe; die „Reformer" – Verfechter von Institutionen nach westlichem Vorbild und der Verantwortlichkeit der Regierung – machten Stimmung gegen die Konzession; die Kaufleute sahen, daß die Regierung die Kontrollrechte über das Geschäft verkaufte, von dem ihre Existenz abhing, und verurteilten die Konzession; und der gewöhnliche Iraner, der schon lange den Verdacht hatte, daß die Regierung sein Land an das Ausland verkaufte, sah seinen Argwohn jetzt überzeugend bestätigt.

Das natürliche Sprachrohr für diesen nahezu allgemeinen Protest waren die Mullahs. Sie sprachen zum Teil im eigenen Interesse, denn sie kontrollierten durch religiöse Stiftungen ausgedehnten landwirtschaftlichen Besitz; sie sprachen aber auch aus gemeinsamem Interesse wegen ihrer engen Beziehungen zu den Männern des Basars, die sich selbst besteuerten, um die Mullahs und allgemein die religiösen Institutionen zu unterstützen, und die sich in Streitsachen an die Gerichte der Mullahs wandten. Aber die Mullahs sprachen zum großen Teil auch als die Hüter bestimmter Werte: Sie hatten Angst um den Islam. Der starke Zustrom von Ausländern mit nicht-muslimischen Vorstellungen und die Abhängigkeit der Muslime von Entscheidungen der Nicht-Muslime über ihre eigene Zukunft – das waren Bedrohungen für die „Zitadelle des Islams", für deren Schutz nach ihrer Ansicht jede Regierung zu allererst verantwortlich war.

Gegen Ende des Sommers 1891 gab es in Täbris, der Hauptstadt der Provinz Aserbeidschan, offene Proteste: die Mullahs brachen den Unterricht an den Medresen ab, und die Händler schlossen den Basar. Seyyid Dschamal ad-Din, der sogenannte Afghane, der schon Freimaurer, Sufi und alles mögliche andere gewesen war, hatte von einer Zufluchtsstätte bei Teheran aus schon vor vielen Zuhörern, darunter viele *talabes*, gegen die Politik des Schahs (mit dem er sich vor kurzem überworfen hatte), gepredigt. Nachdem er im Januar 1891 aus seinem Versteck verjagt und abgeschoben worden war, erkannte Seyyid Dschamal ad-Din die Chance, die ihm der allgemeine Protest gegen die Tabakkonzession gab, und schrieb einen Brief an Schirazi, „den höchsten Rechtsgelehrten":

Dieser Brief ist eine Anrufung des islamischen Rechts, wo immer es zu finden ist, und ein Aufruf des Volkes an alle treuen Seelen, die an dieses Recht glauben, ... an die Gelehrten im Islam. Dieser Aufruf gilt allen Gelehrten, nicht nur dem einen, an den er gerichtet ist.

Hoherpriester des Volkes, Lichtstrahl des Imams, Pfeiler am Gebäude der Religion, Zunge der Auslegung des deutlichen Gesetzes, Euer Hochwürden, Hadschi Mirza Mohammad Hasan Schirazi – möge Gott mit Ihrer Hilfe die Gemeinde des Islam schützen und die Anschläge der verruchten Ungläubigen abwenden!

Gott hat Sie zu dieser höchsten Statthalterschaft ausersehen..., um das Volk in Übereinstimmung mit dem leuchtendsten Gesetz zu lenken und dadurch seine

Rechte zu wahren, und um die Herzen vor Irrtum und Zweifel zu schützen... Er hat Ihnen den Stuhl der Autorität zugewiesen, hat Ihnen die Oberherrschaft über Sein Volk gegeben und Ihnen dadurch die Macht verliehen, das Land zu erretten und zu verteidigen...
Dieser Verbrecher hat die Provinzen Irans zur Versteigerung unter den Großmächten freigegeben, er verkauft die Hoheitsgebiete des Islam und die Heimstätten Mohammeds und seines Haushalts an Fremde...
Sie wissen, daß die Gelehrten und das iranische Volk einmütig... ein Wort von Ihnen erwarten, das sie glücklich machen und ihre Befreiung herbeiführen wird. Wie ziemt es sich dann für jemanden, dem Gott solche Macht verliehen hat, so zögerlich in der Anwendung zu sein oder damit hinter dem Berg zu halten?

Diese Frage hatte sich Schirazi selbst schon gestellt, der über Jahre hin seine Stellung als „der Gelehrteste" allmählich gefestigt hatte und den seine Anhänger im Iran, darunter viele Mullahs, bereits zum Handeln aufgefordert hatten. Im September sandte er an den Schah ein Protesttelegramm gegen das Tabakmonopol.

In den 1860er Jahren war der Iran kreuz und quer mit Telegrafenleitungen überzogen worden. Der Schah brauchte rasche Benachrichtigung über die Lage in den Provinzen; die Kaufleute brauchten Informationen über Preise und Angebote, um auf dem neuen landesweiten Markt konkurrieren zu können; die Engländer schließlich brauchten eine durchgehende telegrafische Verbindung von London bis Bombay. Ein Großteil dieser Leitungen stand daher naturgemäß unter britischer Kontrolle, und in dem endlosen Wirrwarr widersprüchlicher Rechtsprechung, der für den kadscharischen Iran typisch war, hatte eine Telegrafenstation unter britischer Kontrolle sozusagen extraterritorialen Status. Simple Provinzgemüter glaubten, die Telegrafenleitungen würden ihre Botschaften direkt zu Füßen des Pfauenthrones abliefern; aber auch für Gebildete hatte der Telegraf etwas unwiderstehlich Geheimnisvolles. Manche Mullahs aus dem Iran telegrafierten ihren Protest an Mirza Schirazi in Samarra nicht nur, weil dies der schnellste und verläßlichste Weg war, sondern auch weil es am meisten Prestige einbrachte. Aus welchen Motiven auch immer – zu dieser Zeit war durch das Telegrafennetz auch ein landesweiter Markt in Mullah-Meinungen entstanden, nicht nur in Warenpreisen.

Im Dezember 1891 wurde in Teheran ein *fatva* in Schirazis Namen veröffentlicht: „Im Namen Gottes, des Gnädigen, des Barmherzigen. Heute gilt der Gebrauch beider Tabaksorten – in welcher Form auch immer – als Krieg gegen [den Zwölften Imam] den Imam des Zeitalters – möge Gott Sein Kommen beschleunigen!" Daß Mirza Schirazi – zumindest in diesem Punkt – jemand war, „dem Gott solche Macht verliehen hat" (wie Seyyid Dschamal ad-Din schrieb), das wurde mit wunderbarer Schnelligkeit und Deutlichkeit demonstriert. Schah Naser ed-Din bemerkte, daß auch die regelmäßigen Raucherinnen unter seinen Frauen die Wasserpfeife weglegten. Die Mullahs und Kaufleute verbreiteten das *fatva* und ihre eigenen Botschaften, in denen sie sie unterstützten, nicht nur telegrafisch, sondern auch mit Flugblättern, die mit der neuen Hektografiertechnik in großer Stückzahl vervielfältigt wurden. Daraufhin hob der Schah – der sah, daß die Unterstützung der britischen Regierung für die Imperial Tobacco Company nicht sehr ernsthaft war – im Januar 1892 die Konzession auf. Am sechsundzwanzigsten des gleichen Monats gab der öffentliche Ausrufer in Teheran bekannt, Mirza Schirazi habe ein *fatva* ausgegeben, das den Tabakgenuß erlaube, und die Iraner begannen wieder zu rauchen.

Mirza Schirazi starb 1895. Er hatte nicht viel geschrieben, aber mit überwältigender Deutlichkeit demonstriert, wie die Ereignisse die Stellung des „gelehrtesten Vorbildes" bestimmen konnten und wie dieses seinerseits die Ereignisse beeinflussen konnte.

Als Mirza Schirazi von Nedschef nach Samarra zog, befand sich unter den Schülern, die mit ihm gingen, auch Mohammad Kazim Khorasani. Da Mirza Schirazi so wenig schrieb, kennen wir seine Gelehrsamkeit nur durch das Zeugnis seiner Zeitgenossen; für Khorasanis Gelehrsamkeit besitzen wir das Zeugnis seiner Bücher. Das größte dieser Bücher, *Das Genügen*, rangiert unter den rechtswissenschaftlichen Veröffentlichungen der Mullahs in den letzten zweihundert Jahren nur hinter Ansaris Werk über das Handelsrecht. In *Das Genügen* sammelte Khorasani rechtswissenschaftliche Begriffe wie etwa das „Weiterbestehen", die Ansari in getrennten Abhandlungen erörtert und dann auf den Handel angewandt hatte. Khorasani stellte sie noch strenger als einheitliche Theorie des Rechtswesens dar, einer Disziplin, die für Muslime mit der Wissenschaft von der Ableitung der Gesetze gleichbedeutend war.

Khorasani kam aus dem nordwestlichen Iran; sein Geburtsort ist Tus, wo auch Firdusi und Ghazzali geboren wurden. 1861 ging er in den Irak, erkannte in Mirza Schirazi sofort den führenden Lehrer seiner Zeit und wurde selbst ebenso schnell als erster Kandidat für die Nachfolge Schirazis anerkannt. Wie Ansari war er kein Seyyid (Schirazi war einer), und wie Ansari verdankte er seine Stellung fast ausschließlich seiner intellektuellen Leistung. Aber wie Schirazi, und in noch stärkerem Maße als dieser, machte er von seiner Stellung als „gelehrtestes Vorbild" einen politischen Gebrauch.

In Khorasanis Zeit war unter den schiitischen Geistlichen, die von den Iranern mit dem weiten Begriff Mullahs bezeichnet wurden, ein breites Spektrum des Wissensstandes, der besonderen Neigungen und Ansichten zu finden. Da gab es die Dorfmullahs, die *rouze khans*, die Prediger und die Rechtsgelehrten. Die Söhne angesehener Mullahs kleideten sich oft als Mullahs, besonders wenn ihnen das Ansehen und Einkommen einbrachte (wie etwa in den Fällen, wo sie den Gerichtshof ihres Vaters erbten), und doch hatten sie vielleicht nur ganz geringes Gelehrtenwissen. Grundschullehrer, die selbst kaum lesen und schreiben konnten (so etwa die Männer, die den kleinen Kasravi gequält hatten); bescheidene Basarhändler, die ihr Leben lang insgeheim studierten und sich einen gewissen Stand an gelehrten Rechtskenntnissen aneigneten – sie alle konnten sich in bestimmtem Rahmen als Mullahs kleiden und diesen Titel führen. Sogar der geheime Skeptiker, der Prediger mit den schwarzen Augen und dem dünnen schwarzen Bart, der in der Moschee gleich neben dem Haus des jungen Isa Sadiq vor einer bewundernden Menge predigte, war keine wirkliche Ausnahme; in jener Zeit gaben sich noch viele andere heimliche Skeptiker ohne Spur von Befangenheit als Mullahs aus.

Für einen obersten Rechtsgelehrten war dies einerseits eine Chance, andererseits eine Gefahr. Die Mullahs waren sich bewußt, daß sie ein gemeinsames Interesse hatten, und waren meist bestrebt, nach außen eine möglichst geschlossene Front zu zeigen; aber tatsächlich hielten die Rechtsdenker die *rouze-khans* für Ignoranten, bei den geheimen Skeptikern galten die Rechtsdenker als starr und rückständig und so weiter. Der oberste Rechtsgelehrte hatte die Chance, jeden Konsens, der sich unter den Mullahs abzeichnete, zu formulieren (wie Schirazi es getan hatte) und die gemeinsame Sache aller Schattierungen von Mullahs (und der ganzen schiitischen Glaubensgemeinschaft) zu bekräftigen; aber er lief auch Gefahr, daß in dem Augenblick, wo er den Konsens zu weit vorantrieb, seine „Nachahmer" unter den Mullahs (und unter den Schiiten überhaupt) nicht mehr mitmachten und einen anderen Mullah als den „gelehrtesten" anerkannten.

Der gemeinsame Widerstand gegen die Kadscharen hatte im Jahr 1906 ein solches Ausmaß erreicht, daß die Mullahs sich ohne weiteres der Protestbewegung anschlossen, die zur Konstitutionellen Revolution führte – ebenso wie sie den Widerstand gegen die Tabakkonzession unterstützt hatten. Tatsächlich wäre die Protestbewegung ohne Unterstützung der Mullahs fehlgeschlagen. Einige Mullahs gingen aber noch weiter: sie übernahmen begeistert die Vorstellung der europäisch gesinnten Reformer, die nach einem geschriebenen nationalen Grundgesetz – einer Verfassung – und einer gewählten gesetzgebenden Instanz riefen. Unter diesen Konstitutionalisten befanden sich Mullahs jeder Art – von aufrechten, ergebenen Ayatollahs über Geistliche, die das überlieferte heilige Gesetz für nicht ganz ausreichend hielten, bis hin zu Skeptikern wie Isa Sadiqs Prediger, die glaubten, daß sie nur im Mantel des Mullahs die Massen von der Notwendigkeit eines Wechsels überzeugen konnten.

Khorasani entschied sich für eine Unterstützung der Konstitutionalisten. Zuerst schien es ein noch größerer Coup zu werden als das Verbot des Tabakrauchens; das gelehrteste „Vorbild" hatte nicht einfach die Ansichten seiner Nachahmer bestätigt, sondern sie tatsächlich geführt. Das neu gewählte Parlament wurde im Oktober 1906 in Anwesenheit von siebzehn Rechtsgelehrten eröffnet. Doch dann begannen die Mullahs im Iran und besonders in Teheran genauer über die Ereignisse nachzudenken. Als die prominenten Regierungsgegner unter den Mullahs im Sommer dieses Jahres aus Protest von Teheran nach Ghom gegangen waren, hatten die weltlichen Konstitutionalisten in Teheran die von ihnen geforderte gesetzgebende Körperschaft umbenannt: statt Islamische Beratende Versammlung hieß sie jetzt Nationale Beratende Versammlung, und diesen Namen trug auch der königliche Erlaß, der die Verfassung gewährte. Die iranische Verfassung war vor allem nach dem Vorbild der belgischen Verfassung angelegt, von der die Iraner der neuen Erziehung gelernt hatten, daß sie für die zeitgenössische europäische Politikwissenschaft als die fortschrittlichste europäische Verfassung galt.

Fast in allen islamischen Überlieferungen, auch in der schiitischen, ist dem Herrscher die Beratung als Pflicht auferlegt. Ihr verwerfliches Gegenteil, *estebdad* oder Autokratie, war das Kennzeichen eines Herrschers, der seine Entschlüsse ohne Beratung faßte. Ein beratendes Gremium hatte die Funktion, dem Herrscher den Weg der „Gerechtigkeit" aufzuzeigen, weshalb es von einigen Mullahs auch „Haus der Gerechtigkeit" genannt wurde. War damit aber eine gewählte gesetzgebende Körperschaft gemeint, die tatsächlich Gesetze machte?

Im Februar 1907 begann die neugewählte Beratende Versammlung, in der sehr viele Mullahs saßen, über einen Nachtrag zur Verfassung zu beraten, in der es noch keine Aufstellung der garantierten Grundrechte gab. Im Mai setzte sich Scheich Fazlollah Nuri, ein prominenter Mullah in der Versammlung, öffentlich für die Wiederherstellung des islamischen Charakters der Regierung ein und organisierte zur Unterstützung seiner Initiative ununterbrochene Studentendemonstrationen vor dem Gebäude der Beratenden Versammlung. Damit hatte er einigen Erfolg; Absatz zwei des Nachtrags, der im Juli verabschiedet wurde, lautete:

Die Beratende Versammlung, die durch den Segen des Imam des Zeitalters – möge Gott Sein Kommen beschleunigen – und durch die Gnade Seiner Majestät des Schahs, durch die Wachsamkeit der islamischen Gelehrten – möge Gott ihr Beispiel vermehren – und durch die iranische Nation ins Leben gerufen worden ist, darf niemals Gesetze erlassen, die den heiligen Gesetzen des Islam widersprechen... Selbstverständlich liegt es in der Verantwortung der islamischen Gelehrten, solche Widersprüche festzustellen und zu beurteilen. Es wird daher offiziell festgesetzt, daß in jeder Sitzungsperiode ein Gremium von nicht weniger als fünf Männern, das sich aus Rechtsgelehrten und gottesfürchtigen Sachkennern des islamischen Rechts, die sich auch der Notwendigkeiten der Zeit bewußt sind, zusammensetzt, ...von den islamischen Gelehrten ernannt wird. Die Beratende Versammlung soll dieses Gremium als reguläre Mitglieder anerkennen. Es ist deren Pflicht, alle Gesetzesvorschläge zu prüfen, und wenn einer davon den heiligen Gesetzen des Islam widerspricht, sollen sie ihn ablehnen. Die Entscheidung dieses Gremiums in dieser Hinsicht ist bindend und endgültig. Diese Verfassungsbestimmung ist unabänderlich bis zum Erscheinen des Imams des Zeitalters – möge Gott Sein Kommen beschleunigen.

Scheich Fazlollah gab sich aber noch nicht zufrieden. Er nahm mit etwa fünfhundert Gefolgsleuten in dem gleichen Schrein bei Teheran Zuflucht, wo sich eine Generation zuvor Seyyid Dschamal ad-Din versteckt hatte. Von dieser Freistätte aus gab er eine Zeitung heraus, die vor allem den neuen Parlamentarismus und die weltlichen Verfassungstreuen attackierte. Er erklärte, sie wollten „die Gebräuche und Praktiken der Heimstatt des Unglaubens" [der nicht-islamischen Welt] einführen, das heilige Gesetz fälschen, alle religiösen Gemeinschaften gleichstellen, die Prostitution fördern und so weiter. Scheich Fazlollah sagte, er wolle nicht den Gedanken eines „Hauses der Gerechtigkeit" angreifen, das die „Gerechtigkeit" verbreiten und dem heiligen Gesetz Nachdruck verschaffen würde; aber er machte geltend, daß man während der Ereignisse, die schließlich zur Revolution von 1906 führten, nichts von einer „Beratenden Versammlung" oder von einer Verfassung gehört habe.

Aus Nedschef meldete sich jetzt eine wichtige Stimme zur Unterstützung Scheich Fazlollahs. Seyyid Mohammad Kazem Yazdi, ein Rechtsgelehrter, forderte die Versammlung telegrafisch auf, die von dem Kreis um Scheich Fazlollah vorgeschlagenen Einschränkungen zu akzeptieren und nicht als Parlament zu fungieren, sondern als eine Versammlung, die die islamische Vorschrift befolge, „das Gute zu gebieten und das Böse zu verbieten". Scheich Fazlollah druckte ebenfalls ein Telegramm ab, das angeblich von drei verfassungstreuen Rechtsgelehrten aus Nedschef kam; darin wurde verlangt, daß in den Verfassungsnachtrag eine Klausel über Ketzer und über die Ausführung göttlicher Gebote aufgenommen würde.

Die Geschichte der nun folgenden zwanzig Jahre Nationalversammlung und iranische Verfassungsbewegung ist so komplex, daß die Geschichte des amerikanischen Kontinentalkongresses [1774–1783] und der Bundesartikel von 1777 dagegen ausgesprochen einfach erscheint. Es war unvermeidlich, daß ausländische Mächte eine Rolle spielten. Zunächst fand der reaktionäre Schah Mohammad Ali in Rußland Unterstützung, während England auf der Seite der Konstitutionalisten stand. Aber selbst die Großmächte blieben keine Fixpunkte mehr in dem Wirbel der Ereignisse, in dem sich iranische Kabinette ablösten, Provinzen abfielen und dann wieder der Regierung in Teheran ihre Treue bekundeten. Einmal ließ der reaktionäre Schah die Versammlung bombardieren. Ein andermal erklärte Scheich Fazlollah die Journalisten, die die Nationalversammlung unterstützten, zu Nicht-Muslimen, woraufhin Khorasani in Nedschef bekanntgab, Scheich Fazlollah sei ein Nicht-Muslim. Der reaktionäre Schah wurde gestürzt, und im Rausch des Triumphs wurde Scheich Fazlollah vor Gericht gestellt und am 31. Juli 1908 erhängt. Er zeigte große Würde; unmittelbar vor seiner Hinrichtung sagte er, weder sei er selbst ein Reaktionär, noch seien die zwei Ayatollahs in Teheran, die sich für die Verfassung besonders stark machten, wahre Konstitutionalisten: „Es war einfach so: sie wollten mich ausstechen und ich sie; von ‚reaktionären' oder ‚konstitutionellen' Prinzipien war nicht die Rede."

Ganz grob betrachtet, hatte Scheich Fazlollah recht. Der Kampf um die Verfassung hatte zwischen den Mullahs Gräben aufgerissen, die vorher versteckt waren oder gar nicht bestanden hatten. Es fiel schwer, die allgemein anerkannte Führerschaft als „der Gelehrteste", die Ansari gehabt hatte, noch einmal zu wiederholen. Sogar schon in der Zeit von Mirza Schirazi, dessen *fatva* gegen das Tabakrauchen ja allgemein begrüßt worden war, hatten einige aus dem türkischsprachigen Zirkel des Vorgängers Ansari (und damit auch einige türkisch sprechende Iraner) weiterhin einen aus ihrer eigenen Mitte als „den Gelehrtesten" angesehen. Als Scheich Fazlollah die Massen in Teheran hinter sich brachte und bei Mullahs im ganzen Iran Unterstützung fand, wandten sich viele Anhänger Khorasanis dem Parlamentsgegner Seyyid Mohammad Kazem Yazdi zu. Yazdi wurde nicht nur „Vorbild" für zahlreiche „Nachahmer" oder Nachfolger; eines seiner Bücher, ein praktisches Handbuch über die persönlichen Pflichten eines Schiiten, wurde – und ist bis heute – das Muster für ähnliche Bücher, die von späteren Bewerbern um die führende Stellung als „gelehrtester" Rechtsdenker geschrieben wurden. Kasravi schreibt, auf dem Höhepunkt dieser Rivalität hätten in Nedschef nur noch einige dreißig Leute hinter Khorasani gebetet, während ein paar tausend hinter Yazdi beteten und damit demonstrierten, daß sie ein anderes „Vorbild" als Führer erwählt hatten.

Es wäre jedoch falsch, die Mullahs zu irgendeiner Zeit als verfassungsfreundlich oder verfassungsfeindlich einzustufen. In der Epoche vor der Konstitutionellen Revolution hatten Mullahs wie Ansari ein Zusammengehen mit der Regierung peinlich vermieden und sich in kritischen Augenblicken stets für die Unterdrückten eingesetzt; doch äußerten diese Mullahs selten in der Öffentlichkeit Kritik an ihren mehr weltlichen Mitbrüdern, und sie hielten ihre Beziehungen zu den der Zentralregierung nahestehenden Mullahs und zu den reichen weltlichen Mullahs aufrecht. Die großen politischen Auftritte von Männern wie Mirza Schirazi waren Reaktionen, keine Eigeninitiativen; die großen Rechtsgelehrten unternahmen nur dann etwas gegen die Regierung, wenn sich eine einheitliche Meinung über eine drohende Gefahr abzeichnete.

Da die Mullahs einen sehr heterogenen Ausschnitt aus der iranischen Bevölkerung bildeten, konnten sie zur Wahrung eines Interesses nach außen hin nicht mehr gemeinsam auftreten, nachdem die Konstitutionelle Revolution ihnen die Eigeninitiative aufgedrängt hatte; denn zu unterschiedlich war ihre Einstellung zur Verfassung von deren erster Erwähnung bis zur vollen Machtübernahme Reza Schahs zwanzig Jahre später. Durch die Politik der Wahlen und der rivalisierenden Massen waren sie gezwungen, ihre Differenzen überall an die Öffentlichkeit zu tragen in einer Form, wie dies seit dem Triumph der Rechtsgelehrtenschule selten geschehen war.

Im großen und ganzen verloren die Mullahs ihre frühere Begeisterung für die Verfassung. Die Gründe, weshalb sich viele der Verfassungsbewegung angeschlossen hatten, waren ihre Opposition gegen die kadscharische Autokratie, ihre Sehnsucht nach Gerechtigkeit, wie sie traditionell im Gesetz der Schia definiert ist, ihre Wut über den Ausverkauf des Irans an Ausländer und ihre Befürchtungen für den Islam. Als sie aber sahen, daß die weltlichen Verfassungsfreunde eine Verfassung nach ausländischem Muster sowie Vorstellungen von Gerechtigkeit vertraten, die nicht mit denen der Schia übereinstimmten, wurden sie nachdenklich. Selbst Khorasani, der sich bis zu seinem Tod 1911 für die Verfassung einsetzte, unterstützte Scheich Fazlollahs Forderung nach einem Verfassungsnachtrag gegen die Ketzerei. Nach einer Denkpause stellten sich einige Mullahs gegen die Verfassung, viele (vielleicht die Mehrheit) verhielten sich still, und einige waren weiter für die Verfassung. Nach wie vor bildeten Mullahs (oder zumindest Männer, die sich wie Mullahs kleideten) eine gewichtige Gruppe in der Nationalversammlung. Zu ihnen gehörte zum Beispiel der Rechtsgelehrte Seyyid Hasan Modarres, ein aufrechter und unbestechlicher Mann und vielleicht der eifrigste Verfechter einer echt konstitutionellen Regierung unter den Mullahs. Er wurde immer wieder gewählt, auch als die Mullahs nur noch einen ziemlich geringen Anteil in der Nationalversammlung stellten. 1925 sprach er sich wie Mosaddegh gegen das Gesetz aus, das für Reza Khan den Weg freimachte, Reza Schah zu werden. 1938 starb er unter ungeklärten Umständen.

Modarres war jedoch eine Ausnahme. Nach Khorasanis Tod im Jahre 1911 äußerten sich führende Mullahs, vor allem Rechtsgelehrte, immer weniger zurückhaltend über die Verfassung; sie blieben jedoch stark in der Politik auf lokaler Ebene engagiert. In Isfahan zum Beispiel wurde ein Mullah namens Agha Nurollah wegen der Schwäche der verfassungsmäßigen Regierung so mächtig, daß er zeitweise die Rolle Schaftis zu übernehmen schien, die dieser hundert Jahre früher gespielt hatte. Er leitete Gerichtshöfe, kümmerte sich um die Eintreibung der Steuern, seine Anhänger schlossen eine Grundschule für Mädchen, und er ließ Strichmädchen polizeilich verhaften. Mit einigen seiner Aktivitäten scheint Agh Nurollah Gutes bewirkt zu haben; oft schürte er aber wohl nur die allgemeine Stimmung, manchmal eindeutig zum Schaden der Iraner, so im Oktober 1921, als antisemitische Demonstranten zu seinem Haus kamen und von ihm offenbar nicht gehindert wurden.

Ein paar Jahre später hatte Reza Schah nicht nur Isfahan, sondern den ganzen Iran fest in der Hand. 1927 löste er das alte Justizministerium auf, das 1911 in dem ziemlich erfolglosen Bestreben eingesetzt worden war, nationale Gerichte und Gesetzbücher zu schaffen; er setzte ein neues Justizministerium ein, in dem vor allem in Europa ausgebildete Iraner saßen und das den Auftrag erhielt, Gesetzbücher zu entwickeln. Der Gedanke, ein einziges Gesetzbuch zu haben, widersprach einer dreizehn Jahrhunderte alten islamischen – und besonders schiitischen – Tradition. Für den moslemischen Rechtsgelehrten war das Gesetz in seiner voll ausgeprägten Form im Geist des Göttlichen Gesetzgebers gegenwärtig; auf der menschlichen Ebene jedoch entschied der Jurist darüber, was positives Recht sei, indem er seine Rechtskenntnisse auf die jeweils vorliegende Situation anwandte. Deshalb gab es im klassischen islamischen Recht keine Berufung. Was ein Richter als Rechtsspruch in einem bestimmten Fall „herausfand", hätte durch einen anderen Rechtsspruch, den ein anderer Richter in der gleichen Sache „herausgefunden" hätte, nicht außer Kraft gesetzt werden können; nur Gott konnte zwischen beiden entscheiden, und Gott hatte die Rechtsprechung bis zum Tag der Auferstehung (oder bei den Schiiten bis zur Wiederkehr des Zwölften Imams) den Juristen überlassen; somit war das erste Gerichtsurteil gültig, denn sonst hätte es ein endloses Hin und Her ohne endgültige richterliche Entscheidung gegeben. Bei den Schiiten, für die ja so vieles im Recht Sache von Vermutung und Zweifel blieb, war der Widerstand gegen ein einheitliches Gesetzbuch noch stärker; das Recht des Rechtsgelehrten, das Gesetz auf seine eigene Art zu definieren, war der eigentliche Kern der Lehre, die Ende des achtzehnten Jahrhunderts zur Wiederbelebung der Schule der Rechtsgelehrten geführt hatte.

Weltlich denkende Iraner sahen in diesem Widerstand gegen ein geschriebenes Gesetz eine Peinlichkeit gegenüber Ausländern und ein Hindernis beim Aufbau eines starken und geeinten iranischen Staates. Seit hundert Jahren hatten die im Iran lebenden Europäer ihr eigenes Recht gehabt. Es bestanden Verträge mit den meisten Regierungen Europas, in denen die iranische Regierung sich damit einverstanden erklärte, daß beim Prozeß gegen einen Europäer im Iran ein Vertreter des Heimatlandes anwesend war, und ohne Gegenzeichnung dieses Vertreters (in den meisten Fällen der Konsul) konnte das iranische Gerichtsurteil nicht in Kraft treten. Die Europäer bestanden auf diesen Rechten – die Abtretungen (Kapitulationen) genannt wurden –, die praktisch ein Vetorecht gegen iranische Gerichtsentscheidungen darstellten, da niemand durchblickte, nach welchem Recht Ausländer eigentlich verurteilt wurden. Sicher gab es genügend schiitische Gesetzeswerke, aber wo waren die einschlägigen Gesetze?

Das erste Buch, das Mosaddegh (1914) auf persisch schrieb, trug den Titel *Der Iran und die Abtretung von Rechten an Nicht-Iraner* und übte Kritik an dieser demütigenden, antiquierten Praxis. Er forderte für den Iran ein allgemeines Gesetzbuch, um den Europäern ihr Argument zu nehmen – selbst wenn ein solches Gesetzbuch gegen die schiitische Tradition wäre. „Unsere Lage", schrieb er, wobei er ein Gleichnis aus seiner Schweizer Doktorarbeit heranzog, „ist wie die eines Kranken, dessen einzige Medizin der Wein ist. Wein ist zwar verboten, aber unter diesen Umständen wird der Weingenuß für den Kranken zur religiösen Pflicht". Kapitulationen waren eine versteckte Form des Kolonialismus: „Eine Regierung ist unabhängig, wenn sie alle regiert, die auf ihrem Staatsgebiet ansässig sind... Abschließend betrachtet, ist eine Regierung, die nur ihr eigenes Staatsvolk oder nur die Ausländer regiert, keine Regierung und wird zur Nebenstelle einer anderen Regierung, die diese Machtposition [der vollen Souveränität] einnimmt."

Ende der zwanziger Jahre führte der damalige Gegenspieler Mosaddeghs, Schah Reza, dieses Programm in wenigen Schritten durch. Zu Anfang des Jahres 1928 legte der neu ernannte Justizminister (der wie Mosaddegh in der Schweiz studiert hatte) der Beratenden Versammlung den ersten Band des bürgerlichen Gesetzbuches und einen Plan für die Neuordnung der Gerichte nach einem hierarchischen Schema vor. Am 8. Mai wurde die Vorlage nach kurzer Debatte genehmigt. Am 10. Mai traten die neuen Gesetze vorläufig in Kraft, und am gleichen Tag hob das iranische Außenministerium die Abtretungsverträge einseitig auf.

Es überrascht nicht, daß die europäischen Regierungen das stillschweigend hinnahmen; überraschend ist aber, daß auch von seiten der Mullahs kaum Protest kam. Hierzu die folgende Hintergrundinformation.

Die Mullahs erwarteten von Reza Schah, als einem einfachen Mann des Volkes, daß er Frömmigkeit zeigte, und er spielte diese Rolle auch ziemlich lange. Er erklärte, sein „Vorbild" sei Na'ini (vielleicht der einzige Rechtsgelehrte in Nedschef, der außerhalb des Irans die liberalen demokratischen Institutionen ebenso verstand und stützte wie der Jurist Modarres innerhalb der Nationalversammlung). Reza Schah ging sogar so weit, daß er 1924 an der Moharram-Prozession teilnahm, das entblößte Haupt mit Stroh bedeckt, gefolgt von seiner Militärkapelle, die zum Zeichen der Trauer für Imam Hussein eine Bearbeitung des Trauermarsches von Chopin spielte.

Schließlich warf Reza Schah allerdings die Maske ab und zeigte den Mullahs durch rohe Gewaltanwendung, wer Herr im Hause war. Im März 1928 hatte Reza Schahs Mutter (oder Gattin – es gibt unterschiedliche Berichte) bei einem Besuch des Schreins in Ghom, während sie sich auf dem oberen Umgang des Schreins aufhielt, für einen kurzen Augenblick ihr Gesicht entblößt – wahrscheinlich um einen schweren Tschador gegen einen leichteren auszutauschen. Es entstand Unruhe, und ein Mullah stellte sie zur Rede. Am nächsten Tag traf Reza Schah mit zwei gepanzerten Fahrzeugen und vierhundert Soldaten in Ghom ein und betrat den Schrein in Reitstiefeln. Er ging auf den betreffenden Mullah zu und schlug ihn – so die eine Darstellung – mit seiner Reitpeitsche; nach einer zweiten Darstellung zog er ihn am Bart, und nach einer dritten (und wahrscheinlichsten) versetzte er ihm einen Fußtritt. Auch ordnete er an, daß drei Verbrecher, die im Schrein Schutz gesucht hatten, ausgewiesen wurden. Wenn die alte Welt einer ungewissen, widersprüchlichen Rechtsprechung über Bord ging, dann mußten auch Zuflucht- und Schutzrechte dran glauben.

Im Strafrecht machte das neue Gesetzbuch zwar große Anleihen bei europäischen Vorbildern, aber im Zivilrecht fußte es noch weitgehend auf der schiitischen Rechtsauffassung dank dem in der Schweiz geschulten Minister, der diese Auffassung unter der Aufsicht von Männern des traditionellen Systems in das Gesetzbuch einarbeitete. Während der ganzen Regierungszeit Reza Schahs und seines Sohnes Mohammed Reza blieb das überkommene schiitische Recht für Richter und Anwälte eine wichtige Entscheidungshilfe in Fällen, die im geltenden Zivilrecht (nicht Strafrecht!) nicht ausdrücklich behandelt wurden. Auch stellte Reza Schah seine Gesetzesreformen als Versuch dar und ließ die religiösen Gerichte für Fälle wie zum Beispiel Erbangelegenheiten bis 1936 bestehen; in diesem Jahr wurde das neue System für endgültig erklärt, und die religiösen Gerichte wurden ganz abgeschafft.

Aber weder die Fähigkeit des Schahs, Frömmigkeit vorzutäuschen, noch das gemäßigte Tempo der Veränderungen erklären, warum die Mullahs trotz allem, was sie verloren, so ruhig blieben. Sie hatten ja nicht nur die lukrative Einnahmequelle aus der Beurkundung von Rechtsdokumenten (Eheschließungen, Übereignung von Grundbesitz und dergleichen) in ihren Gerichten und Notariaten verloren, sondern auch noch die letzten Überreste der zentralen Funktion, aus der sie – nach ihrem eigenen Verständnis – eigentlich ihre Existenzberechtigung ableiteten: der Verwaltung des islamischen Rechts. Auch Reza Schahs Hang zur Gewaltanwendung lieferte keine ausreichende Erklärung für das Stillhalten der Mullahs. Wohl hatte er 1928 einem Mullah im Schrein von Ghom einen Tritt versetzt, und 1935 hatten seine Truppen im Schrein von Meschhed in die aufgebrachte Menge geschossen; aber letzten Endes kann ein Mann mit einigen zehntausend Soldaten keine Nation von sechzehn Millionen in Schach halten. In Wahrheit betrachtete die Mehrheit des Volkes sich zwar als religiös, doch wollten viele nichts mehr von politisch aktiven Mullahs wie Agha Nurollah von Isfahan wissen. Viele Mullahs sahen das ein und erkannten auch, daß ihr in der Konstitutionellen Revolution immer zur Schau gestellter Aktivismus ihre inneren Spaltungen bloßgestellt hatte; dadurch war die Machtposition einer einheitlichen Führung verlorengegangen, die in der zweiten Hälfte des neunzehnten Jahrhunderts den Mann, der als der „gelehrteste" galt, zu einer der einflußreichsten Figuren des öffentlichen Lebens gemacht hatte.

Es gab jedoch einen Mann, der den Stimmungswandel ebenso begriff wie Reza Schah: Ayatollah Scheich Abd al-Karim Ha'eri von Yazd. Er stammte aus der Umgebung von Yazd, einer wichtigen Provinzstadt im südöstlichen Iran, und nachdem er seine Grundausbildung dort abgeschlossen hatte, ging er zum weiteren Studium auf die Medrese nach Nedschef. Er studierte bei Mirza Schirazi und schloß seine Ausbildung bei dem großen Khorasani, dem Verfasser von *Das Genügen*, ab. Ha'eri kehrte etwa 1900 in den Iran zurück und begann an der Medrese der Provinzstadt Arak zu lehren; aber nachdem sich zeigte, wie politisch einige Mullahs in Arak waren (unter ihnen befanden sich die bekanntesten Verfechter des absoluten Königtums), ging er 1906 nach Nedschef zurück. Bald wurde auch Nedschef politisch, und Ha'eri ging nach Kerbela, einer anderen Stadt im Irak. Als sich 1913 die Mullahs im Iran wieder beruhigt hatten, kehrte Ha'eri nach Arak zurück. 1921 machten die Mullahs von Ghom Ha'eri – inzwischen ein bekannter und geachteter

Lehrer – zum Wortführer der gelehrten Zirkel in ihrer Stadt. Er war ein guter Verwalter, der das gesellschaftliche Leben unter den Mullahs förderte. Man erzählt sich, daß er einem knauserigen Mullah vor dessen Hochzeit sagte: „Eine Hochzeit ohne Hochzeitsfest ist fast schon Ehebruch."

In Ghom gab es damals noch wenig von der traditionellen schiitischen Gelehrsamkeit. Fath-Ali Schah, der zweite Herrscher der Kadscharendynastie, hatte in Erfüllung eines Gelübdes den dortigen Schrein verschönert und eine Medrese, die Feiziye, erbaut. Auch ließ er dort sein Grabmal errichten, und hierin folgten ihm viele seiner kadscharischen Thronerben. Die Feiziye war eine angesehene Provinzschule, aber sie konnte sich mit keiner Medrese in Nedschef oder auch nur in Isfahan oder Teheran messen. Ha'eri ging daran, Ghom zu einem Gelehrtenzentrum zu machen, und sein betontes Nicht-Interesse an der Politik war ihm dabei eine wirksame Waffe. Der letzte Kadscharenherrscher besuchte Ghom noch einmal am 1. November 1923, dem Tag vor seiner Abreise nach Europa, die für ihn zur Reise ins lebenslängliche Exil werden sollte. Dabei überreichte er Ha'eri eine mit Einlegearbeiten verzierten Spazierstock, den Ha'eri respektvoll entgegennahm. Am 26. März 1924 suchte Reza, damals Ministerpräsident und noch nicht Schah, Ha'eri in Ghom auf und wurde freundlich empfangen. Ein zeitgenössischer Mullah sagte von Ha'eri: „Er mischt sich nicht in politische Fragen und Regierungsgeschäfte ein, denn er glaubt, daß es in unserer Zeit für einen Mann wie ihn viel besser ist, sich aus diesen Dingen herauszuhalten."

Ha'eri begriff den Stimmungsumschwung noch auf andere Weise. Der Nationalismus gewann im Iran an Boden, und viele iranische Mullahs wollten ein iranisches schiitisches Gelehrtenzentrum, das dem irakischen Nedschef gleichwertig oder gar überlegen war. Ha'eri hatte den Ort mit dem zweitwichtigsten Schrein im Iran ausgewählt. In Meschhed, wo der wichtigste Schrein stand, gab es eine geschlossene Gruppe von Mullahs, die sich als Konkurrenten der führenden Mullahs von Nedschef verstanden, und daher war Meschhed nicht gerade ein Anziehungspunkt für intelligente iranische Studenten aus Nedschef. Diese fühlten sich eher von Ghom angezogen. Ha'eri stellte durch die Gründung eines Krankenhauses und durch den Bau von Wohnheimen sicher, daß die Leute in der Stadt keine Einwände gegen den starken Zustrom von Studenten erhoben. Sicher gab es zu seiner Zeit Mullahs, die Ha'eri als Rechtsgelehrte übertrafen, doch wurde er das „Vorbild" für viele religiöse Iraner.

Nach Ha'eris Tod (1937) war es ein weiterer Schüler Khorasanis, Seyyid Abol-Hasan Musavi Isfahani aus Nedschef, der nun von der Mehrheit der Schiiten als „der gelehrteste" aller Rechtsgelehrten anerkannt wurde, bis auch er 1946 starb. Daraufhin brachte ein dritter Schüler Khorasanis, ein Seyyid namens Borudscherdi, den Sitz des „gelehrtesten Vorbilds" endgültig in den Iran, und zwar nach Ghom. Diesen Erfolg verdankte er vor allem seiner geschickten Regie eines siebzigtägigen Krankenhausaufenthaltes in Teheran. 1944 hatte er sich aus seiner Heimatstadt Borudscherd, wo er eine Medrese und einen Gelehrtenzirkel geleitet hatte, nach Teheran begeben, um einen Bruch operieren zu lassen. Im Jahr davor hatte Borudscherdi, den einige Halbnomadenstämme im Iran bereits als „Vorbild" anerkannten, die Unterstützung der Regierung für Maßnahmen erzwungen, die ein gewisser Ayatollah Ghomi angeregt hatte. „Wenn die Forderungen Ghomis nicht beachtet werden", so schrieb Borudscherdi an die Regierung, „dann brauchen Sie nicht mehr auf die Sicherheit des südlichen Iran zu bauen." Während seines Aufenthaltes in Teheran 1944 sprach es sich herum, daß er vielleicht nach Ghom übersiedeln wolle, wo die nach dem Tode Ha'eris entstandene Lücke immer noch nicht geschlossen war. In seinem Krankenzimmer gingen unzählige Telegramme der Mullahs und Theologiestudenten von Ghom ein mit der dringenden Bitte zu kommen; Abordnungen von Übereifrigen folgten. Dann besuchte ihn der junge Schah.

Der Schah war damals in den Zwanzigern und hatte viele Jahre im Schatten seines Vaters gestanden – wie das ganze Land. Jetzt, nach dem Abgang seines Vaters, machte ihn seine eigene Lage unsicher, denn die Alliierten hatten praktisch alle Hauptverbindungswege des Landes im Griff und kontrollierten einige Minister des Schahs. Wir besitzen ein Foto vom Schah im Krankenzimmer des Ayatollahs. Ein Doktor im weißen Kittel steht im Hintergrund und neben ihm ein Fotograf; vorne links steht ein hagerer älterer Mullah. Borudscherdi sitzt mit seinem schwarzen Turban, mit schwarzem Vollbart und weiter Aba rechts im Vordergrund. Die Bildmitte nimmt der Schah ein, in sehr respektvoller Haltung mit gefalteten Händen, die Augen niedergeschlagen, die prächtige Filzmütze vor sich auf einem Tisch.

Leider besitzen wir aber keine verläßliche Aufzeichnung über das Gespräch zwischen Borudscherdi und dem Schah. Es dauerte ungefähr eine Stunde. Einem Bericht zufolge bat Borudscherdi den Schah, dafür zu sorgen, daß die Zeitungen nicht mehr abschätzig über die Religion schrieben, wofür er die begeisterte Zustimmung des Schahs erhielt. Sie müssen aber sehr viel mehr gesprochen haben. Sie brauchten einander, denn beide standen etwa ein Jahr vor ihrer eigentlichen Machtübernahme; beiden machte die Besetzung von Teilen des Irans Sorge, und beide hielten nichts von den Kommunisten. Borudscherdi wollte für die Frauen das Recht, den Schleier in der Öffentlichkeit zu tragen, wenn sie dies wünschten (unter Reza Schah war dies streng verboten), und er wollte, daß die Mullahs und der Islam mit mehr öffentlichem Respekt behandelt würden. Der Schah brauchte die stillschweigende Unterstützung eines obersten Schiitenführers, der nach dem Vorbild Ha'eris unpolitisch bleiben sollte. Vielleicht verstand jeder der beiden die Wünsche des anderen, ohne daß sie ausgesprochen wurden; jedenfalls war dieser erste Besuch ein Erfolg. Der Schah besuchte Borudscherdi weiterhin von Zeit zu Zeit bis zu dessen Tod, und im großen und ganzen tat jeder das, was der andere von ihm erwartete.

Als er soweit gesundet war, daß er das Krankenhaus verlassen konnte, schlug Borudscherdi den Koran auf in der Hoffnung, daß ihm ein Zeichen gegeben würde; sein Blick fiel auf einen Vers, der ihm die Gewißheit gab, er solle nach Ghom gehen. Im Dezember 1944 traf er dort ein, und zwei bis drei Jahre später war er für die Schiiten das einzige „Vorbild", das sich zur Nachahmung empfahl, geworden; er blieb es bis zu seinem Tod im Jahr 1961. Während Ayatollah Borudscherdis langer Amtszeit als oberstes „Vorbild" kamen die Mullahs dem Modell einer Geistlichkeit im westlichen Stil so nahe wie nie zuvor in ihrer vierzehnhundertjährigen Geschichte. Vor tausend Jahren, in der Welt des frühen Islam, boten die „Religionsgelehrten" (^{c}ulama ist ihre gemeinsame Bezeichnung auf arabisch und auf persisch) ein Erscheinungsbild, das der modernen westlichen Vorstellung von einer Geistlichkeit völlig entgegenstand. Sie waren sehr bunt zusammengesetzt; zu ihnen gehörte der Jurist, der sich ständig mit den Einzelheiten des islamischen Rechts befaßte, ebenso wie der Ladenbesitzer, der an einem Nachmittag in der Woche ein paar Überlieferungen auswendig lernte und weitergab. Die meisten dieser Männer – auch die Juristen – verdienten ihren Lebensunterhalt genauso wie alle anderen: als Kaufleute, Grundbesitzer, Handwerker und so weiter.

Mit der Gründung der Medresen wurde religiöse Gelehrsamkeit so etwas wie ein Beruf, denn die Medresen setzten Mindestanforderungen fest, wenigstens für einen Teil der Männer (und manchmal auch Frauen), die als Religionsgelehrte eingestuft werden wollten, besonders aber für die Juristen. Die Professoren an der Medrese waren wirkliche „Profis" in dem Sinn, daß die Stiftung, aus der die Medrese finanziert wurde, auch für ihren Lebensunterhalt aufkam. Trotz alledem blieben die ^{c}ulama eine lose zusammengesetzte Gruppe, die außer den Absolventen der Medrese auch Autodidakten, von Hauslehrern Ausgebildete und andere umfaßte, die mit religiösen Institutionen zu tun hatten. Es gab keine klare Grenzlinie zwischen den ^{c}ulama und allen anderen, vergleichbar etwa der klaren Unterscheidung zwischen dem Priester, der die Sakramente spendet, und dem Laien. Ein Mann ohne religiöse Bildung konnte sich zwar lächerlich machen, wenn er sich wie ein Religionsgelehrter kleidete, aber er konnte nicht gezwungen werden, sich anders anzuziehen.

Ein Religionsgelehrter erhielt in der persischen Umgangssprache die Bezeichnung „Mullah", eine persische Umbildung des arabischen Wortes *maulâ*, das (mit der großartigen Gegensätzlichkeit dieser wunderbar komplexen und unerschöpflich reichen Sprache) zugleich „Klient" und „Meister" bedeutet. Das Wort breitete sich in allen Ländern im Umfeld der iranisch-islamischen Kultur aus: in der Türkei, in Innerasien, Afghanistan und Indien. Dschalal ad-Din Rumi, der persische Sufi-Dichter aus dem dreizehnten Jahrhundert, wird von den Iranern immer noch liebevoll *Moulana*, „Unser Meister", oder *Moulavi*, „Mein Meister" genannt. Die Bezeichnung „Mullah" wurde nicht nur von den Schiiten übernommen. Indische Sunniten nannten ihre sunnitischen Religionsgelehrten „Mullahs", aber auch persisch sprechende Juden gaben ihren Rabbis die Bezeichnung „Mullah". Dem Wort hat aber schon immer ein Hauch von „Slang" angehaftet (ebenso wie dem anderen gebräuchlichen persischen Wort für einen Mullah, *achund*), und wenn Mullahs arabisch – und das heißt: mit besonderem Ernst – schreiben, vermeiden sie schon seit jeher dieses Wort und verwenden entweder das arabische Original *maulâ* mit der Bedeutung „Meister" oder „Gelehrter" oder einen ähnlichen Ausdruck.

In der Schia-Tradition gab es nur einen Titel, der eine wirklich klar umrissene Position benannte: Rechtsgelehrter. Wie wir gesehen haben, gab es nur einen einzigen Weg, wie ein Rechtsgelehrter zu dieser Stellung kommen konnte: die „Erlaubnis" oder „Bevollmächtigung" durch einen amtierenden Rechtsgelehrten. Die allerersten Rechtsgelehrten hatten ihre Erlaubnis durch die unfehlbaren Imame selbst erhalten. Nach dem Wiederaufleben der Schule der Rechtsgelehrten im neunzehnten Jahrhundert legte man naturgemäß auf den unterscheidenden Charakter dieses Amtes noch größeren Wert als vorher.

Im allgemeinen war der Iran im neunzehnten Jahrhundert aber ein Land verwischter Unterscheidungen, schlecht definierter Gerichtsurteile und einer überzogenen Rhetorik. Die klare Abgrenzung des Titels „Rechtsgelehrter" war eine Ausnahme, da die meisten bürgerlichen oder religiösen Titel durch die rhetorische Entwertung der Begriffe und die unklare Rechtsprechung in Mitleidenschaft gezogen waren. Jeder wichtigere Beamte oder Höfling brauchte seinen Titel; so erhielt zum Beispiel Mosaddegh als Jugendlicher den Titel „Mosaddegh os-Saltaneh" („Bestätiger der Monarchie"), dessen ersten Bestandteil er später zu seinem Familiennamen machte. Neben diesen Zehntausenden von Titeln durch königlichen Beschluß gab es aber noch viele andere, die sich die Iraner entweder selbst aussuchten oder die sich aus Verehrung oder Schmeichelei gegenseitig verliehen. Nebenbei bemerkt, braucht es nicht zu überraschen, daß so viele männliche Iraner im neunzehnten Jahrhundert den Titel „Prinz" trugen. Der zweite Kadscharenkönig hatte – vielleicht zum Ausgleich für die Kinderlosigkeit seines Onkels, des Eunuchen, der die Dynastie begründet hatte – über zweihundert Söhne gehabt. Ein persisches Sprichwort des neunzehnten Jahrhunderts sagt, Flöhe und Prinzen seien im Iran Massenware gewesen. Ebenso gab es massenhaft Leute, die mit vollem Recht verlangten, daß sie als „Prinz" angeredet wurden.

Die gleiche Inflation zeigte sich bei religiösen Titeln. „Hoddschat ol-Eslam" („Beweis des Islam") war noch ein sehr hoher Titel, als der grimme Schafti ihn erhielt; später aber sank sein Wert ständig. Das gleiche geschah mit dem Titel „Ayatollah" („Wunderbares Zeichen Gottes"), einem inoffiziellen Titel, den um die Jahrhundertwende die allergrößten Rechtsgelehrten erhielten, der aber jetzt an Hunderte oder gar Tausende verliehen wird.

Als Parallele zu diesem ganzen Markt an offiziellen und inoffiziellen Titeln ist das Durcheinander in der Rechtsprechung zu sehen, das ja für den kadscharischen Iran und seine Verwaltung so typisch war. Das erstaunlichste Beispiel für dieses Durcheinander ist der kadscharische Begriff der „Freistätte", eine verschwommene Bezeichnung, die bestimmte Orte genauso erhielten, wie bestimmte Leute mit nebelhaften Titeln bedacht wurden. Der königliche Marstall, die Telegrafenämter und die Häuser bedeutender Mullahs wurden aufgrund eines undurchschaubaren Konsensus zu „Freistätten"; da dieser Konsens aber schwankte und nicht geschriebenes Recht war, konnte er nie eindeutig definiert werden. Zu einem Zeitpunkt konnte ein ganzer Schrein Freistätte für Schwerverbrecher sein; dann wieder konnten nur kleine Diebe im Außenhof Zuflucht suchen, während Schwerverbrecher in der Nähe des Grabes selbst Schutz finden mußten. Eine Zeitlang galt bei Tageslicht der Schatten einer riesigen Kanone auf einem bekannten Platz in Teheran als Freistätte für kleine Diebe, und man konnte beobachten, wie sie sich im Lauf des Tages langsam um den Platz bewegten, da sich die Position des Schattens änderte.

Der informelle Konsens, auch in seiner nebelhaftesten Form, hat seine Bedeutung nie ganz verloren, aber durch die Verfassungsanhänger und Schah Reza ging diese Bedeutung doch drastisch zurück. Formelle Titel waren jetzt abgeschafft, und von informellen Titeln nahm die Regierung keine Notiz mehr. Jedermann mußte sich einen festen Familiennamen zulegen. Der allgemeine Sprachgebrauch glich sich dem bald an, und ein einheitliches Wort für „Herr..." trat an die Stelle von Ehrenbezeichnungen wie „Präsident..." oder „Prinz...", mit denen die Iraner sich gegenseitig so großzügig bedacht hatten. Die Rechtsprechung islamischer Gerichte wurde eingeschränkt, dann ganz abgeschafft. „Freistätten" wurden zur historischen Erinnerung. „Mullah" schließlich wurde ein gesetzlich definierter Status.

Der erste Schritt zur gesetzlichen Festschreibung der Geistlichkeit erfolgte im Jahre 1925. In diesem Jahr wurde das Gesetz über die Wehrpflicht verabschiedet, das Theologiestudenten vom Wehrdienst befreite, wenn sie „außer dem Studium keiner Beschäftigung" nachgingen, jährliche Prüfungen ablegten und Hörerbescheinigungen von ihren Lehrern vorlegten. Der nächste Schritt war das Gesetz über einheitliche Kleidung vom Dezember 1928. Es gehörte zu den schwer erklärlichen Zwangsvorstellungen von Atatürk wie auch Reza Schah, daß ihre Untertanen nach europäischer Art gekleidet sein sollten. Im Falle des Iran war das beste, was man für diese fixe Idee anführen konnte, daß auch sie dazu beitrug, die zahllosen schlecht definierten, einander überschneidenden Statusunterschiede aus der Zeit vor Reza Schah zu beseitigen, die durch die Vielfalt der Kleidung noch betont worden waren. Für diesen zweifelhaften Gewinn handelte sich Reza Schah allerdings ein, daß an die Stelle eines Volkes, das selbst schäbige, abgenutzte Kleidung mit Würde getragen hatte, iranische Massen traten, die durch die ungewohnte neue Kleidung zunächst selbst schäbig und ärmlich aussahen. Vom Tragen „westlicher" Kleidung gesetzlich befreit waren unter anderem schiitische Rechtsgelehrte und weitere Personen, die „mit dem Heiligen Gesetz befaßt waren" und eine besondere Prüfung abgelegt hatten. Jetzt konnte man wirklich sehen, wer Mullah war, denn um sich als Mullah zu kleiden, mußte man von Gesetzes wegen einer sein. Die Zehntausende, die sich ganz oder teilweise als Mullahs kleideten, standen vor einer Wahl. Viele Halbherzige oder Skeptiker, die sich durch das Tragen von Mullah-Kleidern den Zugang zu den Kanzeln und den Ausweis zur Beeinflussung der Massen verschafft hatten, zogen jetzt Anzüge nach westlicher Art an. Ebenso kleideten sich einige traditionell erzogene aufrichtige Schiiten, die bisher Mullah-Kleidung getragen hatten, im westlichen Stil und erwarben weltliche Berufsabschlüsse als Richter oder Lehrer, weil sie merkten, daß sie als Randfiguren des religiösen Establishments keine Existenzmöglichkeit mehr hatten.

Im Jahr 1938, etwa drei Jahre vor seiner Abdankung, versuchte Reza Schah auch noch die letzten holprigen Unregelmäßigkeiten zu glätten, die nach seiner Ansicht die einheitliche Fassade störten, die er dem Leben der Iraner geben wollte. Durch ein neues Gesetz wurden auch die bestqualifizierten Mullahs im wehrfähigen Alter für zwei Jahre wehrdienstpflichtig; als einziges Zugeständnis an ihren Status blieb, daß sie vom Ersatzdienst ausgenommen waren.

Soweit die Vereinheitlichung erreicht wurde, blieb sie weitgehend an der Oberfläche. Das Gesetz sprach zwar von staatlichen Prüfungen durch von der Regierung bestellte Prüfer, mußte aber dennoch die vorhandenen Wege zur Spitze akzeptieren, die sich unter den Mullahs selbst, den Rechtsgelehrten und „Vorbildern für die Nachahmung" herausgebildet hatten. Nach wie vor prüften die Mullahs sich weitgehend selbst und legten ihr Berufsbild selbst fest, ja sie finanzierten sich auch in bedeutendem Umfang selbst.

Die Mullahs bezogen einen Teil ihrer Einkünfte aus religiösen Stiftungen, und zunächst sahen einige von denen, die dem Schah nahestanden, in diesen Stiftungen eine mächtige Waffe in ihrem Feldzug zur Verweltlichung und Kontrolle der Mullahs. In seiner Dissertation von 1931 schätzte Isa Sadiq, daß diese religiösen Stiftungen ein Einkommen von jährlich vierzig bis fünfzig Millionen Kran erbrachten, die – wie er sagte – „an weltliche Priester gingen, und es ist an der Zeit, daß diese Gelder durch Gesetz Bildungszwecken zugeführt werden". Und er ließ seine Leser nicht darüber im unklaren, was mit den religiösen Bildungsstätten geschehen solle, wenn die Regierung erst einmal die ganze Kontrolle habe: „Gegenwärtig verwirren sich die Studenten an den religiösen Kollegs in ihren Studien; die Geistlichen erkennen, daß sie an Einfluß und Prestige verlieren; die religiösen Kollegs sind völlig unorganisiert. Es wird Zeit, daß der Staat Bildungszentren schafft, an denen die geistigen Führungskräfte im Einklang mit den Idealen der Nation und den Erfordernissen des zwanzigsten Jahrhunderts erzogen werden." Dieses Programm führte der sonst unerschrockene Reza Schah allerdings nicht durch, oder doch nur in stark abgemilderter Form. Die Regierung kontrollierte zwar die religiösen Stiftungen, aber das hatten die Kadscharen und Safawiden auch schon in gewissem Umfang getan. Nur in einem Punkt wurden Isa Sadiqs Vorschläge direkt übernommen: in den Fällen, wo die Stiftung als unbeschränkt aufgefaßt werden konnte, wurde das Einkommen von der Regierung für die Grundschulen ausgegeben. Sonst aber stellte die Regierung offenbar einen großen Teil des Einkommens religiöser Stiftungen den Religionsführern zur Verfügung, obwohl man unter Reza Schah auch davon sprach, daß ein Teil des wertvollsten Besitzes weltlichen Höflingen oder sogar Unterhaltungskünstlern gegeben worden sei. Aber die Mullahs hatten die entscheidende Stimme bei der Verwaltung dieser Stiftungen verloren, und die meisten selbstbewußten Mullahs sprachen nicht mit dem für sie zuständigen Kabinettsminister, auch wenn dieser meist aus der Familie eines Mullahs stammte.

Diese Stiftungen kamen weiterhin für Medresen wie die Feiziye auf, aber die Gelder, die den großen Rechtsgelehrten zur Verfügung standen, gingen durch die Selbstbesteuerung der einfachen Schiiten ein. Ungeachtet der Säkularisation, der Kriege und des Streits um religiöse Führerschaft floß das Geld aus der Selbstbesteuerung weiterhin herein. Dank dieses Geldes konnten die führenden Rechtsgelehrten den Theologiestudenten in Ghom und anderswo ihre Stipendien zahlen, und so war es möglich, die Gelehrtentradition und das Netz von Abhängigkeiten und Verpflichtungen aufrechtzuerhalten, das ihnen für ihr eigenes Wohlergehen und für das Wohlergehen des Islam unentbehrlich schien.

Auf der sunnitischen Seite war die höhere Gelehrtenwelt starken Einflüssen ihrer Umgebung und vor allem der sunnitischen Regierungen in arabischen und anderen Ländern ausgesetzt, die ihre Institutionen kontrollierten, wodurch sie sich bis zur Mitte des zwanzigsten Jahrhunderts schon stark verändert hatte. So ist zum Beispiel der Stoffplan der größten traditionell sunnitischen Universität, der al-Azhar in Kairo, während der letzten anderthalb Jahrhunderte von der ägyptischen Regierung immer wieder geändert worden. Demgegenüber ist der Stoffplan der Schiiten in Ghom und Nedschef bis heute ausschließlich von den Wünschen der Mullahs selbst bestimmt worden. Medresen wie z.B. die von Teheran, wo die Regierung einige Stoffplanänderungen durchgesetzt hat, haben ihren Ruf bei den Mullahs verloren. Aus ihrer eigenen Sicht betrachtet, haben die Mullahs im Iran eine große Gelehrtentradition in reiner Form lebendig erhalten; aus der Sicht ihrer iranischen Kritiker haben sie ihren Lehrplan hermetisch gegen die Moderne abgeriegelt.

Die Verwandlung der Mullahs in so etwas wie eine Geistlichkeit erreichte ihren Höhepunkt unter Borudscherdi, zum Teil weil unter seiner Führung das Arrangement zwischen Regierung und Mullahs am stabilsten war. Unter dem neuen Schah waren die Mullahs wieder vom Militärdienst befreit. Die Zahl der Studenten in Ghom, die gegen Ende von Ha'eris Amtszeit vielleicht tausend betragen hatte, stieg auf über fünftausend an. Unter Borudscherdi paßte sich die Medrese-Bildung auch zwangsweise dem Erfolg der weltlichen Erziehung an, und dadurch erwies sich, wie sehr die Medrese den Charakter einer „Berufs"schule angenommen hatte. Die Koranschule war zu Ende des Zweiten Weltkriegs tot; alle *talabes*, die neu nach Ghom kamen, hatten eine staatliche Grundschule besucht. In diesen staatlichen Schulen hatte man schon auf dem Grundschulniveau angebliche Experten als Lehrer für Mathematik und die Anfangsgründe der allgemeinen Naturwissenschaften; das islamische Gesetz und der Koran in der arabischen Ursprache wurden von Mullahs unterrichtet, die dafür vom Erziehungsministerium bezahlt wurden. Auf der Medrese war bisher eine Gesamtschau höherer Bildung vermittelt worden, denn es gab freiwillige Kurse in ptolemäischer Astronomie, in der Medizin nach Avicenna und in der Algebra des Omar Chaijam. Doch jetzt hatte man das Wunder des Halleyschen Kometen auch am Himmel der Mullah-Gelehrsamkeit gesichtet, und so sahen jetzt sogar die Mullahs ein, daß sie für „religiöse" Gelehrsamkeit zuständig waren, und nur einige Unverbesserliche studierten privat die alten nichtreligiösen Wissenschaften wie Astronomie weiter. Mehr und mehr übernahmen die Mullahs für sich selbst die neue Bezeichnung, die die Regierung und (wenn sie freundlicher gestimmt waren) die Intellektuellen ihnen gaben: *ruhaniyun* – „Spezialisten in geistigen Dingen".

So sehr es zwischen den neu „klerikalisierten" Mullahs und den weltlichen Bereichen eine feine gegenseitige Beeinflussung gab (und man sollte immer daran denken, daß der textbezogene, aufs Auswendiglernen angelegte Stil der iranischen Schulbildung im Medrese-System wurzelte), hatten diese beiden Bereiche zur Zeit Borudscherdis in friedlicher Koexistenz nebeneinander bestanden. Der Schah behandelte Borudscherdi bis zu seinem Tode mit Respekt und fuhr von Zeit zu Zeit mit dem Wagen nach Ghom, nicht um seine Macht zu demonstrieren, wie sein Vater es getan hatte, sondern um seine Aufwartung zu machen. (Die iranischen Zeitungen veröffentlichten in jener Zeit auch, wie es sich gehörte, ein Foto des Premierministers am Sterbebett des Ayatollah Kaschani, auf dem er dem Sterbenden die Hand küßt.)

Borudscherdi leistete auch seinen Beitrag zu dieser Koexistenz. Trotz großen Drucks von seinen Studenten, die mitten in den politischen Unruhen der fünfziger Jahre standen, bewahrte er in politischen Fragen Stillschweigen und brachte manchmal auch die zum Schweigen, die zuviel redeten. Der berüchtigte „rote Ayatollah" Borqe'i, der offen das Programm der iranischen Kommunistischen Partei unterstützte, wurde von Borudscherdi aus Ghom verbannt (und bezog etwa zehn Jahre später zur Belustigung aller eine Wohnung in nächster Nähe der russischen Botschaft in Teheran). Borudscherdi verdammte Israel privat, aber niemals in der Öffentlichkeit, obwohl es unter den *talabes* große Sympathien für ihre Glaubensbrüder, die palästinensischen Muslime gab. Noch größeren Druck der *talabes* auf Borudscherdi gab es in den nationalistischen Unruhen um Mosaddegh; doch bewahrte Borudscherdi nicht nur Stillschweigen, sondern man nahm sogar allgemein (und wahrscheinlich zu Recht) an, daß er Kaschanis strategischen Rückzug von seiner Unterstützung Mosaddeghs gedeckt hat und daß ihm die Wiedereinsetzung des Schahs 1953 hochwillkommen war.

Zum Teil als Belohnung für diese Unterstützung ließ der Schah Borudscherdi freie Bahn bei dem einzigen politischen Akt seines Lebens: der Verfolgung der Bahá'í im Jahre 1955. Die Bahá'í-Religion war Mitte des neunzehnten Jahrhunderts im Iran gegründet worden als Erfüllung der messianischen Verheißungen im schiitischen Islam. Nach dem Glauben der Bahá'í war der Zwölfte Imam wiedergekommen und hatte eine Botschaft gebracht, nach der die Bahá'í-Religion die Erfüllung der messianischen Erwartungen nicht nur der Schiiten, sondern aller Religionsgemeinschaften der Welt darstellte. Dementsprechend nahm das Bekenntnis der Bahá'í eine weltumspannende Note an: die Bahá'í traten für eine Weltregierung, für die Gleichwertigkeit aller Menschen ohne Ansehen der Rasse oder des Geschlechts und – was die Mullahs ganz besonders vor den Kopf stieß – für ein Ende der geschichtlichen Epoche ein, in der die Menschen Religionsführer brauchten.

Für die Mullahs war die Grundaussage der Bahá'í absoluter Unsinn. Der Zwölfte Imam würde wiederkommen, um das Gesetz zu erfüllen und alle die Punkte zu klären, über die es bisher nur Vermutungen gegeben hatte, nicht aber um das islamische Gesetz abzuschaffen, wie die Begründer der Bahá'í-Religion es getan hatten. Als ehemalige Muslime, die vom Islam zu einer anderen Religion übergetreten waren, hatten die Bahá'í – entsprechend einer langen islamischen Rechtstradition – nur folgende Wahl: Reue oder Tod. Viele Tausende starben, unter ihnen eine ganze Anzahl ehemaliger Mullahs, denn die neue Bewegung hatte in ihrer Frühzeit einige ihrer glühendsten Anhänger aus den Reihen der Mullahs gewonnen. Aber den Kadscharen und auch späteren Regierungen kamen die inneren Unruhen und die schlechte Presse im Ausland, die mit den Verfolgungen der Bahá'í meist verbunden waren, nicht gelegen. Und da die Bahá'í außerdem die meiste Zeit ein Pfand in der Hand der Regierung waren, das diese in ihrem trickreichen Spiel mit den Mullahs ausspielte, hatte keine Regierung Lust, dieses Pfand in einem einzigen Zug aus der Hand zu geben. Das Tolerieren der Bahá'í war eine Methode, um den Mullahs zu zeigen, wer Herr im Hause war. Bei den Überraschungsbesuchen, die Reza Schah manchmal machte, um sein erweitertes Heer neuer Rekruten zu inspizieren, rief er gelegentlich: „Hurenweib-Bahá'ís vortreten!"; danach gab er ein Grunzen von sich und ließ sie wieder ins Glied zurücktreten. Solange er sie nicht „Hurenmutter-Bahá'ís" nannte, wußten sie, daß ihnen nichts passierte. Reza Schah löste zwar die Schulen der Bahá'í auf, die sich als wichtige Stätten der „neuen Erziehung" unterhalb der Universitätsebene etabliert hatten (Isa Sadiqs Schulleiter wurde verjagt, weil er angeblich zu diesen „Ketzern" gehörte), und er verweigerte ihrer Religion die offizielle Anerkennung, so daß sie weder freie Versammlungen abhalten noch nach den Verordnungen ihrer Religion heiraten konnten; aber der Schah achtete darauf, daß den Bahá'í nichts geschah. Jedes andere Vorgehen wäre dem Eingeständnis gleichgekommen, daß die Mullahs seine Politik beeinflußten.

Aktive Verfolgungen der Bahá'í waren somit das billige Pfand, das den Mullahs immer dann geopfert werden konnte, wenn die Regierung in Schwierigkeiten war oder die besondere Unterstützung der Mullahs brauchte. Im Jahr 1955 war der Schah wirklich schwach. Mosaddeghs Popularität war mit seinem Sturz 1953 nicht geschwunden, und da der Schah dem von Amerika gestützten Bagdad-Pakt beitreten wollte und auch bereits einem Prozentanteil an den Erdöleinnahmen zugestimmt hatte, der für die Nationalisten unterhalb der Toleranzgrenze lag, schienen sich die Gerüchte zu bestätigen, die Amerikaner hätten den Schah wieder auf den Thron gehoben. Zusammen mit dem volkstümlichen Prediger Falsafi und einer Gruppe ziviler Enthusiasten nahmen der Militärgouverneur von Teheran und der Stabschef der iranischen Armee an der Plünderung der Bahá'í-Hauptverwaltung in Teheran teil, bei der auch das Kuppeldach eingerissen wurde.

Am 9. Mai veröffentlichte die Presse, offensichtlich mit Erlaubnis der Regierung, zwei Telegramme, die Ayatollah Mohammed Behbahani (manchmal „Dollars" genannt), der Gegner Mosaddeghs, an Borudscherdi beziehungsweise den Schah gerichtet hatte; darin beglückwünschte er sie zu dem Ereignis und forderte, den Tag in Zukunft als religiösen Feiertag zu begehen. Borudscherdis Dankesbrief an Falsafi, der in den vorausgehenden Wochen im Regierungssender gegen die Bahá'í gepredigt hatte, erschien ebenfalls in der Presse; Borudscherdi schrieb, Falsafi habe „der Unabhängigkeit der Nation und der Bewahrung der Stellung der Monarchie" einen Dienst erwiesen. Borudscherdi klagte, die Bahá'í machten Propaganda gegen den Islam, „der natürlich die Ursache für die Einheit unseres Nationalgefühls ist". Auch arbeiteten die Bahá'í insgeheim gegen Monarchie und Staat „und üben trotzdem Einfluß auf die Regierung aus; alle Regierungsämter müssen also von ihnen gesäubert werden". Borudscherdis Aussagen machten seine Unterstützung für die Regierung und sein Verständnis für den lebhaften Nationalismus der modernen Iraner deutlich. Sein Appell bedeutete auch, daß die weltlichen Iraner Grund genug hätten, genauso empört über die Bahá'í zu sein wie die Mullahs, weil sie „anders" sein wollten – selbst wenn sie sie nicht als Ketzer verabscheuten.

Die Lage wurde nun ziemlich verwirrt: An einigen Orten wurden Bahá'í von der Menge angegriffen, einige Bahá'í wurden getötet, Bahá'í-Frauen wurden vergewaltigt. Es hieß, Borudscherdi befürworte die Vernichtung der Bahá'í-Religion ohne Blutvergießen und die Übereignung ihres Vermögens an Medresen und Moscheen. In der Beratenden Versammlung kam es zu erregten Redeschlachten; dabei beschuldigte ein Abgeordneter die Regierung, sie stelle die Ansichten einiger „bärtiger, unwissender Infantiler" über das Gesetz, woraufhin andere Abgeordneten mit Gewalt daran gehindert werden mußten, ihn tätlich anzugreifen. Die Regierung war unsicher, weil die Aktion gegen die Bahá'í außer Kontrolle geraten war; ihr mißfiel der schrille öffentliche Tumult, und sie befürchtete Konsequenzen, falls weltliche und religiöse Gegner der Monarchie zusammenarbeiteten.

Als die Regierung das Bahá'í-Pfand vom Einsatz zurückzog, hieb eine Anzahl eifernder Mullahs und Abgeordneter noch einige Monate lang in die gleiche Kerbe, aber Borudscherdi – der immer ein Gespür für die Bedürfnisse der Regierung hatte – äußerte sich nicht mehr. Sein einziger Ausflug in die Politik war erfolgreich gewesen: Er hatte den Iran die Macht der schiitischen Institutionen spüren lassen, ohne sein Bündnis mit der Regierung zu beeinträchtigen; er hatte die Regierung gezwungen, sich auf mehr Religionsunterricht in den Schulen und stärkere Kontrolle von Kinos und anderen anstößigen Vergnügungsstätten im Moharram festzulegen; und der Schah war persönlich auf dem Gelände der Universität Teheran erschienen, um das Grundstück für eine Moschee zu erschließen. Auch die Regierung war nicht mit leeren Händen ausgegangen: Im Oktober 1955 trat ein Neffe von Ayatollah Mohammed Behbahani in der Nationalversammlung für den Bagdadpakt ein, und kein Mullah von Gewicht sprach öffentlich dagegen.

Borudscherdi starb im März 1961. Der Premierminister nahm an seiner Beisetzung teil, und der Schah rief drei Tage öffentlicher Trauer aus und besuchte einen Gedenkgottesdienst zu Ehren des Verstorbenen. Mit Borudscherdis Tod geriet der Grundsatz der Hierarchie unter den schiitischen Religionsführern in eine Krise, von der er sich seitdem nicht mehr erholt hat. Schon zu Lebzeiten Borudscherdis waren viele herausragende Rechtsgelehrte einer jüngeren Generation hervorgetreten, die Studenten der Studenten Khorasanis, so etwa die Studenten Ha'eris in Ghom und die Studenten Na'inis in Nedschef. Eine Inflation von Titeln war erfolgt, um die vielen Rechtsgelehrten zu befriedigen, die sich in dieser Generation hervorgetan hatten: sie erhielten den Titel „Groß-Ayatollah", der noch eine Generation vorher einzig und allein dem „Vorbild" zugestanden hätte.

Die informelle Anpassung der Titel war symptomatisch für die weiterhin informellen Strukturen in der Welt der Mullahs. Mochte man in der Medrese noch so viele Prüfungen eingeführt haben – sie war immer noch eine Welt der ganz persönlichen Beziehungen, in der die führenden

Mullahs einander ständig Besuche abstatteten und darüber sprachen, welchen Namen sich andere Mullahs oder führende *talabes* in puncto Gelehrsamkeit, Frömmigkeit oder Führungsqualitäten gemacht hatten. Nur die Titel „Rechtsgelehrter" und „Vorbild für die Nachahmung" hatten eine feste Bedeutung. Alle anderen Titel spiegelten – obwohl sie immer einen Grad der „Gelehrtheit" ausdrückten – in Wirklichkeit den informellen Konsens der Mullahs darüber, wieviel Hochachtung sie sich gegenseitig erzeigen wollten. Ein Medrese-Lehrer konnte sehr verletzt sein, wenn ein Laie ihn brieflich nicht mit „Ayatollah" anredete; aber er würde heftig widersprechen, wenn er öffentlich mit diesem Titel angeredet würde – jedenfalls solange, bis er spürte, daß andere, gleichgestellte Mullahs nichts dagegen hätten, wenn man ihn öffentlich so nannte; von da an ließ er es dann stillschweigend zu, daß seine Studenten ihm den Titel gaben.

Nicht nur seine Gelehrsamkeit, sondern auch der Ruf seiner Frömmigkeit (sagt man von ihm, daß er bis spät in die Nacht betet?), sein Erbe, sein Alter (ein Mullah unter vierzig konnte eigentlich kein Ayatollah werden) und seine Führungseigenschaften trugen viel dazu bei, einen Mullah auf der Skala der informellen Titel nach oben zu bringen. Und auch der formale Titel „Vorbild für die Nachahmung", der höchste aller Titel, den in der Theorie immer „der Gelehrteste" erhielt – auch dieser Titel lebte in einer so komplexen Welt gegenseitiger Achtungsbezeigungen letztlich von einem Konsens, in dem alle diese Elemente mitspielten. War Borudscherdi, dieses unbedingte, allgemeine „Vorbild", bei aller Gelehrsamkeit wirklich der „gelehrteste" Rechtsdenker der Schiiten?

Borudscherdi, geistig rege bis ans Ende seiner über achtzig Lebensjahre, strebte anscheinend keinen Konsens über seine Nachfolge an. Jedenfalls gab es keine einheitliche Meinung. Es lief zwar nicht alles völlig auseinander, aber eine gemeinsame Linie fand sich nicht. Die iranische Regierung, die so gut mit Borudscherdi zurechtgekommen war, hoffte natürlich, daß es im gleichen Sinne weitergehen werde. Nach Borudscherdis Tod sandte der Schah ein Beileidstelegramm an den gelehrten Ayatollah Hakim in Nedschef und deutete damit an, wen sich die Regierung als obersten Rechtsgelehrten wünschte. Das stellte sich als Fehler heraus. Hakim war Araber, dessen Leben sich ganz um Nedschef und die dortige Schule bewegt hatte; die Schule von Ghom fühlte sich aber jetzt der Schule von Nedschef geistig überlegen und zog ihre eigenen Absolventen vor. Hakim hatte Anhänger bis zu seinem Tode (1970), aber nur wenige davon im Iran. Außer ihm gab es noch mindestens sieben andere Rechtsgelehrte mit erheblichem Anhang: Kho'i und Schahrudi, beide wie Hakim in Nedschef; Khunsari in Teheran; Schariat-Madari, Golpayegani und Maraschi in Ghom; schließlich Milani in Meschhed.

Dann folgten die Ereignisse der Jahre 1963 und 1964, die Ruhollah Khomeini zu einer nationalen Größe machten und schließlich das Bild, wie es mindestens seit Ansari bis zum Tode Khorasanis (1911) bestanden hatte, auf den Kopf stellten: Ein durch und durch iranisches „Vorbild für die Nachahmung" mit großem Anhang im Iran lebte jetzt im Irak, jenseits der Einflußnahme der iranischen Regierung. Vor 1962 war Khomeini außerhalb von Mullah-Kreisen kaum bekannt; doch innerhalb dieser Kreise hatte er sich eine hohe, unabhängige Position geschaffen. Nach einer traditionellen religiösen Grundausbildung in der kleinen Provinzstadt Khomein hatte er sich dem Kreis um Ha'eri angeschlossen, schon kurz nach dessen Rückkehr in den Iran. Als Student war er überragend, sowohl nach seinen Fähigkeiten als auch nach seinem Interesse an der philosophischen Mystik des ʿerfân, die im Sinn der Schule Mullah Sadras weiterentwickelt worden war, des großen Denkers aus der Safawidenzeit, der die Tradition Sohravardis zum Höhepunkt geführt hatte.

Wie wir schon gesehen haben, hielt er außer seinen regulären Kursen am Donnerstag nachmittag, zum Abschluß der Vorlesungswoche, mit großem Erfolg seine freiwillige „Ethik-Klasse", die sehr gut besucht war. Bei diesem Kurs sprach er, ohne seine Zuhörer anzuschauen, und zeigte somit auch wieder die Unnahbarkeit, die bei den anderen Lehrern in Ghom Bewunderung, Furcht oder Abneigung hervorrief. Wenn Khomeini über die Ethik und den Koran sprach, brachte er auch Aspekte des ʿerfân mit ein, und daher betrachteten seine Schüler diese Kurse als wichtigen Anstoß zur Selbstkontrolle, um die sich die meisten bemühten. Vor einer besonders ausgewählten Gruppe sprach Khomeini über die Philosophie des ʿerfân selbst, aber nur im privaten Kreis, besonders in der Periode zwischen 1944 und 1961, der Zeit Borudscherdis, der von Philosophie sowieso nichts wissen wollte.

In seinen öffentlichen Vorlesungen und Schriften behandelte Khomeini im wesentlichen dieselben Themen der Rechtswissenschaft, die Ansari behandelt hatte; er schrieb (natürlich auf arabisch) eine Sammlung von rechtswissenschaftlichen Abhandlungen, besonders über den „Verfahrens"grundsatz des „Weiterbestehens", und zwei Bücher über das Handelsrecht: ein fünfbändiges Werk über das Recht des Kaufvertrags und ein zweibändiges Werk über „verbotene Einkommensquellen". Seine Bewunderer erblickten in diesen Werken die Auswirkung der besonders abstrakten Denkweise eines Rechtsdenkers, der sich außergewöhnlich stark für theoretische Fragen interessierte.

Sie erblickten aber auch etwas, was den iranischen Zensoren bei allem Fleiß und trotz all ihrer Informanten zunächst entging oder nicht wichtig schien: einen zunehmenden politischen Aktivismus. In seinem 1961 verfaßten Buch über „verbotene Einkommensquellen" beginnt ein Kapitel so: „Einem Unterdrücker Unterstützung zu gewähren, ist ohne Zweifel verboten"; und ein umfangreiches Kapitel behandelt den Widerstand gegen Unterdrückung. Der Aktivismus zeigt sich noch deutlicher in seinem Werk über das Recht des Kaufvertrags, das im Exil im Irak entstand. Er befaßt sich mit der Situation von Waisenkindern und beginnt das folgende Kapitel so: „Unter den Vormündern, die das Vermögen einer Person verwalten, die ihr Vermögen nicht selbst verwalten kann, ist der Vormundschaftsrichter, das heißt der Justizbeamte, der alle notwendigen Voraussetzungen hat, um ein *fatva* herauszugeben. Es spricht nichts dagegen, sich mit dem Thema Vormundschaft des Justizbeamten zu befassen..." – und Khomeini befaßt sich damit bis zum Übermaß. Er erklärt, der Islam sei nicht nur dazu da, um Regeln für die Andacht und das ethische Verhalten aufzustellen, sondern um die Belange der Gesellschaft zu regeln, insbesondere finanzielle und politische Belange. Moslems sollten nur eine durch und durch islamische Regierung akzeptieren mit islamischen Gerichten und einem Regierungschef, der unter dem Gesichtspunkt des Islam „besser als jeder andere" und „ein gesetzeskundiger Vormund" sei. Damit „fällt – auf dieser Grundlage – die Frage der Vormundschaft auf den gerechten Rechtskundigen zurück... Die Regierung des Landes und der Aufbau eines islamischen Staates stellt damit eine Art gemeinsamer Verantwortung für gerechte Rechtskundige dar".

Bei dem ganzen Gedankengang wird auf ungenannte Rechtsgelehrte Bezug genommen, die mit Khomeinis Standpunkt nicht übereinstimmten. Zu diesen Rechtsgelehrten gehörten auch Ansari und Khorasani, die sich beide gegen „die Vormundschaft des Rechtskundigen" aussprachen. Unter der Hand hatte von Zeit zu Zeit immer wieder ein schiitischer Jurist „die Vormundschaft des Rechtskundigen" befürwortet; aber niemand vor Khomeini hatte dies so ausführlich getan oder mit solchem Nachdruck darauf bestanden, daß mit „Vormundschaft" *(vilayat)*, das auch Herrschaft bedeutet, tatsächlich Herrschaft gemeint war. Der „beste" Rechtskundige (ein etwas allgemeinerer Begriff als „Rechtsgelehrter", der aber in diesem Zusammenhang praktisch dasselbe bedeutete) war dafür verantwortlich, die Regierung zu bilden und zu kontrollieren.

Ha'eri und Borudscherdi folgten einer völlig entgegengesetzten Theorie – der ihres Lehrers Khorasani –, und solange sie lebten, entwickelte Khomeini seinen Aktivismus nur in seinen höheren arabischen Lehrbüchern und stieß seine Vorgesetzten niemals vor den Kopf. Die Führungskrise nach Borudscherdis Tod eröffnete neue Möglichkeiten, und jetzt handelte Khomeini. Im Jahr 1962 ordnete die Regierung die Wahl von Gemeinderäten an. Bei dieser Wahl hatten auch Frauen Stimmrecht (was bei den Wahlen zur Nationalversammlung nicht der Fall war), und die gewählten Räte mußten ihren Amtseid „bei dem heiligen Buch" ableisten; mit dieser Formel schienen auch Christen, Juden, Zoroastrier und sogar Ketzer wie die Bahá'í berechtigt zu sein, neben den Muslimen im Gemeinderat zu sitzen. Viele Mullahs protestierten. Khomeini telegrafierte der Regierung, das Gesetz über die Gemeinderäte stelle eine Bedrohung für „den Koran und den Islam" dar; er gab zu bedenken, daß es vielleicht von Zionisten entworfen war, die – „unter dem Deckmantel der Bahá'í" – im Begriff waren, die Kontrolle des Staates und der

Wirtschaft an sich zu reißen. Die Regierung machte einen Rückzieher und hob das Gesetz auf.

Im Januar 1963 ließ der Schah eine Volksabstimmung über ein Gesetz zur Bodenreform durchführen und wies Ayatollah Behbahanis Forderung ab, daß religiöse Stiftungen in der Form von einkommensträchtigem Landbesitz von der Bodenreform ausgenommen sein sollten. Der Schah warb in Ghom persönlich für das Gesetz und nannte die religiöse Opposition „schwarze Reaktion". Im Februar gab der Schah den Frauen das Stimmrecht. Khomeini blieb der lautstärkste Kritiker der Regierung, aber weder er noch ein anderer hochrangiger Rechtsgelehrter griff die Bodenreform in der Öffentlichkeit an (wenn auch mancher sich im privaten Kreis dagegen aussprach); sie war einfach zu populär.

Dann lieferte der Schah Khomeini die Beweggründe, die er brauchte. Im März stürmten Sicherheitstruppen der Regierung die Feiziye-Medrese in Ghom, wobei mindestens ein *talabe* getötet wurde. Khomeini hielt eine Serie von Ansprachen, deren Höhepunkt die Predigt am Aschuratag bildete; in dieser Predigt waren die Trauer um Hussein und um den ermordeten *talabe*, um die Beschimpfung der Religionsführer und um die Feindschaft der Regierung gegenüber dem Islam (während sie die Feinde des Islam – vor allem Israel – liebte) kunstvoll miteinander verwoben.

Am frühen Morgen des 5. Juni wurde Khomeini verhaftet und nach Teheran gebracht. In einigen Großstädten brachen Unruhen aus, die zwei Tage dauerten. In Teheran drängten die aufgebrachten Massen aus den Slums nach Norden und hätten beinahe den Runfunksender eingenommen. Nachdem die Armee und die Polizei die Lage wieder unter Kontrolle gebracht hatten, landete der Hubschrauber des Schahs in einem Dorf bei Ghom, und Seine Majestät teilte Landurkunden an die ortsansässigen Bauern aus. Nach neun Monaten wurde Khomeini freigelassen. Die Regierung hatte das Heft anscheinend fest in der Hand.

Im Jahr 1964 bot die Regierung Khomeini zum zweitenmal eine Gelegenheit. Im Oktober forderte die iranische Regierung auf Verlangen der Vereinigten Staaten vom Parlament die Billigung eines Gesetzes, das amerikanischen Militärberatern sowie ihren Hilfsstäben und Familien diplomatische Immunität gewährte. Sogar das ziemlich willfährige Parlament witterte hier die alte Herrschaft der Abtretung von Rechten. Ein Abgeordneter fragte, was er jemandem antworten solle, der ihm sage, im Iran genieße schon ein ausländischer Mechaniker für Kühlanlage oder ein Mechanikerlehrling die gleiche Immunität, die der Gesandte des Irans im Ausland habe. Das Gesetz wurde mit vierundsiebzig zu einundsechzig Stimmen verabschiedet – nicht einmal mit der absoluten Mehrheit der zweihundert Mitglieder zählenden Nationalversammlung. Nur kurze Zeit später stimmte die Nationalversammlung der Annahme einer großen amerikanischen Anleihe zu, die nach verbreiteter Auffassung mit der Gewährung diplomatischer Immunität in direktem Zusammenhang stand.

Jetzt hielt Khomeini eine der wirkungsvollsten Reden seiner ganzen Laufbahn. Nach einem passenden Koranzitat („Niemals wird Gott den Ungläubigen einen Weg [des Triumphes] über die Gläubigen geben") sagte er:

Weiß die iranische Nation, was sich in den letzten Tagen in der Nationalversammlung abgespielt hat? Weiß sie, welches Verbrechen im geheimen und ohne Kenntnis der Nation begangen wurde? Weiß sie, daß die Versammlung auf Betreiben der Regierung das Dokument unterzeichnet hat, das den Iran versklavt? Sie hat zugestimmt, daß der Iran eine Kolonie ist; sie hat Amerika gegenüber durch Dokument bestätigt, daß die Muslime eine Nation von Barbaren sind; sie hat unseren ganzen islamischen und nationalen Ruhm mit einem schwarzen Strich ausgetilgt.

Wenn nach dieser schändlichen Abstimmung ein amerikanischer Berater oder der Diener eines amerikanischen Beraters sich etwas gegen einen der größten Spezialisten im schiitischen Gesetz herausnehmen sollte..., dann hätte die Polizei kein Recht, den Übeltäter zu verhaften, und die iranischen Gerichte dürften keine Nachforschungen anstellen. Wenn der Schah einen amerikanischen Hund überfährt, wird er zur Rechenschaft gezogen, aber wenn ein amerikanischer Koch den Schah überfährt, können keinerlei Ansprüche erhoben werden... Ich verkünde, daß dieses schändliche Gesetz der Madschles im Widerspruch zum Islam steht und keine Rechtsgültigkeit hat... Wenn die Ausländer diese schmutzige Abstimmung mißbrauchen wollen, wird deutlich gesagt werden, was die Pflicht der Nation ist... Das Mißgeschick islamischer Regierungen wurde durch die Einmischung von Ausländern in ihre Angelegenheiten ausgelöst... Amerika ist es, das den Koran und den Islam für schädlich hält und aus dem Weg räumen will; Amerika ist es, das die muslimischen Religionsführer als Pfahl im Fleisch betrachtet.

Auf Cassetten und in heimlich gedruckten Flugblättern wurde die Rede in ganz Iran verbreitet. Als Khomeini ein paar Tage später in die Türkei verbannt wurde, gab es zwar keine Unruhen, aber sein Appell hatte die Gefühle ungezählter Iraner, ob religiös oder weltlich, angesprochen. Wie zu Zeiten Mirza Schirazis fielen nationale und religiöse Stimmungen zusammen. Innerhalb von zwei Jahren war Khomeini einer der berühmtesten Rechtsgelehrten geworden. 1965 traf er in Nedschef ein und wurde von einer begeisterten studentischen Anhängerschaft begrüßt, zu der viele gehörten, die aus dem Iran gekommen waren, um bei ihm zu studieren. Viele sagten, er strebe nicht die Führerschaft an, weil er nach dem Tod Borudscherdis kein „Übungsbuch" herausgegeben hatte; trotzdem war er gegen Ende der sechziger Jahre von Hunderttausenden als „Vorbild für die Nachahmung" anerkannt und stand gleichwertig neben den sechs „Vorbildern", die 1961 als Führer in den Vordergrund getreten waren.

In gewisser Hinsicht war der moralische Haushalt des kadscharischen Irans wiederhergestellt. Die Iraner hatten ihre führenden Rechtsgelehrten im eigenen Land, aber sie hatten zusätzlich noch einen anderen, der der iranischen Regierung feindlich gesinnt war und im benachbarten Irak in Sicherheit lebte. Durch auffällige Sympathiebekundungen für den

Rechtsgelehrten im Irak – allerdings ohne sich ganz an ihn zu binden – gaben die Iraner ihrer Regierung zu verstehen, daß ihr Gehorsam keine fest einkalkulierbare Größe sei. Wenn sie von Pilgerfahrten zu den heiligen Stätten im Irak zurückkehrten, erzählten sie sich voll Stolz, sie hätten hinter dem „Agha" gebetet. Und noch etwas anderes hatte sich dramatisch geändert. 1969 gab Khomeini in einer Vorlesungsreihe auf persisch eine ausführliche, volkstümliche Erläuterung des Konzepts von der „Vormundschaft des Rechtskundigen"; die Vorlesungen wurden gedruckt und unter der Hand verteilt, besonders unter den iranischen Studenten. Khomeini sprach jetzt offen: es war an der Zeit, den Schah zu stürzen und den Rechtskundigen in sein Amt einzusetzen. Fast zweihundert Jahre nach Vahid Behbahani wurde in Nedschef die Schlußfolgerung aus seiner Idee gezogen, daß man das Gesetz für die anderen um so besser finden könne, je gelehrter man sei: „der Gelehrteste" war nun nicht nur dafür verantwortlich, das Gesetz für die anderen zu finden, sondern auch dafür, daß seine Anwendung überwacht wurde.

Siebentes Kapitel

Ali hatte schon Reisen nach Mekka und in andere Teile des Mittleren Ostens gemacht, aber als er 1968 nach zwei Jahren Nedschef als Fünfundzwanzigjähriger heimkehrte, war alles anders. Den letzten Teil der Reise, die Strecke von Teheran nach Ghom, legte er im Auto seines älteren Bruders zurück, der ihn am Flugplatz abgeholt hatte. Sie fuhren an dem riesigen Militärstützpunkt Manzariye mit seinen Stahl-Stacheldrahtzäunen vorbei, die kreuz und quer, bergauf und bergab verliefen, und fuhren dann den letzten langen Anstieg vor Ghom hinauf. Vom höchsten Punkt der Erhebung sahen sie das Tal und an seinem Ende den Flecken mit vermischtem Grün und Braun, wo ihre Heimatstadt lag. Ali, der zu Beginn der Fahrt etwas von der Würde gezeigt hatte, die er mit der größeren Reife jetzt in sich fühlte, war langsam gesprächiger geworden und „mehr am Kochen", wie man auf persisch sagt, je weiter sie sich von Teheran entfernten. Als sie Ghom in der Ferne erblickten, sagte Ali einen seiner Lieblingsverse von Moulana:

> Sollte deine Reise auch bis Rom dich oder China führen,
> Wie könntest je die Liebe du zur Heimat aus dem Herzen lassen?

Sein Bruder fiel ein mit einem Vers aus Hafis:

> Wer wird an diesem Ort Ägyptens Süßigkeiten rühmen,
> Wo doch der Duft der Stadt den süßen Leuten hier so gut gefällt?

Ali hatte plötzlich das Gefühl, daß er sich eingestehen könne, wie fremd er sich trotz aller Erfolge als Student und Lehrer in Nedschef gefühlt hatte. Es hatte nicht an der Mühe gelegen, auf arabisch zu unterrichten und sich vor einer neuen Gruppe Gleichgestellter oder Höherstehender auszuweisen. Eigentlich hatte es überhaupt nichts mit Nedschef selbst zu tun – seinen streitsüchtigen Geschäftsleuten und Hauswirten, die die *talabes* haßten, besonders die aus dem Iran – oder mit seiner gnadenlos flachen Umgebung, wo Meere von langsam wanderndem Sand in Ebenen von sonnengedörrtem Lehm übergingen. Einiges an der Umgebung hatte Ali sogar ausgesprochen gut gefallen. Er war gern in dem unglaublich breiten Wasser des Euphrat geschwommen, der nicht weit von Nedschef floß, und ganz besonders hatte ihm die Nähe zum Grab seines Patrons Ali in Nedschef und zum Grab Husseins in der nahegelegenen Stadt Kerbela gefallen. Nein, Ali merkte nur, wie sehr er die trockenen Hügel um Ghom liebte und den felsigen, nur halbvollen Fluß, die außerhalb liegenden Schreine und das unerwartete Grün der Obstgärten. Vor allem wurde ihm bewußt, wie sehr er die persische Sprache liebte – wie das Sprichwort sagt: Arabisch ist Wissenschaft, aber Persisch ist Zucker. Auf persisch konnte er mit den Leuten am besten umgehen – er konnte sie überzeugen, wenn er zu ihnen predigte, konnte die Wogen glätten, wenn sie Streit hatten, ja sogar mit den persischen Versen Gefallen erregen, die er manchmal aus dem Stegreif dichtete.

Aber die Heimkehr war auch deshalb anders, weil Ali jetzt die Freude kostete, Meister zu sein in dem Haus der Gelehrsamkeit, wo er zuvor Diener gewesen war. Zwar hatte er vor der Abreise nach Nedschef schon für kurze Zeit in Ghom unterrichtet, aber jetzt war er wohlbestallter Lehrer in seiner eigenen Schule, der Feiziye. Auch war er ein geschätzter Teilnehmer an den fortgeschrittenen rechtswissenschaftlichen Kursen. Die langen Nächte, die er in den palmenbestandenen Höfen von Nedschef mit Meditieren und Lesen verbracht hatte, um in den Klassen bei Kho'i und Khomeini Schritt zu halten, hatten ihm ein reiches geistiges Kapital vermittelt, mit dem er in der noch ausgeprägteren Konkurrenzsituation in Ghom wuchern konnte.

Ali schloß sich eng an Maraschi an, eines der drei „Vorbilder", die damals in Ghom lebten. Sicher gab es unter den fünf „Vorbildern", die zu dieser Zeit bei den Schiiten akzeptiert waren, einige mit größerem Anhang. Aber selbst wenn er vielleicht eines der anderen „Vorbilder" als das gelehrteste (und damit als sein „Vorbild" zur Nachahmung in Rechtsfragen) betrachtete, konnte sich Ali doch keinen größeren Mullah, dem er selbst als moralischem „Vorbild" am meisten nacheiferte, vorstellen als Maraschi. Maraschi war fromm, ohne seine Frömmigkeit zu schwer zu nehmen; jeder übertriebenen Verehrung, die ihm selbst entgegengebracht wurde, begegnete er mit gutmütigem Spott und Neckerei. Seine Großzügigkeit ging schon fast zu weit. Einige „Vorbilder" verwalteten ihre Zuwendungen nach hergebrachter Weise sparsam, um sie an treue Anhänger weiterzuleiten; Maraschi jedoch gab die Gelder, die er erhielt, sofort weiter, und manchmal versuchte er zum Kummer seiner Umgebung mehr auszugeben, als er bekommen hatte. Und zu Alis Freude verwendete Maraschi einen großen Teil dieses Geldes für die Wissenschaft und für den Aufbau von Bibliotheken, für die er vergriffene Bücher und seltene Handschriften aufkaufte.

Wie die anderen „Vorbilder" empfing Maraschi vor seinem Unterricht am Vormittag jeweils zwei Stunden lang Gäste in seinem *biruni*. Das Amt eines „Vorbilds" ist als sein „Hof" bekannt, und obgleich es dort niemanden gab, der sich „Fürst" oder „König" nannte, war Maraschis Zuhörerkreis wie der der anderen „Vorbilder" doch so etwas wie ein Miniatur-Hofstaat. In den äußeren Räumen waren Mullahs aus Maraschis Gefolgschaft, einige mit Rechnungshauptbüchern, und fragten den Ankommenden nach seinem Verlangen. Sie führten ihn in einen großen inneren Raum, wo entlang den Wänden Menschen auf dem Boden saßen; der Ehrenplatz in der Mitte der vom Eingang am weitesten entfernten Wand war dem Ayatollah Maraschi mit seinem prächtigen weißen Bart vorbehalten.

In Maraschis unmittelbarer Nähe saßen einige seiner nächsten Angehörigen und einige nicht mehr junge Mullahs, die seit Jahren zu seinen Schülern zählten und seine besondere Wertschätzung genossen. Diese vertrauten Ratgeber sprachen leise mit dem großen Ayatollah, erläuterten das Anliegen verschiedener Besucher und gaben Ratschläge, wie mit ihnen am besten zu verfahren sei. Einige waren zu einem Höflichkeitsbesuch gekommen, aber die meisten wollten ein Geschäft abwickeln. Ein Regierungsbeamter zum Beispiel, dem die schiitische Verordnung, man solle nicht für die Regierung (für keine Regierung bis zur Wiederkehr des Zwölften Imam!) tätig sein, zu schaffen machte, trat vor, küßte die Hand seines „Vorbildes" und gab ihm dann sein „schmutziges" Gehalt. Das „Vorbild" nahm das Geld mit der einen Hand, legte es in die andere und reichte es zurück – jetzt konnte der Beamte es guten Gewissens behalten, denn es war jetzt zu einem „Geschenk" geworden, das ihm ein legitimer Empfänger aus freien Stücken gegeben hatte.

Andere kamen, um ihr *sahm-e Imam* zu entrichten, eine religiöse Abgabe, die dem Imam zustand, jedoch in seiner Abwesenheit von gewissenhaften Schiiten an ihr „Vorbild" gezahlt wurde. Einfache Leute aus dem Volk zahlten das *sahm-e Imam* an den am nächsten wohnenden Mullah, der den größten Teil dieser Einkünfte an sein „Vorbild" in Ghom weiterleitete; aber die Wohlhabenden ließen es sich angelegen sein, meist persönlich einmal im Jahr nach Ghom zu reisen und das *sahm-e Imam* ihrem erwählten „Vorbild" selbst zu bringen. Sie wurden Maraschi aus der Entfernung vorgestellt und besprachen sich dann mit einem seiner Assistenten, der ihr *sahm-e Imam* nach ihrem Gewinn abzüglich der von der Religion erlaubten Abzugsbeträge kalkulierte. Der Geldgeber erhielt eine Quittung und konnte dann mit Maraschi sprechen, der nach seiner Art nicht einfach das mechanische „Mögest du Erfolg haben" sprach, sondern Lob und viele gute Wünsche hervorsprudelte.

Am meisten von allen Besuchern an Maraschis „Hof" gefielen Ali aber die Abordnungen, die um einen neuen Mullah für ihr Dorf oder ihre Umgebung baten. Ali wäre als Medrese-Lehrer normalerweise bei diesen Empfängen nicht zugegen, aber Maraschi regte ihn dazu an, sich für alle öffentlichen Vorgänge an seinem „Hof" zu interessieren. Traditionell entsandte ein Bezirk eine siebenköpfige Abordnung: den Vertrauensmann, der dem „Vorbild" jedes Jahr das *sahm-e Imam* des Bezirks brachte, zwei reiche Männer, zwei hochangesehene Älteste und zwei kräftige und gottesfürchtige junge Männer. Maraschi nahm diese Beauftragten sehr ernst. „Werdet ihr für den Unterhalt meines Studenten sorgen, wenn er dorthin kommt? Er ist wie ein Wertgegenstand, den ich euch zu treuen Händen übergebe." Die Feierlichkeit, mit der Maraschi bei solchen Gelegenheiten sprach, war genauso echt wie sein Humor, mit dem er dann wieder die Leute aufzog. „Es wird mich viel Überredung kosten, aber ich will versuchen, einen meiner Studenten dazu zu bringen, daß er seinen Studienplatz verläßt. Kommt morgen früh wieder."

Danach berieten Maraschis Vertraute darüber, wen man entsenden könnte. Was Ali dabei am meisten Vergnügen machte, war die Gelegenheit, Männer aus Teilen des Iran kennenzulernen, die ihm ganz unbekannt waren, oder manchmal auch aus Dörfern, deren Namen er noch nie gehört hatte. Maraschi kannte jeden Studenten in Ghom oberhalb einer bestimmten Stufe, und wenn ihn zwanzig Mullahs besuchten, hatte er zwanzig verschiedene Arten, wie er jeden begrüßen konnte. Aber um mit all diesen Ortschaften im Iran richtig und klug umzugehen, dazu bedurfte es der gesamten Weisheit von Maraschis innerem Kreis. Es beeindruckte Ali, wieviel dieser Kreis wirklich über das Innenleben der Gemeinden wußte, die solche Abordnungen schickten: man wußte Bescheid darüber, wie die Mullahs dort in der Vergangenheit behandelt worden waren, und kannte sogar die Familiengeschichte der Gemeindeoberen. Ali prüfte jetzt im Auftrag Maraschis die *talabes*, wenn sie verschiedene Pflichtbücher studiert hatten, und ihn würde man bitten, Studenten für diese Posten vorzuschlagen. Von vornherein stand fest, daß die allerbesten Studenten nicht aus Ghom weggehen würden; aber es war nicht leicht, zum Beispiel einen *talabe* mit guter Konstitution, vorzugsweise einen Kurden, zu finden, der in ein kurdisches Dorf bei Kermanschah gehen sollte, oder einen Mann von ausreichender Redegewandtheit und Welterfahrenheit für einen Mittelklasse-Bezirk in der Raffineriestadt Abadan. Die Gespräche über Studenten wurden meist in einer verschlüsselten Form geführt, die Ali schon bei seinem Vater gehört hatte, wenn dieser mit seinen Freunden sprach. Wenn Ali über einen Studenten sagte: „Er ist nicht schlecht, wirklich nicht schlecht. Er hat Fortschritte gemacht" und zwischendurch seinen Kopf wiegte, um zu unterstreichen, wie wohlüberlegt seine Meinung sei, dann hieß das, daß der Student zwar kein völliger Versager, wohl aber an der Medrese entbehrlich war und jedem einen Gefallen tun würde, wenn er ginge, anstatt sich den Kopf an den fortgeschrittenen Lehrbüchern zu zerbrechen.

Wenn dann am nächsten Tag die Abordnung wiederkam, hatte Maraschi einen Studenten ausgesucht; dieser stand da, die Augen demutsvoll auf den Teppich gerichtet und bereit, den Männern der Abordnung vorgestellt zu werden. Maraschis Assistent händigte dem Studenten eine schriftliche, vom „Vorbild" selbst unterzeichnete Vollmacht aus, die dem Studenten erlaubte, an seinem neuen Wirkungskreis in Maraschis Namen das *sahm-e Imam* einzuziehen und ein Drittel des gesammelten Betrages für Ausgaben am Ort einzubehalten. Danach – das war eine besondere Ehre – stand Maraschi auf, ging zum Kandidaten hin und flüsterte ihm ins rechte Ohr: „Gott ist der beste Beschützer, und Er ist der Barmherzigste aller Barmherzigen." Dann flüsterte er ihm in das andere Ohr: „Er, Der den Koran bestimmt hat, bringt dich bei der Auferstehung zurück. Sprich: ‚Mein Herr weiß am besten, wer wahre Führung bringt und wer sich in deutlichem Irrtum befindet.'" Dies waren sehr bekannte Koranverse, aber die Studenten standen jedesmal überwältigt da, wenn sie sie hörten. Zum Abschluß sagte Maraschi dann in normalem Tonfall: „Wenn Gott will, haben Sie Erfolg. Wenn Gott will, wird Ihr Antlitz vor Gott und Seinen Heiligen weiß" – das heißt unbescholten – „bleiben."

Maraschi bat Ali nicht nur, Studenten zu prüfen und ihm vorzuschlagen, sondern er brauchte auch seine Hilfe, wenn es darum ging, an verdiente und bedürftige Mullahs und deren Angehörige Geld zu verteilen. Er ging zu Recht davon aus, daß Ali als ein Seyyid aus guter Familie ein Gefühl dafür hatte, wie verletzlich diese Männer waren, und daß er wußte, wie er ihnen das Geld auf so versteckte, indirekte Weise geben konnte, daß der Empfänger diese Gabe nicht als Stachel oder Bürde empfand.

Einer der ersten Besuche, die Ali machte, um für Maraschi Geld zu verteilen, führte ihn zu einem Mann, den er flüchtig kannte, aber sehr hoch schätzte. Es war ein Seyyid aus Khuzestan, ein hervorragender Gelehrter, der an einem Kommentar über den Koran schrieb und daher als der Kommentator bekannt war. Ali entdeckte, daß der Kommentator in der Nähe des Hauses von Parviz' Familie wohnte. Als Ali tiefer in die verschlungenen Gäßchen eindrang, fiel ihm auf, daß er vergessen – oder sich nie wirklich klar gemacht – hatte, wie ärmlich dieses Viertel aussah, in dem ausgemergelte streunende Hunde in Abwässergräben hechelten, die mit Unrat übersät waren. Das Haus des Kommentators war etwas besser als das von Parviz' Vater. Zwar war es sehr klein, doch brauchte die Familie des Kommentators den Vorderhof nicht mit anderen Familien zu teilen, und im Innern gab es einige feine Gipsverzierungen nach Art der iranischen Häuser aus dem letzten Jahrhundert. Der Kommentator und sein Sohn empfingen Ali in einem langen, schmalen Zimmer, das den einzigen geschlossenen Teil des *biruni* zu bilden schien. Der Sohn brachte sogleich Tee herein, und Ali – der davon gehört hatte, daß der Kommentator das Augenlicht verlor – sah mit Beschämung, welche Schwierigkeiten der alte Mann hatte, den Löffel ins Glas zu bekommen. Nach ein paar Schlücken begann der Kommentator, wie man auf persisch sagt, „den Tisch zu offenbaren, der in seinem Herzen gedeckt war".

„Ich habe viel Gutes von Ihnen gehört – junge Männer wie Sie sind unsere Hoffnung. Warum gibt es so wenige Studenten wie Sie? Ich höre junge *talabes* sagen, philosophische Gedanken seien Opium, und wenn man sich damit beschäftige, würde der Geist schlaff. Sie sagen, Handeln zeige uns die Wahrheit, während wir beim Studium nur lernen, von der Wahrheit abzuirren. Sie kennen das Sprichwort: Wie leicht ist es, Mullah zu werden; aber wie schwer, ein wirklicher Mensch zu werden. Mir gefällt die Version meines Lehrers Ayatollah Ha'eri besser, der gesagt hat: ,Es ist unmöglich, ein wirklicher Mensch zu werden; es ist schon schwierig genug, ein Mullah zu werden.' Wenn wir nicht weiter studieren, was wird dann aus der Religion? Gab es unter den Männern, die Gott gesandt hat, um den Islam zu erneuern, einen einzigen, der kein

Gelehrter war? Manche unserer jungen *talabes* meinen, die Religion sei wie eine Melone, die jeder mit ein paar raschen Schnitten teilen kann, so daß alle ihren Teil davon zu essen bekommen. Ich sage Ihnen, wenn es nach den Wünschen dieser Jungen geht, dann haben wir Melonen, aber keine Religion, und es wird noch nicht einmal einer da sein, der einen wirklich vernünftigen Weg weist, wie man die Melonen verteilen kann."

Ali war darauf nicht vorbereitet; aber er war auch nicht unvorbereitet hierhergekommen. Er hatte einige Abschnitte aus den ersten Bänden über den Koran gelesen, die der Kommentator verfaßt hatte. Nachdem er ihn beschwichtigt hatte, indem er ihm ruhig, aber mit Nachdruck sein völliges Einverständnis bezeugte, sprach er über die Abschnitte, die er gelesen hatte, so, daß sein Gastgeber über die Gründe zu sprechen begann, die ihn veranlaßt hatten, einen derart abstrakten Kommentar über die Schrift zu verfassen. Nach einem etwa zwanzigminütigen vertieften Gespräch sagte der Kommentator noch einmal, Ali sei eine der Hoffnungen für die Zukunft der Religionswissenschaft in Ghom; er dankte ihm für den Besuch und bat seinen Sohn, Ali hinauszugeleiten. Ali stand auf, verneigte sich leicht, die Hand auf dem Herzen, und indem er an der Tür die Schuhe anzog, legte er einen mit Geld gefüllten Umschlag von Maraschi neben eine Wasserpfeife in eine Gipsnische oben in der Wand.

Der Sohn begleitete ihn über den winzigen Hof zum Tor und sagte: „Wenn die Religion wirklich wie eine Melone behandelt würde, die Gott uns allen gibt, dann müßten Sie nicht die Melonen von den Bauern holen, um sie scheibchenweise an Leute wie uns zu verteilen. Wir könnten unsere eigenen Melonen nehmen, je nach Bedarf in Scheiben oder ganz, und das wäre wohl ‚vernünftig', wenn wir in solchen Dingen nach der ‚Vernunft' fragen wollen. Ich bin aber nicht so sicher, ob es vernünftig wäre, von einem Bauern zu verlangen, er solle eine Melone gegen eine philosophische Idee austauschen."

„Sie kennen das Sprichwort", sagte Ali: „Die wirklich süße Melone fällt der Hyäne zu. Sie beurteilen nicht nur die Philosophie Ihres Herrn Vaters über Melonen – Sie wünschen offenbar auch, daß die Hyäne das Lebenswerk Ihres Vaters zusammen mit all den anderen Melonen erbt, und Sie erwarten, daß sie diese ‚vernünftig' verteilt."

Nach diesem Meinungsaustausch ging Ali zornig weg. Er verehrte den Kommentator sehr, und er meinte, sein Sohn verdiene eine Tracht Prügel dafür, daß er das Wissen seines Vaters mit so leichter Hand abtat. Aber er wußte, daß er auch deshalb zornig war, weil ihm das Geldverteilungssystem, in das er jetzt eingespannt war, Unbehagen bereitete. Außerdem war er entschlossen zu beweisen, daß trotz aller Schweigsamkeit der alten Gelehrten in politischen Dingen die Wissenschaft nicht im Widerspruch zum Handeln stand und daß die schiitische Gelehrtentradition auch von Männern weitergeführt werden konnte, die mit Ferdousi fühlten: „Zweihundert Worte wiegen nicht eine halbe Tat auf."

Ohne viel Aufhebens hatte Ali bereits das Feld der Taten betreten. Das gleiche Geschick, das er schon in der staatlichen Schule bewiesen hatte, als er Aufsätze zu vorgegebenen Themen wie „Das Meer" schrieb und dadurch zum „ersten Studenten" wurde, besaß er auch heute noch. Seit seiner Rückkehr aus Nedschef hatte er begonnen, unter einer Reihe von Pseudonymen provokative Aufsätze zu veröffentlichen, von denen ein Artikel über den Islam und die Befreiungsbewegungen einer der wirkungsvollsten war. Der Artikel erschien in einer religiösen Zeitschrift, die gewöhnlich so unpolitisch war, daß die Zensur den Inhalt ohne genaue Nachprüfung durchgehen ließ.

Auf den ersten Blick schien der Artikel nichts zu enthalten, woran die Regierung Anstoß nehmen konnte. Er begann mit einem Lob für den erfolgreichen Kampf des algerischen Volkes und einer Verherrlichung des Islam, dem es gelungen war, die algerischen Massen gegen die Franzosen aufzubringen; der Artikel war überdies mit arabischen Zitaten aus dem Koran und den Aussprüchen des Propheten und der Imame (mit persischer Übersetzung) durchsetzt; am Schluß wurde die Ablehnung des dialektischen Materialismus als erstrebenswertes Endziel von Befreiungsbewegungen betont. Das Herzstück des Artikels aber war eine Würdigung der Ideen Che Guevaras, die mit dem Islam „übereinstimmten". Es fiel Ali nicht schwer, aufzuzeigen, daß im Islam schon von der Zeit des Propheten an scharf unterschieden worden war zwischen „denen, die sich bemühen", oder den *Modschahedin*, wie der Koran sie nennt, die „ihr Vermögen und sich selbst für die Sache Gottes hingeben", auf der einen Seite und den Heuchlern auf der anderen, die sich als Muslime ausgeben und deren Worte und äußere Handlungen „wohlgefällig" sind, deren Glaube aber eine Maske ist. Die Heuchler, heißt es im Koran, sind „wie aufgestellte Balken", die jederzeit übereinanderfallen können, weil sie ohne festen Stand, hohl und innerlich verfault sind. Che Guevara verwarf sein wohlhabendes Elternhaus und studierte Medizin, um den Armen zu dienen; er verwarf die Medizin und griff zu den Waffen; er verwarf den engstirnigen Nationalismus Argentiniens und kämpfte für ganz Lateinamerika; er verwarf seine städtische Kultur, um die ländlichen Gebiete zu organisieren. In jeder Hinsicht verabscheute er den heuchlerischen Weg des geringsten Widerstandes und wählte den Weg derer, die sich mühen – wie alle Muslime es tun sollten. Er hatte auch begriffen, daß eine gewissenhafte Avantgarde die produktiven gesellschaftlichen Kräfte zu einer gerechteren Gesellschaft hinlenken konnte und die Mullahs, das Gewissen des Islam, sollten eine solche Avantgarde bilden. Er hatte nichts von bequemen, duckmäuserischen Bündnissen gehalten, sondern war für den direkten Kampf mit den Unterdrückern eingetreten. Hieß es nicht im Koran: „Und warum solltet ihr nicht für die Sache Gottes und für die Unterdrückten kämpfen – Männer, Frauen und Kinder?" Und schließlich: War Che Guevaras Vision letzten Endes nicht eine religiöse, eine islamische? Gab es einen Muslim, der „sich bemühte" und mit ihm nicht einer Meinung sein mußte, wenn er sagte: „Die heilige Pflicht ist die Erlösung der Menschheit durch den Kampf" – der seiner Vision nicht würde zustimmen müssen, daß die Menschheit letzten Endes durch den Kampf geläutert würde, so daß sie frohen Herzens für moralische (und nicht materielle) Zielsetzungen arbeitete?

Am Tag, als der Artikel veröffentlicht wurde, hatte sich Ali in dem fieberhaften Zustand „zwischen Himmel und Erde" befunden, wie die Perser sagen. Es geschah nichts. Auch während der nächsten drei Wochen geschah nichts, auch nicht in der Woche nach Abschluß der Frühjahrskurse an der Medrese. Dann kamen sie. Ali wollte gerade frühstücken. Er hatte aufgehört zu lesen, hatte das Glas Tee in die Hand genommen und sah nach dem Brot, dem Ziegenkäse und der Quittenmarmelade, als Kazem mit einem Räuspern hereinkam.

»Es ist jemand für Sie an der Tür, ein Herr Schirazi."

„Wer ist Herr Schirazi?"

„Ich weiß es nicht, er ist von der Stadtverwaltung."

Als Ali den Besucher im Toreingang erblickte, sank ihm das Herz. Herr Schirazi, ein mittelgroßer Mann von bräunlicher Gesichtsfarbe, trug einen dunkelblauen Anzug, der für einen städtischen Beamten zu sauber, und dunkle Brillengläser, die zu teuer waren.

„Erkennen Sie mich?" fragte der Mann.

„Nein. Was kann ich für Sie tun?"

„Kommen Sie bitte für ein paar Minuten mit uns, um mit der SAVAK zu sprechen."

Ali wußte, daß die Geheimpolizei ihre Besucher länger als „ein paar Minuten" einbehielt, und fragte, ob er einige Sachen mitnehmen könne.

„Es tut mir leid, es eilt sehr", sagte der Mann – seine ausgesuchte Höflichkeit und sein leichtes Lächeln behielt er bei – „aber das Gespräch wird noch nicht einmal eine Stunde dauern. Sie brauchen nichts mitzunehmen."

Ali hatte das große Paperback, in dem er gelesen hatte, mit zur Tür gebracht. Er steckte es in die Tasche und folgte Herrn „Schirazi" zu einem Auto, das am Ende der Gasse wartete. Das Auto fuhr zum Eingang einer anderen Gasse, wo noch ein Mann mit Sonnenbrille, der offenbar die Gartenmauer hinter dem Haus bewacht hatte, zustieg und auf dem Vordersitz Platz nahm.

Sie fuhren zu einer ziemlich einfachen dreistöckigen Villa im neuen Teil der Stadt. „Schirazi" führte Ali in ein Zimmer im zweiten Stock, wo ihn ein sehr höflicher junger Mann fotografierte, seinen Namen in ein Verzeichnis eintrug und ihn dann mit einem Kopfnicken zum nächsten Raum wies. Sie betraten jetzt einen sehr großen, dunklen Raum, wo neben der einzigen Lampe ein mit Segeltuch bespannter Stuhl stand.

„Schirazi" forderte Ali auf, sich zu setzen, und verließ ihn dann. Als Alis Augen sich an die Dunkelheit gewöhnten, erkannte er in dem Raum drei Männer; einer stand hinter ihm, die beiden anderen saßen ihm gegenüber hinter einem Tisch auf Klappstühlen. Abgesehen von den drei Stühlen, dem Tisch und einer Strohmatte, die halb aufgerollt gegen die Wand gelehnt war, befand sich nichts in dem Raum.

Einer der Männer hinter dem Tisch fragte: „Wer sind Ihre Freunde, Herr Haschemi?" Ali sagte, seine Freunde seien alle bekannt, und begann die anderen Lehrer, seine Studenten und Verwandten aufzuzählen. Der Vernehmungsbeamte unterbrach ihn. „Aber wer sind Ihre Freunde im Irak?" Ali schwieg; dann sagte er, seine Freunde im Irak seien ebensolche Leute wie die, die er genannt hatte – Studenten und Lehrer in Nedschef. „Dazu gehört auch Herr Khomeini, nicht wahr?" Ali sagte, er habe bei Khomeini studiert. „Und wir wissen, daß Sie für Khomeini Gelder sammeln." Dies bestritt Ali rundweg. „Ihren Artikel über Che Guevara und den Islam haben wir mit Vergnügen gelesen. Warum haben Sie nicht mit Ihrem Namen gezeichnet?" Ali sagte, von dem Artikel habe er noch nichts gehört. Der Vernehmungsbeamte lächelte plötzlich, öffnete eine Schublade an dem Schreibtisch und sagte: „Es tut mir leid, Herr Haschemi, aber wir haben hier Ihr handgeschriebenes Exemplar." Zum erstenmal hatte Ali wirklich Angst. Ein Schock saß ihm ganz oben in der Brust, und stotternd bat er darum, daß man ihm den Artikel zeige, damit er beweisen könne, daß es nicht seine Handschrift sei.

Der Mann machte die Schublade wieder zu, ohne etwas herauszunehmen. „Wenigstens hatten Sie Mut genug, Ihre Übersetzung von Ayatollah Hakims letztem Aufruf zu unterzeichnen." Hakim war ein „Vorbild" in Nedschef, und Ali hatte tatsächlich seinen stark anti-israelischen Aufruf übersetzt und die Übersetzung unterschrieben. Zu seiner eigenen Überraschung hatte Ali solche Angst, daß er sagte, es gebe viele Haschemis – vielleicht sei der Aufruf von einem anderen Haschemi unterzeichnet worden. Der Vernehmungsbeamte hatte in eine Akte vor ihm auf dem Schreibtisch gesehen; jetzt blickte er auf und sagte scharf: „Also wirklich, Herr Haschemi, so dumm sind wir nicht." Dann gab er dem Mann hinter Ali ein Zeichen.

Ali wurde aus dem Gebäude zu einem Jeep geführt, wo er während der dreistündigen Fahrt nach Teheran zwischen zwei Männern auf der hinteren Sitzbank saß. Als Ali die große, imposante Freitreppe vor dem Postamt erblickte, das Reza Schah in der Stadtmitte von Teheran hatte bauen lassen, wußte er, in welches Gefängnis er kam. Einen Häuserblock hinter dem Postamt befand sich das „Komitee"-Gefängnis, das unter der Aufsicht eines gemeinsamen Komitees der Polizei und der SAVAK stand.

Ali wurde in eine Zelle geführt, zwei Meter auf vier Meter. Die Zelle war sehr hoch, und durch den weißen Farbanstrich wirkte sie noch höher. Ganz oben an der einen Wand war ein vergittertes Fenster nach außen, das selbst am Mittag kaum genug Licht hereinließ, um dabei lesen zu können, und bei Dunkelheit schien sich das Licht der einen Glühbirne, die hoch oben an der Decke hing, auf dem Weg nach unten fast zu verlieren, so daß der Fußboden ganz dunkel war. Aber mit der Zeit wurde das Lesen irgendwie zur einzigen Antwort auf die unerwartete Angst, die jetzt von ihm Besitz ergriff. Es fiel ihm ein, daß sein Lehrer des ʿerfân ihm gesagt hatte, er solle niemals Angst vor dem Tod haben, denn Moulana habe gesagt:

Ich starb als Tier und bin nun Mensch.
Was fürchte ich? Hab ich beim Sterben je verloren?

Aber was er fürchtete, war nicht der Tod. Er fürchtete, zu vergessen, was er wußte, auf ganz tiefe Weise zu vergessen, wer er war. Vielleicht würde er so eigenschaftslos wie seine Umgebung werden, so daß er nur noch sagen könnte: „Ich bin Ali Haschemi", und sonst würde er nichts mehr von sich wissen.

Er hatte noch eine konkretere Angst: Er fürchtete im Gefängnis vergessen zu werden. Er machte sich Gedanken, was aus den Klassen geworden war, die er unterrichtet hatte, und aus seiner Ehrenposition bei Maraschi, aus den Meisterklassen, die er bei einem „Vorbild" in Ghom besucht hatte und wo er als eine der „Hoffnungen" für die nächste Generation anerkannt war. Würde er nach Jahren wieder aus der Versenkung auftauchen und feststellen, daß seine Schüler Ayatollahs geworden waren, während er selber einem von der Zeit abgenutzten und verblichenen Buche glich, in dem nur noch Bruchstücke seines ursprünglichen Wissens lesbar waren?

Nur wenn er las, fühlte er echte Hoffnung, daß er weiterhin ein vollständiges Abbild des früheren Ali Haschemi bleiben würde. Die beiden Bücher, die er bei seiner Festnahme bei sich gehabt hatte, waren seine ganze Bibliothek: ein Taschen-Koran und ein großes Paperback, die persische Übersetzung von Dschawaharlal Nehrus *Glimpses of World History*. Im Koran las er am häufigsten die Geschichte von Joseph, und er begann zu verstehen, warum sie im Koran „die beste aller Geschichten" genannt wurde. Ali gefiel der stetige Fortgang der Geschichte: Josephs Träumen über den Verrat seiner Brüder, sein Verkauf an die Ägypter, seine Standhaftigkeit bei der Versuchung durch Potiphars Weib, seine Einkerkerung, seine Auslegung von Pharaohs Traum, seine Vertrauensstellung bei Pharaoh, seine Versöhnung mit den Brüdern und schließlich die Rückkehr zu seinem Vater Jakob. Daß die Geschichte Josephs eine besondere Bedeutung für sein Leben hatte, hatte Ali in dem Augenblick erkannt, als sein Lehrer des ʿerfân, bevor er ihn als Schüler annahm, den Koran an der Stelle aufgeschlagen hatte, wo Joseph zu seinen Mitgefangenen spricht: „O meine beiden Kerkergenossen, sind verschiedene Herren besser oder Gott, der Eine, der Allmächtige?" Wie stark wurde sich Ali auch der Bedeutung anderer Sätze Josephs bewußt, insbesondere derer, die er am Schluß der Geschichte zu seinem Vater sprach: „Gott hat gnädig an mir gehandelt, als Er mich aus dem Kerker führte und euch aus der Wüste herbrachte, nachdem Satan zwischen mir und meinen Brüdern

Zwietracht gestiftet hatte. Wahrlich, mein Herr ist gütig zu wem Er will; denn Er ist der Allwissende, der Allweise."
Wenn die Geschichte von Joseph in ihm die Hoffnung nährte, die gütige Weisheit hinter den Ereignissen werde schließlich zu seiner Entlassung aus der Haft führen, dann nährte Nehrus breit angelegtes Panorama der Weltgeschichte eine weitere Hoffnung: Alis Gefängnishaft möge eine – wenn auch ganz geringe – Bedeutung in der Geschichte der Menschheit haben. Als er in Nehrus Vorwort las, die Religion kümmere „sich oft sehr wenig um den Geist", schrieb er mit seinem Kugelschreiber sorgfältig an den Rand: „Nicht richtig für den Schiismus." Nach und nach wurde ihm klar, daß der einzige wirkliche Fortschritt, den Nehru sah, der Fortschritt des Menschen im Verständnis und der Auswertung der Natur war. Nehrus Sicht der Geschichte war sehr moralisch – besonders in seinen Angriffen auf die „Ausbeuter" –, aber die moralischen Belohnungen fanden bei ihm alle in dieser Welt statt; er interessierte sich nicht für Moral, die mit irgendeiner anderen Welt zu tun hatte. Alis Randbemerkungen zu Nehru wurden häufiger: in einer ungerechten Welt schien es unmöglich, die Behauptung aufzustellen, daß ein moralisches System ohne Ausblick auf eine andere Welt in sich abgeschlossen und ausgeglichen sein könne. Außerdem wollte Ali beweisen, daß die Religion ebenfalls fortschreitet und daß sie im besten Falle die Stimme der Ausgebeuteten sein könne.
Es gab aber auch ebenso viele Randbemerkungen, in denen Ali nicht widersprach; das hing vor allem mit dem weiten Horizont von Nehrus Darstellung zusammen. Nehrus durchaus wohlwollende Behandlung des Islam und des Irans (oder „Persien", wie Nehru den Iran nach veralteter Weise nannte) sagten Ali sehr zu. Wenn Nehru sagte: „Gehen wir jetzt nach Persien, dem Land, von dem man sagt, seine Seele sei nach Indien gekommen und habe im Tadsch Mahal einen würdigen Körper gefunden", dann erwartete Ali freudig gespannt eine Schilderung des ungeheuren Einflusses der persischen und iranischen Kunst auf die Kulturen Indiens und Zentralasiens, und solch eine Schilderung konnte nur ein Inder geben.
Aber der weitgespannte, geistige Horizont des Buches warf noch andere Fragen auf, die Ali ebenfalls interessierten. Nehru erläuterte umfassende historische Veränderungen in Indien und China in den Zeiten, als diese Länder noch in keine Berührung mit dem Judentum, dem Christentum oder dem Islam getreten waren. Es reichte nicht aus, solche historischen Prozesse der Veränderung mit Begriffen wie Ausbeuter und Ausgebeutete zu erklären, wie es bei Nehru oft der Fall war, oder ihre moralische Bedeutung vom Gesichtspunkt der Naturreligion aus zu erörtern, die – davon war Ali als Schiit überzeugt – der ganzen Menschheit gehörte. Aber das Bewußtsein, daß die ganze Menschheit (schon in frühen Geschichtsepochen, in denen entfernt lebende Völker nichts voneinander wußten) in einem gemeinsamen Schicksal verbunden

war, das jetzt in eine weltweite, umfassende Freiheitsbewegung einmündete – dieses Bewußtsein war so überzeugend, daß Ali fühlte, so müsse es geschehen. Wenn die Wachen um acht Uhr dreißig die Deckenbeleuchtung ausknipsten, war die Größe dieser Vision ein Ausgleich für die Winzigkeit der Zelle, und Ali konnte in seiner Vorstellung die Jahrhunderte und die Kontinente mit solcher Leichtigkeit durchlaufen, daß die Nacht für ihn zum Aufbruch der Freiheit wurde, wie es kaum für Geister, geschweige denn für einen Menschen möglich zu sein schien.

In der dritten Woche hatte die Berauschung durch Nehru aber ihren Reiz verloren. Ali hatte alle Vorsatzblätter und Ränder des Buches in einer winzigen, kaum lesbaren Schrift beschrieben; das Buch selbst schien nun in dem engen, sauberen Kommentar, den er hinzugefügt hatte, gefangen zu sein. Jetzt wurde er auch der Geschichte von Joseph überdrüssig. Er gab sich jetzt mehr Tagträumen hin – manchmal über den Maulbeerbaum im Garten zu Hause, manchmal über das Essen (auch über das Frühstück, das er nicht beendet hatte), und mehr und mehr über da Schwimmen: er schwamm in großen Kreisen im Euphrat bei Nedschef, langsam bewegte er sich stromaufwärts, gelegentlich ließ er die Füße nach unten sinken in die kältere, schnelle Unterströmung des Flusses, die fast einen Meter unter der Oberfläche verlief.

Nachts wurden Alis wirkliche Träume manchmal durch Schreie unterbrochen, die aus einem Raum in der Mitte des Gefängnisses kamen und aus einem tiefen Metallschacht heraufzudringen schienen. Ali hatte davon gehört, daß die SAVAK die Menschen im Komitee-Gefängnis folterte, und er hatte auch gehört, daß manchmal Schreie auf Tonband abgespielt wurden, um die Willenskraft der Gefangenen zu brechen. Ali wußte nicht, ob die Schreie echt waren oder vom Tonband kamen; er wußte nur, daß er, wenn er die Schreie hörte, die Knie bis unters Kinn hochzog, die Arme fest um die Unterschenkel schlang und auf die schmale Zellenöffnung zum Korridor starrte – ein quadratisches Stück Dunkelheit, das etwas weniger intensiv war als die Dunkelheit sonst in der Zelle.

Nach einiger Zeit gab es nichts mehr, das der Welt, in der Ali nun lebte, Umriß oder Abgrenzung zu geben vermochte: weder die langsamen, gemächlich-angenehmen Tagträume vom Schwimmen im Euphrat noch der heftige Schock der nächtlichen Schreie. Trotz der weißen Farbe an den Wänden und der Dusche einmal in der Woche lebte er in einer unsauberen, sandigen Welt, in der der Staub, den er vor dem Gebet anstelle von Wasser für die Waschung benutzte (dies erlaubte das heilige Gesetz), langsam mit seinem Körper zu verschmelzen schien, wie auch sein Körper zu anderen Zeiten langsam in den umgebenden Schmutz überzugehen schien. Das Essen verlor fast jeden Geschmack, was auch nicht überraschte, denn zu jeder Mahlzeit gab es den gleichen Eintopf, *ab-guscht;* aber in der dritten Woche merkte Ali mit Verwunderung, daß er manchmal auch alle Empfindung auf der Zunge verlor. Er mußte dann sehr langsam und sorgfältig kauen, denn er war sich nicht ganz sicher, wo die Speise aufhörte und die Zunge anfing.

Am Ende der dritten Woche gab es ein wenig Erleichterung, denn es kamen neue Gefangene, die bei aller räumlichen Trennung so vertraut untereinander waren, daß sie sich unterhalten konnten, indem sie immer nur ein einziges Wort durch die Tür oder das Fenster ihrer Zelle flüsterten. Schon in der ersten Nacht wurde es einem von ihnen zuviel, immer nur verstohlen zu flüstern, und er begann, eine Stelle aus dem iranischen Nationalepos halb zu singen, halb vorzutragen; es geht darin um den erfolgreichen Aufstand des Schmiedes Kave gegen Zahhak, einen Tyrannen, der den Iran regierte:

> Als Kave vom Hofe des Königs wegging,
> Umdrängt' ihn die Menge auf dem Markt.
> Laut schreiend rief er nach Hilfe; er rief,
> daß die Welt jetzt muß der Gerechtigkeit helfen.
> Den Lederschurz, wie die Schmiede ihn tragen,
> Zum Schutz vor dem Hammer am Feuer der Esse,
> Steckt Kave fest an die Spitze der Lanze.
> Dann gab es Bewegung und Staub im Basar.
> Laut rief er im Schreiten, die Lanze erhoben:
> „Ihr edlen Männer! Wahre Anbeter Gottes!
> Eilt schnell! Dieser Herrscher ist Satan, der Vater der Lügen!"

Das Wort für Satan hieß hier „Ahriman"; es war der Gott des Bösen in der Religion Zarathustras, der Religion des vor-islamischen Iran, in dem dieses Epos spielte. Jeder in Hörweite wußte sofort, daß Kaves bescheidene Flagge, der an die Lanze gebundene Schmiedeschurz, zur Flagge des Irans wurde, die nach dem Sturz Zahhaks und seinem Tode von den gerechten iranischen Königen in die Schlacht getragen worden war. Der Sprecher rief zur Revolution und zum Königsmord auf.

Eine andere Stimme begann, einen Abschnitt vorzutragen, in dem Rostam, der große Held des Nationalepos, der „Großleibige", „vom Wuchs eines Elefanten", der „Paladin" par excellence in der altiranischen Überlieferung, dem Schah Ka'us grollt, weil dieser ihn ungerechtfertigt getadelt hat:

> Rostam, der Held, war erstaunt über den König:
> „Nähre nicht solches Feuer tief im Herzen!
> Jede deiner Taten ist so schlecht wie die andre.
> Nicht wert bist du, wahrlich, Herrscher zu sein."
> Im Zorn ging er hinaus und stieg auf sein Streitroß.
> „Der Löwentöter bin ich, der Kronen vergibt.
> Wenn ich zürne, wer ist dieser Schah Ka'us dann?
> Warum greift er nach mir? Wer ist sein Handlanger Toos?
> Die Erde ist mein Diener, mein Schlachtroß mein Thron;
> Die Keule ist mein Siegel, der Helm meine Krone.
> Ich erhelle die Nacht mit dem Streich meiner Klinge;
> Die Häupter der Männer verstreu' ich auf dem Schlachtfeld.
> Speerspitze und Klinge sind meine Freunde,

231

Die zwei Waffen und dies Herz besitz' ich als König.
Was belästigt er mich? Ich bin nicht sein Sklave.
Bin einzig der Sklave des einen Schöpfers."

Ein Gefangener hatte begonnen, den kriegerischen Marschrhythmus der Verse des Ferdousi auf seinem Bettgestell mitzuhämmern, so wie man die Trommel schlägt, wenn Ferdousi in den „Krafthäusern" rezitiert wird, wo die Ringer trainieren. Plötzlich hörten sie, wie eine Wache die Treppe herauf zu ihrem Korridor kam, und eine Sekunde lang war alles still.

Dann trug eine starke, ruhige Stimme, untermalt von den herannahenden Schritten, den sanfteren Fluß eines Gedichts von Moulana vor:

> Wie Jakob stoße ich klagende Schreie aus,
> Ich wünsche mir das liebe Gesicht des Joseph von Kanaan.
> Bei Gott! Ohne dich ist mir die Stadt ein Gefängnis,
> Über Berge und Wüsten wünsch' ich mir sehnlich zu wandern.
> In einer Hand den Kelch mit Wein, die Locken des Geliebten in der andern –
> Solcher Tanz auf dem Marktplatz ist mein Wunsch.
> Die kleingeistigen Mitwandrer verschmäht mein Herz.
> Den Löwen Gottes wünsch ich mir und Rostam, den Sohn des Zal.

Es war die Stimme von Parviz. Die Wache fing an, mit einem Stock gegen eine eiserne Gitterstange zu schlagen, und rief: „Ruhe dort, Ruhe dort!" Plötzlich war es Ali gleichgültig, was der Mann sagte. Er wußte, er würde noch zwei Verse dieses Gedichts vortragen – ganz gleich, was passieren würde:

> Brot und Wasser des Schicksals sind gleich einer trügerischen Flut;
> Ich bin ein Riesenfisch, das Meer von Oman mein Verlangen.
> Meine Seele verschmäht den Pharaoh und seine Willkürherrschaft,
> Das Licht von Moses Antlitz – des Sohnes Imrans – ersehn' ich.

Die Wache donnerte jetzt mit dem Stock an Alis Zellentür und schrie: „Was für ein Idiot bist du? Hab ich nicht gesagt: Ruhe!" Zur Unterstreichung hämmerte er noch ein paarmal gegen die Tür.

Ali schwieg still; aber in seinem Innern summte und vibrierte es voller Leben wie an jenem Tag vor zehn Jahren, als jeder Gegenstand in der nächtlichen Welt vor Licht geglüht hatte. Mit Pharaoh meinte Moulana die Illusion, mit Moses die Wirklichkeit. Ali war es plötzlich leid, sich vor der Tyrannei der Illusion zu fürchten; er warf die Furcht weg. Aus Liebe zur Wirklichkeit spürte er plötzlich Hoffnung, denn das einzige Gefühl, das ihn zutiefst anging, war die Sehnsucht nach dieser Wirklichkeit.

An den nächsten beiden Tagen gelang es ihm und Parviz, geflüsterte Botschaften von jeweils ein oder zwei Worten auszutauschen, obwohl sie etwa drei Zellen auseinander waren. Da ging es zum Beispiel um gemeinsam Erlebtes – die Antwort auf „*samanu*" hieß „Gelübde der Mutter" –, oder es wurden Ortsangaben ausgetauscht – zum Beispiel „die Badhausgasse", worauf als Antwort kam: „Haus des Apothekers".

Am zweiten Tag nach Parviz' Ankunft erschien kurz vor dem Abendessen ein Mann im Anzug an seiner Tür. Er befahl der ihn begleitenden Wache, die Tür zu öffnen, und sagte: „Wir lassen Sie frei, Herr Haschemi. Die Wache bringt Sie ans Tor." Mit Bedauern ging Ali den Korridor hinunter, weg von Parviz. Als er auf der Straße stand, war er erstaunt, wie unwirklich ihm die Busse und Taxis, ja alle Gegenstände um ihn herum vorkamen. Es lag zum Teil an der in ihm nachhallenden Vision von der Unwirklichkeit der „pharaonischen" Illusion im Vergleich zur „mosaischen" Wirklichkeit, zum Teil an der Schwierigkeit, die es Ali bereitete, seine seit dreieinhalb Wochen bestehende Überzeugung zu revidieren, daß er solche Dinge jetzt auf Jahre hinaus nicht mehr sehen werde.

Die Sonne des Spätnachmittags stand tief am Himmel; Ali war sich sicher, daß der Schmutz des Gefängnisses sein Äußeres verändert hatte, und hielt sich auf der dunklen Seite der Straßen, während er die zwei Kilometer zum Geschäft eines Freundes zurücklegte. Dieser Freund war aus Ghom und hatte eine Buchhandlung, und Ali fand ihn gleich bei der Eingangstür an einem Schreibtisch sitzen. Er war – typisch für ihn – in ein Buch vertieft, das er in der linken Hand hielt, während er sich mit der rechten Hand geröstete Samen von Wassermelonen in den Mund steckte, die an der Ecke des Tisches auf einem Papier lagen. Als Ali eintrat, sah er auf und sagte: „Mein Gott! Ich dachte, du kämst erst nach Monaten raus! Der Parlamentsabgeordnete für Ghom ist durch Teheran gelaufen und hat deine Freilassung verlangt. Ich dachte, mit seinen Beziehungen zum Hof würde er dich bald herausbekommen – aber doch nicht so schnell! Aber Saadi sagt ja: ,Wer mit einem guten Namen gelebt hat, der hat immer Glück.' Ich bring dir einen Tee."

Ali wollte keinen Tee – er wollte zu Hause anrufen. Aber vor allem wollte er ein Bad nehmen. Der Buchhändler sagte seinem Gehilfen, er solle das Geschäft zumachen, und Ali, der trotz der Dunkelheit das Gefühl hatte, sein Schmutz sei für jeden erkennbar, stieg verschämt in das Auto seines Freundes und nach einigen Minuten ebenso verschämt wieder heraus, als sie vor dem Haus standen, wo ihm ein Telefon und ein Bad versprochen war und sogar die Möglichkeit, seine Kleider zu waschen.

Zwei Tage nach seiner Rückkehr nach Ghom bat ihn sein Vater, in einer Moschee, in der seiner Familie ein Erbrecht auf die Predigt zustand, die Freitagspredigt zu halten. Niemals hatte er seit dem Tag, als er mit fünfzehn Jahren sein erstes Buch über islamisches Recht durchgearbeitet und sein Vater ihm einen Turban geschenkt hatte, deutlicher das Bewußtsein gehabt, daß er in den Augen der Leute eine Bestimmung erfüllte, die ihm aufgrund seiner Herkunft und seiner Studien zufiel. Als er sich der Moschee näherte, sah er, wie die Leute stehenblieben, in kleinen Gruppen auf ihn zugingen und leise Glückwünsche murmelten. Wenn jemand direkt auf ihn zukam und sagte: „Das ist nicht recht – ein gelehrter Seyyid wie Sie im Gefängnis!", dann sagte er: „Im Gegenteil. Das ist mein Erbe als Seyyid." Ali war verlegen, daß er sich so stolz fühlte. Er war auch verlegen, weil diejenigen, die ihn beglückwünschten, nicht wußten, daß er im Gefängnis zeitweilig der Verzweiflung nahe gewesen war, und er dankte Gott (und Parviz!), daß er sich selbst wiedergefunden hatte, bevor er entlassen wurde.

Das Gedränge in der Moschee war so groß, daß – wie man auf persisch sagt – wenn jemand versucht hätte, eine Nadel dazwischenzuschieben, sie nicht durchgegangen wäre. Ali war sich bewußt, daß er seine Popularität noch vergrößern und vielleicht zu einer nationalen Berühmtheit werden könne, wenn er jetzt noch einmal festgenommen würde, weil er eine Predigt über eines der verbotenen Themen hielt – zum Beispiel über den Verrat der Regierung an ihren muslimischen Brüdern durch die de-facto-Anerkennung Israels oder über die feige Kapitulation der Regierung, die den amerikanischen Technikern und Militärberatern die diplomatische Immunität einräumte, oder über die Genehmigung von Schulen mit gemischten Jungen- und Mädchenklassen durch die Regierung. Aber Ali hatte kein Interesse daran, zu provozieren. Er wollte eine intellektuell anspruchsvolle Predigt halten, bei der die Scharfsinnigen erkannten, daß er über die inneren Erfahrungen sprach, die ihm geholfen hatten, seine Zeit als Gefangener allmählich zu überwinden.

Er wählte aus dem Koran die Geschichte von Noah. Er zitierte das Kapitel des Korans, in dem die Geschichte Noahs vor der Sintflut erzählt wird: wie er gesandt worden war, um das Volk zur Verehrung Gottes anzuhalten und vor einer schrecklichen Strafe zu warnen; wie das Volk nach Noahs Aufruf noch weiter vom rechten Weg abwich, sich die Ohren verstopfte „und sich der Überheblichkeit hingab"; wie Noah sie öffentlich und im privaten ermahnte, sie sollten die Gnadengaben Gottes erkennen, der den Regen, die Flüsse, die Gärten, den Himmel und die Erde erschaffen hatte, die Er „als Teppich" für sie ausgebreitet hatte, so daß, wie der Koran es so schön sagt, „ihr auf ihren weiten Straßen wandern könnt". Doch sie schenkten Noah kein Gehör; daraufhin sagte dieser zu Gott, daß sein Volk ihn zurückwies, daß es sich weigerte, seine Götter aufzugeben, und darauf beharrte, denen zu folgen, „deren Reichtum und deren Kinder keinen Gewinn, sondern nur Verlust abwerfen." Als die Sintflut kam, betete Noah: „Mein Herr! Vergib mir und meinen Eltern und jedem, der mein Haus als Gläubiger betritt, ob Mann oder Frau; aber den Unterdrückern gewähre kein Wachstum außer im Verderben!"

Ali führte dazu aus, daß die Geschichte von der Sintflut wie die Gnadengaben Gottes sei, die im Koran so oft einzeln aufgezählt werden, und wie jeder Vers der heiligen Schrift eine Warnung und ein „Zeichen"; je mehr die Menschen über dieses „Zeichen" in der richtigen Weise nachdenken, desto besser verstehen sie, welche Bedeutung Gott für sie hineingelegt hat. Eine der Bedeutungen der Geschichte von Noah wird uns schnell klar: Die Rechtschaffenen müssen zwar die Verderbten zum

Gottesdienst anhalten, aber von einem bestimmten Punkt an müssen sie sich von den Unterdrückern trennen und darum beten, Gott möge sie beseitigen und die Welt durch seine Sintflut von ihnen befreien. Aber die Geschichte von Noah hatte noch andere Bedeutungen, die nicht so mühelos verständlich waren. Als Noah im Koran die Segnungen Gottes „öffentlich und im privaten" erklärt, sagt er: „Er hat euch in Stufen erschaffen", und: „Gott hat euch aus der Erde hervorgebracht wie eine Pflanze". Sicher konnte man diese Worte zum Teil im Sinne der Verse Moulanas verstehen:

> Ich starb als Mineral und wurde zur Pflanze,
> Ich starb als Pflanze und erhob mich als Tier,
> Ich starb als Tier und bin nun Mensch.

Die Erdhaftigkeit des Menschen war eine Wahrheit, die man nicht vergessen sollte. Durch die Gnade Gottes sind wir aus Erde geformt, und Noah sagt, nachdem Gott uns wie eine Pflanze aus der Erde hervorgebracht hat, „wird Er euch dorthin zurückführen. Und Er wird euch von dort emporheben." Aber die Gottlosen, die Noah gewarnt hatte, waren nicht dankbar für den Regen und die gottgesandten Flüsse, und zur Strafe erfuhren sie schließlich, daß diese Segnungen in Fluch verwandelt wurden. Sie waren überheblich geworden und hatten vergessen, daß es die geistige Bedeutung der Dinge ist, die sie geheiligt oder unrein sein läßt, und durch Ungehorsam gegen Gott hörte sogar die Erde selbst, aus der die Menschen erschaffen waren, auf, Segen für sie zu sein. Sie wurden zu Menschen, „deren Reichtum und deren Kinder", wie Noah gesagt hatte, „keinen Gewinn, sondern nur Verlust abwerfen". Die Erde ihres Körpers, ihrer Familien und Besitztümer wurde von den Fluten weggespült und aufgelöst.

Ali fuhr in seiner Predigt fort und sagte, er müsse noch eine weitere Bedeutung nennen, in der die Geschichte von Noah als Warnung und Zeichen erscheine (für den Scharfsichtigen gebe es aber tausend Bedeutungen). Es ist auch die Geschichte eines rechtschaffenen Mannes, der trotz härtester Prüfungen rechtschaffen bleibt. Noah sprach wiederholt zu seinem Volk, doch sie verstopften sich die Ohren, lachten ihn aus und hielten sich weiter an ihre Götter. An anderer Stelle im Koran heißt es von Noah: „Sie beschuldigten Unseren Diener [Noah] voller Falschheit und sagten: ‚Ein Besessener!', und er wurde verjagt. Da rief er zu seinem Herrn: ‚Ich bin besiegt. So hilf Du [mir]!'"

In der Stunde der Prüfung wurde Noah nicht als mittellos befunden. Bei Hafis heißt es:

> Sei der Freund der Männer Gottes; denn in Noahs Arche
> Gibt es Erde, die die Sintflut nicht für einen Wassertropfen
> kaufen würde.

Dies war ein bekanntermaßen schwieriger Vers, und er wurde unterschiedlich kommentiert. Eine seiner Auslegungen lautete, daß Noahs

Arche die Handvoll Erde trug, die aus Noah und den Gläubigen bestand, die „aus der Erde hervorgebracht worden" waren „wie eine Pflanze". Sie waren „in Stufen erschaffen" worden, und in dem Augenblick, in dem Noah von seinem Volk verächtlich zurückgewiesen und „besiegt" worden war, hatte er die Stufe des unbedingten Gottvertrauens erreicht. Das Vertrauen Noahs und seiner Anhänger, dieser Handvoll Erde, die in der Tat die gesamte gläubige Menschheit ausmachte, war so groß, daß sie keinen Tropfen Wasser tranken oder anrührten, noch nicht einmal für die Waschung zum Gebet. Denn die Sintflut, die in diesem Augenblick die gesamte Welt außerhalb der Arche darstellte, war verderbtes Wasser, das seinen göttlichen Ursprung aus dem Regen und den gottgesandten Flüssen vergessen hatte. Dieses verderbte Wasser war Sünde, Zügellosigkeit und Unreinheit, und hätten sie auch nur einen Tropfen davon in die Arche eindringen lassen, dann hätte das bedeuten können, daß die reine Erde der Gläubigen in den allgemeinen Untergang durch die Sintflut hineingerissen worden wäre.

Ali war sich bewußt, daß die Predigt schwierig, aber erfolgreich war. Seine Anspielung auf Unterdrücker war politisch genug für diejenigen, die nur durch etwas Politisches zufriedenzustellen waren, und sein Hinweis auf eine mystische Bedeutung in dem Vers, daß wir alle „in Stufen" erschaffen worden sind, hatte die Aufmerksamkeit der nachdenklicheren Zuhörer gefunden. Aber er wurde sich auch bewußt, daß er selbst im Gefängnis in Tehcran eine Stufe erreicht hatte, die ihre Erfüllung am besten in Teheran selbst finden würde. Ihn verlangte nach einer weiteren Sicht der Menschheitsgeschichte, in die sich dann auch Nehrus *Glimpses* sinnvoller einordnen ließen. Es verlangte ihn, die neue Furchtlosigkeit auszukosten, die er im Gefängnis gespürt hatte, als er mit jungen Männern seiner Generation Botschaften in Versen austauschte. Vor allem wollte er – wenn möglich – mit Parviz sprechen.

Achtes Kapitel

Parviz wurde 1974 aus der Haft entlassen, drei Jahre nach Ali. Kurz nach seiner Einlieferung ins Komitee-Gefängnis im Jahre 1971 hatte man Parviz dort vernommen und ihn anschließend nach Qasr geschickt, einem Gefängnis für politische Häftlinge, das für seine ausgezeichnete Bibliothek bekannt war und für die Freizügigkeit, mit der die Gefangenen dort untereinander Verbindung aufnehmen konnten.

In früheren Jahren war Ali stets in Kontakt mit Parviz geblieben, dessen Vetter an der Feiziye in Ghom weiterstudierte und als Mittelsmann fungierte. In den sechziger Jahren hatten Ali und Parviz sich hin und wieder gesehen, wenn Parviz in den Semesterferien nach Ghom zurückkehrte; doch obwohl sie einander immer noch sehr nahestanden, hatten sie sich nicht besonders viel zu sagen. Danach war Parviz jahrelang fast völlig aus Alis Gesichtskreis entschwunden; Ali hörte nur, daß Parviz an der Technischen Fakultät der Universität Teheran den Abschluß als „erster Student" erlangt hatte und nach Europa gegangen war. Als Ali 1969 aus Nedschef zurückkam, erfuhr er, daß Parviz nahezu in Rekordzeit an einer europäischen Universität in Mathematik promoviert hatte und in iranische Studentenpolitik in Europa verwickelt war. Manche Leute behaupteten, Parviz sei aus politischen Gründen in den Iran zurückgekehrt, während andere meinten, er habe die Politik nach seiner Rückkehr völlig aufgegeben und nehme auch nicht mehr zu politischen Themen Stellung. Dann hatte Ali nach sieben Jahren, in denen sie sich nicht gesehen hatten, Parviz' Stimme im Gefängnis gehört, wo er „den Löwen Gottes und Rostam, den Sohn des Zal" beschwor. Kurz vor seinem Umzug nach Teheran hörte Ali, Parviz sei aus der Haft entlassen und habe nach ihm gefragt. Sobald Ali in Teheran war, ließ er Parviz durch seinen Vetter mitteilen, daß er donnerstags die Theologische Fakultät der Universität Teheran etwa um zwei Uhr verlasse und dann zu Fuß zu dem Hause gehe, das er in einer Seitengasse der Safi Ali Schah-Allee gemietet hatte.

Für diese Donnerstagnachmittag-Spaziergänge nahm sich Ali Zeit; noch in der Fakultät vertauschte er seine Mullah Kleidung mit dem Straßenanzug, denn er wollte das Leben in Teheran so erfahren, wie es sich den Teheranern selbst darbot. Ali kannte Teheran schon ganz gut, bevor er dorthin zog; er hatte schon bei Freunden in Teheran gewohnt, wenn er wichtige Einkäufe machte – zum Beispiel beim Kauf seines Autos – oder wenn er den Flughafen von Teheran benutzte. Nachdem er jetzt ein paar Wochen in Teheran gewohnt hatte, schien es Ali, als bestehe die Stadt zu einem großen Teil aus Gegenständen, die in enger Beziehung zum Flughafen standen. In der Hauptsache waren es Gegenstände, die am Flughafen ankamen und dann zusammengesetzt oder auseinandergenommen wurden; Teheraner, die nicht mit dem Zusammensetzen oder Auseinandernehmen dieser Gegenstände zu tun hatten, kauften oder verkauften sie, oder sie trugen sie stolz zur Schau.

Das Zusammensetzen von Gegenständen aus den verschiedensten importierten Teilen wurde – besonders, wenn es in einer Fabrik erfolgte – *montazh* genannt nach dem französischen Wort für „Zusammensetzen", *montage;* im Scherz bezeichneten die Teheraner alle unsoliden iranischen Nachbildungen ausländischer Ideen als wahre Beweise iranischer *montazh.* Ja, oft erschien das ganze gesellschaftliche Leben Teherans selbst als eine riesige, unvollendete *montazh.* So gut wie jeder kam von anderswo her, und es schien, als wollten sie alle zusammen beweisen, daß sie sich durch Wohlstand, Frömmigkeit, Weltoffenheit und vor allem durch Gerissenheit ihren Platz in der nie ganz vollendeten *montazh* Teherans erkämpft hatten.

Manchmal fand Ali Teheran ziemlich bedrückend. Er war aus einer Stadt mit etwa einhundertfünfzigtausend Einwohnern in eine Millionenstadt gekommen, und die Unhöflichkeit der Teheraner ließ ihn Ghom vermissen, wo die Leute Zeit hatten, sich zu begrüßen und einander auf der Straße Platz zu machen. In Teheran gingen sich zwei Leute schon aus Prinzip kaum aus dem Weg, wenn sie direkt aufeinander zugingen. Auf den Straßenverkehr übertragen, waren die Folgen verheerend. Da allen Teheranern daran lag, etwas zu beweisen, lenkten sie ihre (oft *montazh*-fabrizierten) Autos von allen Seiten gleichzeitig zum selben Kreuzungspunkt; die entsprechenden Staus waren *montazhs,* zu deren Auflösung man Stunden brauchte.

Aber trotz all dem Vorfabrizierten, Neumodischen, Unverdauten hat Teheran etwas Faszinierendes. Wenn an den Busbahnhöfen, Bahn-Umschlagplätzen und Flughäfen der Stadt nicht nur Waren, sondern auch Ideen ausgeladen wurden, dann waren diese von Natur aus viel weniger voraussagbar als die Waren, und jeder Teheraner schien sich seine besondere, ureigene *montazh* dieser Ideen zu machen. Diese Vielfältigkeit ergab sich manchmal aus dem tatsächlich verschiedenen Bildungshintergrund. Iranische Ärzte, die in den Vereinigten Staaten, in Frankreich und Deutschland den Doktorgrad erworben hatten, brachten ihre jeweils verschiedenen Theorien westlicher Medizin nach Teheran, ebenso wie altmodische Pharmazeuten aus der Schule Galens ihre Tradition aus so abgelegenen Orten wie Sabzevar hereinbrachten und volkstümliche Kräuterkenner mit ihren Vorstellungen aus entlegenen Dörfern kamen. Meistens jedoch entstand die Vielfältigkeit erst nach dem Eintreffen der Ideen und nicht während ihrer Entstehungszeit außerhalb Teherans.

Daher gab es in Teheran sehr viele *doures,* „Zirkel" von Männern und Frauen, die wöchentlich zusammenkamen, zum einen wegen der Geselligkeit, zum andern aber auch, um die Ideen umzuwälzen, die die einzelnen Mitglieder beschäftigten. Die Männer und Frauen, die zu einer *doure* gehörten, hatten im großen und ganzen geistig und gefühlsmäßig die gleiche Wellenlänge. Ihre Themen konnten rein intellektuell (zum Beispiel zeitgenössische persische Dichtung, das philosophische Erbe des Islam) oder auch überwiegend gesellschaftlicher Art sein (zum Beispiel wenn sich Männer und Frauen aus einer einzigen Provinzstadt trafen, um sich Geschichten in ihrem Dialekt zu erzählen); berüchtigt waren auch die *doures* für Glücksspiele. Die meisten *doures* waren aber irgendwo dazwischen angesiedelt. Diskussionsgruppen – mochten sie nun *doure* heißen oder nicht – gab es auf fast jeder Ebene der Gesellschaft in Teheran, auch in den Armenvierteln der Vorstädte, wo sie auch vom örtlichen Mullah geleitet werden konnten.

Doures und ähnliche Gruppen waren Versammlungen, die sich tatsächlich ohne Hilfe von außen im Iran bildeten und nicht nach Art der iranischen *montazh* aus ausländischen Teilen zusammengestückt waren. Sie dienten als echt iranische Organe des Wiederkäuens und Abschmeckens, mit deren Hilfe die Iraner, und ganz besonders die Teheraner, die vielfältige geistige Nahrung durchkauten, die ihnen von der *montazh*-Kultur ebenso wie von der älteren iranischen Kultur geboten wurde. Ali hatte sich innerhalb weniger Wochen nach seiner Ankunft in Teheran zwei *doures* angeschlossen: Die eine setzte sich aus westlich beeinflußten Intellektuellen zusammen, die sich mit islamischer Philosophie beschäftigten; in der anderen trafen sich Mullahs, die eine intellektuelle Zeitschrift herausbrachten mit der Zielsetzung, die Jugend für den Islam zurückzugewinnen. Auch die *doure* der Mullahs schien von der Teheraner Atmosphäre angesteckt zu sein, selbst wenn ein oder zwei Leute dazugehörten, die Ali als blutrünstige Fanatiker empfand, wie er sie in Ghom selten angetroffen hatte. Anders als die Mullahs von Ghom trug man gewöhnlich eine Hose unter der Aba und saß meistens auf Stühlen. Man war auch gepflegter und hatte sehr viel mehr Freunde, die keine praktizierenden Muslime waren.

Psychologisch (und oft auch physisch) lag jedoch über all dem Gewirr von Teheran die eine Wirklichkeit, die die riesige *montazh* der Stadt zusammenhielt: die Gegenwart der Zentralregierung und des Schahs. Ghom hatte, vielleicht als einzige Stadt vergleichbarer Größe im Iran, keine Statuen des Schahs. Das Gewicht, das die ganze Teheraner *montazh* am Boden hielt, bestand aus den Denkmälern, Statuen und Inschrifttafeln zu Ehren von Mohammed Reza Schah und seines Vaters Reza Schah, sowie aus den riesigen Gebäudekomplexen der Ministerien der Zentralregierung. Über alledem schwebten die Hubschrauber und vergewisserten sich, daß alles noch niet- und nagelfest war; es waren die Hubschrauber, mit denen der Schah, die Königin und der Ministerpräsident den Verkehrs-*montazhs* zu ebener Erde aus dem Weg gingen und direkt zwischen den Landeplätzen beim Außenministerium, in den Palastgärten und auf den Paradeplätzen der Militärstützpunkte hin- und herflogen.

Ali war etwas über einen Monat in Teheran gewesen, als Parviz ihn abfing. Es war ein Donnerstag gegen Ende Oktober, und als Ali die Theologische Fakultät verließ, bemerkte er jemanden, der, halb von ihm abgewandt, über einen Karren mit Melonen gebeugt war, die auf der anderen Straßenseite zum Verkauf standen. Als er näherkam, richtete sich Parviz auf, und als er ihn erkannte, zeigte er das freundliche Lächeln, das in seinen zwanziger Jahren geheimnisvoll auf Parviz' Gesicht erblüht war anstelle der äußerst ernsten Miene, die er in seinen jungen Jahren stets zur Schau getragen hatte. Parviz hatte sich seit seinen Zwanzigern eigentlich kaum verändert – immer noch war er ziemlich groß und hager, und in dem abwesenden Blick seiner braunen Augen lag immer noch ein leichtes Schielen. Anders als die meisten Männer seiner Altersgruppe trug er das schwarze Haar immer noch in einem kurzen Bürstenschnitt, wie er es schon als junges Semester getragen hatte. Das kurze Haar gab ihm zusammen mit dem wohlgestutzten Schnurrbart und den zielbewußten Bewegungen das Aussehen eines ziemlich intellektuellen Armeeoffiziers auf Urlaub in Zivil.

Sobald sie sich umarmten, wußte Ali, daß die leichte Entfremdung ihrer zwanziger Jahre vorüber war. Zwischen ihnen gab es kein Abschätzen mehr, was sie in ihrem Denken oder in ihrer Laufbahn voneinander trennen könnte. Seit dem Augenblick, als jeder im Gefängnis die Stimme des anderen gehört hatte, war beiden klar geworden, daß sie in den letzten fünfzehn Jahren einen gleich langen und schwierigen geistigen Weg zurückgelegt hatten; beide suchten die Gemeinschaft, die zwei Menschen nur dann miteinander haben können, wenn sie mit ihrem geistigen Ausgangspunkt in der Kindheit gegenseitig vertraut sind.

Sie gingen los in Richtung Norden, auf die Berge zu, die sie über dem schmutzigen Dunst der Stadt gerade noch erkennen konnten. Auf den Straßen sah man so viel mehr Frauen als in Ghom, daß Ali fragte, ob das Klima von Teheran eine für Männer ungünstige Geburtenrate bewirkt habe – oder führten die obszönen Teheraner Plakate mit Frauendarstellungen vielleicht zu einer Überproduktion von weiblichen Chromosomen? Parviz sagte ihm, er habe das Glück (oder Unglück, je nachdem, wie man es sieht) gehabt, während der Minirock-Mode der sechziger Jahre nicht in Teheran gewesen zu sein, denn eine einzige Stunde in einer Hauptgeschäftsstraße hätte ihm genügend Gedanken geliefert, um einen ganzen Monat lang bereuen zu müssen, und genug Material, um ein ganzes Jahr darüber zu predigen. Aber wenn es auch keine Miniröcke gab, hatte das Straßenleben, durch das sie hindurchschritten, doch etwas Obszönes und Unordentliches. Immer waren irgendwo Bauarbeiten im Gang, und während die meisten der neu errichteten Gebäude von monoton gleichförmiger Architektur waren, trugen die verstreuten Baukräne und die Steinhaufen noch zu dem unordentlichen *montazh*-Anblick der Stadt bei. Das Obszöne wurde noch durch die handgemalten Filmplakate verstärkt, an denen sie vorübergingen, als sie den unteren

Teil der Lalezar-Allee betraten – Plakate in schreienden Farben, mit absurd überlebensgroßen Figuren, die den Eindruck vermittelten, daß alles, was hier vorgeführt wurde, vom Kinderfilm bis zum Musical aus Bombay, von Frauen mit nackten Beinen in verführerischen Stellungen nur so wimmelte. Die bedrohliche Direktheit der Plakate wurde noch erhöht durch die große Zahl von zähen, mürrisch dreinblickenden jungen Männern, die unter den Kinoeingängen herumlungerten.

Nahe dem oberen Ende von Lalezar kamen sie an eine Kreuzung, Mokhber ed-Doule, wo viele Gemeinschaftstaxen in Richtung Norden vorbeifuhren. Sie standen beisammen und riefen den Taxis „Darband" entgegen in der Erwartung, daß ein Taxi, das in dieser Richtung fuhr, sie mitnähme. Im Mittelpunkt der Kreuzung war ein Denkmal in Erinnerung an den Handstreich gegen die Regierung Mosaddegh und die Wiedereinsetzung des Schahs, und man hatte die Kreuzung offiziell nach dem Datum dieses Ereignisses umbenannt. Das Denkmal stellte dar, wie ein Soldat mit Bajonett und ein Landarbeiter mit einer Keule gemeinsam einen Drachen zu töten suchten. Parviz merkte an, der Soldat sei in einer Stellung, in der er den Bauern ebensogut erschlagen könne wie das Reptil, und Ali lachte.

Ein Taxi hielt, und da es ein großer Mercedes war, drückten sich beide auf den Vordersitz, um eine Frau im Tschador nicht zu stören, die auf dem Rücksitz saß. Bald fuhr das Taxi die alte Schemran-Straße hinauf, und sie kamen in ein Viertel, wo an Autowerkstätten Ersatzteile und Reparaturen angeboten wurden, und dieses Angebot wurde zumindest teilweise erhärtet durch die vielen alten Wagen, an denen sich Mechaniker zu schaffen machten, die sie rundherum ausschlachteten und als Leichen zurückließen. Dann fuhren sie durch ein Gebiet mit zehn- bis zwölfstöckigen kleinen neuen Wohnblöcken, wo es zwischendurch einige teure Geschäfte gab. Hier stieg die Frau im Tschador aus, und zwei Soldaten stiegen zu. Als nächstes wand sich die Straße an einigen riesigen, baumbestandenen Grundstücken vorbei: der Rundfunksender; ein militärischer Befehlsposten mit ein paar englischen Schildern für die amerikanische Beratergruppe, die hier untergebracht war; eine Kraftfahrzeugzulassungsstelle; Privatgrundstücke der ganz Reichen, teilweise versteckt hinter einem dünnen Saum von kleinen, dörflichen Läden oder Obstgeschäften oder von Schuhmacherwerkstätten, die nach der Straße sahen; schließlich Sadabad, die Sommerresidenz des Schahs.

Als sie an dem Parkplatz am Ende der Straße ausstiegen, war das Wetter merklich kühl geworden. An diesem Platz herrschte fast Ferienstimmung – entweder brachen die Leute gerade zu einer Wanderung auf, oder sie kehrten soeben von einem Ausflug zurück, und sie grüßten sich leutselig, während sie vorbeigingen oder auf Holzbänken in den Teehäusern der Umgebung saßen. Ali und Parviz gingen einen Fluß entlang, dann schlug Parviz einen der Bergwege ein, und Ali, der dicht hinter ihm folgte, hatte zum erstenmal eine Aussicht über den größten Teil von

Teheran. Trotz all ihrer Neuheit, Unordnetlichkeit und Unausgewogenheit war diese Millionenstadt für Ali etwas Wunderbares. Sie war schon deswegen wunderbar, weil man an den Alleen und in den Gärten so viele Baumpflanzungen geschaffen hatte, darunter auch Arten, die in Ghom nicht wuchsen, zum Beispiel die Platane mit ihren schönen vielgliedrigen Blättern. In den meisten Gebieten des iranischen Hochlands gab es Bäume in größerer Zahl nur dort, wo Menschen lebten, und Ali sagte, Teheran sei mit seinen von Bäumen umsäumten Straßen und den baumbestandenen Grundstücken die größte menschengemachte Baumpflanzung im Iran.

Parviz sagte: „Jetzt verstehe ich, warum du den Theologieunterricht in Ghom aufgegeben hast, um an der Universität Teheran Theologie auf Grundschulniveau zu studieren."

Ali lachte und sagte: „Hör mal, mein lieber Parviz, es ist weniger schwer für einen Mann mit Turban, sich an der Theologischen Fakultät als sonstwo an der Universität Teheran zu immatrikulieren, und ich kann jetzt Kurse in Geschichte, in Philosophie und an der Juristischen Fakultät belegen. Trotzdem fühle ich mich wie ein Fremder, wenn ich zu diesen Fakultäten gehe. Praktisch jedesmal, wenn ich dort Kurse besuche, will mich ein hübsches junges Ding hochnehmen. ‚Was für ein hübscher Mann!', sagt sie – oder ‚Ich habe eine Frage zur Religion, die ich mit Ihnen privat besprechen muß' oder ‚Ich möchte eine Ihrer vier Frauen werden'. Gut, daß meine Mutter darauf bestand, daß ich eine Frau auf Zeit heirate, bevor ich von Ghom wegging. Aber ich bin hergekommen, um etwas Neues zu lernen, und man wird mich nicht davon abbringen, die anderen Fakultäten zu besuchen – wie das Sprichwort sagt: Da wir schon in der Hölle sind, können wir auch noch einen Schritt tiefer hineinsteigen."

Sie hatten den gewöhnlichen Wanderweg verlassen und jetzt einen Pfad eingeschlagen, der steiler bergauf führte. Sie fanden ein flaches Gelände, auf dem sie sich hinsetzen konnten und wo sie nicht nur die Stadt sahen, sondern auch den schneebedeckten Vulkankegel des Demawend, wo, wie Ferdousi berichtet, Rostam seine Siege über die Dämonen errang und wo ein iranischer Kämpfer, ein Mitstreiter in dem von Kave begonnenen Aufstand, den sterbenden Tyrannen Zahhak zurückließ, „aufgehängt, sein Herzblut auf die Erde niederrinnend".

Parviz sagte: „Du wirst erstaunt sein zu hören, daß ausgerechnet ich aus Interesse am Islam nach Teheran zurückgekommen bin. Als ich nach Paris ging, war ich ein Muslim gerade so, wie ich ein Mann aus Ghom war; es gehörte einfach zu meiner Herkunft, ohne daß ich darüber nachgedacht hätte. Worüber ich als junges Semester in Teheran nachdachte, war meine Zukunft im Iran, wo trotz einer Regierung, die reich war wie Alexander, die meisten Menschen mit Saadi sagen konnten: ‚Mein kostbares Leben habe ich mit der Frage vertan: Was werde ich jeden Tag zu essen haben, was kann ich jeden Winter anziehen?' Ich schloß mich einer Gruppe von Studenten an, die sich Marxisten nannten. Dieses marxistische Spielchen war tatsächlich eine Art Marxismus auf dem Mond; wir hatten keine klare Vorstellung, wovon wir eigentlich redeten. Wenn wir vom Unterschied zwischen dem Arbeitswert und dem Tauschwert sprachen, meinten wir einfach, daß einige Leute es sich auf Kosten des arbeitenden Volkes gutgehen ließen. Wenn wir ehrfürchtig von der Diktatur des Proletariats sprachen, meinten wir, daß die unterdrückten Massen einsehen würden, daß eine bestimmte Studentengruppe – nämlich wir – ihre wahren Interessen kannte, und daß sie uns die Führung des Irans anvertrauen würden. Aber wir wußten auch, daß der Iran nicht Algerien oder Kuba war, und die paar heimlichen Mitglieder der Iranischen Kommunistischen Partei, mit denen wir Verbindung aufnahmen, schienen wertlos zu sein – sie waren von einer Jugendliebe für die Sowjetunion erfaßt, genauso wie unsere Heeresoffiziere jetzt eine Jugendliebe für die Vereinigten Staaten entwickelt haben.

„Als ich mit meinem Diplom nach Paris ging, war ich immer noch Marxist, aber ich war mir nicht mehr so sicher, was das bedeutete. Viele iranische Studenten in Paris waren Marxisten, aber einmal abgesehen davon, daß wir alle gegen die Regierung waren, hatten wir nur wenig Gemeinsames. Jedesmal, wenn ich einen Freund fragte, warum seine Version des Marxismus besser sei als meine eigene, bekam ich zur Antwort, ich solle die Werke eines bestimmten französischen Soziologen oder eines englischen Nationalökonomen studieren. Wenn ich dann im Buchladen sah, daß ganze Wände voll von diesen Büchern waren, sagte ich mir: Leck mich... Ich bin Mathematiker; all das andere werde ich mir zusammenreimen, wenn ich meinen Abschluß habe. Nach einiger Zeit beschränkte ich mich darauf, vor der Botschaft zu demonstrieren, wenn ein wichtiger Mann der Regierung aus dem Iran zu Besuch kam. Da sich so viele Studenten gegenseitig für SAVAK-Agenten hielten und ich der Meinung war, die Regierung sei über alle meine Tätigkeiten informiert, wunderte ich mich, daß mein Stipendium nie gestrichen wurde.

„Wenn die Mathematik nicht gewesen wäre, hätte ich es wirklich nur ein paar Monate ausgehalten. Nachdem ich zwei Monate lang französisch gegessen hatte, schmeckte mir alles gleich. Sogar wenn sie Reis kochen, schmeckt er nachher wie Kartoffeln – und Kartoffeln bekam ich jeden Tag in der einen oder anderen Form. Die machen das Essen dort so unkenntlich – ich konnte nicht einmal raten, ob das Fleisch nun Schweinefleisch oder Fisch oder vielleicht etwas ganz anderes war, wovon ich noch nie gehört hatte. Freitags fuhr ich nach Belleville hinaus, wo die Algerier freitags ihren Straßenmarkt haben, und sogar das Essen, das die algerischen Juden verkauften, schmeckte besser als der Fraß, den man den französischen Studenten servierte.

„Ich verlor so sehr das Interesse am Essen, daß ich, als ein Freund drängte, das Fasten einzuhalten, versuchen wollte, meinen Appetit wiederzubekommen; denn ich erinnerte mich daran, was meine Familie und ich in Ghom während der Fastenzeit alles vor Sonnenaufgang und nach Sonnenuntergang essen konnten. Einer der Freunde dort war auch aus Ghom, vielleicht war er außer mir der einzige Ghomer in Paris. Er war leicht verrückt und sehr naiv – er war aus dem Iran hergekommen, ohne ihn wirklich verlassen zu haben. Sein Vater war Metzger, und sein verrückter Sohn wollte unbedingt Schafe in der Badewanne schlachten, um sicherzugehen, daß er erlaubtes Fleisch aß. Als seine Wirtin dahinterkam, feuerte sie ihn, und wir überzeugten ihn davon, daß er auch das Fleisch essen könne, das es bei einem algerischen Metzger gab. Also, er ließ sich von jedem von uns etwas Geld geben, und in der Fastenzeit machte er uns riesige Morgenmahlzeiten vor Sonnenaufgang und Abendessen nach Sonnenuntergang. Obwohl ich seit Jahren nicht gefastet hatte, fand ich das Fasten einfach, und das Essen begann mir wieder zu schmecken. Vielleicht war es einfach, weil es in den Winter fiel und die Tage kurz waren. Während der Fastenzeit nahm ich drei Kilo zu.

„Anders war es mit der Mathematik – sie verlor für mich nie ihren Reiz. Ich brachte gute Leistungen und wurde von meinen Lehrern gelobt. Am Ende des ersten Jahres mußte ich eine wichtige Zwischenprüfung ablegen; ich hatte hart dafür gearbeitet und war sicher, daß ich unter den Besten abschneiden würde. Dann erhielt ich fünf Tage vor der Prüfung ein Telegramm, daß meine Mutter sehr krank sei. Ich drehte durch. Ich konnte nicht mehr schlafen. Ich lief nächtelang durch die Stadt, schaute jedem ins Gesicht, an dem ich vorüberkam – Prostituierte, schwarze Straßenkehrer, Taxifahrer, die ihre Wagen an Taxiständen parkten. Ich war sicher, jemand müsse noch eine zweite Nachricht für mich haben, die eine Erklärung für das Telegramm enthielt. Ich brauchte etwas, was ich entschlüsseln konnte – eine Anspielung, ein Rätsel oder irgend etwas, womit ich mich hinsetzen, was ich studieren und entziffern konnte.

„Dann wurde mir auf einmal klar, was ich wirklich tun wollte: ich wollte ein Gelübde ablegen. Ich begann auf einmal zu begreifen, was ein Gelübde ist oder was es zumindest sein kann: eine Festlegung auf Großzügigkeit, eine Verpflichtung zum Geben in der Erwartung, daß die Welt einem etwas zurückgibt. Endlich verstand ich, warum meine Mutter ein Gelübde geleistet hatte; genau deshalb, weil sie so arm war und so wenig tun konnte. Sie gelobte, am Todestag der Fatima *samanu* an die Seyyids zu verteilen. Sie sprach zu Gott: ‚Ich glaube, daß die Welt großzügig ist, und nach diesem Glauben will ich handeln.' Sie gewann soviel Einfluß auf Dinge, die gerade außerhalb unserer Reichweite liegen, wie es jemandem nur möglich ist.

„Du hast mir einmal gesagt, das Wesentliche an einem Gelübde sei, daß man sagt: ‚Ich will', weil es uns innerlich verändert, wenn wir etwas wirklich wollen. Ich sagte dir, ich könne Probleme lösen – auch schwierige Rechenaufgaben, die gerade an der Grenze meiner Fähigkeit lagen –

244

ohne zu sagen: ‚Ich will.' Ich liebte die Naturwissenschaft, weil sie mit der Voraussage und der Kontrolle über die Natur zu tun hatte; vor allem liebte ich die Mathematik, weil sie sich selbst voraussagte und kontrollierte. Aber jetzt mußte ich die Zwischenprüfung ablegen, und ich mußte zugleich meiner Mutter helfen, und dadurch geriet ich in einen Bereich jenseits von Voraussage und Kontrolle. Ich gelobte, wenn ich nach der Zwischenprüfung in den Iran zurückkehrte und es meiner Mutter gut ginge, würde ich nach Meschhed pilgern. Ich gelobte, ich würde am Todestag Fatimas ein Lamm für die Armen schlachten lassen, wie du es einmal gelobt hast für den Fall, daß ich die Schulabschlußprüfung bestehe und zur Universität gehe. Ich gelobte, ich wolle mein Leben dem iranischen Volk widmen.

„Ich machte die Prüfung und fuhr nach Hause. Meiner Mutter ging es schon etwas besser; als ich von der Pilgerfahrt nach Meschhed zurückkehrte, war sie ganz gesund. Ich hörte, daß ich die Prüfung mit Auszeichnung bestanden hatte. Ich glaube, mir wurde zum erstenmal klar, daß ich auch dann eine Art von Gelübde ablegte, wenn ich sagte, ich wolle wissen, wie die Natur vorauszusagen und zu kontrollieren sei; denn ich ging von dem Glauben aus, es sei ‚gut', diese Dinge zu wissen. Also – ich weiß nicht, ob ich damals glaubte oder jetzt glaube, daß es eine fromme Handlung oder dergleichen sei, die Dinge herauszubekommen –, mir wurde nur klar, daß ich mein Gelübde in der Erwartung aussprach, sein ‚Gutsein' werde in einem großen Zusammenhang einen Sinn ergeben. Als ich die Pilgerfahrt zum Grab des Imam Reza in Meschhed machte, wußte ich auch, daß ich etwas ‚Gutes' tat; ich fing an nach innen zu schauen und auf die Augenblicke aufzupassen, in denen mein Herz ‚Gutsein' registrierte.

„Im nächsten Herbst stand ich am Morgen meines Abflugs nach Paris ganz früh mit meinen Eltern auf; wir frühstückten, als es noch dunkel war. Meine Mutter hatte einen Rahmkäse gemacht, den ich aufs Brot streichen konnte, denn sie wußte, wie sehr ich so etwas im Ausland vermißte. Als sie bemerkte, wie schnell ich die Riesenportion aufaß, die sie mir gegeben hatte, gab sie mir noch ihre eigene Portion; die aß ich auch auf und noch einen Teil einer dritten Portion. Ich fuhr in einem Gemeinschaftstaxi nach Teheran und flog nach Paris ab. Ich weiß nicht, wie es geschah, aber zum erstenmal wurde ich luftkrank; den größten Teil des Fluges über mußte ich mich übergeben, oder ich betete, daß es nicht noch einmal passierte.

„Das zweite Pariser Jahr war viel leichter als das erste. Das von mir gewählte Dissertationsthema war so interessant, wie ich es erwartet hatte, und ich machte gute Fortschritte. Eine Gruppe von uns kaufte drei- oder viermal in der Woche bei einem nordafrikanischen Metzger in Belleville ein und bereitete ein iranisches Essen zu, und an Freitagen beteten wir immer zusammen. Wir fingen auch an, den Koran und die *Predigten* Alis, des Gebieters der Gläubigen, gemeinsam zu studieren. Paris quälte mich nicht mehr; ich sprach jetzt gut genug Französisch, um in den meisten Fällen durchzukommen. Oft spürte ich ein großes Glücksgefühl, wenn ich mich in einer Menschenmenge, in der Métro, in einem Saal der Universität oder auch sonstwo befand. Ich besaß in mir ein Geheimnis, das diese anderen Menschen nicht kannten – ich hatte entdeckt, daß der Islam ein System des ‚Gutseins' war, und jedesmal, wenn ich den Koran oder die *Predigten* Alis, des Gebieters der Gläubigen las, entdeckte ich eine neue Weise, wie dieses Gutsein auf mein Leben und das Leben in der Welt anzuwenden war.

„Wir lebten so primitiv, daß wir jeden Monat etwas Geld zusammenlegen konnten, um eine islamische Zeitung auf persisch herauszubringen. Ich fing an zu schreiben. Du weißt wohl noch, in der Schule konntest du Aufsätze über alles schreiben, sogar über Dinge, die du nie gesehen hattest, zum Beispiel über einen Sturm am Meer; ich zappelte immer, bis ich einen Faden des Themas fest im Griff hatte, und dann verfolgte ich diesen Faden. Ich fand jetzt, daß ich mit einem Buch wie den *Predigten* Alis einige Vorteile hatte, wenn ich ein Thema nach meiner Weise anging. Ich schrieb einen langen Aufsatz, der in Fortsetzungen erschien. Er behandelte Alis berühmte Predigt über Rechte und Führerschaft, die so beginnt: ‚Gott hat mir ein Anrecht auf euch gegeben, denn Er hat mich zum Treuhänder eurer Angelegenheiten gemacht; auch ihr habt ein Anrecht auf mich, so wie ich eines auf euch habe.' Ali erklärt, daß es nur im Fall Gottes Anrechte oder ‚Rechte' gibt, die nicht beiderseitig sind. Einseitige Verpflichtungen gibt es nur gegenüber Gott, der Ansprüche und Rechte auf uns hat, denen wir keine gleichartigen Ansprüche und Rechte entgegenzusetzen haben.

„Für mich fügte sich in dieser schönen, einfachen Geometrie plötzlich alles, was am Marxismus gut war, zusammen, und mir wurde klar, daß der Islam wirklich die Grundsätze lieferte, aus denen eine vollkommene Gesellschaft abgeleitet werden kann. Ali sagt am Ende dieser Predigt: ‚Ich und du – wir sind Sklaven, die dem einen wahren Gott gehören... Er brachte uns aus dem Zustand, in dem wir uns befanden, in einen Zustand, der besser für uns war; unser Irregehen ersetzte Er durch Führung, und nach der Blindheit gab Er uns wahres Augenlicht.' Ich schrieb in meinem Aufsatz, daß alles Gott gehöre, daß also jedes Eigentum Treuhänderschaft sei, während Gott allein das wahre, uneingeschränkte Besitzrecht habe. Jede Art von menschlichem Eigentum beinhaltete somit eine Verpflichtung, den Anspruch eines anderen, für den der Treuhänder handelte. Die ganze Welt war ein Kettengeflecht solcher ‚Anrechte', und ein Führer wie Ali hielt die Enden aller Ketten in den Händen und war so mit allen verbunden, die er führte. Deswegen und aus vielen anderen Gründen ist das Königtum, wie wir es im Iran haben, völlig verkehrt und un-islamisch. Leider haben die meisten Gegner des Schahs nur die Hälfte dieser Idee begriffen, denn sie verwerfen den uneingeschränkten Besitzanspruch Gottes und die gemeinsam übernommene Treuhänderschaft der Menschheit. Immerhin hatten die Marxisten in einem Punkt recht: mit persönlichem Reichtum konnte und mußte jetzt Schluß sein. Die Wissenschaft hat uns die Mittel gegeben, eine Gesellschaft aufzubauen, die wirklich auf produktiver Treuhänderschaft beruht. Jetzt, wo wir alle miteinander mündlich kommunizieren und einander hören können, läßt sich das Kettensystem von Anrechten und Verpflichtungen der Menschen untereinander in der von Ali verordneten perfekten Geometrie zusammenfügen.

„Ich schrieb auch, der Marxismus würde diese perfekte Geometrie nie erreichen. Ali sagt in seiner Predigt, daß die Frömmigkeit und die Treue des Herrschers und der Beherrschten in ihrer gegenseitigen Verpflichtung zusammengehören, und der wahre Grund, warum wir nach dieser gerechten gegenseitigen Beziehung streben müssen, ist der, daß, solange wir sie nicht haben, unser Geist verwirrt und unsere heiligen Verpflichtungen gegenüber Gott vergessen sind. Ich schloß mit einem Aufruf zu einer neuen Art von Führerschaft. Kollektive Verantwortung bedeutet, daß, wenn eine Entscheidung einmal im Kollektiv gefällt wurde, der Herrscher und jedes Mitglied der Gemeinschaft ihr ohne Zögern folgt, selbst wenn sie ursprünglich anderer Meinung gewesen sind. Wissender Gehorsam und gemeinsame Zentralisation, die den wahren islamischen Grundsätzen entsprangen, waren das einzige Mittel zur Revolution. Und lieber Ali, du weißt ja, ich bin der Sohn eines Bäckers – nicht gerade eines erfolgreichen Bäckers. Im Herzen wußte ich, daß nur die Worte Alis und die Macht des Islam Leute wie mich und meinen Vater an etwas Größeres denken lassen konnten als nur: ‚Was werde ich jeden Tag zu essen haben, was kann ich im Winter anziehen?'"

Die Freiheit, mit der all dies aus Parviz heraussprudelte, überwältigte Ali. Parviz, der seine Sprache immer dem zielgerichteten Schritt seiner Gedanken angepaßt hatte, ließ jetzt die Ideen aus sich herausströmen ohne den leisesten Gedanken an Selbstkontrolle und vorbedachte Absicht. Ali fand, daß er selbst es nun war, der überlegt und vorherbedacht sprach. „Natürlich hast du recht, daß für uns Muslime die Absicht gut zu sein in fast allem, was wir tun können, entscheidend ist, angefangen beim Gebet bis hin zum Gelübde; du hast recht, daß Gelübde ein Schritt zu dem moralischen Entschluß sind, der das Herz und oft die Welt verändert. Man ist nicht weit von einem Gelübde entfernt, wenn man sagt: ‚Wenn ich die Gelegenheit bekomme, werde ich mein Leben als Märtyrer für die Unterdrückten oder für den Islam hingeben.' Aber der Wert jeder aufrichtigen Absicht ist gleich Null, wenn das Ziel schlecht ist: ‚Wenn ich die Gelegenheit bekomme, will ich mein Leben hingeben, um dem Unterdrücker zu helfen' ist ein Entschluß, der bei Gott und den Menschen nichts wert ist. Deshalb habe ich islamisches Recht studiert; denn es ist nicht so einfach abzuleiten, was Gott, der Gestzgeber, will. Je mehr ich studiere, desto tiefere Achtung habe ich vor der Sorgfalt, die meine Lehrer angewandt haben, um die richtigen Gesetzesvorschriften zu finden, und mit der sie an eine vierzehn Jahrhunderte zurückreichende, exakt konstruierte Kette des Wissens neue Glieder anfügen." Ali hielt eine Minute inne und schaute listig zu Parviz. „Weißt du, ich habe mein Gelübde erfüllt, drei Jahre lang am Todestag der Fatima ein Lamm zu schlachten und an die Armen verteilen zu lassen, wenn du die Abschlußprüfung der Schule bestehst und zur Universität gehst."

Parviz ergriff für eine Minute Alis Hand, dann ließ er sie los und sagte: „Warte! Warte den Rest meiner Geschichte ab – du sollst hören, wie ich das Wichtigste von allem von einem Mullah gelernt habe. Ich kehrte mit meinem Doktortitel in den Iran zurück, aber mein Kommentar über die *Predigten* hatte einen wichtigen Mann beim SAVAK geärgert. Man bot mir eine Stelle bei einem Forschungsinstitut an, aber gleichzeitig wurde mir gesagt, daß ich keine Aussicht auf eine reguläre Dozentur an der Universität habe. In Teheran fand ich einige Freunde wieder, die ich in Paris getroffen hatte, und langsam ließen wir auch andere Leute in unseren Kreis herein, auf deren Ehrlichkeit wir uns verlassen konnten. Wir studierten den Koran und die *Predigten* Alis. Freitags gingen wir in diesem Gelände hier spazieren, und wenn wir sicher waren, daß niemand uns hörte, las einer von uns eine Predigt Alis. Ich versichere dir, du wirst nie einen Sufi sehen, der von den Gedichten Moulanas so berauscht ist, wie wir es von den Worten Alis waren, des Gebieters der Gläubigen. Ob wir mit einem Buch dastanden, auf einem Gesteinsvorsprung saßen oder auf den Felsen lagen, wir zitterten alle vor Bewegung.

„An einem Freitag lasen wir die Predigt, in der Ali sagt: ‚Wehe und Kummer über euch, denn ihr seid jetzt zur Zielscheibe geworden, auf die Pfeile abgedrückt werden. Ihr werdet angegriffen, aber ihr greift nicht an. Ihr werdet überfallen, aber ihr überfallt niemanden. Man ist ungehorsam gegen Gott, und doch verharrt ihr in Zufriedenheit!' Wir fanden, daß es Zeit für uns war, uns echte Waffen zu besorgen, und langsam – denn es war schwierig – taten wir das auch.

„Unser Urteil über die Vertrauenswürdigkeit unserer Gruppenmitglieder war offenbar nichts wert; etwa drei Monate später wurden wir verhaftet und ins Komiteegefängnis eingeliefert, während du auch dort warst. Aber die Hochstimmung der Freitage war uns geblieben. Ich wurde nie gefoltert, aber einer von uns – der einzige, der wirklich wußte, wo Waffen zu bekommen waren, die etwas taugten – soll bei der Folter gestorben sein. Wie ich höre, hat er nichts verraten.

„Nach einem Verhör im Komiteegefängnis wurden wir in das Gefängnis von Qasr überführt. An keinem Ort – Ghom, Teheran oder Paris – habe ich mehr gelernt als in diesem Gefängnis. Es war ein erstaunliches Gefängnis. Du weißt ja, wir sagen: ‚Nirgends brennt Feuchtes und Trockenes so gut zusammen wie im Iran.' Die Gefangenen stellten eine seltsame Mischung dar, aber noch seltsamer gemischt waren die Zielsetzungen der Gefängnisaufsicht. Wir hatten eine ausgezeichnete Bibliothek und durften jeden Tag stundenlang miteinander sprechen. Dadurch wurde der Ort zur Brutstätte für jede revolutionäre Idee, die es je im Iran gab, und viele von uns hingen nacheinander verschiedenen Ideen an, während sich unsere Haftzeit hinzog. Vielleicht interessierte es unsere Wärter nicht, was wir dachten, da viele ohnehin lebenslänglich bekommen hatten. Zweifellos hoffte man, die Streitereien zwischen uns würden die Aussichten verringern, daß wir nach der Haftentlassung zusammenarbeiten würden – und damit hatte man zum Teil recht. Jedenfalls ist man an mich und an fast alle anderen insgeheim mit dem Angebot einer vorzeitigen Haftentlassung herangetreten, wenn wir bereit wären, Aussagen zu machen.

„Es gab in Qasr drei Gruppen – eigentlich drei Kommunen: die Mullahs und ihre Anhänger, die marxistischen Atheisten, und die Gruppe, zu der ich gehörte. Die Leute unserer Gruppe hatten untereinander viel weniger Gemeinsames als die Mitglieder der beiden anderen Gruppen. Einige in meiner Gruppe hielten kaum etwas vom Gebet und beteten zusammen mit den Mullahs in sogenannten ‚taktischen Gottesdiensten'. Viele in unserer Gruppe glaubten, Gott sei die ‚erste Ursache', die den Prozeß, den man ‚dialektischen Materialismus' nennt, im Gebäude des Weltalls in Gang gesetzt hat; danach brauchte Gott nicht mehr einzugreifen. Sie nannten den Islam ‚die höchste Synthese' des dialektischen Prozesses. Hätte ich in Paris alle die marxistischen Bücher gelesen, dann hätte ich hier bestimmt meine eigene Sekte aufmachen können.

„Die Leute verließen eine Kommune und sprachen dann kaum noch mit ihren früheren Freunden. Wenn sie aus der Kommune der Mullahs ausschieden und sich den marxistischen Atheisten anschlossen oder umgekehrt, waren sie wie Kinder des gleichen Vaters, aber verschiedener Mütter, die sich ewige Feindschaft geschworen hatten. Unsere Gruppe war wenigstens irgendwo dazwischen angesiedelt; wir sprachen mit beiden anderen Seiten. Aber über uns allen schwebte als das eine Licht, von dem wir alle Erleuchtung suchten, der Geist des Ayatollah Taleqani. Man hatte ihn entlassen, bevor ich ins Gefängnis kam, aber wir hatten seine Vorlesungen über den Koran und die *Predigten* Alis, denn einige gab es gedruckt, und andere waren bei seinen Vorlesungen im Gefängnis mitgeschrieben und dann von Hand abgeschrieben worden. Auch jene Häftlinge, die auf ihren atheistischen Materialismus so stolz waren, lasen hingebungsvoll seine Vorlesungen, denn sie hatten gesehen, wie treu er in so vielen Verbannungs- und Haftperioden an dem festgehalten hatte, was er glaubte; wie bereitwillig er mit jedem über den Islam diskutierte; wie er nicht nur lehren, sondern auch zuhören konnte, und – das war das Wichtigste – sie hatten die Lauterkeit des Mannes gespürt.

„Wenn ich als Kind betete, und später, als ich in Paris wieder zu beten anfing, hatte ich jeden Tag die Eingangs-Sure des Koran wiederholt und Gott als den ‚Meister des Gerichtstages' angerufen. Aber die Bedeutung dieses Satzes wurde mir erst klar, als ich hörte, was Taleqani darüber zu sagen hatte. Er sagte nicht nur (wie ich es getan hatte), daß Gott der

Besitzer aller Dinge war, sondern führte aus, daß Gott uns etwas sehr Wichtiges zurückgegeben hat: die Freiheit, unsere Handlungen so auszuführen, wie wir es wollen. Aber wenn wir auch unsere Handlungen als Geschenk besaßen, hat Gott sich doch den Besitz der Welt vorbehalten, in der sie stattfanden, und so war Er – moralisch und physisch gesehen – Herr über die Folgen unserer Handlungen. Wir können zum Beispiel aus unserem eigenen freien Willen einen Generator bauen, aber wir können nicht aus freiem Willen die Gesetze des Elektromagnetismus bestimmen oder das moralische Gesetz schaffen, das festlegt, wie gut oder schlecht die Folgen sein können, die der Bau eines Generators hat. So existieren unsere Handlungen in zwei Welten: die Welt, in der Gott uns Verfügungsgewalt verliehen hat, so daß wir Handlungen ausdenken und durchführen können – und die Welt, die im Besitz Gottes verbleibt und in der Gott über die Folgen der Handlungen bestimmt. Ich kann dir nicht beschreiben, mit welcher Freude wir alle diesen Teil des Korans im Gebet vortrugen, nachdem wir Taleqanis Auslegung gehört hatten.

„Wir hatten einen geistigen Vater gefunden, und wenigstens in der Gruppe, zu der ich gehörte, lebten wir in einer Familie. Du erinnerst dich noch an den schrecklichen Geist in der Staatsschule – diese Mikroskope gehören der Schule, jener Federhalter gehört Ahmad, diesen Tisch hat man Parviz zugeteilt, und so weiter. Davon wurden wir endgültig frei. Wir teilten alles – das Essen, unseren Besitz, unsere Gedanken. Wenn irgendeiner etwas schrieb, konnte man ihn fast nicht dazu bringen, seinen Namen darunterzusetzen, denn unsere Ideen flossen zwar aus verschiedenen Kanälen, aber sie endeten alle in einem gemeinsamen Becken, das allen und keinem gehörte.

„Am Tag vor meiner Haftentlassung war ich völlig deprimiert, weil ich meine geistige Familie verlassen mußte. Aber ich sprach mir immer wieder ‚Vater' Taleqanis Worte vor: ‚Meine Botschaft ist gemeinsame Beratung und gemeinsames Märtyrertum.' Ich wußte, daß ich hinausgehen und andere Iraner dahin führen mußte, daß sie ihren Beitrag zu der großen Beratung leisteten, die uns allein zu einem Volk machen und uns die wahre Natur des Islam entschlüsseln konnte. Und beim Hinausgehen mußte ich zu mir sagen: ‚Wenn ich die Gelegenheit bekomme, werde ich den Märtyrertod annehmen.'"

Ali scheute sich, den extasenähnlichen Zustand zu stören, den Parviz bei diesem Teil seiner Geschichte erreicht hatte. Es fiel ihm auf, daß Parviz' abwesender Blick beim Sprechen wieder mehr Ähnlichkeit mit seinem früheren Schielen bekommen hatte, aber er wirkte dadurch überhaupt nicht mehr hungrig wie in der Vergangenheit.

Die Nachmittagssonne reichte jetzt gerade an die nördlich gelegenen Berge heran, und sie traten den Rückweg an. Als sie in Sichtweite des Parkplatzes kamen, sahen sie, daß viele Kebab-Verkäufer da waren und beim Licht ihrer Coleman-Laternen arbeiteten; aus der Ferne sah es aus wie eine fröhliche Straßendult bei Nacht. Ali wußte, daß ihnen nicht mehr viel Zeit blieb, um vertraulich miteinander zu reden; er wollte sich kurz fassen und keine Diskussion beginnen; er wußte, wieviel Parviz' Liebe ihm wert war, und wollte ihn nicht vertreiben.

„Es freut mich, daß du wenigstens von einem Mullah eine gute Meinung hast. Es ist wahr, er ist ein Heiliger. Er hat mir gesagt, daß es nach seiner Meinung der vollkommene Tod ist, wenn man für die Verteidigung eines Unterdrückten stirbt. Er ist wirklich der Mullah, der den dritten Teil des Gelübdes am besten verstehen würde, das du abgelegt hast, als deine Mutter krank war – du wolltest dein Leben dem iranischen Volk widmen. Und es stimmt auch, daß er der Meinung war, der Islam, wie er in Ghom gelehrt wird, sei mit zuviel Dingen befrachtet; er hielt den Islam für etwas sehr Einfaches, und er hätte eure Bemühungen gebilligt, den Islam durch das Lesen im Koran und in den *Predigten* Alis und durch gemeinsame Beratung zu entdecken. Aber den Islam zu studieren, ohne systematische Grundsätze für die Auslegung seiner Quellen zu entwickeln – nämlich der Koran, die Aussprüche der Imame wie zum Beispiel Ali, oder die Grundregeln, nach denen sich unser Denken richtet – heißt zumindest halbwegs unwissend zu bleiben. Als ich Taleqani traf, sagte ich zu ihm: ‚Sie sagen den Leuten, daß sie den Kalender studieren sollen, aber gleichzeitig verbieten Sie ihnen, Astronomie zu studieren.' Widerwillig gestand er mir zu, daß es in jeder Generation zwei- oder dreihundert Leute geben müsse, die das studieren, was wir ‚Greise' in Ghom lehren.

„Ich bezweifle nicht, daß alles Eigentum letzten Endes Gott gehört, aber warum legt der Koran genau fest, welcher Anteil eines Grundbesitzes jedem Verwandten zusteht? Was geschieht denn, wenn sich zwei arme Bauern zusammentun, um ein verlassenes Stück Land gemeinsam zu bebauen, und dann Streit bekommen? Können wir ihnen versichern, daß sie Gerechtigkeit erfahren werden und daß keiner von ihnen unterdrückt wird, wenn ihr Streitfall nicht nach systematischen Grundsätzen beurteilt wird, sondern nach ihrem eigenen Koranverständnis oder nach irgendeinem nationalen Konsens über die Bedeutung der Predigten Alis?"

Parviz schien richtig glücklich darüber, daß Ali ihn so ernstgenommen hatte. Er ergriff noch einmal Alis Hand und sagte: „Lieber Ali, ich stehe euch Mullahs jetzt viel näher als vor fünfzehn Jahren, als ich durch den algerischen Krieg überzeugt war, ihr alle wärt nur ein Haufe unnützer Murmler, die auf Kosten von Leuten wie meinen Eltern lebten. Ich bin kein Dummkopf. Immerhin habe ich den französischen Doktortitel in Mathematik. Ich habe es schon gelernt, mir meinen eigenen Reim auf die Dinge zu machen."

Sie fanden ein Gemeinschaftstaxi, das fast voll besetzt war. Diesmal gab es keine Wahl – Parviz setzte sich neben eine Frau im Tschador auf dem Vordersitz, und Ali nahm auf dem Rücksitz neben einem Mann und einer Frau (ohne Tschador) Platz. Der Taxifahrer spielte eine Cassette mit seinen beliebtesten iranischen Popsängern ab. Ali war froh, daß er seine

Mullahkleidung nicht anhatte, denn sonst hätte der Fahrer aus Respekt das Radio abgestellt. Anders als die meisten Mullahs hatte Ali nichts gegen bestimmte Formen der Popmusik. Wenn es schon schwerfiel, zu begründen, daß die mittelalterlichen persischen Dichter immer von Gott sprachen, wenn sie von weltlicher Liebe schwärmten, dann fiel es genauso schwer zu begründen, warum die ganze moderne persische Liebesdichtung rein sinnlicher Natur sein sollte. Eine bekannte iranische Sängerin besang das Mondlicht, Narzissenaugen, die schwarzen Augen einer Frau im weißen Tschador und den Tod „durch das nie erreichte Glück, deine Hand an mein Herz zu drücken". Und Ali fühlte, daß ihre Stimme und das fröhliche Drei-Mann-Orchester, das die Begleitung spielte, der angemessene Background war für die zunehmende Lichterfülle, als sie an den schwachbeleuchteten Toren der Villen der Wohlhabenden vorbei zu den belebten Straßen im Zentrum Teherans hinunterfuhren, die jetzt hell erleuchtet waren und auf denen sich die Menschen drängten, die von der Arbeit in ihr Freitag-Wochenende gingen und auf dem Heimweg einkauften.

Ali konnte an Parviz' Gesicht ablesen, daß sein Ghomer Gefährte, der doch so viele Pariser Jahre hinter sich hatte, von der Größe, der Unfertigkeit und Vielgesichtigkeit Teherans ebenso tief beeindruckt war wie er selbst. Eine Peepshow heißt auf persich „die Stadt der Franken", und als sie zu den grellen Kinofassaden kamen, wo die überlebensgroßen Figuren auf den Plakaten im Scheinwerferlicht jetzt wirklich wie fremdartige Lebewesen aussahen, beugte sich Ali zu Parviz vor und flüsterte vernehmlich eine bekannte persische Redensart: „Dies ist die Stadt der Franken, und hier kannst du alles mögliche finden." Alle im Taxi lachten.

Die beiden stiegen bei der *montazh* von Kabaretts, Theatern und Geschäften unweit des Denkmals mit dem sterbenden Drachen aus. Ali und Parviz trennten sich jetzt. Parviz fragte ihn ein wenig scheu, ob er einmal zu seinem Kreis kommen wolle, wo die *Predigten* Alis gelesen wurden. Ali zitierte Saadi: „‚Nimm den Esel Jesu auf eine Pilgerreise mit, und er wird trotzdem als Esel zurückkommen.' Ich störe nur eure Diskussion. Aber ich werde gekränkt sein, wenn du mich nicht bald einmal besuchst. Meine Mutter schickt mir fast jede Woche *souhan* aus Ghom, und ich brauche dringend jemanden, der mir beim Aufessen hilft."

Parviz kam dann auch hin und wieder, aber abgesehen von einer gelegentlichen Frage an Ali, das islamische Gesetz betreffend, sprach er mit ihm nie wieder über Religion. Ab und zu sprach er über Politik, ohne sich jedoch zu sehr festzulegen, abgesehen von der üblichen Kritik am Regime, die als Teil des allgemeinen Murrens ebenso zum Hintergrund des Teheraner Lebens gehörte wie der Verkehrslärm. Ali wußte, daß diese Vorsicht zum Teil Gewohnheitssache war; Parviz hatte Verbindungen, die er schützen mußte. Aber er wußte auch, daß noch eine andere Zurückhaltung mitspielte; er spürte Parviz' Wunsch, den ekstaseartigen

Zustand zu verdecken, der sich bei ihrem gemeinsamen Ausflug so deutlich gezeigt hatte.

Anfang 1976 kam Parviz eines Abends ziemlich spät zu Besuch und blieb ungewöhnlich lange in die Nacht hinein. Er war sehr gehobener Stimmung; er sprach viel über Ghom und über all die Dinge dort, die er in Teheran vermißte. Auch schien er mehr Dichtung in sich zu haben als gewöhnlich. Danach kam Parviz überhaupt nicht mehr. Ali fragte Parviz' Vetter und andere nach ihm; er war verschwunden. In seinem Forschungsinstitut war man sicher, daß er nicht verhaftet war. Nach einigen Monaten vermuteten alle, daß er untergetaucht war.

Von allen Intellektuellen, die in den sechziger und siebziger Jahren zur Religion zurückkehrten, wurde Dschalal Al-e Ahmad am stärksten in intellektuellen Kreisen verehrt. Sein ganzes Leben lang schien Al-e Ahmad der Typ eines Leithammels zu sein, der immer der Herde voraus war; doch in Wirklichkeit war er so feinfühlig für andere, er stand ihren inneren Gefühlen so nahe und sprach gleichzeitig seine Gedanken so deutlich aus, daß man ihn eher als einen Mann charakterisieren kann, der als erster laut und unverblümt sagte, was die Menge schon dumpf geahnt hatte. Er sagte das alles mit einer gewissen Beharrlichkeit und nicht ohne Selbstverspottung, und gleichzeitig ließ er erkennen, daß er alles schmerzlich fühlte. Er sprach so vieles offen aus, was so viele verschiedenartige Iraner im Inneren fühlten, daß er zuletzt als intellektuell hoffnungslos verwirrter und widersprüchlicher Mann erschien. Und doch sprach er alle seine Gefühle so klar, so furchtlos und aufrichtig aus, daß fast jeder gerne zuhörte. Wahrscheinlich ist er der einzige iranische Schriftsteller des zwanzigsten Jahrhunderts, der von der ganzen Bandbreite der iranischen Intellektuellen mit gleicher Begeisterung (wenn auch nicht immer mit Zustimmung) gelesen worden ist – von den im Westen ausgebildeten Linken Teherans bis zu den älteren Theologen von Ghom.

Die Theologen hatten Grund zu der Annahme, daß Al-e Ahmad ihren Erfahrungshintergrund verstand; er selbst war einer von ihnen gewesen. In einem autobiographischen Fragment schrieb er: „Ich wuchs in einer Familie von (schiitischen) Geistlichen auf. Mein Vater, mein älterer Bruder und der Ehemann einer meiner Schwestern sind als Geistliche gestorben. Jetzt sind der Sohn meines Bruders und der Ehemann einer anderen Schwester Geistliche. Und das ist nur der Anfang der Liebesgeschichte. Sie geht damit weiter, daß die ganze Familie religiös ist – von gelegentlichen Ausnahmen abgesehen... Meine Kindheit verbrachte ich in einer für den Wohlstand der gehobenen Schicht angemessenen Form, wie er für die Geistlichkeit üblich war. Das dauerte so lange, bis das Justizministerium unter Davar [der Minister Reza Schahs, der die Neufassung des Gesetzbuches schrieb] nach den Geschäftsbüchern griff. Mein Vater wollte sich dem Druck der Regierungsaufsicht mit ihren Aufklebern und Stempeln nicht unterwerfen; er machte das Geschäft zu und begnügte sich damit, als angesehener Mann unter seinen Nachbarn zu leben."

Nach Beendigung der Grundschule sollte Al-e Ahmad im Basar von Teheran, seiner Geburtsstadt, in der er auch den größten Teil seines Lebens verbrachte, seinen Unterhalt verdienen. Er besuchte auch (natürlich mit Billigung seines Vaters) die Marvi-Hochschule, um eine religiöse Ausbildung zu erhalten. Ohne Wissen seines Vaters besuchte er außerdem Abendklassen am Polytechnikum, das seit der Gründung der Universität nur noch höhere Schule war, allerdings eine der besten im Iran. In der Zeit, als er 1943 die Abschlußprüfung der höheren Schule ablegte, beschrieb er sich als „jungen Mann, etwa einen Meter achtzig groß, einen Karneolring am Finger, den Kopf kurz geschoren, aus dem religiösen Umkreis in die turbulente Zeit des Zweiten Weltkriegs versetzt. Dieser bedeutete für uns nicht Tod, Vernichtung und Bombardement; doch er bedeutete Hunger, Typhus, allgemeine Verwirrung und die aufreibende Anwesenheit von Besatzungstruppen."

Zu dieser Zeit schwankte er zwischen den beiden Welten hin und her. Er ging in diesem Sommer nach Beirut, um wahrscheinlich an der Amerikanischen Universität zu studieren, doch als er unterwegs im Haus seines Bruders in Nedschef einkehrte, spürte er den Anspruch der Familientradition religiöser Gelehrsamkeit und blieb drei Monate. Dann eilte er plötzlich „fluchtartig" in den Iran zurück; „ich kehrte meinem Vater und meinem Bruder den Rücken", denn seine Zukunft hatte er als „Falle in Gestalt eines Umhangs und einer Aba" gesehen.

Er war schon auf dem besten Weg, in seiner religiösen Familie sich zu einer der „gelegentlichen Ausnahmen" zu entwickeln. „In den letzten Jahren der höheren Schule", schreibt er, „lernte ich die Reden und Schriften Ahmad Kasravis kennen." Diese flüchtige Begegnung mit Kasravi scheint für Al-e Ahmad ein für allemal die Möglichkeit verstellt zu haben, in einem konventionellen Sinn religiös zu werden. Sein Interesse an Kasravi brachte ihn auch dazu, die radikalen Zeitschriften zu lesen, die im Iran der Kriegsjahre, diesem zensurfreien Niemandsland, aus dem Nichts hervorkamen. Er lebte in einer Umgebung, die für radikale Ideen empfänglich war. Nach seiner Flucht aus Nedschef war er als Literaturstudent in das Teheraner Lehrerkolleg eingetreten, an das er wegen der Erfahrung der Gemeinsamkeit und Kameradschaftlichkeit mit den anderen Studenten im Schlafsaal später immer mit besonderer Wärme zurückdachte. Weiteren Anschluß fand er in der Reformgesellschaft, einer 1941 gegründeten Gruppe gleichgesinnter Intellektueller, für die er eine Wandzeitung schrieb und unentgeltliche Arabischkurse gab. Wie Kasravi fand er, daß die Ausbildung an der Medrese ihm zumindest eine Kenntnis von bleibendem Wert vermittelt hatte: er beherrschte das Arabische gut und konnte es für die Übersetzung eines Buches anwenden, das die ta'ziye (Passionsspiele) und ähnliche Praktiken verurteilte (die gesamte Auflage dieses Buches wurde von einem Mann im Basar aufgekauft und verbrannt). Über diese Jahre schrieb er, daß „politische Parteien wie Pilze aus dem Boden schossen", und nachdem er und andere Mitglieder der Reformgesellschaft nacheinander Versammlungen aller Parteien besucht hatten, schlossen sie sich der Iranischen Kommunistischen Partei an.

Als er 1946 die Abschlußprüfung am Lehrerkolleg ablegte und Lehrer wurde, war er durch den heftigen Bruch mit seiner Familie völlig auf sich selbst angewiesen; außer einer Krawatte und einem gebrauchten amerikanischen Anzug besaß er so gut wie nichts. Von dieser Zeit an sehnte er sich sein ganzes Leben lang nach einem verlorengegangenen Familiengefühl. Es war nicht leicht, etwas derartiges in der Iranischen Kommunistischen Partei zu finden. Er fand dort aber einen intellektuellen Vater, Khalil Maleki, einen in Deutschland ausgebildeten Sozialdemokraten, der zu den vier Dutzend von Reza Schah 1937 bei einer Razzia gegen Radikale verhafteten Marxisten gehörte (die meisten wurden 1941 nach der Abdankung des Schahs freigelassen).

Zwanzig Jahre später schrieb Al-e Ahmad: „Ich weiß nicht warum, aber etwas zieht mich zu Maleki hin. Weil er immer unterdrückt wurde? Oder wegen seiner Strenge und Unerbittlichkeit? Und er hätte natürlich auch mein Vater sein können, vom Alter wie von der Persönlichkeit her. Vielleicht ist er für mich der Ersatz meines wirklichen Vaters... Aber ich sehe in Maleki keinen Vater und keinen Helden, sondern einen übriggebliebenen Vertreter der Intellektuellen der vorigen Generation, einen Mann, der weder der schändlichen Kooperation mit diesen Regierungen verfallen ist noch vor den Ausbeutern Stillschweigen bewahrt hat."

Wegen seiner offensichtlichen Talente wurde Al-e Ahmad schnell ein Mitglied des Teheraner Provinzialausschusses der Partei, und er spielte eine wichtige Rolle in der Aufsicht über die Parteiveröffentlichungen. Die Iranische Kommunistische Partei befand sich auf der Höhe ihres Einflusses. Es gab kaum junge Intellektuelle, die sich ihr zu widersetzen wagten, auch wenn sie keine Mitglieder wurden. Die Partei blieb zahlenmäßig schwach, doch hatte sie in Fabriken mit Erfolg Streiks organisiert und versuchte jetzt, die Arbeiter auf den Erdölfeldern – dem kostbarsten Besitz der Regierung – zu organisieren.

Al-e Ahmad und Maleki waren jedoch zu eigenständig für die Partei. Sie wünschten eine demokratischere Wahl der Parteiführung und ein nicht so ungeschminkt pro-sowjetisches Parteiprogramm. Besonders empörte sich Maleki darüber, daß die Partei eine sowjetische Forderung nach Ölkonzessionen unterstützt und die fortgesetzte Anwesenheit russischer Truppen in der iranischen Provinz Aserbeidschan gutgeheißen hatte. Maleki verließ die Partei und mit ihm eine Anzahl Intellektueller, darunter Al-e Ahmad. Im Januar 1948 gründeten sie die Sozialistische Gesellschaft der Iranischen Massen, doch bereits wenige Tage später löste sich die neue Organisation gehorsamst auf, als sie von Radio Moskau angegriffen wurde; sie wollte sich nicht öffentlich dem Land widersetzen, das sie für die fortgeschrittenste Nation der Welt hielt. Dieser Rückzug einiger ängstlicher Intellektueller hatte keine Auswirkungen auf die nationalen Ziele der Iranischen Kommunistischen Partei, aber für andere iranische Intellektuelle hatte er bedeutsame Folgen: mit ihm war die fast völlige Alleinherrschaft der Partei über das geistige Leben zu Ende.

Der Schock von Al-e Ahmads raschem Eintritt und ebenso raschem Wiederaustritt aus der Partei brachte ihn auf einen neuen Weg, der sich im Laufe der Zeit klarer abzeichnete: Er betrachtete sich nicht mehr als Politiker, sondern mehr und mehr als Kulturkritiker. Er lehrte, übersetzte und machte ausgedehnte Reisen durch den Iran. 1948 lernte er im Bus von Schiras nach Teheran seine künftige Frau kennen, eine begabte Schriftstellerin aus einer wohlhabenden Familie aus Schiras. Er selbst hatte sich auch der Schriftstellerei zugewandt. Nachdem er zwischen 1945 und 1948 drei Bände mit Kurzgeschichten veröffentlicht hatte, galt er sogar allgemein als der originellste Verfasser persischer Kurzgeschichten nach dem Zweiten Weltkrieg.

Seine Originalität lag nicht nur in der Art, wie er seine Gegenstände anging, sondern auch in seinem Stil. Die Geschichten weisen sich als Bruchstücke einer Autobiographie aus (was bei vielen wohl tatsächlich zutrifft), und der Erzähler der Autobiographie betrachtet die Ereignisse seines Lebens meistens aus den unwillkürlichen und doch unverkennbaren Stimmungsschwankungen eines Mannes heraus, der manchmal selbst mitten in den dargestellten Ereignissen steht und sie dann wieder von außen betrachtet. Sein Stil, der sich erst in den fünfziger Jahren zur Reife entwickelte, stellt beide Stimmungen dar: gefühlsmäßige Beteiligung und Distanz. Dabei bringt dieser Stil die beiden Stimmungen oft gleichzeitig, nicht nacheinander zum Ausdruck, denn es ist der Stil eines Mannes, der gefühlsbeteiligt ist und doch zugleich aus einer gewissen ironischen Distanz zu den eigenen Gefühlen – und denen anderer – spricht. Sein Stil hat eine wunderbare Dichte, die in der persischen Literatur etwas ganz Neues darstellt.

Herkömmlicherweise verdankte die persische Literatur ihre reiche Dichte dem Gewicht ihrer Querverbindungen, ihrer vielen versteckten und offenen Anspielungen auf die Gedichte eines Hafis und Moulana und vergleichbarer Werke der Literatur, die jeder gebildete Iraner in seinem reichen Gedächtnisschatz mit sich trug. Vor Al-e Ahmad hatten einige Schriftsteller gegen diese Bürde der Querverbindungen aufbegehrt; so hatte sich zum Beispiel Kasravi in einem entschlackten, „reinen" Stil versucht (für den er mit bezeichnender Hartnäckigkeit noch „reinere" Wörter schuf als die, die im Persischen schon vorhanden waren, wodurch er gezwungen war, im Anhang Worterklärungen zu liefern).

Al-e Ahmad war ein hervorragender Kenner des klassischen Persisch, auf das er hin und wieder anspielt, aber überwiegend bezieht er sich auf die lebende Sprache der Iraner und ruft dabei die gesamte Bandbreite des in Teheran gesprochenen Persisch wach, vom Straßenjargon bis zur gehobenen Sprache der Gebildeten. Seine Anspielungen sind so kurz gefaßt wie nur möglich: aus den Redensarten und Sprichwörtern, die bei ihm in jedem Satz vorkommen, zitiert er nur gerade soviel Worte, daß jeder Iraner merkt, worauf er anspielt. Daher hat jeder iranische Leser das Gefühl, Al-e Ahmad vollkommen zu verstehen, eben weil er mit Al-e Ahmad die vollkommene Kenntnis des gesprochenen Persisch teilt; so gelingt es Al-e Ahmad fast unmerklich, eine Art Komplizenschaft zwischen Autor und Leser herzustellen. Dabei ist es eine Komplizenschaft mit einem Autor, der im Ton der Selbstherabsetzung und oft mit ironischem Unterton spricht. Zwischen seinen im Telegrammstil verfaßten Sätzen scheint der Autor beschwichtigend die Hände zu heben, als wolle er sagen: „Na ja, ihr wißt ja, was für einen Typ ich meine und was ich selber für ein Typ bin." Unter der Decke dieses hochkonzentrierten, der gesprochenen Sprache verpflichteten Stils zeigt sich eine außerordentlich starke Gefühlsbeteiligung, die er durch die Dichtheit der Sprache und die Selbstbespöttelung unter Kontrolle zu halten sucht, die aber dennoch manchmal in Ärger, manchmal in Hochstimmung zum Ausdruck kommt.

In einer seiner ersten Geschichten, „Die Pilgerreise" (erschienen 1945, noch bevor sein literarischer Stil voll ausgebildet war), beherrscht er schon die Technik eines Erzählers, der im einen Augenblick unkritisch und völlig die Gefühle seiner Umgebung zu übernehmen scheint und sich im nächsten offenbar als Außenstehender fühlt, der seine Umgebung aus ungemütlicher Distanz beobachtet. Die Geschichte (die auch dadurch eine Komplizenschaft mit dem iranischen Leser herstellt, daß sie eine intime Kenntnis der religiösen Volksbräuche voraussetzt) beginnt so: „Dreimal ging ich unter dem Koran, dem Wasser und dem Mehl hindurch, dreimal küßte ich den Koran und legte ihn mir an die Stirn. Meine Verwandten hauchten ihre Gebete und heiligen Sätze aus und erfüllten die Luft mit einem Duft von Moschee und heiligem Ort – einem heiligen Ort, an dem nur der Geruch von brennendem Fett und das scharfe Aroma der Talgkerzen fehlte. Dann verließ ich unter den Tränen, die meine beiden Schwestern und mein jüngerer Bruder vergossen, das Haus." Vor dem Haus angelangt, wird der Erzähler von anderen gebeten, für sie Gebete zu sprechen und Tränen religiöser Rührung zu verströmen, und er fühlt sich ihnen plötzlich sehr nahe: „Bis zu diesem Tag ... hatte ich nicht gewußt, daß die Sprache, die ich im Herzen trage, eine Art von Schwermut ist, die jeden heimsucht." Unterwegs im Bus zu den Schreinstädten des Iraks verschwindet sein Gefühl leichter Distanz gegenüber der Einfalt seiner Mitreisenden vor der Echtheit und Tiefe ihrer Bewegung, da sie „zu den heiligsten Städten der Erde" fahren. Am Schrein selbst nimmt er an der Bewegung der anderen Pilger teil, aber sie wird ihm nicht völlig klar:

Noch einmal blickte ich nach dem Grabmal und dem Edelstein innerhalb des Gitterwerks der Grabstätte hin, noch einmal erwachten und brodelten die verborgenen Wünsche im Innersten meines Herzens und entluden sich in einem langen

Seufzer. Ich weiß nicht genau, wonach ich mich sehnte, was mein Bedürfnis war ... Der Geruch billiger Zigaretten, der Atem von Tausenden von Pilgern, die sich mit der Menge hinein- und hinausschoben, vermischte sich mit der Ausdünstung der verschwitzten Körper und erfüllte die Luft mit einem eigenartigen, ungesunden Geruch, abgemildert durch den Rauch der Aloezweige, die in jeder Ecke dahinglimmten. Unter den hohen Kuppeln hallten Koranworte hin und wider. Wie der Regen strömten diese arabischen Worte herab und gaben dem ganzen Ort das Gewicht eines Heiligtums. An Türen und Wänden, auf den Friesen, an den Glasarbeiten der Decke, die das Bild dieser Menschenmenge in ungezählten gebrochenen Teilstücken widerspiegelten, auf den Vorder- und Rückseiten der Heiligen Bücher, auf den Gebetbüchern in den Händen der Männer, auf der Schwelle des Grabes und an allen seinen Seiten, auf den großen silbernen Vorhängeschlössern des Schreins – überall waren diese arabischen Worte in Tausenden von Formen, Mustern und Schnörkeln eingraviert, auf Holz, auf Fliesen, auf Ziegelstein, Silber, Gold: Jedes Ding ging in ihrer Gewalt vollkommen auf. Gott weiß, wieviele Jahre diese Worte schon da waren, auf die vielen eilig Vorbeikommenden herabblickten, unbeteiligt, ohne mit der Wimper zu zucken.

Der Erzähler hat mittlerweile begriffen, daß er an dieser Pilgerreise anders beteiligt ist als die Leute um ihn herum: „Jeder war in einer besonderen Verfassung, keiner außer mir war bloß Zuschauer." Dann verfolgt er, wie die Leichname der Getreuen zum Abschied – als Pilger – um die Grabesstätte getragen werden, bevor man sie zur Ruhe legt, und dies bringt den Erzähler aus seiner Versunkenheit zurück. Im Herzen fühlt er, daß es ihm nicht möglich ist, für sich selbst und die eigene Todesstunde etwas anderes zu erhoffen: „Wie sehne ich mich danach, daß auch ich, wenn ich sterbe, ebensolche Behandlung erfahre. Wirklich, mit dieser Gewißheit im Herzen braucht kein Mensch mehr den Tod zu fürchten."

In den fünfziger Jahren zog es Al-e Ahmad nochmals für kurze Zeit zur Parteipolitik, aber je mehr er sich darin verstrickte, desto weniger war er mit dem Herzen dabei. Zuerst ließ die Spannung, die Mosaddeghs Auftreten erzeugte, die Hoffnung wiederaufleben, die er 1948 aufgegeben hatte. 1950 und 1951 gründete er zusammen mit seinem geistigen Vater Maleki die Arbeiterpartei, deren wichtigster Programmpunkt die Unterstützung Mosaddeghs war (allerdings glaubte dieser selbst nicht an die Wirksamkeit von Parteipolitik im Iran und war nie daran interessiert, eine eigene Partei zu gründen). Als sich diese Partei spaltete, schloß sich Al-e Ahmad der Splittergruppe um Maleki an, aus der sich 1952 eine neue Partei, die Dritte Kraft, bildete. Aber Al-e Ahmad konnte schon nicht mehr glauben, daß jemand durch die Gründung politischer Parteien wirklich Entscheidendes ändern könnte.

Als er sich zu Beginn des Jahres 1953 mit einer Gruppe von Freunden aufmachte, um Mosaddegh gegen einen (vergeblichen) Angriff Königstreuer in Schutz zu nehmen und als der Bus in der Nähe von Mosaddeghs Haus hielt, „stiegen ihre ‚Exzellenzen' [seine Freunde] aus und boten einen so ‚furchterregenden' Anblick, daß ich mich an Seyyid [Dschavadi, auch ein bekannter Schriftsteller] wandte und sagte: ‚Haben Sie Lust auf ein Bier statt dieser Zeremonien?' Er hatte Lust, also gingen wir. Auf mich hat die Nähe zur Macht noch nie den Eindruck gemacht, den man sich vorstellt." Al-e Ahmads Versuche zu politischem Engagement und sein plötzlicher Rückzug waren in jenen Tagen nicht nur für ihn selbst, sondern für viele andere Intellektuelle charakteristisch. In ihrem Innersten glaubten viele von ihnen nicht, daß politisches Engagement Erfolg haben würde – oder wenn schon, dann würde es auch nicht viel ändern.

Nach einer Auseinandersetzung mit dem Zentralkomitee der Dritten Kraft wegen des Ausschlusses eines seiner engen Freunde zog sich Al-e Ahmad von der Parteiarbeit zurück. Ein paar Monate später wurde Mosaddegh durch den Handstreich vom August 1953 gestürzt. Maleki wurde verhaftet und saß dann einige Jahre im Gefängnis, doch Al-e Ahmad hatte sein Vertrauen in Parteipolitik so sehr verloren, daß er zum Entsetzen jener vielen Intellektuellen, die durchhielten, es den vielen anderen gleichtat: er gab dem Druck des Regimes nach und setzte einen „Reuebrief" in die Zeitung: „Hiermit erkläre ich, daß ich aus der Dritten Kraft ausgetreten bin und die politische Betätigung überhaupt aufgegeben habe."

Al-e Ahmad hatte zwar weiterhin freundschaftliche Beziehungen zu politischen Aktivisten, besonders zu dem Kreis um Maleki, doch wandte er sich jetzt voll seinem großen Lebensthema zu, der Kulturpolitik, und diesem Thema widmete er einen Großteil der Dichtung und fast alle Essays, die er von jetzt an schrieb. Er wollte seine Bindungen an den Boden des Irans und an die Menschen, die dort lebten, erneuern, um nach der Ernüchterung durch die Politik wieder zu sich selbst zu kommen. Er blieb Lehrer an einer Schule in Teheran, doch brachte er in den nächsten Jahren sehr viel Zeit auf dem Lande zu, wo er Material für drei Bücher und mehrere Essays über die Welt der iranischen Bauern sammelte. Er wußte, daß seine Arbeit anthropologisch gesehen naiv war, und nannte seine Bücher einfach „Beobachtungen". Aber er wußte auch, daß viele Teheraner im Herzen beunruhigt waren, denn sie suchten im Fieber von Handstreich und Gegenschlag die Geschicke des Irans von der Hauptstadt aus zu lenken, während der wirkliche Iran vielleicht „dort draußen" in den Zehntausenden von Dörfern lag – vernachlässigt, im Stillen duldend, noch nicht durch tausend ausländische Dinge und Ideen verführt, immer noch irgendwie echt und ungetrübt iranisch. Dieses Unbehagen sprach er an, und man horte ihm zu.

Sein erstes Studienobjekt war das Dorf Ourazan, aus dem seine Vorfahren stammten, und im ersten Satz seines Buches über Ourazan verkündete er sein Programm für die ganze Serie: „Nach der gegenwärtigen Sitte, Politik, Kultur und Presse unserer Nation ist ein einzelnes Dorf zwar ohne jede Bedeutung; trotzdem machen aber gerade die Einzeldörfer den Kern der Gesellschaftsstruktur dieses Landes aus und bilden das wesentliche Feld für die Beurteilung seiner Lebensform..." Er sagt, dieses nordiranische Dorf von wenigen hundert Einwohnern sei „wie Tausende anderer Dörfer des Irans, wo der Boden gepflügt wird und es immer irgendwo Streit um die Aufteilung des Wassers gibt, wo die Einwohner nur selten ein Bad nehmen und ihren Tee mit Rosinen und Datteln trinken". Es sei ein Dorf, das nicht nur „keine Ahnung hat von Grundschulen, Polizeirevieren und Gesundheitsvorsorge, sondern in dem auch die meisten Einwohner immer noch ihre Pfeife mit Feuerstein und Zunder anstecken".

Al-e Ahmad besaß auch eine persönliche Beziehung zu der zweiten Gegend, Boluk-e-Zahra, in der er zwei Dörfer studierte. Sein Buch über dieses Gebiet (wie Ourazan im nördlichen Iran gelegen) beginnt: „Als ich noch sehr klein war, wurde eine meiner Schwestern (die älteste) mit einem *talabe*, einem Religionsgelehrten aus Ghom verheiratet, und es war beschlossen, daß er bald die Nachfolge seines Vaters als Dorfmullah in Boluk-e-Zahra antreten sollte." Diese zweite Monographie enthielt wie die erste sorgfältige Beschreibungen der Landwirtschaft, des Hausbaus, der Hochzeits- und Bestattungsbräuche, des Dialektes und so weiter, doch machte das zweite Buch kein Hehl aus seiner Sentimentalität. Im Vorwort erklärt er, warum das Zurückdenken an das Boluk-e-Zahra seiner Jugend ihn glücklich machen konnte, und er spricht die Vermutung aus, daß die Arbeit an diesem Buch ihn von belastenden Erinnerungen befreie: „Wenn man einmal die Jugendjahre hinter sich gebracht hat, wie bitter nötig braucht man dann diesen geistigen Hausputz!"

Der geistige Hausputz scheint Gutes bewirkt zu haben. Als Al-e Ahmad in den frühen sechziger Jahren seine dritte Monographie und einige völkerkundliche Essays veröffentlichte, war er sich klarer bewußt, was er an der iranischen Gesellschaft seiner eigenen Zeit vermißte und warum diese Dinge fehlten. Sein persönliches Gefühl, die eigene Familie verloren zu haben – hervorgerufen durch den Bruch mit seinem Vater und genährt durch den Kummer über seine eigene Kinderlosigkeit –, hatte Al-e Ahmad in gewissem Sinn geholfen, eine allgemeine Kritik der iranischen Gesellschaft, in der er lebte, ihrer Selbstsucht und ihrer fehlenden emotionalen und moralischen Echtheit zu entwickeln. Er hatte gelegentlich einen Hauch von jener Atmosphäre des – materiellen wie gefühlsmäßigen – Gebens und Nehmens mitbekommen, nach der er sich so sehnte – zum Beispiel im Schlafraum des Lehrerseminars, in einem israelischen Kibbuz, wo er Mitte der sechziger Jahre gearbeitet hatte, und vor allem im dörflichen Leben des Irans, soweit es nicht von der kulturellen „Krankheit" angegriffen war, die die iranischen Städte befallen hatte.

Für diese Krankheit prägte Al-e Ahmad ein neues Wort, das für die Iraner von den sechziger Jahren bis in die Gegenwart zur Parole geworden ist. Buchstabengetreu übersetzt bedeutet das Wort „West-befallenheit", aber selbst diese schwerfällige Übersetzung vermittelt nicht den

Sinn des persischen Originals *gharbzadegi*. „Ich sage, *gharbzadegi* ist wie Cholera oder Erfrierungen", schreibt er. „Doch nein, es ist mindestens so schlimm wie Blattwespen in einem Weizenfeld. Haben meine Leser gesehen, wie sie den Weizen befallen? Von innen heraus. Manchmal sieht man gesunde Schale, aber es ist nur Schale, wie die Schale der Zikade auf einem Baum." „Befallen" sein heißt auf persisch nicht nur von einer Krankheit erfaßt oder von einem Insekt gestochen sein – es heißt auch betört und geblendet sein; „West-befallen-heit" ist daher auch schon als „West-trunkenheit" übersetzt worden. Aber ein weniger ausgefallenes Wort wie „Euromanie" vermittelt genug von der persischen Bedeutung und kann als ausreichende Wiedergabe des fast unübersetzbaren persischen Originals gelten.

Bezeichnenderweise begann Al-e Ahmads wichtigstes Buch zu diesem Thema, mit dem Titel *Euromanie*, als eine Vortragsreihe vor dem Rat für die Ziele iranischer Bildung im Jahr 1962. Al-e Ahmad hatte seine Rolle als Lehrer immer ernstgenommen und die Erziehung als eine primäre Ursache für die Entstellung der ursprünglichen kulturellen Werte des Irans angesehen. In seinen Essaybänden und in *Euromanie* hatte er das moderne iranische Erziehungswesen zwar schon kritisiert, aber seine heftigsten Angriffe finden sich in dem Porträt einer iranischen Schule in seiner quasi-autobiographischen Novelle, die unter dem Titel „Der Schuldirektor" 1958 erschien. Al-e Ahmad war im Schuljahr 1955–56 selbst Rektor einer Grundschule gewesen, und so ist das Buch, wenn auch beeinflußt durch Célines *Voyage au bout de la nuit* und außer der Erziehung noch mit anderen Dingen befaßt, als einigermaßen genauer Bericht über seine damaligen Erfahrungen als Schulleiter zu sehen. Was auch immer zu dem Buch Veranlassung gab, es ist ein überzeugendes Beispiel für den ausgereiften Stil Al-e Ahmads – prägnant, idiomatisch, mit blitzartigem Wechsel der Sprachebene und gefühlsmäßigen Volten zum Gegenstand der Beschreibung hin und wieder zurück. Wie so vieles im Werk Al-e Ahmads erscheint es oft zu grob und zu chaotisch, aber es drückte die Erfahrung so vieler Iraner so zuverlässig aus, daß es ungeheuren Erfolg hatte; vielleicht war es die erfolgreichste Novelle der Nachkriegszeit, und ihr – kaum übersetzbarer – Prosastil wurde von einer ganzen Generation junger iranischer Autoren nachgeahmt.

Der Erzähler nimmt den Posten eines Schuldirektors an, weil er es satt hat, persische Literatur in der vom Erziehungsministerium vorgeschriebenen Weise zu unterrichten: „Zehn Jahre lang das Alphabet lehren; die entgeisterten Gesichter der Kinder beim dümmsten Unfug, den man sich denken kann... die [persische] Dichtung im Stil Khorasanis und im indischen Stil und das älteste persische Gedicht; Stilfiguren wie Sprichwörter und Anadiplose..." Aber nach und nach erkennt er, daß der Schulunterricht ohne jeden Bezug ist zu der Welt, aus der die Kinder kommen. Wenn sich der Schulhof bei Regen in schlammigen Morast verwandelt, fehlen zehnmal so viel Kinder wie sonst, und der Erzähler

sagt dazu: „Früher habe ich viel Unsinn über die Grundvoraussetzungen des Schulunterrichts gelesen: Lehrer, Tafelschwämme, anständige Toiletten und tausend andere Dinge. Aber hier hing der Unterricht zu allererst schlicht und einfach von Schuhen ab."
An einer Stelle schaut sich der Schulleiter die Arbeiten des Werkunterrichts an: Pappschränke, Puppenmöbel, eine Nachbildung des Eiffelturms – ein neues Fach des Lehrplans in später Berücksichtigung einer praktischen Erziehung, wie sie Isa Sadiq mehr als eine Generation zuvor gepredigt hatte.

Wie viele Laubsägen sind verbraucht worden, um diesen wertlosen Kram herzustellen? Wie viele verletzte Hände hat es gegeben? Wieviel Geld ist den Vätern aus der Tasche gezogen worden, und wieviel Streit hat es zu Hause gegeben – und wofür?... Wir importieren ganze Waggons voller Laubsägen, Sicherheitsnadeln, Keramiktoiletten, Wasserrohre, Einlaufpumpen und tausend anderer unnützer Dinge. Einer unter tausend macht ein Geschäft für Bilderrahmen oder Einlegearbeiten auf [um seine Fertigkeit in Laubsägearbeiten anzuwenden] oder tauscht seine Laubsäge gegen einen Fuchsschwanz... Gott segne den Urheber dieses Erziehungssystems mit seinem Werkunterricht, der soviel dazu beiträgt, die Zahl der Straßeneisverkäufer zu erhöhen, mit den Noten in Betragen, dem Kasernenhofdrill und den Grenzen, Seen und Exportdaten Äthiopiens [die behalten werden sollen]...

Al-e Ahmad charakterisierte den *Schuldirektor* als „ewigen Fluch, eine Verhöhnung dieses Zeitalters", und die Stärke dieses Fluches ist die Energie, die seiner *Euromanie* und den begleitenden Essays und Kurzgeschichten soviel Durchschlagskraft gab, ungeachtet ihrer oft verwirrenden und widersprüchlichen Darstellungsweise. Der Satan ist die Maschine, das Machtinstrument in der Hand der Industriestaaten, die mit Hilfe der Maschinen Fertigerzeugnisse herstellten. Wenn die Maschine auf die nicht-industrialisierten Länder aufgepfropft wurde, brachte sie sie in neue Abhängigkeit von den Herstellern und Instandhaltern der Maschine und von der Maschinenkultur. „Die Seele dieses Teufels, der ‚Maschine', [muß] in Flaschen gefüllt und unter unsere Kontrolle gebracht [werden]... [Die Iraner] dürfen nicht Sklaven der Maschine, nicht ihre Gefangenen sein, denn die Maschine ist nicht Endzweck, sondern Mittel zum Zweck."

Die Maschine ist mitverantwortlich dafür, daß der Iran zu einem unproduktiven Verbraucherland wird. „Die Städte sind nur noch Flohmärkte, wo europäische Industrieerzeugnisse verhökert werden... [In] kürzester Zeit haben wir anstelle von Städten und Dörfern überall im Land Berge von ausgedienten Maschinen, jeder genauso wie die amerikanischen ‚junkyards' [Autofriedhöfe] und jeder so groß wie Teheran." (Um dies noch zu veranschaulichen, gibt Al-e Ahmad eine phonetische Umschreibung des englischen Wortes „junkyard" auf persisch.)

Al-e Ahmad sagte, die Maschine habe einen Weltmarkt geschaffen, der die marxistische Klasseneinteilung überholt erscheinen ließ, denn jetzt war die Welt in die Armen und in die Reichen eingeteilt, „auf der einen

Seite die Konstrukteure [von Maschinen], auf der anderen die Verbraucher". Von der Gier, die diese Verbraucherwirtschaft erzeugt habe, seien die Städte im ganzen Iran erfaßt; die Städte „verlangen jeden Tag mehr westliche Waren als Futter, und jeden Tag werden sie einander ähnlicher in ihrem Verfall, ihrer Wurzellosigkeit und Häßlichkeit". „Ohne öffentliche Dienstleistungen, ohne Bibliotheken und Begegnungszentren" hätten die Städte ihre bedeutenden öffentlichen Gebäude verloren; übriggeblieben seien nur „zerstörte Moscheen, die verstreuten Überreste von Passionsspielzentren und taʿziye-Theatern, die bedeutungslos geworden sind."

Für Al-e Ahmad erreichte die Versklavung durch die Maschine und den Markt ihre endgültige und widerwärtigste Form in der geistigen Versklavung der Iraner an die fremden Götter, die die Euromanie der iranischen Vorstellungswelt eingeimpft hatte. Mit dem wirtschaftlichen Verfall des traditionellen Dorflebens und der Ausbreitung des Transistorradios blieb diese Krankheit der Euromanie mit ihren fieberhaften Vorstellungen und Lüsten nicht mehr auf die Großstädte beschränkt. Jetzt war jeder Iraner von ihr angesteckt, vom „Dorfbewohner, der in die Stadt geflüchtet ist und nie mehr aufs Land zurückkehren wird – weil der Friseur im Dorf keine Pomade hat, weil es dort kein Kino gibt und man kein Sandwich kaufen kann – bis zu dem heiklen Minister der Zentralregierung, der eine Überempfindlichkeit (eine ‚Allergie'!) gegen Erde und Staub hat und das ganze Jahr hindurch in die vier Enden der Welt reist [um Erleichterung zu finden]". Da der Euromane gegen alles – sein eigenes kulturelles Erbe ebenso wie die übernommene westliche Kultur – innerlich abgestumpft ist, „hat er keine Persönlichkeit – er ist Objekt, ohne echten Ursprung. Weder er selbst noch sein Haus noch das, was er zu sagen hat, besitzt Ausstrahlung... Er hat nur Angst... Angst vor der Entdeckung, daß die Blase, die er anstelle des Gehirns im Kopf trägt, leer ist". So jemand lebt seine Euromanie aus im Glauben an das Prinzip der Nachahmung, nicht im Glauben an das, was er tut. Gib dem Euromanen Geld, und sein Haus ist „heute wie eine Villa am Meer, mit großen Bilderfenstern und fluoreszierendem Licht; morgen gleicht es einem Kabarett mit funkelnden Lichtern und vielen Barhockern; übermorgen geben alle Wände denselben Hintergrund von vielfarbigen Dreiecken ab."

An einer der wenigen Stellen, wo Al-e Ahmad direkt auf die klassische persische Literatur Bezug nimmt, vergleicht er die Iraner mit der Krähe in der bekannten Geschichte aus Moulanas langem Sufi-Epos. Die Krähe sieht ein Rebhuhn vorbeistolzieren und ist tief beeindruckt von der gemessenen Eleganz im Gang dieses Vogels. In langer, mühevoller Arbeit übt die Krähe diesen Gang ein; doch lernt sie nie wie ein Rebhuhn zu gehen, verlernt aber den Gang der Krähe. „Seit zweihundert Jahren schon sind wir wie die Krähe, die ein Rebhuhn sein will (wenn wir überhaupt wissen, wer die Krähe und wer das Rebhuhn ist)."

263

Schon in der ersten, 1962 erschienenen Auflage von *Euromanie*, dann verstärkt in den späteren Auflagen und in weiteren Büchern und Aufsätzen aus den sechziger Jahren stellt Al-e Ahmad jedoch einen Zug des iranischen Lebens heraus, der von der Krankheit nicht befallen wurde: die Religion. Der einstige Bewunderer Kasravis, der 1943 fluchtartig Nedschef verlassen hatte, weil er in seinem zukünftigen Leben eine Falle in Gestalt eines Mullah-Mantels erblickte, hatte allmählich den Ballast von Ideen durchgeprüft, die er im Lauf der Jahre aufgenommen hatte; dabei kam er zu dem Ergebnis, daß keine das gleiche Gewicht der „Authentizität" hatte wie der schiitische Islam. Vor allem besaß keine die Fähigkeit des Schiismus, das Volk in Bewegung zu bringen. Er selbst konnte sich nie ganz der Religion verschreiben, aber er erkannte, daß im Iran die Religion das einzige war, wofür sich die überwältigende Mehrheit voll und ganz engagieren konnte. Al-e Ahmad hat das Gewicht seiner religionslosen Jahre nie ganz abgeworfen; er war ein zu aufrichtiger Mann und wußte, daß er den Gang des Rebhuhns zu lange geübt hatte, um sich beim Gang der Krähe je wieder ganz wohlfühlen zu können. Bei all seiner zunehmenden Bewunderung für die Mullahs hörte er auch nie auf, sein Unbehagen über ihre „Starrheit" und ihren „Aberglauben" zum Ausdruck zu bringen. Trotzdem hielt er sie für „authentische" Intellektuelle in einem Maße, wie nur sehr wenige „gebildete" Teheraner authentisch oder intellektuell sein konnten. Er wollte es ihnen gleichtun, und er wollte verstehen, warum er sich in seiner Haut plötzlich so wohl fühlte, wenn er sich als schiitischer Muslim äußerte.

Trotz des Bruchs mit seinem Vater und trotz seiner langen Bindung an den Marxismus hat die Religion ihren wichtigen Platz in Al-e Ahmads Vorstellungswelt wohl immer beibehalten; jedenfalls spielt sie für die Personen seiner frühen Kurzgeschichten eine sehr wichtige Rolle. Die Erfahrung des iranischen Landlebens in seinen „anthropologischen" Jahren bestätigte die Erfahrung seiner Jugendjahre (aus denen er immer wieder in vielen Geschichten schöpfte). Mochte die Religion im „Salon" des iranischen Lebens zeitweise nur am Rande vertreten sein, so beherrschte sie die Privatgemächer doch mit alter Autorität und Machtfülle, besonders bei den Iranern, die von der Regierung am wenigsten beachtet wurden:

Gegenwärtig leben neunzig Prozent der Bevölkerung dieses Landes nach religiösen Wertmaßstäben... Zwangsläufig suchen sie am Himmel nach dem Glück, das sie in der Gegenwart nicht finden; ebenso suchen sie in der Religion und im Jenseits, und sie tun gut daran. Manchmal trinken sie sogar Arrak, aber sie spülen den Mund mit Wasser aus, stehen zum Gebet auf und bereuen im Monat Ramadan – ja, sie opfern sogar am Schrein Davuds, eines Nachfahren des Imame. Wenn unser Mann vom Dorf sieben Samen einsät und einen Ertrag von zehn Samen erhält, nimmt er sofort Weib und Kinder und pilgert nach Meschhed oder mindestens nach Ghom... Und wir alle warten auf den Imam des Zeitalters. Ich sage, wir *alle* warten, und das zu Recht, weil keine unserer flüchtigen Regierungen auch nur die geringsten ihrer Versprechungen und Verpflichtungen erfüllt hat, weil überall Unterdrückung, Ungerechtigkeit, Atemnot und Diskriminierung vorherrschen... Deshalb tragen alle religiösen Gebäude, von der Trinkbude in der Passage [die mit den Geldern einer religiösen Stiftung erbaut wurde] und der kleinen Moschee am Ende der Gasse bis zum Schrein vor dem Dorf, alle Zeichen des Mißtrauens gegenüber der Regierung und ihren Maßnahmen. Sie tragen alle Zeichen der Erwartung der Ankunft des verheißenen Messias, Seiner Herrlichkeit, des Herrn des Zeitalters, um den wir wahrhaftig bitten: Gott der Allmächtige möge Sein Kommen beschleunigen!

Solche religiöse Inbrunst mag bei einem Mann erstaunen, der trank und nur selten seine Pflichtgebete verrichtete. Aber Al-e Ahmad war kein Scharlatan. Er wußte, daß er nicht wirklich glauben konnte, aber er wußte auch, daß es für ihn fast nichts gab, was wirklichen Glauben verdiente. Er war sich bewußt, daß er persönlich zwischen dem hin- und hergerissen war, was für ihn intellektuell annehmbar und was „glaubwürdig" war, und sein Ringen um Ehrlichkeit in dieser Sache schockierte seine Kritiker ebensooft, wie es sie entwaffnete. Bei einem Interview fragten ihn einige Studenten der Universität, ob er an die Evolution oder an die Erschaffung der Welt glaube. Er antwortete: „Zwischen diesen beiden – also zwischen der Annahme oder Spekulation [von der Evolution] und der Geschichte [von der Erschaffung] – entscheide ich mich für die Geschichte. Warum? Weil es Dichtung ist. Und weil sie die Grundlage für Dichtung abgibt. Sie selbst wissen das am besten. Übernehmen Sie die Version, die Ihnen zusagt... Ich bin aus dem Geschlecht Adams. Der aus Erde erschaffen war, und Gott hauchte ihn an, so daß er auf die Füße kam und aufstand." (An dieser Stelle sagten einige der Anwesenden: „Unannehmbar.")

Al-e Ahmad war auch der Überzeugung, daß die Intellektuellen, historisch gesehen, nur dann Erfolg hatten, wenn sie sich mit den Vertretern der Religion verbündet hatten: beim Widerstand gegen die Tabakkonzession, in der Konstitutionellen Revolution, beim Aufstieg Reza Schahs und in dem von Mosaddegh geführten Kampf um die Verstaatlichung des iranischen Erdöls. Al-e Ahmad verteidigte sogar den konservativen (die meisten iranischen Verfassungsanhänger würden sagen: „reaktionären") Rechtsgelehrten Scheich Fazlollah Nuri, der den Parlamentarismus und jede Anwendung weltlicher Ideen überhaupt angegriffen hatte. Er schreibt, Fazlollah habe den „Märtyrertod gefunden, weil er für eine Regierung auf der Grundlage des geheiligten islamischen Gesetzes – und ich mochte hinzufügen, für die ganze Idee des Schiismus – eingetreten ist... Für mich ist der Leichnam dieses großen Mannes am Galgen wie eine Flagge, die man über diesem Lande gehißt hat..., um die Überlegenheit der Euromanie zu symbolisieren. Im Schatten dieser Flagge haben wir uns als Volk von uns selbst entfremdet, in der Kleidung, in unseren Häusern, unserem Essen und unserer Literatur, in unseren Veröffentlichungen und – das ist das Allergefährlichste – in unserem Erziehungswesen. Wir ahmen westliche Ausbildung und die westliche

Denkweise nach, und bei der Lösung jedes Problems richten wir uns nach westlichen Methoden."

Wenn Al-e Ahmad mit der einen Hand nach den Religionsführern als seinen Mit-Intellektuellen griff (er sagt, in ihrer „Intellektualität" stünden sie nur hinter einer Handvoll iranischer Schriftsteller, Erfinder und Gelehrten zurück), dann verhinderte er mit der anderen Hand, daß sie ihm allzu nahe kamen. Al-e Ahmad gehörte keinem ganz, weder den Kommunisten noch den Sozialdemokraten noch der Geistlichkeit. In *Euromanie* schreibt er, obwohl voll des Lobes für die Schiiten, auch folgendes: „Das religiöse Establishment stützt sich mit all seinen Einrichtungen und seinem Brauchtum weitestgehend auf den Aberglauben. Es flüchtet sich in vergangene Zeiten und veraltete Zeremonien und findet sich mit der Rolle des Torhüters zum Friedhof ab." In einem anderen Buch legt er zunächst ausführlich dar, daß die Medrese-Bildung eine Quelle der Intellektualität ist, und fühlt sich dann veranlaßt zu erklären, warum ein Intellektueller, der in der Familie eines Geistlichen aufgewachsen ist, manchmal seinen europäischen intellektuellen Stil ebenso hartnäckig verficht, wie der Geistliche für die Details seiner Religionsausübung kämpft.

... In einer Familie von Geistlichen erleben gerade die Kinder den Fanatismus, die Roheit und Verknöcherung der Geistlichen, manchmal auch ihre Engstirnigkeit und Heuchelei hinter einer Fassade von Geistigkeit aus erster Hand... Ich selbst, der Verfasser dieser Zeilen, wurde in meiner geistlichen Familie in dem Moment als „gottlos" eingestuft, als ich mir beim Gebet nicht mehr die Lehmplatte [mit Erde aus Kerbela, dem Ort von Husseins Märtyrertod] unter die Stirn legte, weil ich der Meinung war, daß ich damit einer Art „Götzen"verehrung folgte, indem ich über einer Lehmplatte betete. Mein Vater war der Überzeugung, dies sei der Beginn der „Gottlosigkeit". Glauben Sie mir, wenn [der Vorwurf] „Gottlosigkeit" so leicht über die Lippen kommt, dann kann ein jeder aus dem Geschlecht Adams, der diese Erfahrung schon einmal gemacht hat, für sich das Recht beanspruchen, bis zur letzten Konsequenz weiterzugehen.

Dieser Absatz zeigt, daß Al-e Ahmad sich stets bewußt war, daß die psychologischen Wurzeln seines Mißtrauens gegenüber dem „offiziellen" Schiismus im Bruch mit seinem Vater lagen. Als der bittere Nachgeschmack dieses Bruches verflog, erwachte in ihm immer stärker die Hoffnung, er könne seinen eigenen stark religiösen Wesenszug in seinem Leben einordnen und gleichzeitig die religiösen und die linken Regierungsgegner zur Zusammenarbeit veranlassen. Um 1960 erkrankte sein Vater ernstlich und wurde schließlich gelähmt. Al-e Ahmad besuchte ihn in Ghom, und sie versöhnten sich; 1962 starb sein Vater. Khomeini hielt in Ghom einen Gedenkgottesdienst ab, dem Al-e Ahmad beiwohnte. Nach dem Gottesdienst suchte er Khomeini auf, um ihm zu danken. Khomeini soll zu Al-e Ahmad gesagt haben, er habe *Euromanie* gelesen und bewundere das Buch. (Ohne Zweifel wurde es in Ghom schon gleich nach seinem Erscheinen sehr populär.) Jedenfalls steht fest, daß der Aufstand im März 1963, dessen Hauptfigur Khomeini war, Al-e Ahmad begeisterte. Es heißt auch, Al-e Ahmad habe Khomeini in Teheran aufgesucht, wo der Ayatollah bis zu seiner Verbannung 1964 unter Hausarrest stand, und während sie sich die Hand schüttelten, soll er zu ihm gesagt haben: „Wenn wir uns weiterhin die Hände reichen, werden wir die Regierung besiegen." Die Übermittler dieser Geschichte glaubten, daß sie für die sich anbahnende Allianz eines Flügels der Intellektuellen mit den Religionsführern symptomatisch sei.

1964 machte Al-e Ahmad die Pilgerreise nach Mekka. Es war eine Handlung ganz im Stil des späteren Al-e Ahmad. Es war ein Akt der „Verpflichtung", des „Engagements"; nicht umsonst war Al-e Ahmad der Autor von flüssigen (wenn auch nicht immer genauen) Übersetzungen mehrerer Werke von Camus und Sartre. Es war eine Kampfansage an den weltlichen Intellektuellen, der „die Nase hochstreckte, seinen Rock schürzte [und sagte:] ‚Eine Pilgerreise [nach Mekka]? Gibt es so wenige Orte [die man besuchen kann]?'" Es war auch ein Akt der Pietät gegenüber seiner Familie. Sein Bruder war in Medina gestorben, wo er als Vertreter des Ayatollah Borudscherdi Oberhaupt der schiitischen Gemeinde gewesen war. Schließlich war es ein Akt der Selbstfindung. Nachdem er sich darüber klargeworden war, daß seine kulturelle Selbsterfahrung letztlich zwei Wurzeln hatte, die persische Sprache und den schiitischen Islam, hatte er das Bedürfnis, die religiöse Hälfte seiner Selbsterfahrung auf dem Resonanzboden seiner Seele zu testen und – nach Al-e Ahmads Art – in seinem Innern zu vernehmen, was echt und was unecht klang.

Im Flugzeug nach Saudiarabien stellte er fest, daß einige Mitglieder der Besatzung, die ihn ans Ziel seiner Pilgerreise brachte, „libanesisch-armenische Araber" waren. Da fragte er sich selbst: „Und wer bist du? Ich weiß, daß ich heute morgen in der Pilgerhalle des Flughafens von Teheran mein Gebet gesprochen habe. Wer weiß, nach wievielen Jahren. Sicher zum erstenmal, seit ich in meinem ersten Universitätsjahr aufgehört habe zu beten... Aber um ehrlich zu sein, ich bin nicht mehr in der Verfassung dazu. Ich spüre, es ist Heuchelei. Es kommt nicht richtig heraus. Auch wenn es keine Heuchelei ist – mit Glauben hat es nichts zu tun. Man will einfach Teil der Menge sein."

Dieser Wunsch, Teil der Menge zu sein, wird für ihn zum wichtigsten geistigen Faktor dieser Pilgerreise und damit zu dem Element des Islam, das er von der Pilgerreise als sein Ureigenstes mitnehmen konnte. Er bemerkt die Gruppenbildungen unter den Pilgern, sogar unter den Iranern. Er bemerkt, daß ein Mullah und sein Anhang, die in Mekka im selben Haus wohnen wie er, eine geschlossene Gruppe geworden sind. „Sie sind nach oben gegangen, und ständig hören wir ihren Ruf zum Gebet und ihre *rouzes* und Klagelieder. Und wir, die wir weniger streng sind und nicht das gleich starke Bedürfnis nach *Achunds* und Mullahs haben, sind auf dem mittleren Stockwerk." (Die Frauen drängten sich im Untergeschoß zusammen.) Aber auch die Kraft der Loslösung, die dieser

267

Pilgerreise – als religiös „verordneter Zeit" im Leben eines Muslim – innewohnt, wird ihm sehr deutlich bewußt: Auf der Pilgerreise soll der einzelne Muslim, losgelöst von allen unterscheidenden Gruppenmerkmalen, letzten Ende sich selbst begegnen.

Er kam um vier Uhr dreißig morgens in Mekka an, und während er auf den Sonnenaufgang wartete – schreibt er – „rezitierte ich alles, was ich an Dichtung auswendig wußte..., und schaute bis zur Morgendämmerung so sorgfältig in mich hinein, wie ich nur konnte. Was ich sah, war nur ‚ein bißchen Stroh', das zur ‚festgesetzten Zeit' gekommen war, aber keine ‚Person', bereit zum ‚vereinbarten Termin'. Ich sage, ‚Zeit' war Ewigkeit, das heißt, es war der Ozean der Zeit; die ‚festgesetzte Zeit' war in jeder Sekunde und an jedem Ort, einzig und allein mit dir selbst."

Selbst diese Erwartung, in der Masse der Gläubigen unterzugehen, wird manchmal erfüllt, manchmal enttäuscht. Beim Umschreiten der Kaaba, des heiligsten Schreines des Islam und Hauptziel der Pilgerreise, empfand er blitzartig jene nahtlose gemeinsame Erfahrung, nach der er sich sein ganzes Leben gesehnt hatte: „Schulter an Schulter mit anderen, als einzelner und im Kollektiv, in der gleichen Richtung um ein und denselben Gegenstand zu schreiten. Dabei gibt es ein Ziel und ein System. Du bist ein Teilchen in einem Strahl, der um ein Zentrum kreist. Dadurch [bist du] verbunden, nicht gelöst. Wichtiger noch: Es gibt keine Begegnungen. Du gehst mit den anderen Schulter an Schulter, trittst ihnen nicht gegenüber. Selbstaufgabe siehst du nur in den schnellen Bewegungen der menschlichen Körper, nicht in dem, was sie sagen."

Im Gegensatz dazu erblickte Al-e Ahmad in der zweiten Zeremonie, in der der Pilger sich mehrmals – wechselweise im Gehen und im Laufschritt – zwischen zwei kleinen Hügeln in Mekka hin- und herbewegt, die Art der Selbstaufgabe, die für ihn der erschreckendste Aspekt der Religion war. „Das laute Murmeln... die Selbstaufgabe... Kannst du inmitten solcher Selbstaufgabe bei Sinnen bleiben? Und als Einzelwesen handeln? Hast du dich schon einmal inmitten einer geängstigten Menge befunden, die vor etwas flieht? ‚Selbstaufgabe' muß als ‚Verängstigung' gelesen werden... Was auch immer sie sein mögen, sie erscheinen mir nicht als Menschen, an die man sich um Hilfe wenden könnte." Doch einige Stunden später, beim Gebet zum Sonnenuntergang, machte er wieder jene Erfahrung, die ihm das größte Wunder zu sein schien: daß das gemeinsame Verhalten von Menschen, die die gleiche Glaubensüberzeugung teilten, in einer Weise sinnvoll erschien, wie es das Verhalten eines einzelnen niemals sein konnte. „Ich begann mein wiederholtes Niederwerfen. Als ich den Kopf hob, waren alle Menschen in der Moschee [die die Kaaba umgibt] angetreten, vom einen Ende der Säulengänge und Dächer bis zum andern. Die größte Menschenansammlung unter diesem Himmel – sie waren an einem Ort zusammengekommen, um einem Befehl zu gehorchen. Und in einer solchen Versammlung muß es doch einen Sinn geben."

Vieles an Al-e Ahmads gesellschaftlichen, kulturellen und religiösen Analysen klingt vertraut. Als äußerst gewissenhafter Mann versuchte er nie, seine Quellen zu vertuschen. Ihn interessierte brennend, wie der Westen sich selbst und wie er den Osten sah. Sein Pilgertagebuch spielt wiederholt auf das beliebte Thema der Pilgerreise in der persischen Literatur an, aber es erwähnt ebenso die Pilgerreise des Malcolm X und die Arabienreise des französischen Schriftstellers Paul Nizan, der von Sartre sehr bewundert wurde. Ebenso bestätigt Al-e Ahmad den Einfluß eines iranischen Philosophieprofessors, des Erfinders des persischen Wortes für Euromanie, als er erklärt, wie ein Begriff Heideggers für die iranische Situation bedeutungsvoll wurde. In all seinen Schriften zieht er immer wieder ausführlich die im Westen geübte Selbstkritik heran. So übersetzte zum Beispiel Khalil Maleki, Al-e Ahmads geistiger Held, im Jahre 1953 ein Buch des Ungarn Tibor Mende ins Persische, und Al-e Ahmad entdeckte mit seinem begrenzten, aber orthodoxen marxistisch-leninistischen Hintergrund in Mendes Einteilung der Welt in die Industrialisierten und die Nicht-Industrialisierten eine Wurzel für seine eigene Einteilung der Welt: in die Herren und die Sklaven der Maschine.

Aber wenn seine Inspirationen auch von westlichen Quellen geprägt sind, klingt uns Al-e Ahmads Kritik aus einem anderen Grund vertraut in den Ohren: sie klingt russisch. Sie ist mit einer Stimme verwandt, die uns Solschenizyn in jüngster Zeit nahegebracht hat, als er bei der dreihundertsiebenundzwanzigsten Abschlußfeier in Harvard sprach:

[Die] fortwährende Blindheit des Überlegenheitsdenkens ist weiterhin davon überzeugt, daß alle großen Regionen des Globus sich nach dem Maßstab des gegenwärtigen westlichen Systems entwickeln und zur Reife kommen sollen – des besten Systems in der Theorie und des attraktivsten in der Praxis –, daß all diese anderen Welten nur vorübergehend (durch boshafte Führer oder schlimme Krisen oder durch ihre eigene Barbarei und ihr Unverständnis) davon abgehalten werden, die pluralistische Demokratie des Westens und den westlichen Lebensstil überhaupt zu übernehmen. Ganze Länder werden nur danach beurteilt, welchen Fortschritt sie in dieser Richtung machen. Aber in Wirklichkeit entspringt diese Sichtweise dem westlichen Unverständnis für die Seinsweise anderer Welten, die völlig zu Unrecht alle mit dem westlichen Maß gemessen werden.

Natürlich ist Solschenizyn der Erbe der Slawophilen des neunzehnten Jahrhunderts, deren Stimme wir in vielen russischen Romanen jener Zeit vernehmen; und in loser Weise läßt sich eine Ähnlichkeit zwischen dem Lebensgang von Al-e Ahmad und Nikolai Gogol festatellen. Dieser ging Ende der 1840er Jahre von leicht satirischen Beschreibungen der Kleinbürokraten zu einer Mischung von Gesellschaftskritik und glühender Verherrlichung der Russisch-Orthodoxen Kirche über, von der er sagt, daß sie, „einer keuschen Jungfrau vergleichbar, sich in einzigartiger Weise selbst bewahrt hat – als sei sie dem russischen Volk unmittelbar vom Himmel gesandt…" Für Gogol war die Kirche der tiefste Wesenszug im russischen Charakter und sein endgültiger Schiedsrichter: „Ich halte es für verrückt, in Rußland außerhalb der Kirche irgendwelche Neuerungen einführen zu wollen, ohne den Segen der Kirche zu erlangen. Es wäre sogar widersinnig, unserem Denken europäische Ideen einimpfen zu wollen, solange diese nicht mit dem Licht Christi getauft worden sind." Auch als Fürsprecher des einfachen Volkes hat Al-e Ahmad schon entschiedene russische Vorgänger. In Turgenjews Novelle *Rauch* sagt das Sprachrohr des Autors (der ein Verächter der Slawophilen war): „Wenn ich Maler wäre, würde ich folgendes Bild malen: Ein gebildeter Mann steht vor einem Bauern, vor dem er sich tief verbeugt. ‚Heile mich, Väterchen Bauer', sagt er, ‚ich leide an einer Krankheit, die mich zugrunde richtet.' Der Bauer verneigt sich seinersits tief vor dem Gebildeten. ‚Lehre mich, Väterchen und Meister', sagt er, ‚meine Unwissenheit richtet mich zugrunde.'"

Al-e Ahmad wußte mit größter Wahrscheinlichkeit nicht, daß er russische Vorläufer hatte. Er hat zwar 1948 Dostojewskis *Der Spieler* aus dem Französischen ins Persische übersetzt, aber er hatte (zu seinem Nachteil) offenbar kein Interesse an Dostojewskis kompliziertem Verhältnis zu dem Glauben der Slawophilen oder zur Religion überhaupt. Und nach 1948 war es von allen ausländischen Literaturen die französische, mit der sich Al-e Ahmad fast ausschließlich beschäftigte. Al-e Ahmad war jedenfalls ein Original: alles, was er machte, war von seinen iranischen Verhältnissen und seinem Charakter geprägt, und dieser Charakter zeigte sich in der Schärfe und Frische seines Stils.

Im Gegensatz zum *Schuldirektor,* der fast überall Bewunderer fand, stieß die *Euromanie* auch auf heftige Kritik. Aber trotz aller Widersprüchlichkeit der *Euromanie* (zu Beginn des Buches erklärt der Autor, der Sieg der Maschine sei „unausweichlich", aber in späteren Abschnitten widerspricht er dieser Aussage) und trotz krasser historischer Phantasien (den Ursprung der Euromanie erblickt er in der Flucht vor „Mutter Indien") traf dieses Buch einen Nerv: jeder intelligente Iraner hatte etwas dazu zu sagen. Dies war so, weil der Autor als aufrichtiger Mann klar hinter dem stand, was er tat, vor allem aber, weil das Buch so deutlich die Veränderungen thematisierte, die die Iraner eben erst in ihrem Umfeld wahrzunehmen begannen.

Zu den Veränderungen gehörten die Verwirrung und das schwindende Selbstvertrauen bei der Linken nach dem Sturz der Regierung Mosaddegh. Für den außenstehenden Beobachter bot die iranische Linke Ende der fünfziger und in den sechziger Jahren ein recht lebendiges Bild – sie wurde von den iranischen Studenten in Europa und Amerika weit stärker unterstützt als jede andere ideologische Richtung und wurde von der SAVAK wie auch vom CIA ständig überwacht. Aber im Iran selbst verlor die Linke, obgleich immer noch eine bedeutende Kraft, allmählich die zentrale Stellung, die sie von 1943 bis 1953 innegehabt hatte. Jede Spaltung innerhalb des kommunistischen Lagers – angefangen von der Geburt des Maoismus – wiederholte sich zehnfach verstärkt in der iranischen Linken, deren Hang zu sektiererischer Reinheit eigentümlich an einen ähnlichen Hang bei den sich endlos spaltenden Gemeinschaften der frühen Schiiten erinnerte. Gerade sein Abscheu vor diesem Sektierertum hatte Al-e Ahmad schließlich aus der Politik vertrieben.

Al-e Ahmad war auch einer der ersten Iraner, der eine noch tiefergehende Schwäche der Linken diagnostizierte: ihre Entfremdung von den Massen. Sicher war es eine schöne Sache, daß die Linke die intellektuellen Diskussionszirkel in Teheran beherrschte, aber als es zum Schwur kam und die Ayatollahs Kaschani und Behbahani gegen Mosaddegh Front gemacht hatten, da waren es die Religionsführer, die die Massen hinter sich brachten. 1963 demonstrierten die Mullahs das alles noch einmal mit Zinseszins, als Khomeini und ein paar andere Ayatollahs zum ersten großen nationalen Aufstand gegen die Regierung seit 1953 aufriefen. Die Linke übte Selbstkritik wegen ihrer Unfähigkeit, die Massen in gleicher Weise zu mobilisieren; eine Lösung des Problems fand sie nicht.

Die ureigenste Machtbasis der Linken auf den Ölfeldern und in den Fabriken schmolz allmählich dahin, zum Teil wegen der Unterdrückung durch die Regierung, zum Teil aber auch, weil die Regierung einige Leistungen erbrachte, die nach Aussage der Linken nur eine linke Regierung erbringen konnte: Sicherheit der Arbeitsplätze und einen mehr oder weniger ständigen Anstieg des Realeinkommens. Das Gesetz über die Gewinnbeteiligung der Arbeitnehmer von 1963 garantierte den Arbeitern in den großen Fabriken einen jährlichen Bonus von mindestens einem Monatslohn, und das Arbeitsministerium setzte sich wirksam für die Sicherheit der Arbeitsplätze ein. Die größte ideologische Verwirrung bei der Linken kam jedoch durch das Gesetz über die Bodenreform von 1962 zustande, dem Jahr, in dem sich 56 Prozent des Bodens in der Hand von einem Prozent der Bevölkerung befanden. Die Bodenreform setzte unmittelbar nach den „Unruhen" von 1963 ernsthaft ein, und als der Schah – der zunächst unsicher war – erkannte, wie sehr die Bauern ihre Durchführung verlangten, sorgte er dafür, daß sie tatsächlich durchgeführt wurde.

In der 1962 erschienenen ersten Auflage von *Euromanie* konnte Al-e Ahmad noch zu Recht von den neunzig Prozent Iranern sprechen, die in den vergessenen Dörfern und den Zelten des Bauern und Viehhirten lebten. Doch als die spätere Auflage herauskam (und seine übrigen Schriften der späteren sechziger Jahre erschienen), waren die ländlichen Gebiete keineswegs mehr Stiefkinder, und wie viele andere Intellektuelle griff er die Bodenreform offen an. Viele dieser Angriffe waren begründet: Die Bodenreform erlaubte einer einzigen Person, ein ganzes Dorf in ihren Besitz zu bringen; an manchen Orten zerstörte sie altbewährte Systeme der Zusammenarbeit zwischen den Bauern (hier hatte es tatsächlich schon Land- und Arbeitsgenossenschaften gegeben, die sich auf örtliches Gewohnheitsrecht gründeten); andernorts wiederum schuf sie eine Klasse von „Kulaken", Großbauern, die die kleinen Bauern auf noch gemeinere Weise ausbeuten konnten, als die Großgrundbesitzer es getan hatten. Aber die Angriffe auf die Bodenreform zeigen auch den verzweifelten Versuch, Schuld zuzuweisen: Seit über zwanzig Jahren hatte die Linke zur Bodenreform aufgerufen, doch es war die Regierung, die sie – wenn auch sehr unvollkommen – in die Tat umgesetzt hatte.

Al-e Ahmad übte heftige Kritik an dem Regierungsprogramm zur Bodenreform, doch wählte er seine Angriffsflächen im großen und ganzen mit Umsicht aus: Seine Kritik richtete sich gegen die kulturellen und moralischen Auswirkungen der Reform. Er sagte, die Bodenreform habe (zusammen mit den parallel laufenden Regierungsprojekten für die Dörfer, zum Beispiel Schulbildung für alle) die Euromanie auch auf diejenigen Zonen des iranischen Lebens ausgedehnt, die noch einigermaßen intakt geblieben waren. Sie habe einen Hunger nach den teuren, nichtigen Symbolen der Euromanie erzeugt: Neonleuchtschrift für die Fassaden der Moscheen, unzureichendes landwirtschaftliches Gerät, Radio-Cassettenspieler und dergleichen. Im übrigen habe der belanglose, anmaßende Kulturballast, den die staatlichen Schulbücher und der Staatsrundfunk zusammen mit diesen Veränderungen gebracht hatten, in den Dörfern Zwietracht zwischen den Generationen und auch innerhalb jeder Generation gesät. Zwischen den Großbauern und den Landarbeitern sei ein Kampf der Gier und des Neides entstanden, der den Geist der Zusammenarbeit im Dorfleben zerstört habe. Die Bauern seien in die Marktwirtschaft mit den von ihr erzeugten falschen Bedürfnissen eingebunden, ihrer geistigen Tradition und ihres früheren Sinnes für gemeinsames Geben und Nehmen beraubt – und so blieben sie entweder auf dem Land, um ihren Streit auszutragen, oder sie flüchteten in die Städte in der kläglichen Hoffnung, das materielle Paradies zu finden, das ihre neuen Bedürfnisse befriedigen würde.

Dieses Bild war in vielem maßlos übertrieben, ein Abbild von Al-e Ahmads romantischer Sehnsucht nach der verlorenen Unschuld des Irans vor dem „Fall"; aber es verbarg sich ein Körnchen Wahrheit darin. Natürlich gab (und gibt) es in jeder Beschreibung der Dritten Welt ein Körnchen Wahrheit. Aber als die iranischen Intellektuellen nach 1962 das Kapitel der *Euromanie* wieder und wieder lasen, in dem Al-e Ahmad sagt: „Seht, was für ein Friedhof aus dem Ackerboden unserer Nation geworden ist" – da empfanden sie seine Worte als zukunftweisend.

Es ist aber keineswegs ausgemacht, daß die Bauern diesen Kummer teilten. Indem Al-e Ahmad bei seiner linksgerichteten Kritik der Bodenreform die kulturelle und moralische Seite betonte, gab er sogar indirekt zu, daß der Bauer die Dynamik akzeptiert hatte, in die er geraten war, und daß die politischen Parteien einschließlich der Linken ihn daher nicht einfach als Werkzeug vereinnahmen konnten. In seinem 1967 erschienenen letzten Roman *Die Verfluchung des Landes* preist er seinen engagierten Helden, der aus der Stadt auf das Dorf zieht und für die Erhaltung der Werte des Landlebens kämpft. Der Held kann in dem Dorf zwar manches Gute bewirken, aber zuletzt reist er wieder ab, wie er gekommen war – auf einem Lastwagen –, in der Erkenntnis, daß er für die Krankheit des Landlebens kein allgemeines Heilmittel besitzt.

Aber auch in anderer Weise (die weniger mit der Entmutigung bei der Linken zu tun hatte) sprach Al-e Ahmads Theorie von der Euromanie schon sehr früh und mit großer Genauigkeit Gefühle an, die sich nach seinem Tode im Bewußtsein der Iraner zum Fieber steigern sollten. Eines dieser Gefühle hatte paradoxerweise mit dem wachsenden Wohlstand des Irans durch das Erdöl zu tun. Bis zur Entdeckung des Erdöls, sagt er, sei der Iran ein unabhängiges Land gewesen. Mit dem Steigen des Erdölpreises diktierten die Westmächte dem Iran, welche Produkte er von ihnen kaufen solle; sie drängten ihm Handelsabkommen auf, zu denen die Anschaffung riesiger, unnötiger Waffenbestände und das Abladen westlicher Agrarüberschüsse im Iran gehörten, darunter Produkte, die Al-e Ahmad wiederholt als „Hühnermilch" bezeichnet. Als die Regierung in der zweiten Hälfte der siebziger Jahre Verträge über den Kauf amerikanischer Atom-U-Boote abschloß, um ihre Macht im Indischen Ozean zu sichern, und als es in den Hotels von Teheran von westlichen Geschäftsleuten wimmelte, die fast wütend wurden, wenn die „unverschämt reichen" Iraner nichts kauften, und als Frachtschiffe mit dänischer Butter, australischem Lamm und amerikanischem Weizen im Persischen Golf kreisten, weil die iranischen Seehäfen verstopft waren – da packte die Iraner der Zorn, denn sie sahen, daß sie tatsächlich in der von Al-e Ahmad beschriebenen Weise durch aufgezwungene Handelsverträge ausgeplündert wurden. Allerdings war der Handel viel weniger erzwungen und – zumindest im Fall der Nahrungsmittel – für das Überleben des Irans viel, viel notwendiger, als Al-e Ahmad zugegeben hatte; aber es haftete ihm etwas Irrsinniges und Unkontrolliertes an, und die Iraner bekamen erstmals seit den Tagen des Tabakmonopols wieder das deutliche Gefühl, daß sie nicht Herr ihrer eigenen Reichtümer waren.

Al-e Ahmad sah und verwarf auch die ersten Anzeichen eines neuen nationalen Kultes der Monarchie. Die Monarchie hat in der iranischen Tradition echte, tiefe Wurzeln; nicht zufällig heißt das Nationalepos *Das Buch der Könige*. Einiges von dem, was Al-e Ahmad verachtete, war nichts weiter als die Fortführung des traditionellen Königskultes, den die Pahlavis fortsetzten, „mit den Kronjuwelen in der Landesbank... und ganz allgemein mit allem, was dem Auge gefällt. Biete dem kleinen Mann ein Spektakel, und er denkt, er ist groß!" Das neue Element war jedoch der Kult der iranischen Vergangenheit und insbesondere des iranischen Königtums vor dem Islam.

Die Iraner hatten das Gefühl, ihre Könige und Helden des Altertums ebenso genau (und manchmal noch genauer) zu kennen wie die iranischen Könige und Helden aus den vierzehn Jahrhunderten islamischer Geschichte. Aber diese vertrauten altiranischen Könige und Helden entstammten der stilisierten, beispielhaften, dichterischen Erzählung im

Buch der Könige, es waren nicht die alten Perser eines Xenophon und Herodot, auch nicht die persischen Könige aus den Büchern Jesaja und Esra. Die jungen Nationalisten um Reza Schah suchten durch Schulbücher und populäre Veröffentlichungen das iranische Volk in dieser neu entdeckten Geschichte zu unterrichten. Dabei wurde besonderer Nachdruck auf die Geschichte jener frühen iranischen Herrscher gelegt, die von den Griechen Perser genannt wurden und deren Großreich – zu dem Ägypten, der größte Teil Westasiens sowie die angrenzenden Teile Zentralasiens und Indiens gehörten – für die Griechen ein bedrohlicher Machtfaktor war, solange es bestand, von seiner Begründung durch Kyros im 6. Jahrhundert v. Chr. bis zu seiner Auflösung durch den glänzenden (und iraner-freundlichen) halb-griechischen Abenteurer Alexander den Großen im 4. Jahrhundert v. Chr.

Unter dem Eindruck der Rolle, die der Iran in der vor-islamischen Geschichte gespielt hatte, gaben iranische Familien der Mittel- und Oberschicht seit den 1930er Jahren ihren Söhnen Namen wie Kyros und Kambyses – Namen, die für muslimische Iraner vor der Übersetzung der neuzeitlichen europäischen Bücher im neunzehnten Jahrhundert ausländisch und praktisch nichtssagend geklungen hatten. Als die Kyrosse aus den dreißiger Jahren erwachsen waren und ihren Kindern ihrerseits altiranische Namen gegeben hatten, schien der neu aufgepfropfte historisierende Kult Wurzel geschlagen zu haben. Für viele gebildete Iraner war die überlieferte vor-islamische Geschichte des Irans, wie sie im Nationalepos – einer Mischung aus Mythos, authentischer Reichsgeschichte und in Reichsgeschichte übersetzter authentischer Ortsgeschichte – aufgezeichnet war, mit der aus griechischen Klassikern, aus der Bibel, den mesopotamischen Tontafeln und ägyptischen Papyri entnommenen Geschichte der Iraner eng verschmolzen. Beide Lesarten ergänzten den neuen iranischen Nationalismus des zwanzigsten Jahrhunderts; nach all diesen Berichten waren die Iraner bereits über tausend Jahre vor dem Auftreten des Islam eines der großen Völker der alten Welt gewesen.

Die zweite Generation der Kyrosse, die unter dem zweiten Pahlavi-Schah Verwaltungsposten innehatte, ging davon aus, daß die Verschmelzung der beiden Geschichtsdarstellungen vollendete Tatsache sei; Al-e Ahmads „vernachlässigte" Iraner würden diese übernehmen, sobald mit der Ausbreitung der Schulbildung die große Mehrheit der iranischen Kinder der Nachkriegszeit diese Botschaft den staatlichen Schulbüchern entnehmen würde. Die jüngeren Kyrosse hatten aber nur zum Teil recht. Die dritte Generation von Kyrossen war nicht merklich größer als die zweite; trotz der allgemeinen Schulbildung gab es immer noch sehr viele Mohammads, Hoseins und Fatemes.

Irgend etwas war schiefgelaufen, und wie gewöhnlich war Al-e Ahmad einer der ersten, die den Wechsel in der Volksstimmung spürten und zum Ausdruck brachten. In seiner *Euromanie* von 1962 belächelte er die Regierung wegen ihrer „Manie für die Verehrung unseres Altertums..., eine Manie, vor Ausländern zu protzen, sich selbstgefällig und dümmlich in der Prahlerei mit Kyros und Dareios zu überbieten und sich stolz in der Spiegelung von Rostams Ruhm zu aalen." Der Stimmungsumschwung bei den Intellektuellen war zum Teil Verärgerung darüber, daß die alte Geschichte offenbar zum Nutzen des Regimes ausgeschlachtet wurde. Je mehr sich das Regime in die neu rekonstruierte Geschichte kleidete, desto belangloser wurde der alte Iran für die iranischen Intellektuellen. Auch der historische Boden, auf dem das Regime und die Intellektuellen weiterhin gemeinsam standen, wurde verschieden interpretiert. Im *Buch der Könige*, wie es in den staatlichen Schulbüchern nacherzählt wurde, gab es verdächtig wenige Hinweise auf Königsmord, von dem das Original des elften Jahrhunderts einige bezeichnende Beispiele anbot. Einige Intellektuelle aus der Opposition wollten das genaue Gegenteil: für sie wurden diese wenigen Beispiele zum Hauptthema des ganzen Nationalepos.

Seit Ende des Zweiten Weltkriegs waren außerdem Hunderttausende von Iranern aus den traditionell religiöseren Bevölkerungsschichten in einer Weise in das Leben des Volkes verstrickt worden, wie es ihre Vorfahren nicht gekanntn hatten. Durchs Transistorradio ebenso wie durch die allgemeine Schulbildung waren sie aufgerufen, sich dem vermeintlichen Konsens über die gemeinsame iranische Geschichte anzuschließen, und alle die Mohammads, Hoseins und Fatemes aus traditionell religiösen Familien fühlten sich zur Antwort und Stellungnahme genötigt, wie das in dieser zweideutigen Welt zwischen Iranertum und Islam bisher nie der Fall gewesen war. Sie verstanden sich als Muslime und auch als die kulturellen Erben des vor-islamischen Irans, wie er im *Buch der Könige* dargestellt wurde. Und sie wußten, daß jene alten heidnischen Herrscher, die sich selbst „König der Könige" nannten, aus streng religiöser Sicht keine Ursache hatten, stolz zu sein; – hatte der Prophet nicht in einem bekannten Ausspruch gesagt: „Der gottloseste Titel ist für mich ‚König der Könige'"? Seit Jahrhunderten hatten sie im nicht-religiösen Rahmen ihr vor-islamisches Kulturerbe und im religiösen Rahmen ihr Muslim-Sein beschworen. In genauer Entsprechung hatten die islamischen Herrscher des Irans mit ihren traditionellen iranischen Abzeichen der Königswürde – Kronen, königliche Sonnendächer und so weiter – geprunkt, wenn sie für den Adel Hof hielten; aber im religiösen Rahmen hatten sie ihre Rolle als Beschützer des Islam und Schutzherren der Mullahs und so weiter herausgekehrt. Jetzt verlangte die Regierung auch von den einfachsten Iranern, sie sollten sich ausdrücklich und ständig als Erben des Kyros und ihren Herrscher als Erben von Kyros' Königtum betrachten.

Diesem Dilemma lag eine völlig alberne Frage zugrunde. Das *Buch der Könige* berichtet zutreffend über viele iranische Könige aus der Zeit zwischen dem Einfall Alexanders des Großen im vierten Jahrhundert v. Chr. und dem arabischen Einfall im siebten Jahrhundert n. Chr., aber nur ein einziger König aus der Zeit vor Alexander (nämlich Dareios III.) stimmt im Nationalepos mit den Aufzeichnungen von Inschriften und altgriechischen Texten über die Geschichte jener Zeit überein. Alle übrigen „epischen" Könige dieser frühen Dynastie sind entweder Kulturhelden der zoroastrischen Überlieferung oder frühe Provinzkönige, deren Geschichte nachträglich in den Rahmen des kaiserlichen Hofes gestellt wurde.

Die iranisch-muslimischen Monarchen des Mittelalters hatten in Persepolis und Pasargadae, jenen prächtigen Kulissen, die Kyros und seine Nachfolger für ihre Selbstdarstellung erbauten, zu Recht Paläste und Kultstätten für die altiranischen Könige gesehen. Die muslimischen Könige des Mittelalters besuchten auch diese Stätten und hinterließen Inschriften zum Beweis ihres Respekts für ihre vor-islamischen Vorfahren. Aber bei den Iranern des Mittelalters war Persepolis als „Thron Dschamschids" bekannt (Dschamschid war ein altiranischer König, der Städte zu Tausenden gründete und das iranische Neujahrsfest einführte). Die Frage „Wer ist als König mehr zu bewundern, Dschamschid oder Schah Ismail?" ist im iranischen Kulturkreis zwar durchaus möglich, aber unwahrscheinlich. Über Jahrhunderte hinweg lag andererseits die Frage „Wer ist der Typ des wirklichen Helden, Rostam oder Hussein?" durchaus nahe, wurde aber sorgfältig vermieden. Aber wie ist es mit: Kyros oder Hussein?

Wenn Al-e Ahmads Kritik an der Verherrlichung einer emotional nicht mehr erfühlten Vergangenheit bei der breiten Masse der Iraner ankam, wurde andererseits seine Behauptung, der Westen habe aus gutem Grund sein Selbstvertrauen verloren, nur von den Intellektuellen wirklich verstanden – und doch war es diese Behauptung, die in allen Teilen der iranischen Gesellschaft irgendein schwaches Echo fand. „Nehmen wir an", sagte Al-e Ahmad, „wir werden morgen wie die Schweiz." Selbst wenn dies möglich wäre (und Al-e Ahmad ist überzeugt, daß es unmöglich ist) – wer möchte denn wie der Westen sein? Haben sich nicht westliche Intellektuelle als allererste wegen des Kolonialismus geschämt, in dem Al-e Ahmad einen natürlichen Auswuchs des westlichen Abenteurertums sieht? Und schwärmt nicht jeder Gebildete und Belesene im Westen für afrikanische Musik und östliche Geistigkeit – was doch zum mindesten „seinen Überdruß an seiner Umwelt, Lebensweise und Kunst" beweist?

Die Exzerpte aus Al-e Ahmads lebenslangem Studium westlicher Selbstkritik füllen seine Bücher. Er scheint sich bewußt zu sein, daß er mit dem Feuer spielt. Wenn ein Mann, der den Westen angreifen will, so viele seiner besten Waffen in der Rüstkammer des Westens selber findet, ist er dann nicht sehr „vom Westen angekränkelt", ein verblendeter Euromane ohne eigene, gewachsene Wertmaßstäbe? Ein strenger Kritiker mag versucht sein, die Anklage von Turgenjews Sprachrohr in *Rauch* zu wiederholen: „Es wäre nicht schlecht, wenn wir [den Westen] wirklich

verachten könnten; aber das ist nur Lug und Trug. Wir beschimpfen und verfluchen ihn, und doch ist es allein seine Meinung, auf die wir etwas geben; im Grunde ist es die Meinung von Pariser Schwachköpfen."
Al-e Ahmad war sich seines Problems voll bewußt. Er sagt, es sei eines der Kennzeichen des Euromanen, daß er in den westlichen Orientalisten die einzigen brauchbaren Quellen für sein eigenes Selbstverständnis findet. Der Euromane „hat sich selbst als Forschungsobjekt unter das Mikroskop des Orientalisten gestellt und verläßt sich darauf, was der Orientalist sieht, nicht darauf, was er selbst ist, fühlt, sieht und erlebt. Dies ist die widerwärtigste Form der Euromanie." Al-e Ahmads Aufrichtigkeit machte es ihm unmöglich, diesem Dilemma auszuweichen. Er hatte zwar die kulturelle Unversehrtheit eines Scheich Fazlollah gelobt, der sich den weltlichen Verfassungsanhängern widersetzt hatte, aber er war nicht bereit zu sagen: „Unser angeborener Maßstab für die Annahme oder Ablehnung irgendeiner Sache ist das geheiligte Gesetz, wie es der schiitische Islam versteht." Al-e Ahmad glaubte nicht, daß die Lösung so einfach war. Davon abgesehen, war seine Stellung schon besetzt; iranische Intellektuelle waren sich mit aller Schärfe, andere Iraner eher undeutlich bewußt, daß der Westen sein Selbstvertrauen verloren hatte. Es war eine Sache, sich dem Westen zu verschreiben, wenn der Westen den Osten durch Kiplings *Kim* sah – eine ganz andere jedoch, wenn er ihn durch Hesses *Siddharta* sah.

Seine treffendste Kritik übte Al-e Ahmad vielleicht in dem Lebensbereich, den er aus eigener Erfahrung von Jugend auf sowie durch lebenslanges Engagement am besten kannte: im sozialen Aspekt des Bildungswesens. Hier ist seine Sprache weniger blumig, seine Beispiele sind weniger amüsant als bei seiner Kritik in dem verwandten Bereich des kulturellen Bildungsaspektes. Mit seinem impressionistischen Ansatz, der mit verstreuten, nicht immer aussagekräftigen Statistiken untermauert war, schien er den Iranern als Bildungssoziologe eher ein Leichtgewicht zu sein. Tatsächlich hatte er jedoch einen iranischen Lebensbereich erkannt, in dem das Bildungssystem lange, offensichtlich sinnlose Schlangen von Hochschulabgängern hervorgebracht hatte, aus denen eine Generation nach dem Erscheinen der *Euromanie* zornige Massen von Hochschulabgängern wurden, die sich nicht einmal mehr in eine Schlange einreihen konnten. Er hatte geschrieben:

Wir haben [in unserem Bildungssystem] keinerlei vorbedachten Plan, keine Überlegungen, wo Schulen gebraucht werden und wo sie überflüssig sind. Die Quantität ist immer noch das wichtigste Anliegen der weisen Herren im Erziehungsministerium. Und das eigentliche Ziel des Erziehungsministeriums? Wie ich schon sagte – das Ziel ist, die Euromanie hochzupäppeln oder wertlose Einstellungsgenehmigungen an Leute auszugeben, die nur zu künftigen Platzhaltern auf höheren Positionen taugen... Wir haben technische Schulen, Handelsschulen und noch viele andere, aber der Nutzen dieser Vielfalt, die Existenzberechtigung für alle diese Schulen, was sie pflegen oder welche Arbeiten die Schulabgänger zehn Jahre später übernehmen können – all das ist nirgends festgehalten.

Unter Reza Schah konnten alle Abgänger der höheren Schulen einen Regierungsposten oder einen Anfangs-Studienplatz am Lehrerseminar oder an der Universität Teheran erhalten, wenn ihnen daran gelegen war. Die Zahl der Theologiestudenten an den Medreses war zurückgegangen und betrug nach Ayatollah Ha'eris Tod im Jahr 1937 nur noch 1341, verglichen mit 5532 im akademischen Jahr 1929–30 (wobei allerdings die Regierung ebenso wie die Instanzen der Religion gegen Ende der Regierungszeit von Reza Schah möglicherweise Gründe hatten, die Zahl etwas niedriger anzugeben). Jedenfalls schlossen sich viele Kinder von prominenten Mullahs der Verwaltungselite an, die durch die neue Erziehung entstanden war, oft mit dem Segen ihrer Väter, denen die psychologische Lage und die wirtschaftlichen Aussichten für Studenten der überkommenen Religionswissenschaft nicht gerade rosig erschienen, wenn diese nicht sehr zielstrebig und/oder finanziell unabhängig waren.

In der Zeit unmittelbar nach dem Zweiten Weltkrieg konnte die Regierung die Anzahl der Universitäten (und damit der Studienplätze) erhöhen und so mit der Ausweitung der Schulbildung Schritt halten. Von 1947 bis 1955 wurden fünf neue Provinz-Universitäten gegründet. Die Entwicklung der Volkswirtschaft ging jedoch stoßweise vor sich oder stagnierte zwischendurch völlig. Weder in der Staatsbürokratie noch in der freien Wirtschaft war es offenbar möglich, alle die neugebackenen iranischen Jungakademiker aus dem In- und Ausland unterzubringen.

Trotzdem erhielten immer mehr Iraner eine Schulbildung auf Grundschul- und höherem Niveau, doch wurden von 1955 bis 1975 nur zwei echte Universitäten gegründet, beide in Teheran. Die freie Wirtschaft hatte sich in dieser Zeit zunächst mäßig, dann immer besser und schließlich hervorragend entwickelt. In manchen Jahren gehörte der Iran zu den ganz wenigen bevölkerungsreichen Staaten der Welt, die eine höhere reale Wachstumsrate erreichten als Japan; neue Stellen wurden geschaffen, in denen alle Universitätsabgänger hätten unterkommen können. Aber mit der Zeit verringerte sich der prozentuale Anteil von Studienplätzen für Abgänger der höheren Schulen. Im akademischen Jahr 1961–62 hatten 36,3 Prozent der insgesamt 15942 Schüler, die das begehrte (dem französischen *baccalauréat* entsprechende) Abschlußexamen abgelegt hatten, einen Studienplatz an iranischen Universitäten gefunden; im Jahr 1975–76 waren es nur noch 14 Prozent. 1975 wollte die Regierung etwa ein Dutzend neue Universitäten aus dem Boden stampfen. Es war viel zu spät. 1978–79, im Jahr der Revolution, erhielten nur 12,1 Prozent der etwa 235000 Abgänger von höheren Schulen einen Studienplatz. Die höheren Schüler vermehrten sich immer noch bedeutend schneller als die Universitäten.

Diese Fehleinschätzungen durch die Regierung waren nicht durchweg auf Dummheit zurückzuführen. In der Bevölkerung wuchs der Wohlstand, immer mehr Familien konnten ihren Kindern ein Studium im Ausland ermöglichen; die Regierung ihrerseits wünschte, daß ein bestimmter Teil der Iraner im Ausland studierte. Dies waren natürlich die Leute, die sich in Al-e Ahmads Sicht ihrer eigenen Kultur am meisten entfremdet hatten: „Wir lassen Spezialisten in Amerika (und vielleicht in Deutschland) ausbilden, aber diese Leute sind Barbaren, der Wind weht sie herein, und ebenso werden sie wieder weggeweht. Auch in Europa (ich meine Frankreich und England) bildet man diese Art von Spezialisten aus; was dabei herauskommt, sind angeberische Alleswisser." Auch wollte die Regierung mehr praktisch ausgebildete Techniker anstelle ganzer Horden von Autoren, die Schul- und Prüfungsbücher schrieben; daher wurde die Anzahl von höheren Bildungseinrichtungen wie technische Fachschulen und Fachschulen für Pflegeberufe, die keine akademischen Titel verliehen, erhöht. Noch 1956–57 waren über 99 Prozent der Abgänger von höheren Schulen, die einen Studienplatz im Iran erhielten, an eine Universität gegangen; im Studienjahr 1976–77 besuchte nur noch eine Minderheit, nämlich 44,1 Prozent, eine Universität, der Rest mußte an Fortbildungseinrichtungen studieren, die keinen akademischen Grad verliehen. Hier zeigte sich aber, daß viele Iraner dieser späteren Generation das kulturelle Vorurteil nicht überwinden konnten, das Isa Sadiq in der Selbstbedienungs-Cafeteria im *International House* der Columbia Universität bereits in sich erkannt und überwunden hatte. Zu viele glaubten immer noch, der Zweck ihrer Bildung sei, sich über die Masse derjenigen zu erheben, die manuelle Arbeit verrichteten. Von den 55,5 Prozent, die technische und berufliche Fortbildungseinrichtungen besuchten, hatten zu viele das Gefühl, betrogen zu sein.

In gewisser Weise hatten sie recht: im Iran gab erst der Titel – ob im In- oder Ausland erworben – dem Mann Ansehen. 45,6 Prozent der 4 478 Personen, die im iranischen *Who's Who?* von 1976 stehen, hatten mindestens einen im Ausland erworbenen akademischen Grad, 30,7 Prozent hatten den Doktortitel. Das war nicht immer so gewesen. Natürlich hatten Universitätslehrer einen Doktortitel, normalerweise von der Philosophischen oder der Medizinischen Fakultät; aber „Doktor" Mosaddegh hieß so, weil sein Schweizer Doktortitel eine ungewöhnliche Auszeichnung für einen Mann der Politik war. Als bei den Wahlen zur vierzehnten Nationalversammlung von 1943/44 neun Personen mit einem Doktortitel (medizinische und andere) in diese zweihundert Personen umfassende Körperschaft gewählt wurden, war dies ein Rekord. Am Vorabend der Revolution waren die iranischen Regierungsinstitutionen mit „Doktoren" voll besetzt. In der letzten Nationalversammlung vor der Revolution gab es einunddreißig „Doktoren", und in der 1975 gebildeten letzten Regierung Hoveida hatten dreizehn der siebenundzwanzig Minister den Doktortitel. 1977 besaßen einundvierzig von insgesamt 108 Ministerialdirigenten den Doktortitel der Philosophie oder

der Medizin. Im gleichen Jahr hatten 22 Prozent der 518 extrem mächtigen Leute in den obersten Rängen der Verwaltungshierarchie den Doktortitel. Das iranische Bildungssystem hatte beim Fußvolk hervorragende Ergebnisse gebracht: Die große Mehrheit aller Iraner, die Ende der fünfziger oder in den sechziger Jahren geboren wurden, können lesen und schreiben. Es hat sich auch für diejenigen ausgezahlt, die Spitzenpositionen erreichten; durch ihre Titel erhielten sie Chancen, die sie als bloß gescheite Iraner ohne höheres Diplom wohl kaum bekommen hätten. Aber für allzuviele Iraner, die irgendwo dazwischen lagen, hatte es sich als ein Vabanquespiel und als eine Falle erwiesen, gegen die es keine Berufung gab. Wenn die Universität Teheran die Prüfungsergebnisse und Zulassungen zu Universitätsstellen durch Aushang veröffentlichte und Tausende von Studenten sich durch das Gedränge vor der Universität nach vorne arbeiteten, nur um zu entdecken, daß sie keinen Platz erhalten hatten, dann fragten sie sich, was denn um Gottes willen der Sinn all dieser Bildung sei. Und andere Tausende kamen mit ihren Doktortiteln von unbekannten amerikanischen Universitäten nach Hause und erhielten Verwaltungsposten, die keinerlei Bezug zu dem (sicher beschränkten) Wissen hatten, das sie aus dem Westen mitbrachten; auch sie müssen sich gelegentlich gefragt haben, wozu sie denn in all diesen Jahren ihre Kurse besucht hatten. Eines aber war für diese „vom Wind hereingewehten" Spezialisten klar. Eine „vom Westen angekränkelte" Regierung hatte ein langes, kompliziertes Ritual geschaffen, und wenn einer das Glück hatte, daß seine Eltern oder die iranische Regierung ihn „durchs Studium schleusten", war sein Lohn ein Schreibtischplatz, ein lebenslanges Stipendium und – nach dreißig Dienstjahren – eine ordentliche Pension.

Im Jahr 1965 erhielt Al-e Ahmad, der frühere Lehrer und langjährige Mitarbeiter im Erziehungsministerium, die Gelegenheit, nochmals zur Schule zu gehen. Die Einladung kam – wie fünfunddreißig Jahre zuvor bei Isa Sadiq – von einer großen amerikanischen Universität; als führender Vertreter der jüngeren Generation im kulturellen Leben hatte man ihn für die Teilnahme an dem Internationalen Sommerseminar in Harvard ausgewählt, das von Henry Kissinger – der nicht lange danach einer der seltenen „Doktoren" im amerikanischen Kabinett werden sollte – geleitet wurde.

Für die Zwecke des Seminars hatte Kissinger seine Wahl gut getroffen. In dem Seminar sollten sich geistig interessierte Persönlichkeiten des politischen und kulturellen Lebens aus der Generation der Dreißig- und Vierzigjährigen treffen, die Aussicht hatten, in ihrem Land eine Führungsrolle zu übernehmen. Al-e Ahmad war auf der Höhe seiner Fähigkeiten und gehörte zweifellos schon zu der geistigen Führungsschicht. Er war ein attraktiver Mann, und der von seiner Stirn zurückfallende graue

Haarschopf unterstrich seine Ähnlichkeit mit Faulkner, einem Schriftsteller, den er sehr bewunderte. Mindestens einmal wöchentlich leitete er einen Diskussionszirkel im Café Firuz, einst im Herzen des eleganten Teheran, jetzt einfach in einer belebten Geschäftsstraße mit einer wunderlichen Mischung von Geschäften gelegen – einer russischen Bäckerei, einem großen Geschäft für Büroartikel, einem Spielwarenladen und einer Buchhandlung. Das Café befand sich in einem Ziegelgebäude in dem Stil, der im Iran zwischen den Kriegen als modisch galt, mit blauen Fliesen zwischen den Backsteinen. Vom Eingang stieg man drei oder vier Stufen zu einem unvermutet großen Raum hinauf, wo ein gedrungener älterer Herr im schwarzen Anzug mit Fliege den Besucher zwischen Säulen hindurch zu einem der rechteckigen Tische geleitete. Von März bis November konnte man hinten im offenen Hof an den Holztischen sitzen, bei den immergrünen Bäumen und den Geißblattranken an den Wänden. Der gedrungene Herr mit Fliege ließ Al-e Ahmad und seinen Kreis stundenlang bei einer Tasse Kaffee sitzen; er wußte, daß Al-e Ahmad der meistberedete Intellektuelle seiner Generation war.

An seinem Platz im Café Firuz wirkte der dünne, schlaksige Al-e Ahmad, der kaum mehr als Durchschnittsgröße hatte, wie ein hochgewachsener Mann: Beine, Ellenbogen, Knochen – soweit man ihn durch die Dunstwolke seiner ewigen brennenden Zigarette überhaupt erkennen konnte. Seine spitzen Knochen kamen ihm zustatten; obwohl es ihm gefiel, ein Guru zu sein, dazu noch ein umstrittener, waren ihm doch die neugierigen Mitläufer lästig, die sein eigenes Engagement nicht teilten. Neu Hinzugekommene ließ er seine ganze Eckigkeit fühlen; er behandelte sie barsch und abweisend, aber wenn sie den Test bestanden hatten, war er ein verläßlicher Freund, denn sein stacheliges Anfangsverhalten war natürlich das Gebaren eines überaus sensiblen Menschen. (Auch in seinen Feindschaften war er verläßlich. Unter seinen ehemaligen Freunden aus der iranischen Linken waren Ehsan Tabari, der nach Osteuropa ging und die moskautreuen iranischen Exilkommunisten führte, und Parviz Khanlari, der zum Regime stieß und Minister für Kultur wurde. Von beiden finden wir in Al-e Ahmads Erzählungen grimmige Karikaturen.) Mit ihm befreundet zu sein, bedeutete natürlich, ihn sprechen zu hören – fließend, sich selbst bespöttelnd, in dem gleichen verkürzenden Stil, in dem er auch schrieb, zwischen allen Ebenen der Teheraner Umgangssprache wechselnd, immer wieder sein Thema umspielend, ernstlich bestrebt, zu jedem Gesprächsthema seine ureigenste Meinung zu finden, seine Selbständigkeit zu wahren.

Er hatte von vornherein den Verdacht, mit dem Seminar in Harvard wolle man ihm und anderen Intellektuellen die Selbständigkeit abkaufen. Offenbar hatte der CIA der Einladung zugestimmt, denn einige Gelder flossen durch Kanäle des CIA. Aber es war ihm gleich; seine Frau war einige Jahre vorher Gast dieses Seminars gewesen und hatte berichtet, das geistige Gespräch sei ernsthaft, und Al-e Ahmad kam es vor allem darauf an, mit Intellektuellen aus anderen Ländern zusammenzutreffen, von denen er sich abgeschnitten fühlte. (Schon 1964 hatte er eine Einladung zum Sommerseminar erhalten, doch hatte die iranische Regierung ihn für einen Problemfall gehalten – er mußte sich einmal monatlich bei der SAVAK melden – und ihm damals den Reisepaß verweigert.) Es freute ihn auch, daß er noch einmal zur Schule gehen konnte. Als er zusammen mit anderen Teilnehmern auf der *Queen Mary* in New York ankam, wurden sie von einem Bus abgeholt. Von New York, das Isa Sadiq viele Jahre früher so beeindruckt hatte, sah er nur die Schlaglöcher auf der Amsterdam Avenue und den „Dampf" aus den Abwasserrohren. In Harvard wurden die Teilnehmer in einen Schlafsaal geführt und in das Programm eingewiesen; zu Al-e Ahmads Freude war es „ein richtiges Studienprogramm", jeden Tag mit Vorlesungen und Gruppenarbeit. Natürlich gab es auch organisierte Ausflüge zu Fabriken, Museen, Schulen und zum Musikfestival von Tanglewood, und man wurde in verschiedene amerikanische Familien eingeladen, wobei er einmal auch Baseball spielen mußte. All dies hat Al-e Ahmad aber offenbar nicht sonderlich interessiert (ganz im Unterschied zu Isa Sadiq, der nach seinem Besuch der Ford-Werke in Michigan eine lange Beschreibung des vertikalen Produktionsablaufs gab). Al-e Ahmad war gekommen, um mit Intellektuellen zu sprechen.

In dieser Hinsicht hatte Henry Kissinger gut vorgearbeitet. Al-e Ahmad hörte einen Vortrag von Robert Coles über das Rassenproblem aus psychiatrischer Sicht und einen Vortrag von David Riesman zum Thema „Wohlstand – wozu?" Er selbst hielt seine Vorlesung und besuchte die Kurse in der Lamont-Bibliothek, wo die Gruppe über amerikanische „Klassiker" wie *Die Nackten und die Toten* diskutierte. Er nahm auch an einer Diskussion in der Memorial Hall teil, „einem großen, beeindruckenden, kirchenähnlichen Gebäude", und hörte dabei Norman Mailer, den Autor dieses Klassikers, einen Mann „mittlerer Größe, rundlich, das Haar durcheinander wie Weizen". Aber das beste für ihn war die Begegnung mit Ralph Ellison, in dessen *Invisible Man* er eine Art Manifest für die Schwarzen sah. Al-e Ahmad glaubte, Ellison habe eine tiefere Einsicht in das Rassenproblem als andere Autoren, weil er die Schwarzamerikaner im Rahmen seiner Ressentiments sah; Ellisons Haltung schien ihm mit der Haltung Camus' zu Algerien vergleichbar. Wie Al-e Ahmad selbst berichtet, sagte er zu Ellison in gewohnter Kratzbürstigkeit (er wußte, daß Ellison ein Freund des Jazz war): „Ich glaube, das Problem der Schwarzamerikaner entsteht aus den beiden Schlupflöchern, die sie sich geschaffen haben: dem Christentum und dem Jazz."

Es wäre den Intellektuellen aus Sadiqs Generation nie eingefallen, nach Europa oder Amerika zu reisen, um den Unterdrückten im Westen zu erklären, welche kulturellen Faktoren zur Unterdrückung führen. Aber Al-e Ahmad interessierte sich für die intellektuelle Dynamik der Unterdrückung; es ging ihm nicht darum, den Schlüssel zum Erfolg des

Westens zu finden. Er wollte Befreiungserfahrungen austauschen, keine westlichen Produktions- oder Organisationsmodelle nach Hause bringen. Zur Verblüffung der Iraner, die er in Cambridge traf, gab er an, er habe am Harvard Square eine Arbeiterkneipe entdeckt, wo er (trotz seines immer noch sehr stockenden Englisch) mit Amerikanern aus der Arbeiterklasse „bedeutsame" Gespräche geführt habe.

In Amerikla erlebte Al-e Ahmad noch stärkeren Widerstand gegen seine Ideen als im Iran (wo es doch eine ganze Anzahl von Iranern gab, die ihn eher als belanglos einstuften). Als er zu den übrigen Teilnehmern über Euromanie sprach, war er durch seine Umgebung so eingeschüchtert, daß er seine These einschränkte und sagte, das Verschwinden nationaler Kulturen mache ihm weiter keine Sorgen, denn sie würden alle durch eine Weltkultur, „eine Mischung aller Kulturen", ersetzt. Auch dieses Zugeständnis brachte ihm nicht die Zustimmung aller Hörer, doch obwohl Al-e Ahmad offensichtlich Spaß an den von ihm ausgelösten Diskussionen hatte, übten sie keinen besonderen Einfluß auf ihn aus. Er fühlte sich auch nie wieder veranlaßt, irgendein Zugeständnis an eine „Weltkultur" zu machen.

Er hatte auch einen Zusammenstoß mit der iranischen studentischen Opposition. Nach Abschluß des Seminars besuchte er eine iranische Studentenversammlung in Chicago, wo man ihm sagte, es sei an der Zeit, daß die Opposition gegen den Schah im Iran sofort an die Öffentlichkeit trete. Al-e Ahmad entgegnete den Studenten, sie wüßten nicht, wovon sie redeten; es gebe Zeiten für den offenen Kampf und Zeiten (wie die jetzige), in denen man versteckt und mit List taktieren müsse. Wieder konnte offenbar keine Seite die andere überzeugen, obwohl es Al-e Ahmad Spaß machte, auf eine lebendige, lautstarke Oppositionsgruppe zu stoßen, die nur von unrealistischen Voraussetzungen ausging. Eigentlich hatte ihm die ganze Reise Spaß gemacht, ohne daß sie ihn merklich verändert hatte. Er hatte schon vorher die Sowjetunion besucht, in der er eine Kolonialmacht sah, die Millionen von Muslimen unterdrückte, und jetzt hatte er den anderen Pol der „Euromanie" aufgesucht. Er konnte aus seiner Erfahrung aus erster Hand sagen, daß beide ungefähr seinen Erwartungen entsprochen hatten.

Er hatte natürlich recht damit, daß die ausgehenden sechziger Jahre nicht der geeignete Zeitpunkt waren, das Regime offen zu bekämpfen. Die Bodenreform und die Investition von Öleinkünften in allen Bereichen des Wirtschaftslebens hatten dem Schah zum erstenmal eine breitere Popularität verschafft, obwohl dadurch – wie Al-e Ahmad richtig diagnostiziert hatte – viele Gewohnheiten des Hand-in-Hand-Arbeitens zerstört und in Einzelbereichen eine unvorstellbare Armut erzeugt wurde. Al-e Ahmad wollte dem Volk durch sein Leben und seine Dichtung in dieser Periode der sechziger Jahre das Beispiel eines Mannes bieten, den man nicht kaufen konnte. Das war das Beste, was er einer strampelnden Opposition geben konnte, und es nötigte Respekt ab. Aber er war sich nicht sicher, wohin die Dinge trieben. Unter all seiner gewohnten Aktivität als Essayist, Literat und Oberhaupt eines einflußreichen intellektuellen Zirkels erblickten seine Freunde einen Mann, der keine sichere Lösung besaß und Kummer hatte. In einem seiner Romane aus dieser Zeit sagt der Held (und drückt damit offensichtlich Al-e Ahmads Gedanken aus): „Im Grunde bin ich gegen jede Regierung, denn eine Regierung steht immer unter dem Zwang, Gewalt gebrauchen zu müssen, dann Unmenschlichkeit, Beschlagnahme, Hinrichtung, Inhaftierung und Verbannung. Seit über zweitausend Jahren träumt die Menschheit von einer Regierung der Philosophen. Dabei fällt es Philosophen schon schwer, ein Urteil zu sprechen, vom Regieren ganz zu schweigen. Seit Urzeiten hat die Regierung in der Hand von gedankenlosen Menschen gelegen. Die Machthaber waren Rowdies, die einen Abenteurer unterstützt haben, um ihre eigenen Ziele zu erreichen."

Al-e Ahmad hatte viele Ursachen für seinen Kummer. Es machte ihm Kummer, daß er keine Kinder besaß, und in einem späten autobiographischen Essay lastet er dies – ganz gegen seine sonstige Art – seiner Frau an. Er hatte Kummer wegen eines Kulturerbes, das unwiderruflich zum Aussterben bestimmt schien und das er andererseits nie zur vollen Zufriedenheit hatte definieren können. Er hatte Kummer, weil er mit seinem ungewöhnlichen Einfühlungsvermögen für andere Iraner die enttäuschten Hoffnungen seiner Generation von Intellektuellen witterte und weil auch er sich kaum noch Hoffnungen machte. Sein Haar war ganz weiß geworden. Im August 1969 starb der Sozialdemokrat Khalil Maleki, Al-e Ahmads geistiger Vater; Malekis Bitte, neben Mosaddegh beigesetzt zu werden, wurde nicht erfüllt. Am 8. September 1969 starb Al-e Ahmad im Alter von sechsundvierzig Jahren an einem Herzversagen. Er wurde neben Maleki beigesetzt.

Hätte er länger gelebt, dann hätte Al-e Ahmad seine geistigen Kinder (in direkter Abstammung und aus Nebenlinien) zu Tausenden gesehen. Das geistige Erbe Avicennas hatte sich nach dessen Tod in zwei Richtungen gespalten; das viel uneinheitlichere und unsystematischere geistige Erbe Al-e Ahmads zerfiel in hundert Teile, die von hundert Gruppen vertreten wurden, die alle gegen die Euromanie kämpften, aber sonst wenig Gemeinsames hatten. Eine liberale Linke, eine islamische liberale Linke, eine islamische Linke, die gegen liberale Institutionen war, schließlich eine islamische Bewegung, die den Liberalismus und die Linken verabscheute – sie alle zählten Al-e Ahmad zu einem ihrer Vorläufer und frühen Förderer, und in gewisser Weise hatten sie alle recht.

Eigenartigerweise fielen Al-e Ahmad einige dieser Verbindungen aufgrund seiner Herkunft zu. Al-e Ahmads Großvater kam aus der Stadt Taleqan, und seine Familie hatte dort seit langem mit einer anderen (entfernt verwandten) Mullah-Familie Verbindung gehabt, der Familie Mahmud Taleqanis, des Ayatollahs, der im Gefängnis von Qasr so viele

Bewunderer gefunden hatte. Taleqanis Vater war als Mullah nach Teheran gezogen und hatte sich dort mit dem Rechtsgelehrten Modarres assoziiert, der als Parlamentsabgeordneter zusammen mit Mosaddegh gegen die Verfassungsänderung gestimmt hatte, die der Pahlavi-Dynastie den Weg ebnete. Reza Schah hatte dem Vater das Leben schwer gemacht, aber er war von seiner Redlichkeit so beeindruckt, daß er in den dreißiger Jahren, zu einer Zeit, als religiöse Umzüge verboten waren, einem öffentlichen Trauerzug für den älteren Taleqani zustimmte.

Der Sohn, Ayatollah Mahmud Taleqani, studierte in Ghom den hergebrachten Lehrstoff, war aber schon früh entschlossen, den Islam den Massen geistig näherzubringen und zu beweisen, daß die Botschaft des Islam ihren Nöten gerecht wurde. 1941 gründete er, etwa dreißig Jahre alt, in Teheran ein Zentrum, wo er öffentliche Vorträge hielt, und Al-e Ahmad, dem Taleqani von Jugend auf bekannt war, blieb seit den späten vierziger Jahren mit ihm in Verbindung. Die Ereignisse der frühen fünfziger Jahre festigten diese Freundschaft. Nachdem Ayatollah Kaschani Mosaddegh verlassen hatte, war Taleqani – obwohl er in der schiitischen Hierarchie noch keinen prominenten Platz einnahm – wahrscheinlich der höchstrangige Mullah in Teheran, der Mosaddegh die Stange hielt.

Nach dem Handstreich von 1953 zur Wiedereinsetzung des Regimes versuchte Taleqani besonders die Intellektuellen an sich zu ziehen und fand Unterstützung bei einem Professor für Maschinenbau an der Universität Teheran, Mehdi Bazargan. Bazargan hatte eine gewissenhafte Frömmigkeit gezeigt, solange man zurückdenken konnte. Anfang der dreißiger Jahre hatte er seine iranischen Mitstudenten in Paris dadurch in Verlegenheit gebracht, daß er das Gebet zu den festgesetzten Zeiten mit größter Genauigkeit einhielt, ungeachtet der Umstände. Für Mosaddegh war er eine wertvolle Hilfe gewesen, und dieser hatte ihn als Professor für Maschinenbau in die Raffinerie von Abadan geschickt, um den Übergang der Aufsichtsrechte aus britischen in iranische Hände zu beobachten. Andererseits war er Mosaddegh viel zu religiös, so daß dieser ihn nicht zum Erziehungsminister machte aus Furcht, er würde die Lehrbücher und Lehrpläne in ungünstigem Sinne beeinflussen. In Teheran brachte Bazargan eine Gruppe gleichgesinnter Intellektueller einmal wöchentlich in Taleqanis Moschee, um diesen predigen zu hören. Auch Al-e Ahmad soll hieran mehrmals teilgenommen haben; sicher ist, daß er mit Bazargan in den fünfziger Jahren Kontakt aufnahm und diese Verbindung bis zu seinem Lebensende aufrechterhielt.

Taleqanis Verhältnis zu den Lehrern an der Medrese in Ghom war schwierig. Der ausgeklügelten Medrese-Bildung, die er selbst erhalten hatte, maß er keine große Bedeutung bei; er war der Auffassung, die Aussage des Islam lasse sich durch unmittelbares Studium des Koran und der *Predigten* Alis verstehen. Natürlich teilten die Medrese-Lehrer diese Meinung nicht. In seinen Schriften vertrat Taleqani die These der früheren verfassungstreuen Mullahs, die schiitische Lehre begünstige die Demokratie – eine These, die seit Jahren kein bedeutender Rechtsgelehrter mehr vertreten hatte. Taleqani schrieb, der Sozialismus und die Religion stünden im Einklang, da es nicht in Gottes Plan liege, die Menschheit in Ausbeuter und Ausgebeutete aufzuteilen. Dies erinnerte stark an die gefährlichen Reden der linken Freunde Mosaddeghs, die schließlich die Religionsführer in Ghom veranlaßt hatten, Ayatollah Kaschani zu unterstützen, als er sich aus Mosaddeghs Nationaler Front zurückzog.

Aber die Religionsführer waren nicht bereit, Taleqani fallenzulassen. Er hatte eine vollständige Medrese-Ausbildung genossen; er war kein Schein-Mullah. Er hatte im Gefängnis gesessen und sollte noch oft ins Gefängnis kommen; sie respektierten seinen Mut und seine Leidensbereitschaft, zumal in einer Zeit, in der sie selbst in politischen Fragen merkliche Zurückhaltung übten. Normalerweise exponierten sich die Geistlichen nie in der Öffentlichkeit, solange sie nicht sich selbst oder ihre Prinzipien ernsthaft gefährdet sahen. Am wichtigsten war aber, daß Taleqani eine bedeutende Anhängerschaft gewann. Ein Teil seiner Anhänger waren Männer vom Teheraner Basar, die froh waren, einen Mullah zu finden, der die Welt genauer anschaute als die Religionsführer in Ghom. Noch eindrucksvoller war sein Anhang unter den Universitätsprofessoren vom Typ Bazargans; es war schon lange her, daß ein Mullah zuletzt ein solches Publikum angesprochen hatte. Am erstaunlichsten war jedoch, daß Taleqanis Anhang auch aus den Reihen der marxistischen Studenten kam, die er im Gefängnis getroffen hatte. An diesem Punkt machte sich auch Al-e Ahmads geistiger Einfluß bemerkbar. Wenn Taleqani den Weg kritisierte, den die iranische Gesellschaft eingeschlagen hatte, nahm er die Rhetorik Al-e Ahmads zu Hilfe – und das gleiche taten sogar die traditionsbewußteren Religionsführer bei ihren Predigten in Ghom, so wie überhaupt jeder Gesellschaftskritiker dieser Zeit nicht an Al-e Ahmad vorbeikam.

Taleqani war freundlich und offen. Seine Botschaft von einem sozial engagierten und politisch aktiven Islam war etwas Neues, das bei den politischen jungen Iranern, die er im Gefängnis traf, gut ankam. (Sein Hang zur politischen Betätigung hatte ihn in früheren Jahren sogar in enge Verbindung zu den rechtsgerichteten „Eiferern für den Islam" gebracht, die Kasravi erschossen hatten.) Taleqanis Botschaft von einem Islam, den auch der Laie geistig verstehen könne, kam ebensogut an, denn die jungen Linken waren stolz auf ihre „moderne" Erziehung und hielten sich für intelligent genug, die Religion auch ohne die zehnjährige Ochsentour durch den Lehrplan der Medrese interpretieren zu können. Von diesen jungen Bewunderern wurde er jetzt „Vater Taleqani" genannt. Al-e Ahmad hatte einen Sozialdemokraten zum geistigen Vater erwählt, aber die jungen Linken aus der von Al-e Ahmad beeinflußten Generation erwählten sich einen Mullah.

Bis in die frühen siebziger Jahre blieben Taleqani und sein Anhang für die meisten Iraner unsichtbar. Dann aber begann sich das, was Al-e Ahmad undeutlich hatte heraufdämmern sehen, in voller Klarheit abzuzeichnen. Die Regierung glaubte, sie habe eine unschlagbare Verbindung von Wirtschaftspolitik und nationaler Ideologie gefunden. Sie ließ sich von den Erinnerungen an 1953 und 1963 jetzt nicht mehr zurückhalten. Als Reaktion darauf formte sich eine neue Widerstandsfront, und da sich der Kampf zunächst auf der kulturellen Ebene abspielte, bediente sich die Kulturkritik weitgehend der Rhetorik Al-e Ahmads.

1971 entschloß sich der Schah zum Feiern. Jemand hatte ausgerechnet, daß seit der Gründung des ersten iranischen Reiches durch Kyros zweitausendfünfhundert Jahre vergangen waren (was aber nicht ganz erwiesen war), und der Schah befahl, in Persepolis solle eine Feier zu Ehren der „zweitausendfünfhundert Jahre iranischen Königtums" stattfinden. Die Feier sollte triumphal die historische Tiefe der Staatsideologie herausstreichen und die Schah-Könige des alten Irans, die Erbauer von Persepolis und der benachbarten Ausgrabungsstätte Pasargadae, in den Vordergrund rücken. Sie sollte der Welt draußen die bedeutenden jüngsten Errungenschaften des Irans vor Augen führen und den Iranern zeigen, wie sehr die Welt draußen die Staatsideologie respektierte. Der Schah scheint übrigens von dem, was er tat, wirklich überzeugt gewesen zu sein. In den sechziger Jahren hatte er sich einen neuen Titel zugelegt, „Licht der Arier". Der altiranische König Dareios hatte sich in seiner großen Inschrift (die in der Neuzeit zum erstenmal von einem englischen Archäologen des neunzehnten Jahrhunderts entziffert wurde) als Arier bezeichnet; was immer Dareios mit diesem Wort meinte – seine spätere Entstellung durch die Nazis hat jedenfalls Mohammed Reza Pahlavi nicht abschrecken können.

Seine Feier in Persepolis war in einem gewissen Grade erfolgreich. Es kamen der Kaiser von Japan und Haile Selassie, die Könige von Belgien, Dänemark, Griechenland, Jordanien, Lesotho, Marokko, Nepal und Norwegen, Vertreter von etwa zwei Dutzend Republiken, darunter der damalige amerikanische Vizepräsident Spiro Agnew und nicht nur Nikolai Podgorny von der Sowjetunion, sondern auch ein hoher Vertreter des kommunistischen China (wodurch den maoistischen Kritikern des Schahs im Iran selbst der Boden entzogen wurde). In ihren Hotelzimmern fanden die Gäste Rasierapparate von Guerlain, Alka-Seltzer, abgepackt von Fauchon de Paris, und anderen Komfort; aus Frankreich wurden fünfundzwanzigtausend Flaschen Wein und alle Speisen (mit Ausnahme des Kaviar) eingeflogen. (Als Frankreich es dann versäumte, Pompidou selbst zu entsenden, waren die französisch-iranischen Beziehungen auf Jahre hinaus gespannt.)

Vielleicht war es nicht gerade „die größte Schau, die die Welt je gesehen hat", wie der Schah angekündigt hatte; aber es war ein Galaereignis mit Pomp und hochkarätigen Gästen, und es ging mehr oder weniger nach Plan über die Bühne. Bei der Zeremonie, die das symbolische Herzstück der Feier darstellen sollte, stand der Schah vor dem Grab des Kyros und sagte: „Schlafe ruhig, Kyros, denn wir sind wach." Unmittelbar nachdem er gesprochen hatte, erhob sich ein Wüstenwind; ein amerikanischer Orientalist (viele Orientalisten waren gekommen) sagte, dieser offensichtliche Windgeist habe ihm die Haare am Hinterkopf zu Berge stehen lassen.

Einige Iraner waren auch beeindruckt. Damals kursierte der Witz von einem iranischen Büroangestellten, der so begeistert war, als er die Worte des Schahs in der Zeitung las, daß er ungewohnt früh nach Hause kam, um seiner Frau davon zu erzählen. Er fand sie mit seinem Nachbarn, der Kyros hieß, im Bett schlafend vor. Überwältigt von der Dramatik des Augenblicks hob er die Hand und sagte: „Schlafe ruhig, Kyros, denn wir sind wach." Aber es gab sehr viel mehr Iraner, die nicht beeindruckt waren. Die ganze Sache hatte etwa dreihundert Millionen Dollar gekostet, und der Schah, der wußte, daß diese Ausgaben auf Kritik gestoßen waren, erklärte in einem Interview: „Was verlangt man von mir – soll ich den Staatsoberhäuptern Brot und Radieschen servieren?" Einige Iraner waren schockiert. Dies war offensichtlich die stinkende Blüte auf der Pflanze, die Al-e Ahmad als „Sucht, vor Ausländern zu posieren und darin zu wetteifern, sich selbstgefällig und dümmlich mit Kyros und Dareios zu brüsten", beschrieben hatte.

Auch die Mullahs waren schockiert. Für sie war es der Anfang vom Ende für sie selbst und für alles, woran sie glaubten. Am Vorabend der Feier gab Khomeini im Irak eine Erklärung ab, in der er die ganze Sache verdammte.

Ist es richtig, daß die Menschen im Iran die Herrschaft eines Mannes feiern, der den Islam und die Interessen der Muslime verrät und den Israelis Öl gibt?... Die von iranischen Königen begangenen Verbrechen haben die Seiten der Geschichtsbücher geschwärzt... Auch die als „gut" galten, waren gemein und grausam... Der Islam steht im völligen Gegensatz zum monarchischen Gedanken überhaupt... Wir, deren Lebensunterhalt vom Islam abhängt – sollen wir keinen Finger rühren, um dem Islam und den Muslimen beizustehen?... Menschen aus dem ganzen Iran wenden sich ständig an uns und bitten um die Erlaubnis, die milden Steuern, die der Islam verlangt, für den Bau von Badehäusern verwenden zu dürfen, denn sie haben keine Bäder. Was ist aus all den goldenen Versprechungen, den anmaßenden Behauptungen geworden, der Iran mache auf dem gleichen Niveau Fortschritte wie die entwickelteren Länder der Welt, den Menschen gehe es gut, sie seien zufrieden?... Wenn diese neuesten Exzesse nicht verhindert werden, dann wir noch größeres Unglück auf uns herabkommen, und noch abscheulichere Szenen werden uns bevorstehen.

Diese Erklärung blieb bei den Mullahs im Iran nicht unbeachtet. Unter jungen Mullahs und Theologiestudenten bildeten sich Geheimorganisationen, die nicht nur die Wiedereinführung des Islam in der Erziehung und im Rechtsleben zum Ziel hatten, sondern die dauernde Vernichtung der Monarchie im Iran. Die Haltung der Regierung versteifte sich. Im August 1971 kündigte die Regierung ein Religiöses Corps an, das dann

1972 auch tatsächlich entstand; es sollte ähnlich wie das Literarische Corps arbeiten und abseits stehenden Iranern religiöse Werte nahebringen. Das Corps, aus Absolventen der Theologischen Abteilungen der staatlichen Universitäten gebildet, erreichte zwar keine nennenswerte Größe, stellte jedoch auch für die älteren Geistlichen eine drohende Geste dar: Wenn sie nicht kooperativ waren, dann würde die Regierung ihre eigenen Mullahs ausbilden.

Von 1971 bis 1977 wechselten Zeiten der Anspannung und der Ruhe ab, wobei keine Seite ideologisch einen Fußbreit nachgab. Die Regierung erkannte bei einigen Mullahs die zunehmende Aufsässigkeit ihr gegenüber und verlangte, daß die „Vorbilder" und andere hochrangige Religionsführer im Iran gegen diese untreuen Elemente Stellung beziehen sollten, und sie übte Druck auf die Religionsführer aus. Diese weigerten sich zu folgen. Auch wenn sie zu dem Schluß gekommen wären, daß sie guten Gewissens folgen konnten (was aber nicht der Fall war), hätten sie trotzdem ihren ganzen Einfluß bei den anderen Mullahs verloren. Bis Mitte der siebziger Jahre war zwar noch kein „Vorbild" mit Gefängnishaft bestraft worden, doch schämte sich jeder selbstbewußte Medrese-Lehrer in Ghom, wenn er nicht schon wenigstens einmal festgenommen oder nach Zabol oder in eine andere abgelegene iranische Stadt geschickt worden war, die der Regierung als Verbannungsorte für „schwierige" Mullahs dienten.

Je unbeugsamer die Mullahs der Regierung erschienen, desto mehr wuchs bei der Regierung das Bedürfnis nach einer eigenen Ideologie. Die kühnste Maßnahme der Regierung gipfelte in der Änderung des Kalenders von der islamischen Zeitrechnung zu einer Zeitrechnung, die auf dem mutmaßlichen Gründungsjahr des iranischen Königtums durch Kyros fußte. 1976 fanden die Iraner sich plötzlich nicht mehr im Jahr 1355 islamischer Zeitrechnung, sondern im Jahr 2535 „der Epoche des Königs der Könige". Eine ähnliche Herausforderung gegenüber der Religion hat es im Westen nur in der Zeit der Französischen Revolution gegeben; sie überstieg alles, was Al-e Ahmad je von diesem Regime befürchtet hatte.

Eine neue Opposition wurde 1971 aus der Verzweiflung geboren. An einem frischen Wintermorgen griffen dreizehn junge Iraner mit Gewehren den Polizeiposten des Dorfes Siakal an, das am Rand der Wälder der Kaspischen Provinz liegt, wo sich einst die Truppen Kutschek Khans versteckt hatten. Sie töteten drei Polizisten, befreiten zwei ihrer Kameraden und verschwanden im Gebirge. Damit begann ein sechsjähriger Guerillakrieg, der von verschiedenen Gruppen geführt wurde. Vielleicht hatten einige Guerillas wirklich erwartet, daß die „unterdrückten Bauern" sie willkommen heißen und daß die Enkel der Kämpfer Kutschek Khans eine Volksarmee bilden würden, wie ihre Großväter es getan hatten. Aber die meisten Guerillas sahen es realistischer. Sie kämpften im Geist des Helden einer der Parabeln Al-e Ahmads, der sagt: „Die Macht der Wahrheit liegt in dem Wort ‚Märtyrer'."

Diese Guerillas kamen nicht aus den Massen; von den dreihunderteinundvierzig, die zwischen 1971 und 1977 starben, konnten über dreihundert als Intellektuelle bezeichnet werden. Wie zu erwarten, stammten sie aus verschiedenen kleinen Gruppen, die in interne politische Fehden verstrickt waren, wodurch während dieser sechs Jahre immer neue Spaltungen und neue Koalitionen entstanden. Es überrascht schon mehr, daß eine Anzahl dieser Gruppen religiös waren. Sie beteten regelmäßig und waren überzeugt, für die Ideen „Vater Taleqanis" zu kämpfen. Es gab Theologiestudenten, die vom Ernst dieser Guerillas beeindruckt waren, auch wenn sie in ihnen eine ganz fremdartige Sorte Mensch sahen. Die meisten Ayatollahs standen ihnen ablehnend gegenüber. Andererseits teilten sie die Verzweiflung der Guerillas. Man munkelte, daß prominente Ayatollahs den Guerillas durch Mittelsmänner Geld zukommen ließen, um wenigstens irgendeinen bewaffneten Widerstand gegen die Regierung aufrechtzuerhalten.

Die linksgerichteten islamischen Guerillas haben in sich wohl die Erfüllung eines der vielen Träume Al-e Ahmads gesehen: Sie waren engagiert – bis hin zum Märtyrertum; sie kämpften für eine radikale Umverteilung der Güter zugunsten „zu kurz gekommener" Iraner; schließlich glaubten sie an Lösungen aus der „iranischen" Kultur heraus – worunter sie wie Al-e Ahmad Lösungen auf schiitischer Grundlage verstanden. Aber noch eine weitere Art von Intellektuellen trat auf, die noch unmittelbarer in Al-e Ahmads Nachfolge standen: sie forderten den sofortigen kulturellen Aufstand gegen das Regime durch die Rückkehr zum Islam. Der prominenteste unter ihnen war in den Jahren vor der Revolution Ali Schariati, der nur zehn Jahre jünger war als Al-e Ahmad; wie dieser war er der Sohn eines militanten Muslims, aber im Unterschied zu Al-e Ahmad hatte er seine Ausbildung im Westen erhalten. Von 1960 bis 1965 hatte er an der Universität Paris studiert und kehrte dann mit dem Doktortitel in den Iran zurück. 1967 wurde er Dozent an der „Hoseiniye für Rechtleitung", einem religiösen Versammlungszentrum, das von dem iranischen Repräsentanten der Dodge Motor Company, einem engen Freund Taleqanis und Bazargans, finanziert wurde. Schariati war ein faszinierender Redner. Bei ihm verbanden sich eine echte kulturelle Verwurzelung im schiitischen Islam und die Forderung nach ökonomischer Gerechtigkeit. In den siebziger Jahren gebrauchte fast jeder, der dem Regime oder dem iranischen Lebensstil kritisch gegenüberstand, das Wort „Euromanie", aber nirgends wurde Al-e Ahmads Kritik drastischer und mit größerer Wirkung wiederbelebt als bei Schariati. So schrieb er zum Beispiel in einem Buch, das den Titel *Rückkehr zu uns selbst* trägt:

> Ich möchte eine grundlegende Frage behandeln, die die Menschen in Afrika, Lateinamerika und Asien aufwerfen: die Frage nach der „Rückkehr zu den eigenen Wurzeln"... Seit dem Zweiten Weltkrieg haben viele Intellektuelle in der Dritten Welt – ob religiös oder nicht – deutlich gemacht, daß ihre Völker zu ihren Wurzeln zurückkehren und ihre Geschichte, Kultur und Sprache neu entdecken

müssen... Vielleicht kommt mancher zu dem Schluß, wir Iraner müßten zu unseren rassischen Wurzeln zurückkehren. Dieser Schlußfolgerung widersetze ich mich mit Entschiedenheit. Ich bin gegen Rassismus, Faschismus und Reaktion. Die islamische Kultur hat uns wie eine Schere vollständig von unserer vor-islamischen Vergangenheit abgeschnitten. Fachleute wie z.B. Archäologen und Frühhistoriker wissen sicher eine ganze Menge über die Sassaniden, die Achämeniden und noch frühere Kulturen, aber das Volk weiß von diesen Dingen nichts. Das Volk findet seine Wurzeln nicht in solchen Kulturen... Das Volk hat keine Erinnerung an seine frühe Vergangenheit und will nichts über die vor-islamischen Kulturen lernen... Eine Rückkehr zu unseren Wurzeln bedeutet daher nicht die Wiederentdeckung des vor-islamischen Irans, sondern die Rückkehr zu unseren islamischen – sprich: schiitischen – Wurzeln.

Alle diese Leute schienen jedoch Anfang der siebziger Jahre Randfiguren des iranischen Lebens zu sein. Als die Guerilla-Bewegung begann, erschien sie den meisten Iranern als verrücktes, wenn auch ehrenhaftes Theater. Sicher waren sie nicht mit allen Aspekten des Regimes einverstanden, aber der Schah war nun einmal ein Element ihres Lebens, und das Leben war so schlecht nicht. Die Periode von 1964 bis 1973 war wirklich der goldene Herbst der Pahlavi-Herrschaft. In dieser Zeit hatte es im Iran ein eindrucksvolles Wirtschaftswachstum gegeben, oft mit einer Wachstumsrate von über zehn Prozent jährlich, wie sie nur von sehr wenigen Ländern der Welt erreicht wurde, und bis 1971 war die Inflationsrate relativ niedrig gewesen. Bis 1970 hatten alle Wirtschaftsbereiche einschließlich der traditionellen Basare und der Landwirtschaft ein beachtliches Wachstum zu verzeichnen. Die Erdöleinnahmen, der beständigste und wichtigste Wachstumsfaktor, vervielfachten sich ab 1970 in schwindelerregender Weise. Sie stiegen von 1,1 Milliarden Dollar 1970 auf 2,4 Milliarden Dollar 1972; 1974 hatten sie 17,4 Milliarden Dollar erreicht.

Die iranische Regierung sah sich in neuem Licht. Sie wollte aus dem Iran die Schweiz oder – richtiger – die Vereinigten Staaten der Dritten Welt machen; denn wenn die Erdölvorkommen einmal erschöpft wären, würde der Iran eine in der ganzen Dritten Welt einmalige Infrastruktur des Straßennetzes, des Bildungssystems und der Nukleartechnologie besitzen. Zu dieser Infrastruktur käme dann eine hochgebildete, technisch versierte Bevölkerung, so daß der Iran Technologie viel billiger als Japan oder der Westen an die Dritte Welt exportieren könnte. Von den erdölreichen Ländern würde nur der Iran mit seiner Bevölkerung von etwa 35 Millionen genügend Menschen und genugend Reichtümer haben, um seine Zukunft in dieser Form zu gestalten.

Für die Opposition hatte sich wieder ein Alptraum Al-e Ahmads bewahrheitet. Das explosionsartige Anwachsen der Erdöleinkünfte ab 1970 brachte sie zu der Überzeugung, daß sie nur noch wenig Zeit habe; die Regierung würde die loyale Unterstützung des Volkes kaufen und jedem ihre ausländische Ideologie verkaufen. Auch die Regierung fühlte, daß die Zeit drängte; sie hatte ein Vorhaben, in das sie den größten

Reichtum der Nation investierte, und konnte es sich nicht leisten, Monate oder Jahre mit der Bekämpfung von Aufständen zu vergeuden. Der Schah hielt es für nötig, sein Königreich unmittelbarer zu regieren, um seinen Eilmarsch zum neuen Iran zu vollenden. Die SAVAK erhielt größeren Spielraum und ging jetzt gegen jeden potentiellen Regimegegner mit einer brutalen Willkür vor, die in den sechziger Jahren undenkbar gewesen wäre. Und während der Schah sich nach 1963 mit zwei offiziellen (und sorgfältig überwachten) Parteien, einer Regierungspartei und einer „loyalen Opposition", abgefunden hatte, kam er 1975 zu dem Schluß, die Debatte zwischen den Parteien sei Zeitverschwendung; beide Parteien wurden verboten, der Einparteienstaat ausgerufen.

Auch in der Wirtschaft gab es ungeduldige Phasen. Das Wort wurde zunächst hinter vorgehaltener Hand in Ministerien gemunkelt, dann auf Pressekonferenzen höflich ausgesprochen, zuletzt in der Presse und im Rundfunk herausposaunt: „Engpässe." Die Pläne, die man für den Iran hatte, waren beeindruckend; sie waren in der Regel auf das zugeschnitten, was aus dem Iran werden sollte, und in kluger Annäherung an die iranische Wirklichkeit gestaltet; doch wie so oft war der längste Weg zwischen zwei Punkten die Gerade. Zu vieles klappte nicht. Zu viele Waren und Richtlinien für Organisationen wie Genossenschaften, Universitäten, Handwerkerinnungen und so weiter zirkulierten einfach nicht plangemäß durch die Blutbahnen der iranischen Gesellschaft, trotz der ständig wachsenden Regierungsbürokratie, die sich immer tiefer in das iranische Leben hineinfraß. Es kam zur Inflation; die Regierung garantierte niedrige Lebensmittelpreise, die Landwirtschaft erbrachte kaum noch Gewinn, und die Landflucht nahm zu. 1976 stoppte die Regierung diese Entwicklung; sie eröffnete den „Kampf gegen die Profithaie" und verteuerte die Kredite. Nur die Inhaber von Banken kamen jetzt leicht ans Geld heran; die bloß Reichen entwickelten einen Haß auf die wahrhaft Wohlhabenden.

Genauso schlimm wurde es mit den Engpässen im menschlichen Bereich: Die Leute fanden keine angemessenen Stellen oder zeigten sich nicht so qualifiziert, wie sie auf dem Papier ausgesehen hatten. Auch dies hatte Al-e Ahmad vorausgesehen: „Seit Jahren belasten und ermüden wir die Kinder unseres Volkes in den Schulen mit chemischen, physikalischen und mathematischen Formeln... aber wozu? Es fehlt der praktische Rahmen für die Hypothesen und Gleichungen. Wir haben keine Labors, in denen die Theorie für die Studenten zur Praxis wird. Immer noch müssen wir uns an ein europäisches Labor wenden, um Gesteine, Erdproben und Teereinheiten zu messen!" Das führte natürlich zur Aufwertung des ausländischen Beraters, einer Gestalt, die nie verschwunden war, sich aber seit den Tagen der ausgehenden Kadscharendynastie im Hintergrund gehalten hatte. Wenn in der Vergangenheit – so Al-e Ahmad – nur der britische und der russische Botschafter „uns ihre Meinung aufdrängten..., sind es jetzt Legionen westlicher Berater, Schmarotzer,

Spezialisten und Experten... So lenken sie diese Nation, die ausgeliefert ist an das Schicksal der Maschinen, geführt von diesen westlich-verseuchten Intellektuellen, bestimmt durch diese Seminare und Konferenzen, diese Zweiten und Dritten Pläne..., dazu diese lächerliche Investition in wurzellosen Zulieferbetrieben."

Auch in anderer Weise schien sich die Spätphase der Kadscharenherrschaft zu wiederholen. Einige hundert ausländische Berater hatten diplomatische Pässe, und die Iraner glaubten, daß die Mehrheit der Zigtausende von Ausländern, die im Iran wohnten – besonders die Amerikaner –, solche Pässe hätten; mit Sicherheit führten sich viele Amerikaner so auf, als wären sie durch ein „Regime von Kapitulationen" geschützt. Es erinnerte ebenfalls an die ausgehende Kadscharenzeit, daß es für das Volk so aussah, als sei die Regierung so eng an die Vereinigten Staaten gebunden, wie die Kadscharen an Engländer und Russen gebunden waren – so sehr die Regierung auch diesen Anschein zu vermeiden trachtete.

Das Gemisch von Idealismus und Geiz, das die Vereinigten Staaten und den Iran gleichermaßen bewegte, als ihre Wege sie immer enger zusammenführten, ergab eine vertrackte Gefühlsbeziehung, die jetzt von beiden Seiten – wie bei den meisten zerrütteten Ehen – ungebührlich vereinfacht wurde. In den fünfziger Jahren waren die Vereinigten Staaten zweifellos ein großzügiger Freund des Irans gewesen; sie sandten nicht nur bedeutende Hilfslieferungen, sondern auch das wertvolle Corps von „Point Four"-Experten in den Iran. Mosaddegh brauchte sie – trotz aller nationalistischen Vorbehalte – so dringend, daß er sie sogar mit halbdiplomatischem Status kommen ließ. In den siebziger Jahren war der Iran den Amerikanern ohne Frage der liebste Erdöl-Freund, den sie besonders wegen der rückfließenden Dollars liebten. Im Mai 1972 besuchte Präsident Nixon Teheran in Begleitung von Al-e Ahmads einstigem Lehrer Henry Kissinger. Nixon versprach, dem Iran nicht-nukleare Waffen aller Art in unbegrenzter Höhe zu verkaufen, und in den folgenden sechs Jahren kaufte der Schah entsprechend ein.

Man kann darüber streiten, wer wen ausnutzte. Der Wunsch des Schahs, eine regionale Vormacht zu werden, überstieg die Ziele, die die USA für ihn vorgesehen hatten, und jagte seinen Washingtoner Freunden einen Schrecken ein. Man kann auch darüber streiten, ob die im Iran verbreitete Ansicht, der Schah wolle den Iran amerikanisieren, richtig war. Der Schah kritisierte gern, was am amerikanischen Lebensstil unordentlich war, und schätzte die Kultur Frankreichs und Englands viel höher ein. Die vierundzwanzigtausend Amerikaner, die im Iran arbeiteten, waren Gebrauchsgegenstände, die dem Stand amerikanischer Technik entsprachen; der Schah wollte für sein Geld das Beste einkaufen. Aber bei allem Streit war diese Partnerschaft – wenn sie auch nicht im Himmel geschlossen war – psychologisch für beide Seiten äußerst wichtig geworden, und die Iraner hatten jedenfalls insofern recht, als sie dieses psychologische Bedürfnis erkannt hatten. Im Jahr 1968, als David Rokkefeller, der Freund des Schahs, Vorsitzender des Verwaltungsrates der Harvard Universität war, verlieh diese frühere Universität Kissingers dem Schah die Ehrendoktorwürde, und in der Laudatio dieser größten Universität Amerikas kam zum Ausdruck, was „weise" Amerikaner dachten: „Seine Kaiserliche Majestät Mohammed Reza Pahlavi, Schahanschah des Irans, Doktor der Rechte: ein Herrscher des zwanzigsten Jahrhunderts, für den die Macht ein konstruktives Instrument zur Durchführung der sozialen und wirtschaftlichen Revolution in einem alten Land geworden ist."

In seiner Dankesrede regte der Schah an, jedes Land solle seinen Bildungshaushalt um den Gegenwert eines einzigen Tages seines Verteidigungshaushaltes erhöhen. Der Schah war enttäuscht, daß der Vorschlag nirgends auf große Begeisterung stieß, und daß niemand – wie er gehofft hatte – seine Rede mit der Ansprache verglich, die General Marshall 1947 in Harvard gehalten und mit der er den Marshallplan ins Leben gerufen hatte. Es gab nur mäßigen Beifall, und als der Schah das Rednerpult verließ, sorgten eigentlich nur die Geheimdienstleute für Erregung, als sie ihn mit „Vive Schah!"-Rufen umdrängten und einen iranisch aussehenden Harvard-Studenten zusammenschlugen. Mochte er nun enttäuscht sein oder nicht – jedenfalls hatte der Schah die Tribüne erwählt, die ihm als die geeignetste überhaupt erschien, um sich als die Figur im Weltgeschehen darzustellen, die er sein wollte. Die Iraner hatten nicht ganz unrecht, wenn sie meinten, der König der Könige sei psychologisch gesehen ein Bittsteller am Hof der größten westlichen Republik.

Ayatollah Khomeinis Reaktion auf diese Tribüne, auf der der Schah seine große Rolle spielte, war bezeichnend. In einem Brief, den er 1972 aus dem Irak an die muslimischen Studenten in Nordamerika richtete, sagte er: „Verwechseln Sie nie den edlen Koran und den heilbringenden Weg des Islam mit den irregeleiteten, unzuverlässigen Gedankensystemen, wie sie der menschliche Geist hervorbringt. Sie müssen wissen, daß, solange das Volk des Islam sich diesen imperialistischen [Gedanken-] Schulen unterwirft, solange es das göttliche Gesetz mit den Gesetzen aus anderen Schulen vergleicht und auf die gleiche Stufe stellt, die Muslime weder Ruhe noch Freiheit genießen werden."

Man konnte vielleicht denken, es sei ein kleiner Schritt von Al-e Ahmads Verurteilung des Kulturimperialismus und Bewunderung des schiitischen Islam bis zu Khomeinis völliger Interesselosigkeit gegenüber allen Wertmaßstäben, die es außerhalb des Korans und des Islam vielleicht noch geben könnte. In Wirklichkeit war es ein Riesenschritt, den Al-e Ahmad niemals getan hätte. Nach langer geistiger Wanderschaft war Al-e Ahmad an den Punkt gelangt, seine schiitischen Wurzeln zu respektieren, aber er war noch weit von dem Schluß entfernt, die schiitischen Wurzeln seien der einzige Wertmaßstab für die Dinge überhaupt. In einem seiner letzten Bücher druckt er eine Ansprache Khomeinis aus dem

Jahr 1964 ab als Beweis dafür, daß ein „Geistlicher" ein engagierter Intellektueller sein könne. Aber zwei Sätze fehlen, und in Klammern merkt Al-e Ahmad an: „Hier habe ich zwei Sätze ausgelassen, die nach dem Spielchen der Mullahs riechen: Über männliche Lehrer an Mädchenschulen und umgekehrt [beides hatte Khomeini als Ursachen der Korruption bezeichnet]. Solche Worte mindern den Wert der Geistlichkeit als religiöser und sozialer Führer. Ich bitte um Nachsicht."

Al-e Ahmad war grundverschieden von allen, die sich seine Rhetorik zu eigen gemacht haben. Selbst Schariati, der ihm in vielem ähnelte, gab nie die Zweifel zu erkennen – vielleicht fühlte er sie nie –, die Al-e Ahmad ständig mit sich trug und zum Ausdruck brachte. Diese Zweifel haben es Al-e Ahmad verwehrt, sich für irgendeine Patentlösung zur Rettung des Irans einzusetzen; er war der Meister der Sozial- und Kulturkritik, aber nicht des sozialen und kulturellen Aufbaus. Dieser Mangel ergab sich aus seiner unbedingten Ehrlichkeit und Treue zu seinen Gefühlen. Er hatte alles in sich aufgenommen, was die iranische religiöse Überlieferung, die iranische Linke und die selbstkritischen Intellektuellen im Europa der Nachkriegszeit zu sagen hatten; überall hatte er Bewundernswertes und Verwerfliches entdeckt. Doch war es ihm, dem großen iranischen Anwalt des engagierten Zeitgenossen, niemals möglich, sich für irgendein Programm voll zu engagieren. Niemals konnte er aus taktischen Gründen stillschweigen, wenn er irgendwo einen faulen „Geruch" wahrnahm.

Kasravi, wie Al-e Ahmad ein ehemaliger *talabe*, hatte lediglich seine Rolle nach außen gekehrt: der frühere Mullah wurde zum Anti-Mullah und büßte nichts von seinem dogmatischen Charakter ein. Dschamal ad-Din, der sogenannte Afghane, ebenfalls ein ehemaliger *talabe*, brauchte nie lange nachzudenken, wenn er aus einer Rolle in die andere schlüpfte; sein Charakter war zu unbeständig, abgesehen von der Liebe für das Rollenspiel. Al-e Ahmad, dem es so sehr um die Erneuerung der Gesellschaft ging und der manchmal die Revolution so sehr herbeisehnte, hatte einen großen, sich nur langsam wandelnden Charakter; er suchte nach einer bleibenden Rolle, aber fand sie nie. Die geistige Bürde von Al-e Ahmads Botschaft war trotz seiner energischen Kritik der iranischen Gesellschaft eigentlich sehr individuell. Er war letztlich der Prophet einer Religion, deren Bedeutung im eigenen Innern und ohne Halt an äußerer Autorität zu finden war, und hierin war er der Vorgänger von Tausenden junger Iraner, die den Islam für sich selbst und nach eigenem Verständnis wiederentdeckt haben. Wie Al-e Ahmad gegen Ende seines Lebens sagte: „Ich habe einmal geschrieben, daß für mich der Imam des Zeitalters im Körper eines jeden einzelnen steckt. Der Imam des Zeitalters, den wir alle erwarten, ist in jedem von uns."

Neuntes Kapitel

In Teheran mußte Ali oft an eine Zeile Saadis denken: „Laß dich entweder nicht mit Elefantenführern ein oder baue ein Haus, das einem Elefanten Platz bietet." Er hatte in der Hauptstadt im wesentlichen zwei Freundeskreise, doch in beiden war man nicht ganz mit ihm zufrieden: auf der einen Seite Mullahs und fromme Geschäftsleute, die ihn als hervorragenden jungen Gelehrten mit Beziehungen zu den einflußreichen Männern in Ghom schätzten; auf der anderen Seite weltliche Professoren der Human- und Sozialwissenschaften, die sich zu diesem Studenten beglückwünschten, der zugleich ein liberaler Mullah war. Die Professoren stellten fest, daß sie mit ihm reden konnten und daß er Gelehrsamkeit mit Witz verband, und schon bald war er in ihrem Diskussionskreis über islamische Philosophie als Führungsanwärter akzeptiert. Aber in jeder Gruppe schadete ihm ein wenig seine Verbindung zur anderen Gruppe, und er richtete sein Leben nie ganz darauf ein, für eine dieser Gruppen ein Haus in Elefantengröße zu schaffen.

Ein Mitglied der ersten Gruppe, ein frommer Kaufmann namens Bagher Vahid, war Ali ein Dorn im Auge, und wenn der Mann nicht ein Geschäftsfreund von Alis Bruder gewesen wäre, hätte Ali sich von ihm ferngehalten. Bagher kam aus einer Familie von Grundbesitzern in Dschafarabad, einer Kleinstadt im Bezirk Ghom, und sein einziger schätzenswerter Charakterzug war seine Anhänglichkeit an die Menschen aus dieser Gegend. Als er sich im Teheraner Basar neu niederließ, verkaufte er landwirtschaftliche Erzeugnisse von den Familiengütern bei Dschafarabad. Dann machte er in Teheran eine kleine Fabrik auf, die Küchenöl produzierte; das meiste davon verkaufte er an Großhändler im Bezirk Ghom, darunter auch Alis älteren Bruder. Der Bruder bat Ali, sich um Bagher zu kümmern, denn die beiden Brüder hatten enge persönliche Beziehungen entwickelt. Vielleicht wäre Ali aber ohnehin mit Bagher in Berührung gekommen, denn er nahm starken Anteil an den weniger reichen Ghomern, die sich in Teheran eingefunden hatten. Bagher bewies seine treue Bindung an die Region Ghom und besonders an Dschafarabad und die umliegenden Dörfer dadurch, daß er in seiner Teheraner Fabrik so viele tüchtige Männer aus dem Ghomer Gebiet einstellte, wie er nur unterbringen konnte.

An Ghomer Verhältnissen gemessen, galt Bagher als außergewöhnlich reich, aber nach Teheraner Maßstäben war seine Fabrik bescheiden und er selbst lediglich gut gestellt. Ali fand später, daß Bagher der Meinung war, er könnte schon sagenhaft reich sein, wenn er nur nicht solche Schwierigkeiten hätte, Kredit zu bekommen, um bessere Maschinen und vielleicht sogar die Großfarmen in der Kaspischen Region zu kaufen, wo Sonnenblumen und Sojabohnen angebaut wurden und wo man das Rohöl herstellte, das er in seiner Fabrik verarbeitete. Bagher bezichtigte die Großbanken, die Kredite zu niedrigem Zinssatz an Geschäftsleute vergaben, der Lüge, wenn sie behaupteten, der Leumund oder die Vermögenswerte seines Geschäfts seien nicht so, daß sie ein Darlehen rechtfertigten. Er bezichtigte sie der Lüge, weil jedermann wisse, daß sie den Löwenanteil ihrer Darlehen für etwa zwanzig iranische Großfirmen reservierten.

Die Suche nach Kredit war es auch, die Bagher mit Ali zusammenbrachte. Bagher rief Ali an und erwähnte höflich, daß sie einander begegnet waren, als er nach Ghom gekommen war, um sein *sahm-e-Imam* zu entrichten, und dabei Alis Bruder besucht hatte. Dann bat er um die Ehre von Alis Besuch in seinem Büro im Basar, da er Alis Rat dringend benötige. Ali wollte nicht die zwei Stunden opfern, die dieser Besuch ihn kosten würde – es würde lange dauern, bis Ali sich in dem großen, unvertrauten Basarbereich des südlichen Teheran zurechtgefunden hätte, und außerdem würde Bagher viel unwichtiges Zeug reden, bevor er zur Sache käme. Ali sagte, er stehe Bagher gerne zu Diensten, aber wenn es ihm irgendwie möglich wäre, die Frage zu beantworten, könne er das bestimmt gleich am Telefon tun, zumal er sich an Bagher gut erinnere und ihn wegen seines guten Rufes in der Ghomer Gegend sehr schätze. Bagher drängte ein wenig und sagte, er schätze sich glücklich, einen religiösen und gelehrten Freund wie Ali zu besitzen, mit dem er eine wirklich vertrauliche Angelegenheit beraten könne. Als Ali jedoch eisern blieb und sagte, er sei solcher Komplimente nicht würdig, gab Bagher schließlich nach und kam zum Thema. Wegen der Liquiditätsschwierigkeiten in seinem Geschäft hatte er im Basar stets kurzfristige Darlehen erhalten, die er immer nach guter islamischer Art aufgenommen hatte: Für die Dauer des Darlehens machte er den Geldgeber zum Anteilseigner an der erworbenen Geschäftseinrichtung, und ähnliches. Jetzt hatte er Gelegenheit, eine große Summe zu günstigen Bedingungen aufzunehmen und den Umfang seines Geschäfts zu verdoppeln. Würde Ali ihm bitte ein Zeichen geben, indem er den Koran aufschlug und ihm den ersten Vers auslegte, auf den sein Blick fiel?

Ali fühlte, er hätte etwas Besseres verdient. Nach zwanzig Jahren islamischen Rechtsstudiums sollte man ihn wenigsens nach den heiklen Vertragspunkten fragen und nicht einfach als Wahrsager gebrauchen. Aber er wollte höflich sein – schließlich hatte er selbst von dem Zeichen profitiert, das sein Lehrer des *ʿerfân* gefunden hatte, als er ihn als Schüler annahm. Ali bat Bagher, ein wenig zu warten, zog einen Koran aus der Tasche und schlug ihn auf. Er wurde sehr verlegen, als sein Blick auf den Vers fiel: „O ihr Gläubigen: Nehmt nicht die Juden und Christen zu Freunden. Sie sind miteinander befreundet, und wer von euch sich mit ihnen verbindet, ist einer von ihnen. Gott gibt einem ungerechten Volk keine Führung." Ali war verlegen; denn viele engstirnige Leute nahmen diesen Vers ganz wörtlich, doch er fühlte, daß man ihn mit Bezug auf die besonderen Umstände sehen mußte, in denen er offenbart worden war: Mohammeds kleine muslimische Gemeinschaft stand in Versuchung, mächtige christliche und jüdische Araber zu „offiziellen Freunden" (was in einer Stammesgesellschaft soviel bedeutete wie Beschützer) zu machen; doch diese Leute fielen von der islamischen Bruderschaft ab und kamen in die Gesellschaft von Menschen, die die neue Religion verachteten.

Ali bekam keine Gelegenheit mehr, Erläuterungen dieser Art zu geben. Kaum hatte er den Vers übersetzt, da brach es aus Bagher heraus: „Das ist unglaublich! Das ist unglaublich! Ich wollte von einem Juden Geld leihen, und Sie konnten es nicht wissen! Hier spricht wirklich ‚die Zunge des Unsichtbaren'! Wie kann ich Ihnen meine Wertschätzung ausdrücken? Ich werde immer in Ihrer Schuld stehen für diese Freundlichkeit. Ich stehe Ihnen ganz zu Diensten."

Ali befürchtete schon, daß es ein Fehler war, hier geholfen zu haben; eine Woche später hatte er die Gewißheit. Bagher rief ihn an und sagte, der jüdische Geschäftsmann habe Bankrott gemacht. Der jüdische Geschäftsmann sei selbst verschuldet gewesen, und seine Gläubiger verlangten jetzt sofortige Bezahlung von jedem, der von ihm Geld genommen hatte. Hätte Bagher das Darlehen aufgenommen, wäre er jetzt mit der Forderung nach sofortiger Rückzahlung konfrontiert. Ali fühlte sich in einer hoffnungslosen Falle. Er wußte, daß Bagher überzeugt war, er, Ali, habe eine direkte Verbindung zu Gott; so würde er, Ali, Bagher jetzt stets zu Diensten sein müssen, wenn dieser ein Vorzeichen in Geschäftsangelegenheiten brauchte.

Ali dachte schon daran, für diesen Zweck eine Liste von Versen anzulegen, die, aus dem Zusammenhang gerissen, fast nichts bedeuteten; zum Beispiel: „Wir werden es auf die Schnauze brennen" oder: „Abgesehen von einer kochend heißen Flüssigkeit und einer schmutzigen Flüssigkeit: äußerst kalt"; oder er konnte Bagher, der ein starker Esser war, mit einer Textstelle erschrecken, die die Völlerei verdammte. Aber er war dann doch zu gewissenhaft, um solche Tricks anzuwenden. Die nächsten drei oder vier Male, als Bagher ihn um ein Zeichen bat, fiel Alis Blick zum Glück auf Textstellen, die fromme Gedanken enthielten und die sie beide sofort verstanden, die aber keinen direkten Bezug zu Baghers unmittelbarem Anliegen hatten. Endlich fand Ali den Mut zu sagen, Gott habe ihn das eine Mal als Werkzeug gebraucht, damit Bagher später in solchen Fällen zu ihm kommen könne, wo Alis Spezialausbildung gefragt war.

Beide waren über die Neuregelung erleichtert. Viele Zuwanderer aus Dschafarabad und der Gegend von Ghom waren in eine bestimmte Vorstadt von Teheran gezogen, und dort kaufte Bagher ein Grundstück, das er zu einem *vaqf*, einer religiösen Stiftung, machen und wo er eine Moschee bauen wollte. Ali konnte ihn beim Aufsetzen der Stiftungsurkunde beraten. Ein paar Monate später bestand dann Bagher darauf, Ali solle an einem Donnerstagnachmittag mit ihm die halb erbaute Moschee besuchen und ihn wegen der koranischen und anderen Inschriften für geeignete Stellen an den neuen Wänden beraten.

Bagher fuhr am späten Nachmittag vor Alis Haus vor; der amerikanische Straßenkreuzer wurde von seinem Neffen gesteuert. Sie fuhren in westlicher Richtung durch einen Bereich mit kleinen, verwahrlosten Fabriken und in eine Gegend von Teheran, die Ali noch nie gesehen hatte; ihr Ziel war eine leichte Anhöhe, die ein tiefer liegendes Gebiet in Form einer flachen Schüssel überblickte. Die Häuser auf der Anhöhe sahen gepflegt aus und lagen an Straßen, die nach einer Art geometrischem Plan angelegt waren; aber das verrückte Häusergewirr in der Senkung, mit den Fassaden und Dächern aus Lehmziegeln und Blech, sah aus, als sei es durch die Sintflut so zugerichtet worden. Diese scheinbar flutgeschädigten Gebäude machten wirklich einen so gefährlich unvollkommenen Eindruck, daß man fast wünschte, die Flut hätte noch vierzig Tage länger gedauert, um die Trümmer wegzuspülen.

Sie parkten den amerikanischen Straßenkreuzer auf der Anhöhe auf einem freien Platz nahe der neu erbauten Moschee. Sobald Ali ausstieg, merkte er, daß alle um ihn herum starken Ghomer Dialekt sprachen, den er selbst gerade erst abgelegt hatte. Ali, Bagher und der Neffe begaben sich unter die Zentralkuppel der Moschee, die zunächst nur aus Backsteinen und gegossenem Beton bestand. Die Kuppel überwölbte einen riesigen Bereich, und Ali war von der geräumigen Atmosphäre des Ortes und der freigebigen Großzügigkeit Baghers beeindruckt, gegen den er bis jetzt eine leichte Abneigung empfunden hatte. Bagher war vielleicht ein seichter Mann, der sich nur oberflächlich und in fast abergläubischer Art für die Bedeutung der Religion interessierte, aber seine Großzügigkeit in religiösen Dingen ging über das gewöhnliche Maß weit hinaus.

Bagher sagte, der Architekt wolle innen und außen große Teile als Rohbeton stehenlassen, so wie sie jetzt waren, um dem religiösen Wert von Einfachheit und Strenge Ausdruck zu geben, er selbst meine aber, eine Moschee aus einfachem Beton ohne Fliesen drücke eher Nacktheit als Strenge aus. Ali, der – wie ihm schien – schon mehr als ein halbes Leben lang farbige Muster bewundert hatte – von seiner frühen Begeisterung für die Farbfenster zu Hause bis zu den verschlungenen Mustern auf den Fliesen der Feiziye – war derselben Meinung.

Viele Menschen aus der Nachbarschaft drängten sich jetzt um sie. Bagher erklärte, sie hätten heute abend die große Ehre, Ayatollah Haschemi bei sich zu haben, einen hervorragenden Lehrer aus Ghom, der gerade Rechtsgelehrter geworden sei. Einer der Umstehenden, Musa, anscheinend Baghers Hausverwalter, übernahm die Rolle des Sprechers und küßte Ali zu dessen Verwirrung die Hand. Musa sagte, Ayatollah Haschemis Ankunft sei eine Fügung Gottes – ihr Mullah sei erkrankt, und sie wären sehr geehrt, wenn Ayatollah Haschemi heute abend das

Gebet leiten würde. Ali erwiderte, Gott verbiete jedem, ihn Ayatollah zu nennen, solange andere, die ihm in jeder Hinsicht übergeordnet seien, diesen Titel verdienten; aber er wolle gern das Gebet leiten.

Nach dem Gebet drängte Musa, der Bagher ständig als „Ingenieur Vahid" anredete, daß sie in sein Haus kämen. Es ähnelte den anderen Häusern in dem besseren Bereich der Anhöhe. Wie die meisten umliegenden Häuser war es ein kleines Backsteingebäude mit Vorbauten an ungewohnten Stellen im zweiten Stock, wo man entgegen den Bauvorschriften einige Räume vergrößert hatte. Vom Eingang betrat man eine Diele, die zu zwei Zimmern im Erdgeschoß und einem kleinen Hinterhof führte, der etwa vier Meter im Quadrat maß. Das Empfangszimmer lag im oberen Stockwerk, außerhalb des Geruchs des Kerosinofens, der das ganze Erdgeschoß erfüllte. Musa machte große Umstände, er sagte, Ali solle sich nicht umschauen, während er Bagher noch zeigte, wie er eine von Baghers ausrangierten Badewannen im Badezimmer installiert und mit einem Ring von Stützfliesen umgeben hatte. Das Haus hatte elektrischen Anschluß und fließendes Wasser. Bagher meinte, bei ihm zu Hause müßten wohl noch einige Rohre entfernt werden, und wenn Musa wieder zur Arbeit komme, könne er sie mitnehmen und seine neue Badewanne sachgerecht daran aufhängen.

Ali und Bagher saßen auf dem Ehrenplatz, und als der Raum sich zu füllen begann, merkte Ali, daß er den erkrankten Mullah nicht nur als Vorbeter, sondern auch als Leiter der *hey'at* zu ersetzen hatte. Die *hey'at* war ein informelles beratendes Nachbarschaftstreffen mit religiöser Zielsetzung, das Donnerstag abends stattfand. Ali hatte so gut wie keine Erfahrung als Gemeindemullah und fühlte, wie ihm das Herz sank, aber er sagte sich immer wieder das Sprichwort vor: Wenn dir das Wasser schon über den Kopf reicht, spielt es dann noch eine Rolle, ob es einen oder hundert Meter zu tief war? Als der Raum sich gefüllt hatte, sprach er ein langes Gebet auf arabisch, um die Zeit für die Aussprache zu verkürzen, aber niemand schien sich abschrecken zu lassen.

Musa sprach als erster. Er lobte Bagher für seine Großzügigkeit gegenüber der Nachbarschaft und seine Anhänglichkeit an die Leute von Dschafarabad und den anderen Städten und Dörfern bei Ghom. Er sagte, schon bevor mit dem Bau der Moschee begonnen worden sei, habe Bagher dafür gesorgt, daß ein Zelt auf dem Gelände für die Zeremonie des „Brustschlagens" errichtet wurde, die ihre *hey'at* an jedem Jahrestag von Husseins Tod organisierte. Er sagte, er habe nur eine einzige Frage, mit der er den Ayatollah (Ali murmelte: „Ich bin kein Ayatollah") belästigen wolle: War das Fernsehen mit dem Gesetz vereinbar? Ali hatte in der Nachbarschaft schon einige Fernsehantennen gesehen und verstand sofort aus Musas Tonfall, daß sein Gastgeber ein Gegner des Fernsehens war. Ali wußte, daß er schon mehr als einen Meter unter Wasser war. Er hatte selbst einen Fernseher und war nicht der Meinung, daß am Fernsehen etwas Ungesetzliches sei; aber er wußte auch, daß einige Mullahs das

Fernsehen für ungesetzlich erklärten, weil bewegte Bilder von Menschen provozierend wirken könnten und weil das iranische Fernsehen von gottlosen Menschen gemacht würde. Ali gab eine lange, mehrdeutige Antwort, mit vielen arabischen Zitaten und mit Zusammenfassungen auf persisch, und es kam dabei heraus, daß viele Fernsehprogramme gefährlich waren, daß es aber wieder neue Programme gab und sie ihren zuständigen Mullah fragen sollten.

Ein junger Mann ergriff das Wort: Er bemühte sich, als guter Muslim zu leben, aber manchmal hatte er Probleme. Er hörte gerne Musik im Radio; aber es kam vor, daß die Musik seine Gedanken erregte und es ihm schwer wurde, sie reinzuhalten. Ali sagte, die Stadt sei sicher voller Fallstricke, und es benötige innere Stärke, diese Fallen zu umgehen. Deshalb solle man keine Musik hören, wenn man sich schwach fühle – und Ali fügte hinzu, das Gebet sei eine innere Kraftquelle, die man nie vergessen solle.

Ein gebeugter alter Mann begann zu sprechen. Es war der Typ des Mannes in ausgebeulten Arbeitshosen, der sich in Hosen nach westlicher Art genauso wenig wohlgefühlt hätte wie in Frauenkleidern. Er sprach langsam und mit trockener Stimme und zeigte viel weniger äußere Erregung als Musa oder der junge Mann. Die Weisheit des Ayatollahs und sein Verständnis für die Leute aus Ghom gaben ihm, einem Bauern aus einem Dorf bei Ghom, den Mut zu einer Frage, die er bisher noch nicht zu stellen gewagt hatte. Seine Frau war gestorben, bevor er nach Teheran kam, und seine älteste Tochter zog die Kinder für ihn auf. Er hatte noch keine feste Arbeit gefunden und wohnte in dem tiefer liegenden Gebiet hier in der Nähe. Seine Tochter war sehr schön; das Leben in Teheran war voller Versuchungen, und ein reicher Mann hatte angeboten, sie bei sich aufzunehmen; er wisse nicht, wie er sie zu Hause halten solle, wo er sie brauche; es wäre für ihn der Tod, wenn sie zu dem Mann ginge.

Während der Mann sprach, erkannte Ali, daß er zwar schon in vorgerückten Jahren, aber doch nicht so alt war, wie es zuerst den Anschein hatte. Mit den breiten, flachen Pockennarben im Gesicht und den großen, unregelmäßigen weißen Flecken am Bart und im Haar sah er aus, als habe die heiße Sonne von Ghom Stücke aus seiner Haut herausgesengt, als habe sie ihn einschrumpfen lassen, so daß er an der Oberfläche halbtot zurückgeblieben sei.

Ali war erschrocken. Er fühlte sich dieser Frage überhaupt nicht gewachsen. Jeder Rat, den er geben konnte, würde ein Täuschungsmanöver sein, denn er setzte voraus, daß dieser Mann über seine Lage bestimmen könne; in Wirklichkeit war der Mann ein Stück Ghomer Boden, das irgendeine Flut in die schmutzige Senkung nebenan hineingespült hatte. Ali sprach von der Wichtigkeit der Beratung und ließ durchblicken, daß die Nachbarn des alten Mannes mit ihm beraten und ihm so Hilfe leisten sollten. Dann erzählte er die Geschichte von Noah; dieser hatte sich damit zufriedengeben müssen, nur die zu retten, die gerettet werden wollten. Ali merkte jetzt, daß er vor Verlegenheit in Schweiß geraten war; er sprach ein arabisches Gebet, um die Versammlung zu schließen, und stand auf.

Als er das Zimmer verließ, fühlte er, wie Musa ihm einen Umschlag in die Tasche steckte. Er gab ihn sofort an Baghers Neffen weiter und sagte: „Wenn das für den Bau der Moschee verwendet werden kann, tun Sie es bitte." Der Neffe hatte den Abend in kaum verhohlener Langeweile begonnen, jedoch im Verlauf des Abends immer mehr Interesse an Ali gezeigt. Wie Ali gehört hatte, war der Neffe derjenige, der für das Familiengeschäft den Kontakt mit den Behörden pflegte: Vom Ministerium für Industrie und Bergbau holte er Produktionsgenehmigungen ein, von der Stadtverwaltung von Teheran Baugenehmigungen, vom Handelsministerium Importlizenzen; beim Arbeitsministerium reichte er Papiere über Lohnzahlungen, Krankenversicherungen ein und so weiter.

Im Auto sagte der Neffe zu Ali: „Es war uns eine große Ehre, Sie heute abend hier zu haben. Als junger Mann war ich sehr religiös, und als ich meinem Vater im Basar von Dschafarabad half, brachte ich eine Gruppe von Lehrlingen zusammen, die unter Aufsicht eines Mullahs gemeinsam den Koran lasen. Ich gebe zu, daß sich das geändert hat, seit ich in Teheran bin, aber Sie haben mein Interesse an der Religion wieder geweckt. Die Leute in der Regierung haben keine Religion; kein Wunder, daß alles, was sie machen, Stückwerk ist. Haben Sie Zeit, uns Unterricht zu geben?"

Ali, der nun wirklich in Schweiß gebadet war und sich wie ein Opfer der Sintflut fühlte, hatte plötzlich einen Einfall: „Hadschi Bagher, ich will die Büros aller ‚Vorbilder' anrufen, dort finden wir einen Mullah, der mehr Zeit hat als ich und der Sie und Ihren Neffen oft im Basar, in der Fabrik und zu Hause besuchen kann. Ich sehe das fast als religiöse Verpflichtung an."

„Das ist außerordentlich gütig von Ihnen! Möge Gott es Ihnen vergelten. Wieviele Umstände Sie sich machen!" Als Bagher dies sagte, schien er ganz Feuer und Flamme bei der Aussicht, einen Hausmullah zu bekommen, und Ali, der nach Monaten erstmals die Möglichkeit erblickte, sich von Bagher zu lösen, sagte: „Was für Umstände? Es ist nicht der Rede wert." Ali machte sich Gedanken wegen der leichten Ironie, die dabei in seiner Stimme schwang, aber Bagher hatte offenbar nichts bemerkt. Auf der ganzen Fahrt zu Alis Haus sprudelte er von Plänen, was der neue Mullah alles tun und welche Kontakte er wahrnehmen könnte, und er versicherte, daß er angemessen bezahlt würde.

Am nächsten Tag brachte Ali diese Sache in Ordnung; er bat seinen Bruder, Bagher anzurufen und ihm den erwählten Kandidaten persönlich zu empfehlen. Bagher verschwand zwar nicht völlig aus Alis Leben, aber er war jetzt nur noch ein kleiner Unruheherd, der sich kaum bemerkbar machte. Ali hatte schon bei vielen seiner Studenten erlebt, wie sie die Hochschule verließen, um Dorfmullah oder Mullah eines Stadtbezirks zu werden, und er dankte Gott jetzt, daß er die Begabung hatte, das Leben eines Gelehrten zu führen; denn ihm fehlte eindeutig der Mut – er war versucht zu sagen: die Kühnheit –, anderen Leuten zu sagen, wie sie ihr Leben einrichten sollten. Mehr als zuvor lernte er den Koranvers schätzen: „Unter Menschen, Tieren und dem Vieh gleichermaßen gibt es Unterschiede der Farbe. Nur die Gelehrten fürchten Gott unter Seinen Dienern; Gott ist der Mächtige, der Vergebende."

Im Iran spielte sich das religiöse Leben in der Stadt herkömmlicherweise anders ab als in den Dörfern. In einer Stadt waren drei Einrichtungen (und meist auch die entsprechenden prachtvollen Gebäude) unerläßlich: der Sitz einer Regierung, ein Basar und eine „große" oder „Freitags"-Moschee, denn der Freitag war der Tag des gemeinsamen Gebets. Da in einer Stadt nur *eine* große Moschee üblich war, kam in dieser Moschee die selbstgewollte Einheit der Stadt stärker zum Ausdruck als in den beiden anderen Gebäuden. Der Mullah, der das Gebet in der großen Moschee leitete, genoß höheres Ansehen als alle anderen Prediger in den Moscheen der Stadt und galt in gewissem Sinn als Patron des gesamten religiösen Gemeindelebens in der Stadt.

Die Beziehung zwischen Moschee und Regierungssitz war in der Theorie immer problematisch, in der Praxis oft herzlich. Die Safawiden hatten den Leiter des Freitagsgebets entweder selbst oder durch ihren Beauftragten, eine Art „Religionsminister", ernannt. Nach der Safawidenzeit wurde diese Position mehr oder weniger in einer Familie der Stadt erblich, sofern diese Familie immer einen Sohn hatte, der predigen konnte. In anderen Fällen suchte sich der Leiter des Freitagsgebets einen Stellvertreter, dem der Weg zur Nachfolge in diesem Amt offenstand, wenn seine provisorische Amtsführung erfolgreich war. Einige Regierungen der Nach-Safawiden-Ära und auch noch des zwanzigsten Jahrhunderts haben die Leiter des Freitagsgebets per Erlaß eingesetzt; aber diese Erlasse bestätigten nur, was durch das informelle Einvernehmen in der Religionsgemeinde der Stadt – diesem wunderbaren Instrument der Selbstregelung – schon entschieden war.

Die Beziehungen der Moschee zum Basar waren in der Theorie ausgesprochen freundlich, aber in der Praxis konnten sich Schwierigkeiten ergeben. Die Kaufleute des Basars waren nicht immer einverstanden mit der Rechtsprechung der Mullahs (die ihrerseits bei der Ausführung ihrer Entscheidungen manchmal von der Regierung abhingen). Auch traten einige Basarkaufleute als Schutzherren von volkstümlichen Religionsbräuchen wie zum Beispiel den Passionsspielen auf, was den Unwillen einiger großer Mullahs erregte. Aber trotz allem – während zwischen Regierung und Moschee das freundschaftliche Nebeneinander beiderseits als Überlebensbedingung angesehen wurde, halfen sich die Moschee (im Sinne der städtischen Religionsinstitution) und der Basar sogar gegenseitig aus und gaben sich damit gegenseitig Profil und Stütze. Wenn ein

Basarkaufmann in seinem Geschäft auf Dauer Erfolg haben wollte, brauchte er nicht nur Finanzkapital, sondern auch das Kapital eines guten Rufes. Um einen guten Ruf als Muslim zu haben, mußte er sich selbst besteuern und diesen Steueranteil einem Mullah – entweder einem „Vorbild" oder dem Vertreter eines „Vorbildes" – abliefern. Dementsprechend konnte ein Mullah das religiöse Gemeindeleben im Verhältnis zu den eingenommenen religiösen Steuern finanzieren.

Im Basar gab es aber auch Formen religiösen Lebens, die als eigenständiger Ausdruck des Basarlebens mehr oder weniger unabhängig von der Moschee waren. Die wichtigste dieser eigenständigen Formen war die *hey'at*, die „Versamnmlung". Neben den vielen informellen Bereichen, die sich durch Konsens gegeneinander abgrenzten, zum Beispiel die Mullahs und die Gemeinschaft des Basars, gibt es in der iranischen Gesellschaft schon lange kleine Freundeskreise, die sich regelmäßig treffen, um gemeinsame Vorhaben zu fördern oder einfach, um zusammenzukommen. In der traditionellen iranischen Gesellschaft bekam eine solche Gruppe innerhalb des Basars fast von selbst einen religiösen Anstrich; wenn ihre Zusammenkünfte einen guten Ruf haben sollten, mußten sie mit einer Form religiöser Ermahnung eingeleitet und beendet werden.

Die Basarkaufleute gehörten häufig *hey'ats* an, die einmal wöchentlich im Hause eines der Mitglieder zusammenkamen, um einen Mullah predigen zu hören. Dabei waren die Männer der Moschee Gäste der Männer des Basars (allerdings gab es in der herkömmlichen iranischen Gesellschaft natürlich auch ziemlich viele Basarkaufleute, die sich als Mullahs betrachteten und auch so kleideten). Die Basarkaufleute unterstützten auch die *hey'ats* ihrer Lehrlinge, die auf freiwilliger Basis entstanden, um unter Aufsicht eines Mullahs den Koran zu lesen. Die Unterstützung dieser *hey'ats* von Lehrlingen war nicht nur eine religiöse Handlung, sondern auch eine Form der Einflußnahme auf eines der gefährlichsten Elemente im Basar – auf unverheiratete und mittellose männliche Jugendliche.

Im schiitischen Rahmen ergab sich bei *hey'ats* im Basar – unter Kaufleuten, Lehrlingen und noch niedrigeren Gesellschaftsschichten – auf ganz natürliche Weise das Thema Hussein; einige *hey'ats* beschränkten sich überwiegend darauf, bei ihren Mitgliedern das Gedenken an den Märtyrertod Husseins wachzuhalten. *Hey'ats* dieser Art, die im Moharram an den Umzügen zum Gedenken an Husseins Martyrium teilnahmen, waren unter der armen Bevölkerung in Stadt und Land praktisch die einzigen freiwilligen Zusammenschlüsse überhaupt.

Mitte der siebziger Jahre sahen sich die traditionellen iranischen Städte als kleine Inseln zwischen den neueren Wohnanlagen der Pahlavi-Ära. Al-e Ahmads Klage über den Dorfbewohner, der „vom Dorf in die Stadt flieht, um Arbeit zu suchen, damit er Pepsi-Cola trinken, für fünf Kran ein Sandwich essen und für zwei Toman einen Film mit Brigitte Bardot sehen kann", war Vorhersage und Zustandsbeschreibung zugleich. Zwischen 1966 – etwa der Zeit, als Al-e Ahmad seinen Dorfbewohner beschrieb – und 1976 nahm die Stadtbevölkerung jährlich um sechs Prozent zu. Städte schlossen die umliegenden Dörfer ein; mindestens ein Drittel Millionen Iraner wurden Stadtbewohner, nicht weil sie sich für das Leben in der Stadt entschieden hatten, sondern weil ihre Dörfer von den Städten aufgeschluckt wurden. Aber die Mehrheit der neuen Stadtbewohner hatte natürlich wie Al-e Ahmads Bauer das Dorf aus eigenem Entschluß verlassen.

Der Trend hatte schon viel früher eingesetzt. Im Jahr 1900 gab es nur drei Städte mit über hunderttausend Einwohnern; 1948 waren es acht, 1956 zehn, 1966 vierzehn und 1976 dreiundzwanzig Städte. Aber der Gigant war Teheran: 1976 lebten mindestens 13 Prozent der Gesamtbevölkerung des Irans in der Hauptstadt, und über 50 Prozent der Teheraner Bevölkerung waren Zuwanderer. Im zwanzigsten Jahrhundert gab es einen fast ununterbrochenen Zustrom von Menschen aus dem Land in die Stadt; doch scheint um 1934, als Reza Schah fest im Sattel saß, und dann wieder in den fünfziger Jahren ein sprunghaftes Anwachsen dieser Bewegung stattgefunden zu haben. Danach blieb die Zuwachsrate ständig so hoch, daß die Stadtbevölkerung sich zwischen 1956 und 1976 fast verdreifachte, während die Landbevölkerung nur um etwa ein Drittel anwuchs. In dieser letzten Periode war die Wanderung in Etappen – vom Dorf zur Kleinstadt, von dort weiter in die Großstadt – nicht mehr üblich; jetzt wanderten die Bauern direkt aus Gemeinden mit ein paar hundert Einwohnern in die Millionenstädte.

Die Zuwanderer in die Großstadt waren nicht beliebig zusammengewürfelte Pepsi-Cola-Freunde; es waren vorwiegend Männer der Altersgruppe zwanzig bis vierundzwanzig Jahre und Frauen zwischen fünfunddreißig und neununddreißig Jahren. (Wahrscheinlich zogen die Frauen erst dann zu ihren Männern und Brüdern, wenn diese sicheren Boden unter den Füßen zu haben glaubten.) Es gab Zuwanderer der gehobenen und der Mittelschicht, aber die große Mehrheit bildeten die Armen ohne Grundbesitz im Dorf, die Landarbeiter, die die Bodenreform am meisten geschädigt hatte. Unter diesen Armen ohne Grundbesitz waren es in der Regel die Gebildeteren, die – wenn auch vielleicht sehr unzureichend – lesen und schreiben konnten und dadurch den Schrecken des Dorfbewohners vor der Stadt verloren hatten. Es waren die Menschen, die auf dem Land am schlechtesten weggekommen waren und jetzt alles, was sie besaßen, für die Stadt aufs Spiel setzen wollten, obwohl sie wußten, daß sie ihnen bei allem Reichtum womöglich noch übler mitspielen würde.

Oft war es dann wirklich so. Am schlechtesten ging es den wilden Ansiedlern in ihren Hütten, die aus Metallabfällen zurechtgehämmert und von Kot und Ungeziefer umgeben waren, wobei sich zehn oder mehr Familie ein von Hand angelegtes Aborthäuschen teilten. Zu dieser Kategorie gehörten in den fünfziger Jahren vielleicht einige Zehntausende, in den siebziger Jahren einige Hunderttausende. Sie ertrugen ihre Notlage in der Regel stillschweigend; durch Sprechen würden sie nur auffallen und dann vielleicht hinausgeworfen werden, und das würde das Aus bedeuten in ihrem mit letztem Einsatz geführten Kampf um ein Stückchen Lebensraum in der Stadt.

Die meisten Zuwanderer hatten ein wenig mehr Glück; sie fanden eine Anstellung in den neuen Fabriken und den Dienstleistungsbetrieben, die sich in der Nachkriegszeit stark vermehrt hatten. Sie hatten jedoch nur das halbe Spiel gewonnen; sie besaßen eine Arbeit, aber keine anständige Wohnung. Bodenspekulationen in der Stadt waren in der iranischen Geschichte der letzten vierzig Jahre das große Gewinngeschäft, das die Reichen immer weiter spielten. Dadurch blieben die Preise für Häuser völlig unerschwinglich für Lohnempfänger. Die Eigentümer waren darauf versessen, auf ihrem Grund Wohnungen der Ober- und Mittelklasse anzulegen, und lehnten daher oft Reparaturen an den Wohnungen der unteren Kategorie ab, so daß die Mieter in Räumen leben mußten, die kaum besser waren als die der wilden Ansiedler und sogar noch weniger Sicherheit boten. Trotzdem glaubten die meisten Zuwanderer, sie hätten es in der Stadt besser getroffen. So sehr die Intellektuellen den sentimentalen Wunsch hatten, die Wanderer möchten aufs Land zurückkehren – die meisten Betroffenen hatten kein Interesse.

Einige dieser Zuwanderer lebten oder arbeiteten in der Nähe der beiden großen Institutionen – Basar und Moschee –, die dem religiösen Leben der herkömmlichen Stadt das Gesicht gegeben hatten, und wurden in deren Kreis einbezogen. Die meisten jedoch lebten weit von Moschee und Basar entfernt in den zusammengemischten, oft heruntergekommenen Unterkünften der neuen Siedlungen im Umkreis der alten Stadt. Sie arbeiteten als Tagelöhner auf den Skeletten der großen Wohnblocks oder in den riesigen, schuppenartigen Fabrikanlagen mit Wellblechdächern oder als Hausierer und Straßenkehrer im Schatten der Großbanken und Ministerien, die als Bauriesen und neue Symbole der Stadt an die Stelle der Moschee und des überdachten Basars getreten waren. Für die Mieter in den neuen Siedlungen war es nicht leicht, oft sogar unmöglich, Zugang zu der Gesellschaft der Kaufleute oder Basarlehrlinge oder Zutritt zu den Diskussionszirkeln *(doures)* der Intellektuellen oder der Bürokraten zu erhalten. Sie konnten jedoch selbst etwas auf die Beine stellen, was den *doures* ähnelte: sie konnten ihre eigenen *hey'ats* gründen.

Die *hey'at* eines Wohnbezirks unterschied sich etwas von der *hey'at*, die im Basar zustandekam. Die Größe war in etwa die gleiche: Sie umfaßte selten mehr als fünfzig Personen, oft etwa dreißig. Aber im Gegensatz zu einer *hey'at* im Basar, zum Beispiel der *hey'at* der Schneiderlehrlinge oder der Großhändler in Küchenöl, bildete sich die *hey'at* eines Wohnbezirks aufgrund des nachbarschaftlichen Kontakts oder noch öfter des Heimatdorfes oder Heimatbezirks (zum Beispiel die *hey'at* der aus Aliabad oder aus Nischapur Zugewanderten). Natürlich gab es hier oft Überschneidungen; die Leute vom gleichen Dorf suchten eine Wohnung nach Möglichkeit in der gleichen Nachbarschaft und Arbeit in der gleichen Fabrik. Ohne diese Bindungen hätten viele sich gar nicht halten können. Eine Teheraner Studie aus den siebziger Jahren zeigte, daß 34 Prozent einer ausgewählten Gruppe von Zuwanderern Darlehen von Verwandten und Freunden erhalten hatten, und die nächststehenden Freunde waren nun einmal die Dorfgenossen.

Wie die *hey'at* im Basar hatte auch die *hey'at* des Wohnbezirks einen ausgeprägt religiösen Charakter, wobei der Mullah (falls vorhanden), der ihr beiwohnte, Gast der *hey'at* war; denn diese Versammlungen fanden gewöhnlich nicht in der Moschee, dem offiziellen Bereich des Mullahs, statt, sondern in den Häusern ihrer Mitglieder, vor allem in dem Haus ihres „Oberhaupts". Die Stellung des Oberhaupts ergab sich aus dessen vergleichsweise größerem wirtschaftlichen Erfolg (er hatte das geeignetste Haus oder die geeignetste Wohnung), aus seiner Dynamik (er fand die *rouze-khans* und die übrigen Mullahs, die zur *hey'at* sprechen sollten) und aus seiner Vertrauenswürdigkeit (er sammelte die Beiträge der Mitglieder ein, aus denen die *rouze-khans* bezahlt und andere Ausgaben bestritten wurden). Von Fall zu Fall war er sogar der Mittelsmann, der einen wohlhabenden Mann veranlaßte, eine Moschee für den Bezirk zu bauen.

Die typische Zusammenkunft einer *hey'at* in Anwesenheit eines Geistlichen begann damit, daß die Mitglieder der Reihe nach Verse aus dem Koran vorlasen, wobei der Mullah ihre Aussprache korrigierte; saßen in der Runde überwiegend Halb- oder völlige Analphabeten, dann sprach der Mullah selbst die Koranverse auf arabisch. Danach predigte er, und anschließend hatte man Gelegenheit, Fragen zu stellen. Die Fragen drehten sich meist darum, was rituell rein oder unrein war, einschließlich der neuen Versuchungen der Großstadt, Pepsi-Cola und Filme mit Brigitte Bardot, die Al-e Ahmads Bauern vom Land in die Stadt gelockt hatten. Dann kam die *rouze:* Der Geistliche deklamierte die Ereignisse zu Husseins Märtyrertod, danach erhoben sich alle und schlugen sich zehn oder fünfzehn Minuten lang auf die Brust im Rhythmus eines elegischen Gedichts. Beim Verlassen der *hey'at* steckte das Oberhaupt dem Mullah ein Geldgeschenk zu. Ein *rouze-khan* konnte an einem Abend zwei oder drei solcher Versammlungen besuchen.

Gegen Ende der sechziger Jahre kam in diese formelleren Zusammenkünfte der *hey'ats* (die übrigens auch weniger formelle Zusammenkünfte kannten) ein neues Element hinein: eine Cassette mit der Predigt eines bekannten Mullahs wurde abgespielt. In den fünfziger und frühen sechziger Jahren hatte sich der Rundfunk im Iran durchgesetzt und zuerst Mosaddegh, dann dem Schah als mächtiges Instrument gedient; 1965 gab es etwa zwei Millionen Rundfunkgeräte mit einer geschätzten Hörerzahl von zehn Millionen. Gegen Ende der sechziger und besonders in den siebziger Jahren entdeckten die Iraner zu ihrer Freude, daß sie den elektronischen Geräuschpegel in ihrem Leben beeinflussen konnten: die Cassetten kamen auf. Jeder Taxifahrer, der etwas auf sich hielt, hatte fast pausenlos einen Cassettenrecorder laufen; und da der Iran dem Copyright-Abkommen nicht (bis heute nicht!) beigetreten ist, kauften iranische Unternehmer Geräte, mit denen sie Cassetten aus dem Ausland zu Hunderten kopieren konnten. Beliebten Predigern, die die Regierung kritisierten, machte es jetzt nicht mehr so viel aus, daß sie vom Staatsrundfunk ausgeschlossen waren; Gott hatte ihnen ein neues Medium geschenkt. In jedem halbwegs bedeutenden Basar gab es jetzt Geschäfte, wo man Predigten auf Cassetten kaufen konnte.

Die Iraner, die jetzt unter Hunderten von Predigten auswählen konnten, entwickelten sich zu kritischen Kennern des Predigtstils, zumal eine einzige Cassette etwa drei Dollar kostete, was dem Gegenwert sämtlicher Tagesmahlzeiten eines Iraners der unteren Mittelschicht entsprach. Aber Cassetten waren das wert; sie gaben einem nicht nur Kontrolle über die Musik und die Predigten, sondern boten auch die Möglichkeit, der Regierung eine lange Nase zu machen beim privaten Anhören von Predigten, die versteckte Kritik übten; man konnte sogar die (aus dem Irak eingeschmuggelten) Predigten Khomeinis, der die Regierung frontal angriff, heimlich hören. Bei der *hey'at* wollte man, daß ein Prediger anwesend war, aber dank der Cassette konnte man auch die besten Predigten hören, die gehalten wurden; viele *hey'ats* entschieden sich für beides: sie hörten sowohl einen anwesenden Mullah als eine Predigt auf Cassette.

Bei der zweiten Generation der Zuwanderer änderte sich die Einstellung gegenüber der Politik und den Mullahs, was sich auch auf die *hey'ats* auswirkte. Der Mullah auf dem kleinen Dorf war ein Mann von beschränkter Bildung gewesen, der sein Einkommen als religiöses Oberhaupt in Teilarbeit oder Ganztagsarbeit aufbessern mußte. Auch in großen und wohlhabenden Dörfern wurde der Mullah zwar einerseits als lebensnotwendig betrachtet und entsprechend hoch angesehen, aber hinter seinem Rücken wurde er als ein Mann abgetan, dem es fast ausschließlich um zwei Dinge gehe: sein Einkommen und kleinkarierte Rechtsentscheidungen. Ein bekannter iranischer Witz erzählt von dem Dorfmullah, der in einen halb ausgeschachteten Brunnen fiel. Ein ganzer Kreis von Bauern rief ihm zu: „Geben Sie mir die Hand!", aber er blieb stumm vor Zorn auf dem Boden sitzen. Da kam ein gewitzter Bauer, der zu den anderen sagte: „Meine Herren, sagen Sie einem Mullah nie, er solle Ihnen etwas geben"; und als er dem Mullah zurief: „Nehmen Sie meine Hand!", reagierte der Mullah und wurde gerettet.

Langsam wandelte sich das Bild des Mullahs in der Öffentlichkeit. Die Kinder der Aussiedler kannten den Dorfmullah nicht mehr; sie kannten den aktivistischen Mullah, der die Armen in der Stadt erreichen wollte und bei ihren Zusammenkünften predigte. Als im Sommer 1962 ein Erdbeben die Provinzstadt Kazwin teilweise zerstörte, waren die Theologiestudenten aus Ghom und anderen Städten unter den ersten, die den Obdachlosen Hilfe brachten. Im Winter 1963, einem der kältesten in der jüngeren Geschichte des Irans, verkündete Khomeini aus der Haft heraus, die Reichen sollten den Armen helfen; und wirklich verteilten einige wohlhabende Männer vom Basar Holzkohle und Hilfsgelder.

Diese Form des Aktivismus wurde fortgeführt, besonders unter den Theologiestudenten. Der Mullah war für den einzelnen nicht mehr der etwas lästige, wenn auch notwendige Ausgabefaktor. Jetzt wurde er jemand, dessen Anliegen du ernsthaft zuhören konntest und dem dein Wohlbefinden wirklich am Herzen zu liegen schien. Oft war er in deinem Leben zur Stelle, weil du selbst ihn da haben wolltest: Er kam als dein Gast zur Zusammenkunft in deinem Hause. Wenn er Klage darüber führte, daß die Regierung die Bedürfnisse der Massen außer acht lasse, dann schienen sich seine Interessen mit den deinigen zu decken, und du konntest das Gefühl haben, daß seine Schwierigkeiten, von denen er erzählte, dich persönlich betrafen. Die Regierung hatte offenbar kein ernsthaftes Interesse an der Religion, und so wurde die Religion etwas, worum der einzelne sich selbst kümmern konnte – der Interesselosigkeit der Regierung zum Trotz –, und in das keine Regierung sich einzumischen traute. Folgendes kam noch hinzu: Je mehr der einzelne sich mit den Anliegen der religiösen Aktivisten an seinem Ort identifizierte, desto weiter wurde die Kluft zwischen ihm und der Regierung.

Einen ähnlichen Wandel erfuhr das Bild, das man sich von Hussein machte. 1969 erschien ein Buch mit dem Titel „Der Ewige Märtyrer". Sein Verfasser stellte die These auf, Hussein sei nicht einfach nach Kerbela gegangen, um den Märtyrertod zu erleiden; vielmehr sei der Märtyrertod die (untergeordnete) Folge von Husseins politischem Aktivismus gewesen. Er sei nach Kerbela gegangen, um eine unrechtmäßige Regierung zu stürzen und, wenn möglich, den Sieg davonzutragen. Die schiitische Religionsgemeinschaft wurde gespalten: Zwei der „Vorbilder" in Ghom stimmten dem Buch zu, zwei widersprachen. Gemeinhin war es der Religion stets gelungen, ihre Streitigkeiten für sich zu behalten; aber dieser Streit war zu heftig und auch von zu grundlegender Natur, um im verborgenen zu bleiben. Es kam soweit, daß eine Partei ein Mitglied der Gegenpartei tötete. Schließlich wurde der Streit eingestellt mit einem scheinbaren offiziellen Sieg des älteren, passiven Husseinbildes, dem auch die *rouse-khans* zustimmten; aber in Wirklichkeit gewann das neue Bild an Boden. Es wurde von Montazeri und Meschkini unterstützt, zwei führenden Lehrern an der Medrese von Ghom, die ehemalige Schüler Khomeinis und dessen Sprachrohr waren. Es war außerdem das beherrschende Thema in den Ansprachen von Schariati, dessen Cassetten unter den jungen Gebildeten selbst auf den Dörfern sehr beliebt waren. Das scheinbar geisteskranke Theater der Guerillakämpfer der frühen siebziger Jahre, die aus einer hoffnungslosen Position heraus gekämpft hatten, erschien allmählich in einem anderen Licht.

Die Atmosphäre wurde allgemein zorniger. Innerhalb weniger Jahre waren die Wohnungskosten um 30 Prozent gestiegen; der Lohnempfänger in einem Mietshaus zahlte entsprechend, und im gleichen Maß sank seine Hoffnung, daß er in der Stadt je seinen eigenen kleinen Grundbesitz erwerben könne. Gleichzeitig hatten die von der Regierung in den Fabriken eingerichteten Schreib- und Lesekurse dazu geführt, daß die in den großen Fabriken langfristig Beschäftigten zu fast 100 Prozent lesen und schreiben konnten, und mit diesen Fähigkeiten erwachte ein neues Interesse an der Politik. Die Generation der Väter hatte vor der Bodenreform tatsächlich Spaß an der Politik gehabt, denn obwohl viele Parteien verboten waren, lieferten sich konkurrierende Grundherren auf dem Land doch oft harte Wahlkämpfe, wobei sie die Bauern (und besonders deren Dorfmullahs) umwarben, damit sie gewählt wurden. Als die Bauern in die Stadt kamen, kümmerten sie sich nicht mehr um Wahlen. Niemand bot ihnen einen Anreiz – und nach 1975 gab es sowieso nur noch eine einzige Partei. Ihre Söhne und Töchter interessierten sich viel stärker für die Politik; doch die einzige Politik, die die Massen erreichte, war die der Regierung und dazu die verborgene politische Botschaft des Islam. Sogar die wilden Ansiedler, nach wie vor das ängstlichste und am wenigsten politisch aktive Element in der Bevölkerung, begannen ihren Zorn offen zu zeigen. Als im Jahr 1958 eine wilde Siedlung geplant wurde, liefen die Bewohner weg; im Jahr 1977 lieferten sie den Behörden eine fünfstündige Schlacht, wobei ein Polizist getötet wurde.

Die starke Stellung der Religion in den städtischen Unter- und Mittelschichten ist für den Historiker des Irans im zwanzigsten Jahrhundert ebenso rätselhaft wie für den Historiker Englands ihre entsprechende Stellung während der industriellen Revolution. Wer aus den ländlichen Gebieten in die teilindustrialisierte Stadt zog, zeigte entweder ein besonders starkes religiöses Gefühl oder eine deutliche Mißachtung der Religion; beide Reaktionen waren auch im frühviktorianischen England zu beobachten. 1844 schrieb Friedrich Engels in seiner Studie *Die Lage der arbeitenden Klasse in England*, die auf genauer Beobachtung beruhte: „[Bei] den Massen finden wir fast überall eine völlige Gleichgültigkeit gegenüber der Religion, höchstens eine Spur von Deismus, der zuwenig entwickelt ist, um über bloße Worte oder eine unbestimmte Furcht vor Worten wie ‚Ungläubiger‘, ‚Atheist‘ usw. hinauszugehen." Die Religionszählung von 1851 bestätigte Engels' Analyse; es zeigte sich, daß die Arbeiterklasse weit geringere Bindungen an die Kirchen hatte als die Mittel- und Oberschicht.

Auch Al-e Ahmad hatte die Entfremdung der unteren Schichten von der Religion beschrieben. In *Euromanie* schilderte er, wie sich der Iraner, der in die Stadt zog, innerlich veränderte: „Der Mann glaubt an ein vorbestimmtes Schicksal, macht Weissagungen durch beliebiges Aufschlagen von Büchern oder mit Hilfe des Rosenkranzes, bringt an Festtagen Opfer dar und nimmt Suppen, die ihm als fromme Spende gereicht werden, als selbstverständlich entgegen; aber jetzt hat er es mit Maschinen zu tun... Seine Bremsen werden wegen seiner monatlichen Opfergaben nicht schneller funktionieren, und sein Motor wird nicht langsamer laufen. Wenn sein monatliches Opfer also fruchtlos bleibt und er weiterhin Unfälle hat, wird es ihm plötzlich zuviel, er läßt es sein, wird entweder völlig apathisch und ein Krimineller, oder er läßt sich einfach treiben." Auch im traditionellen Dorf konnte man den traditionellen Dorfagnostiker finden. Ein amerikanischer Anthropologe beschreibt in dem Dorf, das er untersuchte, einen Mann, der nicht lesen und schreiben konnte und dem all das Gerede von Hussein zuviel wurde: „Wer ist denn eigentlich dieser Hussein? Ich glaube, er hat überhaupt nicht gelebt." In den unteren und mittleren Schichten Teherans kann es noch sehr viel mehr solcher Agnostiker gegeben haben als auf den Dörfern, trotz aller *hey'ats* und trotz der neuen Moscheen.

Aber wenn die Umsiedler religiös waren, dann waren sie es mit neuer Intensität, und das galt für den Iran der sechziger und siebziger Jahre ebenso wie für das England der industriellen Revolution. Die Religion der Kapellen war im England des achtzehnten und frühen neunzehnten Jahrhunderts gewissermaßen die Religion, die die zu kurz Gekommenen für sich einrichteten, und die Methodisten und anglikanischen Evangelisten waren die Geistlichen, die mit einer Religion zu ihnen kamen, die sich stärker um ihre Lage kümmerte als eine Regierung der Mittel- und Oberschicht. John Wesley predigte 1789 in Dublin über die „Ursachen der Wirkungslosigkeit des Christentums". Er sagte: „Ist nicht das Versäumnis [sich um die Armen zu kümmern] eine der Ursachen, warum so viele unter euch immer noch krank und bedürftig sind an Leib und Seele, warum sie immer noch den Heiligen Geist betrüben und das weltliche Leben den göttlichen Geboten vorziehen?" Dieser Passus läßt einen weiteren Grund für die verstärkte Religiosität des städtischen Umsiedlers erkennen: Er braucht eine bewußtere Glaubensanstrengung, um den „Fallen" der Stadt standzuhalten, und wenn er Familienvater ist – und das sind die meisten Mitglieder einer *hey'at* –, braucht er die Kraft der Religion und das Ansehen der Religiosität, um seine Familie und besonders seine Kinder im Zaum zu halten.

Die meßbare Auswirkung solcher Religiosität auf die Politik läßt sich in keinem dieser historischen Beispiele leicht bestimmen. Manche beschreiben die englische Arbeiterklasse in dem Sinne, daß der Methodismus gesellschaftliche Disziplin bewirkt und eine Revolution vermieden habe. Andere sehen im Methodismus den leeren Trost, den haltbaren Dauerlutscher, an dem die englische Arbeiterklasse nach dem Scheitern der politischen Reformen von 1815 gelutscht habe. Wieder andere meinen, die Kapellenreligion habe ihren Mitgliedern ein Zugehörigkeitsgefühl und damit ein Klassenbewußtsein verliehen, so daß sie schließlich politische Parteien gründen konnten, die im Interesse dieser Klasse moderne Ansprüche stellten.

Die Rolle der Religion für die verstädterten Massen im Iran läßt sich ebensowenig eindeutig bestimmen. Eines ist klar: Selbst wenn die Angehörigen der *hey'ats* statistisch eine Minderheit waren (was nicht erwiesen ist), war es ihnen mit ihrer *hey'at* doch sehr ernst, und ihre *hey'at* stellte für die Angehörigen der Unterschicht und der unteren Mittelschicht die einzige gesellschaftliche Organisationsform dar, mit der die Regierung nichts zu tun hatte. Und: Die Angehörigen dieser Schichten in der Stadt wurden politisch sensibilisiert und merkten, daß Vertreter der organisierten Religion sich um sie kümmerten. Sie wußten auch, daß große Reichtümer in den Iran flossen. Sie verstanden sicher nicht den Plan des Schahs, mit Hilfe kapitalintensiver Projekte eine anhaltende Hochkonjunktur zu erzeugen; was sie aber verstanden, war, daß niemand öffentlich geförderte Wohnungen baute oder auch nur Kanalisation und feste Straßen für ihre Wohnviertel anlegte, woraus sie unmittelbaren Nutzen gezogen hätten – so etwas gab es nur gelegentlich einmal als Alibi. Die Regierung hielt den Brotpreis künstlich niedrig und zwang die Arbeitgeber, ihren Beschäftigten jährliche Zuschläge in Höhe von zwei oder sogar drei Monatslöhnen zu zahlen: all das war nicht genug. Die Umsiedler und ihre Kinder hatten alles auf die Karte Großstadt gesetzt, und sie fühlten, daß ihre Rechnung hätte bequem aufgehen können, wenn die Regierung ihren vollen Beitrag geleistet hätte.

1976, 1977 und 1978 waren Artikel des Grundbedarfs wie zum Beispiel Zwiebeln oft wochenlang nicht zu bekommen, und auch die Reichen erhielten keinen Zement mehr für die Anbauten an ihren Häusern. In den Städten wuchs eine ungeduldige, zornige Stimmung, die 1977 einige tausend wilde Ansiedler dazu brachte, den Kampf mit der Teheraner Stadtverwaltung aufzunehmen, und 1979 Hunderttausende aus der Arbeiter- und unteren Mittelschicht in den Demonstrationen der Revolution auf die Straße brachte. Bei ihnen hatte sich der meiste Zorn angestaut. Sie steuerten weder die Strategie noch die Ideologie der Revolution bei, und ihr Widerstand allein hätte das Regime nicht eingeschüchtert; aber sie brachten die gewaltigen Massen auf, vor denen die Regierung und die Armee dann kapitulierten. Die Mullahs hatten Telefon und wußten, an wen sie sich wenden konnten, um die Massen ohne Telefon auf die Straße zu bringen; viele marschierten in den Demonstrationen als Mitglieder ihrer *hey'at*. Und viele hatten das Gefühl, den furchtlosen Geist Husseins in sich zu tragen. Wie einer der wilden Ansiedler einem iranischen Soziologen Mitte der siebziger Jahre gesagt hatte: „Nichts vereint uns mehr als die Liebe zum Imam Hussein."

Zehntes Kapitel

Der 17. Februar 1978 war ein kalter Tag, aber trotzdem entschloß sich Ali, die eineinhalb Kilometer von der Universität Teheran zu Ahmads Institut zu Fuß zu gehen. Ahmad war der einzige Mann in Teheran, dem er zutraute, daß er zu seinem Problem etwas Hilfreiches sagen könnte. Und selbst wenn er nichts Besonderes zu sagen hätte, würde Ahmad sein Problem wenigstens verstehen, denn auch er hatte die Theologieschule in Ghom besucht.

Ahmad war in Kerman aufgewachsen. Er sprach zwar kaum noch den Dialekt von Kerman, aber er konnte auf lustige Weise das Persisch nachahmen, das man dort sprach und das für Teheraner kaum verständlich war. Seine Eltern kamen aus Zabol, einer kleinen Stadt in Sistan, einer Nachbarprovinz von Kerman. Sistan war die Heimat des Helden Rostam aus dem Nationalepos, und Ali stellte sich Rostam gern als einen ins Überdimensionale vergrößerten Ahmad vor. Ahmad war ein gut aussehender Mann mit warmen, braunen Augen und einem gewinnenden Lächeln – und durchaus nicht klein, auch wenn man ihn nicht auf die Maße Rostams vergrößerte. Er war hochgewachsen und mit seinen sechzig Jahren ein breitschultriger und für einen Universitätsprofessor bemerkenswert kräftiger Mann.

Aber trotz seines Körperbaus und seiner guten Gesundheit wirkte Ahmad immer leicht bedrückt. Er hatte nie das Gefühl, in seinem Leben die Hoffnungen seiner Jugendzeit erfüllt zu haben. Er entstammte einer Familie kleiner Basarkaufleute, die ihn zur örtlichen Medrese und auch zur staatlichen Schule geschickt hatten; die Lehrer an der Medrese waren von seinen Fähigkeiten so beeindruckt, daß sie ihn mit dreizehn Jahren nach Ghom schickten. Seine ersten Jahre an der Feiziye waren außerordentlich erfolgreich, doch dann merkte man allmählich, daß er sich nur für Logik, Philosophie und Rhetorik interessierte, und sein Zimmergenosse meldete, daß Ahmad seinen Ärger jedesmal kaum verbergen konnte, wenn er zum Morgengebet geweckt wurde. Trotzdem hielt Ahmad in Ghom bis etwa zu seinem zwanzigsten Lebensjahr aus – unter Umgehung der fortgeschrittenen Klassen in Theologie, Gesetz und Rechtswissenschaft.

Sieben Jahre nach seiner Ankunft in Ghom zeigte er sich plötzlich ohne Turban und Aba und verließ die Stadt. Zuerst fristete er in Teheran ein kümmerliches Dasein von den Honoraren für das Katalogisieren von Manuskripten für Buchhändler und für die Übersetzung moderner arabischer Theologen ins Persische. Dann machte eine zweite Flutwelle sein Lebensschiff wieder flott: Ein mächtiger Grundherr aus Kerman, der auch eine wichtige Stellung am Hof hatte, „entdeckte" ihn und ermöglichte ihm die Zulassungsprüfung zur Universität Teheran, die er mit Leichtigkeit bestand. Jetzt brauchte er keine mächtigen Freunde mehr; wiederum erhielt er bei jedem Schritt das Lob seiner Lehrer, und es wurde ihm ein Stipendium für fortgeschrittene Studien im Ausland gewährt. Er studierte Philosophie in England und in den Vereinigten Staaten. Seine Dissertation über einen islamischen iranischen Philosophen wurde veröffentlicht und mit viel Beifall bedacht, und er erhielt die Möglichkeit, eine Universitätsstelle irgendwo in der englischsprachigen Welt anzunehmen. Er entschloß sich jedoch für eine Dozentur an der Universität Teheran und heiratete eine Frau aus Kerman. Man konnte die beiden in einem starken Kermaner Dialekt miteinander sprechen hören, vermutlich mehr wegen der Ausdruckskraft des Dialekts als wegen seiner komischen Qualitäten.

Die Wahl einer Frau und eines Berufes waren offenbar Ahmads letzte größere Entscheidungen; danach scheint seine Entschlußfähigkeit völlig abhanden gekommen zu sein. Dies war zum Teil durch die Umstände bedingt. Er war ein hingebender Vater, zuerst für seine eigenen Kinder und dann für die Kinder seiner Schwester, die verwitwet und völlig verarmt war. Hinzu kam, daß er als ein Mann mit tiefer Kenntnis der Philosophie, der Geschichte, des klassischen Arabisch, der überlieferten Rhetorik und des klassischen Persisch von Studenten und Kollegen mit Fragen überhauft wurde, sobald er sich auf dem Universitätsgelände zeigte; mit seinem stets freundlichen, aber leicht bedrückten Blick versuchte er, jedermann behilflich zu sein.

Um all diesen Leuten auszuweichen, hatte er schließlich eine Stelle in einem Forschungsinstitut angenommen, das für die meisten seiner möglichen Belästiger (aber nicht für alle) außer Reichweite war. Aber auch Ahmad wußte, daß er im Leben keine Entscheidungen mehr treffen konnte, vor allem weil er es gar nicht mehr wollte. Vielleicht fühlte er sich im Innern wie der Rostam der Legende, der, durch das Treiben am Hof des Schahs beunruhigt, manchmal in sein heimatliches Sistan zurückkehren wollte, um zu jagen, zu meditieren und vor allem in Ruhe gelassen zu werden. Gegenüber den Leuten gebrauchte er einen einprägsameren Vergleich: Er sagte, er halte es mit Mullah Nasreddin, diesem Prototyp der iranischen (und türkischen) Volkserzählung, als dieser in einer Streitsache Richter war. Zuerst sprach der Kläger, der seinen Standpunkt so überzeugend und beredt vortrug, daß Mullah Nasreddin sagen mußte: „Ich glaube, du hast recht." Dann kam der Verteidiger zu Wort, der seine Argumente mit solcher Überzeugungs- und Beweiskraft aufbaute, daß Mullah Nasreddin wieder meinte: „Ich glaube, du hast recht." Da sagte der Gerichtsschreiber: „Aber Mullah, sie können doch nicht beide recht haben", worauf Mullah Nasreddin mit der perversen Logik, die so viele seiner Witze auszeichnet, feststellte: „Ich glaube, du hast auch recht."

Zu dieser Entschlußlosigkeit kam bei Ahmad das Gefühl, geistig unfertig zu sein; er glaubte, nie genug gelesen oder studiert zu haben, um zu irgend etwas eine feste Meinung äußern zu können. Unter vier Augen versicherte er seinen Freunden, daß sie sich nicht vorstellen könnten, wie wenig er wisse. In der halb-öffentlichen Gesprächsrunde der *doure* über islamische Philosophie, an der er zusammen mit Ali teilnahm, sprach Ahmad jedesmal, wenn er sich am Gespräch beteiligte, einige Minuten lang hervorragend über das Thema und fing dann an, nach Einwänden zu suchen gegen das, was er gerade gesagt hatte, und sich zu überlegen, was er noch alles hätte lesen sollen, bevor er das Wort ergriff. Dann äußerte er ein paarmal: „Was kann ich sagen? Ich weiß es wirklich nicht", worauf er verstummte und in seiner gutmütigen Art noch bedrückter aussah als zuvor. Es ist nicht verwunderlich, daß Ahmad sehr wenig veröffentlichte und daß er – der ja wußte, wie sehr seine Entscheidung für das Zögern und für die Entschlußlosigkeit die Ursache seiner Bedrückung war – gerne den Halbvers des Hafis zitierte: „Weil ich meiner Einbildung gefolgt bin, haben alle meine Werke mir am Ende Schande eingebracht."

Das Institut mit dem Büro, in das Ahmad ausgewichen war, lag als schlichtes, modernes Gebäude in einem kleinen Garten. Als Ali das Zimmer im vierten Stock betrat, ging Ahmad gerade um einen riesigen grauen Stahlschreibtisch mit grauer Linoleumplatte herum, der offensichtlich eben erst neu eingetroffen war. Es gefiel Ahmad, daß er jemandem den Schreibtisch zeigen konnte, und indem er eine Schublade nach der anderen herauszog, sagte er: „Jedes Teil dieses schönen Schreibtisches wurde im Iran gefertigt. Ich weiß noch nicht, wo ich ihn in diesem Raum hinstellen soll. Schauen Sie, wie leicht die Schubladen auf- und zugehen."

Ali schätzte Ahmad fast ebenso wegen seiner Freude an kleinen Dingen, die er auch gegenüber Jüngeren äußern konnte, wie für sein umfangreiches (wenn auch oft abgeleugnetes) Wissen.

„,Ein noch ungedeckter Tisch läßt auf ein Festmahl hoffen.' Mögen Sie all das Gute erleben, das er bringen kann", war Alis ermutigende Antwort.

Ahmad erwiderte nur: „So Gott will, so Gott will" und seufzte tief. Er stellte Ali einen Stuhl hin und setzte sich. Dann sagte er: „Ich glaube, Sie haben ein Problem mit Davudi."

„Eigentlich hatte ich kein Problem mit Davudi, aber ich habe das Problem übernommen, das jemand anders mit ihm hatte. In seiner Vorlesung über Aristoteles erwähnte Davudi, daß Mohammed angeblich gesagt hat, Aristoteles sei ein Prophet, und er untersuchte nun, inwiefern dieser islamische Aristoteles anders war als ein Aristoteles, der dreieinhalb Jahrhunderte vor Christus gelebt haben konnte. Er sagte, Aristoteles sei ebenso wie die Menschen seiner Zeit des Glaubens gewesen, daß es Tiere gebe, die in einem reinen Schöpfungsakt ohne Eltern erschaffen worden seien, und wie die Menschen seiner Zeit habe er die Musik und das Drama geliebt. Nach der Vorlesung kam eine Studentin in traditioneller islamischer Kleidung – eine Frau des Typs, den Sie vielleicht eine ‚Tochter Zeinabs' nennen – auf mich zu und sagte: ‚Wie können Sie es zulassen, daß dieser Bahá'í Mohammed angreift? Wir haben alle darauf gewartet, daß Sie etwas sagen.' Ich hatte an Davudis Darlegungen nichts auszusetzen, aber dann gingen einige Studenten zu ihm und fragten ihn, wie er in Gegenwart eines Mullahs so etwas äußern könne. Davudi sagte nichts und ging; aber ein Student verteidigte ihn, und daraufhin beschuldigte ein anderer diesen Verteidiger, er sei ein Bahá'í. Ich hatte das Gefühl, ich könne nicht in die Klasse zurückkehren, ohne eine Spaltung zu erzeugen oder meinen Lehrer unter den Teppich zu kehren – nach dem Sprichwort: ‚Bei zwei Köchen ist die Suppe entweder ohne Geschmack oder zu salzig.' Ich möchte in keiner Weise aufdringlich sein, aber da Sie den Turban vor vierzig Jahren abgelegt haben und nicht mehr den Geruch des Mullahs an sich tragen, könnten Sie vielleicht Davudi sagen, daß ich im Interesse der Allgemeinheit nicht mehr zu seinen Vorlesungen gekommen bin."

Noch bevor Ali geendet hatte, nickte Ahmad bereits und sagte: „Mit größtem Vergnügen. – Wissen Sie", fuhr er fort, „einer der Gründe, weshalb ich Ghom verließ, war, daß ich den griechischen Aristoteles entdecken wollte. Es war im Zweiten Weltkrieg, vielleicht zu der Zeit, als Sie geboren wurden. Der Krieg weckte meine Liebe zur Weltgeschichte; die Weltgeschichte weckte meine Liebe zu den verschiedenen Philosophien, den islamischen und nicht-islamischen; und meine Fähigkeit, ‚Sie haben auch recht' zu sagen, führte dazu, daß ich mich in die Unentschiedenheit und Verworrenheit allen menschlichen Denkens verliebte. Wie Hafis sagt: ‚Zuerst schien die Liebe einfach, aber dann stellten sich Schwierigkeiten ein.'"

Ali war gerührt, daß Ahmad, der so viel älter war als er selbst, ihn ins Vertrauen zog. Ahmad hatte Ali immer als ebenbürtig behandelt, aber er schien nun auch das Gefühl zu haben, daß Ali eine Vertrauensperson war, die durch Einfühlung an seiner inneren Welt teilhaben konnte. Ali fühlte sich plötzlich kühn genug, eine Frage zu stellen, an die er sich bisher noch nie herangewagt hatte: „Welche ‚Schwierigkeiten' haben bei Ihnen dazu geführt, daß Sie Ghom verlassen haben?"

Ahmad lächelte. „Ich kam mit einigen Schwierigkeiten auf die Welt, die Sie kaum kennen. Sie sind Seyyid und kommen aus einer wohlhabenden Familie. Mein Vater war ein kleiner Kaufmann, und für kurze Zeit war ich sogar Lehrling im Basar von Kerman." (Ali zuckte zusammen; ihm fiel ein anderer Basar und ein anderer Lehrling ein, der kindliche Schneidergehilfe, dessen plötzliches Verschwinden – ehe Ali ihn hatte verstehen oder trösten können – einen Rest von Unbehagen in seiner Seele hinterlassen hatte, das auch nach über dreißig Jahren nicht verschwunden war.) „Und was für ein Basar das war! Wenn ich etwas über die großen Märkte von Isfahan und Bagdad vor Hunderten von Jahren lese, dann kann ich mir vorstellen, wie sie aussahen: es waren große Plätze, wo man schöne Dinge machte, mit ihnen handelte und sie lagerte. Oder war ich einfach nur ein Kind? Es muß aber mehr dahinter sein, denn in den zwanziger Jahren, als ich Kind war, war das im Absterben. Es gab immer noch Seidenstoffe aus Yazd, Kaschan und Rascht, aber sie wurden immer seltener. Früher war jeder Topf in der Küche, jedes Möbelstück im Haus Handarbeit aus dem Basar, aber jetzt fingen die Leute an, billige, im Ausland hergestellte Waren zu kaufen, die ihnen allmählich immer besser gefielen, und der Basar wurde kleiner und veränderte sich. Dafür bewunderten wir Schah Reza – bei allem Haß, den wir für ihn hatten. Sie machen sich keine Vorstellung, was es bedeutete, in der Zeitung das Foto einer iranischen Streichholzfabrik zu sehen. Vielleicht wurde sie von Männern erbaut, die Zementsäcke auf dem Rücken schleppten, vielleicht kam die Ausrüstung aus dem Ausland; aber der Iran war nicht mehr von russischen Streichhölzern abhängig. Plötzlich tauchten Streichhölzer iranischer Herstellung in großer Menge auf, und es war, als hätten wir das Feuer aus den Händen der Ausländer zurückerobert, um unsere Öfen und Lampen anzuzünden. Und dann die Eisenbahn! Natürlich wurde sie mit Hilfe ausländischer Ingenieure und ausländischer Maschinenanlagen gebaut, aber sie war ein legitimes Kind des Irans. Sie wurde voll und ganz von der iranischen Regierung geplant und sogar finanziert.

„Als die Alliierten Reza Schah absetzten, war es, als habe Gott uns Einblick in das Leben nach dem Tod gegeben, wo Himmel und Hölle so miteinander vermengt sind, daß Er alles weltliche Handeln sinnlos zu machen schien. Wir waren wirklich frei; wir konnten sagen, was wir wollten, fast alles schreiben, was wir wollten, und fast alles anziehen, was wir wollten. Frauen wie meine Tante, die nicht mehr aus dem Haus gekommen waren, seit Schah Reza den Schleier zwangsweise abgeschafft hatte, fühlten sich, als seien sie gerade aus der Haft entlassen worden, denn sie konnten sich wieder im Tschador auf der Straße zeigen. Aber was konnten wir mit unserer Freiheit anfangen? Den britischen, amerikanischen und russischen Soldaten zuschauen, die den Warentransport vom Persischen Golf zum Kaspischen Meer sicherten? Zusehen, wie die Handvoll staatlicher Fabriken, die man mit so vielen Schwierigkeiten aufgebaut hatte, langsam an Mißwirtschaft und Fehlplanung zugrunde gingen?

„Obwohl ich ein Ghomer *talabe* war und mit allen anderen *talabes* die Erleichterung teilte, daß dieser Mann uns nicht mehr tyrannisierte, fühlte ich mich doch nicht gestärkt. Denn als Schah Reza ging, wurde erst so richtig klar, wie arm und schwach wir alle waren. Wir waren schwach, denn andere Leute entschieden mit einem Fingerschnippen, daß der Herrscher des Irans gehen mußte; wir waren arm, denn trotz dem öffentlichen Erlaß, der sicherstellte, daß der ganze Iran mit den lebenswichtigsten Gütern versorgt wurde, und trotz unserer Einkünfte, mit denen wir eine Eisenbahn bauten, hatten die meisten von uns nie mehr als das Allernotwendigste und fuhren auch niemals mit der Eisenbahn.

„Sie machen sich keine Vorstellung, wie arm zu meiner Zeit ein armer *talabe* in Ghom war. Unsere Kleidung war aus einem unglaublich rauhen, handgemachten Ghomer Tuch herausgeschnitten, das man für wenige Pfennige kaufen konnte, und zum Monatsende, wenn wir unsere kleinen Stipendien als *talabes* verbraucht hatten, träumten wir nachts von Eintopf und Kebab, weil wir nur noch Brot mit Sesamaufstrich zu essen hatten.

„Bei aller Armut gab es einen Luxus, auf den ein paar Freunde und ich nicht verzichteten. In Ghom war ein Hotel, wo man Radio hören konnte, wenn man für ein Glas Tee den doppelten Preis zahlte. Wir gingen immer zu den Abendnachrichten hin. Ein Sprecher las mit glatter Stimme die Nachrichten von den gigantischen Schlachten zwischen den Amerikanern und Japanern oder zwischen den Deutschen und den Russen. Manchmal waren an diesen Schlachten doppelt soviel Menschen beteiligt wie die ganze damalige Einwohnerzahl von Teheran.

„Ich glaube, die Welt ist mir durch den Krieg und nicht so sehr durch meine Lektüre zum Bewußtsein gekommen – aber vielleicht bringe ich das jetzt durcheinander. Ich versuchte mich selbst in der Weltgeschichte zu unterrichten und las persische, arabische und sogar – mit großen Schwierigkeiten – englische Bücher. Wie das Sprichwort sagt: Wer einen Pfau haben will, muß sich die Mühe machen, nach Indien zu fahren. Aber von all der Geschichte, die ich las, faszinierte mich die Geschichte der Griechen am meisten. Da begegnete ich den Namen all der Philosophen, die mir schon aus der islamischen Philosophie vertraut waren – Platon, Aristoteles, die Peripatetiker –, aber sie alle lebten in einer Welt voller Götzen, und trotz ihrer Intelligenz fühlten sie nicht das Grauen vor dem Götzendienst und vor dem Gleichstellen anderer Gottheiten mit Gott, das wir empfinden. Ich legte also den Turban ab, wie ich Ihnen schon sagte, und ging nach Teheran – zumindest auch, um den wirklichen Aristoteles zu finden."

„Es überrascht mich zu hören, daß der wirkliche Aristoteles in den vierziger Jahren in Teheran war", sagte Ali. „Und ich meine, wenn Sie ihn entdeckt hätten, hätten Sie in Ghom immer noch mehr Leute finden können, mit denen Sie über Philosophie sprechen konnten."

„In gewisser Weise haben Sie recht", gab Ahmad lächelnd zu. „Ich habe Aristoteles in Teheran nicht gefunden. Bedenken Sie aber, daß die Philosophie in meiner Ghomer Zeit nicht gerade hoch im Kurs stand. Mißverstehen Sie mich bitte nicht – in vielem habe ich Ghom geliebt, so zum Beispiel das Geben und Nehmen in der Klassendiskussion, die äußerst genaue Textanalyse und die wunderbar feinen Unterscheidungen, die ein wirklich guter Lehrer treffen konnte. Diese schönen Unterscheidungen waren wie neue Äste und Zweige an einem Baum, aber niemand kümmerte sich um den Zustand der Wurzeln und des Stammes. Wenn ich also verstehen wollte, warum andere Menschen andere Bäume anpflanzten, mußte ich anderswohin gehen.

„Sie haben noch aus einem anderen Grund recht. 1946 und 1947 hatten wir die Vorstellung, daß Himmel und Hölle noch in ganz anderer Weise miteinander vermengt waren, als es um die Zeit von Schah Rezas Abdankung den Anschein hatte. Es war die Hölle, weil wir eine schwache Regierung hatten und befürchteten, daß bei jedem Zug, den sie machte, die rivalisierenden Engländer und Russen die Hand im Spiel hatten. Aber es war auch der Himmel, denn die Freiheit bestand nach dem Krieg noch ein paar Jahre weiter. In der Welt war ein Geist des guten Willens, und eine Zeitlang schien alles möglich. Die alten Männer von der Konstitutionellen Revolution tauchten wieder auf und sagten, die Verfassung sei keine falsche Morgenröte gewesen, die Sonne sei hinter den Wolken höhergestiegen, bald werde sie ungehindert scheinen. Von dieser Stimmung wurde ich ergriffen – oder war es nur meine Jugend, die mich ergriff? Ich weiß es nicht."

Ahmad machte eine Pause und dachte über seine eigene Frage nach, dann fuhr er fort: „Na ja, ich war hoffnungsvoll gestimmt und fühlte ein vorsichtiges Vertrauen in all die Menschenmassen in fernen Ländern, deren gigantische Schlachten mich während des Krieges so beeindruckt hatten. Ich sagte mir, wir müßten den Islam in seiner Grundbedeutung verstehen als die angeborene Unterwerfung des menschlichen Geistes unter Gott, wie es dieser Koranvers ausdrückt: ‚Suchen Sie etwas anderes als die Religion Gottes, wo doch alle Geschöpfe im Himmel und auf Erden gewollt oder ungewollt den Islam von Ihm angenommen haben und alle zu Ihm zurückkehren werden?' Der zweite Grund, warum ich nach Teheran und anschließend ins Ausland ging, war also, daß ich in gewissem Sinn die ganze Menschheit als Muslime betrachtete, und dementsprechend kam ich zu der Überzeugung, daß es noch andere ‚muslimische' Gedankensysteme geben müsse, die noch zu entdecken waren und die ich in Ghom nicht finden konnte. Immerhin waren die Schiiten – bei aller Schönheit der in Ghom gelehrten Philosophie – vierzehnhundert Jahre nach dem Propheten eine Minderheit unter den Muslimen, und die Muslime waren eine starke Minderheit in der gesamten Weltbevölkerung. Wenn der Islam in diesem umfassenderen Sinn außerhalb der islamischen Welt nicht fest und tief verwurzelt war, wie konnte ich dann das Gefühl loswerden, daß Gott den Islam verraten habe?"

„Es gibt keinen Gott außer Gott"', sagte Ali mit leicht ironischem Unterton; er hatte diesen Anruf bewußt wegen seines Inhalts und wegen seiner Kraft gewählt. „Ich wollte schon glauben, Ihr Zimmergenosse habe sie verleumdet, als er sagte, so sehr er Sie schätzte, müsse er doch allen Ernstes bezeugen, Sie hätten Ihren Glauben verloren. Jetzt scheint es mir aber, daß er recht hatte. Mit allem Respekt, verehrter Herr Professor, ich bin ein aufgeklärter Mullah und glaube, daß viele Nicht-Muslime gerettet werden. Ich glaube aber auch, daß die Offenbarung des

Korans ein einzigartiges Ereignis in der Weltgeschichte ist, auch wenn die Mehrheit der Menschen ihn bis heute noch nicht angenommen hat. Immerhin glauben viele Leute aus Ihrer Generation, Gott habe den Islam verraten, weil Er die Welt des Islam so geschwächt habe. Sind Sie ganz sicher, daß es Ihnen um einen geistigen Verrat ging und nicht um Gottes politischen Verrat?"

„Ich bin ziemlich sicher, daß es mir um beides ging", sagte Ahmad, ohne diesen Angriff im geringsten übelzunehmen. „Mein Zimmergenosse erinnert sich also gern an mich! Sagen Sie ihm, daß auch ich mich sehr gerne an ihn erinnere, wenn ich morgens aufwache und den Ruf zum Frühgebet höre. Aber zu Ehren all der *tas-kebabs*, die ich im Vorderzimmer für uns beide zubereitete, sollte er eingestehen, daß er weder den Zustand meiner Seele von damals noch den von heute kennt. Ich bin alles andere als ein Skeptiker, obwohl es Augenblicke gibt, wo ich fast den Rat in den Zeilen des Hafis befolgen möchte:

> Löse den Knoten deines Herzens und achte nicht der himmlischen Sphäre; denn diesen Knoten hat trotz allen Sinnens kein Feldvermesser je noch lösen können.

Für einen Skeptiker bin ich nicht entschieden genug. Ich sehe einfach, wie alles, was je geglaubt worden ist, in der Vorstellungswelt seiner Epoche und seines Kulturkreises schwimmt wie der Fisch im Wasser."

„Mit Ihrer Erlaubnis, ein Problem" – Ali erhob den Zeigefinger, als er zu sprechen begann. „Entweder verstehen Sie alle diese Glaubenssysteme unter dem Aspekt unserer Epoche und unseres Kulturkreises *oder* Sie haben sie richtig von der Warte der Epoche und des Kulturkreises verstanden, in dem diese Systeme geglaubt wurden oder werden. Im zweiten Fall gibt es für Sie kein Problem, denn Sie sehen diese Glaubenssysteme so, wie sie wirklich sind. Wenn Sie es aber für unmöglich halten, daß jemand ein Glaubenssystem außerhalb seines Kulturzusammenhangs versteht, dann müssen Sie zugeben, daß Sie nie ein anderes Glaubenssystem außer Ihrem eigenen erkennen können – und daß Sie auch niemals wissen können, ob diese anderen Systeme Abweichungen haben, die wegen des unterschiedlichen Kulturkreises unverständlich bleiben. Wenn es solche unentdeckbaren Unterschiede gar nicht gibt, dann haben Sie Ihre Zeit mit der Suche nach ihnen vergeudet; gibt es sie aber, dann werden Ihre Versuche, sie zu entdecken, Ihre Fehlinformationen nur noch vermehren."

„Ein guter Einwand – und Gott segne Ihren hervorragenden Ghomer Intellekt!" Als Ahmad sprach, bemerkte Ali, daß sein Freund weniger bedrückt aussah als in dem ganzen bisherigen Gespräch – ja, weniger bedrückt als zu irgendeiner anderen Zeit, wenn sie zusammen gewesen waren. „Aber", fuhr Ahmad fort, „bedenken Sie folgendes. Vielleicht sind die Unterschiede tatsächlich zu entdecken, und vielleicht ist es möglich, in Kulturzusammenhängen zu denken, die von unserem eigenen verschieden sind, aber nur mit einem solchen Arbeitsaufwand, daß man zwar seine Übersetzung immer weiter verbessern kann, eine vollkommene Übersetzung aber ausgeschlossen ist."

„Mit Ihrer Erlaubnis, ein wichtiger Einwand." Ali setzte seinen Stuhl leicht zurück, bevor er fortfuhr; er fühlte, daß sie beide einen bestimmten Abstand einhalten sollten, wenn sie wirklich in eine ernste Diskussion dieser Frage einstiegen. „Sie werden sich wohl erinnern, weil Sie ja darin so gut waren, daß wir in Ghom arabische Grammatik und Rhetorik studieren, erstens weil wir das Arabisch aus der Zeit des Propheten verstehen können – wir erkennen, daß die Offenbarung des Korans in der Sprache des siebten Jahrhunderts erfolgte –, und zweitens, weil wir wissen, daß jede Übersetzung des Korans ein Verrat am Original ist."

Ahmad strahlte. „Ein interessanter Punkt", sagte er, „aber er wird wohl zusammen mit meiner Antwort eher eine Randbemerkung bleiben. Eine transkulturelle Übersetzung erfordert mehr als eine gute Grammatik und ein gutes Wörterbuch. Im neunten Jahrhundert hat al-Dschubbai'i in Basra für den freien Willen und gegen den Determinismus argumentiert, und im achtzehnten Jahrhundert hat Locke dasselbe in London getan, aber höchstwahrscheinlich haben beide über ganz verschiedene Dinge gesprochen. Al-Dschubba'i sprach zu Menschen, denen es hauptsächlich darum ging, die Aussage des Korans zu verstehen, daß Gott die Ursache aller Dinge sei, daß die Menschen jedoch belohnt würden, wenn sie Gottes Gebote befolgten, und daß sie für Ungehorsam bestraft würden. Locke verteidigte die Willensfreiheit in einer Welt, in der jede Bewegung durch die Mechanik der physikalischen Gesetze Newtons erklärbar schien. Wir können al-Dschubba'is Irak des neunten Jahrhunderts nicht verstehen, indem wir vom modernen Irak einfach die Busse ausklammern und ein gutes Wörterbuch des damaligen Arabisch zur Hand nehmen.

„Einige unserer Ghomer Lehrer würden anführen, daß es festes Wissen auf der Grundlage selbstverständlicher Ur-Wahrheiten gibt und daß al-Dschubba'i und Locke sich über die Kontinente und Zeitalter hinweg unterhalten können, soweit sie ihre Systeme aus diesen Ur-Wahrheiten abgeleitet haben. Auch ein verwirrter Mensch wie ich glaubt an selbstverständliche Wahrheiten. Aber wissen Sie, manche Vorstellungen sind zu einer Zeit und in einem Kulturkreis selbstverständlich, zu einer anderen Zeit aber nicht. Es gibt eine moderne Mathematik, für die es nicht selbstverständlich ist, daß nur eine einzige Parallele zu einer gegebenen Geraden durch einen Punkt außerhalb dieser Geraden geht. Es ist nicht nur nicht selbstverständlich, sondern manchmal sogar irreführend, dies zu behaupten. Jedoch war dies ein Lehrsatz Euklids, den wir übernommen hatten, seit Euklid vor tausend Jahren erstmals ins Arabische übersetzt wurde, und den auch der Westen fraglos übernommen hatte bis vor etwa hundert Jahren." Ahmad hielt kurz inne und sagte dann: „Ali, möge mein Leben ein Opfer für Sie sein, Sie schauen auf die Uhr."

Das stimmte. Ali meinte, er müsse sich dafür entschuldigen, daß er so auffällig nach der Uhr gesehen hatte. „Verzeihen Sie bitte diesem lernschwachen *talabe*, der sich den Text und die Randnotizen noch ein paarmal wird durchlesen müssen, um sicherzugehen, daß er die heutige Lektion verstanden hat; aber ich muß heute noch zur Universitätsbibliothek, bevor sie schließt, und deshalb will ich mich bei meiner letzten Frage kurz fassen. Sie wissen so gut wie ich, daß ein Rechtsgelehrter erkannt hat, wie unsicher das Recht ist und wieviele Meinungen es zu jedem einzelnen Punkt geben kann. Wenn aber jemand handeln muß, hat er sich zu entscheiden: ‚Ja, das ist richtig' oder ‚Nein, das ist falsch'. Wie kommt man von der Aussage ‚Soweit ich die Welt verstehe, ist sie so und so' zu dem Satz: ‚Du sollst nicht töten'? Genau deshalb ist ja die Rechtswissenschaft die Krone der schiitischen Gelehrsamkeit; durch das gründliche Studium der Rechtswissenschaft lernt ja der Mullah als Rechtsgelehrter die beste Entscheidung zu treffen, was zu tun ist. Kein Wunder, daß die einfachen Menschen im Iran zu uns aufblicken und nicht zu den Intellektuellen. Erwarten Sie, daß jemand Opfer bringt, daß er seine Leidenschaften zügelt und vielleicht sogar sein Leben hingibt für Überzeugungen, die irgendwo im Bereich des Möglichen liegen, aber nicht in einer absoluten Wahrheit verankert sind? Der Analphabet auf dem Dorf und der Rechtsgelehrte – sie alle wollen eine Glaubensüberzeugung, die vom innersten Wesen her das ist, was der Koran zu sein beansprucht: ‚Wahrlich, dies ist die Wahrheit selbst.'"

„Ehrenwerter Seyyid", erwiderte Ahmad, „Sie haben ebenfalls recht, und die Aufrichtigkeit Ihres islamischen Glaubens wird voll gewürdigt. Sie erinnern sich, was der Prophet Joseph zu seinen Mitgefangenen in Ägypten sagte: ‚O meine beiden Kerkergenossen, sind verschiedene Herren besser oder Gott, der Eine, der Allmächtige? Statt Ihn verehrt ihr nichts anderes als Namen, die ihr selbst genannt habt, ihr und eure Väter; Gott hat dazu keine Ermächtigung herabgesandt. Die Entscheidung ist einzig bei Gott. Er hat geboten, daß ihr Ihn allein verehrt. Das ist der beständige Glaube, jedoch die meisten Menschen wissen es nicht.' Wie kommen wir also von Namen zur unzerstörbaren Wahrheit? Ich glaube, daß die Namen, aus denen sich unsere Welt zusammensetzt, viel weniger wohlgeordnet sind, als man uns in Ghom gelehrt hat, und daß die Mittelsmänner viel mehr Irrtümer verursacht haben, als wir ahnen. Erinnern Sie sich, daß Allame Helli in seinem wunderbar klaren Glaubensbekenntnis, das wir beim Theologiestudium benutzten, auch die Wunder Mohammeds als Beweis für sein Prophetentum heranzieht, zum Beispiel die ‚Speisung einer Menschenmenge mit ganz wenig Nahrung?' Ich bin kein Skeptiker; ich behaupte nicht, daß hier ein Täuschungsmanöver des Propheten vorlag – Gott verhüte! Ich sage auch nicht, daß die Augenzeugen die Tatsachen falsch interpretiert hätten oder daß es gar keine Augenzeugen gegeben habe und die Berichte erfunden seien. Ich sage nur, die Christen haben eine solche Begebenheit mit dem Kommen eines Propheten verbunden und haben dieses Wunder Jesus zugeschrieben, und so haben die Muslime, die Mohammed als Propheten sehen, das gleiche Wunder auf Mohammed übertragen. Es war die einfache Lesart des ‚Textes' vom Leben des Propheten und sagt nichts darüber aus, ob sie wahr oder falsch ist. Wir müssen uns fragen, wie wir die falschen Lesarten ausmerzen können. Es geht nicht einfach mit der Frage, ob die Zeugen zuverlässig waren.

„Ich weiß es nicht, aber ich möchte es wirklich wissen, denn es ist mir sehr wichtig. Ich weiß so gut wie Sie, daß die meisten Menschen nur aus dem Glauben heraus handeln können. Zum Teil mache ich mir Vorwürfe, daß ich es nicht weiß; vielleicht ist meine betonte Unentschiedenheit die Ursache, daß ich es nicht weiß. Es gibt Tage, an denen mir der Schleier der ‚Namen' undurchdringlich erscheint; dann sind die wenigen Dinge, die unserem Geist selbstverständlich sind, für mich nur triviale Regeln, die anzeigen, wie unser Geist strukturiert ist. Ich denke dann manchmal, daß in einer Welt der Wahrscheinlichkeiten absolute moralische Urteile, die nicht mit der Lebenserfahrung übereinstimmen, den Schlangen auf den Schultern des Tyrannen Zahhak gleichen – sie fressen die Menschen ohne Unterschied. Dann gibt es wieder Tage, an denen ich meine, daß die Welt für sich selbst besteht, unabhängig davon, ob wir sie finden; und da wir immer wieder zu glauben versuchen, wir hätten wirklich ein Stückchen von ihr erfaßt und könnten ihren Bau rekonstruieren, könnten wir sie auch als einen erreichbaren Ort ansehen, von dem etwa Moulana sagt, daß er gleich hinter einer verriegelten Tür liegt:

> Dieser Ort ist ohne Wunde: ganz Liebe und Barmherzigkeit;
> doch euer eitler Wahn ist wie ein Riegel an der Tür.

Aber doch bin ich so nachgiebig gegen mich selbst, daß mein eitler Wahn immer wiederkehrt; ich kann die Tür nicht ständig offenhalten. Ich weiß nicht."

Ali konnte beobachten, wie Ahmads Gesicht wieder den bekümmerten Ausdruck annahm. Es verlangte ihn, Ahmads Bürde zu erleichtern, ihm zu helfen, seine Unentschiedenheit wenigstens bequem zu tragen. Er sagte: „Ahmad, ich muß gestehen, ich weiß es in vieler Hinsicht auch nicht. In den letzten Tagen habe ich mich ebenfalls in Versen des Moulana wiedererkannt:

> Unsere Wüste ist grenzenlos, Herz und Seele finden keine Ruhe.
> Ineinanderliegende Welten wurden zum Abbild der Gestalt; welches Abbild ist das unsere?
> Wenn ein abgeschlagnes Haupt ihr auf dem Wege seht, das in unsre Richtung rollt,
> Fragt es, fragt es nach den Geheimnissen des Herzens;
> von ihm werdet ihr unser verborgenes Geheimnis lernen.

Wissen Sie, ich fühle die Bürde, die der Rechtsgelehrte trägt, gerade weil ich Sie verstehe – auch wenn ich nicht mit Ihnen einer Meinung bin. Als schiitischer Rechtsgelehrter muß ich die moralische Pflicht des Menschen von zwei unterschiedlichen Ausgangspunkten ableiten: von den Dingen, die für mich in der Sicherheit der Vernunft verankert sind (ob Sie nun zustimmen oder nicht), und von den Dingen, die der Koran ausdrücklich vorschreibt. Wenn der Koran bei der Aufteilung des Erbes auf die Kinder festlegt, daß ‚der Anteil des männlichen Kindes dem Anteil von zwei weiblichen Kindern gleichkommt', oder wenn er sagt ‚Dem männlichen und dem weiblichen Dieb schlagt die Hände ab', dann vertrete ich die Vernünftigkeit dieses Gesetzes für die Welt, in der der Koran offenbart wurde. Aber ich sehe auch die Vielfalt menschlicher Situationen, und ich will nicht einfach ein Prinzip, das das Gesetz aufhebt, wenn das dem Allgemeinwohl dient – das habe ich bereits –; ich will ein Prinzip, das es uns ermöglicht, Geist und Absicht des Gesetzes zu erkennen und entsprechend anzuwenden. Es sollte ein Prinzip sein, das den Koran nicht dadurch untergräbt, daß die Leute hineinlesen dürfen, was sie wollen, wie es einige unserer jungen Leute machen. Es sollte ein Prinzip sein, das die Substanz und den Namen der Religion bewahrt und das überhaupt alles Gute bewahrt, das uns das jahrhundertelange sorgfältige Studium der Gestze gegeben hat. Ich habe es nicht gefunden. Ich habe nicht entdeckt, welches Abbild das meine ist. Ich warte immer noch, hoffentlich erfahre ich das Geheimnis von dem abgeschlagenen Haupt."

„Seyyid Ali!" Jetzt versuchte auch Ahmad Trost in seine Stimme zu legen. „Sie sind ein Gelehrter. Es ist nicht schwer, sich zu verlieben: ‚Wie einfach schien die Liebe zuerst, dann stellten sich Schwierigkeiten ein.' Keine Liebe ist schwieriger als die, die uns lehrt, unserem Wissen wirklich treu zu bleiben. Sie lehrt uns, auch die unangenehmen Textstellen zu lernen, um den ganzen Text zu erfassen."

Ali war erstaunt, wie glücklich er sich fühlte, daß er als echter, verliebter Jünger der Gelehrsamkeit ernstgenommen wurde. „Für mich ist es zu spät, mich zu ändern", sagte er. „Man hält mich für einen Revolutionär, weil ich im Gefängnis war und radikale Freunde habe. Wenn ich sehe, daß der Schah vor Ausländern unsertwegen verlegen ist und daß er uns zu Kopien der Amerikaner machen will, treibt es mir die Schamröte hoch. Ich will nicht daran denken, wer oder was wir sein werden, wenn das Öl einmal zu Ende geht."

Ahmad unterbrach: „Ärmer als Bangladesch."

„Ganz ohne Zweifel. Und doch, wenn meine Freunde im Basar mich fragen, ob sie morgen zumachen sollen, und wenn Mullahs mich den ganzen Tag anrufen und mir von ihren Plänen erzählen, ihre Anhänger demonstrieren zu lassen, dann sehne ich mich nach Ghom zurück, zu meinen Büchern, die ich nicht sorgfältig genug oder überhaupt nicht gelesen habe."

„Ich wollte, ich könnte mit Ihnen gehen und *sowhan* essen", sagte Ahmad, „dann in der Klasse mit Ihnen diskutieren, dann vor dem Abendgebet im Hof der Feiziye mit Ihnen zum Gesang der Vögel über Politik sprechen. Als ich vor vierzig Jahren dort war, gehörte ich nicht ganz dazu – meine Bücher haben mich nur selten ganz überzeugt –, aber ich war gern dort. Ich kann immer noch kein ernstes Buch lesen, ohne manchmal anzuhalten und zu Zuhörern, die ich mir vorstelle, zu sagen: ‚Hat der Verfasser seinen Punkt wirklich klargemacht?' Wenn ich von Ihren neuen Medrese-Gebäuden höre, wo die Klassenräume voll klimatisiert sind und es in jedem Schlafsaal fließendes Wasser gibt, kann ich das nur verachten. Wir mußten jeden Morgen unsere Schuhe ausschütteln, weil es in Ghom zu meiner Zeit noch viele Skorpione gab."

„Ich muß Sie leider enttäuschen, aber die Regierung hat es fertiggebracht, daß es keine Skorpione mehr gibt, und wir haben jetzt in allen Häusern fließendes Wasser. Ich weiß nicht, ob Sie das mehr gegen die Regierung aufbringen oder zu einem Anhänger des Herrscherhauses machen wird."

„Ich weiß es selbst nicht", räumte Ahmad lachend ein. Dann fragte er plötzlich betroffen: „Sie glauben doch nicht, daß morgen etwas Ernsthaftes passiert?"

Ali wollte nicht alles wiedergeben, was er gehört hatte, aber er hatte das Gefühl, Ahmad warnen zu müssen. „In einigen Städten wollen die Leute morgen die vierzigtägige Trauerfeier für die in Ghom getöteten *talabes* zum Anlaß nehmen, um ihre Geschäfte zu schließen und in der Moschee oder im Basar Protestkundgebungen abzuhalten."

„Mein Gott!" sagte Ahmad. „Meinen Sie, ich sollte etwas Geld von der Bank abheben? Hoffentlich habe ich da nicht wieder etwas, was mich unschlüssig macht."

„Lieber Professor, ich fürchte nichts für Ihre Sicherheit oder Ihr Wohlbefinden. Gott sorgt für die Frommen, auch wenn ihre Frömmigkeit – wie in Ihrem Fall – manchmal groteske Züge trägt. Denken Sie daran, was Hafis sagt:

> Wenn wie Noah, der Prophet, Geduld du übst im Leid der Sintflut,
> dann wendet sich das Unglück, und das Wunschziel von tausend Jahren
> tritt hervor.

Sie standen beide auf, und beim Öffnen der Tür zum Vorraum sagte Ahmad: „Vielleicht brauchen wir die tausendjährige Geduld eines Noah oder Hiob; ich glaube, für den Iran könnte ich sie aufbringen. – Übrigens – was würden Sie mit Ihrem Geld machen, wenn Sie es heute von der Bank abheben würden?"

„Heute und immer – Bücher kaufen."

Auf Anordnung der Regierung veröffentlichte eine führende Teheraner Zeitung am 7. Januar 1978 einen Artikel, in dem der „Imperialismus, roter wie schwarzer Couleur" derer angegriffen wurde, die sich den Reformen des Schahs widersetzten und – so lautete die Beschuldigung – bei „den Spezialisten in geistigen Dingen" Unterstützung suchten. Der Artikel griff vor allem Ruhollah Khomeini als „kompromißlosesten und reaktionärsten" Agenten des Imperialismus an. Khomeini wurde offen beschuldigt, ein Werkzeug reaktionärer Grundbesitzer zu sein, die die Bodenreform des Schahs bekämpften, und es wurde höhnisch gefragt, ob an dem Gerücht etwas Wahres sei, daß Khomeini deshalb der „indische Seyyid" genannt wurde, weil seine Familie aus Indien kam, wo Khomeini vielleicht mit dem britischen Imperialismus Berührung hatte, oder weil er unter dem Pseudonym „Der Inder" erotische Gedichte geschrieben habe. (Khomeinis Großvater lebte als Seyyid iranischer Abstammung in Kaschmir, und Khomeini veröffentlichte seine ʿerfān-Gedichte unter dem Namen „Der Inder".) Die Regierung hatte es für an der Zeit gehalten, einen derart provokativen Artikel zu veröffentlichen, denn Khomeinis Name war kurz zuvor zum erstenmal seit langer Zeit wieder öffentlich in Ghom genannt worden. Khomeinis ältester Sohn Mostafa war im Spätherbst 1977 in Ghom verstorben, und an seinem *arbaʿin* – dem wichtigen Gedenktag, der vierzig Tage nach dem Tode einer Person eingehalten wird – hatten einige Prediger die Regierung öffentlich kritisiert und Mostafas Vater gelobt, der damals im irakischen Exil war. Da der amerikanische Präsident Carter den Schah am Neujahrstag 1978 in Teheran besuchte und der Schah schon länger als ein Jahr vor diesem Besuch sein Interesse an Carters Menschenrechtspolitik demonstrieren wollte, hatte die Regierung nichts gegen die wohlwollenden Äußerungen über Khomeini und seine Politik unternommen, die bei dem *arbaʿin* gefallen waren. Die Theologen faßten mehr Mut.

Der Artikel erschien an einem hellen, kalten Tag, einem jener Wintertage, an denen man sich in den Häusern in Ghom im Kreis um einen niedrigen Tisch setzt, unter dem ein Holzkohlenfeuer brennt und über den eine Steppdecke gebreitet ist. Die Zeitungen aus Teheran trafen in Ghom, wie üblich, um drei Uhr nachmittags ein. Den Rest des Tages brauchten die *talabes*, um sich zu verständigen und sich schlüssig zu werden, was sie tun wollten. Am nächsten Morgen teilten sie den Leuten des Basars in der Frühe mit, daß sie wünschten, der Basar solle geschlossen bleiben, und von diesem Morgen bis zum 11. Februar 1979 blieb der Basar geschlossen, von vierzig einzelnen Tagen abgesehen. Dann gingen die *talabes* in Gruppen zu den Häusern der „Vorbilder" und anderer führender Theologen. Sie wünschten von diesen Gelehrten öffentliche Erklärungen, in denen sie der Behauptung widersprachen, die iranische Geistlichkeit mißbillige Khomeini oder billige die „Weiße Revolution". Alle Gelehrten entsprachen dem Wunsch der *talabes*.

Am Nachmittag hatten die *talabes* sich in der Nähe des Schreins in der Khan-Medrese versammelt, der wichtigsten Hochschule von Ghom, seit die Regierung die Feiziye einige Jahre vorher geschlossen hatte. Die Empörung der *talabes* war noch nicht besänftigt, und am Spätnachmittag bewegte sich ein Trupp von mehreren tausend *talabes* und Sympathisanten in leicht kämpferischer Stimmung von der Khan-Medrese zum Hause eines Lehrers, der ein überzeugender Redner und unbedingter Anhänger

Khomeinis war. Sie marschierten zu der Kreuzung am Krankenhaus, wo man die Umgebung des Schreins in Richtung Süden verläßt. Als sie dort am Polizeirevier vorbeizogen, wurden sie aufgefordert, auseinanderzugehen. Dem wurde nicht Folge geleistet, und einige riefen: „Fort mit der Regierung des Yazid [des Kalifen, der die Ermordung Husseins und seiner Anhänger angeordnet hatte]!" Und: „Wir wollen die Rückkehr des Ayatollah Khomeini!" Die Polizei schoß in die Menge. Nach Angaben aus Ghom starben mindestens zwanzig Personen auf der Stelle (von anderen Quellen werden viel niedrigere, aber auch viel höhere Zahlen genannt), und sehr viel mehr wurden verletzt.

Am nächsten Tag, dem neunten Januar, ereignete sich etwas, was – wie man im Iran sagt – so selten war wie der Anblick des „Phoenix aus dem Westen". Im persischen Programm der BBC kritisierte Ayatollah Schariat Madari, eines der bedeutendsten „Vorbilder" in Ghom, die Regierung. Schariat Madari war zu einem guten Teil der Erbe der Politik des Ayatollah Borudscherdi gewesen, die auf vorsichtige Koexistenz mit der Regierung hinauslief, und da seine aserbeidschanischen Mitbürger ihn fast einmütig als ihr „Vorbild" betrachteten, hatte er unter allen damals in Ghom lebenden „Vorbildern" den größten Anhang, und die Regierung behandelte ihn wie die Spitze der religiösen Hierarchie. Er war für seine Bedachtsamkeit im ganzen Land bekannt. Auch als die Regierung Mitte der siebziger Jahre die Feiziye schloß und viele Hochschullehrer verhaftete oder in entlegene Gebiete des Irans verbannte, sagte Schariat Madari nichts. Und nun konnten Zehntausende von Iranern, die das persische Programm der BBC als zuverlässigste Informationsquelle hörten, verfolgen, wie dieser vorsichtige ältere Mann mit seinem türkischen Akzent sagte, die Regierung solle die Verantwortung für die Schießerei übernehmen; es seien keine Warnschüsse abgegeben worden, und es gebe allen Grund zu der Annahme, daß die Menschenmenge keine bösen Absichten hatte.

Die Ereignisse der nächsten vierzehn Monate erinnerten an eines der Passionsspiele, das die Hochzeit der Tochter des Imam Hussein und seines Neffen Qasim mit der Trauerfeier für Husseins ältesten Sohn verbindet. Zuerst sahen die Iraner neugierig zu, doch in dem Maße, in dem alle Schranken zwischen Akteuren und Zuschauern fielen, wurden sie in eine gemeinsam erlebte Erregung hineingezogen, in der die allgemeine Trauer um die „Märtyrer" und die Euphorie eines Festes eine machtvolle Verbindung eingingen. Führende Mullahs riefen die Iraner auf, den *arba'in* für die am 8. Januar getöteten Ghomer zu begehen. In vielen Teilen des Irans wurden Trauergottesdienste abgehalten; doch es war Täbris, die Hauptstadt von Schariat Madaris Heimatprovinz Aserbeidschan, wo die Demonstrationen des 18. Februar zu Ausschreitungen führten. Einer der Trauernden wurde erschossen, und es kam zu sechsunddreißigstündigen Unruhen. Demonstranten griffen Banken, Depots für alkoholische Getränke, sexuell anrüchige Kinoreklamen und alle

Stellen (auch Geschäfte) an, wo das blau-goldene Emblem gezeigt wurde, das seit der Jubiläumsfeier von Persepolis die zweitausendfünfhundert Jahre iranischen Königtums symbolisierte. Die Regierung entsandte Truppen, um die Ruhe wiederherzustellen, und mehrere Demonstranten wurden getötet.

Als Geste der Versöhnung entließ der Schah ein paar Beamte und sandte Abordnungen an Mullahs; doch wurde die Geste als Schwäche und nicht als ein Akt wirklicher Versöhnung ausgelegt. Als die vierzig Tage Trauer für die in Täbris Getöteten vorüber waren, fanden in vielen Teilen des Irans Demonstrationen statt, von denen ein großer Teil in Tumulten endete. Demonstrationen und Tumulte setzten sich den ganzen Sommer über fort; bei einer Gelegenheit griffen Regierungstruppen das Haus Schariat Madaris an, für den es jetzt noch schwerer wurde, seine frühere Politik friedlicher Koexistenz mit der Regierung fortzuführen.

Es gab keinen bestimmten Anlaß, der dazu geführt hätte, daß Mohammed Reza Pahlavi Schah die dem Herrscher entgegengebrachte Ehrfurcht – der immer auch ein Schrecken vor dem Herrscher beigemischt ist – plötzlich nicht mehr besaß. Aber langsam, Schritt für Schritt – und nach vielen Schritten unwiderruflich – verlor er sie. Der Herrscher, der 1963 nach Ghom geflogen war und öffentlich seine „Weiße Revolution" vertreten hatte, der auch nach den Ghomer Unruhen von 1963 in den benachbarten Dörfern Landurkunden an die Bauern verteilt hatte, reagierte jetzt verwirrt und widersprüchlich. Einerseits gab es kraftvolle Reaktionen der Regierung, dann wieder unerwartet reumütige Gesten der Versöhnung.

Viele Vorkommnisse trugen dazu bei, daß eine große Anzahl von Iranern über die Schranke zwischen Zuschauern und Akteuren gezogen wurde. Am 19. August wurden bei einem Großfeuer im Rex-Kino in Abadan mehr als vierhundert Menschen getötet. Die Regierung beschuldigte die religiösen Konservativen, das Feuer gelegt zu haben; sie deutete an, Khomeini habe Agenten aus dem Irak entsandt, die die Tat veranlaßt hätten. In einer Verlautbarung bestritt Khomeini empört, daß ein frommer Muslim in eine solche Tat verstrickt sein könne; er beschuldigte die SAVAK, das Feuer ausgelöst zu haben, um die Regimegegner denunzieren zu können. Wer auch immer das Feuer verursacht hat (vielleicht war es niemand) – viele glaubten, daß die Umstände die Schuld der Regierung erhärteten, und plötzlich spürten Tausende von Iranern, die sich neutral verhalten und geglaubt hatten, der Kampf finde nur zwischen dem Schah und den Anhängern konservativer Mullahs statt, daß sie selbst betroffen waren: sie fürchteten, die Regierung könne sie alle aufopfern, um sich selbst zu retten. Hunderttausende betrachteten die Bewegung plötzlich als ihre eigene Angelegenheit.

Der Schah agierte weiterhin widersprüchlich. Am 27. August setzte er während der Ramadan-Zeit einen neuen Ministerpräsidenten ein, der es zuließ, daß die Zeitungen in Teheran ein Foto Khomeinis veröffentlichten. Als man am Spätnachmittag in Ghom nach Hause ging, um sich für diesen Tag auf das Fastenbrechen vorzubereiten, ging die Nachricht von dem Foto wie ein Lauffeuer durch die Stadt, und überall wurden die Autohupen betätigt. Die ohnehin leicht festlich gestimmte Atmosphäre des Abends nach einem Fastentag geriet zu einer Jubelfeier.

Am 4. September ging der Fastenmonat zu Ende, was in jedem Jahr Anlaß zu einer Jubelfeier ist; führende Mullahs riefen alle Iraner auf, an diesem Tag am gemeinsamen Gebet teilzunehmen. In Teheran versammelten sich hunderttausend Menschen an einem Platz, und nach dem Gebet marschierten sie durch die Hauptpromenade der Stadt. Andernorts gab es ähnliche Demonstrationen, bei denen die Teilnehmer sich mit einer Art Euphorie ihrer zahlenmäßigen Stärke bewußt wurden. An diesem Tag und an den religiösen Festtagen des ganzen Herbstes kamen zahllose Dorfbewohner, darunter ganze Busse mit Frauen aus den Dörfern in die Städte, um an Märschen teilzunehmen; viele taten es mit einer Mischung aus Ernsthaftigkeit und jener Art von Aufregung, die sonst mit dem Besuch einer Schreinstadt am Feiertag verbunden ist. Die Regierung entschied, daß es jetzt genug sei, und verhängte das Kriegsrecht. Am nächsten Tag – Freitag, dem 8. September – weigerten sich die Demonstranten auf einem großen Platz in der Nähe des Parlamentsgebäudes von Teheran, sich zu zerstreuen, vermutlich in Unkenntnis des Kriegsrechts. Die Truppen feuerten direkt in die Menge; viele wurden getötet. Als das Ereignis bekannt wurde, war die Mehrheit der Iraner nicht mehr Zuschauer, sondern Beteiligte, die von der Bedeutung der Vorgänge zutiefst ergriffen waren.

Diese erschreckende Mischung von friedlichen und euphorischen Demonstrationen Hunderttausender und gelegentlichen gewalttätigen Zusammenstößen mit der Armee – die jetzt oft von kleinen Gruppen provoziert wurden, die den Kampf suchten und sich bereitwillig töten ließen – dauerte weiter an; ebenso die schwankende Politik der Regierung. Am 2. Dezember wurde zu Beginn des Trauermonats Moharram eine Ausgangssperre in allen Städten verhängt. Trotzdem zogen am Abend der ersten Tage des Moharram junge Männer in weißen Leichenhemden durch die Straßen und zeigten damit ihre Todesbereitschaft an; einige wurden erschossen. Die Regierung hatte kein Mittel, die Umzüge zum neunten und zehnten Tag des Moharram, Tasuʿa und Aschura, den Gedenktagen an das Martyrium Husseins, zu verhindern; die Organisatoren erhielten daher die Erlaubnis zu diesen Demonstrationen mit der Auflage, daß sie diszipliniert verliefen. Die Umzüge wurden von der Opposition mit großer Sorgfalt organisiert; an dem Marsch in Teheran, der acht Stunden dauerte, sollen zwei Millionen teilgenommen haben, und überall wurden Bilder von Khomeini gezeigt.

Am 16. Januar 1979 verließ der Schah den Iran. In einer Schachtel führte er iranische Erde mit sich, wie sein Vater es 1941 getan hatte. Am 1. Februar kehrte Khomeini in den Iran zurück. Die Armee, die angesichts der Demonstrationen von Millionen ihrer Mit-Iraner loyal geblieben war, löste sich auf, nachdem mit dem Abtritt des Schahs das Zentrum ihrer einzigen tiefen, persönlichen Treuebindung verschwunden war. Am 11. Februar löste sich die vom Schah vor seiner Abreise eingesetzte Übergangsregierung auf, und Ayatollah Khomeini nahm im Schulhof einer höheren Schule von Teheran sitzend den Ehrengruß der Truppenverbände iranischer Soldaten entgegen.

„Das Wort" hatte gesiegt. Al-e Ahmad hatte gewußt, daß, wenn es je zu einer solchen Revolution käme, es eine Revolution des „Wortes" sein würde und daß das „Wort", um diese Macht zu haben, von den Religionsführern kommen müsse. Er hatte geschrieben: „Wenn die Religionsführer [nur] erkannt hätten – mit dem Glauben, daß es nicht notwendig ist, den Führern zu gehorchen –, welch kostbares Juwel in den Herzen der Menschen verborgen ist, einem Samen gleich, aus dem die Erhebung gegen eine Regierung der Unterdrückung und Korruption erwächst, und wenn sie dem Volk [nur] die wahre Natur dieser Führer mit Hilfe der Medien hätten zeigen können..." Al-e Ahmad hatte geschrieben, die Geistlichen müßten das Volk mit ihrem Wort durch die Medien erreichen, weil in der iranischen Geschichte die Propheten, Reformer und wahren Intellektuellen den „Einfluß des Wortes" besitzen.

Khomeini hatte zuerst im Irak und dann (seit Oktober 1978) in Paris gesessen und gesprochen: „Der Schah muß gehen; der Schah muß gehen." Andere führende Mullahs, darunter auch einige „Vorbilder" in Ghom, waren bereit gewesen, sich mit der Regierung des Schahs zu arrangieren; Khomeini niemals. Er sprach das Wort kompromißlos aus, und schließlich dankte der Schah ab. Mit Khomeinis Erfolg sah es so aus, als seien alle die arabischen Worte, die Al-e Ahmad in seiner Erzählung „Die Pilgerreise" an den Gegenständen im Schrein entdeckt hatte, zum Leben erwacht; und „jedes Ding" – so heißt es in der Geschichte – „ging in ihrer Gewalt vollkommen auf".

Epilog

Seit den großen Märschen vom Herbst 1978 sind mehr als sechs Jahre vergangen. Beim Überdenken ihrer augenblicklichen Situation können viele Iraner mit Überzeugung Saadis Vers wiederholen: „Ich habe kein Kamel bestiegen und muß auch nicht, einem Esel gleich, Lasten tragen; ich bin kein Herr von Unterdrückten und auch nicht der Sklave irgendeines Königs." Bei Saadi sollte dieser Vers das Glücksgefühl des Sprechers darüber ausdrücken, daß er von wirklichen Lasten frei war und auch nicht die noch schwerere eingebildete Last tragen mußte, sich anderen unter- oder überzuordnen. Der Iraner, der diese Zeile im Winter des Jahres 1984 wiederholt, mag darin im Blick auf seine eigene Situation eine Ironie sehen, denn für ihn ist es unklar, wieweit er Herr seines eigenen Schicksals ist oder sein kann.

Die berauschende Euphorie jener Szenen, in denen sich die iranischen Massen erstmals als Akteure auf dem Schauplatz der Geschichte erblickten, hielt die ersten fünf Jahre nach der Revolution an. Bei bestimmten Gelegenheiten ist sie auch im sechsten Jahr der Revolution noch bei den Massen lebendig. Führer von Nachbarschaftsgruppen erscheinen in großer Zahl zu den Freitagsgebeten, und an hohen religiösen Feiertagen gehen Zehntausende – in Teheran Hunderttausende – auf die Straße. In den schiitischen Gemeinden außerhalb des Irans, besonders im Libanon und in den arabischen Golfstaaten, löste die Iranische Revolution radikale politische Bewegungen aus; hierzu gehören zum Beispiel auch Männer, die in der Überzeugung, sie hätten den Geist des Imam Hussein übernommen, selbstmörderische Bombenangriffe gegen die amerikanische Botschaft in Kuweit sowie gegen das amerikanische Marinehauptquartier und die Botschaft in Beirut ausgeführt haben. Im Iran selbst zeigte das staatliche Fernsehen im Sommer 1984 junge Männer, die reihenweise nacheinander an die Türen von Bussen herantraten, die Schmalseite eines Korans küßten, den ihnen ein Mullah entgegenhielt, dann mit dem Koran ihre Stirn berührten und schließlich den Bus bestiegen, um gegen den Irak zu kämpfen. Der Zorn über den Irak, der diesen Krieg begonnen hatte, und die vom Ayatollah Khomeini in seinen Botschaften wiederholt hochgepriesene Bereitschaft zum Martyrium haben das heroische Bild des furchtlosen Eiferers ständig in der iranischen Öffentlichkeit wachgehalten, trotz der einhundertfünfzigtausend Iraner, die in diesem Krieg ihr Leben gelassen haben.

Die Anziehungskraft und zugleich abstoßende Wirkung, die von der schweren Last ausgeht, die das Bild des Märtyrers darstellt, führt zu einem drastisch veränderten Selbstverständnis vieler Iraner. Bei jeder

Kategorie von Iranern scheint es jetzt viele zu geben, die die Liebe zur Zweideutigkeit – die der iranischen Kultur ein anpassungsfähiges Erscheinungsbild und ein privates Innenleben gegeben hatte – als nicht länger haltbar ansehen, als eine Freiheit, die die Geschichte nicht mehr zuläßt. Jene Morgendämmerung vor sechs Jahren, als die ganze Erde das Kleid der Verheißung trug und es eine Seligkeit war, am Leben zu sein, wich einer anderen Morgendämmerung, in der die Iraner das kulturelle Erbe ihrer zweieinhalbtausendjährigen Geschichte in einem neuen, härteren Licht sahen und ein starkes Verlangen nach den offenen, unzweideutigen Definitionen fühlten, die in diesem neuen Licht fällig wurden. Sie erblickten ihre Vergangenheit in den Zeilen Moulanas, in denen er Menschen beschreibt, die mitten in der Nacht die *gibla* suchen, die Gebetsrichtung nach der Kaaba von Mekka:

> Wie Menschen, die beflissen suchen,
>   wo jeder zu der Richtung sich hinwendet, da er vermutet,
>   daß die *gibla* liegt;
> Wenn dann die Morgendämmerung die Kaaba zeigt,
>   wird offenbar, wer hier den rechten Weg verlor.
> Oder wie Taucher in des Meeres Tiefen,
>   wo jeder hastig irgend etwas greift...
> Wenn sie vom Grund der Tiefsee wiederkommen,
>   zeigt sich, wer nun die unschätzbare Perle hat,
> Auch wer die kleinen Perlen mitgebracht
>   und wer die Steinchen und wertlosen Schalen.

Im sechsten Revolutionsjahr geben viele Iraner einander zu verstehen, daß das heroische Bild des selbstlosen Eiferers eine gespielte Rolle oder auch nur eine Pose ist, die sie nicht mehr ständig beibehalten können. Es sind nicht nur die Iraner im Exil, auch nicht nur die königstreuen Iraner, die nach der Revolution im Lande blieben, oder die gegen die Mullahs eingestellten iranischen Revolutionäre, welche sagen, ihre Revolution sei verraten worden – nein, auch die religiösen iranischen Revolutionäre sagen jetzt manchmal bei einer Zeitungsmeldung über einen Toten mit leichtem Lächeln: „Und er ist als Märtyrer gestorben." Manche Iraner scheinen die Rollen des Eiferers und des Zynikers ohne Schwierigkeit vertauschen zu können, andere tun das nur mit deutlicher Befangenheit oder überhaupt nicht. Für die Iraner, die den Rollentausch nur schwer oder überhaupt nicht vornehmen, gibt es die inneren Räume nicht mehr, die die Zweideutigkeit hervorgebracht hatte; die Zweideutigkeit hat ihre Anziehungskraft für immer verloren.

Es ist noch immer höchst unklar, wer in dem großen Umbruch offizieller Kulturgüter und Werte durch die Revolution was erhalten hat. Die Mullahs erreichten die Abschaffung des Staatskultes der Monarchie – selbstverständlich nicht zugunsten des älteren distanzierten Nebeneinander von Regierungsethos und Ethos der Religion, sondern zugunsten einer vollständigen Übernahme des Regierungsethos durch die Religion.

Es gibt Mullahs, die bei der Aufgabe, den Staat unter ihren Willen zu beugen, Rachegefühle abreagiert haben. Als Richter, Minister und bevollmächtigte Kontrollinstanzen von Ministerien haben sie Tausende hinrichten lassen und Zehntausende liquidiert. Die neue Verfassung, seit 1980 in Kraft, hat mit aller Klarheit das Prinzip der „Vormundschaft des islamischen Juristen" eingeführt, das Khomeini schon vor der Revolution seit mindestens zwanzig Jahren aus den Quellenwerken des neunzehnten Jahrhunderts entwickelt hatte.

Die Theorie von der „Vormundschaft des Juristen" hat jedoch, bis sie in der Verfassung verankert wurde, merkwürdige Veränderungen erfahren. In seinem 1970 veröffentlichten Buch *Islamische Regierung* hatte Khomeini die Verfassung von 1906 direkt angegriffen und gefragt: „Was haben all diese Verfassungsartikel... mit dem Islam zu tun?" Dann fuhr er fort:

Zwischen islamischer Regierung auf der einen Seite und konstitutioneller Monarchie beziehungsweise Republik auf der anderen gibt es einen grundlegenden Unterschied: Während in den zuletzt genannten Regimen die Volksvertreter oder der Monarch gesetzgeberische Vollmacht haben, liegt im Islam die legislative Gewalt und die Vollmacht, Gesetze zu erlassen, ausschließlich bei Gott dem Allmächtigen. Der Heilige Gesetzgeber des Islam ist die alleinige legislative Gewalt. Niemand hat das Recht zur Gesetzgebung, und kein Gesetz, das nicht vom Göttlichen Gesetzgeber erlassen ist, darf ausgeführt werden. Deshalb tritt in einer islamischen Regierung ein einfaches Planungsorgan an die Stelle der gesetzgebenden Versammlung, die eine der drei Regierungsgewalten ist.

Trotzdem wurde eine neue Verfassung entworfen, die (in scheinbarem Widerspruch zu den Klauseln, die die Autorität des islamischen Juristen begründeten) den „Willen des Volkes" zur Quelle der gesetzgebenden Gewalt erklärte. Außerdem wurde ein Parlament wiedereingesetzt, das jetzt (wie Fazlollah Nuri es gewünscht hatte) nicht mehr Nationale Beratende Versammlung, sondern Islamische Beratende Versammlung hieß. Die Wahlen zu dieser Versammlung sind zwar alles andere als frei und offen – manche Parteien sind verboten, die Medien werden kontrolliert, die Auszählung der Stimmen liegt manchmal in den Händen von zweifelhaften örtlichen Instanzen –, doch waren sie bisher stets hart umkämpft. Auch wurden die Diskussionen zwischen den Kandidaten, die zur Wahl zugelassen waren, bemerkenswert frei geführt. Noch beachtlicher war die Atmosphäre offener Debatte und ordnungsgemäßer Geschäftsführung im Parlament selbst. In seinen Debatten und Beschlüssen hat sich das Parlament so verhalten, als habe es gesetzgeberische Gewalt, und der Mullah, der als Parlamentspräsident fungiert, folgt dem klaren Willen der Abgeordneten, daß die Geschäftsordnung (Erste und Zweite Lesung von Gesetzen usw.) genau eingehalten wird, fast immer in Übereinstimmung mit der Parlamentsordnung unter der alten Verfassung.

In diesem Sinne hat die Generation von 1906 für ihre – von Khomeini so sehr gehaßte – Verfassung einen Sieg errungen, der unter der Pahlavi-Dynastie nie zweifelsfrei klar war. Die Iranische Verfassung von 1906 war etwas mehr als siebzig Jahre alt, als sie aufgehoben wurde. Mögen auch viele Verfassungsvorschriften in diesen siebzig Jahren nur toter Buchstabe gewesen sein, so war doch das bloße Vorhandensein eines Parlaments für viele Iraner gefühlsmäßig ein wichtiges Faktum, das durch die Zeit seine eigene Weihe erhielt.

Viele Abgeordnete – ob Mullahs oder nicht – spüren diese Weihe, was auch immer in Ayatollah Khomeinis Buch stehen mag. Die *talabes*, die im Zweiten Weltkrieg und in der Zeit Mosaddeghs heranwuchsen und begierig die Zeitungsberichte von den harten und ziemlich offen geführten Debatten jener Jahre lasen, wünschen sich ein Parlament dieser Art ohne Hintergedanken. Als die Parlamentsschreiber in den ersten Sitzungen der neuen Kammer Zusammenfassungen der Debatten vorlegten, erklärten ihnen die Herausgeber des Amtsblattes, daß nach bisherigem Brauch nur vollständige Wiedergaben in Frage kamen, und das Parlament fügte sich. Am 28. Juni 1981 verwüstete eine Bombe das Hauptquartier der Islamischen Republikanischen Partei (die das Vertrauen Khomeinis und der meisten politisch aktiven Mullahs besaß), und eine Anzahl von Abgeordneten wurde getötet (Ayatollah Khomeini legte Wert auf die Feststellung, daß es genau zweiundsiebzig waren, die gleiche Anzahl wie bei den Opfern von Kerbela). Die überlebenden Mullahs, die auch Abgeordnete waren, konnten ein paar Tage später das Krankenhaus vorübergehend verlassen – einige auf Krücken, andere wurden von Pflegern getragen –, um an einer Parlamentssitzung teilzunehmen, wo ihre Stimmen für die Verabschiedung eines wichtigen Gesetzes gebraucht wurden. Diesen Mullahs scheint eine Mehrheit im Parlament ebenso wichtig zu sein wie eine schlüssige Beweisführung über die Absichten des Göttlichen Gesetzgebers.

Und doch ist das Parlament, ungeachtet seiner Bezeichnung oder Zusammensetzung, alles andere als souverän. Der Vormundschaftsrat, ein in Übereinstimmung mit der Verfassung ernanntes Gremium von Juristen, das die Rechtmäßigkeit von Parlamentsgesetzen im Hinblick auf das Islamische Recht überprüft, hat einige der wichtigsten Gesetze über die Bodenreform und das Familienrecht abgelehnt. Es hat schon seine Bedeutung, daß jetzt die Köpfe von Ayatollah Kaschani – der das Lager Mosaddeghs verließ –, Fazlollah Nuri – der die Konstitutionelle Revolution bekämpfte – und Navvab Safawi – der Anführer der Eiferer für den Islam, die Kasravi erschossen – auf Briefmarken erscheinen.

Für den Teil der iranischen Bevölkerung, der kulturell schiitisch und an der Oberfläche religiös war, bedeuteten die letzten sechs Jahre eine Wiederentdeckung des schiitischen Islam, wie er in den Medreses gelehrt wird. Diese Entdeckung erfolgte zum Teil durch die Schulbildung. Zuerst wurde von Schwärmern vorgeschlagen, die alten Koranschulen, die *maktabs*, wiedereinzuführen. Dieser Vorschlag kam nicht durch, und die staatlichen Schulbücher wurden sorgfältig überarbeitet und mit ausführlichen Informationen über den Islam versehen, während der übrige Inhalt – wie übrigens auch das gesamte vor-universitäre staatliche Schulsystem einschließlich einer Bearbeitung eines persischen Liederbuches – ziemlich unverändert blieb. Manches von dem, was die Generation Isa Sadiqs erarbeitet hatte, ließ sich ebenso schwer ausmerzen wie die Idee des Parlaments. Die Universitäten liegen in einer Art Niemandsland und halten den Betrieb nur zum Teil aufrecht. Trotzdem müssen Universitätslehrer, die ihren Posten behalten wollen, spezielle Sommerkurse bei Mullahs in Ghom besuchen.

Auf der persönlichen Ebene bedeutete es für viele Iraner der Mittelschicht einen Schock, daß sie wiederentdeckten, in welch ausgefeilter Form der Islam auf den Theologischen Hochschulen interpretiert und gelehrt wird. Mancher junge Iraner hat das Gesetz mit Punkt und Komma begeistert aufgenommen und gehört jetzt zu den Aufpassern, die durch die Straßen streifen, auf die Einhaltung der Bekleidungsvorschriften für Frauen achten (das Haar muß vollständig bedeckt sein) und überall nach „Verderbtheit" schnüffeln. Doch viele Iraner, die vor der Revolution ein lockeres Verhältnis zur Religion hatten – und von Khomeinis wiederholter Feststellung angetan waren, daß politisch passive Mullahs den Islam zu einer Religion gemacht hätten, die sich mit ritueller Reinheit beschäftige, um ihre politische Botschaft zu umgehen – mußten inzwischen entdecken, daß für Khomeini der Islam ganz entschieden mit beidem zu tun hat: mit Politik und ritueller Reinheit. Ayatollah Khomeini hat da sehr konservative Ansichten. Er gehört zum Beispiel zu den „Vorbildern", die die Berührung eines Nicht-Muslims für eine Verunreinigung halten, nach der eine größere rituelle Waschung erfolgen müsse.

Unter den Intellektuellen war dieser Schock am größten. Sie hatten diese Revolution anfangs als ihre eigene betrachtet, denn sie glaubten, daß die Massen unter Khomeinis Führung endlich nach dem verlangt hätten, was sie, die Intellektuellen, schon immer gewollt hatten. Sie wurden bald eines anderen belehrt. Vor etwa drei Jahren machte unter den Intellektuellen von Teheran ein Gedicht die Runde, in dem Zarathustra als der Prophet gepriesen wird, der „niemals totete und niemals die Tötung eines Menschen befahl". Das Gedicht ist an „unsere alte Heimat und Erde" gerichtet:

O du Altehrwürdige, du ewig Junge,
   wenn ich nur etwas liebe, dann lieb' ich dich.
Wie lieb' ich des Ferdousi Legendenburg,
   die bis zum Himmel er von Macht und Ruhm hinaufgeführt;
Wie lieb' ich Chaijams Ärger und Beschwerde,
   die ewig mir an Herz und Seele rührt.

Diese Worte sind ein Nachhall einer der selbstbewußt-dramatischsten Episoden in der Geistesgeschichte des neunzehnten Jahrhunderts. Ernest Renan hatte die Ausbildung eines gelehrten Priesters erhalten, eines

„Orientalisten", der über die Ursprünge der jüdisch-christlichen Kultur nicht nur auf griechisch und lateinisch, sondern auch auf hebräisch, syrisch und arabisch textkritische Quellenstudien machen konnte. Bei ihm wurde die Philologie tödlich für die Religion: Er kam zu dem Schluß, daß so viele Bibeltexte verderbt, entstellt und falsch zugeschrieben waren, daß ihr göttlicher Ursprung wissenschaftlich nicht mehr haltbar war. In den 1860er Jahren schrieb er auf französisch ein rationalistisches Leben Jesu, das im neunzehnten Jahrhundert eine heftige Fehde der Religion gegen die Religionsgegner einleitete.

Renan schildert in seinen Memoiren, wie er im Jahr 1865 am Fuß der Akropolis stand und plötzlich innewurde, daß alle ihm bekannten Völker – Orientalen, Germanen, Romanen, Slawen und Kelten – vergleichsweise Barbaren waren und daß dieser griechische Tempel eine Offenbarung der einzigen nicht-barbarischen Schönheit war, an deren Existenz er glaubte. Renan richtete an die Akropolis sein berühmtes „Gebet" an die „Gottheit, die zu verehren Vernunft und Weisheit bedeutet". Und er bekannte, wie schwierig es sei, sich und andere von den späteren Zusätzen wie zum Beispiel dem Christentum zu lösen, hinter denen die Geschichte die Rationalität fast versteckt habe, die einst hier verehrt wurde. In fast wörtlicher Anlehnung an Augustins bewegende Anrede an Gott in den *Bekenntnissen* schrieb Renan: „Spät habe ich dich lieben gelernt, du immer ehrwürdige und immer neue Schönheit." Ganz ähnlich war auch der iranische Dichter des Lobpreises auf Zarathustra zu dem Gefühl gekommen, daß er an seinem Land, diesem „altehrwürdigen, ewig jungen", dessen teilweise wiederentdeckte uralte Vergangenheit liebte, die für ihn nicht mehr ohne gefühlsmäßigen Bezug war. Für manche Iraner, vor allem unter den Intellektuellen, hatte diese Vergangenheit endlich Wurzeln geschlagen; die Dialektik der Ereignisse hatte sie gezwungen, endlich zu entscheiden, ob Kyros oder Hussein der iranische Prototyp des Helden war, und sie hatten geantwortet: Kyros.

Für die linken Intellektuellen ist die ganze Revolution von vorne bis hinten zu einem Rätsel geworden. Die Erde hatte sich bewegt, und als sie wieder zur Ruhe kam, hatte es so ausgesehen, daß die Massen – so sehr sie selbst auch beweisen wollten, die Massen seien hintergangen worden – sich unter der Führung der neuen Elite anstelle der alten eingerichtet hätten. Und um eine Elite handelte es sich; denn die Mullahs – so behaupteten sie – waren meist die Söhne von Mullahs, und ein unverhältnismäßig hoher Prozentsatz von ihnen waren Seyyids (jedenfalls waren alle lebenden „Vorbilder" Seyyids). Für die Linken hatte die Revolution eine alte, halb-erbliche Elite ans Ruder gebracht, die letzte Elite, die noch übrigblieb, nachdem die Grundbesitzer, die großen Männer des Basars und die Technokraten des Schahs ausgedient hatten. Und diese Elite hatte ihre Helfershelfer in der „Lumpenbourgeoisie" gefunden, in den Enttäuschten, in Leuten wie dem jungen Mann, der nach Abschluß der höheren Schule keinen Studienplatz erhielt, oder dem Vorarbeiter in der

Fabrik, der kein politisches Ventil mehr fand, nachdem er eine *hey'at* organisiert hatte. Jetzt witterte die Lumpenbourgeoisie Morgenluft, wenn sie dem neuen Regime im Revolutionskomitee oder in der paramilitärischen Revolutionsgarde diente. Gut und schön – einiges Land war neu verteilt und viele Firmen waren verstaatlicht worden; doch konnten die Intellektuellen nicht begreifen, wieso eine Revolution mit so volksnahem Ursprung letzten Endes so konservativ werden konnte.

Isa Sadiq starb 1978, mitten in den Unruhen der Demonstrationen und Emotionen des Volkes, die die revolutionäre Opposition dann zum Sieg führen sollten. Die Demonstrationen überraschten ihn nicht; schließlich war er in der Revolution von 1906 aufgewachsen und wußte aus erster Hand, welche Macht die Mullahs und die Moschee im Iran hatten, besonders in Zeiten, in denen sich der Protest nicht auf andere Weise artikulieren konnte. Hätte er ein paar Jahre länger gelebt, wären ihm Verlauf und Richtung der Revolution wahrscheinlich weniger rätselhaft erschienen als den iranischen Linken, die in den vierziger und fünfziger Jahren aufgewachsen waren. Anders als Al-e Ahmad hatte er Fazlollah Nuri persönlich gekannt und erlebt, wie dieser den Verlauf der früheren Revolution beeinflußt hatte.

Isa Sadiq sah die Ursachen der Proteste von 1978 vor allem darin, daß die Nation sich nicht das Bildungssystem geschaffen habe, für das er eingetreten war. Er sagte, sie habe viele Menschen hervorgebracht, die das Statussymbol von Papieren haben wollten, um an Schreibtischen sitzen zu können, und viele andere, die es übelnahmen, daß sie keinen Titel hatten und nicht am Schreibtisch saßen. Was völlig fehle, sei die Schätzung manueller Arbeit. Auch habe das Bildungssystem nicht den „Mann *in* der Gesellschaft" hervorgebracht, jenes Leitbild John Deweys, dem Isa Sadiq fast ein halbes Jahrhundert lang treu geblieben war. Er war zwar selbst ein alter und treuer Diener der Pahlavi-Dynastie, doch beklagte er sich im persönlichen Gespräch über den Schah. Er sagte, der Schah wünsche zuviel Verwestlichung; dagegen wolle er, Isa, jenes nie zu Ende beschriebene, aber immer wieder gesichtete Wunschziel iranischer Intellektueller: eine wirklich iranische Modernisierung des Irans.

Isa Sadiq hatte großenteils recht, wenn er die Anfälligkeit der Gesellschaftsordnung unter dem Schah mit den Mängeln des Bildungssystems in Verbindung brachte. Vielleicht spürte er bei seiner Beschwörung von John Deweys Ideal das verwirrende Mißverhältnis zwischen dem Gemeinschaftsgeist iranischen Familienlebens und dem so unterschiedlichen, wenn auch teilweise übernommenen Ethos von persönlichem Besitz und von Treuebindungen an staatliche Körperschaften, das in dem weltlichen Erziehungswesen gefördert wurde. Vielleicht spürte er, daß die geistige Ordnung und Disziplin, die die weltliche Erziehung Hunderttausenden einzuimpfen suchte, noch weniger mit dem wirklichen Leben vieler Iraner zu tun hatte als die mehr selbstgesteuerte Ordnung und Disziplin, die man an der Medrese durch das Studium vorgeschriebener Texte lernte. Vielleicht spürte er, daß die Respektlosigkeit, die gleich unter der Oberfläche des ehrerbietigen Gehorsams lag, den die Schüler ihren Lehrern an den Staatsschulen entgegenbrachten, ihre Parallele hatte in der Geringschätzung, die bei vielen Iranern gleich unterhalb ihrer Ehrfurcht vor dem Schah lag.

Und doch – auch wenn Isa Sadiq die weltliche Erziehung im Iran als Stiefkind betrachtete, so konnte er doch für dieses Stiefkind zu Recht väterlichen Stolz empfinden. Millionen hatten lesen und schreiben gelernt, und Zehntausende hochqualifizierter Spezialisten waren ausgebildet worden; darüber hinaus hatte diese Erziehung eine Anzahl neuer Isa Sadiqs hervorgebracht. In seinem Buch *Ein Jahr in Amerika* hatte sich Isa Sadiq als großer Freund statistischer Zahlenangaben gezeigt, und er sah voraus, daß eine wachsende Zahl von Iranern die Zukunft ihres Landes unter dem Aspekt von Statistiken und Wahrscheinlichkeitsrechnungen erörtern würde. Solche Gesichtspunkte bildeten für sie die primäre Rechtsquelle, die immer wieder an die sich ändernden Vorstellungen über die Ergebnisse anzupassen war, welche die Gesetze zeitigten oder erwarten ließen. Für sie galt auch, was der Richter Oliver Wendell Holmes sagte: „Das Gesetz lebt nicht aus der Logik; es lebt aus der Erfahrung."

Die neuen Isa Sadiqs waren nicht unbedingt religionslos; jedenfalls sahen sie sich nicht so. Isa betete regelmäßig und trank nicht; wahrscheinlich wäre ihm Kasravis Religionslosigkeit innerlich unannehmbar gewesen. Aber Religion lag für ihn auf der persönlichen Ebene, ähnlich wie bei einem religiös eingestellten Zeitgenossen im Westen. Von den Zehntausenden von Isa Sadiqs sind einige so religiös wie Isa, andere weniger. Die große Mehrheit der Iraner liegt sicher irgendwo in der Mitte zwischen dem Glauben der Isa Sadiqs an ein aus der „Erfahrung" abgeleitetes Gesetz und dem Glauben der islamischen Rechtsgelehrten an ein Gestz auf der Grundlage der „gelehrtesten" Interpretation der göttlichen Absicht. Es ist klar, welche Gruppe zur Zeit die Oberhand hat; weniger klar ist, welcher Gruppe – wenn überhaupt einer von beiden – die Zukunft gehört.

Wenn Ali zu Hause in Ghom im *andaruni* des Elternhauses ist, scheint es ihm manchmal, als habe sich wenig verändert. Die Zypressen in den vier Beeten des *andaruni* starben in dem extrem kalten Winter von 1963 ab und wurden später durch vier blühende Granatapfel-Ziersträucher ersetzt, aber sonst sieht der Garten so aus wie immer. Alis Eltern sind beide nicht mehr am Leben, und er teilt sich mit seinem Bruder in das Haus. Seine Bibliothek nimmt seine Hälfte des *andaruni* ein, so daß für ihn und seine Frau noch zwei Räume verbleiben, die sie als Schlaf- und Wohnzimmer nutzen. Gelegentlich legt Ali immer noch im Garten mit Hand an, und wenn er sich über einen Sämling neben einem Busch im *andaruni* beugt, hat er manchmal das Gefühl, daß die Ruhe und Abgeschiedenheit, die er als Kind unter diesem Busch so liebte, nach fünfunddreißig Jahren immer noch an dieser Stelle unangetastet ist.

Manchmal erscheint auch die äußere Welt unverändert; doch meistens ist sich Ali bewußt, wie sehr sie sich verändert hat, wie schmerzlich er sich über die Richtung dieses Wandels im ungewissen ist und wie erleichtert er sich fühlt, wenn er in die Welt seiner Bücher heimkehrt. Von allen Teilen Ghoms hat sich der Basar äußerlich am wenigsten verändert. Wenn er durch die Gasse der Gewürzhändler geht und einige der alten Männer ihm hinter ihren offenen Säcken mit Gelbwurz und Koriander zunicken, erwartet er manchmal fast, daß seine Mutter um die Ecke kommt und ihn in eines dieser Geschäfte führt, wie sie es vor Jahren tat. Und zweimal im Jahr kommt Hamid, um die Bäume zu beschneiden; er fährt jetzt mit dem Motorrad, aber die Handsäge hat er immer noch.

An den meisten Plätzen bemerkt er jedoch die Veränderungen. Dorfbewohner ziehen weiterhin nach Ghom, so wie sie in jede Stadt im Iran ziehen, unbekümmert um die Revolution und das Verschwinden der Filme mit Brigitte Bardot, und auf den offenen Feldern, über die er einst zu den Schreinen in der Nachbarschaft ging, stehen jetzt viele kleine Häuser. Zu den Einwohnern von Ghom zählen jetzt auch viele Flüchtlinge aus Khusistan, der von den Irakern zum Teil besetzten Südwestprovinz, und aus Afghanistan, dem Nachbarland des Irans, wo der Bürgerkrieg gegen das von den Sowjets gestützte Regime die schiitische Provinz im Landesinnern besonders hart mitgenommen hat. Anstelle der früheren fünftausend *talabes* gibt es jetzt in Ghom weit über zehntausend, manche sagen fünfzehntausend. Die Ausbildung als Mullah hat, wie man auf persisch sagt, ,viel Glanz bekommen'.

Der Unterricht ist nahezu unverändert, und trotz des starken Zuwachses an Studenten gibt es noch immer genauso wenig wirklich fähige und ernsthafte Schüler. Sein alter Lehrer der elementaren Logik ist noch da; vor dreißig Jahren sah er aus wie ein knapp Fünfzigjähriger, und jetzt sieht er mit siebzig noch fast genauso aus. Auch Maraschi, jetzt etwa achtzig Jahre alt, ist ziemlich der gleiche geblieben – großzügig, immer begierig, etwas über neue Bücher zu hören (obwohl er fast nichts mehr sieht), und ein Freund von Neckereien. Wenn ihn alte Schüler besuchen, sagt er ihnen auf seine Weise, was er von Mullahs hält, die sich mit Regierungsgeschäften im großen Stil befassen: „Sind Sie auch in die Angelegenheiten von Mord und Raub verwickelt, oder haben Sie sich dafür entschieden, Seelen in die Irre zu führen und die Gebete anderer Leute durch Ihre Gegenwart null und nichtig zu machen?"

Ali nimmt die Veränderungen am meisten wahr, wenn er an den Iran außerhalb von Ghom denkt. Davudi ist tot, Parviz ist vielleicht tot; Parviz' Vetter, der Theologie studierte, ist jetzt ein berüchtigter „Henker"-Richter, und Alis Studienpartner aus Yazd ist tot. Der Tod von Davudi, seinem Universitätslehrer über Aristoteles, ist nicht ganz sicher; als führender Bahá'í war er unter den ersten, die nach der Revolution verhaftet wurden. Aber man kann sich schwer vorstellen, daß er fünf Jahre später noch am Leben ist, daß er sich unter den mehr als siebenhundert Bahá'í in Gefängnissen befindet und nicht hingerichtet wurde wie die fast zweihundert Bahá'í, deren Hinrichtung bestätigt worden ist. Ende 1984 gab es eine neue Welle der Verhaftungen von Bahá'í, und es wurden wieder vierzehn hingerichtet, die bereits inhaftiert waren. Als Bedingung für ihre Freilassung sollen die gefangenen Bahá'í jetzt folgende Erklärung unterschreiben: „Ich, der (die) Unterzeichnete, verpflichte mich, kein Buch, Pamphlet, Dokument, Symbol oder Bild dieser mißgeleiteten zionistischen Spionagegruppe der Bahá'í in meinem Besitz zu haben. Sollte man bei mir irgendeinen der genannten Artikel finden, der zu dieser verhaßten Untergrundbewegung gehört, dann habe ich mich damit als jemand ausgewiesen, der ‚Krieg gegen Gott führt' [ein Kapitalverbrechen], und der Staatsanwalt kann dann so gegen mich entscheiden, wie es ihm richtig scheint." Bisher hat sich keiner der gefangenen Bahá'í bereitgefunden, dieses seltsame Dokument zu unterschreiben und sich damit einen dürftigen Schutz einzuhandeln. Ali hat sich nie besonders für die Bahá'í eingesetzt; aber die Blutrache einiger Mullahs an ihnen, die dazu geführt hat, daß sie die Schulen verlassen müssen, ihre Stellen verlieren und manchmal sogar um Hab und Gut gebracht werden, hält Ali für eine Verletzung der Ehre seiner Landsleute.

Das Ehrgefühl und ein Abscheu vor roher Gewalt sind es auch, die Ali und einige gleichgesinnte Mullahs von jenen anderen Mullahs Abstand nehmen lassen, die sich von den *giveh*-Schuhen bis zu ihrem Turban mit der Politik und mit den Angelegenheiten anderer Menschen befassen. Immer wieder sagt Ali zu befreundeten Mullahs, die mit ihm die von Mullahs eingeleiteten Säuberungen und Morde verabscheuen: „Ich weiß noch bestimmt, daß sie es vor ein paar Jahren peinlich vermieden haben, auf eine Ameise zu treten." Möglicherweise vermeidet es Parviz' Vetter immer noch, auf eine Ameise zu treten; aber er hat sich in einen richtenden Rächer verwandelt, der mit Leidenschaft Auspeitschungen und Hinrichtungen anordnet. Er hat mit seiner Stimme die Wiedereinführung des islamischen Strafrechts durch das Parlament unterstützt, und er hat es öffentlich begrüßt, daß Schariat Madari (angeblich wegen Verrats) seines Amtes als „Vorbild" offiziell „enthoben" wurde, weil er gesagt hatte, daß die drastischen Strafmaßnahmen des Strafrechts – etwa das Abschlagen der Hände – erst angewendet werden könnten, wenn eine vollkommene Gesellschaft aufgebaut sei und man wirklich davon ausgehen könne, daß keine anderen Versuchungen als die inneren Einflüsterungen des Satans den Missetäter fehlgeleitet hätten.

Das ungewisse Schicksal von Parviz hat in Alis Leben einen großen Leerraum hinterlassen, einen tiefen Brunnen, in den er hinabreichen kann, ohne auf den Grund zu stoßen. Während der Revolution war Parviz als einer der Führer der bewaffneten islamischen Gruppen von Radikalen sehr stark hervorgetreten, die sich in den letzten kritischen

Monaten Gefechte mit der Polizei und der Armee geliefert hatten. Nach Khomeinis Rückkehr war Parviz überall gewesen, hatte in der Öffentlichkeit gesprochen und versucht, in allen Teilen des Irans Gruppen zu organisieren. Dann hatte die Regierung 1981 beschlossen, das öffentliche Auftreten der Modschahedin und anderer linker Gruppen zu unterbinden, und diese Gruppen hatten der Regierung in dem Glauben, daß keine Hoffnung auf eine verfassungsmäßige Opposition mehr bestand, den Krieg erklärt. Während der dann einsetzenden Ausschreitungen war Alis Studienpartner aus Yazd in seiner Moschee durch eine Bombe getötet worden. Parviz war einfach verschwunden, wie die älteren Störche von Ghom (von denen man sagte, sie gingen auf die Pilgerreise nach Mekka, um in der Nähe der Heiligen Stadt im Sand zu sterben). Er war nicht im Exil; es war auch nicht bekannt, daß er im Untergrund war oder daß er zu den über sechstausend Modschahedin gehörte, die nach Berichten bei Massenerschießungen getötet oder im Gefängnis hingerichtet wurden. Alis Gebet für ihn ist, daß er, wenn er noch am Leben ist, Bleistift und Papier und dazu eine Ausgabe der *Predigten* des Imam Ali bei sich haben möge, die er so liebte. So Gott wolle, brauche er als Mathematiker vielleicht sonst nichts.

Ali sieht sein Leben als einen langen Anstieg aus der Welt der reinen Schulgelehrsamkeit in die Welt, wo sich Gelehrsamkeit und Politik vermischen, und dann als langsamen Abstieg von dem Höhepunkt – den er mit seiner Gefängnishaft erreicht hatte – zurück zur reinen Gelehrsamkeit. Alis Gefährten betrachten es als Ironie, daß Ali, der einst von leidenschaftlichem Mitgefühl für seine algerischen Brüder ergriffen war, der Flamme der Revolution unbeirrt widerstanden hat; Ali wiederum betrachtet es als Ironie, daß die lange erwartete iranische Revolution stattgefunden hat und – in gewissem Sinn – nichts passiert ist. Er ist jetzt ein herausragender Gelehrter; er ist Rechtsgelehrter und hat so viele und so gute Bücher über das islamische Recht geschrieben, daß jeder ihn einen Ayatollah nennt. Aber Ali weiß, daß seine Arbeit vor allem darin bestanden hat, die vorhandene Tradition zu klären und neu zu sichten; er hat Meinungsäußerungen zum Gesetz vermieden, denn er wartet auf jemanden, der eine Erneuerung bringt. Er wartet auf einen neuen Ansari, der tief in die schiitische Rechtstradition hinabreicht und neue Punkte aufzeigt, an denen Listen von möglichen Gegensätzen erstellt und die Anpassungsfähigkeit und Menschlichkeit des Rechts dargelegt werden können. Sonst könne die Revolution – so sagt er – eine ebenso gespaltene schiitische Gemeinschaft hinterlassen wie die Konstitutionelle Revolution, oder sie könne sogar eine neue Welle schiitischer Opposition gegen die Rechtsgelehrten hervorrufen, wie es in der späteren Safawidenzeit geschehen war.

Für Ali kommt es ganz entscheidend darauf an, daß die geistige Tradition, die er sich mit soviel Mühe angeeignet hat, in dem Sturm nicht über Bord geht. Und weil er stolz ist auf seine Abstammung, hofft er, daß der Erneuerer, der diese Tradition sichern kann, ein Seyyid sein wird. Dann wird sich, so glaubt er, der berühmte Ausspruch des Propheten erfüllen: „Das Bild der Leute meiner Familie ist das Bild der Arche Noah; wer sie betritt, ist gerettet, und wer sie zu betreten scheut, wird untergehen und ertrinken." So Gott will, sagt er, wird die Arche erscheinen, bevor das Wasser noch viel höher steigt.

Quellenhinweise

Im folgenden sind die Quellen für Texteinzelheiten einschließlich direkter Zitate aufgeführt, soweit sie nach meiner Einschätzung nicht zu einem Allgemeinwissen in mittelöstlicher Geschichte gehören. Die Quellen werden im großen und ganzen in der Reihenfolge aufgelistet, in der sie im Text erscheinen. Nach Möglichkeit habe ich bereits vorhandene Übersetzungen herangezogen, die ich jedoch in vielen Fällen leicht überarbeitet habe, um sie meinem Verständnis des Originaltextes anzupassen. Erscheinungsdaten werden nach christlicher oder islamischer Zeitrechnung genannt, je nach Vorgabe des Textes.

Im ersten Kapitel habe ich die Ansprache des volkstümlichen Predigers, der die Regierung kritisiert, dem Buch von Ervand Abrahamian: *Iran Between Two Revolutions* (Princeton 1982) entnommen, der vollständigsten und gelehrtesten Darstellung der iranischen Geschichte von der Jahrhundertwende bis 1978, die zur Zeit verfügbar ist.

Aus Abrahamian stammen auch die meisten der Informationen über die Revolution von 1906 im zweiten Kapitel einschließlich der Beschreibung der Britischen Botschaft. Eine gute Zusammenfassung über die Proteste der Intellektuellen gegen die Kadscharen, einschließlich der Aktivitäten von Mostaschar od-Doule, gibt Hafez Farman Farmayan in dem Aufsatz „The Forces of Modernization in Nineteenth Century Iran: A Historical Survey", in: *Beginnings of Modernization in the Middle East: the Nineteenth Century* (Chicago 1968).

Die wichtigsten Quellen für das Leben Isa Sadiqs sind seine Bücher *Yādgār-e ͑omr* (Teheran 1338), *Yaksāl dar Amrīkā* (Teheran o. J.) und *Modern Persia and Her Education System* (New York 1931).

Die Entwicklung der Techniken dialektischer Diskussion, einschließlich des Zitats von Hugo Sanctallensis, findet sich in der meisterhaften Darstellung von Josef van Ess: „Disputationspraxis in der islamischen Theologie. Eine vorläufige Skizze", in: *Revue des études islamiques*, 44 (1976). Avicennas Autobiographie und ihre Fortsetzung durch seinen Schüler wurde von A. J. Arberry in *Avicenna on Theology* (London 1951) und neuerdings von W. E. Gohlman in *The Life of Avicenna* (Albany 1974) ins Englische übersetzt. Weitere Anekdoten über seine ärztliche Tätigkeit stammen aus Nizami Aruzis *Čahār maqāle*, die E. G. Browne ins Englische übersetzte (London 1921). Eine brauchbare Zusammenfassung von Avicennas Gottesbeweis gibt Herbert A. Davidson in *Islamic Philosophical Theology*, hrsg. von Parviz Morewedge (Albany 1979). Seyyid Nematollah Dschazayeri gibt seine Autobiographie am Ende seines *al-Anwār an-Nu ͑māniya* (Teheran 1280). Die Biographie Ahmad Kasravis wurde vor allem seinem Buch *Zendegani-ye man* (Teheran 1323) entnommen; zusätzliche Literaturangaben stammen aus einer Dissertation über Kasravi von William Stalley (Princeton University).

Mosaddeghs Lebensskizze im vierten Kapitel beruht zum größten Teil auf einer mündlichen Autobiographie aus *Mosaddegh va masāʿel-e hoqūq,* hrsg. von Iradsch Afschar (Teheran 1358). Die Zitate in diesem Kapitel stammen aus seinen Werken *Kapitulasiun va Iran* (Teheran 1332) und *Le testament en droit musulman (secte chyite)* (Paris 1914). Für die Geschichte der Nachkriegszeit wurden in diesem Kapitel vor allem folgende Werke herangezogen: Barry Rubin: *Paved with Good Intentions* (New York 1980); L. P. Elwell-Sutton: *Persian Oil* (London 1955) und das anonym erschienene *Mosaddeq va Nehzat-e melli-ye Irān* (Teheran 1357), in dem auch seine Rede gegen einen von Reza Schah unterstützten Gesetzentwurf enthalten ist.

Die Quellen für die Biographie Sohravardis sind verschiedenen Aufsätzen und Übersetzungen seines wichtigsten europäischen Interpreten, Henry Corbin, entnommen. Die Parallelgedichte Avicennas und Sohravardis finden sich in Ibn Khallikans *Wafayāt*; Sohravardis Traumgesicht von Aristoteles ist wiedergegeben in seinen *Opera metaphysica,* hrsg. von H. Corbin (Istanbul 1945), S. 70 ff. Eine eingehende Erörterung der Parallelen zwischen Dante und der islamischen Mystik gibt Asín Palacios: *Islam and the Divine Comedy* (London 1926); die Argumente dieses Buches für den islamischen Einfluß gelten als unbewiesen. Näheres über Matthew Arnolds Verhältnis zur persischen Literatur enthalten die im Text erwähnten Aufsätze, ferner *The Poems of Matthew Arnold,* hrsg. von Kenneth Allott (London 1965), und seine *English Literature and Irish Politics* (Ann Arbor 1973), bes. S. 46. E. G. Brownes vierbändige *A History of Persian Literature* ist auch nach einem halben Jahrhundert noch die beste englische Einführung in die Kulturgeschichte des Irans. Band 2 dieses Werkes enthält eine interessante Zusammenstellung von Äußerungen späterer iranischer Autoren über Omar Chaijam; Band 4 gibt die übliche Darstellung über den Aufstieg der Safawiden in Anlehnung an die Chroniken der späteren Safawidenzeit, obwohl die hervorragende Forschungstätigkeit von Jean Aubin die Grenzen dieser Standard-Darstellung aufgezeigt hat. Eine sehr gute Folge von Aufsätzen über das Passionsspiel bringt Peter J. Chelkowski: *Ta'ziyeh* (New York 1979). Alessandro Bausanis meisterlicher Versuch einer Interpretation der gesamten religiösen Erfahrung des Irans in *Persia Religiosa* (Rom 1959) hat viele meiner Ausführungen in diesem und anderen Kapiteln beeinflußt.

Die im sechsten Kapitel zitierte Rede Khomeinis ist der hier wiederholt verwendeten Sammlung seiner Schriften, *Islam and Revolution,* hrsg. von Hamid Algar (Berkeley 1981), entnommen. Die Autobiographie Ghazzalis und einige seiner allgemeinen Aussagen über das Recht finden sich bei W. Montgomery Watt: *The Faith and Practices of al-Ghazali* (London 1953). Viele Angaben über führende Mullahs aus dem neunzehnten Jahrhundert stammen aus Tonkaboni: *Qisas al-ʿulema* (Teheran o.J.); einen Vergleich dieser Angaben mit anderen Primärquellen unternimmt Hamid Algar: *Religion and State in Iran, 1785–1906* (Berkeley und Los Angeles 1969). Eine gut recherchierte Darstellung führender Mullahs aus dem ausgehenden neunzehnten und frühen zwanzigsten Jahrhundert gibt Abdul-Hadi Hairi: *Shi'ism and Constitutionalism in Iran* (Leiden 1977). Persische Biographien liegen auch über Behbahani, Ansari, Khorasani und Borudscherdi vor – die letztgenannte, verfaßt von 'Alavi-Tabataba'i, enthält das im Text besprochene Foto. Das unschätzbare Werk von Yahya Doulatabadi: *Hayāt-e Yahya* (Teheran 1336) beschreibt die Spaltung des Zirkels von Ansari nach dessen Tod (Bd. I, S. 25 f.). Der Brief von Dschamal ad-Din an Schirazi wird nach E. G. Browne: *The Persian Revolution* (Cambridge 1910) zitiert. Viel wertvolles Material über diese Zeit stammt auch aus dem Artikel von S. A. Arjomand: „The 'Ulama's Traditionalist Opposition to Parliamentarianism: 1907–1909", in: *Middle Eastern Studies 17* (1981). Zwei Quellenwerke für die Religionsgeschichte des Irans im zwanzigsten Jahrhundert sind Amin Banani: *The Modernization of Iran, 1921–1941* (Stanford 1961) und Shahrough Akhavi: *Religion and Politics in Contemporary Iran* (Albany 1980); das zuletzt genannte Buch war meine wichtigste Quelle für die Behandlung der Bahā'ī im Jahr 1955. Das Zitat über Ha'eris unpolitischen Stil stammt aus Muhammad Mahdi al-Kazimi: *Aḥsan al-Waḍīʿa* (Nedschef 1928). Meine Informationsquelle über Khomeinis Widerstand gegen Gemeinderatswahlen (und für viele andere Einzelheiten über den Iran nach der Revolution von 1979) ist das hervorragende Buch von Shaul Bakhash: *The Reign of the Ayatollahs* (New York 1984). Ich habe in dem Aufsatz „Iran's Foreign Devils", in: *Foreign Policy*, 1980, die Bedeutung der Frage nach der diplomatischen Immunität im Zusammenhang mit Khomeinis Aufstieg kurz erörtert.

Das Material für die im achten Kapitel vorgelegte Biographie Al-e Ahmads ist seinem Buch *Yek čāh va do čaleh* (Teheran 1343) sowie der sehr guten Edinburgher Dissertation von Robert Wells: *Jalal Al-e Ahmad, Writer and Political Activist* (1982) entnommen. Weiteres autobiographisches Material, darunter seine Ablehnung von Nedschef und seine Eindrücke von Harvard, kommt aus Al-e Ahmads Buch *Kārname-ye seh-sāle* (Teheran 1357). Die Zitate aus der *Euromania* benutzen die Übersetzung ins Englische von John Green und Ahmad Alizadeh (Lexington 1982). „Der Schuldirektor" liegt in einer vollständigen englischen Übersetzung von J. K. Newton (Minneapolis 1974) vor. Eine von Michael C. Hillman in *Iranian Society* (Lexington 1982) herausgegebene Anthologie aus Al-e Ahmads Werken enthält eine vollständige englische Übersetzung von „Ziyārat" (Die Pilgerfahrt) und einen kurzen

Auszug aus seinem aufschlußreichen Rückblick auf seine Pilgerreise, *Khas-i dar mīqāt* (Teheran 1966). Die statistischen Angaben über das Bildungswesen stellte David Menashri aus seinem demnächst erscheinenden Buch *The Role of Higher Education in the Development of Modern Iran* großzügig zur Verfügung. Fast alle statistischen Angaben über die Landflucht – Kapitel 9 – kommen aus dem Buch von Farhad Kazemi: *Poverty and Revolution in Iran* (New York 1980). Alle Unterlagen für Augustins Einfluß auf Ernest Renan finden sich zusammen mit dem Originaltext von Renans „Gebet" in Pierre Courcelle: *Les Confessions* (Paris 1963), S. 519. Für die Erörterung der islamischen Sicht des Satans bin ich dem hervorragenden Werk von Peter Awn: *Satan's Tragedy and Redemption* (Leiden 1983) verpflichtet.

Danksagung

Dieses Buch hätte nicht geschrieben werden können ohne die großzügige Mithilfe von Gelehrten, die nach dem herkömmlichen Lehrplan an den Medresen von Ghom und Nedschef studiert haben: Seyyid Mohammed Husain Dschalali, Seyyid Reza Borqe'i, Scheich Reza Ostadi, Ayatollah Madschdoddin Mahallati, Dr. Abbas Zaryab – und vor allem Dr. Hossein Modarressi, dessen unendliche intellektuelle Großzügigkeit wirklich ein „Wunder Gottes" für alle ist, die wie ich an seinem umfassenden Wissen teilhaben durften.

Ein Buch wie das vorliegende ist naturgemäß auf die persönlichen Erinnerungen vieler Iraner an ihre Schulbildung, häusliche Erziehung und Freunde angewiesen. Einige dieser Iraner wünschen nicht genannt zu werden; ich darf aber hier meinen Dank aussprechen an Dr. Ali Banuazizi, der mir etwas von seinem unveröffentlichten Material über *hey'ats* zur Verfügung stellte, sowie an Dr. Haleh Esfandiari für seine geduldige, umsichtige Hilfe. Auch fühle ich mich einer Reihe von Personen zu Dank verbunden, die sich die Zeit nahmen, um mir Informationen über einige der Persönlichkeiten zu geben, die in diesem Buch vorkommen: Ali Matin-Daftari, dem Enkel von Dr. Mohammed Mosaddegh; Dr. Ehsan Yar-Shater und Dr. Madschid Tehranian, die mit Dschalal Al-e Ahmad befreundet waren; schließlich Dr. Anushirvan Sadiq, der mir durch Dr. Shaul Bakhash Material über seinen Vater Dr. Isa Sadiq zukommen ließ.

Einige Gelehrte hatten die große Freundlichkeit, das gesamte Manuskript dieses Buches zu lesen und mit Anmerkungen zu versehen: die hochbegabten Brüder Dr. Abbas und Mehrdad Amanat, ferner Dr. Said Arjomand, Dr. Abdallah Hammoudi und die beiden in den „Medresen" von Princeton so bewunderten „Vorbilder", Dr. Peter Brown und Charles Issawi. Dr. Jeanette Wakin hat das Manuskript ebenfalls ganz gelesen und gründlich kommentiert, wobei sie aus dem Geist selbstloser Freundlichkeit, der für ihre vielen Freunde eine Erleuchtung ist, auf Stil und Dichte der Darstellung geachtet hat. Auch Dr. Ahmad Aschraf hat das ganze Manuskript gelesen; ohne sein lebenslanges professionelles Studium iranischer Sozialstatistiken und ohne seine umfassende Kenntnis der inneren Geschichte iranischer radikaler Gruppen in den sechziger und siebziger Jahren wäre dem Buch viel verlorengegangen. Dr. Andras Hamori hat die früheren Entwürfe und auch den abschließenden Entwurf des Manuskripts mit der Geduld, der Hilfestellung und der Intelligenz gegengelesen, die ihn zu einem wahren Freund machen. Zwei weitere Gelehrte, Dr. Shaul Bakhash und Dr. John Gurney, haben ebenfalls die ersten Entwürfe und den abschließenden Entwurf bei jedem Schritt begleitet – eine größere Aufgabe als die sieben Heldentaten Rostams und Esfandiars zusammengenommen: In jedem Stadium hat ihre hervorragend genaue, verständnisvolle Kenntnis der iranischen Geschichte das von mir Verfaßte sehr bereichert.

Drei Philosophen haben das Manuskript ganz oder teilweise gegengelesen und ihm ihre wertvolle Kritik angedeihen lassen: Dr. Calvin Normore, Dr. Amelie Rorty und Dr. Eric Ormsby.

Auch den folgenden schulde ich Dank für Ermutigung und Rat: Dr. David Menashri, Dr. Ervand Abrahamian, Dr. Albert Hourani, Dr. Frank Stewart, Dr. Farhad Kazemi, Dr. Jerome Clinton, Dr. Eric Hoaglund, Dr. Roger Owen, Dr. David Burrell, Dr. John Gager, Dr. Robin Derricourt, Robert Peter Fichter, E. A. Bayne, John Cooper, Barbara Ajami, Luis Sanjurjo, John Herman und andere.

Meine erste und letzte Anlaufstelle in allem, was dieses Buch betraf, war meine Frau. Ein persisches Sprichwort sagt: Wenn Frau und Mann beide zufrieden sind, dann zum Henker mit dem Richter! Ein Ehemann mit einem so „befriedigenden" Feedback darf sich glücklich schätzen.

Register

Abadan 328
Abdol-Azim, Schah
– Schrein des 33, 47
Abrahamian, Ervand 343
Acheson, Dean 114
Adam 135, 148
Afghanen
– stürzen des Safawidenreich 180f.
Afghanistan 189
– Flüchtlinge aus 339
a fortiori, Schlußfolgerung 72, 81, 91
Afschar, Iradsch 344
Agha Mohammed Khan 183
Agnew, Spiro 287
Ägypten 47, 114, 115, 118, 146
– und der algerische Krieg 102
– antike Bildungstradition 70
– Saladin und Ä. 133
Ahmadabad (Iran) 111f.
Ahriman 140, 147, 231
Ahura-Mazda 147
Akhavi, Shahrough 345
'Alavi-Tabataba'i 345
al-Azhar-Universität (Kairo) 208
al-Dschubba'i 321
Al-e Ahmad, Dschalal 253–278, 337, 345
– und die Arbeiterpartei 258
– sein Bildungsgang 254f.
– seine erzählende Dichtung 256ff., 261f., 270, 281, 283f.
– Diskussionszirkel in Teheran 281
– über das Leben im iranischen Dorf 259f., 263f., 271ff., 304f.
– und die „Dritte Kraft" 258f.
– sein Einfluß 253, 284–295
– über den „Einfluß des Wortes" 330
– über weltliche Erziehung 277f., 279
– *Euromanie* und zugehörige Arbeiten 261ff., 266, 270ff., 277f., 283f., 290, 310, 345
– seine Familie 253f., 260, 266
– „Flucht" aus Nedschef 254, 264
– über die Grundschulerziehung 261f.
– als Grundschullehrer 255, 259, 261
– islamische Guerillas der 1970er Jahre und A. 289f.
– und die Iranische Kommunistische Partei 255f., 266, 281
– und der Islam 253f., 264ff., 277, 290, 294f.
– und Khomeini 266f., 294f.
– und Maleki 255f., 258, 259, 269, 284, 286
– und der Marxismus 255f., 262f., 264, 266, 269, 270f., 281
– und Medrese-Bildung 254, 266
– über den Kult der Monarchie 273ff.
– und Mosaddegh 258, 259, 265
– über Orientalisten 277
– und die persische Sprache 256f., 263, 267
– seine Pilgerreise nach Mekka 267f.
– seine russischen Vorläufer 269f.
– die SAVAK und A. 282
– Schariati und A. 290f.
– Taleqani und A. 285ff.
– sein Tod 284
– in den Vereinigten Staaten 280ff.
– über „erzwungenen Handel" mit dem Westen 273
– westliche Autoren und A. 269f., 276f., 281, 282
Aleppo (Syrien) 133
Alexander der Große 45, 76, 274, 275f.
Alexandria 70
Algar, Hamid 344, 345
Algerien 108, 118, 169, 243, 282
Algerischer Krieg 101ff., 225, 251, 341
Ali, Imam (Ali ibn Abi Talib) 18f., 36, 82, 103, 119, 143, 165, 219
– Dante und A. 137
– seine *Predigten* 245ff., 251, 252, 285, 341
– die Safawiden und A. 151
Alizadeh, Ahmad 345
al-Kazimi, Muhammad Mahdi 345
Allott, Kenneth 344

Almagest (Ptolemäus) 74
Altes Testament 138
s. auch Daniel, Esra, Jesaja, Hoheslied
Amerikanische Universität (Beirut) 254
Analogieschluß und Vernunft 178ff.
andaruni und biruni 24ff., 35
Ansari, Scheich Mortaza 186ff., 193, 197, 213ff., 341, 345
Aquin
s. Thomas von Aquin
Araber 275f.
– und die Ursprünge des schiitischen Islam 18f.
Arabische Sprache 27f., 48, 89f., 93, 94f., 139, 146, 171ff., 219f., 336
– Übertragung von Werken des Altertums ins Arabische 71
Arak (Iran) 201
Arbeiterpartei 258
Arberry, A.J. 343
Aristoteles, aristotelische Philosophie 48, 58, 71, 178, 344
– Alexander der Große und A. 76
– Avicenna und A. 73, 74, 77f., 134
– in islamischer Sicht 315f., 318
– Sohravardi und A. 134ff.
– Übersetzungen ins Arabische 71
Arjomand, S. A. 345
Arnold, Matthew 141, 149f., 157 344
Artikulationspunkt der arabischen Buchstaben, Der (Avicenna) 95
Aschura 154ff., 167ff.
s. Passionsspiele
Aserbeidschan (iranische Provinz) 67, 69, 83, 88, 190, 327
– schiitische Tradition in A. 100, 151f. (s. auch Safawiden)
– sowjetische Truppen in A. nach dem Zweiten Weltkrieg 255
Askese
s. Mystik
Atala (Chateaubriand) 49
Atatürk
s. Kemal Atatürk
Attâr 144f., 148, 149
Attlee, Clement 115
Aubin, Jean 344
Auferstehungspartei 13
Augustinus 140, 176, 336, 346
Averroes 8

Avicenna 73–80, 81, 87, 89, 94, 96, 98, 130f., 137, 209, 284, 343, 344
– und die arabische Sprache 95
– und die aristotelische Philosophie 73, 74, 77f., 134
– Dante und A. 137
– seine Erziehung 73f.
– seine Geburt 73
– sein Leben 73–77
– seine Lehre und sein Werk 73, 77ff.
– und die persische Sprache 139f., 149
– Sohravardi und A. 134ff.
Ayatollahs 7, 53f., 345
– Gebrauch des Titels 205f., 212, 213, 299f.
s. auch Mullahs
s. Einzelpersonen
Azorpat 143

Bacon, Roger 77
Badehäuser 27, 38
Bagdad
– Ghazzali in B. 175f.
– die Medrese in B. 81, 175
Bagdad-Pakt 211, 212
„Bagher Vahid" 296–303
Bahá'í-Religion 210ff., 215, 315f., 345
– Begründung der B. 91, 210
– Kasravis Angriff auf die B. 93
– Khomeinis Herrschaft und die B. 339f.
– Schulen der B. 61, 201f.
Bahram (iranischer König) 143
Bahrani, Scheich Dscha'far 86
Bakhasch, Shaul 345
Banani, Amin 345
Bardot, Brigitte 304f.
Basar
– B. von Ghom 12f., 29ff., 326, 339
– B. von Kerman 316f.
– *hey'ats* im B. 304, 306f.
– soziale Rolle 31f., 303f.
s. auch Kaufleute
Basra 85, 321
Bastonade
s. Iranische Rechtsordnung
Bausani, Alessandro 344
Bazargan, Mehdi 285, 290
BBC, persisches Programm 327
Beduinenführer 173
Behbahani, Ayatollah Mohammed 117, 211, 212, 216, 271, 345

Behbahani, Vahid 181ff., 186, 187,
   188, 218
Beirut
 – Gesetzesschulen 70
 – Amerikanische Universität 254
Bekenntnisse (Augustin) 336
Belgien 110
 – Verfassung 195
Benchley, Robert 96
Bibel 138, 336
  s. auch einzelne Bücher
Bildungswesen
  s. Elementarerziehung
  s. Höhere Schulen
  s. Islamische Bildung
  s. Medresen
  s. Polytechnikum
  s. Universitäten
  s. Weltliche Erziehung
biruni und *andaruni* 24ff., 35
Bistami (Sufi) 136
Bodenreform (1963) 216, 271f.
Boluk-e Zahra (Iran) 260
Bombay 192
Borqe'i, Ayatollah 209f.
Borudscherd (Iran) 203
Borudscherdi, Ayatollah 118, 166,
   202ff., 209, 212, 213, 267, 327, 345
 – und Bahá'í 210ff.
 – Khomeini und B. 166, 214, 215,
   217
 – Mohammed Reza Schah und B.
   203f., 209f., 213
 – und Mosaddegh 210
 – seine Nachfolge 213, 215, 217
 – sein Tod 212, 213
Bridges, Robert 50
Britische Botschaft (Teheran) 48, 104
Britisches Konsulat (Täbris) 90
Browne, E. G. 50, 343, 344, 345
Buch der Könige, Das (Ferdousi)
   140f., 144, 152, 154, 231f., 242,
   273, 274, 275
Büßer (New Mexico) 155f.
Butler, Nicholas Murray 56
Byrd, Admiral Richard E. 56

Café Firuz (Teheran) 281
Cambridge, Universität 50
Camus, Albert 267, 282
Carter, Jimmy 326
Céline, Louis-Ferdinand 261

Chateaubriand, François René 49
Chelkowski, Peter J. 344
China 188, 229, 287
Chopin, Frederic 200
Chorasan (iranische Provinz) 104
Christentum 19, 70, 79, 146, 147, 229,
   297f., 322f.
 – die englische Arbeiterklasse im
   19. Jhd. und das C. 310f.
 – im Iran 61, 215
 – Manichäer und C. 141, 142
 – christliche Mystik 129
 – Passionsspiele im C. 155f., 157
 – polytheistische Tendenzen im C.
   177
 – Ernest Renan und das C. 92, 335f.
 – C. und rhetorische Analyse 72
 – Russisch-Orthodoxes C. 269f.
 – Satan im C. 138, 147
Chruschtschow, Nikita 101
Churchill, Winston S. 113
CIA (Central Intelligence Agency)
   270, 281
Coles, Robert 282
Columbia Universität (New York) 55,
   56, 58
 – International House 55, 57, 279
 – Lehrerkolleg 55ff.
Corbin, Henry 344
Courcelle, Pierre 346

Daniel, Buch 92
Dante Alighieri 137f., 344
Dareios I. (altiranischer König) 275,
   287, 288
Dareios III. (altiranischer König) 276
Darwin, Charles 50
Davar (Minister) 253
Davidson, Herbert A. 343
Demawend (Berg) 242
Deutschland 112, 117, 318
Dewey, John 57, 337
dhikr (Zeremonie) 131
Dialektischer Materialismus 225, 249
Diskussionszirkel
  s. doures
Dodge Motor Company 290
Dostojewski, Fjodor 270
Doulatabadi, Yahya 345
doures (Diskussionszirkel) 238f., 271,
   281, 296, 306, 315
Dritte Kraft 258f.

351

Dschafarabad (Iran) 296
- Umsiedler nach Teheran aus D. 299ff.
Dschamal ad-Din (aus Isfahan) 49, 162
Dschamal ad-Din („der Afghane") 162ff., 191f., 195, 295, 345
Dschamschid (altiranischer König) 276
Dschuzadschani (Philosoph) 79

Eden, Sir Anthony 115
Ehe auf Zeit
s. talabes
„Eiferer für den Islam" 94, 117, 286, 334
Eisenhower, Dwight D. 101
Elementarerziehung 208f., 278
- Al-e Ahmad über E. 261f.
- „Ali Haschemis" E. in Ghom 30, 35–42
- Isa Sadiq und E. 50, 51
- *maktab* (Koranschule) 61, 80, 88, 94, 209, 334f.
Ellison, Ralph 282
Elwell-Sutton, L. P. 344
Empedokles 134
Engel 139, 147f.
Engels, Friedrich 310
England
s. Großbritannien
Englische Sprache 140
'erfān 120, 123, 124, 125, 127f., 158, 159, 161f., 163, 164, 174, 228, 297
- Khomeini und 'e. 162ff., 166, 214, 326
Erleuchtung
s. Mystik
Erster Weltkrieg 109
Erziehung
s. Elementarerziehung
s. Höhere Schulen
s. Islamische Bildung
s. Polytechnikum
s. Universitäten
s. Weltliche Erziehung
Esra, Buch 274
Ess, Joseph van 343
Euklid 74, 321
Euromanie (Al-e Ahmad) 261ff., 266, 270, 271, 272, 273, 274f., 276, 277f., 283f., 290, 310f., 345
Ewige Märtyrer, Der 309

Falsafi 211
Farmayan, Hafez Farman 343
Fatema (Vorname) 274, 275
Fath-Ali Schah 104, 202, 205
Fatima (Schwester des 8. Imam) 20, 42, 54, 122, 244, 245, 248
- Schrein 20ff., 121f., 202
Faulkner, William 281
Fazlollah Nuri, Scheich 119, 195ff., 265, 277, 333, 334, 337
Feiziye (Medrese in Ghom) 12, 16, 62–69, 99ff., 103, 201f., 208, 220, 313, 326
- „Ali Haschemi" als Student an der F. 62–69, 99–103
- „Ali Haschemi" als Lehrer an der F. 12, 16, 65, 220, 228
- Razzia auf die F. (1963) 166ff., 216
Ferdousi 36, 140f., 144, 149, 152, 154, 175, 193, 224, 231f., 242, 274, 275f., 335
Finanzgrundsätze im Ausland und im Iran (Mosaddegh) 109
FitzGerald, Edward 149
Flagellanten
s. Geißler
Fosdick, Harry Emerson 56
Francklin, William 156, 157
Frankreich 54, 106, 108, 112
- im algerischen Krieg 101f., 225
- und das Bildungswesen im Iran 45f., 48, 58, 60
- Isa Sadiq in F. 49f.
- Khomeini in F. 330
- und Mohammed Reza Schah 287, 293
- Mosaddegh in F. 105, 106
- „Parviz" in F. 237, 243ff., 248
Frauen
- unter Khomeinis Herrschaft 335
- und schiitisches Recht 82f.
- Abschaffung des Schleiers unter Reza Schah 54, 317
- Stimmrecht 215
- in Teheran 240
„Freistätte" 206

Gabriel (Engel) 137
Galen 71, 77
Gegensätze (Argumentationsform) 96
Geheimnisse des Märtyrertums, Die 154

Geißler (Flagellanten) 155
Gelübde 42ff., 244f., 247f.
Genügen, Das (Khorasani) 193, 201
Germanen 336
Gesellschaft mit beschränkter Haftung in Europa, Die (Mosaddegh) 109
Gesetze
s. *Iranische Rechtsordnung*
s. *Islamisches Recht*
Gewinnbeteiligung der Arbeitnehmer, Gesetz über die (1963) 271
Ghaleb 145
Ghazzali 175f., 180, 182, 183, 193, 344f.
Ghom 17–31, 79, 91, 165, 166, 194f., 251, 264
– „Ahmads" Ausbildung in G. 313, 316ff., 324f.
– „Ali Haschemis" Elternhaus 23ff.
– „Ali Haschemis" Grundschulunterricht 30, 35ff.
– Anfänge der Stadt 18ff.
– Basar 12f., 29ff., 326, 339
– Borudscherdi in G. 166, 202ff., 209f.
– *'erfān*-Beziehungen in G. 161f.
– Gräberfelder 22
– unter Khomeinis Herrschaft 338f.
– Maraschis „Hofstaat" in G. 121f., 220ff.
– Medresen 7, 12, 16, 62–69, 99ff., 120, 166ff., 174, 202, 208f., 216, 219ff., 309, 313, 316ff., 324ff.
– Große Moschee 20
– „Parviz'" Elternhaus 42ff.
– Protestbewegung von 1963 gegen die Regierung des Schahs 166ff.
– Revolution von 1978–79 7, 11–16, 326f., 328f.
– Zentrum schiitischer Gelehrsamkeit 7, 12, 15, 17, 23, 83, 151, 159, 201ff., 213
– Schrein 12, 13, 14, 15, 17, 20f., 54, 200
– Taleqani und die schiitische Tradition 251, 285f.
– Vergleich mit Teheran 238f.
– Umsiedler nach Teheran aus der Region G. 296–303
Ghomi, Ayatollah 203
Glimpses of World History (Nehru) 228ff., 236

Gnostizismus 141, 146
Goethe J. W. v. 49
Gogol, Nikolai 269f.
Gohlman, W. E. 343
Golestan (Saadi) 67
Golpayegani, Ayatollah 213
Gondischapur (Iran) 70
Green, John 345
Grey, Sir Edward 50, 114
Griechen (alte) 274, 318
– Ernest Renan und die G. 336
s. *auch unter Schriftstellernamen*
Großbritannien (England) 58f., 116, 169, 188, 189, 293, 319, 326
– und die Abdankung von Reza Schah 112, 169, 317
– und der Coup gegen Mosaddegh 116
– Isa Sadiq in G. 50
– Mosaddeghs Politik und G. 112ff.
– Protektorat über Iran nach dem Ersten Weltkrieg 110f.
– Religion und Verstädterung in G. 310, 311
– Tabakkonzession an G. 190ff., 196
„Grundgesetz" 47
Grundschule,
s. *Elementarerziehung*
Guevara, Che 225f., 227

Ha'eri, Ayatollah Scheich Abd al-Karim 201f., 203, 209, 212, 214, 215, 223, 278, 345
Hafis 93, 115, 125, 127, 143, 145, 149, 160, 175, 190, 219, 235, 256, 315, 316, 320, 325
Haile Selassie (Kaiser von Äthiopien) 287
Hairi, Abdul-Hadi 345
Hakim, Ayatollah 213, 227
Halleyscher Komet 91f., 95
Hamadan 76, 77, 95, 132, 135
Hamadani, Hosein Qoli 163
Händler
s. *Kaufleute*
Hardy, G. H. 50
Harriman, Averell 115
Harvard 294
– Internationales Sommerseminar 280ff.
Hasan verbrennt sein Buch Hafis (Kasravi) 93

Hassan II., König von Marokko 19
Heidegger, Martin 269
Helli, Allame 322
Herodot 274
Heschmat od-Doule 104f.
Hesse, Hermann 277
hey'ats 337
- im Basar 304, 306f.
- im Wohnbezirk 300ff., 306ff., 312
- und Hussein 300, 304, 307
Hillman, Michael C. 345
Höhere Schulen 56
- Ausbreitung nach 1945 278
- und fehlende Studienplätze 278ff.
Hoheslied Salomos 145
Holmes, Oliver Wendell 338
Homer 141
Hoover, Herbert Jr. 116
Hosein (Personenname) 274, 275
„Hoseiniye für Rechtleitung" 290
Hoveida, Emir Abbas 279
Hugo Sanctallensis 73, 343
Hurley, General Patrick 113
Hussein, Imam 13, 15, 19, 20, 22, 88, 119, 125ff., 153, 154f., 156ff., 168, 169, 182, 200, 216, 219, 266, 276, 311, 331, 336
- als politischer Aktivist 309
- *hey'ats* und H. 300, 304, 307
- in persischen Passionsspielen 154–158
Hussein, König von Jordanien 19
Huwaiza (Irak) 85

Ibn Khallikan 344
„Imam des Zeitalters"
s. Zwölfter Imam
Imperial Tobacco Company 190, 193
Indien 46, 71, 188, 229
- Khomeini und I. 326
- indische Moguln 83
- persische Literatur in I. 144, 145
- Schiismus in I. 19, 84, 189
„Indisches Zahlensystem" 74, 80
Indonesien 144
Intellektuelle, weltliche
- ihr Auftreten im 19. Jh. unter westlichem Einfluß 46
- Einstellung zu Ghom 22f.
- Khomeinis Herrschaft und die I. 335ff.
- und Mosaddegh 102ff.
- und die Revolution von 1906 47f., 51, 54f.
- und die Herrschaft von Reza Schah 51ff., 58ff.
s. auch einzelne Personen
Invisible Man (Ellison) 282
Irak
- in der früh-schiitischen Geschichte 18ff.
- Krieg zwischen I. und Iran 8, 331
- Rabbinerschulen im I. 70
- Schiiten im I. 18f., 84f., 151, 152, 181, 227
s. auch unter den Schreinstädten
Iran, Der, und die Abtretung von Rechten an Nicht-Iraner (Mosaddegh) 109, 199
Iranische Kommunistische Partei 203, 243
- Al-e Ahmad und die I. 255f., 266, 281
- Ayatollah Borqe'i und die I. 209f.
- Mosaddegh und die I. 102f., 115ff.
Iranische Rechtsordnung 184
- und Bastonade 32
- Reza Schahs neues Gesetzbuch 54, 55, 198f., 200f., 206ff., 253
s. auch Islamisches Recht
Iranische Schule für Politische Wissenschaften 104, 109
Iranisches Parlament (Madschles)
s. Islamische Beratende Versammlung
s. Nationalversammlung
Isagoge (Porphyrius) 74
Isfahan 76, 86, 190
- Aga Nurollah von I. 198
- Belagerung von I. (1722) 181
- Medrese von I. 182, 202
- Schafti und die islamische Rechtsschule in I. 183ff.
Isfahani, Seyyid Abol-Hasan Musavi 202
Islamische Beratende Versammlung 333f.
Islamische Bildung 62–98
- Bildungstradition Ägyptens und Westasiens und I. 70
- arabische Übersetzungen von Schriften des Altertums 71
- Avicenna und I. 73, 77ff.
- Khomeinis Herrschaft und I. 334f.

- Koranschule (*maktab*) 61, 80, 88, 94, 209, 334f.
- das Rechtsstudium 81, 90f., 97, 178ff., 322
- religiöse Stiftungen 208
- Ursprünge 70

  s. auch Medresen

Islamische Regierung (Khomeini) 333
Islamische Republikanische Partei 334
Islamisches Recht, islamisches Gesetz 33, 117, 175–194, 247f., 341
- Agha Nurollah und I. 198
- Mohammed Amin und I. 179f., 182
- Ansari und I. 186ff., 193
- Askese und I. 120f.
- Avicenna und I. 74, 75
- Behbahani und I. 181ff., 186ff.
- in der islamischen Bildung 81, 90f., 97, 178ff., 322
- über Ehen auf Zeit 160, 161
- über das Fernsehen 300f.
- äußerlicher und innerer Gehorsam 173–177
- Ghazzali über den Gehorsam 175ff.
- Khomeini über das I. 170f., 214f., 333ff.
- Khomeinis Herrschaft und das I. 333ff., 339ff.
- Khorasani und das I. 193
- der Koran und das I. 96f., 177ff., 323f.
- Marktpreis 31
- Mohammed über das Befolgen des I. 175
- Mosaddegh über das I. 105–114, 118f., 199
- die Revolution von 1906 und das I. 47f.
- Reza Schahs Gesetzbuch und I. 198ff., 206f.
- Schafti und das I. 183ff.
- der schiitische Streit zwischen den Rechtsschulen der Traditionalisten und der Rechtsgelehrten 179ff.
- Schirazi und I. 189ff.
- Sohravardi und I. 132, 133, 134
- die Sufis und I. 175, 176
- Gegensatz zwischen Sunniten und Schiiten über das I. 161, 178ff., 182
- Vertrags- und Handelsrecht 170f., 188, 193, 214f.
- westliches Recht und I. 177

  s. auch Schule der Rechtsgelehrten

Ismail, Schah 151ff., 181, 276
Israel 234
- Borudscherdi über I. 210
- Khomeini über I. 168, 169
- Kibbuzim 260

Jackson Avenue School (Hackensack, New Jersey) 55f., 57
Jahr in Amerika, Ein (Sadiq) 55ff., 338
Jakob (Sohn Isaaks) 228, 232
Jerusalem 133
Jesaja, Buch 274
Jesus Christus 19, 323, 336
Joseph (Sohn Jakobs) 143, 228f., 230, 232, 322
Juden 8, 297, 298
- im Iran 61, 198, 215
Judentum 70, 79, 146, 147, 229
- Festlegung eines „Kanons" 142
- rhetorische Analyse 72
- Satan im J. 138, 147

Kaaba (Schrein in Mekka) 268, 332
Kadscharen (Dynastie) 32, 104, 111, 119, 130, 194, 197, 205, 206, 208, 217, 343
- und die Bahá'í 210
- und die iranische Rechtsordnung 183, 186
- im Vergleich zur Herrschaft von Mohammed Reza Schah 292f.

  s. einzelne Herrscher

Kairo 208
Kalifornische Technische Universität 60
Kambyses I. (altiranischer König) 274
Kanon, Der (Avicenna) 77
Kaschan (Iran) 188, 317
Kaschani, Ayatollah Abol Qasem 117, 118, 119, 210, 271, 285, 286, 334
Kasravi, Ahmad 87, 94, 97, 98, 151, 185, 193, 254, 256, 264, 295, 338
- und die arabische Sprache 95
- seine „Bekehrung" zum Antikleriker 91ff.
- seine Ermordung 94, 117, 286, 334
- seine Erziehung 88ff.
- seine Geburt 88
- als Kritiker der Schiiten 87f., 93f.
- und die Verfassungsanhänger 90ff.

355

Kaufleute (Händler)
- und Mullahs 48f., 53, 296–304, 308f.
- und die Revolution von 1906 32, 34, 47, 48
- und die Tabakkonzession von Naser ed-Din Schah 191
- und Taleqani 286
s. auch Basar
Kaukasus 89, 102, 189
Ka'us (Schah) 231
Kave 231, 242
Kazemi, Farhad 346
Kazwin (Iran) 83f., 308f.
Kelten 336
Kemal Atatürk 206
Kerbela (Irak) 125f., 181f., 201, 219, 266, 334
Kerman (Iran) 313f., 316f.
Khanlari, Parviz 281
Khan-Medrese (Ghom) 326f.
Khiyabani (Mullah) 89
Kho'i (Ayatollah) 165, 171, 213, 220
Khomein (Iran) 214
Khomeini, Ayatollah Ruhollah 12, 165–171, 213–218, 308, 309, 344, 345
- und Al-e Ahmad 266f., 294f.
- „Ali Haschemi" und K. 15, 16, 165–171, 220, 227
- Borudscherdi und K. 166, 214, 215, 217
- und diplomatische Immunität für Amerikaner 216f.
- und die Mystik des 'erfān 162ff., 166, 214, 326
- seine Erziehung 214
- seine Herrschaft 331–342
- als „Agent des Imperialismus" 325f.
- über islamisches Recht 170f., 214f., 333ff.
- über Israel 168, 169
- und der Krieg mit dem Irak 331
- als Lehrer in Ghom 165, 166ff., 213f.
- und Mohammed Reza Schah 163, 168f., 218, 288, 330
- in Nedschef 165, 169ff., 217f., 227
- in Paris 330
- seine Persönlichkeit 166
- und die Regierungsgegner (1963) 166ff., 216f., 271

- und die Revolution von 1978/79 325ff.
- Rückkehr in den Iran und Machtübernahme 11f., 330
- als Seyyid 19
- in der Türkei 169, 217
- Unterstützung durch Mullahs 166, 171, 214, 217, 288, 326, 327
- Verbannung aus dem Iran (1964) 165, 217
- über die „Vormundschaft des Rechtskundigen" 215, 218, 333
Khorasani, Mohammed Kazim 193f., 201, 202, 212, 213, 215, 345
- seine Geburt 193
- und die Konstitutionelle Revolution 194, 196, 197
Khunsari, Ayatollah 213
Khusistan (iranische Provinz) 339
Kibbuzim 260
Kim (Kipling) 277
Kipling, Rudyard 277
Kissinger, Henry A. 280ff., 293, 294
Kitāb asch-Schīfa (Avicenna) 76
Komiteegefängnis (Teheran)
- „Ali Haschemi" im K. 227ff., 237
- „Parviz" im K. 232f., 237, 248
Kommentar (Mullah Abdollah) 64–69
„Kommentator", Der 223f.
Kommunisten
s. Iranische Kommunistische Partei
Konstitutionelle Revolution von 1906 32ff., 47ff., 51, 52, 55, 162f., 194ff., 265, 319, 341
- Kasravi und die K. 90ff..
- Khomeini und die K. 333f.
- Mosaddegh und die K. 104
- die Mullahs und die K. 33f., 47, 48, 194ff., 201, 277, 285f.
Koran 13, 14, 15, 18, 28, 70, 71, 72, 73, 80, 106, 135, 146, 172, 209, 285, 302, 303, 304, 319
- Aufschlagen des K. als Zeichen 122f., 297f.
- über die Aufteilung des Eigentums 251
- Avicenna und der K. 73
- hey'ats in Wohngebieten und der K. 307
- und das islamische Recht 97, 177ff., 324

- die Geschichte von Joseph im K. 228f.
- und der Kampf gegen die Unterdrückung 225f.
- und die Mystik 121, 122f., 124, 128f., 137
- die Geschichte von Noah im K. 234ff.
- als einzigartige Offenbarung 321ff.
- Satan im K. 147f., 160
- Taleqani über den K. 249f.

Koranschule *(maktab)*
  s. Islamische Bildung
„Kosakenbrigade" 34, 51
Kuba 243
Kurden als Theologiestudenten 100
Kutschek Khan 51, 52, 54, 289
Kuweit 331
Kyros (altiranischer König) 274, 275, 276, 287, 288, 289, 336

Lage der arbeitenden Klasse in England, Die (Engels) 310
Leibniz, Gottfried Wilhelm 78
Leiden des jungen Werther, Die (Goethe) 49
Libanon 19, 84, 151, 152, 171, 189, 331
Linke
- islamische Guerillas 289ff., 309
- Khomeinis Herrschaft und die L. 333, 336f., 340f.
- Maoismus 270f., 287
- unterstützen Taleqani 249ff., 286f.
- verschiedene Gruppen 284
  s. Iranische Kommunistische Partei
  s. Marxisten
Literarisches Corps 288f.
Locke, John 321

MacArthur Jr., Douglas 116
MacMillan, Sir Harold 114, 115
Madschles
  s. Iranisches Parlament
Madschlesi, Mohammed Bager 87
Mailer, Norman 282
Maimonides 8, 78
maktab (Koranschule)
  s. Islamische Bildung
Malaysia 144
Malcolm X 269

Maleki, Khalil 255, 258, 259, 269, 284, 286
Maleki Dardschazini, Dschawad 163
Mamun, Kalif 71
Manchester Guardian 50
Mani 141, 142
Manichäer 140, 141ff.
Mansuriye (Medrese in Schiras) 85, 86
Manzariye (Heeresstützpunkt) 12, 219
Maoismus 270f., 287
Maraschi, Ayatollah 121f., 213, 220ff., 228, 339
Marshall, General George 294
Marvi-Hochschule (Teheran) 254
Marxisten 225, 249, 286
- Ale-Ahmad und M. 255f., 262, 264, 266, 269, 270f., 281
- Kutschek Khan und M. 51
- „Parviz" und M. 242f., 246f., 249
  s. Iranische Kommunistische Partei
  s. Linke
Massachusetts Institute of Technology (MIT) 60
Medina 267
Medresen (Theologische Hochschulen) 12, 61, 79ff., 84–98, 154, 212f., 337f.
- Al-e Ahmad und die M. 254f., 266
- Anpassung an die weltliche Erziehung 209
- Disputationssystem 64ff., 71ff., 78f., 80f., 91, 95ff., 343
- Entwicklung der M. 79ff., 131, 133
- ihre Finanzierung 207ff.
- frühschiitische M. 81f., 84, 151
- Kasravi und die M. 87ff., 95, 98
- Khomeinis Herrschaft und M. 334f.
- und die Konstitutionelle Revolution 90f.
- Seyyid Nematollah und die M. 84ff., 97f.
- religiöse Stiftungen und M. 208
- Rückgang der Studentenzahlen 278
- Sohravardi und M. 132
- sozialer Status der Mullahs, *'ulama* und M. 204
- und die Sufi-Mystik 120, 124, 132, 133
- sunnitische M. 81f.
- Taleqani und M. 251, 285ff.
  s. auch unter einzelnen Orten und Institutionen

Mehmed II., Sultan 150
Mekka 147, 172, 332
- Al-e Ahmads Pilgerreise nach M. 267f.
Menashri, David 346
Mende, Tibor 269
Meschhed 20, 202, 213, 245, 264
- Reza Schahs Angriff auf M. (1935) 54, 167, 201
Meschkini (Lehrer an der Medrese) 309
Mesopotamien 146
Methodisten 311
Milani, Ayatollah 213
Millspaugh, Arthur 113
Milton, John 50, 83f., 88
Modarres, Seyyid Hasan 119, 198, 200, 285
Modernes Persien, Das, und sein Erziehungssystem (Sadiq) 57f.
Modschahedin
- von der Khomeini-Regierung unterdrückt 341
Modschtaheds 91, 179
s. Schule der Rechtsgelehrten
Moguln 83
Mohammed (Vorname) 274, 275
Mohammed (der Prophet) 13, 18, 19, 70, 72, 80, 82, 107, 126
- und Aristoteles 315f.
- sein „Aufstieg" 137
- über das Befolgen von Gesetzen 175
- Dante und M. 137
- über „die, die sich bemühen", und die Heuchler 225
- Grün als Farbe 18
- über den Titel „König der Könige" 275
- Nachkommen, s. *Seyyids*
- über Preise 31
- als Rechtsquelle 177f.
- sufistische „Führer" und M. 131
- Wunder 322f.
Mohammed Ali, Schah 105, 195, 196
Mohammed Amin, Mullah 180
Mohammed Reza Schah Pahlavi 13, 14, 58, 94, 239
- Bodenreform (1963) 216, 271f.
- Borudscherdi und M. 203f., 209f., 213
- Ehrendoktor in Harvard 294
- ruft den Einparteienstaat aus 292
- Flucht aus dem Iran (1953) 115, 116, 287
- Isa Sadiq und M. 337f.
- Khomeini und M. 163, 168f., 218, 288, 330
- Kult des Königtums 273f., 287ff.
- Revolution von 1978–79 7, 11–16, 325ff.
- und das schiitische Recht 200f.
- sein Sturz 14, 330
- Thronbesteigung 112
- die USA und M. 211, 287, 293f.
- wachsender Widerstand gegen M. (1971–1978) 288ff.
- seine Wiedereinsetzung (1953) 210, 211, 241, 285
- und die Wirtschaft des Iran 291ff., 312, 324
Mongolen 146
Montazeri, Ayatollah 12f., 309
Morewedge, Parviz 343
Morrison, Herbert 115
Mosaddegh, Mohammed 102–119, 279, 307, 334, 344
- in Ahmadabad 111f., 119
- Al-e Ahmad und M. 258f., 265
- und der Anglo-Iranische Vertrag 109f.
- Borudscherdi und M. 210
- Aufenthalt in Europa 105, 110, 116
- seine Herkunft 104f.
- die Kommunisten und M. 102, 103, 115, 116f.
- und die Konstitutionalisten 104, 105, 109, 115f., 118
- und Mohammed Reza Schah 115
- die Mullahs und M. 102f., 117ff., 209ff., 271, 284ff.
- sein Name 205
- politische Laufbahn (1914–25) 108ff.
- politische Laufbahn (1941–53) 112ff.
- und Reza Schah 111, 112, 118, 200, 285
- über das schiitische Recht 105–114, 118f., 199
- sein Sturz 116f., 211, 241, 259, 270, 271
- sein Tod 119
- die Vereinigten Staaten und M.s Politik 112f., 115, 293

- Verstaatlichung des Erdöls 114f., 265, 285
Moschee
- Verhältnis zum Basar 303f.
- in Ghom 20
- Verhältnis zur Regierung 303
- soziale Rolle 32ff., 303
Moses 14, 232, 233
Mostaschar od-Doule 47, 54, 343
Moulana Dschalal ad-Din Rumi 102, 124f., 128, 143, 149, 169, 173, 204f., 219, 228, 232, 235, 248, 256, 263, 323, 332
Mozaffar ed-Din, Schah 34, 48
Mullahs 9, 17, 81
- anti-hierarchische Tendenzen 180f., 183
- und die Bahá'í 210ff.
- bedürftige M.: Verteilung von Geld 223f.
- Familienleben 23–31
- und das Gesetzbuch von Reza Schah 199ff.
- und die Kaufleute 48f., 53, 296–304, 308f.
- und Khomeini 166, 171, 214, 217, 288, 326, 327
- und Khomeinis Herrschaft 332ff., 336, 338ff.
- und die Konstitutionelle Revolution 33f., 47, 48, 194ff., 201, 277, 285f.
- und Mosaddegh 102f., 117ff., 209ff., 271, 284ff.
- in der Opposition (1971–78) 288ff., 308f., 312
- als „Priester" 46
- in der Haft in Qasr 249f.
- ihre Rechtshoheit 184ff.
- Rechtsstudium 97
- und die Revolution von 1978/79 11–16, 325ff.
- verschiedene Schattierungen 193f., 197, 204
- Selbstbesteuerung 208, 221f.
- sozialer Aktivismus 308f.
- Stellung in der iranischen Gesellschaftsstruktur 53f., 204ff.
- und die Mystik der Sufi 120, 124f., 129, 132, 153, 156, 158f.
- und die Tabakkonzession von Schah Naser ed-Din 191ff.
- Teheraner und Ghomer M. 239

- Inflation von Titeln 183, 205f., 213
- und die Volksbewegung gegen die Regierung (1963) 166ff., 216f., 271, 287
- „Vorbild" (Definition) 121, 220
- „Vorbild" („Hofstaat" des) 220ff.
- und Wehrdienst 206, 207
- und die Anhänger der westlichen Erziehung im 19. Jh. 46, 47
- und die Zuwanderer in die Großstadt 299ff., 307ff.
s. auch Islamische Bildung
s. Schiitischer Islam
s. talabes
s. Einzelpersonen
Muslim-Brüder 103
Mystik 120–139, 151–164
- „Ali Haschemi" und die M. 120–128
- als „Beweis" der Existenz Gottes 174, 176
- 'erfān 120, 123, 124, 125, 127f., 158, 159, 161f., 163, 164, 166, 174, 214, 228, 297, 326
- und der Koran 121, 122f., 124, 128f., 137
- und die Mullahs 120, 124f., 129, 132, 153, 156, 158f.
- Sohravardis M. 133–139
s. Passionsspiele
s. Sufismus

Nackten und die Toten, Die (Mailer) 282
Nader Schah 181
Naderpur (Dichter) 23
Na'ini, Mirza 170, 200, 212
Napoleon Bonaparte 45
Naser ed-Din, Schah 190ff.
Nasreddin, Mullah 314
Nasser, Gamal Abdel 102, 103, 114
„Nationale Front" (Iran) 117f., 286
Nationalversammlung, „Nationale Beratende Versammlung" 195ff., 198
- Stellung zur Verfolgung der Bahá'í 212
- und diplomatische Immunität für Amerikaner 216
- „Doktoren" in der N. 279
- Zusammentreten (1906) 48
Nazis 117, 287
Nedschef (Irak) 79, 83, 91, 165, 202

- Al-e Ahmads „Flucht" aus N. 254, 264
- „Ali Haschemi" in N. 165, 169–175, 219, 220
- Khomeini in N. 165, 169ff., 214, 217f.
- Medresen in N. 82, 151, 159, 202, 208
- Sitz der Schule der Rechtsgelehrten 183, 186ff., 196, 200, 213

Nehru, Dschawaharlal 228ff., 236
Nematollah Dschazayeri, Seyyid 84ff., 94f., 97, 98, 154, 180, 343
Neuplatonismus 134, 140, 146, 147
Newton, Isaac 50
Newton, J. K. 345
Nixon, Richard 293
Nizami Aruzi 343
Nizan, Paul 269
Noah 143, 234ff., 301f., 325, 342
Nuri
s. Fazlollah Nuri, Scheich
Nurollah, Agha 198, 201

Omaijaden-Dynastie 168
Omar Chaijam 92, 149f., 158, 163, 209, 335, 344
Opiumkommission 56
Orientalen 336
Orientalisten 277, 288, 336
Osmanen 83, 87, 110, 152, 153
Österreicher 46
Ourazan (Iran) 259f.
Ozymandias (Shelley) 150

Pahlavi-Dynastie 11, 285
s. *Mohammed Reza Schah Pahlavi*
s. *Reza Schah Pahlavi*
Palacios, Asin 344
Palästina 117, 133
- palästinensische Muslime 210
Paradies (Dante) 137
Pasargadae 276, 287
Paschto (Sprache) 144
Passionsspiele (*ta'ziye*) 151, 154ff., 167, 254ff., 263, 303, 327, 344
Paulus 92
Peripatetiker 134, 135, 318
Persepolis 276, 287, 328
Persian Passion Play, A (Matthew Arnold) 157f.

Persische Sprache 20, 28, 50, 67, 88f., 130, 139f., 219f.
- Al-e Ahmad und die P. 256f., 267
Persische Versdichtung 140–146, 148ff., 157f., 256, 261, 263
- Einfluß außerhalb des Irans 143f.
- die Manichäer und die P. 140, 142ff.
- Liebe zum Mehrdeutigen 144ff.
- Satan als Motiv 147ff.
- Sufis und die P. 144f., 148ff.
- Zynismus in den Vierzeilern 149f.
s. *auch einzelne Dichter*
Pharaoh 14, 228, 232, 233
Pilgerreise, Die (Al-e Ahmad) 257f., 330, 345f.
Platon 134, 136, 139, 318
Plotin 134
Podgorny, Nikolai 287
Polytechnikum 46, 48, 49, 60, 105
- als höhere Schule 254
Pompidou, Georges 287
Porphyrius 74
Predigten (Ali) 245ff., 251, 252, 285, 341
Preußen 46
Princeton, New Jersey 7, 8
Ptolemäus 74, 89, 92, 209
Pythagoras 134

Qasr (Gefängnis) 237, 248ff., 284f.

Radio Moskau 255
Rascht (Iran) 183, 317
- von Kutschek Khan eingenommen 51
„Rat für die Ziele iranischer Bildung" 261
Rauch (Turgenjew) 270, 276f.
Rayy, König von 75
Razmara, Ali 117
Rechtsgelehrte
s. *Schule der Rechtsgelehrten*
Reformgesellschaft 254
„Reinen in der Religion, Die" 93
Religiöses Corps 288f.
Renan, Ernest 92, 335f., 346
René (Chateaubriand) 49
Revolutionsgarde 337
Reza, Imam (Ur-Ur-Urenkel Husseins) 20, 54, 245
s. *auch Meschhed*
Reza Schah Pahlavi 51ff., 58, 104, 130,

360

167, 197, 202, 203, 209, 227, 239, 265, 305, 317
- Absetzung durch die Alliierten (1941) 112, 169, 255, 317, 319, 329
- Angriff auf den Schrein von Meschhed 54, 167, 201
- Auftreten 52
- und die Bahá'í 61, 210f.
- Finanzierung der islamischen Bildung 207f.
- neues Gesetzbuch, Rechtsreform 54, 55, 198f., 206ff., 253
- Kult des Königtums 273f.
- und Marxisten 255
- Mosaddegh und R. 111, 112, 118, 200, 285
- Staatsstreich 51f., 111
- und der ältere Taleqani 285
- Thronbesteigung 52, 111, 285
- und die weltliche Erziehung 51f., 54f., 58ff., 278
- westliche Kleidung eingeführt 206f.

Richard Löwenherz, König von England 133
Riesman, David 282
Rockefeller, David 294
Rockefeller, John D. Jr. 56
Romanen 336
Roosevelt, Franklin D. 56, 113
Roosevelt, Kermit 116f.
Roosevelt, Theodore 116
Rostam 102, 103, 119, 140f., 231, 232, 237, 242, 275, 313, 314
rouze-khan 20, 22, 88, 154, 194, 307, 309
Rubin, Barry 344
Rückkehr zu uns selbst, Die (Ali Schariati) 15, 290f.
ruhaniyun 209
Russell, Bertrand 50
Russisch-Orthodoxe Kirche 269
Rußland, Russen 49, 50, 53, 191, 293
- und der Iran im 19. Jh. 33f., 45f.
- Kontrolle über den Iran im Ersten Weltkrieg 109, 110
- literarische Vorläufer Al-e Ahmads 269f.
s. auch Sowjetunion

Saadi 67, 143, 148f., 149, 150, 189f., 233, 242, 252, 296, 331
Saba, Königin von 156f.

Sackville-West, Vita 52
Sadabad (Sommerresidenz) 241
Sadiq, Isa 48ff., 54, 55–61, 93, 97, 105, 106, 113, 194, 207f., 282, 337f., 343
- in England 50
- in Frankreich 49f., 50f.
- Kindheit und Schulzeit 49
- und Kutschek Khan 51f.
- Laufbahn 58
- und Mohammed Reza Schah 337f.
- und die Revolution von 1978 337 f.
- und Reza Schah 51f., 54, 55, 58
- in den Vereinigten Staaten 55ff., 279
- über Erziehung 49ff., 54ff., 337f.
Sadra, Mullah 159, 214
Safavi, Navvab-e 94, 334
Safawiden (Dynastie) 83f., 86, 87, 151ff., 180f., 183, 208, 341, 344
- ernennen Leiter des Freitagsgebets 303
- ihr Sufismus 151ff., 156, 159, 162
- Ursprünge 151f.
- Zusammenbruch 156, 180f.
s. einzelne Herrscher
Sahabi, Ayatollah 173ff.
sahm-e-Imam 221, 222
Saladin, Sultan 133f., 137
Salomo 14, 156f.
- Hoheslied 145
samanu 42f., 45
Samarra (Irak)
- Schirazi in S. 190ff.
Samsam Khan, Moschee (Täbris) 90
St. Bernhard 137
St. Vincent Ferrer 155
Sartre, Jean-Paul 267, 269
Satan 138, 143, 147ff., 160, 161, 163, 231
Saturday Evening Post 56
Saud, Abdul Aziz ibn, König von Saudi-Arabien 130
SAVAK 13, 243, 270, 292, 328
- und Al-e Ahmad 282
- „Ali Haschemi" in Haft 226ff.
Schafti, Mullah 183ff., 198, 205
Schahrudi, Ayatollah 165, 213
Schams-e Qeis 143, 147
Schariati, Ali 15, 290f., 295, 309
Schariat Madari, Ayatollah 213, 327, 340
Schemr 126ff., 155, 167, 169

361

Schiitischer Islam 7, 54
- Al-e Ahmad und S. 253f., 264ff., 277, 290, 294f
- Gebet 27f.
- islamische Guerillas und S. 290
- die Kadscharen und der S. 183
- erste Medresen 81f., 84, 151
- Mosaddegh über das schiitische Recht 106ff.
- „Parviz" und S. 242, 243–251
- persische Passionsspiele und S. 151, 153ff.
- Radikalismus nach 1978 331, 332
- Recht, s. Islamisches Recht
- die Safawiden und der S. 83f., 151–156, 180
- Schariati und der S. 290f., 295
- Sunniten und S. 18, 27, 81ff., 152, 156, 161, 178ff., 182
- Ursprünge des S. 18ff., 81ff.
- Zuwanderer in die Großstadt und S. 299ff., 307ff.
s. Islamische Bildung
s. Medresen
s. Mullahs
s. einzelne Schreinstädte
Schiller, Friedrich v. 141
Schiras 189f.
- Seyyid Nematollah in S. 85f.
Schirazi, Mirza (Seyyid Mohammed Hasan Schirazi) 189ff., 197, 201, 217, 345
- und die Tabakkonzession an die Briten 190ff., 197
Schleier
s. Tschador
Schumacher Ramazan..., Der (Kasravi) 93
Schuldirektor, Der (Al-e Ahmad) 261f., 270, 345
Schule der Rechtsgelehrten 205, 341
- Ansari und die S. 186ff., 341
- die Kadscharen und die S. 183f., 186
- Khorasani und die S. 193f.
- und die Konstitutionelle Revolution 195ff.
- Schafti und die S. 183ff.
- Schirazi und die S. 189ff.
- Traditionalisten kontra Rechtsgelehrte 179ff.
s. auch Islamisches Recht

s. einzelne Rechtsgelehrte
Schuschtar (Iran) 87
Schweiz
- Mosaddegh in der S. 105, 106, 110, 116
Selim, Sultan 152
Seyyids 11, 18f., 34, 42ff., 62, 67, 193, 336, 341
Shakespeare, William 141
Shelley, Percy B. 150
Siakal (Iran)
- Angriff der Guerillas (1971) 289
Siddharta (Hesse) 277
Sintflut des Weinens, Die 154
Sistan (iranische Provinz) 313, 314
Slawen 336
Slawophile 269, 270
Sohrab 141
Sohrab and Rustum (Matthew Arnold) 141
Sohravardi 129, 132–139, 146f., 149, 159, 164, 214, 344
- und die aristotelische Philosophie 134ff.
- und Avicenna 134f.
- Geburt 132
Hinrichtung 134
- Mystik des Lichts 136ff.
- und der Sufismus 132, 133, 136, 139
- und die zarathustrische Religion 138, 139
Solschenizyn, Alexander 269
Soltan Hosein, Schah 180
Sowjetunion 169, 243, 317, 319
- und die Abdankung von Reza Schah 112, 169, 317, 319
- und Afghanistan 339
- und der Kaukasus 102
- und Kutschek-Khan 51, 54
- und Mohammed Reza Schah 287
- Politik gegenüber dem Iran nach der Oktoberrevolution 110
- Truppen in Aserbeidschan 255
Sozialistische Gesellschaft der Iranischen Massen 255
Spieler, Der (Dostojewski) 270
Spinoza, Baruch 79
Staat, Der (Platon) 136
Stalin, Josef 113
Stalley, William 344
Sudan, Mahdi des 162
Suezkanal, Verstaatlichung 114, 115

Sufismus 120, 124ff., 130ff., 136, 139
- Ghazzali und der S. 175ff.
- und das islamische Recht 175, 176
- Mullahs und S. 120, 124f., 129, 132, 153, 156, 158f.
- persische Versdichtung und S. 144f., 148ff.
  (s. auch einzelne Dichter)
- Safawiden und S. 151ff., 156, 159, 162
- Satan 148f.
- Sunnitischer Islam 18, 27, 106
- bei den im 18. Jh. einfallenden Afghanen 180f.
- erste Medresen 81
- höhere Bildung 208
- im Irak 181
- im Libanon 151
- Nader Schah und S. 181
- Schiiten und S. 18, 27, 81ff., 152, 156, 161, 178ff., 182
- und Sohravardi 133f.
Syllogismus 71f., 81
Syrien 84
- frühe Schiiten in S.. 18, 19
- Saladin und S. 133

Tabari, Ehsan 281
Täbris 191
- Kasravi in T. 88ff.
- Revolution von 1906 90f.
- Zusammenstöße 1978 in T. 327f.
Taftazani 64ff., 77
Taher, Baba 132, 149
talabes (Theologiestudenten) 89, 90, 98, 99ff.
- und Al-e Ahmad 253
- Ehen auf Zeit 160, 161, 242
- und die *'erfān*-Mystik 120, 123ff., 158ff., 161f.
- in Ghom seit der Revolution von 1978 339
- Khomeini und *t.* 166, 169f.
- Musterung und Auswahl als Gemeinde-Mullahs 221f.
- in der Opposition vor 1978 288ff.
- und die Revolution von 1978 325ff.
- Sexualleben 159ff.
- sozialer Aktivismus 308f.
- Wehrdienst 206
  s. Medresen
  s. Mullahs

Talebiye (Medrese in Täbris) 89ff.
Taleqan (Iran) 284
Taleqani, Ayatollah Mahmud 12, 249ff., 284ff., 290
- Herkunftsfamilie 284f.
- linke Anhänger 249ff., 285ff., 290
Taleqani (Ayatollah Mahmuds Vater) 284f.
ta'ziye
s. Passionsspiele
Teheran
- „Ali Haschemi" in T. in Haft 227– 233
- „Ali Haschemi" als Student in T. 236, 237–242, 251ff.
- Aufstand gegen die Regierung (1963) 216
- Coup gegen Mosaddegh (1953) 116f., 119
- Diskussionszirkel in T. 238f., 271, 281, 296, 315
- „Ali Haschemi" und die Gemeinde von Dschafarabad in T. 296–303
- unter der Herrschaft Khomeinis 331
- Leben in T. 237ff., 251f., 296
- Medresen 202, 208
- während der Revolution von 1906 32, 33f., 47f., 104, 194f.
- während der Revolution von 1978/ 79 11, 329f.
- Machtübernahme durch Reza Schah 51f., 111
- Taleqani in T. 285
- Zuwanderung aus ländlichen Gebieten 305 (s. *auch Zuwanderer*)
Teheran, Kolleg für Lehrerbildung (Lehrerseminar) 58, 254, 260, 278
Teheran, Konferenz von (1943) 113
Teheran, Universität 278, 280, 313f.
- „Ali Haschemi" als Student 237f., 242, 313, 315f.
- Gründung 59, 254
  Isa Sadiq als Präsident 58
- „Parviz" als Student 237, 242f.
Testament im muslimischen Recht, Das (Mosaddegh) 105f.
Thomas von Aquin 8, 78
Thora 142
Tonkaboni 345
Torquemada 8
Transiranische Eisenbahn 54
Truman, Harry S. (US-Präsident) 115

363

Tschador (Schleier) 20, 21, 44, 54, 241, 251, 317
Turgenjew, Iwan Sergejewitsch 270, 276f.
Türkei 47, 84, 171
- Khomeinis Verbannung 169
Türken
- Innerasiens 130ff., 146, 152, 153
- osmanische 83, 87, 110, 152f.
- und die persische Literatur 143f. s. auch Kadscharen
Türkische Sprache 88f., 190
Turkmenen 83, 151
Tus (Iran) 175, 193
Tusi (Schiit) 81f.
Tustari (Sufi) 136

„Überlieferungen" 177f.
- Schule der Ü. und Schule der Rechtsgelehrten 178–183
'ulama 204
s. auch Mullahs
Umsiedler
s. Zuwanderer
Universitäten
- im Ausland 59, 60, 279, 280
- im Iran 59f., 277ff.
- und Khomeinis Herrschaft 334f.
s. auch unter einzelnen Universitäten
Urdu 144

Vereinigte Staaten 112, 169, 188, 243
- Al-e Ahmad in den USA 280ff.
- und der Bagdad-Pakt 211
- diplomatische Immunität für US-Bürger 216f., 234, 345
- Erziehungssystem 55ff., 60, 337f.
- Isa Sadiq in den USA 55ff., 280
- und Mohammed Reza Schah 211, 287, 293f.
- und die Politik Mosaddeghs 112f., 115, 293
- Staatsstreich gegen Mosaddegh 116f., 211
- und die Absetzung von Reza Schah 169, 317
- schiitische Bombenanschläge 331
Verfluchung des Landes, Die (Al-e Ahmad) 272
Vergleiche, rhetorische 72
Verlorene Paradies, Das (Milton) 83f.

Vernunft und Analogieschluß 178ff.
Versailler Friedenskonferenz 110
Verstädterung
s. Zuwanderer
Vierter Imam 122
„Vorbild": Definition 121, 220
Vormundschaftsrat 334
Voyage au bout de la nuit (Céline) 261

Watt, W. Montgomery 345
Welche Religion haben die Hadschis bei Warenhäusern? (Kasravi) 93
Wells, Robert 345
Weltliche Erziehung 45–61, 70, 209, 278ff.
- Al-e Ahmad über w. E. 277f., 279
- und der altiranische Kult 274ff.
- Isa Sadiq und w. E. 49ff., 54ff., 337f.
- Kasravi und w. E. 93f.
- Khomeinis Herrschaft und w. E. 334f.
- auf dem Land 272
- Polytechnikum 46, 48, 49, 60, 105
- Revolution von 1906 und w. E. 47f., 55
- Reza Schah und w. E. 51f., 54f., 58ff., 278
- langsames Wachstum der Universitäten und w. E. 278ff.
s. Elementarerziehung
s. Universitäten
Wesley, John 311
Widersprüche (Argumentationsform) 78f., 96
Wilde, Oscar 77

Xenophon 274

Yazd (Iran) 69, 99, 201, 317
Yazdi, Seyyid Mohammad Kazem 196, 197
Yazid 13, 157, 168, 169, 327

Zabol (Iran) 313
Zahhak 231, 242, 323
Zarathustra 134
Zarathustrische Religion 19, 70, 79, 125, 139, 140, 154, 215, 276
- dualistisches Prinzip 138, 140
- Gott und Satan 147, 231
- und Manichäer 141f.

- und die persische Versdichtung 139ff., 144f., 146f.
- Sohravardi und Z. 138, 139
- weltliche Intellektuelle und Z. 335

Zionismus 117, 215f.
Zivilrechtliche Verfahren im Iran (Mosaddegh) 109
Zoroastrier
  s. *Zarathustrische Religion*
Zuwanderer in die Großstadt 304–312, 346
- die Gruppe aus Dschafarabad in Teheran 296–303
- ihre *hey'ats* 301, 306ff., 311f.
- Lebensbedingungen 305f., 310
- Mullahs und Z. 299ff., 307ff.
- ihre Politisierung 309f., 312
- ihre Religiosität 310ff.
- wilde Ansiedler 305f., 310, 312
- ihre wirtschaftliche Betätigung 296f., 306
- Zunahme 305f.

Zweiter Weltkrieg 112f., 169, 209, 254, 317, 318
Zwölfter Imam („Imam des Zeitalters") 82, 91, 153, 180, 190, 192, 199, 221
- Al-e Ahmad über ihn 264f., 295
- Aussage der Bahá'í 210
- Nachtrag zur Verfassung 195

Zur Geschichte der arabischen Welt

Geschichte der arabischen Welt
Herausgegeben von Ulrich Haarmann
unter Mitwirkung zahlreicher Autoren.
1987. 720 Seiten mit 14 Karten. Leinen

Der Islam in der Gegenwart
Herausgegeben von Werner Ende und Udo Steinbach
unter redaktioneller Mitarbeit von Michael Ursinus.
1984. 774 Seiten mit 8 Abbildungen und 2 farbigen Karten. Leinen

Maxime Rodinson
Die Faszination des Islam
Aus dem Französischen von Irene Riesen.
1985. 175 Seiten. Paperback
Beck'sche Reihe 290

Politisches Lexikon Nahost
Herausgegeben von Udo Steinbach, Rolf Hofmeier
und Mathias Schönborn.
2., neubearbeitete Auflage. 1981.
411 Seiten mit einer Karte. Paperback
Beck'sche Reihe 199

Gerhard Endreß
Einführung in die islamische Geschichte
1982. 346 Seiten mit 6 Karten und einer genealogischen Tafel
Broschiert. Beck'sche Elementarbücher

Tilman Nagel
Der Koran
Einführung – Texte – Erläuterungen
1983. 371 Seiten. Leinen.

Verlag C.H.Beck München

Bücher zum Thema „Dritten Welt"

Jahrbuch Dritte Welt 1987
Daten – Übersichten – Analysen
Herausgegeben vom Deutschen Übersee-Institut Hamburg
1987. Etwa 243 Seiten mit Karten, Abbildungen und Tabellen.
Paperback. Beck'sche Reihe 327
Mit aktualisierten Gesamtverzeichnis bisher erschienener Jahrbücher

Asit Datta
Ursachen der Unterentwicklung
Erklärungsmodelle und Entwicklungspläne
1982. 144 Seiten mit zahlreichen Abbildungen und 4 Karten.
Paperback. Beck'sche Reihe 269

Peter J. Opitz (Hrsg.)
Die Dritte Welt in der Krise
Grundprobleme der Entwicklungsländer
2., aktualisierte Auflage. 1985.
274 Seiten mit zahlreichen Abbildungen und Tabellen.
Paperback. Beck'sche Reihe 285

Wolfgang S. Heinz
Menschenrechte in der Dritten Welt
1986. 158 Seiten. Paperback. Beck'sche Reihe 305

Klemens Ludwig
Bedrohte Völker
Ein Lexikon nationaler und religiöser Minderheiten
1985. 174 Seiten mit 10 Abbildungen. Paperback. Beck'sche Reihe 303

Peter von Blanckenburg
Welternährung
Gegenwartsprobleme und Strategien für die Zukunft
1986. 249 Seiten mit 15 Schaubildern und 27 Tabellen.
Paperback. Beck'sche Reihe 308

Verlag C.H.Beck München